le Guide du routard

Directeur de collection et auteur
Philippe GLOAGUEN
Cofondateurs
Philippe GLOAGUEN et Michel DUVAL
Rédacteur en chef
Pierre JOSSE
Rédacteurs en chef adjoints
Amanda KERAVEL et Benoît LUCCHINI
Directrice de la coordination
Florence CHARMETANT
Directeur de routard.com
Yves COUPRIE
Rédaction
Olivier PAGE, Véronique de CHARDON,
Isabelle AL SUBAIHI, Anne-Caroline DUMAS,
Carole BORDES, Bénédicte BAZAILLE,
André PONCELET, Marie BURIN des ROZIERS,
Thierry BROUARD, Géraldine LEMAUF-BEAUVOIS,
Anne POINSOT, Mathilde de BOISGROLLIER,
Gavin's CLEMENTE-RUÏZ, Alain PALLIER
et Fiona DEBRABANDER

ITALIE DU NORD

2005

Hachette

Avis aux hôteliers et aux restaurateurs

Les enquêteurs du *Guide du routard* travaillent dans le plus strict anonymat, afin de préserver leur indépendance et l'objectivité des guides. Aucune réduction, aucun avantage quelconque, aucune rétribution ne sont jamais demandés en contrepartie. Face aux aigrefins, la loi autorise les hôteliers et restaurateurs à porter plainte.

Hors-d'œuvre

Le *GDR,* ce n'est pas comme le bon vin, il vieillit mal. On ne veut pas pousser à la consommation, mais évitez de partir avec une édition ancienne. D'une année sur l'autre, les modifications atteignent et dépassent souvent les 40 %.

Spécial copinage

ON EN EST FIER : www.routard.com

Tout pour préparer votre voyage en ligne, de A comme argent à Z comme Zanzibar : des fiches pratiques sur 125 destinations (y compris les régions françaises), nos tuyaux perso pour voyager, des cartes et des photos sur chaque pays, des infos météo et santé, la possibilité de réserver en ligne son visa, son vol sec, son séjour, son hébergement ou sa voiture. En prime, *routard mag,* véritable magazine en ligne, propose interviews de voyageurs, reportages, carnets de route, événements culturels, dossiers pratiques, produits nomades, fêtes et infos du monde. Et bien sûr : des concours, des *chats,* des petites annonces, une boutique de produits de voyage...

Mille excuses, on ne peut plus répondre individuellement aux centaines de CV reçus chaque année.

Le contenu des annonces publicitaires insérées dans ce guide n'engage en rien la responsabilité de l'éditeur.

TABLE DES MATIÈRES

Attention, la Toscane et l'Ombrie, le Piémont, Venise et Rome font l'objet de guides à part.

COMMENT Y ALLER ?

GÉNÉRALITÉS

LE VAL D'AOSTE

LA LIGURIE

La Riviera du Ponant

La Riviera du Levant

LA LOMBARDIE

LA RÉGION DES LACS

LE LAC MAJEUR

LE LAC D'ORTA

LE LAC DE CÔME

LA VÉNÉTIE

LE FRIOUL-VÉNÉTIE JULIENNE

L'ÉMILIE-ROMAGNE

LES GUIDES DU ROUTARD
2005-2006

(dates de parution sur **www.routard.com**)

France

- Alpes
- Alsace, Vosges
- Aquitaine
- Ardèche, Drôme
- Auvergne, Limousin
- **Bordeaux (mars 2005)**
- Bourgogne
- Bretagne Nord
- Bretagne Sud
- Chambres d'hôtes en France
- Châteaux de la Loire
- Corse
- Côte d'Azur
- **Fermes-auberges en France (fév. 2005)**
- Franche-Comté
- Hôtels et restos en France
- Île-de-France
- Junior à Paris et ses environs
- Languedoc-Roussillon
- **Lot, Aveyron, Tarn (février 2005)**
- Lyon
- Marseille
- Montpellier
- Nice
- Nord-Pas-de-Calais
- Normandie
- Paris
- Paris balades
- Paris exotique
- Paris la nuit
- Paris sportif
- Paris à vélo
- Pays basque (France, Espagne)
- Pays de la Loire
- Petits restos des grands chefs
- Poitou-Charentes
- Provence
- **Pyrénées, Gascogne et pays toulousain (février 2005)**
- Restos et bistrots de Paris
- Le Routard des amoureux à Paris
- Toulouse
- Week-ends autour de Paris

Amériques

- Argentine
- Brésil
- Californie
- Canada Ouest et Ontario
- Chili et île de Pâques
- Cuba
- Équateur
- États-Unis, côte Est
- Floride, Louisiane
- Guadeloupe, Saint-Martin, Saint-Barth
- Martinique, Dominique, Sainte-Lucie
- Mexique, Belize, Guatemala
- New York
- Parcs nationaux de l'Ouest américain et Las Vegas
- Pérou, Bolivie
- Québec et Provinces maritimes
- Rép. dominicaine (Saint-Domingue)

Asie

- Birmanie
- Cambodge, Laos
- Chine (Sud, Pékin, Yunnan)
- Inde du Nord
- Inde du Sud
- Indonésie
- Israël
- Istanbul
- Jordanie, Syrie
- Malaisie, Singapour
- Népal, Tibet
- Sri Lanka (Ceylan)
- Thaïlande
- Turquie
- Vietnam

Europe

- Allemagne
- Amsterdam
- Andalousie
- Andorre, Catalogne
- Angleterre, pays de Galles
- Athènes et les îles grecques
- Autriche
- Baléares
- Barcelone
- Belgique
- Crète
- Croatie
- Écosse
- Espagne du Centre (Madrid)
- Espagne du Nord-Ouest (Galice, Asturies, Cantabrie)
- **Finlande (avril 2005)**
- **Florence (mars 2005)**
- Grèce continentale
- **Hongrie, République tchèque, Slovaquie (avril 2005)**
- Irlande
- **Islande (mars 2005)**
- Italie du Nord
- Italie du Sud
- Londres
- Malte
- Moscou, Saint-Pétersbourg
- Norvège, Suède, Danemark
- Piémont
- **Pologne et capitales baltes (avril 2005)**
- Portugal
- Prague
- Rome
- **Roumanie, Bulgarie (mars 2005)**
- Sicile
- Suisse
- Toscane, Ombrie
- Venise

Afrique

- Afrique noire
- **Afrique du Sud (nouveauté)**
- Égypte
- Île Maurice, Rodrigues
- Kenya, Tanzanie et Zanzibar
- Madagascar
- Maroc
- Marrakech et ses environs
- Réunion
- Sénégal, Gambie
- Tunisie

et bien sûr...

- Le Guide de l'expatrié
- Humanitaire

NOS NOUVEAUTÉS

FLORENCE (mars 2005)

Florence, l'une des plus belles villes d'Italie, symbole éclatant de l'art toscan du Moyen Âge à la Renaissance. Peu d'endroits au monde peuvent se vanter d'une telle concentration de chefs-d'œuvre, s'enorgueillir d'avoir donné autant de génies : Michel-Ange, Botticelli, Dante et tant d'autres... Mais Florence n'est pas seulement une ville-musée, c'est aussi un endroit où les gens vivent et s'amusent.
Perdez-vous dans les ruelles de l'Oltrarno du côté de San Niccolo ou de Santa Croce, des quartiers encore méconnus des touristes mais peut-être plus pour longtemps. Et pour guide d'introduction à la gastronomie locale, ne manquez surtout pas les marchés de San Lorenzo et de Sant'Ambrogio. Faites-y le plein de cochonnailles, de fromages et de légumes. Et si le désir de découvrir les vins de la région vous prend (grand bien vous fasse !), attablez-vous dans une *enoteca* (bar à vin) pour déguster un *montanine,* accompagné d'*antipasti* dont seuls les Italiens du cru ont le secret !
Et quand vient le soir, partez à la découverte de la vie nocturne, de ses rues mystérieuses. Des quartiers endormis se réveillent, s'échauffent... Laissez libre cours à vos envies...

LILLE (mai 2005)

Lille, ville triste, grise, laminée par la crise ? Que de poncifs, que de lieux communs ! Peu de villes ont autant changé en une vingtaine d'années. De son centre médiéval à ses banlieues de brique, Lille a vécu (et vit toujours) une métamorphose formidable, dépoussiérant les façades flamandes de la Grand-Place et du vieux Lille, dressant d'aventureux immeubles au cœur du futuriste quartier d'Euralille. Lille est une ville où l'art est partout, jusque dans les stations de son métro ! Rubens, Dirk Bouts et Goya voisinent au musée des Beaux-Arts, l'opéra donne à nouveau de la voix, les musiques d'aujourd'hui se jouent sur une multitude de scènes, les anciennes courées accueillent de jeunes plasticiens. À Lille, toutes les expressions culturelles sont vécues au quotidien. Et aux comptoirs de bars en quantité – du plus popu au plus branché – comme au marché du quartier multiethnique de Wazemmes, on constate que convivialité n'est pas ici un mot vide de sens.

Nous tenons à remercier tout particulièrement Loup-Maëlle Besançon, Thierry Bessou, Gérard Bouchu, François Chauvin, Grégory Dalex, Cédric Fischer, Carole Fouque, Michelle Georget, David Giason, Jean-Sébastien Petitdemange, Laurence Pinsard et Thomas Rivallain pour leur collaboration régulière.

Et pour cette chouette collection, plein d'amis nous ont aidés :

David Alon
Didier Angelo
Cédric Bodet
Philippe Bourget
Nathalie Boyer
Ellenore Bush
Florence Cavé
Raymond Chabaud
Alain Chaplais
Bénédicte Charmetant
Geneviève Clastres
Nathalie Coppis
Sandrine Couprie
Agnès Debiage
Célia Descarpentrie
Tovi et Ahmet Diler
Claire Diot
Émilie Droit
Sophie Duval
Pierre Fahys
Alain Fisch
Cécile Gauneau
Stéphanie Genin
Adrien Gloaguen
Clément Gloaguen
Stéphane Gourmelen
Isabelle Grégoire
Claudine de Gubernatis
Xavier Haudiquet
Lionel Husson
Catherine Jarrige
Lucien Jedwab
François et Sylvie Jouffa
Emmanuel Juste
Olga Krokhina
Florent Lamontagne
Vincent Launstorfer
Francis Lecompte
Benoît Legault
Jean-Claude et Florence Lemoine
Valérie Loth
Dorica Lucaci
Stéphanie Lucas
Philippe Melul
Kristell Menez
Xavier de Moulins
Jacques Muller
Alain Nierga et Cécile Fischer
Patrick de Panthou
Martine Partrat
Jean-Valéry Patin
Odile Paugam et Didier Jehanno
Xavier Ramon
Patrick Rémy
Céline Reuilly
Dominique Roland
Déborah Rudetzki et Philippe Martineau
Corinne Russo
Caroline Sabljak
Jean-Luc et Antigone Schilling
Brindha Seethanen
Abel Ségretin
Alexandra Sémon
Guillaume Soubrié
Régis Tettamanzi
Claudio Tombari
Christophe Trognon
Julien Vitry
Solange Vivier
Iris Yessad-Piorski

Direction : Cécile Boyer-Runge
Contrôle de gestion : Joséphine Veyres et Céline Déléris
Responsable de collection : Catherine Julhe
Édition : Matthieu Devaux, Stéphane Renard, Magali Vidal, Marine Barbier-Blin, Dorica Lucaci, Sophie de Maillard, Laure Méry, Amélie Renaut et Éric Marbeau
Secrétariat : Catherine Maîtrepierre
Préparation-lecture : Corinne Julien
Cartographie : Cyrille Suss et Aurélie Huot
Fabrication : Nathalie Lautout et Audrey Detournay
Couverture : conçue et réalisée par Thibault Reumaux
Direction marketing : Dominique Nouvel, Lydie Firmin et Juliette Caillaud
Direction partenariats : Jérôme Denoix et Dana Lichiardopol
Informatique éditoriale : Lionel Barth
Relations presse : Danielle Magne, Martine Levens et Maureen Browne
Régie publicitaire : Florence Brunel

NOS NOUVEAUTÉS

BORDEAUX (mars 2005)

Ouf ! ça y est... Bordeaux a son tramway. Grande nouvelle pour les voyageurs qui retrouvent la ville débarrassée d'un chantier qui la défigurait, et aussi pour les Bordelais qui peuvent enfin profiter d'un superbe centre piéton. Car Bordeaux est une aristocrate du XVIIIe siècle que la voiture dérangeait. Elle offre au piéton des ruelles que parcourait déjà Montaigne, quand il en était le maire.

Passé la surprise des superbes façades des Chartrons, des allées de Tourny et du Grand Théâtre, vous irez à la recherche du Bordeaux populaire et mélangé. Vous irez faire la fête dans les zones industrielles portuaires réhabilitées, vous irez parler rugby place de la Victoire avec des étudiants à l'accent rugueux qui font de Bordeaux la vraie capitale du Sud-Ouest (pardon, d'Aquitaine).

Bordeaux est une aristocrate qui aime aussi s'encanailler. Elle aime ses aises, sa liberté, et ne cesse de regretter la victoire des Jacobins sur les Girondins.

Et le vin ? Il est partout et pas seulement le bordeaux, car ces gens sont chauvins, certes, mais aussi curieux, et puis ils considèrent, à juste titre, que tout vin du monde est fils de Bordeaux.

POLOGNE ET CAPITALES BALTES (avril 2005)

Depuis leur entrée au sein de la grande famille européenne, les anciens pays de l'Est suscitent beaucoup de curiosité. On connaissait déjà ce grand pays qu'est la Pologne, avec Cracovie, une vraie perle de culture ; Varsovie ; le massif des Tatras ; les rivages de la Baltique où s'échoue l'ambre fossilisé ; et les plaines encore sauvages de Mazurie où broutent les derniers bisons d'Europe. Mais que dire alors des pays que l'on nomme baltes ? Lituanie, Estonie, Lettonie... On les mélange encore un peu mais, très vite, on distingue leurs différences : Vilnius, la baroque au milieu de collines boisées, Tallinn et son lacis de rues dominées par les flèches des églises, Riga, sa forteresse face à la mer et ses édifices Art nouveau. Malgré les 50 ans de présence soviétique, vous serez surpris par la modernité de ces villes et par le dynamisme qui anime leurs habitants.

Remerciements

Pour l'édition de ce guide, nous remercions tout particulièrement :

- Don Ettore Bianchi, directeur de l'ENIT à Paris ;
- Anne Lefèvre et Géraldine Stéphanon, chargées des relations avec la presse à l'ENIT ;
- Giovanni Girardini de l'Espace Vallée d'Aoste ;
- Anna Carconi de la promotion Vallée d'Aoste ;
- Paola Pancher, de la région de Trentin ;
- Ruth Torggler de la région Haut-Adige ;
- Roberta Maraschin de l'office du tourisme de Trente ;
- Gabriella Talamini de l'office du tourisme de Cortina d'Ampezzo ;
- Giuseppe Pisilli, de l'office du tourisme de Côme ;
- Anna Maria Santolini et Franco, de l'office du tourisme de la vallée de Ledro ;
- Olivier Fabbri à Bologne, source d'infos intarissable pour Bologne et la région Émilie-Romagne ;
- Giordana Masetti, pour la province de Parme.

LES QUESTIONS QU'ON SE POSE LE PLUS SOUVENT

➤ ***Quelle est la meilleure saison pour y aller ?***

Les intersaisons (avril-mai et septembre-octobre). Le temps est agréable sans être caniculaire.

➤ ***Quel est le meilleur moyen pour y aller ?***

L'avion est la solution la plus rapide, surtout pour un court séjour. Les compagnies aériennes pratiquent des prix très compétitifs.

➤ ***La vie est-elle chère ?***

Oui, c'est même souvent hors de prix. La principale dépense est l'hébergement. Mais les restos et les visites coûtent également très cher.

➤ ***Peut-on facilement voyager avec des enfants ?***

Bien sûr ! Les Italiens adorent les enfants. Cependant, le riche patrimoine italien risque d'épuiser vos chérubins. Préférez dans ce cas les balades dans les villes pittoresques plutôt que des visites quotidiennes de musées.

➤ ***Faut-il parler l'italien pour se faire comprendre ?***

Comme partout, on vous conseille d'apprendre quelques mots. Sachez tout de même que, le plus souvent, les Italiens comprennent ou parlent le français.

➤ ***Peut-on facilement se déplacer en Italie du Nord sans voiture ?***

Oui, en combinant les trains et les bus. Ces derniers sont nombreux au départ de chaque grande ville. Il est tout de même préférable de circuler en voiture, beaucoup plus pratique quand on veut sortir des sentiers battus.

➤ ***Doit-on prévoir un gros budget pour les visites culturelles ?***

Pour la plupart, les villes ont mis en place des systèmes de *pass* qui permettent de réaliser de sacrées économies, à condition d'avoir un gros appétit culturel. Sinon, les visites, faites une à une, finissent par revenir cher.

➤ ***Dans les restaurants italiens, est-on condamné à ne manger que des pâtes ?***

Non, la gastronomie italienne ne s'arrête pas aux pâtes ! Dans le nord de l'Italie en particulier, il existe une tradition culinaire ancienne. Reste que les primi piatti (pâtes) sont les plats les moins chers...

➤ ***Fait-il plus froid en Italie du Nord que dans le reste de l'Italie ?***

L'Italie du Nord se situe tout de même à la latitude du sud de la France. La proximité des Alpes rend la petite laine nécessaire.

➤ ***Que peut-on rapporter d'Italie ?***

Du *limoncello*, des *antipasti*, des liqueurs d'herbe et de l'indéboulonnable huile d'olive. Les costumes, cravates et chaussures sont de très bonne qualité également (mais pas donnés).

➤ ***Y a-t-il des problèmes de sécurité ?***

Oui. Le principal souci est le vol à la tire, même s'il y en a moins que par le passé. Par ailleurs, assurez-vous de ne rien laisser dans votre voiture, les effractions sont assez fréquentes.

COMMENT Y ALLER ?

EN VOITURE

De France, plusieurs routes possibles, mais n'oubliez tout de même pas d'emporter une bonne carte routière.

➢ ***À partir de Paris :*** prendre l'A 6 en direction de Lyon jusqu'à Mâcon. Puis Bourg-en-Bresse et Bellegarde. Autoroute vers Chamonix, puis le tunnel du Mont-Blanc, en direction d'Aoste puis Turin.

➢ ***Par l'autoroute du Sud :*** descendre jusqu'à Marseille, puis Nice et la frontière italienne, Menton et Vintimille. Le voyage se poursuit sur les autoroutes à péage italiennes.

➢ ***Par le tunnel du Fréjus :*** autoroute du Sud jusqu'à Lyon, A 43 Lyon-Chambéry-Montmélian, puis la vallée de la Maurienne jusqu'à Modane. Péage pour le tunnel, puis direction Turin.

➢ ***Ceux qui habitent l'est ou le nord de la France*** ont intérêt à prendre l'autoroute en Suisse ***à partir de Bâle.*** Passer par Lucerne et le tunnel du Gothard puis direction Gênes (Genova), Milan (Milano) et Turin (Torino). Seuls frais : le droit de passage (à l'année) en Suisse. C'est un parcours qui permet, par exemple, de relier Bâle à la Vénétie en 7 h et presque uniquement par l'autoroute.

– ***Attention :*** en Italie, sur autoroute, les panneaux indicateurs sont de couleur verte ; les bleus concernent les autres routes, notamment les nationales ou les routes secondaires.

EN BUS

▲ CLUB ALLIANCE

– *Paris :* 33, rue de Fleurus, 75006. ☎ 01-45-48-89-53. Fax : 01-45-49-37-01. Ⓜ Rennes, Saint-Placide ou Notre-Dame-des-Champs. Ouvert du lundi au vendredi de 10 h 30 à 19 h et le samedi de 13 h 30 à 19 h.
Spécialiste des week-ends (Milan et lacs italiens) et des ponts de 4 jours (Rome, Venise, Florence, lac Majeur, lac de Garde...). Propose aussi des circuits économiques de 1 à 16 jours en Italie et dans toute l'Europe, y compris en France. Brochure gratuite sur demande.

▲ EUROLINES

☎ 0892-899-091 (0,34 €/mn). • www.eurolines.fr • Vous trouverez également les services d'Eurolines sur : • www.routard.com • Présents à Paris, Versailles, Avignon, Bordeaux, Dijon, Lille, Lyon, Marseille, Metz, Montpellier, Nantes, Nîmes, Perpignan, Rennes, Strasbourg, Toulouse et Tours.
Leader européen des voyages en lignes régulières internationales par autocar, Eurolines permet de voyager vers plus de 1 500 destinations en Europe au travers de 32 pays et de 80 points d'embarquement en France.

– *Eurolines Travel* (spécialiste du séjour) *:* 55, rue Saint-Jacques, 75005 Paris. ☎ 01-43-54-11-99. Ⓜ Maubert-Mutualité. En complément du transport, un véritable tour-opérateur intégré qui propose des formules transport + hébergement sur les principales capitales européennes.

– *Pass Eurolines :* pour un prix fixe valable 15, 30 ou 60 jours, vous voyagez autant que vous le désirez sur le réseau entre 35 villes européennes. Le *pass Eurolines* est fait sur mesure pour les personnes autonomes qui veulent profiter d'un prix très attractif et désireuses de découvrir l'Europe sous toutes ses coutures.

– *Mini-pass :* ce billet, valable 6 mois, permet de visiter 2 métropoles européennes en toute liberté. Le voyage peut s'effectuer dans un sens comme dans un autre.

▲ **VOYAGES 4A**

– *Nancy :* 1 bis, rue de la Primatiale, 54000. Renseignements et réservations : ☎ 03-83-37-99-66. Fax : 03-83-37-65-99. • www.voyages4a.com • voyages4a@voyages4a.com •

Voyages 4 A, des voyages en autocar sur lignes régulières à destination des grandes cités européennes, des séjours et circuits Europe durant les ponts et vacances, le carnaval de Venise, les grands festivals et expositions, des voyages en transsibérien, des séjours en Russie à la découverte de Moscou, de l'Anneau d'Or, de Saint-Pétersbourg, du Baïkal... Formules tout public au départ de Paris, Lyon, Marseille et autres grandes villes de France.

EN TRAIN

Artesia, filiale de la SNCF et des Chemins de fer italiens, gère les relations ferroviaires entre la France et l'Italie.

De jour :

➢ Au départ de Paris-gare de Lyon et de Chambéry : 3 allers-retours quotidiens en TGV pour ***Milan*** et ***Turin.*** Départs à 8 h 04, 14 h 24 et 15 h 50.

De nuit :

➢ Des trains de nuit partent tous les soirs au départ de Paris - gare de Bercy à destination de ***Milan, Turin, Novara, Brescia, Vérone, Padoue, Vicenza, Piacenza, Parme, Bologne, Florence, Rome et Venise.***

Pour préparer votre voyage

– ***Billet à domicile :*** commandez votre billet par téléphone, sur Internet ou par Minitel, la SNCF vous l'envoie gratuitement à domicile. Vous réglez par carte bancaire (pour un montant minimum de 1 € sous réserve de modifications ultérieures) au moins 4 jours avant le départ (7 jours si vous résidez à l'étranger).

Les réductions

– Vous pouvez vous rendre en Italie en train de nuit pour 35 € l'aller simple, avec les tarifs ***Prem's*** en couchettes 6 places et pour 60 € l'aller simple en couchettes 4 places avec le tarif Mini C.

Sur les TGV en 2e classe, vous pouvez voyager à partir de 25 € à destination de Turin et Milan : tarif en vente uniquement sur • www.voyages-sncf.com •

– Pour les moins de 26 ans, profitez du ***tarif Jeune*** vous permettant de voyager à un prix attractif en train de nuit comme en TGV.

– Au-delà de 26 ans, adoptez la formule ***Loisir*** (en aller-retour sur les trains de nuit et TGV) ou ***Week-end*** (en aller simple les vendredi, samedi et dimanche sur les TGV). En *Loisir,* partez de Paris pour l'Italie à partir de 160 € aller-retour en couchettes 6 places.

– Vous avez aussi la possibilité d'utiliser une ***Carte Inter Rail*** ou ***Euro Domino.***

Avec la *Carte Inter Rail,* quel que soit votre âge, vous pouvez circuler librement en 2e classe dans 29 pays d'Europe. Ces pays sont regroupés en 8 zones dont une, la zone G, englobe l'Italie, la Slovénie, les bateaux entre Brindisi et Patras, la Grèce et la Turquie. Vous pouvez choisir parmi plusieurs formules (*Pass* à 1 zone pour 16 jours de libre circulation, *Pass* à 2 zones pour 22 jours de libre circulation...).

La formule *Euro Domino* vous permet, quel que soit votre âge, de circuler librement dans un pays d'Europe de 3 à 8 jours, consécutifs ou non, et cela dans une période de validité d'un mois.

Pour obtenir plus d'informations sur ces réductions et acheter vos billets

– ***Internet :*** • www.voyages-sncf.com •
– ***Téléphone :*** ☎ 36-35 (0,34 €/mn).
– ***Minitel :*** 36-15 ou 36-16, code SNCF (0,21 €/mn).
– Dans les gares, boutiques SNCF et agences de voyages agréées.

EN AVION

Les compagnies régulières

▲ AIR FRANCE

Renseignements et réservations au ☎ 0820-820-820 (de 6 h 30 à 22 h). • www.airfrance.fr •, dans les agences Air France et dans toutes les agences de voyages.

➢ Au départ de Roissy-CDG (aérogare 2), Air France dessert :
– *Bologne* avec 6 vols directs quotidiens ;
– *Gênes* avec 3 vols directs quotidiens ;
– Milan Linate avec 4 vols directs quotidiens ;
– *Milan Malpensa* avec 10 vols directs quotidiens ;
– *Turin* avec 5 vols directs quotidiens.

Air France propose une gamme de tarifs attractifs accessibles à tous :
– « Évasion » : en France et vers l'Europe, Air France propose des réductions. « Plus vous achetez tôt, moins c'est cher ».
– « Semaine » : pour un voyage aller-retour pendant la semaine.
– « Évasion week-end » : pour des voyages autour du week-end avec des réservations jusqu'à la veille du départ.

Air France propose également, sur la France, des réductions jeunes, seniors, couples ou famille. Pour les moins de 25 ans, Air France propose une carte de fidélité gratuite et nominative « Fréquence Jeune » qui leur permet de cumuler des *miles* sur Air France ou sur les compagnies membres de Skyteam et de bénéficier de billets gratuits et d'avantages chez de nombreux partenaires.

Tous les mercredis dès 0 h, sur • www.airfrance.fr •, Air France propose les tarifs « Coups de cœur », une sélection de destinations en France pour des départs de dernière minute.

Sur Internet, possibilité de consulter les meilleurs tarifs du moment, rubrique « Offres spéciales », « Promotions ».

▲ ALITALIA

– *Paris :* 69, bd Haussmann, 75008. ☎ 01-44-94-44-20. Fax : 01-44-94-44-80. • www.alitalia.fr • Ⓜ Havre-Caumartin ou Saint-Lazare. Agence ouverte du lundi au vendredi de 9 h à 18 h ; le samedi de 9 h à 13 h 30. Et dans toutes les agences de voyages.
– Centrale de réservations et d'informations du lundi au vendredi de 8 h à 20 h ; les samedi et dimanche de 9 h à 19 h. ☎ 0820-315-315 (0,12 €/mn).

➢ Vols quotidiens pour Milan, Bologne, Gênes, Vérone au départ de Paris-Charles-de-Gaulle, aérogare 2, terminal F. Également des vols hebdomadaires pour Milan au départ de Clermont-Ferrand, Lille, Lyon, Marseille, Nantes, Nice, Toulouse.

Les compagnies *low cost*

Ce sont des compagnies dites « à bas prix ». Une révolution dans le monde du transport aérien ! De nombreuses villes de province sont desservies, ainsi

que les aéroports limitrophes des grandes villes. À bord, c'est service minimum. Réservation par Internet ou par téléphone (pas d'agence et pas de « billet-papier », juste un numéro de réservation).
Quand les prix sont au plus bas, ça vaut vraiment le coup. En revanche, les pénalités en cas de changement d'horaires sont assez importantes et les taxes d'aéroport rarement incluses. N'oubliez pas non plus d'ajouter le prix du bus pour vous rendre à ces aéroports, souvent assez éloignés du centre des villes.

▲ EASYJET

• www.easyjet.com • Réservations au : ☎ 0825-082-508.
➢ De Paris-Orly, 1 vol quotidien pour Milan-Linate, de mars à octobre seulement.

▲ VIRGIN EXPRESS

• www.virginexpress.com • Réservations au : ☎ 00-39-02-482-960-00 (Italie), tous les jours de 6 h à 22 h.
➢ De Bruxelles, 2 allers-retours par semaine pour Milan. Même fréquence et même destination au départ de Genève.

▲ VOLAREWEB.COM

• www.volareweb.com • Réservations au : ☎ 0800-047-290.
➢ Plusieurs allers-retours hebdomadaires Paris-Milan au départ d'Orly.

EN BATEAU

Depuis l'Italie du Nord (La Spezia, Ancône, Gênes, Livourne, Venise, Trieste), possibilité de se rendre en Croatie, en Corse, en Sardaigne, en Tunisie, à Malte...

▲ EURO-MER

Spécialiste des traversées maritimes au départ d'Europe, la compagnie Euro-Mer (5, quai de Sauvages – CS 10024, 34078 Montpellier Cedex 3. ☎ 04-67-65-67-30. Fax : 04-67-65-20-27. • www.euromer.net •) propose des traversées à des tarifs très attractifs en navires rapides ou en navires classiques. Nombreuses réductions.

LES ORGANISMES DE VOYAGES

– Ne pas croire que les vols à tarif réduit sont tous au même prix pour une même destination à une même époque : loin de là. On a déjà vu, dans un même avion partagé par deux organismes, des passagers qui avaient payé 40 % plus cher que les autres. De plus, une agence bon marché ne l'est pas forcément toute l'année (elle peut n'être compétitive qu'à certaines dates bien précises). Donc, contactez tous les organismes et jugez vous-même.
– Les organismes cités sont classés par ordre alphabétique, pour éviter les jalousies et les grincements de dents.

▲ ANYWAY.COM

☎ 0892-892-612 (0,34 €/mn). Fax : 01-53-19-67-10. • www.anyway.com •
Du lundi au vendredi de 8 h à 20 h et le samedi de 9 h à 19 h.
Depuis 15 ans, Anyway.com se spécialise dans le vol sec et s'adresse à tous les routards en négociant des tarifs auprès de 500 compagnies aériennes et l'ensemble des vols charters pour garantir des prix toujours plus compétitifs.
Anyway.com, c'est aussi la possibilité de comparer les prix de quatre grands loueurs de voitures. On accède également à plus de 12000 hôtels du 2 au

5 étoiles, à des tarifs négociés pour toutes les destinations dans le monde. Ceux qui préfèrent repos et farniente retrouveront plus de 500 séjours et de week-ends tout inclus à des tarifs très compétitifs.

▲ BRAVO VOYAGES

– *Paris :* 16, rue des Cordelières, 75013. ☎ 01-45-35-43-00. Fax : 01-45-35-65-33. • www.bravovoyages.com • Ⓜ Gobelins.
Agence spécialisée sur l'Italie et plus particulièrement sur la Sicile, les îles Éoliennes et la Sardaigne. Vols spéciaux hebdomadaires sur la Sicile et la Sardaigne, possibilités de vols réguliers, circuits, séjours en hôtels ou en clubs. De la formule tout compris au voyage à la carte en passant par le *fly and drive,* Bravo propose également des locations de villas et d'appartements sur l'Italie et ses îles.

▲ CIT (COMPAGNIE ITALIENNE DE TOURISME)

– *Paris :* 3, bd des Capucines, 75002. ☎ 01-44-51-39-51. Service maritime : ☎ 01-44-51-39-81. Fax : 01-44-51-39-67. • citcapucines@citfrance.fr • Ⓜ Opéra.
– *Paris :* 17, av. des Gobelins, 75005. ☎ 01-45-87-72-30. Fax : 01-45-87-72-36. • citgobelins@citfrance.fr • Ⓜ Gobelins.
– *Paris :* 53, av. de la République, 75011. ☎ 01-40-21-31-31. Fax : 01-40-21-00-49. • citrepublique@citfrance.fr • Ⓜ Parmentier ou Rue-Saint-Maur.
– *Paris :* 110, rue Cambronne, 75015. ☎ 01-56-58-30-30. Fax : 01-56-58-30-35. • citcambronne@citfrance.fr • Ⓜ Vaugirard.
– *Paris :* 13-15, chaussée de la Muette, 75016. ☎ 01-53-92-22-90. Fax : 01-42-30-81-97. • citmuette@citfrance.fr • Ⓜ Muette.
– *Paris :* 47, rue des Batignolles, 75017. ☎ 01-44-70-77-60. Fax : 01-44-70-77-66. • citbatignolles@citfrance.fr • Ⓜ Rome.
– *Bordeaux :* 46, allées de Tourny, 33000. ☎ 05-56-44-75-69. Fax : 05-56-79-18-97. • citbordeaux@citfrance.fr •
– *Cannes :* 14, rue Jean-de-Riouffe, 06400. ☎ 04-92-99-18-18. Fax : 04-92-98-08-69. • citcannes@citfrance.fr •
– *Lille :* 14, rue Faidherbe, 59800. ☎ 03-20-55-61-16. Fax : 03-20-31-51-08. • citlille@citfrance.fr •
– *Lyon :* 70, rue du Président-E.-Herriot, 69002. ☎ 04-78-42-66-92. Fax : 04-78-38-25-75. • citlyon@citfrance.fr •
– *Marseille :* 6, rue Grignan, 13001. ☎ 04-91-33-66-00. Fax : 04-91-54-26-45. • citmarseille@citfrance.fr •
– *Nice :* 12, av. Thiers, BP 1685, 06012, Cedex 1. ☎ 04-93-16-52-70. Fax : 04-93-88-06-31. • citnice@citfrance.fr •
La plus importante agence de voyages italienne et la plus célèbre. Elle propose tous les programmes, toutes les formules : vols à tarifs réduits sur de nombreuses destinations, brochures très complètes sur l'Italie, circuits, clubs, location de voitures, hôtels, locations d'appartements... Jetez un coup d'œil à l'intérieur de l'agence du boulevard des Capucines pour le décor superbement rétro. On s'attend à y croiser Agatha Christie.

▲ CLUB MED DÉCOUVERTE

Pour se renseigner, recevoir la brochure et réserver, n° Azur : ☎ 0810-802-810 (prix appel local – France). • www.clubmed-decouverte.com • Et dans les agences Club Med Voyages, Thomas Cook et agences agréées.
Département des circuits et escapades organisés par le Club Méditerranée. Présence en Italie.
Le savoir-faire du Club, c'est :
– un rythme équilibré entre découverte, culture et détente.
– Des départs garantis sur de nombreux circuits, sauf pour certaines destinations qui requièrent un minimum de participants.

– Une hôtellerie de qualité et les plaisirs d'une table variée entre spécialités locales et cuisine internationale.
– Un guide accompagnateur choisi pour sa connaissance du pays.

▲ COMPTOIR DE L'ITALIE

– *Paris :* 344, rue Saint-Jacques, 75005. ☎ 01-53-10-21-62. Fax : 01-53-10-21-51. • www.comptoir.fr • Ⓜ Port-Royal. Ouvert du lundi au samedi de 10 h à 18 h 30.

Comptoir de l'Italie vous invite à découvrir les richesses et la culture de l'Italie et la vie de ses peuples. Véritables professionnels du tourisme, les conseillers de Comptoir de l'Italie sauront mettre en exergue les traditions, les couleurs et l'hospitalité légendaire de ce pays unique. Ils ont mis au point des voyages en individuel adaptés à tous les budgets avec une sélection d'hébergements de charme. Comptoir de l'Italie s'intègre à l'ensemble des Comptoirs organisés autour de thématiques : Déserts, Afrique, Islande, États-Unis, Canada, Maroc, Terres Extrêmes, Pays Celtes, Scandinavie.

▲ DONATELLO

– *Paris :* 10, rue Daunou, 75002. ☎ 01-44-58-30-81. Fax : 01-42-60-42-14. Ⓜ Opéra.
– *Paris :* 140, rue du Faubourg-Saint-Honoré, 75008. ☎ 01-53-83-00-00. Fax : 01-45-61-24-81. Ⓜ Saint-Philippe-du-Roule.
– *Lyon :* 7, rue Président-Carnot, 69002. ☎ 04-72-41-26-78. Fax : 04-72-40-93-65.
– *Marseille :* 31, cours d'Estienne-d'Orves, 13001. ☎ 04-96-11-25-80. Fax : 04-96-11-25-85.
– *Nantes :* 1, rue Lafayette, 44000. ☎ 02-28-20-24-10. Fax : 02-40-08-01-71. • www.donatello.fr •

Donatello est le spécialiste du voyage individuel et sur mesure. Sa brochure « Italie, Sicile, Sardaigne » propose en Italie du Nord week-ends dans les villes d'art, séjours culturels, suggestions thématiques, sélection d'hôtels de charme, clubs, locations de villas et d'appartements, location de voitures... Sont également proposés des week-ends à Venise, Vérone, Florence, Sienne et Milan, des séjours sur les lacs italiens, la riviera italienne et sur l'Adriatique ainsi que des voyages à la carte dans toute l'Italie.

▲ IMAGES DU MONDE VOYAGES

– *Paris :* 14, rue Lahire, 75013. ☎ 01-44-24-87-88. Fax : 01-45-86-27-73. • www.images-du-monde.com • images.du.monde@wanadoo.fr • Ⓜ Nationale ou Bibliothèque-F.-Mitterrand. Sur rendez-vous de préférence.

Spécialiste du monde latin (Italie, Espagne, Amérique latine et une partie des Caraïbes), ce tour-opérateur propose des voyages sur mesure pour individuels et groupes constitués, des prestations les plus simples aux plus sophistiquées, du vol sec au forfait complet.

Images du Monde Voyages propose un très vaste choix de locations dans toutes les régions, y compris en Sicile, aux îles Éoliennes, en Sardaigne et dans les principales villes d'art. Propose aussi plus de 800 hôtels du 3 au 5 étoiles dans plus de 80 villes, ainsi que des vols réguliers et charters à tarifs attractifs, locations de voitures, prestations insolites...

▲ JET TOURS

Les voyages à la carte de Jet Tours s'adressent à tous ceux qui ont envie de se concocter un voyage personnalisé, en couple, entre amis, ou en famille, mais surtout pas en groupe. Tout est proposé à la carte : il suffit de choisir sa destination et d'ajouter aux vols internationaux les prestations de son choix, autotours, itinéraires à imaginer soi-même, randonnées, hôtels de différentes catégories (de 2 à 5 étoiles), adresses de charme, maisons d'hôtes, appartements..., location de voitures, escapades, sorties en ville. Nature, découverte et dépaysement sont au rendez-vous.

L'ITALIE
à portée de train
à partir de
35€*
Rome
Florence
Milan
Venise
Turin
Parme
Bologne
Padoue
Vérone
Novare
Brescia
Vicence
Plaisance
ARTESIA
SNCF
*Tarif aller simple soumis à conditions, valable tous les jours en train de nuit couchettes 6 places. Renseignez-vous en gares, boutiques SNCF, agences de voyages agréées, sur Minitel, par téléphone au 36 35 (0,34 € ttc/mn), ou sur www.voyages-sncf.com.

Voyages Wasteels
Les spécialistes des voyages en Italie
Voyages Wasteels, 63 agences en France & 140 en Europe
INTERNET www.wasteels.fr
CENTRE D'APPELS 0 825 88 70 70
VOYAGES WASTEELS
wasteels.fr
Plus proches de vous, pour aller plus loin.
Création > Zone 51 - Photo : photodisc

Avec les autotours et les voyages à la carte Jet Tours, vous pourrez découvrir de nombreuses destinations comme Chypre (nouveauté), l'Andalousie, Madère, le Portugal (été), l'Italie, la Sicile (été), la Grèce, la Crète (en été), le Maroc, Cuba, l'île Maurice, la Réunion, la Thaïlande, l'Inde, le Canada, les États-Unis.
La brochure *Autotours et voyages à la carte* est disponible dans toutes les agences de voyages. Vous pouvez aussi joindre Jet Tours sur Internet : • www.jettours.com •

▲ LASTMINUTE.COM

Pour satisfaire une envie soudaine d'évasion, le groupe lastminute.com propose des mois à l'avance ou au dernier moment des offres de séjours, des hôtels, des restaurants, des spectacles... dans le monde entier. L'ensemble de ces services est aussi bien accessible par Internet • www.lastminute.com • www.degriftour.com • www.travelprice.com • que par minitel (36-15, code DT) et ☎ 0892-705-000 (0,34 €/mn).

▲ LINEA ITALIA

– *Paris :* 15, rue du Surmelin, 75020. ☎ 01-43-61-10-00. Fax : 01-43-61-09-39. Ⓜ Pelleport.
Linea Italia offre une nouvelle ligne de programmes pour concevoir ses vacances selon son plaisir et à son rythme : soit détente et farniente, soit découverte des trésors culturels ou d'un événement. Toutes les formules sont proposées dans les villes d'art de la péninsule : Rome, Florence, Venise, Naples, etc., les régions telles que la Campanie (Capri, Amalfi, Sorrente), la Toscane, la Sicile et la Sardaigne.
Linea Italia, c'est aussi des vols spéciaux ou réguliers à prix réduits, un choix d'hôtels du 2 étoiles aux palaces, hôtels-clubs, villages de vacances et location de voitures sélectionnés par une équipe italienne de spécialistes.

▲ NOUVELLES FRONTIÈRES

– *Paris :* 87, bd de Grenelle, 75015. Ⓜ La Motte-Picquet-Grenelle.
– Renseignements et réservations dans toute la France : ☎ 0825-000-825 (0,15 €/mn). • www.nouvelles-frontieres.fr •
Plus de 30 ans d'existence, 1 800 000 clients par an, 250 destinations, une chaîne d'hôtels-clubs et de résidences *Paladien* et une compagnie aérienne, *Corsair.* Pas étonnant que Nouvelles Frontières soit devenu une référence incontournable, notamment en matière de tarifs. Le fait de réduire au maximum les intermédiaires permet d'offrir des prix « super-serrés ». Un choix illimité de formules vous est proposé : des vols sur la compagnie aérienne de Nouvelles Frontières au départ de Paris et de province, en classe Horizon ou Grand Large, et sur toutes les compagnies aériennes régulières, avec une gamme de tarifs selon confort et budget. Sont également proposés toutes sortes de circuits, aventure ou organisés ; des séjours en hôtels, en hôtels-clubs et en résidences, notamment dans les *Paladien,* les hôtels de Nouvelles Frontières avec « vue sur le monde » ; des week-ends, des formules à la carte (vol, nuits d'hôtel, excursions, location de voitures...), des séjours neige.
Avant le départ, des réunions d'information sont organisées. Les 12 brochures Nouvelles Frontières sont disponibles gratuitement dans les 200 agences du réseau, par téléphone et sur Internet. Intéressant : des brochures thématiques (plongée, rando, trek, thalasso).

▲ TERRES DE CHARME

– *Paris :* 19, av. Franklin-D.-Roosevelt, 75008. ☎ 01-55-42-74-10. Fax : 01-56-24-49-77. • www.terresdecharme.com • Ⓜ Franklin-D.-Roosevelt. Ouvert du lundi au vendredi de 10 h à 19 h et le samedi de 13 h à 19 h.
Terres de Charme a la particularité d'organiser des voyages haut de gamme

pour ceux qui souhaitent voyager à deux, en famille ou entre amis. Des séjours et des circuits rares et insolites regroupés selon 5 thèmes : « charme de la mer », « l'Afrique à la manière des pionniers », « charme et aventure », « sur les chemins de la sagesse », « week-ends et escapades », avec un hébergement allant de douillet à luxueux.

▲ VOYAGEURS EN ITALIE

– *Voyageurs en Italie* (Italie, Îles Éoliennes, Sardaigne, Sicile) *:* ☎ 0892-23-61-61 (0,34 €/mn). Fax : 01-42-86-16-28.
Spécialiste du voyage en individuel sur mesure. • www.vdm.com •
Nouveau « Voyageurs du Monde Express » : des séjours « prêts à partir » sur des destinations mythiques. ☎ 08-92-68-83-63 (0,34 €/mn).
– *Paris :* La Cité des Voyageurs, 55, rue Sainte-Anne, 75002. ☎ 0892-23-56-56 (0,34 €/mn). Fax : 01-42-86-17-88. Ⓜ Opéra ou Pyramides. Bureaux ouverts du lundi au samedi de 9 h 30 à 19 h.
– *Lyon :* 5, quai Jules-Courmont, 69002. ☎ 0-892-231-261 (0,34 €/mn). Fax : 04-72-56-94-55.
– *Marseille :* 25, rue Fort-Notre-Dame (angle cours d'Estienne-d'Orves), 13001. ☎ 0892-233-633 (0,34 €/mn). Fax : 04-96-17-89-18.
– *Nice :* 4, rue du Maréchal-Joffre (angle rue de Longchamp), 06000. ☎ 0892-232-732 (0,34 €/mn). Fax : 04-97-03-64-60.
– *Rennes :* 2, rue Jules-Simon, BP 10206, 35102. ☎ 0892-230-530 (0,34 €/mn). Fax : 02-99-79-10-00.
– *Toulouse :* 26, rue des Marchands, 31000. ☎ 0892-232-632 (0,34 €/mn). Fax : 05-34-31-72-73. Ⓜ Esquirol.
En 2005, ouverture à :
– *Lille :* ☎ 0892-234-634 (0,34 €/mn).
– *Grenoble :* ☎ 0892-233-533 (0,34 €/mn).
– *Bordeaux :* ☎ 0892-234-834 (0,34 €/mn).
Sur les conseils d'un spécialiste de chaque pays, chacun peut construire un voyage à sa mesure...
Pour partir à la découverte de plus de 120 pays, 92 conseillers-voyageurs, de près de 30 nationalités et grands spécialistes des destinations, donnent des conseils, étape par étape et à travers une collection de 25 brochures, pour élaborer son propre voyage en individuel. Des suggestions originales et adaptables, des prestations de qualité et des hébergements exclusifs.
Voyageurs du Monde propose également une large gamme de circuits accompagnés (Famille, Aventure, Routard...).
À la fois tour-opérateur et agence de voyages, Voyageurs du Monde a développé une politique de « vente directe » à ses clients, sans intermédiaire.
Dans chacune des *Cités des Voyageurs,* tout rappelle le voyage : librairies spécialisées, boutiques d'accessoires de voyages, restaurant des cuisines du monde, lounge-bar, expositions-ventes d'artisanat ou encore dîners et cocktails-conférences. Toute l'actualité de VDM à consulter sur leur site Internet.

▲ VOYAGES WASTEELS (JEUNES SANS FRONTIÈRE)

63 agences en France, 140 en Europe. Pour obtenir l'adresse et le numéro de téléphone de l'agence la plus proche de chez vous, rendez-vous sur • www.wasteels.fr •
Centre d'appels infos et ventes par téléphone : ☎ 0825-887-070 (0,15 €/mn).
Voyages Wasteels propose pour tous, des séjours, des vacances à la carte, des croisières, des voyages en avion ou train et de la location de voitures, au plus juste prix, parmi des milliers de destinations en France, en Europe et dans le monde. Voyages Wasteels, c'est aussi tous les voyages jeunes et étudiants avec des tarifs réduits particulièrement adaptés aux besoins et au

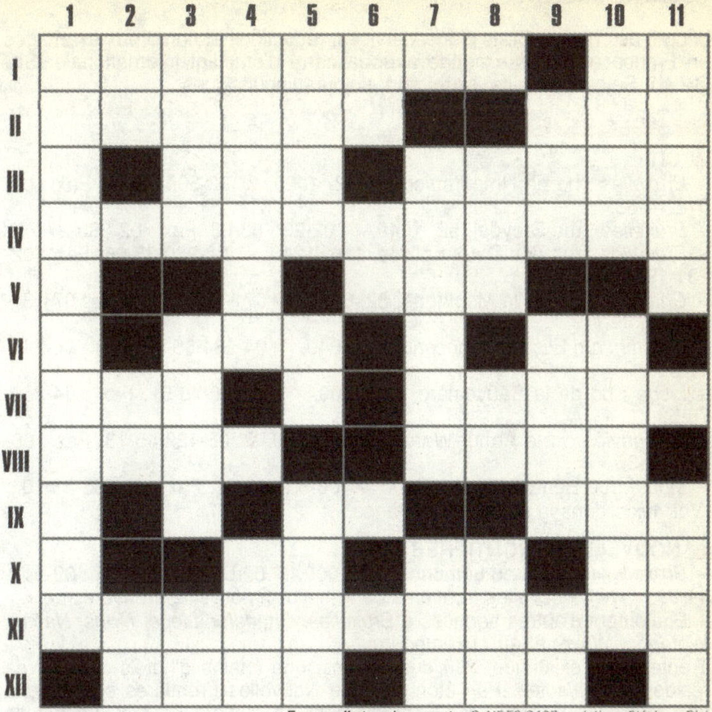

Espace offert par le support © AIDES 0407 - création : Stéphane Blot

HORIZONTALEMENT

I. Préliminaire d'ados. Très Bien. **II.** Âpres. Jour ibère. **III.** Direction Générale de la Santé. Mayonnaise à l'ail. **IV.** Provoquent souvent des effets indésirables. **V.** Les notres **VI.** Infection Sexuellement Transmissible. "Assez" en texto. **VII.** Dans le noyau. Se porte rouge contre le sida. **VIII.** Élément de bord de mer. Fin de phrase télégraphique. **IX.** Que l'on sait. Positif ou négatif. **X.** Participe passé de rire. Avant. La tienne. **XI.** Entraides. **XII.** Patrie du Ché. Un des virus de l'hépatite.

VERTICALEMENT

1. À Protéger. **2.** Avant certains verbes. Note. Langue du sud. **3.** Castor et Pollux sont ses fils. La vache y est sacrée. Déchiffré. **4.** Parties de débauche.Pour prélèvement. **5.** Dépistage. Toi. Les séropositifs en souffrent. **6.** Excelle. Dans. **7.** Avec ou sans lendemains. Antirétroviraux. **8.** Fin de maladies. Do courant. Responsable du sida. **9.** De soi ou d'argent. Aboiement. Symbole du technétium. **10.** On comprend quand on le fait. Anglaise en France. **11.** Affluent de la Garonne. En mauvais état.

budget de chacun. Bons plans, services, réductions et nombreux avantages en France et dans le monde avec la carte d'étudiant internationale ISIC (12 €). Séjours sportifs, ski et surf, séjours linguistiques.

EN BELGIQUE

▲ CIT

– *Bruxelles :* bd de l'Impératrice, 70-72, 1000. ☎ 02-509-45-11. Fax : 02-512-14-88.
– *Bruxelles :* rue Breydel, 52, 1040. ☎ 02-230-68-68. Fax : 02-230-27-73.
– *Bruxelles :* rue des Deux-Églises, 116, 1210. ☎ 02-230-35-06. Fax : 02-231-19-84.
– *Charleroi :* rue de la Montagne, 82, 6000. ☎ 071-31-42-33. Fax : 071-32-91-24.
– *Herstal :* rue Élisa-Dumonceau, 51, 4040. ☎ 04-264-55-33. Fax : 04-248-12-83.
– *Liège :* bd de la Sauvenière, 81, 4000. ☎ 04-250-76-51. Fax : 04-250-76-59.
– *La Louvière :* rue Arthur-Warocqué, 3, 7100. ☎ 06-422-45-13. Fax : 06-421-70-36.
– *Mons :* rue Bertaimont, 16, 7000. ☎ 06-531-13-22. Fax : 06-535-33-10.
(Voir texte dans la partie « En France ».)

▲ NOUVELLES FRONTIÈRES

– *Bruxelles* (siège) *:* bd Lemonnier, 2, 1000. ☎ 02-547-44-22. Fax : 02-547-44-99. • www.nouvelles-frontieres.be • mailbe@nouvelles-frontieres.be •
– Également d'autres agences à *Bruxelles, Charleroi, Liège, Mons, Namur, Waterloo, Wavre* et au *Luxembourg.*
Trente ans d'existence, 250 destinations, une chaîne d'hôtels-clubs et de résidences *Paladien.* Pas étonnant que Nouvelles Frontières soit devenu une référence incontournable, notamment en matière de prix. Le fait de réduire au maximum les intermédiaires permet d'offrir des prix « super-serrés ».

▲ CONNECTIONS

Renseignements et réservations en semaine de 9 h à 21 h et le samedi de 10 h à 17 h au ☎ 070-233-313. • www.connections.be •
Spécialiste du voyage pour les étudiants, les jeunes et les *Independent travellers.* Le voyageur peut y trouver informations et conseils, aide et assistance (revalidation, *routing...*) dans 21 points de vente en Belgique et auprès de bon nombre de correspondants de par le monde.
Connections propose une gamme complète de produits : des tarifs aériens spécialement négociés pour sa clientèle (licence IATA) et, en exclusivité pour le marché belge, les très avantageux billets « Campus » réservés aux jeunes et étudiants ; le bus avec plus de 300 destinations en Europe (un tarif exclusif pour les étudiants) ; toutes les possibilités d'arrangement terrestre (hébergement, locations de voitures, *self-drive tours,* vacances sportives, expéditions) ; de nombreux services aux voyageurs comme l'assurance voyage « Protections » ou les cartes internationales de réductions (la carte internationale d'étudiant ISIC).

EN SUISSE

▲ NOUVELLES FRONTIÈRES

– *Genève :* 10, rue Chantepoulet, 1201. ☎ 022-906-80-80. Fax : 022-906-80-90.
– *Lausanne :* 19, bd de Grancy, 1006. ☎ 021-616-88-91. Fax : 021-616-88-01.
(Voir texte dans la partie « En France ».)

▲ STA TRAVEL

– *Bienne :* General Dufour-strasse 4, 2502. ☎ 032-328-11-11. Fax : 032-328-11-10.
– *Fribourg :* 24, rue de Lausanne, 1701. ☎ 026-322-06-55. Fax : 026-322-06-61.
– *Genève :* 3, rue Vignier, 1205. ☎ 022-329-97-34. Fax : 022-329-50-62.
– *Lausanne :* 20, bd de Grancy, 1006. ☎ 021-617-56-27. Fax : 021-616-50-77.
– *Lausanne :* à l'université, bâtiment BFSH2, 1015. ☎ 021-691-60-53. Fax : 021-691-60-59.
– *Montreux :* 25, av. des Alpes, 1820. ☎ 021-965-10-15. Fax : 021-965-10-19.
– *Nyon :* 17, rue de la Gare, 1260. ☎ 022-990-92-00. Fax : 022-361-68-27.
– *Neuchâtel :* 2, Grand-Rue, 2000. ☎ 032-724-64-08. Fax : 032-721-28-25.

Agences spécialisées dans les voyages pour jeunes et étudiants. Gros avantage en cas de problème : 150 bureaux STA et plus de 700 agents du même groupe répartis dans le monde entier sont là pour donner un coup de main *(Travel Help).*

STA propose des voyages très avantageux : vols secs *(Skybreaker),* billets Euro Train, hôtels, écoles de langues, voitures de location, etc. Délivre les cartes internationales d'étudiants et les cartes Jeunes Go 25.

STA est membre du fonds de garantie de la branche suisse du voyage ; les montants versés par les clients pour les voyages forfaitaires sont assurés.

AU QUÉBEC

▲ INTAIR VACANCES

Membre du groupe Intair comme Exotik Tours, Intair Vacances propose un vaste choix de prestations à la carte incluant vol, hébergement et location de voitures en Europe, aux États-Unis et dans les Antilles. Sa division Boomerang Tours présente par ailleurs des voyages sur mesure et des circuits organisés en Australie, en Nouvelle-Zélande et dans le Pacifique Sud. Sa branche Shangrila Tours offre le même type de produits en Afrique et en Asie. Cette année, Intair propose une nouvelle gamme d'hôtels en France et un programme inédit en Autriche. Également au menu, des courts ou longs séjours, en Espagne et en Italie (hôtels et appartements à Rome, Florence et Venise, en Toscane et sur la côte Amalfitaine). À Londres, Intair présente une sélection complète de produits (excursions, transferts, tours de ville).

▲ VOYAGES CAMPUS/TRAVEL CUTS

Voyages Campus/Travel Cuts est un réseau national d'agences de voyages qui s'adresse tout particulièrement aux étudiants et négocie de bons tarifs auprès des transporteurs aériens comme des opérateurs de circuits terrestres, et diffuse la carte d'étudiant internationale (ISIC), la carte de jeune de moins de 26 ans (IYTC) et la carte d'enseignant ou professeur à plein temps (ITIC). Voyages Campus publie deux fois par an le magazine *L'étudiant voyageur,* qui présente ses différents produits et notamment ses séjours linguistiques (Canada anglais, Amérique du Sud, États-Unis), de même que son Programme Vacances Travail (PVT) disponible dans dix pays (États-Unis, France, Nouvelle-Zélande, Japon, Afrique du Sud...). Le réseau compte quelque 70 agences au Canada, dont neuf au Québec (cinq à Montréal, une à Québec, une à Trois-Rivières et deux à Sherbrooke), le plus souvent installées près ou sur les campus universitaires ou collégiaux, sans oublier six bureaux aux États-Unis. • www.voyagescampus.com •

GÉNÉRALITÉS

« **Les Italiens sont des Français de bonne humeur.** »

Jean Cocteau

CARTE D'IDENTITÉ DE L'ITALIE

- ***Superficie :*** 302 000 km² avec deux États indépendants enclavés, le Vatican et Saint-Marin.
- ***Capitale :*** Rome.
- ***Population :*** 57 850 000 habitants.
- ***Langue officielle :*** italien.
- ***Régime :*** démocratie parlementaire.
- ***Président de la République :*** Carlo Azeglio Ciampi depuis le 18 mai 1999.
- ***Président du Conseil :*** Silvio Berlusconi depuis le 9 juin 2001.

AVANT LE DÉPART

Adresses utiles

En France

i ***Office national italien de tourisme (ENIT) :*** 23, rue de la Paix, 75002 Paris. Informations vocales (en français) : ☎ 00-800-00-48-25-42 (appel gratuit). Infos téléphonées : ☎ 01-42-66-66-68. Fax : 01-47-42-19-74. • www.enit-france.com • Ⓜ Opéra. Ouvert du lundi au vendredi de 9 h à 17 h.

À Paris, ils sont souvent débordés à l'approche de l'été et manquent alors de prospectus. Un conseil : écrivez ou appelez largement à l'avance pour toute demande de documentation.

L'ENIT *(Ente Nazionale Italiano per il Turismo)* est l'organisme national chargé de la promotion touristique de l'Italie à l'étranger (France, Belgique, Suisse, Canada). Il est en relation constante avec les administrations touristiques des différentes régions et est susceptible de vous donner les meilleures informations « à chaud » (fêtes, festivals...).

En Italie du Nord, on trouve également dans les régions les IAT (ou APT), qui gèrent les *uffici informazioni.* Dans les petites villes, vous trouverez enfin les syndicats d'initiative, ou *Pro Loco,* dépendant souvent de la mairie.

En arrivant dans une ville, demandez la documentation disponible, souvent bien faite et souvent rédigée en français (plan et liste d'hôtels en particulier). Dans certaines grandes villes, l'office du tourisme publie chaque mois un calendrier des manifestations.

■ ***Consulats d'Italie en France :***

– *Paris :* 5, bd Émile-Augier, 75016. ☎ 01-44-30-47-00. Fax : 01-45-25-87-50. • www.italconsulparigi.org • Ⓜ La Muette. Ouvert du lundi au vendredi de 9 h à 12 h ; le mercredi, de 9 h à 12 h et de 14 h 30 à 16 h 30. Informations téléphoniques du lundi au vendredi de 9 h à 13 h et de 14 h 30 à 16 h 30.

– *Dijon :* 64, rue de la Vannerie, 21000. ☎ 03-80-66-27-30. Fax : 03-80-66-00-07. Ouvert du lundi au vendredi de 9 h à 12 h et de 14 h 30 à 16 h 30. Le bureau est un véritable service consulaire relié au consulat à Paris

■ ***Vice-consulats d'Italie :***

– *Bordeaux :* 164, rue Frère, 33000. ☎ et fax : 05-56-79-37-27. Ouvert le mardi et le vendredi de 10 h 30 à 13 h, le jeudi de 15 h à 17 h.

– *Lille :* 2, rue d'Isly, 59045. ☎ 03-20-08-15-08. Ouvert du lundi au vendredi de 9 h à 12 h et le mercredi de 14 h à 16 h 30.

– *Lyon :* 5, rue du Commandant-Faurax, 69009. ☎ 04-78-93-00-17. Ouvert du lundi au vendredi de 9 h à 12 h, et permanence téléphonique le mardi de 15 h à 16 h 30.

– *Marseille :* 56, rue d'Alger, 13005. ☎ 04-91-18-49-18. Fax : 04-91-18-19. Ouvert les lundi, mercredi, vendredi de 9 h à 12 h. Les mardi et jeudi, ouvert de 9 h à 12 h et de 15 h à 17 h.

– *Metz :* 7, bd Georges-Clemenceau, 57000. ☎ 03-87-38-58-70. Ouvert les lundi, mardi, jeudi et vendredi de 9 h à 13 h ; le mercredi de 9 h à 13 h et de 14 h 30 à 17 h.

– *Nice :* 72, bd Gambetta, 06000. ☎ 04-92-14-40-90. Fax : 04-93-88-11-08. Ouvert les lundi, mercredi, jeudi et vendredi de 9 h à 12 h 30 ; le mardi de 9 h à 12 h 30 et de 15 h à 17 h.

– *Toulouse :* 13, rue Alsace-Lorraine, 31000. ☎ 05-34-45-48-48. Ouvert du lundi au vendredi de 9 h à 12 h 30 ; le mercredi de 9 h à 12 h 30 et de 15 h à 17 h.

■ ***Ambassade d'Italie :*** 51, rue de Varenne, 75007 Paris. ☎ 01-49-54-03-00. Ⓜ Rue-du-Bac, Varenne ou Sèvres-Babylone. Superbe hôtel particulier, ouvert au public uniquement lors des journées du Patrimoine.

■ ***Institut culturel italien*** *(hôtel de Gallifet)* **:** 50, rue de Varenne ou 73, rue de Grenelle, 75007 Paris. ☎ 01-44-39-49-39. Fax : 01-42-22-37-88. • www.iicparis.org • Ⓜ Varenne, Rue-du-Bac ou Sèvres-Babylone. Ouvert du lundi au vendredi : accès de 10 h à 13 h au 50, rue de Varenne et de 15 h à 18 h au 73, rue de Grenelle. Bibliothèque de consultation : ☎ 01-44-39-49-25.

■ ***Centre de langue et de culture italiennes :*** 4, rue des Prêtres-Saint-Séverin, 75005 Paris. ☎ 01-46-34-27-00. Fax : 01-43-54-20-85. • www.centrital.com • Ⓜ et RER B ou C : Saint-Michel ou Ⓜ Cluny-La-Sorbonne. Ouvert du lundi au jeudi de 9 h 30 à 13 h 30 et de 14 h 30 à 19 h, le vendredi et le samedi de 10 h à 13 h. Propose des séjours linguistiques, des cours d'italien mais également des expos et des conférences. On peut demander le programme d'activité culturelle par téléphone ou par mail.

■ ***Librairie italienne La Tour de Babel :*** 10, rue du Roi-de-Sicile, 75004 Paris. ☎ 01-42-77-32-40. Fax : 01-48-87-53-72. Ⓜ Saint-Paul-le-Marais. Ouvert du mardi au samedi de 10 h à 13 h et de 14 h à 19 h.

■ ***Keith Prowse :*** 7, rue de Clichy, 75009 Paris. Réservations : ☎ 01-42-81-88-88. Fax : 01-42-81-88-89. • paris@keithprowse.com • Agence de billetterie internationale de spectacles basée à Paris, Keith Prowse propose de réserver, avant votre départ, vos billets pour le festival des Arènes de Vérone, qui a lieu tous les ans en juillet et août. Keith Prowse dispose également d'une vingtaine d'autres bureaux dans le monde entier.

En Belgique

ℹ ***Office du tourisme :*** av. Louise, 176, Bruxelles 1050. ☎ 02-647-11-54. Fax : 02-640-56-03. • www.enit.it • enit-info@infonie.be • Ouvert du lundi au vendredi de 9 h à 13 h et de 14 h à 17 h.

■ ***Ambassade d'Italie :*** rue Émile-Claus, 28, Bruxelles 1050. ☎ 02-643-38-50. Fax : 02-648-54-85.

■ ***Consulat d'Italie :*** rue de Livourne, 38, Bruxelles 1000. ☎ 02-543-15-50. Fax : 02-537-57-56. Ouvert du lundi au vendredi de 9 h à 12 h 30 et le lundi de 14 h 30 à 16 h 30.

En Suisse

Office du tourisme : Urania-strasse, 32, 8001 Zurich. ☎ 04-346-640-40. Fax : 04-346-640-41 • info@enit.ch • Ouvert du lundi au vendredi de 9 h à 17 h.

Ambassade d'Italie : Elfen-strasse, 14, 3006 Berne. ☎ et fax : 031-350-07-11.

Consulat d'Italie : Belpstrasse, 11, 3007 Berne. ☎ 031-381-10-10. Ouvert les mardi, mercredi et vendredi de 9 h à 12 h 30, le samedi de 8 h 30 à 13 h et les mardi et jeudi de 15 h à 17 h 30.

Au Canada

Office national du tourisme : 175, Bloor Street, suite 907, South Tower, M4W-3R8 Toronto (Ontario). ☎ (416) 925-48-82. Fax : (416) 925-47-99. • enit.canada@on.aibn.com •

Consulat d'Italie : 275, Slater Street, 21st Floor, K1P-5H9 Ottawa (Ontario). ☎ (613) 232-24-01. Fax : (613) 233-14-84.

Formalités d'entrée

Pas de contrôles aux frontières, puisque l'Italie fait partie de l'espace Schengen. Néanmoins quelques précautions d'usage :
– ***pour un séjour de moins de 3 mois :***
Ressortissants de l'Union européenne et de la Suisse : carte d'identité en cours de validité ou passeport ;
Ressortissants canadiens : passeport en cours de validité.
– ***pour les mineurs non accompagnés de leurs parents,*** une autorisation de sortie du territoire est indispensable ;
– ***pour une voiture :*** permis de conduire à 3 volets, carte grise et carte verte d'assurance internationale. Se munir d'une procuration si vous n'êtes pas propriétaire du véhicule.

Carte internationale d'étudiant (carte ISIC)

Elle prouve le statut d'étudiant dans le monde entier et permet de bénéficier de tous les avantages, services, réductions étudiants du monde, soit plus de 30 000 avantages concernant les transports, dont plus de 7 000 en France, concernant les hébergements, la culture, les loisirs... C'est la clé de la mobilité étudiante !
La carte ISIC donne aussi accès à des offres exclusives sur le voyage (billets d'avion spéciaux, assurances de voyage, cartes de téléphone internationales, location de voitures, navettes d'aéroports...).
Pour plus d'informations sur la carte ISIC : ☎ 01-49-96-96-49 ou • www.isic.fr •

Pour l'obtenir en France

Se présenter dans l'une des agences des organismes mentionnés ci-dessous avec :
– une preuve du statut d'étudiant (carte d'étudiant, certificat de scolarité...) ;
– une photo d'identité ;
– 12 €, ou 13 € par correspondance, incluant les frais d'envoi des documents d'information sur la carte : émission immédiate.

■ ***OTU Voyages :*** ☎ 0820-817-817. • www.otu.fr • pour connaître l'agence la plus proche de chez vous.
■ ***Voyages Wasteels :*** ☎ 0825-88-70-70 (0,15 €/mn) pour être mis en relation avec l'agence la plus proche de chez vous, ou • www.wasteels.fr •

En Belgique

La carte coûte 9 € et s'obtient sur présentation de la carte d'identité, de la carte d'étudiant et d'une photo auprès de :

■ ***Connections :*** renseignements, ☎ 02-550-01-00.

En Suisse

La carte s'obtient dans toutes les agences STA Travel, sur présentation de la carte d'étudiant, d'une photo et de 20 Fs (10 €).

■ ***STA Travel :*** 3, rue Vignier, 1205 Genève. ☎ 022-329-97-34.
■ ***STA Travel :*** 20, bd de Grancy, 1006 Lausanne. ☎ 021-617-56-27.

Il est également possible de la commander en ligne sur le site : • www.carteisic.com •

Carte FUAJ internationale des auberges de jeunesse

Cette carte, valable dans 60 pays, permet de bénéficier des 4200 auberges de jeunesse du réseau *Hostelling International* réparties dans le monde entier. Les périodes d'ouverture varient selon les pays et les AJ. À noter, la carte des AJ est surtout intéressante en Europe, aux États-Unis, au Canada, au Moyen-Orient et en Extrême-Orient (Japon...).

Pour adhérer à la FUAJ et s'inscrire en France

– ***Par correspondance :*** *Fédération unie des auberges de jeunesse (FUAJ),* 27, rue Pajol, 75018 Paris. Bureaux fermés au public. Envoyer une photocopie recto verso d'une pièce d'identité et un chèque correspondant au montant de l'adhésion (ajouter 1,20 € pour les frais d'envoi de la FUAJ). Une autorisation des parents est nécessaire pour les moins de 18 ans.
– ***Sur place :*** FUAJ, antenne nationale, 9, rue Brantôme, 75003 Paris. ☎ 01-48-04-70-40. Fax : 01-42-77-03-29. Ⓜ Rambuteau ou Ⓜ et RER A, B, D : Châtelet-Les-Halles. Présenter une pièce d'identité et 10,70 € pour la carte moins de 26 ans et 15,25 € pour les plus de 26 ans (tarifs 2004).
Inscriptions possibles également dans toutes les auberges de jeunesse, points d'information et de réservation FUAJ en France.
• www.fuaj.org •
On conseille de l'acheter en France car elle est moins chère qu'à l'étranger.
La FUAJ propose aussi une ***carte d'adhésion « Famille »,*** valable pour les familles de deux adultes ayant un ou plusieurs enfants âgés de moins de 14 ans, au prix de 23 €. Fournir une copie du livret de famille.
La carte donne également droit à des réductions sur les transports, les musées et les attractions touristiques de plus de 60 pays, mais ces avantages varient d'un pays à l'autre, ce qui n'empêche pas de la présenter à chaque occasion, cela peut toujours marcher.

En Belgique

Le prix de la carte varie selon l'âge. Entre 3 et 15 ans : 3,50 € ; entre 16 et 25 ans : 9 € ; après 25 ans : 13 €.

Renseignements et inscriptions

■ ***LAJ :*** rue de la Sablonnière, 28, Bruxelles 1000. ☎ 02-219-56-76. Fax : 02-219-14-51. • www.laj.be • info@laj.be •

■ ***Vlaamse Jeugdherbergcentrale (VJH) :*** Van Stralenstraat, 40, Anvers 2060. ☎ 03-232-72-18. Fax : 03-231-81-26. • www.vjh.be •

– Les résidents flamands qui achètent une carte en Flandre obtiennent 7,50 € de réduction dans les auberges flamandes et 3,80 € en Wallonie. Le même principe existe pour les habitants wallons.

En Suisse

Le prix de la carte dépend de l'âge : 22 Fs pour les moins de 18 ans, 33 Fs pour les adultes et 44 Fs pour une famille avec des enfants de moins de 18 ans.

Renseignements et inscriptions

■ ***Schweizer Jugendherbergen (SJH) :*** service des membres des auberges de jeunesse suisses, Schafhauserstrasse, Postfach 161, 8042 Zurich. ☎ 01-1360-14-14. Fax : 01-1360-14-60. • www.youthhostel.ch •

Au Canada

La carte coûte 35 $Ca pour une durée de 16 à 26 mois (tarif 2004) et 175 $Ca à vie. Gratuit pour les enfants de moins de 18 ans qui accompagnent leurs parents. Pour les mineurs voyageant seuls, compter 12 $Ca. Ajouter systématiquement les taxes.

Renseignements et inscriptions

■ ***Tourisme Jeunesse :***
– *À Montréal* : 205, av. du Mont-Royal Est, Montréal (Québec) H2T 1P4. ☎ (514) 844-02-87. Fax : (514) 844-52-46.
– *À Québec* : 94, bd René-Lévesque Ouest, Québec (Québec) G1R 2A4 ☎ (418) 522-2552 Fax : (418) 522-2455.

■ ***Canadian Hostelling Association :*** 205, Catherine Street, bureau 400, K2P-1C3, Ottawa (Ontario). ☎ (613) 237-78-84. Fax : (613) 237-78-68.

ARGENT, BANQUES, CHANGE

Monnaie

Pour nos amis francophones, en particulier les Suisses et les Canadiens, ils peuvent évidemment toujours convertir leur monnaie d'origine en euros.

Banques

Même si les horaires varient un peu avec les saisons, les banques sont généralement ouvertes du lundi au vendredi de 8 h 30 à 13 h 30 et de 14 h 45 à 15 h 30 ou 16 h. Certaines sont ouvertes le samedi matin, mais c'est plutôt rare. Mieux vaut vérifier auparavant. Il faut souvent s'armer de patience car le service peut être très long.

Cartes de paiement

C'est la solution idéale en Italie, où la vie est un peu plus chère que dans d'autres pays et où les vols sont plus répandus. La majorité des restaurants, hôtels et, dans une moindre mesure, un certain nombre de stations-service les acceptent, mais de nombreux commerçants, notamment les plus traditionnels, ne l'acceptent pas. Nous vous signalons, dans la mesure du possible, nos adresses qui les refusent. Sur place, vous verrez, en principe, sur les vitrines des établissements les acceptant, l'autocollant *Carta Si*.
De nombreux distributeurs automatiques *(Bancomat)* acceptant, entre autres, la carte *MasterCard* et la *Visa*, sont disséminés un peu partout, prêts à satisfaire le moindre de vos besoins. Vérifiez avant votre départ et auprès de votre banque le plafond autorisé pour vos retraits (en général, il est de 300 € par semaine). Attention, en Italie, quand on paie avec sa carte bancaire, on compose rarement son code ; on signe seulement. Conclusion : une carte volée ou perdue peut coûter très cher. On nous a aussi signalé plusieurs cas d'utilisation frauduleuse par des commerçants qui avait conservé l'empreinte de la carte. Par précaution, ne laissez pas traîner de justificatifs.
– La carte ***Eurocard MasterCard*** permet à son détenteur et à sa famille (si elle l'accompagne) de bénéficier de l'assistance médicale rapatriement. En cas de problème, appeler immédiatement : ☎ 00-33-1-45-16-65-65. En cas de perte ou de vol : ☎ 00-33-1-45-67-84-84 (24 h/24 et tous les jours), en France (PCV accepté) pour faire opposition 24 h/24 et tous les jours.
– Pour la carte ***American Express,*** en cas de pépin, composer le : ☎ 00-33-1-47-77-72-00, pour faire opposition 24 h/24. PCV accepté en cas de perte ou de vol.
– Pour toutes les cartes émises par ***La Poste,*** composer, en cas de pépin, le : ☎ 0825-809-803 (pour les DOM : ☎ 05-55-42-51-97).
– Serveur vocal valable ***pour toutes les cartes de paiement*** : ☎ 0892-705-705 (0,34 €/mn).

En cas d'urgence - dépannage

– ***Western Union Money Transfer :*** en cas de besoin urgent d'argent liquide (perte ou vol de billets, chèques de voyage, cartes de paiement), vous pouvez être dépanné en quelques minutes grâce au système *Western Union Money Transfert*. Il vous suffit d'avoir votre passeport, votre carte d'identité ou la carte verte.
Appelez soit en Italie : ☎ 800-220-055 ; soit en France : ☎ 00-33-1-43-54-46-12 (*Western Union Money Transfert* Paris ; tous les jours de 9 h à 17 h) ou *La Poste* : ☎ 0825-009-898 (du lundi au vendredi de 8 h à 19 h 30 et le samedi de 8 h à 13 h).
– ***La Poste :*** possibilité de se faire envoyer de l'argent dans un bureau de poste en 24 h par mandat télégraphique international (cher).

BOISSONS

Vins

L'Italien est grand buveur de vin. En 1994, il souffle aux Français le titre de premier producteur de vin du monde, ce qui ne nous empêcha pas de conserver la première place de la consommation avec 72 litres par habitant. Ce n'est donc pas étonnant que le verbe bien français « picoler » ait pour origine *piccolo* qui signifie « petit [vin] ».
L'Italie a mis tardivement de l'ordre dans ses vins en créant, en 1963 seulement, trois degrés qui correspondent à nos appellations contrôlées : les IGT *(indicazione geografica tipica)* sont des vins de table portant une indication

géographique. Les DOC *(denominazione di origine controllata)* sont des appellations d'origine contrôlée qui doivent être conformes à certaines règles. Des règles qui freinent parfois l'imagination des producteurs. Aussi n'est-il pas rare de voir certains d'entre eux commercialiser des vins d'une très grande qualité (l'Ornellaia, le Sassicaia et le Tignanello) sous le nom surprenant de vins de table. Les DOCG *(denominazione di origine controllata e garantita)* subissent une réglementation encore plus contraignante. Cette dernière appellation est accordée par le président de la République lui-même, sur avis du ministère de l'Agriculture et des Forêts : les grands noms du vin italien *(Barolo, Brunello di Montalcino, Vino Nobile di Montepulciano, Chianti Classico...)* appartiennent à cette dernière catégorie. Noblesse oblige.

La régionalisation étant assez poussée, on trouve surtout les grands vins près de leur lieu d'origine. Il est mal vu de demander un *chianti* à Milan. Alors, autant accompagner votre repas de spécialités locales d'un vin de la région. Dans toutes les villes, même les petites, il y a le *vino della casa,* très honnête dans 9 cas sur 10. Faites-vous préciser s'il est rouge *(rosso)* ou blanc *(bianco).* S'il y a les deux, demandez le meilleur *(il migliore).* Toujours beaucoup moins cher que les vins en bouteilles, et parfois de même qualité. Dans le nord de l'Italie, il n'est pas rare de boire du vin (rouge ou blanc) pétillant mais les prix varient énormément en fonction du type de fabrication. Le *spumante,* par exemple, est réalisé selon la méthode champenoise, à partir de cépages de pinot noir et de chardonnay. La fermentation, effectuée en bouteille, permet d'obtenir une pression de 6 bars, alors que pour le *frizzante,* le vin fermente dans une cuve en moins d'une semaine pour atteindre les 3 bars. C'est le cas du fameux vin rouge lombard, le *lambrusco.* Enfin, le *prosecco,* sorte de mousseux que vous verrez dans presque tous les cafés, ne prend que 3 jours pour devenir « bullé ». Il est souvent délicieux et très bon marché. Tous ces vins peuvent être *secco* (brut) ou *amabile* (demi-brut). Si vous aimez les vins moelleux (doux et sucrés), demandez : *dolce*; si vous les voulez nouveaux : *giovane*; et si vous n'êtes pas satisfait, sachez que *aspro* signifie « aigre ».

Voici quelques vins du nord de l'Italie qui méritent d'être goûtés :

Val d'Aoste

La région ne produit que 0,05 % de la production nationale (pas de quoi contenter Bacchus). Près de 12 % des vins de la région ont droit à la DOC *Valle d'Aosta,* qui est d'ailleurs la seule appellation d'origine contrôlée dans la région. Rouges et blancs se partagent la part du gâteau. Dans cette région à part de l'Italie, où l'on parle encore le français, les amateurs de vin ne seront pas surpris par les noms des producteurs (« Cave des Onze Communes », « Cave du Vin Blanc de Morgex et de La Salle » ou bien encore l'« Institut Agricole Régional »...).

Lombardie

C'est chez les Lombards que 2,39 % de la production nationale sont produits. 45 % des vins ont droit à l'appellation contrôlée. Une seule appellation (la *franciaforta*) mérite la DOCG.

Ce sont des vins rouges légers, mais plus souvent des blancs, voire des rosés. Parmi les grandes DOC, notons l'*oltrepo paveser,* un vin blanc sec ou un rouge léger.

Trentin-Haut-Adige

Les vins du Trentin-Haut-Adige comptent pour près de 2 % de la production nationale; 60 % des vins produits dans le Trentin et 75 % de ceux produits dans le Haut-Adige ont droit à la DOC. Les noms des vins locaux ne désorienteront pas trop les Alsaciens. On y rencontre, en effet, du *gewurztraminer,* du *sylvaner* et du *riesling.* La grande dénomination du Haut-Adige est *A.A.* : tout un programme qui signifie Alto-Adigio et se décompose en *cabernet, pinot (nero, bianco...), müller-thutgau* (du très bon). Côté Trentin, la grande appellation est... le *trentino.* Ce sont généralement des blancs secs, mais on trouve aussi quelques rouges légers, comme le *lagrein.*

Vénétie

Plus de 12 % de la récolte nationale sont produits en Vénétie (plus encore 2 % si l'on y ajoute le Frioul-Vénétie Julienne).
Tout le monde – y compris le buveur invétéré d'eau minérale – a entendu parler du *valpolicella.* Ce n'est pas une merveille, mais bon. On lui préfère le *recioto della valpolicella* (eh oui ! tout est question de nuances). À noter, le *soave,* le *tocai* ou le *colli orientali* (tous trois des blancs secs). Les rouges légers sont le *valpolicella* ou le *bardolino* (très légèrement pétillants). Enfin, ne manquez pas l'*amarone* (vin rouge corsé).

Ligurie

Les plus fameux sont les blancs secs de la région de La Spezia, notamment les *cinqueterre,* qui se marient fort bien avec le poisson.

Émilie-Romagne

Dans cette région gastronomique par excellence, les vins ne sont pas en reste : *lambrusco* (légèrement pétillant et très doux), *sangiovese, albana, bianco di Scandiano,* etc.

Café

Il est inutile désormais d'insister sur la renommée du café italien. Il est, à travers le monde, synonyme de perfection. La péninsule détient un nombre record d'établissements distribuant ce fameux breuvage : pas moins de 130 000 licences de bar et 200 000 points de vente. Rares sont ceux qui, au bar, demandent un simple *espresso* : certains le souhaitent *ristretto* (serré), *lungo* (allongé) ou encore *macchiato* (« taché » d'une goutte de lait froid, tiède ou chaud). Le café au lait se dit : *caffè con latte.* À ne pas confondre avec le fameux *cappuccino,* préparé avec de la crème et non du lait, qui doit être mousseux et saupoudré, si on le demande, d'un peu de chocolat. Sublime quand il est bien préparé ! À moins que vous ne préfériez le *caffè corretto,* c'est-à-dire « corrigé » d'une petite liqueur.

Chocolat

La *cioccolata* (et non le *cioccolato,* qui est le chocolat à croquer) est, pour certains, meilleur que le cappuccino qui, dans bien des endroits touristiques, se transforme de plus en plus en un banal café au lait. La *cioccolata* est tellement onctueuse qu'on dirait de la crème (en fait, on remplace le lait par de la crème fraîche). Un vrai régal à déguster à la petite cuillère.

Eau

L'eau du robinet est potable, mais n'a pas très bon goût. Elle n'est d'ailleurs jamais servie dans les restaurants, où l'on vous propose toujours de l'eau minérale et on vous regarde d'un drôle d'œil si vous insistez pour avoir une carafe. Précisez *naturale* si vous souhaitez de l'eau plate, *frizzante* si vous préférez l'eau gazeuse.

BUDGET

Dans les grandes villes, les tarifs, en général, sont relativement proches des prix pratiqués en France. Il n'empêche que dans votre budget l'hébergement risque de revenir quand même bien cher. Pour vous permettre de vous en faire une idée, nous indiquons ci-dessous des ordres de grandeur.

Hébergement

On le répète : l'hébergement en hôtel est cher en Italie. Il est bon de savoir que les prix n'y sont pas affichés. Avec un peu de chance, en se tordant le cou, on les apercevra derrière la réception, mais rarement bien lisibles... Ils sont très fluctuants. Évidemment, en basse saison, les prix que nous vous indiquons baissent, mais ils peuvent aussi diminuer en haute saison en fonction du remplissage de l'établissement et de la « qualité » du client. La plupart des hôtels des catégories « Bon marché » et « Prix moyens » et un certain nombre de la catégorie « Chic » ont beaucoup de chambres aux prestations différentes. Ajoutons que, comme bien souvent en Europe du Sud, la classification en catégorie ne correspond pas vraiment à celle que nous connaissons en France : par exemple, un 3 étoiles italien *(tre stelle)* n'offre souvent pas plus que ce qu'offre un 2 étoiles français. Ce décalage est valable pour toutes les catégories.
Pour une chambre double en haute saison, il faut compter :
– ***Bon marché :*** moins de 50 €.
– ***Prix moyens :*** de 50 à 80 €.
– ***Chic :*** de 80 à 160 €.
– ***Très chic :*** des établissements exceptionnels et d'un prix très élevé, au-delà de 160 €, que nous citons surtout en fonction de leur renommée et de leur décor, en souhaitant que votre budget vous permette, un jour, d'y descendre.
Pour dormir ***plus économique,*** restent les solutions camping, AJ, agritourisme, location d'appartements (voir plus loin la rubrique « Hébergement »).
Attention ! Les catégories de prix devront être revues à la hausse pour une ville comme Milan.

Restaurants

– Contrairement aux hôtels, les restaurants ont des cartes très complètes avec tous les prix indiqués. Faire cependant attention, d'une part aux *antipasti* au buffet, car ils ne sont pas à volonté, et d'autre part aux poissons, facturés la plupart du temps au poids.
– Sauf rares exceptions, il vous faudra penser à rajouter à l'addition le *pane e coperto* (de 1 à 2,50 € en moyenne) ainsi que la bouteille d'eau minérale (autour de 1,50 €) car, comme on vous le disait plus haut, il est quasiment impossible d'obtenir de l'eau du robinet. Il arrive que, en plus du couvert et de l'eau minérale, on vous compte éventuellement le service. L'addition peut donc monter très vite ! Sans vouloir vous stresser, pensez à recompter vos additions. C'est fou parfois de constater les erreurs qui peuvent s'y glisser !
Pour goûter des spécialités régionales ou familiales avec un repas complet (entrée, plat, dessert, boisson, pain et couvert), compter environ 18 €, voire parfois moins pour un menu touristique. Pour 27 €, on mange la même quantité, mais on a soit le poisson frais, soit le service, soit le style ou le quartier en plus. Au-dessus de 32 € et plus : la classe ou... l'arnaque dans certains endroits touristiques.
Quand aux routards aux budgets un peu serrés, un plan sympa consiste à aller dans un *alimentari* (magasin d'alimentation) pour se faire préparer un *panino*; c'est-à-dire qu'on choisit une ou deux *rosette* (au singulier, *rosetta :* petit pain individuel) ou bien un morceau de *pizza bianca* (pizza blanche) et l'on met dedans ce que l'on veut (de la mozzarella, du jambon fumé, etc.). En outre, on vous indique quelques adresses pour manger sur le pouce, une

part de pizza *al taglio,* un sandwich (à l'italienne bien sûr !), une salade ou un plat chaud. On y mange le plus souvent debout à prix modique et on économise en plus sur le service et le couvert.
Comme pour les hôtels, en majorité, les restaurants sont des établissements familiaux.
Nous avons classé les restaurants en trois catégories, sur la base d'un repas (c'est-à-dire le plus souvent *antipasti, primi* ou *secondi* et dessert), sans la boisson :
– ***Bon marché :*** moins de 16 €.
– ***Prix moyens :*** de 15 à 26 €.
– ***Chic :*** au-delà de 26 €.

Visites des sites et musées

Dans le domaine culturel, pour la plupart, les grands sites ou musées ont des tarifs comparables (entre 4 et 6 € ; les étudiants ont souvent droit à une réduction de 50 % ; les moins de 18 ans et plus de 65 ans ressortissants de l'Union européenne bénéficient aussi dans les sites et musées nationaux de cette réduction et même le plus souvent de la gratuité). Les grandes villes proposent souvent un système de ***pass*** ou de ***carte*** (se reporter plus loin à la rubrique « Musées, sites et monuments »). Enfin, prévoyez de la menue monnaie pour l'éclairage des églises (1 ou 2 €), c'est idiot, mais ça finit par chiffrer.

Réductions

– Attention, si vous voulez bénéficier des avantages, remises et gratuités (apéro, café, digestif) que nous avons obtenus pour nos lecteurs, n'oubliez pas de les réclamer AVANT que le restaurateur ou l'hôtelier n'établisse l'addition. La loi italienne l'oblige à vous remettre une *ricevuta fiscale* qu'il ne peut en aucun cas modifier après coup. Ce serait dommage qu'il vous les refuse pour cette raison.

CINÉMA

L'Italie du Nord a vu naître de nombreuses personnalités du cinéma.
Né à Gênes, ***Vittorio Gassman*** tourne plus de quinze films avec ***Dino Risi*** (originaire de Milan) dont *Au nom du peuple italien* et le très beau *Parfum de femmes* pour lequel il obtient le prix d'interprétation masculine à Cannes en 1975. C'est *Le Pigeon* de ***Mario Monicelli*** qui l'a fait connaître dans toute l'Italie, un film annonçant les débuts de la grande comédie à l'italienne. C'est également la première apparition à l'écran de ***Claudia Cardinale.*** On retrouve Gassman dans de nombreuses comédies où il partage souvent l'affiche avec ***Ugo Tognazzi*** (originaire de Crémone en Lombardie) qui se fait surtout connaître en France pour l'adaptation cinématographique de *La Cage aux folles.* Les deux compères font parfois équipe avec d'autres cabots de génie tels ***Toto, Alberto Sordi*** ou ***Nino Manfredi.*** Ils ont beaucoup joué dans des films à sketchs, très à la mode dans les années 1960 : *Les Monstres, Les Sorcières, Les Nouveaux Monstres...*
Lucchino Visconti, d'une très grande famille de Lombardie, passe une jeunesse dorée au milieu des arts et des lettres. D'Italie, il émigre vers Londres, puis Paris où il devient l'assistant de Jean Renoir pour *Les Bas-Fonds* et *Une partie de campagne.* « On m'a souvent traité de décadent. J'ai de la décadence une opinion très favorable. Je suis imbu de cette décadence », déclara Visconti à propos de son film *Violence et passion.* Il revient pourtant à Milan pour tourner *Rocco et ses frères.* En 1942, il adapte le roman de James Cain, *Le facteur sonne toujours deux fois* qui est mutilé par les auto-

rités fascistes. Comme le sera *Ossessione* qui dépeint le prolétariat. Sur ce film, son assistant réalisateur est ***Giuseppe de Santis*** qui, à 32 ans, signera le magistral *Riz amer,* drame social qui mélange histoire d'amour et événements politiques, véritable manifeste du néo-réalisme. Dans cette mouvance, ***Vittorio de Sica*** obtient en 1951 la Palme d'Or à Cannes pour *Miracle à Milan,* fable allégorique sur les différences de classe, dans la banlieue de la capitale lombarde.

La franco-italienne ***Valeria Bruni-Tedeschi,*** quant à elle, a choisi Turin pour la réalisation de son premier film *(Il est plus facile pour un chameau...)* en 2003. Son palmarès italien comporte quelques jolis films comme *La Seconde Fois* de ***Mimmo Calopresti*** aux côtés de Nanni Moretti. En 1999, elle a joué sous la direction de ***Marco Bellocchio*** dans *La Nourrice,* avant de s'illustrer dans *Le Lait de la tendresse humaine* de ***Dominique Cabréra.***

L'Italie du Nord est également décor de cinéma : si la Lombardie est la chouchoute de beaucoup de réalisateurs, les paysages des Dolomites ont également abrité de nombreux tournages : du *Mercredi des Cendres* avec Elisabeth Taylor et Henry Fonda, à *La Panthère rose* avec David Niven et Peter Sellers, en passant par *Rien que pour vos yeux* avec Roger Moore et, plus récemment, *Cliffhanger* avec Sylvester Stallone.

La Ligurie, elle, a accueilli *Braquage à l'italienne* avec Mark Wahlberg et Charlize Theron filmé dans la ville de Gênes. *Don Camillo en Russie* et *Don Camillo Monseigneur* ont été tournés à Brescello, petit village d'Émilie-Romagne. Dans la même région est né ***Michelangelo Antonioni*** à Ferrare en 1912. Il reste longtemps méconnu avant son succès de *L'Avventura* avec ***Monica Vitti,*** son inspiratrice. Après quelques chefs-d'œuvre comme *La Nuit,* il va tourner *Blow-Up* à Londres puis il est pris sous contrat par la MGM. À la fin des années 1990, bien que malade, il signe *Par-delà des nuages* avec Wim Wenders qui a accepté de lui servir d'assistant.

Si le grand ***Fellini,*** natif de Rimini en Émilie-Romagne, n'a jamais tourné de film dans son village natal, il l'a néanmoins évoqué à plusieurs reprises dans *Amarcord,* largement autobiographique. D'ailleurs, le monument funéraire dressé à l'entrée du cimetière de la ville, qui lui est dédié ainsi qu'à son épouse, l'actrice ***Giulietta Masina,*** évoque le Rex légendaire du film.

L'Émilie-Romagne a aussi vu naître ***Bernardo Bertolucci.*** Il est présenté à un ami de son père, ***Pasolini,*** qui lui propose de devenir son assistant sur *Accatone.* Il vole de tournage en tournage jusqu'à son plus gros succès, *Le Dernier Tango à Paris* avec Marlon Brando. Ce qui lui permet de réaliser trois ans plus tard *1900,* l'itinéraire de deux italiens, l'un fils du métayer, l'autre fils du propriétaire tous deux nés dans un village de la région du réalisateur. Une grande fresque historique au casting international (De Niro et Depardieu parmi d'autres). Suivront *Le Dernier Empereur, Un thé au Sahara, Little Buddha...*

CLIMAT

On peut se rendre en Italie du Nord presque toute l'année, selon la région que l'on a choisie. On y trouve deux types de climat :

– *climat continental* à l'intérieur des terres, avec des températures plus élevées que les nôtres en été, mais plus basses aussi en hiver ;

– *climat méditerranéen* sur les côtes.

Les meilleures saisons sont le printemps et l'automne. L'été, on trouve plus d'étrangers que d'Italiens. C'est aussi la haute saison : la température et les prix montent. Si vous ne pouvez pas échapper à cette période où la température atteint près de 40 °C dans certains endroits, faites la sieste entre 14 h et 17 h et les visites le matin et le soir. En hiver, le climat peut être rude, mais c'est la meilleure saison pour les visites (il y a beaucoup moins de touristes).

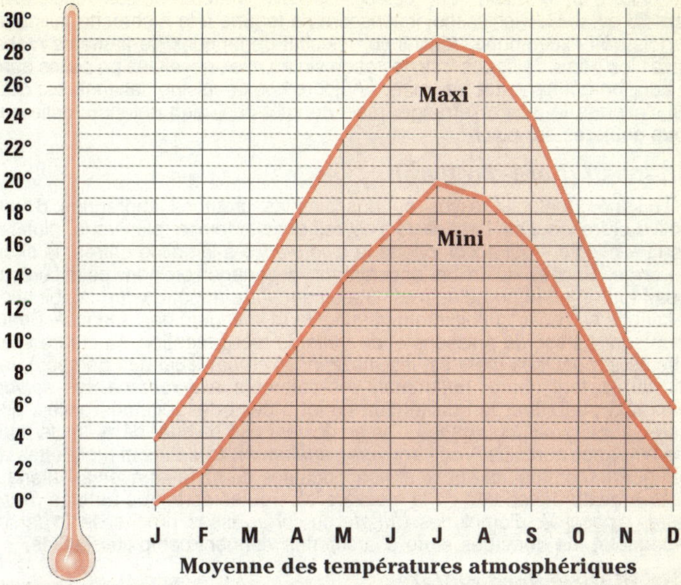

Moyenne des températures atmosphériques

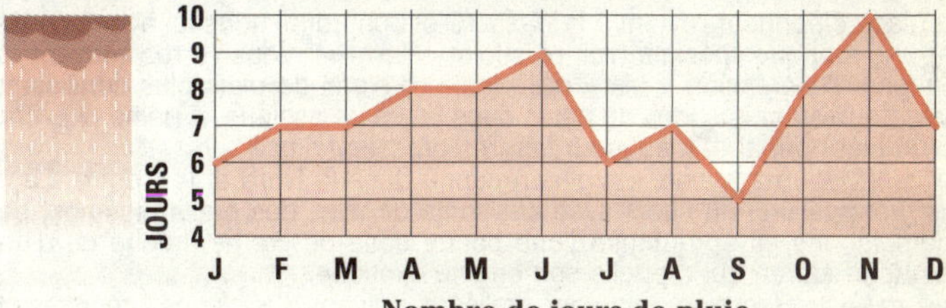

Nombre de jours de pluie

ITALIE DU NORD (Milan)

CUISINE

La cuisine italienne, reste encore très régionalisée. Ainsi, dans le nord de l'Italie, on peut goûter des recettes lombardes typiques comme les côtelettes à la milanaise (appelées aussi « oreilles d'éléphant » à cause de leur taille), les cuisses de grenouilles, beaucoup de mets farcis. La Vénétie se distingue par ses poissons bien sûr, ses pâtes à l'encre et sa morue séchée, mais aussi par son fameux foie de veau à la vénitienne cuit en lanières avec des oignons. De la tradition émilienne, on connaît surtout les recettes à la bolognaise et ceux à base de *panna cotta* (crème cuite). Les charcuteries y sont également fameuses (mortadelle, jambon de Parme, saucissons variés). C'est aussi de cette région que vient le célèbre vinaigre balsamique. Le Piémont est réputé pour son gibier, ses risottos crémeux et ses truffes. Le Val d'Aoste est le pays de la polenta tandis que le Trentin est celui du lièvre et du *speck,* délicieusement fumé. Et le *pesto* ? Il vient de la Ligurie, bien sûr ! Mais les caractéristiques principales et la tradition culinaire familiale se retrouvent dans toute l'Italie. Il faut dire que le premier livre de recettes connu est celui d'un « italien », le célèbre cuisinier Marcus Gavius Apicius, né vers 25 av. J.-C. Richissime, il consacra sa fortune à la recherche culinaire, parfois très excentrique. Ainsi il se délectait de langues de flamants roses, gavait les porcs de figues fraîches et de vin au miel, noyait les poissons dans le bouillon qui servait à les cuire... Aujourd'hui, la cuisine italienne est celle qui s'exporte le plus à l'étranger mais ne vaut pas, bien entendu, celle que vous goûterez sur place !

Antipasti (hors-d'œuvre)

À l'origine, quelques olives ou des simples croûtons imprégnés d'huile d'olive et frottés d'ail, l'*antipasto* s'est fait avec le temps, plus varié, plus fin. De la « bricole » qui accompagne le *vino bianco* à la solide entrée, le choix est large. Sachez qu'un bel assortiment, à partager ou non, peut faire un repas tout à fait honorable. C'est finalement votre appétit, votre imagination et la suite du repas qui dicteront la quantité et la variété des *antipasti*. Beaucoup sont à base de poissons et de fruits de mer (attention, ça chiffre vite), comme les poulpes marinés, les *mazzancolle* (nom local des gambas), les fritures en tout genre, notamment les calamars *alla romana,* les *scampi fritti*... On peut juger la qualité d'un buffet à celle des légumes grillés, poivrons, aubergines, courgettes... Ils ne doivent pas baigner dans l'huile mais pas être secs non plus. Vous trouverez également boulettes et croquettes en tout genre, comme les *supplì di riso,* boulettes de riz frites avec à l'intérieur de la *provatura* (variante de la mozzarella). Toutes sortes de tartines *(brushetta, crostini...),* d'omelettes (*frittata* ou *torta,* assez proche de la *tortilla* espagnole), de fromages et de charcuteries viennent compléter la liste.

I primi (premiers plats)

La place d'honneur revient à la *pasta.* C'est pourquoi nous lui avons consacré une rubrique spéciale (voir plus loin « *Pasta* »). Vous verrez souvent sur le menu, l'expression « bis » ou « tris ». Il s'agit de plats plus consistants avec deux ou trois sortes de pâtes dans la même assiette. À peine plus cher qu'un plat normal et idéal pour les très grosses faims.
Le *risotto,* ou riz braisé, est plus répandu dans le Nord et le Centre. Le riz *(riso)* est cuisiné au choix avec des fruits de mer, des petits légumes, des champignons, et agrémenté d'une bonne dose de crème fraîche ou d'une pointe de safran qui rappelle son origine exotique.
Les *minestre* (soupes), souvent réalisées suivant d'anciennes recettes du terroir, sont excellentes. La plus connue est le *minestrone,* à base de légumes.
La *pasta al forno* (pâtes au four) comprend les *cannelloni* (pâte roulée farcie de viande hachée, tomates et béchamel), les lasagnes, les *crespelle* (crêpes farcies de *ricotta* et d'épinards). Dans le nord de l'Italie, on trouve également la *polenta,* plat d'hiver à base de farine de maïs aux cèpes ou recouverte de sauce rouge, accompagnée de saucisse ou de viande.
Les *gnocchi* n'ont rien à voir avec ce que l'on connaît en France sous ce nom. Les vrais *gnocchi* sont une préparation à base de fromage *(di ricotta)* et de pommes de terre *(gnocchi di patate).* C'est un plat consistant, comme la *pasta.* On adore !

I secondi (seconds plats)

Étant donnée l'importance du *primo,* le plat de viande ou de poisson ne joue pas le même rôle que dans nos menus.
Le veau *(vitello)* apparaît sur bien des cartes et dans des préparations très variées : en paupiettes *(involtini),* en escalope *(scaloppina)* ou bouilli.
Le foie *(fegato),* les tripes *(trippa),* les côtes de porc *(cotoletta* ou *braciola),* le lapin *(coniglio),* le lièvre *(lepre)* apparaissent souvent sur les cartes.
Le poisson est un mets de luxe, y compris sur les côtes. Il est généralement vendu au poids.

I contorni (garnitures)

Les *secondi* sont toujours servis sans garniture. Il faut donc commander celle-ci à part et la payer en supplément. On vous proposera, selon la saison, des pommes de terre, des légumes ou des salades. Mais très souvent, il s'agit de légumes grillés (poivrons, aubergines, courgettes) et de salades cuites (*verdura cotta* ou *saltata in padella*). Savoir que ce n'est pratiquement jamais écrit dans les menus, mais cela se fait à la demande.

I dolci (desserts)

Les Italiens ne mangent pas beaucoup de sucreries en fin de repas. Ils les préfèrent faites à la maison, ou alors les mangent dans l'après-midi. Un peu partout, on trouve la *torta del nonna,* le gâteau maison, souvent très bon ou encore le typique *tiramisù.*
Comment parler des *dolci* sans évoquer les glaces *(gelati),* si réputées, ou encore le *frullato,* purée de fruits allongée de lait ou de glace pilée ? Plutôt que de les consommer dans un restaurant, demandez l'adresse de la *gelateria* de la ville. Entre deux visites, vous pourrez aussi déguster un cône de votre parfum préféré.

Pizza

Tout le monde la connaît. Elle naquit, il y a longtemps, dans les quartiers pauvres de Naples et constituait la nourriture des dockers. La pâte, agrémentée d'un petit quelque chose suivant la richesse du moment (huile, tomate, fromage...), que l'on roulait sur elle-même, constituait leur casse-croûte de midi... Elle a fait du chemin depuis : il y aurait, d'après les spécialistes, près de 200 variétés de préparations. La plus courante est *alla napoletana* (recouverte de tomates, de mozzarella, de trois anchois et d'huile d'olive). Mais pour les puristes, la seule acceptable sur le plan historique est la *margherita.* C'est Marguerite de Savoie qui lui a laissé son nom à la fin du XIXe siècle, car c'était sa préférée (les couleurs de la garniture – vert, blanc et rouge – étant censées évoquer le drapeau de l'Italie enfin unifiée : basilic, mozzarella et tomates).
À partir de cette recette de base, toutes les variantes sont possibles, de la plus simple à la plus sophistiquée. Les bonnes pizzas sont cuites au feu de bois et préparées par un pizzaiolo. Tout un art ! Dans la journée, on peut aussi manger un morceau de pizza *al taglio* ou *al metro* (à la coupe ou au mètre). Ce sont de grands rectangles de pizza que l'on fait couper à la mesure de son appétit. Pratique !

Pasta (les pâtes)

La *pasta* méritait bien une rubrique à elle seule. Voir donc un peu plus loin la rubrique « *Pasta* ».

Risotto

Traditionnellement cuisiné dans le Piémont, en Lombardie, Vénétie et dans le Frioul, le risotto occupe une place à part entière.

Les secrets du risotto

Avant toute chose, le risotto repose sur un riz *(riso)* italien. C'est-à-dire un riz moins long, plutôt rond par rapport à celui que nous consommons en France, qui est originaire d'Orient. Il existe des dizaines de noms qui sont autant de types de riz recommandables. Les plus connus sont l'*arborio,* le *vialone* et le *carnaroli.* Les connaisseurs choisiront un type de riz pour un type de recette.

À l'origine de tout risotto, il y a un bouillon qui se prépare traditionnellement la veille. Il peut être à base de viande, d'abats, de poissons ou de légumes.

Les grandes recettes

La plus connue est le *risotto alla milanese.* Un grand classique de la cuisine italienne. Sa caractéristique essentielle repose sur la présence de safran. À base de riz de type *vialone,* beurre, moelle de bœuf, bouillon de viandes mélangées, oignons, safran. Il existe des *risotti* à base de légumes (plus légers), d'abats (foies de volaille et oignons notamment) et de poissons (surtout en Vénétie).

Le succès du *slow food*

De plus en plus de restaurants italiens affichent l'autocollant « Slow food » et c'est tant mieux. Ce mouvement né en Italie en 1989 (le siège de l'association est aujourd'hui à Bra, dans le Piémont) a décidé de défendre les vraies valeurs de la cuisine traditionnelle, et notamment des petites *trattorie* du terroir. Il est grand temps de sauvegarder les bons produits de tradition comme les fromages au lait cru, bon sang !
Ce retour du bien-manger et la volonté de préserver la biodiversité sont apolitiques et n'ont donc rien à voir avec José Bové. Le *slow food* n'est pas contre la modernisation à condition qu'elle soit au service du goût. On pourrait l'assimiler à un Jean-Pierre Coffe avec une structure internationale mais sans les coups de gueule.
Les restaurants *slow food* (on en sélectionne certains) ne sont pas forcément chers. La carte est parfois absente (le patron déclame alors ce qu'il a le jour même dans ses fourneaux) et surtout, on prend le temps de manger... et d'apprécier. Pour plus d'informations sur ce mouvement, vous pouvez consulter le site • www.slowfood.it •

Petit lexique culinaire

Acciughe	anchois
Aglio	ail
Agnello	agneau
Ai ferri	grillé
Anatra, anitra	canard
Anguria	pastèque
Aragosta	homard
Arrosto	rôti
Asparagi	asperges
Baccalà	morue
Bistecca alla fiorentina	steak épais assaisonné de poivre et d'huile d'olive
Burro	beurre
Calamari	calamars
Carciofi	artichauts
Casalinga	comme à la maison, « ménagère »
Cassata	bombe glacée aux fruits confits
Cipolla	oignon
Ceci	pois chiches
Contorno	garniture de légumes
Costoletta	côtelette
Dolci	desserts
Fagioli	haricots blancs
Fagiolini	haricots verts
Fegatini di pollo	foies de volaille
Fegato	foie
Formaggio	fromage

Fragole	fraises
Frittura	friture
Frutti di mare	fruits de mer
Funghi	champignons
Gamberi	crevettes
Gelato	glace
Grissini	gressins
In umido	en ragoût
Insalata	salade
Lenticchie	lentilles
Maiale	porc
Mandorle	amandes
Manzo	bœuf
Mela	pomme
Melanzana	aubergine
Minestrone	soupe aux légumes et au riz
Nocciole	noisette
Noci	noix
Ostriche	huîtres
Pane	pain
Panna	crème épaisse
Pasticceria	pâtisserie
Peperoni	poivrons verts ou rouges
Pesce	poisson
Pollo	poulet
Pomodoro	tomate
Ragù	sauce à la viande
Riso	riz
Risotto	riz cuisiné
Salsa	sauce
Sarde	sardines
Seppia	seiche
Sgombro	maquereau
Sogliola	sole
Spumone	glace légère aux blancs d'œufs
Tiramisù	gâteau à base de *mascarpone* (crème épaisse) et de biscuits imbibés de café, le tout saupoudré de cacao
Torta	gâteau, tarte
Tortelli	raviolis farcis d'herbes et de fromage frais
Uovo	œuf
Uva	raisin
Verdure	légumes
Vitello	veau
Vongole	palourdes ou clovisses
Zucchero	sucre
Zucchine	courgettes
Zuppa	soupe

DANGERS ET ENQUIQUINEMENTS

Vol

Comme dans d'autres pays, le risque de vol existe, donc attention ! C'est fou ce que les *scippatori* (voleurs à la tire) des grandes villes italiennes peuvent avoir comme imagination ! Dès qu'on signale leurs différentes techniques, afin de mettre en garde les visiteurs, ils en trouvent de nouvelles encore plus ingénieuses.

Quelques petits rappels qui ne font jamais de mal...

– Ne jamais rien laisser dans les poches, surtout arrières, trop facilement accessibles.
– Ne portez jamais de sac à l'épaule mais toujours en bandoulière, et maintenez-le fermement (plutôt sur le ventre) avec vos mains si vous empruntez un moyen de transport collectif. Les voleurs sont équipés de lames de rasoir et découpent les sangles pour s'emparer plus aisément de leur butin.
– Si vous avez la chance d'avoir un véhicule, ne mettez rien en évidence et laissez le moins possible vos bagages dans le coffre. Toujours avoir les vitres relevées. Inutile d'ajouter que les autoradios sont très convoités et que les trains de roue sont parfois démontés la nuit. Le garage, quoique cher, est conseillé.
– Essayez d'être plus rusé que les voleurs et de prévoir le coup ! Cela dit, il est vraiment pénible, dans certains endroits touristiques, de devoir constamment être sur ses gardes, surtout lorsqu'on est en vacances !
– En cas de perte ou de vol, faites-vous établir un constat pour votre compagnie d'assurances, en vous adressant au poste de *carabinieri* le plus proche.

DROITS DE L'HOMME

Silvio Berlusconi sent la fin de son court règne s'annoncer : revers électoraux multiples, crise politique ouverte au sein de la formation hétéroclite qui l'a amené au pouvoir en 2001, impopularité croissante du soutien à l'intervention en Irak.
En janvier 2004, la loi de circonstance, dite Maccanico-Schifani, censée le protéger, lui et ses proches, de toute action judiciaire, a été invalidée par la Cour constitutionnelle, et Il Cavaliere (surnom de Berlusconi) risque de se retrouver au cœur de scandales financiers. Mais les défenseurs des Droits de l'homme sont bien plus préoccupés par les dérives liberticides de la « tyrannie molle » (*dixit* Giorgio Bocca, éditorialiste à la *Repubblica*), mise en place par Berlusconi depuis son accession au pouvoir. La liberté de la presse, déjà sérieusement mise à mal par la position dominante de Berlusconi dans le paysage médiatique italien, a été de nouveau compromise cette année, avec l'approbation, en mai 2004, d'une nouvelle loi sur l'audiovisuel, provoquant la démission de la présidente de la RAI (télévision publique italienne). Lucia Annunziata entendait ainsi dénoncer « l'occupation systématique des postes-clés par des personnes proches (...) de la majorité de centre droit », dont elle était censée ratifier les nominations sans pourvoir s'y opposer.
Plus grave, depuis l'entrée en vigueur de la nouvelle loi sur l'immigration en 2002, la politique de la tolérance zéro est officiellement appliquée en matière d'immigration. « Cette année encore des milliers de personnes sont arrivées sur les rives méridionales du pays, tandis que des centaines d'autres sont mortes au cours de tentatives similaires » (rapport annuel 2004 d'Amnesty International). L'organisation dénonce les conditions d'incarcération des étrangers dans les centres de rétention, mais aussi le refoulement de bateaux d'émigrants et les nombreuses atteintes au droit d'asile. Les défenseurs italiens des Droits de l'homme dénoncent également les violences policières dans les manifestations et à l'encontre des minorités ethniques. En janvier 2003, le Comité des Droits de l'enfant des Nations unies s'est par ailleurs dit préoccupé « par les incidents racistes contre les minorités ; par le recours à un discours haineux lors d'interventions publiques ; ainsi que par les disparités dont pâtissent les enfants pauvres, les enfants rom, les enfants non italiens et les enfants handicapés ». Enfin, l'organisation qui se faisait

appeler les Nouvelles Brigades Rouges, responsable entre autres de l'assassinat en mars 2002 de Marco Biaggi, conseiller du ministre du Travail, a été complètement démantelée en octobre 2003, et la plupart de ses membres arrêtés. Par ailleurs, le gouvernement italien tente d'obtenir l'extradition de nombreux anciens membres des Brigades Rouges qui avaient trouvé refuge en France dans les années 1980. Paolo Persichetti, extradé en 2002 et détenu depuis, risque fort d'être bientôt rejoint par Cesare Battisti et par de nombreux autres, qui avaient cru un jour à la promesse faite par François Mitterrand, qu'ils ne seraient jamais poursuivis ni remis à la justice italienne, s'ils cessaient toute activité illégale.
Pour en savoir plus, n'hésitez pas à contacter :

- ***Fédération internationale des Droits de l'homme (FIDH)*** : 17, passage de la Main-d'Or, 75011 Paris. ☎ 01-43-55-25-18. Fax : 01-43-55-18-80. • www.fidh.org • fidh@fidh.org • Ⓜ Ledru-Rollin.
- ***Amnesty International*** *(section française)* : 76, bd de la Villette, 75940 Paris Cedex 19. ☎ 01-53-38-65-65. Fax : 01-53-38-55-00. • www.amnesty.asso.fr • info@amnesty.asso.fr • Minitel : 36-15, code AMNESTY. Ⓜ Belleville ou Colonel-Fabien.

N'oublions pas qu'en France aussi les organisations de défense des Droits de l'homme continuent de se battre contre les discriminations, le racisme, et en faveur de l'intégration des plus démunis.

ÉCONOMIE

Un des gros points noirs : la persistance de fortes disparités entre le Nord et le Sud. Les conditions naturelles présentent, il est vrai, des possibilités inégales d'une région à l'autre. L'explication essentielle ne se trouve pas toutefois dans la géographie mais dans l'histoire. Dans le Nord et le Centre-Nord, la féodalité (qui émergea des ruines de l'Empire carolingien) est liquidée dès le XIIe siècle au profit des villes et des oligarchies marchandes des cités-États qui ne tarderont pas à inventer la vie économique moderne. Dans le Sud, au contraire, le système féodal, introduit par les Normands (puis consolidé au fil des siècles), constitue un frein durable au développement capitaliste. Tout aussi désastreux pour le Mezzogiorno furent le rôle de la Contre-Réforme et celui de la domination espagnole qui s'évertuèrent contre vents et marées à maintenir le même cap (c'est-à-dire celui d'une société traditionnelle dominée par une minorité de riches – grands propriétaires fonciers, hauts fonctionnaires – et dépourvue de classe marchande). Cet héritage pèse lourd sur les frêles épaules des Napolitains et autres Palermitains. Aussi l'État italien (avec la Caisse pour le Mezzogiorno) puis l'Europe communautaire (avec les fonds destinés à corriger les inégalités régionales) ont-ils cherché à atténuer cette disparité économique entre le Nord et le Sud. Cependant, beaucoup de chemin reste à parcourir pour que l'unité italienne ne soit pas seulement politique ou linguistique mais également économique.

FÊTES ET JOURS FÉRIÉS

Fêtes et festivals

L'Italie a toujours eu le goût de la fête. Les festivités religieuses y tiennent, bien sûr, la première place. Chaque localité a son saint patron et ne manque pas de l'honorer avec faste; chaque quartier a son saint protecteur et chaque église son saint dédicataire. Mais il y a aussi les fêtes profanes, comme les carnavals. Les plus célèbres sont ceux de Venise et de Viareggio. Il faut compter aussi avec toutes les manifestations sous forme de reconstitutions historiques. Ajoutons les nombreux festivals, comme celui d'art lyrique de Vérone.

L'ENIT à Paris et, sur place, les offices du tourisme pourront vous renseigner. Nous avons indiqué pour chaque ville les principales fêtes sans les recenser toutes : un ouvrage entier n'y suffirait pas.

Jours fériés

Ne pas confondre *giorno feriale* qui, en italien, signifie jour ouvrable, avec *giorno festivo* qui se traduit par jour férié... Ah, ces faux amis ! Les jours fériés et chômés sont à peu près identiques aux nôtres. Ils sont cependant moins nombreux (l'Ascension et la Pentecôte ne sont pas fériés). Mai est donc un mois plus laborieux en Italie qu'en France.
– 1er janvier : *Capodanno.*
– 6 janvier : *Epifania*; mais pour tous les Italiens, c'est le jour de la *Befana,* une gentille sorcière qui circule à califourchon sur son balai de paille. Aux enfants méchants, elle dépose du charbon dans la chaussette suspendue à la cheminée. Aux gentils, des confiseries et des cadeaux. Ah ! qu'il est loin le bon temps de l'enfance.
– Lundi de Pâques : *Pasquetta.*
– 25 avril : *Liberazione del 1945.*
– 2 juin : fête de la proclamation de la République.
– 1er mai : *festa del Lavoro.*
– 15 août : *festa dell'Assunta, Ferragosto.*
– 1er novembre : *Ognissanti.*
– *8 décembre : Immacolata Concezione.*
– 25 et 26 décembre : *Natale* et *Santo Stefano.*
Sont aussi considérés comme des jours semi-fériés les 14 août, 24 et 31 décembre. Certaines fêtes comme celle du 15 août peuvent durer plusieurs jours et paralyser une grande partie de la vie économique. Attention aux fermetures des banques, notamment. Tenez-vous au courant auprès de l'ENIT de l'activité festive dans les villes et villages au cours de votre séjour.

GÉOGRAPHIE

Une position avantageuse

Soudée à l'Europe par la plaine du Pô et les Alpes, l'Italie plonge loin dans la Méditerranée. Cet étirement en latitude fait de notre voisin transalpin un pays intermédiaire entre l'Europe et l'Orient, d'une part, l'Europe et l'Afrique, d'autre part.
Foyer de rayonnement grâce à cette position avantageuse qui fit notamment la fortune de Venise (mais aussi grâce au dynamisme de ses habitants), l'Italie fut en outre, très souvent (et le demeure certains mois d'été à cause de vous et de nous), une terre d'invasion. Comment faire, en effet, pour surveiller efficacement 8 500 km de côtes et contenir simultanément les hordes barbares venant du Nord ?
On ne peut pas non plus négliger la gêne (le mot est faible) que cet « allongement » devait occasionner pour les échanges intérieurs entre le Nord et le Sud.

Un relief morcelé

Le commerce des marchandises et la diffusion des idées d'une extrémité à l'autre de la péninsule (le problème étant en grande partie réglé aujourd'hui avec la construction de belles routes) furent longtemps d'autant plus difficile que le relief de l'Italie n'est guère comparable à celui des Pays-Bas. Montagnes et collines prédominent, les plaines n'occupant qu'à peine le quart de l'espace italien.
À l'émiettement politique (qui fut la règle chez nos voisins transalpins depuis la chute de Rome jusqu'en 1860) correspond l'émiettement du relief (certains iront même jusqu'à invoquer celui-ci pour expliquer celui-là, oubliant,

au passage, que Rome, autrefois, avait su réaliser l'unité de l'Italie et même d'un empire beaucoup plus vaste). Malgré le morcellement du relief, il est possible, pour qui ouvre grand les yeux sur une carte italienne, de s'y retrouver, les grandes lignes du relief transalpin pouvant se résumer à quatre unités : les Alpes; la plaine du Pô; l'Apennin et ses bordures; les îles.

– *Les Alpes :* la chaîne alpine, qui ferme le territoire au nord-ouest et au nord, décrit un grand arc de cercle de la Ligurie jusqu'au Frioul-Vénétie Julienne. Les Alpes occidentales forment, en l'absence de Préalpes, une véritable muraille, haute parfois de plus de 4000 m, au-dessus de la plaine du Pô. Les Alpes orientales, à la différence des premières, n'entrent pas directement en contact avec la plaine puisqu'elles sont précédées de Préalpes qui s'étoffent progressivement jusqu'au grand massif des Dolomites. Un des attraits touristiques de ces montagnes, aisément franchissables l'été, réside dans la présence des grands lacs allongés (lac Majeur, lac de Côme, lac de Garde...).

– *La plaine du Pô :* dessinant un vaste triangle allongé sur quelque 50000 km^2, cette grande plaine fertile abondamment arrosée (d'une hauteur souvent inférieure à 200 m) est plutôt variée malgré l'impression de monotonie qu'elle laisse de prime abord. Partant de Turin et prenant la direction de Venise, vous rencontrerez d'abord des collines et des terrasses, puis les basses plaines alluviales de l'Adige, du Reno et du Pô, et enfin la façade adriatique (côte basse s'étendant sur 250 km).

– *L'Apennin et ses bordures :* l'Apennin (qui commence en Ligurie) se développe sur plus de 1200 km du nord au sud. Ce nouvel obstacle naturel (véritable « épine dorsale » de la péninsule) risque d'être gênant si vous vous écartez des routes principales. De part et d'autre de l'Apennin se trouvent une quantité de collines et de petites plaines (ensemble dénommé l'Anti-Apennin).

– *Les îles :* les amoureux de l'Italie insulaire, une fois parvenus à Reggio de Calabre, pourront ensuite embarquer pour traverser le détroit de Messine. Que ceux qui souffrent du mal de mer se rassurent cependant, un tunnel ou un pont devrait peut-être finir par relier la Sicile au continent (le projet est en discussion depuis 1955, patience donc). Rien de tel n'est prévu entre la Sardaigne, beaucoup plus éloignée, et le continent. Montagnes et collines prédominent, ici comme ailleurs.

HÉBERGEMENT

Comme l'indique notre rubrique « Budget », la majeure partie de vos dépenses sera consacrée à l'hébergement. De plus, en juillet et en août, c'est un euphémisme de dire qu'il est difficile de trouver une chambre, même si on y met le prix. Pour l'été, mieux vaut réserver depuis la France. Pensez aussi aux périodes de fêtes, aux festivals locaux, aux salons et aux foires (à Milan et Bologne surtout). Si vous séjournez au moins une semaine au même endroit, pensez au gîte ou à la location d'un appartement : formule moins chère que l'hôtel, par exemple.

Campings

Pratiquement 2 fois plus chers en Italie qu'en France, surtout en bord de mer et dans les villes touristiques. Il arrive souvent de payer 30 € pour deux avec une petite tente. Certains établissements facturent également le *piazzolo* (emplacement) et la voiture. Toutefois, en cherchant bien, on trouve encore des campings (2 étoiles ou l'équivalent) pratiquant des prix raisonnables, autour de 16-18 € pour deux en haute saison. Se faire préciser si la douche (chaude) est comprise dans le prix et à tout moment de la journée. Certains campings disposent d'une piscine (prévoir un bonnet de bain, c'est souvent exigé).

Si vous êtes avec des enfants, il existe un tarif « *speciale bambini* » pour les moins de 12 ans. Demandez-le.

Les campings classés par catégories avec des étoiles sont généralement ouverts d'avril à octobre. Toutefois, certains restent ouverts toute l'année.

Nous indiquons pour chaque ville celui ou ceux que nous avons sélectionnés. Cette liste n'est donc pas exhaustive. Vous pourrez vous procurer la liste complète des terrains de camping éditée par le Touring Club Italien, *Campeggi in Italia,* dans des librairies de la péninsule ou, avant le départ, aux adresses suivantes :

■ ***Librairie italienne La Tour de Babel :*** 10, rue du Roi-de-Sicile, 75004 Paris. ☎ 01-42-77-32-40. Ⓜ Saint-Paul-le-Marais. Ouvert du mardi au samedi de 10 h à 13 h et de 14 h à 19 h.

■ ***Fédération française de camping et caravaning :*** 78, rue de Rivoli, 75004 Paris. ☎ 01-42-72-84-08. • www.ffcc.fr • Ⓜ Châtelet. Un partenariat a été établi entre les fédérations française et italienne : prix négociés (uniquement pour les adhérents de la FFCC), réductions de 20 % dans certains terrains de campings, etc. Possibilité de se procurer la liste des campings italiens (10,50 €), frais d'envoi en sus.

Sur place, vous pourrez obtenir, auprès des offices du tourisme locaux, la liste des terrains avec leurs caractéristiques et, parfois, les prix pratiqués. Attention, le camping sauvage est déconseillé partout.

Auberges de jeunesse

On compte environ 91 auberges de jeunesse en Italie. Elles sont généralement bien entretenues, mais n'ont pas (comme la plupart de ses pays voisins) une cuisine à disposition des hôtes. La carte internationale est obligatoire. Vous pouvez vous la procurer en France auprès de ***hostelling International,*** représentée à Paris par la ***Fédération unie des auberges de jeunesse (FUAJ).*** On peut également l'acheter sur place.

– Vous pouvez aussi vous adresser directement aux auberges de jeunesse italiennes :

■ ***Associazione italiana degli alberghi per la gioventù :*** via Cavour, 44, 00184 Roma. ☎ 06-487-11-52. Fax : 06-488-04-92. • www.ostellionline.org • info@ostellionline.org •

– On peut acheter la carte sur place, mais bien sûr c'est plus cher. En cas d'oubli, on peut également se la procurer sur Internet.

– Elle fournit également une liste de maisons pour étudiants, ouvertes les mois d'été uniquement.

Pour la réservation (vivement conseillée quelle que soit la saison), contacter directement l'AJ ou par Internet (voir ci-dessus).

Logement dans les communautés religieuses

Pour être hébergé dans les couvents, il n'est pas nécessaire de jouer les bigots. L'essentiel est de se montrer respectueux. Toutefois, couples non mariés s'abstenir. Certaines communautés n'acceptent que les filles. Le logement s'effectue soit dans des dortoirs, soit dans des chambres individuelles ou doubles. Il faudra compter avec le réveil aux aurores et un couvre-feu le soir (horaires souvent contraignants). Deux points forts cependant : la tranquillité et la propreté. Le rapport qualité-prix n'est plus aussi intéressant qu'auparavant. En effet, certains couvents n'hésitent pas à afficher des prix semblables à un hôtel très bon marché...

Chambres d'hôtes et gîtes ruraux

Du nord au sud de l'Italie, le tourisme rural (ou vert) est, comme en France, en pleine expansion. Se procurer la *Guida dell'Ospitalitá rurale, Agriturismo e Vacanze verdi,* auprès d'*Agriturist,* corso Vittorio Emanuele II, 101, 00186 Roma. ☎ 06-68-52-342. Fax : 06-68-52-424. • www.agriturist.it • Les

adresses y sont classées par région et pourvues d'une description signalétique assez détaillée : situation, nombre de chambres, commodités, catégorie de confort et de prix... Parfois même, une photo accompagne la notice. Adressez-vous aussi auprès des offices du tourisme locaux.
Vous logerez dans une maison privée en milieu rural, dont certaines chambres sont réservées aux hôtes, ou dans une ferme divisée en appartements. Un véhicule est indispensable car on n'a pas encore transféré les campagnes au cœur des villes.

Bed & breakfast

Vous pouvez de même loger chez l'habitant en ville grâce à l'organisme *Bed & Breakfast Italia,* qui propose 1 000 appartements ou maisons à travers l'Italie et permet d'obtenir une chambre simple pour 2 nuits aussi bien qu'un appartement pour 6 pendant 1 mois.

■ ***Central de réservation à Rome :*** Palazzo Sforza Cesarini, corso Vittorio Emanuele II, 284, 00186 Rome. ☎ 06-687-86-18. Fax : 06-687-86-19. Possibilité de réserver en ligne : • www.bbitalia.it •

Pensions

Ces pensions, appelées *pensione* ou *locanda,* sont parfois plus abordables et plus familiales que les hôtels. On n'est pas obligé d'y prendre ses repas ni de rester un minimum de nuits. Théoriquement, elles sont contrôlées par l'office du tourisme et donc correctes, mais, en haute saison, dans les centres touristiques, il arrive que les habitants transforment leur maison en pension temporaire. Le prix dépend alors de la loi de l'offre et de la demande. Il n'y a aucun recours en cas de contestation.

Hôtels

Ils sont classés en 5 catégories (L pour luxe et de 5 étoiles à 1 étoile pour les plus simples). Cette classification est très surfaite par rapport à la nôtre. De plus, les prix sont très supérieurs, pour un confort et un service souvent discutables. Les prix sont toujours affichés dans les chambres. Dans certains établissements de villes non touristiques, il est pratiqué des tarifs réduits pendant le week-end. Toujours bon à savoir ! Pour vous aider dans votre choix, demandez en arrivant la *lista degli alberghi* à l'office du tourisme.
En ce qui concerne les prix, il faut savoir que les hôtels consentent des réductions importantes aux tour-opérateurs. C'est pourquoi, dans certains types de voyage, on a tout intérêt, pour l'Italie, à passer par une agence.
Un conseil : ne prenez pas le petit déjeuner à l'hôtel, souvent cher et décevant, sauf si on vous annonce un buffet ou que celui-ci est compris dans le prix de la chambre (c'est souvent le cas dans les hôtels 3 étoiles et plus). Préférez les *bar-pasticceria* où l'on sert de vrais cafés italiens et des brioches.
– Si vous êtes en voiture, et que vous n'avez pas envie de perdre du temps à chercher une pension, arrêtez-vous sur l'autoroute au point d'information situé environ 10 km avant l'entrée des villes. Ils vous réserveront une chambre dans un établissement contrôlé par l'office du tourisme.

Location d'appartements et de maisons

La location est l'une des solutions pratiques et économiques de l'hébergement en Italie, à condition de rester plusieurs jours.

■ ***Agritourisme-Far Voyages Agritourisme-Far Voyages :*** 8, rue Saint-Marc, 75002 Paris. ☎ 01-40-13-97-87. Fax : 01-40-13-96-33. • az1@noos.fr • Ⓜ Bourse ou Grands-Boulevards. Propose un service de location à la campagne dans les « Agriturismo », fermes restaurées dans le respect des structures originelles, simples ou luxueuses. Des appartements et résidences autour des grands lacs. Catalogue gratuit sur simple demande et aussi sur : • www.locatissimo.com •

■ ***Casa d'Arno :*** 28, rue Godefroy-Cavaignac, 75011 Paris. ☎ 01-44-64-86-00. Fax : 01-44-64-05-84. • www.casadarno.com • info@casadarno.com • Ⓜ Voltaire ou Faidherbe-Chaligny. Il est préférable de téléphoner pour prendre un rendez-vous. Location de studios, d'appartements ou de *palazzi,* simples ou luxueux, en Italie du Nord, au calme à la campagne dans des gîtes ruraux, près de la mer ou des lacs. Des chambres de qualité, toutes choisies avec soin, vous sont également proposées. Également une sélection de *B & B* pour un séjour (même court). Conseils par une Italienne accueillante qui connaît parfaitement son pays. Possibilité de réserver des billets d'avion, un transfert de l'aéroport ou la location d'une voiture. Pour d'autres destinations en Italie, brochures sur simple demande.

■ ***Italie Loc'Appart :*** 125, av. Mozart, 75016 Paris. ☎ 01-45-27-56-41. Fax : 01-42-88-38-89. • www.italielocappart.fr • italie-loc-appart@wanadoo.fr • Permanence téléphonique assurée du lundi au vendredi de 14 h à 19 h. Réceptions sur rendez-vous uniquement. Italie Loc'Appart propose la location d'appartements, du studio à la maisonnette, pour un minimum de trois nuits à partir de n'importe quel jour de la semaine. Accueil assuré par des spécialistes sur place et des chargés de destinations à Paris. Ils interviennent en cas de problèmes.

Échange d'appartements et de maisons

Une formule de vacances originale et très pratiquée outre-Atlantique. Il s'agit, pour ceux qui possèdent une maison, un appartement ou un studio, d'échanger leur logement contre celui d'un adhérent du même organisme, dans le pays de leur choix, pendant la période des vacances. Cette formule offre l'avantage de passer des vacances à l'étranger à moindres frais, en particulier pour les jeunes couples avec enfants. Voici deux agences qui ont fait leurs preuves :

■ ***Homelink International :*** 19, cours des Arts-et-Métiers, 13100 Aix-en-Provence. ☎ 04-42-27-14-14. Fax : 04-42-38-95-66. • www.homelink.fr • Adhésion annuelle comprenant une annonce à paraître sur Internet et dans un de leurs 3 catalogues internationaux édités de décembre à mai : 110 € (sans l'envoi du catalogue) et 170 € (avec le catalogue).

■ ***Intervac :*** 230, bd Voltaire, 75011 Paris. ☎ 01-43-70-21-22. Fax : 01-43-70-73-35. • www.intervac.com • Ⓜ Rue-des-Boulets. Adhésion : 100 € par an, comprenant une annonce valable 12 mois sur Internet (avec photo) et sur l'un des deux catalogues internationaux édités au cours de l'année.

HISTOIRE

Au début étaient le Nord et la mer...

Les sources

Ce n'est que récemment que le voile des origines s'est soulevé, l'archéologie venant au secours de l'histoire pour éclairer la légende. Quant à l'histoire, paradoxalement, elle est en train de s'écrire ou de se réécrire tant les sources écrites, abondantes et de qualité, sont diverses. Des œuvres majeures sont perdues, d'autres, sujettes à caution.

Entre le discours apologétique et glorificateur de Rome, dont le but avoué est de justifier son *imperium,* et les dénigrements de la chrétienté triomphante, qui veut se justifier d'avoir mis un terme à la *Pax Romana* et précipiter la fin d'un monde, il y a beaucoup d'erreurs et de fausseté.
À noter que nombre d'écrivains romains (Suétone) seront tout au long de l'histoire des porte-parole du parti sénatorial, d'où leur promptitude à noircir les empereurs les plus hostiles au Sénat (Caligula, Néron, Domitien, etc.). Quant aux autres (Virgile, Tacite...) ils seront les propagandistes d'un empereur, d'où la dénonciation accusée des méfaits de ses prédécesseurs, souvent évincés par la force. Toute la propagande romaine repose sur un art consommé de mêler le vrai et le faux et d'inventer mille anecdotes flatteuses ou calomnieuses. Sans oublier certains hagiographes chrétiens qui s'acharneront au fil des siècles à noircir la Rome païenne (que n'a-t-on pas fabulé sur Néron) ou à multiplier le nombre et l'importance des persécutions.
Pourtant, réelle ou imaginaire, cette histoire est indissociable d'une visite de la Ville. Mythes et légendes, martyrologes et mystères, inspirent les arts antiques et modernes. Combien de peintures baroques et classiques inspirées d'Ovide, combien d'hommages à Lucrèce, combien de saints et de miracles ornent-ils les églises et les musées romains, que de sculptures du Bernin y puisent directement leur inspiration ?
Aujourd'hui encore, la littérature et le cinéma se repaissent d'aventures romanesques et sanglantes qui n'ont souvent que peu à voir avec la réalité. Les esclaves ne nourrissaient pas les murènes, les gladiateurs n'étaient pas tous égorgés dans l'arène et les lions du Colisée ne dévoraient pas les chrétiens !

Un peu de mythologie

Si Rome ne s'est pas bâtie en un jour, les Romains aiment accréditer la légende des jumeaux Romulus et Remus allaités par la louve et qui symbolise la naissance de leur ville. Cette légende fut imposée huit siècles après la fondation de Rome par les écrits d'historiens et de poètes comme Tite-Live et Virgile, désireux de célébrer l'essence divine de l'empire d'Auguste. De tout temps les dieux ont veillé sur Rome, guidant les pas d'Énée et la geste des grands ancêtres pour lui donner la maîtrise du monde. Énée, dont la mère n'était autre que Vénus, découvrit le site de Rome ; puis son fils Iule – dont les Jules, par homophonie, se dirent par la suite les descendants, s'octroyant ainsi des origines divines – fonda Albe, cité voisine. Grâce à Romulus, ils ont aussi Mars pour grand-père. Jolie carte de visite qui vous donne le droit de régner... Bon, Romulus fonda Rome en l'an 753 av. J.-C. en traçant ses limites avec une charrue. Son frère, Remus, se moqua de lui en sautant pardessus le fossé dérisoire ainsi formé. Romulus – qui au fond était un garçon extrêmement susceptible – le tua en prononçant ces mots : « Ainsi périsse quiconque, à l'avenir, franchira ces murailles ! » Ça commençait bien... Dès les origines, l'histoire romaine est marquée par le meurtre et la violence. *Insociabile regnae,* « le pouvoir ne se partage pas » dira Tacite. Tous les maîtres de Rome s'en souviendront...

La vérité vraie

En réalité, à partir du IIe millénaire av. J.-C., deux vagues successives d'envahisseurs indo-européens vinrent se mêler aux éléments méditerranéens indigènes pour donner naissance à des peuples très diversifiés sur les plans culturel, linguistique et technique. Le successeur de Romulus (celui qui écoutait la nymphe Égérie) était un Sabin, preuve que l'enlèvement des Sabines n'avait peut-être pas si bien tourné que ça...
Si les Phéniciens et les Grecs (775 av. J.-C.) eurent également un rôle civilisateur considérable, les premiers à tenter l'unification politique et culturelle

de la péninsule italienne furent les Étrusques, les véritables fondateurs de Rome. La recherche moderne commence à percer le secret de leur culture et l'importance de leurs apports...
Ceux-ci érigèrent le premier mur d'enceinte (VIIIe siècle av. J.-C.), répartirent les habitants en 4 quartiers et organisèrent l'armée. C'est à cette période que furent construits les premiers grands monuments : le temple de Jupiter capitolin, le temple de Vesta sur le Forum, le Grand Cirque ainsi que le Cloaca Maxima, qui permit de drainer les marécages inter-collinaires et l'édification du Forum.
L'essentiel de la religion était constitué et Rome était déjà la plus puissante cité du Latium quand la monarchie étrusque fut renversée par l'aristocratie romaine en 509 av. J.-C., mettant en place un système républicain.

La République romaine

Premiers aspects

Le gouvernement républicain reposait sur l'équilibre des pouvoirs, obtenu par le contrôle mutuel des différentes institutions : Sénat, magistratures et assemblées populaires. Les magistrats (consuls, prêteurs, édiles, questeurs, prêtres puis à compter de 493 av. J.-C., les tribuns de la plèbe), élus par le peuple (comices centuriates et comices tributes), exerçaient le pouvoir exécutif sous la tutelle du Sénat qui représentait l'autorité permanente.
À l'extérieur, la République romaine étendit petit à petit son pouvoir. À l'aube du IIIe siècle av. J.-C., Rome exerçait son autorité de la plaine du Pô à la mer Ionienne. Puis ce fut la conquête du Bassin méditerranéen, en commençant par la Sicile. En moins de 40 ans, Rome acquit de nouvelles provinces : la Macédoine, l'Asie Mineure, l'Afrique du Nord, l'Espagne et le contrôle total de la péninsule.
Une des plus importantes guerres de cette époque fut celle contre Carthage (non loin de l'actuelle Tunis), la seule cité qui pouvait réellement menacer l'hégémonie de Rome sur cette partie du monde. Hannibal, un général carthaginois reconnu comme un des plus grands chefs de guerre de l'Antiquité, élevé dans la haine de Rome, ne pensait qu'à une chose : venger sa cité qui avait déjà été humiliée une première fois. Déclenchant la deuxième guerre punique, il traversa l'Espagne, les Pyrénées, le sud de la Gaule, et enfin franchit les Alpes à la tête d'une armée formidable, avec des éléphants en guise de chars d'assaut, les canons en moins. On retrouvera près de Florence les ossements fossilisés de ces blindés de l'Antiquité.
Hannibal avait déjà accumulé une impressionnante série de victoires contre les Romains quand il pénétra en Italie. En raisons des arcanes de la politique intérieure carthaginoise, peu pressé de concrétiser son triomphe, il commit alors l'erreur de prendre ses quartiers d'hiver à Capoue (entre Rome et Naples) sans exploiter sa victoire de Cannes (pas celle du festival mais celle d'Apulie) en l'an 216 av. J.-C., laissant ainsi à Rome le temps de se réorganiser. Celle-ci dépêcha toute une armée en Afrique, et Hannibal fut vaincu à Zama en 202 av. J.-C. Rome était désormais maître de tout le Bassin méditerranéen. Plus tard, craignant que Carthage ne relève encore la tête (le fameux *Delenda est Cartago !*, en v.f. : « Carthage doit être détruite ! » du sénateur Caton), elle porta le coup final et fit raser sa dangereuse rivale en 146 av. J.-C.

Un colosse aux pieds d'argile

La nouvelle dimension de la République romaine changea aussi la société, et ce, dès le IIe siècle av. J.-C. Le divorce fut autorisé et devint même très fréquent vers la fin de la République, la femme put disposer de ses biens, la famille perdit de son autorité, chose impensable du temps du chantre du conservatisme, Caton. Ah, mon ami, les temps changent ! L'aristocratie même donna l'exemple en limitant les naissances. On vit alors apparaître un

nouveau type de Romain, plus « fin », cultivé et intéressé par la vie publique. L'hellénisation des arts, de la langue, de la culture, l'enrichissement des élites romaines ainsi que la montée des grandes familles plébéiennes creusèrent un fossé avec le peuple, ruiné par les guerres incessantes. Les grandes conquêtes ayant perturbé l'équilibre économique, Rome allait vers une grave crise sociale qui devait causer la chute de la République. La classe rurale, éloignée des bénéfices que pouvaient apporter les conquêtes, s'était énormément appauvrie et de graves révoltes – les *guerres serviles* – avaient éclaté. La République n'existait plus car le Sénat n'était plus qu'un outil aux mains des puissants, les *optimates,* et leur discours sur les libertés, une défense de leurs privilèges. Il y eut une véritable course de vitesse pour savoir qui prendrait le pouvoir.
Spartacus – que Hollywood et Kirk Douglas rendirent célèbre – fut à la tête de la plus importante, mais aussi de la dernière, des grandes révoltes d'esclaves. Ancien berger, il s'échappa avec 70 compagnons d'une école de gladiateurs de Capoue en l'an 73 av. J.-C. et lança un appel aux armes à tous les esclaves. Avec plusieurs milliers d'hommes, il défit les unes après les autres les armées romaines (il faut dire que, pour la majeure partie, elles étaient, heureusement pour lui, stationnées hors d'Italie), ravageant les campagnes avant d'être tué dans la bataille qui l'opposa à Crassus en 71 av. J.-C. Vaincus, les esclaves subirent une répression terrible. Six mille esclaves furent crucifiés le long de la via Appia. Spartacus et ses compagnons gladiateurs devaient, pour la postérité, symboliser le combat pour la liberté. Rosa Luxemburg s'en est souvenue quand elle fonda en 1916 la ligue Spartakus (ancêtre du parti communiste allemand).
Onze ans après cette révolte, le grand Jules était prêt à entrer en scène. En 60 av. J.-C., trois consuls, Crassus, Pompée et César, formèrent le premier *triumvirat* ; pour ce dernier, la route vers le pouvoir était désormais ouverte. Nommé proconsul des Gaules en 59, il dirigea avec succès la campagne contre les Gaulois.

Les derniers soubresauts de la République

C'est grâce aux *Commentaires sur la guerre des Gaules* de César que nous avons une idée de ce qu'était la Gaule au Ier siècle av. J.-C. Le pays était en grande partie recouvert de marais et de forêts, les Gaulois ne connaissaient pratiquement pas la vie urbaine, et leur société était divisée en trois classes : la noblesse guerrière, le peuple et les druides, dépositaires du savoir et des traditions religieuses. Profitant des incessantes querelles entre tribus, César soumit la Gaule, la Bretagne et les Germains, puis rentra en Italie.
En son absence, Vercingétorix organisa au début de 52 av. J.-C. un soulèvement général qui obligea les armées romaines à intervenir de nouveau. Pendant que le proconsul des Gaules remportait une victoire décisive à Alésia, l'anarchie menaçait Rome. Le *triumvirat* fut dissous après la nouvelle de la mort de Crassus, et Pompée, personnage ambitieux, se fit nommer par le Sénat *premier consul extraordinaire,* avec les pleins pouvoirs. Il exigea le rappel de César et le licenciement de ses troupes. Furieux, celui-ci franchit le Rubicon (une petite rivière qui séparait la Gaule italienne de l'Italie romaine) en grommelant *Alea jacta est* (en v.f. : « Le sort en est jeté »). Il marcha sur Rome avec ses légions, se rendit rapidement maître de tout le pays, et fut nommé dictateur la même année. Vaincu, Pompée s'enfuit en Grèce, mais César ne lâcha pas prise pour autant et finit par l'écraser à Pharsale en 48 av. J.-C.
Pompée se réfugia alors en Égypte où il fut assassiné par le roi Ptolémée XIII qui crut ainsi s'attirer les faveurs de Rome. En fait, il s'attira surtout des ennuis : du coup, César s'intéressa d'un peu plus près à ce pays et mit le nez (!) dans ses affaires. Il fit remplacer Ptolémée par sa sœur... L'immense fortune de Cléopâtre et le prestige des Ptolémées lui ouvrirent la conquête de l'Orient et le contrôle de Rome. Pour le coup, l'histoire du monde en eût

été changée... L'Égypte et ses richesses furent désormais la propriété personnelle de l'empereur. En outre, pharaon en Égypte, César devint naturellement dieu à Rome.

De retour dans la cité – avec le calendrier égyptien dans ses bagages –, il entreprit une série de réformes tendant à rétablir un peu d'ordre et de justice en faveur du petit peuple et des paysans. Nommé dictateur à vie en l'an 44 av. J.-C., il aurait probablement instauré à Rome une démocratie à la grecque s'il n'avait pas été assassiné la même année par une conjuration de jeunes aristocrates dont son propre fils adoptif, Brutus, que son pauvre père reconnut avant de s'effondrer, victime de 23 coups de poignard.

L'Empire romain

Règlements de compte

Après la mort de César, le monde romain connut un moment de flottement avant qu'Octave, le neveu de César, ne pût s'imposer. Son principal rival fut Marc Antoine, ancien lieutenant du dictateur, maître de Rome après l'assassinat. Une fois vaincu à Modène, Marc Antoine se rapprocha d'Octave et, avec Lépide, l'ancien maître de cavalerie de César, forma le deuxième *triumvirat* en 43 av. J.-C.

Les *triumvirs* éliminèrent le parti républicain en faisant assassiner Cicéron, et écrasèrent les conjurés Brutus et Cassius à Philippes. Puis ils se partagèrent le monde romain. Octave prit l'Occident et Lépide l'Afrique (ce dernier fut déposé très vite, en 36 av. J.-C.). Quant à Marc Antoine, il épousa la sœur d'Octave et obtint l'Orient. Cléopâtre donna à Marc Antoine, comme à César, le rêve d'un nouvel ordre mondial. Elle était la dernière descendante des généraux d'Alexandre et depuis sa mort, l'Asie était constellée de cités hellénistiques qui attendaient le retour de ses successeurs. César, Cléopâtre puis Marc Antoine ambitionnèrent d'additionner les conquêtes d'Alexandre et celles de Rome dans un monde unifié, cosmopolite et éternel.

Marc Antoine s'attira ainsi la haine de l'Occident romain, fier de ses valeurs propres et qui vit en lui un traître à abattre. Vaincu en mer à Actium le 2 septembre 31 av. J.-C. par Octave dont les troupes assiégeaient aussi Alexandrie, Marc Antoine se donna la mort sur une fausse annonce du suicide de Cléopâtre. Désormais Octave régnait seul.

Le premier Empire

Pour la première fois, toutes les terres bordant la Méditerranée appartenaient à un même ensemble politique. Octave, à qui le Sénat avait reconnu une autorité souveraine en lui décernant le titre d'*Augustus* le 16 janvier 27 av. J.-C., allait tenter d'en faire un État unifié et y instaurer un ordre nouveau. Il commença par garantir les frontières et réorganiser l'administration des provinces. La longueur de son règne (47 ans !) lui permit d'édifier lentement mais sûrement la nouvelle civilisation impériale (lui et ses successeurs prirent le titre *d'Imperator* comme prénom) qui tentait de concilier la satisfaction des besoins nouveaux et le respect de l'ancien patrimoine culturel romain.

Le « siècle d'Auguste » vit le triomphe de la littérature latine classique : Virgile, Tibulle, Properce, Ovide et Tite-Live. C'est aussi à cette époque que se définit l'art romain et que la légende des origines trouve sa forme définitive. La politique de « grands œuvres » d'Auguste répondait aux mêmes exigences que ses visions religieuses et morales. Il suscita un art officiel, une sorte de synthèse entre les traditions réalistes italiennes et un besoin d'idéalisation de sa propre personne. Héritier de l'esthétique grecque, l'art romain eut à résoudre des problèmes spécifiques à la nouvelle civilisation. La concentration urbaine entraîna la construction d'édifices gigantesques (amphithéâtres, thermes, aqueducs...) où le souci de frapper l'imagination l'emportait souvent sur celui d'équilibrer les formes. On vit se multiplier les jardins, les fontaines et les villas de « plaisance ».

L'ère chrétienne et Néron

C'est dans un petit coin éloigné du Grand Empire romain qu'allait naître un des personnages les plus importants de l'histoire de l'humanité... Jésus. Si son existence est maintenant admise, sa vie par contre pose de gros problèmes historiques. Elle n'est attestée et connue que par les Évangiles, qui en donnent une image imprécise, souvent contradictoire, bien que déjà très élaborée. D'après ces textes, on fixe généralement la naissance de Jésus-Christ en 4 ou 5 avant l'ère qui porte son nom, et sa mort en 28 ou 29 de cette même ère. Les Évangiles, rédigés en grec, n'ont pu l'être que d'après les enseignements de saint Matthieu, saint Marc, saint Luc et saint Jean. En effet, le plus ancien, celui de saint Marc – un juif converti, vivant dans une communauté romanisée, peut-être même à Rome – date de 75 apr. J.-C. ! Les premiers pas de la chrétienté sont donc extrêmement flous historiquement et ne reposent en fait que sur les dogmes de l'Église catholique. Selon la tradition, saint Pierre – que Jésus surnomma *Képhas* (c'est-à-dire « pierre » : « Tu es Pierre, et sur cette pierre je bâtirai mon Église. ») – arriva à Rome après maintes tribulations et en devint le premier évêque avant d'être martyrisé sous Néron en 64 apr. J.-C., dit la légende. En fait décapité en 67, il serait enseveli sur le mont Vatican, au lieu même où s'élève la basilique qui porte son nom.

Que n'a-t-on dit et écrit sur le règne de Néron ! Cinquante ans après sa mort, la légende prend corps et de siècle en siècle, on en rajoute. Avec *Quo Vadis,* dont la qualité romanesque supplante l'exactitude, on atteint des sommets. Son malheur, être l'ennemi du Sénat qui noircira sa mémoire au fil des années. Sans compter le Moyen Âge, où des textes anciens furent interpolés pour en faire le persécuteur des chrétiens. La vérité est beaucoup moins pittoresque. Fou et cruel, il le fut assurément, mais ni plus ni moins que ses prédécesseurs ou que ses successeurs. Son bilan est même largement positif : il préserve la paix et consolide l'Empire par la diplomatie. S'il tue Agrippine, sa mère, c'est qu'elle se prépare à l'assassiner comme Claude. Il devient indocile à ses ordres, refusant les exécutions massives qu'elle réclame. Poltron, il a toujours craint que ses proches l'assassinent, crainte trop souvent justifiée. Quant à l'incendie de 64, un parmi les dizaines qui ravagèrent Rome, il n'en est nullement responsable. Il y perdit même ses trésors les plus précieux et combattit le feu comme tout un chacun. Au lendemain du sinistre, qui ne fut pas si terrible qu'on voulut le dire, il s'occupe personnellement de secourir les sinistrés et puise dans sa cassette les fonds nécessaires à la reconstruction. Aucun contemporain ne l'en accuse. Quant aux persécutions, il faut un siècle pour que les sources chrétiennes viennent l'en accuser formellement, d'où un doute sur leur réalité. Seule certitude, la décapitation de Paul date de 67 et n'a aucun lien avec l'incendie. Au terme d'un premier procès, il reste plusieurs années libre de ses mouvements et de ses prêches. Dans l'Antiquité tardive, les contes populaires font même de Poppée (peut-être convertie au judaïsme) et de Néron des protecteurs des chrétiens. Au passage, il est peu vraisemblable qu'il ait tué ladite Poppée d'un coup de pied dans le ventre. Quant au plaisir qu'il prend à se produire sur scène ou à conduire dans des courses de char, d'autres joueront les hercules et les gladiateurs, cela n'est nullement ridicule pour ses contemporains. Adepte du culte solaire, il endosse les attributs d'Apollon, joueur de luth et aurige du soleil. Quant à ses talents, ils nous restent inconnus, son œuvre ayant été presque entièrement détruite. Certains le dirent excellent versificateur, d'autres se gaussèrent de sa balourdise et de sa vanité.

Pour couvrir ses dépenses somptuaires mais aussi affaiblir ses ennemis, Néron pratiquait l'élimination pure et simple de sénateurs ou de patriciens sous n'importe quel prétexte, puis confisquait biens et fortune. Petit à petit, on s'en doute, le mécontentement grandit, associé à la peur d'« être le prochain », jusqu'à devenir une opposition ouverte. Galba fut proclamé empereur et Néron, déclaré ennemi public, fut chassé de Rome puis littéralement poussé au suicide. Sa mort attrista le petit peuple et son tombeau resta un lieu de dévotion. On attendit même son retour et les faux Néron furent nombreux, si bien que saint Augustin, au IVe siècle, devait encore réfuter cette croyance.

L'âge d'or de l'Empire romain

L'apogée de l'Empire romain se situe autour du règne des empereurs de la dynastie des Antonins, Nerva, Trajan, Hadrien, Antonin et Marc Aurèle, période qui va de l'an 96 à l'an 192. Ce deuxième siècle vit s'installer des régimes stables, modérés, à un moment où le monde romain atteignait sa plus grande extension et consolidait ses nouvelles frontières. Ainsi, l'empereur Hadrien fit construire d'une mer à l'autre le mur qui porte son nom, pour matérialiser la frontière entre l'Écosse et l'Angleterre. Ce mur était destiné à empêcher les Barbares d'aller piller les plaines fertiles qui s'étendaient plus au sud. Car si les Romains ont conquis l'Angleterre, ils n'ont jamais réussi à garder un pied en Écosse, terre aride et peuplée de « sauvages ». C'est également sous le règne d'Hadrien que le peuple juif fut dispersé : l'empereur les fit expulser de Jérusalem et peupla la Palestine de paysans grecs... Nous connaissons la suite de l'histoire.
Marc Aurèle, prince philosophe, instaura une monarchie impériale éclairée et humaniste. La civilisation urbaine était à son apogée, la vie intellectuelle était brillante, d'autant plus qu'elle se trouvait enrichie par le brassage des cultures entre l'Italie et les provinces. C'est pendant cette période que Rome fut la plus cosmopolite et la plus polyglotte, à l'image du Sénat dans lequel siégèrent des hommes venus de tous les coins de l'Empire. L'art plébéien commença à submerger l'art hellénistique, traduisant les inquiétudes du siècle... Marc Aurèle menait d'ailleurs des guerres permanentes, témoignant des fragilités de l'édifice impérial. Son stoïcisme était à vrai dire un rien désespéré, comme s'il pressentait que la Ville éternelle vivait ses dernières heures. La surprise, c'est plutôt que l'Empire ait survécu si longtemps.

L'Empire est débordé

En 180, le fils de Marc Aurèle, Commode – qui ne l'était pas du tout –, se tourna vers un régime absolutiste et théocratique. On assassina beaucoup dans l'Empire romain à cette époque, et être empereur devint presque une garantie de ne pas mourir dans son lit. Commode lui-même fut victime de la manière de régler les différends qu'il avait tant contribué à « populariser ». Il fut trucidé le 31 décembre 192 dans son bain. Entre-temps, et ce depuis les dernières années du régime de Marc Aurèle, les Barbares s'agitaient aux limites de l'Empire (Orient et Germanie) et certaines garnisons commençaient à devenir nerveuses, allant parfois jusqu'à se soulever.
C'est ainsi que Septime Sévère, un Africain, fut porté au pouvoir par ses soldats et sortit vainqueur de péripéties certes sanglantes mais pourtant contenues. La dynastie des Sévère changea la nature du régime (empereurs-soldats). Se proclamant « fils » de Marc Aurèle et frère de Commode, Septime Sévère, et ses successeurs dans une moindre mesure, s'efforcèrent de prolonger et d'achever l'édifice des Antonins (cf. l'édit de Caracalla). Le changement dans la continuité en quelque sorte ! L'armée fut favorisée et intervint désormais dans la vie politique, la bureaucratie fut renforcée, le poids de l'État s'accrut par la fiscalité et ses interventions dans la vie des cités. En l'an 212, Caracalla donna à tous les hommes libres de l'Empire romain la citoyenneté romaine : l'unité romaine devint une réalité, mais

l'œuvre des Sévère ne modifia pas assez les structures pour pouvoir en assurer la stabilité.

À partir des années 230, l'Empire subit un assaut généralisé de la part des Barbares, dû à des mouvements inhérents au monde germanique et à l'attitude offensive du nouvel empire perse des Sassanides. À plusieurs reprises, Alamans, Francs, Goths et Perses ravagèrent les provinces.

Entre 235 et 268, c'est la période des Trente Tyrans. Pendant la grande crise du IIIe siècle, les légions ne cessèrent de se révolter et les généraux se succédèrent au pouvoir, l'Empire se disloqua. Onze empereurs consacrés se suivirent et s'entretuèrent, sans compter les imposteurs et les tentatives avortées, la différence entre les uns et les autres tenant à leur capacité à passer quelques jours à Rome, le temps de se faire reconnaître par le Sénat. Mais ne nous leurrons pas, certains eurent un pouvoir territorial et un rôle politique déterminant. Par exemple, Postumus, empereur des Gaules en 258, ou Odenath, roi de Palmyre entre 260 et 267, sauvèrent l'Empire, l'un à l'Ouest, l'autre à l'Est. Pourtant, l'Empire se maintint, tant son organisation était solide. Ainsi, avec Aurélien et les autres empereurs illyriens (268-285), aidés par une litanie de soldats compétents et acharnés, entraînés dans des guerres frontalières incessantes, l'Empire semble retrouver un second souffle. Le dernier, Dioclétien, marqua le siècle avec sa Tétrarchie.

La fin de la puissance de Rome

Essor du christianisme

Le 25 juillet de l'an 306, Constantin Ier fut proclamé empereur par ses légions de Germanie. Au même moment à Rome, Maxence, porté par sa garde prétorienne, devenait lui aussi empereur! Le choc final se produisit le 28 octobre 312, à la bataille du Pont-Milvius. Durant la bataille, Constantin aurait vu une croix dans le ciel avec les mots *In hoc signo vinces* (« Par ce signe tu vaincras. »). C'est effectivement après cette bataille, dont il sortit vainqueur, que Constantin favorisa ouvertement la religion chrétienne par l'édit de Milan en 313. Il donna au monde le « dimanche férié », en ordonnant que le « jour vénérable du Soleil » soit un jour de repos obligatoire pour les juges, les fonctionnaires et les plébéiens urbains. Ce jour, célébré par les adeptes du culte solaire dont fit longuement partie Constantin lui-même, correspondait aussi au « jour du Seigneur » des pratiques chrétiennes. Par cette loi – qui fut comme un pont jeté entre deux religions – se trouvait aussi officialisée l'organisation du temps en semaines qu'ignorait le calendrier romain. Enfin, le 20 mai 325, pour la première fois de son histoire, l'Église chrétienne triomphante réunit ouvertement et librement à Nicée tous les évêques de l'Empire romain en un concile œcuménique qui devait régler le délicat problème de la Sainte Trinité.

Il est probable que Constantin ne fut baptisé que sur la toute fin de sa vie, voire sur son lit de mort (il mourut en 337). Homme prudent, il avait compris qu'un baptême prématuré l'aurait obligé à vivre sans péchés, alors que tard venu il le lavait de toutes ses fautes passées, y compris le massacre de ses adversaires et leur famille, ou celui de ses parents. Une tradition qui marqua les Flaviens suivants dont Constance II, qui, à force de massacrer ses oncles et ses cousins, n'eut qu'un seul héritier, Julien, futur apostat.

La dépouille de Constantin fut ensevelie dans l'église des Saints-Apôtres de Constantinople. À sa mort, Rome, qui n'était plus résidence impériale depuis 285, vit s'élever les premières basiliques chrétiennes grâce aux donations de l'empereur. Elles s'installèrent à la périphérie de la ville, sur les emplacements des cimetières chrétiens devenus lieux de pèlerinage. La toute première basilique fut établie sur une propriété impériale (confisquée à la famille des Latrani) à côté du palais du Latran, lequel fut la résidence des papes et le siège des services pontificaux de 313 à 1304, date à laquelle le pape Nicolas V les fit transférer au Vatican. Nicolas V fit aussi démolir la première basilique Saint-Pierre (élevée, selon la tradition, sur la tombe même de ce dernier par Constantin) pour en reconstruire une plus proche des goûts architecturaux de l'époque.

Où l'Église prend goût au pouvoir

Débuts et expansion de l'Église romaine

De Jérusalem, le christianisme se répandit dans la diaspora juive et le monde gréco-romain un peu comme une traînée de poudre. Lyon, par exemple, eut probablement sa première église dès l'an 150 grâce à saint Pothin. Les Goths, peuple germanique d'origine scandinave, furent les premiers Barbares à accepter le christianisme. Vers l'an 350, un de leurs évêques, Ulfilas, traduisit la Bible : c'est la première traduction dans une langue barbare du Livre saint.
Dès le IIe siècle, l'évêque de Rome possédait une certaine prééminence, le « primat de Pierre » étant un fondement de l'autorité pontificale. Quand l'Église se développa dans le cadre de l'Empire romain grâce à Constantin Ier, elle reçut une position officielle qui marqua une étape fondamentale dans son histoire.
Théodose le Grand (379-395) fut le dernier empereur à régner sur l'ensemble du territoire de l'Empire. Il fut aussi celui qui fit du christianisme la religion officielle de l'Empire. Il le partagea entre ses deux fils : Honorius pour l'Occident et Arcadius pour l'Orient. Bien que ce fût sous son règne que le christianisme devint religion d'État, cela ne l'empêcha pas de connaître quelques déboires avec l'Église : saint Ambroise l'excommunia pour avoir massacré 700 insurgés en l'an 390. Ainsi, pour la première fois, l'État romain se soumit à la puissance de l'Église.

Rome perd sa toute-puissance

Sous le règne d'Honorius, le 24 août 410, les Wisigoths, avec le roi Alaric à leur tête, pénétrèrent dans Rome. Honorius était alors dans sa résidence à Ravenne et refusa d'accorder à Alaric l'or et les dignités qu'il convoitait. En représaille, les Wisigoths pillèrent Rome. La chute de la ville, inviolée depuis plus de huit siècles, provoqua un énorme retentissement, faisant douter les païens de sa puissance. Huit ans plus tard, le roi Wallia obtint de l'Empire – ou plutôt de ce qu'il en restait ! – le droit d'installer ses Wisigoths en Aquitaine : c'était la première fois qu'un royaume barbare s'établissait sur le sol romain ! Décidément, la chute se précipitait...
Puis ce fut au tour des Vandales, cousins germains – ou plutôt germaniques – des Wisigoths, qui, après avoir pris Carthage en 439, pillèrent Rome pendant 15 jours en 455, sans toutefois massacrer la population ni incendier la ville selon un accord passé avec le pape Léon Ier ! Vinrent ensuite les Ostrogoths – les Goths de l'est du Dniepr – qui, eux, occupèrent carrément toute l'Italie, la France méridionale jusqu'à Arles et la Yougoslavie actuelle.
Théodoric, le roi des Ostrogoths, maintint une séparation très stricte entre les Romains et les Goths. La carrière militaire était réservée aux Goths et les carrières des fonctions civiles aux Romains. Quand Théodoric se rendit à Rome en l'an 500, il fut accueilli comme un empereur romain par le Sénat, le peuple et le 51e pape : Symmaque.

Le nouveau calendrier

En 526, Denys le Petit, moine originaire de Scythie, publia une « table pascale » destinée à fixer la date du dimanche de Pâques pour les années à venir. Pour cela, il choisit le décompte alexandrin et non le vieux décompte romain. Il en profita pour inventer et faire adopter une manière de dater les événements sur la base d'une ère commençant avec la naissance du Christ. Mais l'année qu'il choisit est en fait postérieure d'au moins quatre ans... et on persiste toujours dans cette erreur !

Quant au jour choisi – le 25 décembre – pour fêter son avènement, l'Église romaine a tout simplement fait de la récupération sur le dos du paganisme. La fête de Noël – le jour du solstice d'hiver – se célébrait en Orient comme la renaissance du Soleil. Ce culte se répandit dans l'Empire romain au IIIe siècle apr. J.-C : la Vierge céleste, protectrice de la race et de sa régénération, redonnait naissance chaque année dans la nuit du 24 au 25 décembre à minuit au dieu Mithra, symbole du Soleil invaincu. En plaçant la fête de la Nativité du Seigneur au même moment, l'Église avait bien conscience de concurrencer le culte païen. Entre Jésus et Mithra, il fallait choisir...

L'Église : un État dans l'État

À Quierzy, le 14 avril 754, au nord-ouest de Paris, le pape Étienne II rencontra Pépin le Bref, roi des Francs, pour signer un traité qui allait donner à l'Église un État placé sous la souveraineté des papes (il ne sera véritablement fondé qu'après une intervention militaire de Pépin en Italie contre le roi des Lombards).

En échange, le pape reconnaissait la légitimité royale de la dynastie des Carolingiens. Cette alliance permit d'une part à l'Église de se dégager définitivement de la tutelle politique de Byzance (Constantinople), d'autre part de renforcer les liens entre le royaume franc et la papauté, ce qui constituera l'un des facteurs politiques primordiaux de l'Occident.

Charlemagne et son grand Empire

L'année 771 voit l'avènement de Charlemagne qui finit par écraser les Lombards et conquérir toute l'Italie (774). Le 25 décembre de l'an 800, il est sacré empereur d'Occident par le pape Léon III. Le royaume de France s'étend désormais de la mer du Nord à l'Italie et de l'Atlantique (plus l'Èbre sous les Pyrénées) aux Carpates (Elbe et Danube). À la mort de Charlemagne, l'Empire est divisé entre ses trois petits-fils, et c'est à ce moment que se dessinent les options politiques de l'Europe entre le royaume des Francs, l'Empire romain germanique et les Balkans. Frédéric Ier Barberousse entérine son héritage en prenant Naples en 1162, et en faisant reculer les hordes de Vikings qui avaient envahi la région.

Par ailleurs, plusieurs cités s'organisent en mini-républiques indépendantes, gouvernées par une aristocratie « locale ». C'est dans cet état d'esprit de compétitivité que s'épanouit la Renaissance.

Les papes en Avignon

Le 5 août 1305, un Français, Bertrand de Got, est élu pape. Pourtant, rien ne le destinait au pontificat, et il ne faisait même pas partie du Sacré Collège. La nomination d'un pape italien aurait sans doute attisé le conflit entre Philippe le Bel et Rome. Ce conflit, en fait, n'était rien d'autre qu'une histoire de « racket » que Philippe le Bel, toujours à court d'argent, exerçait sur l'Église. Il fallait donc un homme neutre pour calmer le jeu, et qui ne soit pas sujet du roi. Bertrand de Got était bordelais, et à ce moment-là Bordeaux n'était pas dans le royaume de France mais dans celui d'Angleterre. Avisé de son élection le 19 juin 1305, il prit le nom de Clément V et se mit aussitôt en route pour se faire couronner à Vienne avant de gagner l'Italie. Mais Philippe le Bel l'ayant invité à Lyon, c'est là qu'il fut intronisé. Dissuadé de se rendre à Rome, Clément s'installa en Avignon.

En 68 ans, sept papes s'y succédèrent avant que Grégoire XI ne ramène la papauté dans sa ville d'origine. Urbain VI fut le premier pape élu de nouveau à Rome en 1378, mais ce personnage se rendit odieux aux yeux des cardinaux, en majorité français. Ceux-ci élirent alors Clément VII qui retourna en Avignon, déclenchant ainsi le grand schisme d'Occident. Les deux papes eurent des successeurs chacun de son côté, aucun d'entre eux ne voulant céder. Devant la situation et l'impatience générale, les cardinaux réunirent le concile de Pise en 1409, qui ne fit que compliquer la situation : un troisième pape fut élu ! Avant que la question ne soit réglée une fois pour toutes avec l'élection de Martin V en 1417, il y eut une succession de 4 papes à Rome, 4 papes en Avignon, et 2 à Pise... De quoi y perdre son latin ! Mais Avignon ne cessa pas pour autant de contester Rome puisque, dès le début de la Révolution française (1789), la ville s'opposa à l'autorité du pape – qui l'administrait par l'intermédiaire de légats – et, le 12 juin 1790, vota son annexion à la France.

La Renaissance

Avec la Renaissance, non seulement l'idée de « profondeur de champ » fut remise à l'honneur mais, grâce au désir d'une vision « naturaliste » du monde, les problèmes de volume et de relief furent développés pour aboutir à une peinture « sculpturale ». L'apparition de la peinture à l'huile en Italie aux alentours de 1460 – telle que Van Eyck l'avait mise au point dans les Flandres – allait sérieusement influencer l'orientation de toute une génération de peintres habitués à la seule pratique de la fresque et de la détrempe. La Renaissance ne fut pas qu'artistique ; elle fut aussi politique. L'élection en 1447 du pape Thomas de Sarzana, un humaniste respecté, marqua une période harmonieuse et épanouie dans l'histoire de l'Église, qui allait aboutir à la reconnaissance de la souveraineté des papes. Ayant pris le nom de Nicolas V, « le » pape de la Renaissance travailla de son côté à rebâtir et à fortifier Rome, et à lui rendre sa splendeur de l'époque antique. C'est aussi durant cette période qu'allaient s'épanouir le royaume de Naples, le duché de Milan et les républiques de Venise et de Florence.

L'Italie déchirée

Dès 1492 s'ouvrit un nouvel âge. Le pays allait devenir la proie de l'Europe : la découverte de l'Amérique par Christophe Colomb détruisit la suprématie commerciale de Venise, et les papes furent de timides despotes à côté de Rodrigo Borgia, un homme de sinistre réputation élu sous le nom d'Alexandre VI. Charles VIII, roi de France, envahit l'Italie et se fit couronner roi de Naples, exposant ainsi au grand jour la faiblesse militaire et la désunion politique de l'Italie. Bientôt, les Français mais aussi les Espagnols (de la fin du XVIe au début du XVIIIe siècle) – aidés par des mercenaires suisses – s'attaquèrent aux provinces italiennes. Puis ce fut le tour des Autrichiens, après le traité d'Utrecht en 1713...

L'unification de l'Italie

Du rêve à la réalité

Quand Napoléon se lança dans sa campagne d'Italie le 11 avril 1796, il ne pouvait se douter qu'il serait à l'origine d'un sentiment nationaliste. Cette nouvelle occupation française dura jusqu'en 1814. Entre le Vatican et Napoléon, les relations n'étaient pas au mieux : le pape Pie VII refusait d'accorder l'annulation du mariage de Jérôme Bonaparte et Mlle Paterson ; de son côté, Napoléon voulait contrôler l'Église tant en France qu'en Italie.
De 1806 à 1814, quelques garnisons anglaises se trouvèrent sur place et leur commandant, lord William Bentinck, exerça une grande influence sur

Ferdinand II, roi des Deux-Siciles (région de Naples et Sicile). Une première Constitution libérale, largement modelée sur celle de la Grande-Bretagne, fut votée. Mais avec le départ des troupes anglaises, l'autorité royale redevint absolue. Ce court épisode suffit cependant pour marquer les Italiens et aider le renforcement de sentiments patriotiques.

Le traité de Paris, en 1814, redonna l'Italie aux Autrichiens, mais le mouvement nationaliste devint de plus en plus actif et, dès 1821, eurent lieu les premières insurrections, notamment à Turin. En 1831, un Génois, Mazzini, créa le Mouvement de la Jeune Italie ; la conscience de faire partie d'une même nation était désormais dans le cœur de tous les Italiens. Même le pape Pie IX, fervent lecteur des philosophes, adhéra aux théories de Vincenzo Gioberti, prêtre philosophe et homme politique qui prôna l'idée d'une fédération... sous la direction du pape. Mais il fut néanmoins aussi un sympathisant des idées de Mazzini qui, lui, souhaitait une république. En 1848, toutes les villes italiennes connurent une certaine agitation et le roi de Piémont-Sardaigne, Charles-Albert Ier – qui, par ailleurs, n'avait aucune sympathie pour ces mouvements – déclara la guerre à l'Autriche. La cause italienne fut rapidement écrasée, même si Venise résista jusqu'en août 1849. De ces événements allait sortir la leçon suivante : peu importe la forme que prendrait une Italie unifiée, royaume, fédération ou république, l'essentiel était d'expulser d'abord les Autrichiens, et ça ne pourrait se faire qu'avec une aide extérieure.

Les acteurs de l'Unité

Camillo Benso Cavour créa en 1847 le journal *Il Risorgimento,* modéré mais libéral. Appelé à jouer un rôle ministériel sous le roi Charles-Albert puis sous le règne de son successeur et fils Victor-Emmanuel II, il devint le véritable maître de la politique piémontaise. Il fonda une société dans laquelle un autre jeune homme allait très vite se distinguer dans cette marche vers l'indépendance : Garibaldi. Né en 1807, Giuseppe Garibaldi fut contraint de s'exiler au Brésil en raison de ses sympathies pour Mazzini. Après ce séjour aux Amériques, où il prit part à une insurrection brésilienne et combattit pour l'Uruguay, il revint en Italie, d'abord en 1848, échouant militairement, puis en 1854, aux côtés de Cavour. Et petit à petit se dessina la force qui allait expulser les Autrichiens.

Le 14 janvier 1858 se produisit un autre événement : la tentative d'assassinat de Napoléon III par Orsini. Avant d'être exécuté, Orsini écrivit à Napoléon III pour le supplier d'intervenir en faveur de l'unité italienne. Impressionné par la teneur de la lettre, l'empereur conclut un accord avec Cavour : la France fournirait 200 000 hommes pour aider à la libération, mais en échange le Piémont céderait la Savoie et le comté de Nice. Un peu réticent au début, Cavour réalisa plus tard la nécessité de ce sacrifice. En 1859, Garibaldi leva une armée de 5 000 chasseurs et vainquit les Autrichiens à Varese et à Brescia. L'année suivante, il s'empara de la Sicile et de Naples grâce aux Chemises rouges, une armée formée de volontaires internationaux. Élu député par la suite, Garibaldi – natif de Nice – ne tarda pas à entrer en conflit avec Cavour au sujet de la cession du comté de Nice aux Français, puis à propos du problème des États pontificaux.

Les premiers pas de l'Italie naissante

Victor-Emmanuel II fut proclamé roi d'Italie en mars 1861. Son royaume comprenait – outre le Piémont et la Lombardie – l'Émilie-Romagne, Parme, Modène, la Toscane, le royaume des Deux-Siciles, la Marche et l'Ombrie. Il restait le problème de la Vénétie et de Rome, laissé en suspens avec la mort de Cavour. Victor-Emmanuel II prit la tête de l'armée italienne pour tenter de

récupérer Venise. Ce fut un échec cuisant mais, par un extraordinaire tour de passe-passe diplomatique (et la défaite des Autrichiens à Sadowa contre les Prussiens), Venise fut remise aux mains de Napoléon qui, à son tour, la céda aux représentants vénitiens ! Après un vote de 647 246 voix contre 69, Venise intégra l'union italienne et le roi Victor-Emmanuel déclara : « C'est le plus beau jour de ma vie : l'Italie existe, même si elle n'est pas encore complète... » Il faisait allusion à Rome, que les Français, pas plus que le pape, n'avaient l'intention d'abandonner... Le 18 juillet 1870, le XXIe concile œcuménique proclama l'infaillibilité du pape. Bien que les forces armées françaises se fussent retirées du territoire dès le mois de décembre 1861, les forces pontificales se composaient largement de Français.
Le 16 juillet 1870, Napoléon III eut la malencontreuse idée de déclarer la guerre aux Prussiens et, le 3 septembre, la nouvelle de la chute de l'Empire français parvint en Italie. Les troupes pontificales baissèrent les armes devant les Italiens et Rome rejoignit la jeune nation. Le gouvernement italien proposa un acte connu sous le nom de loi des Garanties papales, où l'Italie reconnaissait l'idée d'une Église libre dans un État libre, la personne du pape étant considérée comme sacrée. Il lui fut accordé annuellement une somme de 3 225 000 lires, les propriétés du Vatican et du palais du Latran, ainsi que la villa de Castel Gandolfo. Il put aussi entretenir une petite force pontificale : les fameux gardes suisses.

De 1870 à nos jours

L'entrée dans le XXe siècle

En premier lieu, un régime parlementaire fut institué et le système des élections devint habituel. À peine dix ans après la fin des luttes pour l'unité, la droite se retrouva en minorité et la gauche arriva au pouvoir. L'Italie connaissait alors de grosses difficultés : le fossé économique et culturel entre le Nord et le Sud continuait de se creuser et 80 % de la population rurale était illettrée. Au début du XXe siècle, l'ouvrier italien était l'un des plus mal payés d'Europe et il travaillait plus qu'ailleurs, quand il pouvait travailler.
Avec l'unification, la croissance démographique connut son taux le plus haut. C'est aussi à ce moment que l'émigration fut la plus forte : entre 1876 et 1910, environ 11 millions de personnes émigrèrent, surtout vers les Amériques (particulièrement les États-Unis et l'Argentine), enrichissant les pays d'accueil des particularismes italiens.

L'arrivée du fascisme

Au terme de la Grande Guerre, la paix redonna à l'Italie Trieste, le Trentin, le Haut-Adige et l'Istrie, mais l'après-guerre se vit accompagnée de grèves et d'une succession de gouvernements ; ce qui créa un terrain favorable à la montée du fascisme. Mussolini et ses *Chemises noires* donnèrent un temps l'illusion d'une prospérité qui profita surtout à la petite bourgeoisie. Engagé dans la conquête éthiopienne et rejeté par les démocraties occidentales, Mussolini trouva en Hitler une âme sœur. Beaucoup plus faible que son allié allemand, le régime fasciste italien rencontra au sein du pays une résistance ouverte dès 1941-1942. Littéralement occupée par les Allemands, l'Italie fut la première des forces de l'Axe à subir l'assaut des Anglais et des Américains. Et Mussolini fut tué par des partisans italiens.
Après la Seconde Guerre mondiale, l'Italie était dans une situation dramatique : usines, réseau de chemin de fer, villes, tout n'était que ruines. Le cinéma italien de la seconde après-guerre se fit indirectement le témoin de la misère qui s'ensuivit et qui entraîna une nouvelle vague d'émigration, plus européenne cette fois-ci.

L'après-guerre

Devenue république par référendum en juin 1946, après l'abdication de Victor-Emmanuel III et la mise à l'écart de son fils Umberto II, l'Italie a connu une vie politique particulièrement agitée. Entre 1947 et 2001, ce sont 58 gouvernements différents qui se sont succédé ! La première République italienne, il est vrai, a rencontré toutes sortes de difficultés : extrémisme de gauche (les Brigades rouges) et de droite, de type néo-fasciste, corruption généralisée grippant les rouages de l'État et touchant les plus hauts responsables gouvernementaux), scandales divers (la loge secrète P2 et ses relations avec les banquiers du Vatican), et on en passe... Sans parler des remous sociaux, de la crise économique... L'Italie semblait ingouvernable, livrée à la *combinazione,* aux jeux d'alliance (et surtout de retournements d'alliance).

Tout a semblé prendre une nouvelle tournure dans les années 1990 avec, enfin, des signes forts de l'État, apparemment décidé à se faire entendre : rigueur économique, opération « mains propres » conduisant à un grand nettoyage de la vie politique (1 500 personnes mises en examen dont 251 parlementaires). Le socialiste Bettino Craxi, ancien président du Conseil, prend alors la fuite pour échapper à la justice et se réfugie en Tunisie, où il reste jusqu'à sa mort. Giulio Andreotti, autre ancien président du Conseil, lui de couleur démocrate-chrétienne, sent passer le vent du boulet très près : au bout de 5 ans, il est blanchi, faute de preuve, de l'accusation d'« association mafieuse ». Sa carrière politique est néanmoins terminée et sa formation politique balayée.

Mais si l'on donne un grand coup de pied dans la fourmilière, ce qui permet à l'Italie de se débarrasser de politiciens corrompus, de nouveaux visages apparaissent. Surgit ainsi un histrion nommé Umberto Bossi qui cherche à fanatiser les Italiens du Nord pour leur vendre son concept de Padanie, « pays » aux frontières incertaines. De nouvelles têtes donc... mais l'expérience ne dure pas et la gauche revient au pouvoir en 1996. L'Italie semble alors reprendre sa route vers l'Europe dans une relative sérénité, le gouvernement essayant de travailler dans la durée. Mais « l'Olivier » (nom de la coalition de gauche) est miné par les divisions internes, affaiblie par le long exercice du pouvoir ainsi que par l'accomplissement de la marche forcée vers l'Europe.

Et puis vint Berlusconi

En 1999 apparaît l'homme de Milan, *Sua Emittenza,* ressuscité en politique, qui a la brillantissime idée de former une coalition au nom attractif « La Maison des Libertés » : il inquiète la gauche une première fois en 2000, à l'occasion d'élections régionales partielles, et remporte les élections législatives de 2001.

Silvio Berlusconi incarne le populisme médiatique (n'oublions pas l'influence souterraine qu'ont eue sur l'électorat les 3 chaînes de télévision qu'il possède). Face à l'émiettement des forces politiques (174 partis et mouvements enregistrés en 2001 !), les Italiens semblent fatigués et se montrent tentés par la solution de l'homme providentiel. On apprécie la *success story* de cet homme à l'allure de jeune séducteur (il est né en 1936), parti de rien et aujourd'hui à la tête d'un empire financier, la Fininvest, qui touche à l'immobilier, à l'édition, à Internet, au cinéma, à la télévision et, bien entendu, au sport (le Milan AC).

Son programme : une politique d'inspiration libérale, voire ultra-libérale (notamment dans le domaine de la fiscalité), des privatisations et des grands travaux. L'Europe a annoncé qu'elle serait « vigilante », Berlusconi a donné des gages de loyauté à l'égard de Bruxelles.

Les grandes manifestations et les grèves de 2003 ont bien affaibli l'image de Berlusconi. Et son soutien à George W. Bush lors de la guerre en Irak n'a pas redoré son blason ! Sans parler de dérapages verbaux...

Principales dates historiques

– ***800 av. J.-C. :*** les Étrusques.
– ***750 av. J.-C. :*** hellénisation du sud de la péninsule. Naissance de Rome.
– ***509 av. J.-C. :*** naissance de la République romaine.
– ***IVe-IIe s. av. J.-C. :*** Rome conquiert progressivement l'Italie dans le cadre de l'offensive de la romanisation.
– ***395 apr. J.-C. :*** partage de l'Empire romain par Théodose.
– ***476 apr. J.-C. :*** Odoacre renvoie les emblèmes impériaux à Byzance et Romulus Augustule, âgé de 14 ans, part en exil à Naples (ville byzantine).
– ***VIe-Xe s. :*** présence des Barbares, Byzantins et Lombards.
– ***XIe-XIIe s. :*** les Normands sont en Italie et en Sicile.
– ***XIIIe s. :*** quelques villes s'organisent en républiques aristocratiques, comme Venise, Gênes, Florence.
– ***1494 :*** les Français viennent en Italie recueillir l'héritage napolitain de Charles VIII. Une ligue anti-française les oblige à rentrer en France.
– ***XVIe-XVIIIe s. :*** domination espagnole; le royaume de Naples est lui-même province espagnole; quelques États gardent leur indépendance (Venise, le Piémont).
– ***1713 :*** domination autrichienne après le traité d'Utrecht.
– ***1796-1814 :*** occupation française, au cours de laquelle se répandent les idées d'unité nationale. Joseph Bonaparte puis Murat sont rois de Naples.
– ***1814 :*** avec le traité de Paris, c'est le retour des Autrichiens. Premiers soulèvements nationalistes.
– ***1848 :*** l'agitation règne dans toutes les villes. Charles-Albert Ier (Piémont) déclare la guerre à l'Autriche. Peu de temps après, un armistice est signé et les anciennes frontières sont rétablies. La répression est violente un peu partout. Venise résiste un an avant de capituler. Mais les Italiens ont pris conscience d'appartenir à une même patrie.
– ***1858 :*** Cavour rencontre Napoléon III à Plombières; on discute de la future Italie.
– ***1859 :*** Napoléon III conduit avec Victor-Emmanuel II les armées franco-piémontaises. Après la victoire de Solferino, Cavour intègre la Lombardie au Piémont, puis les duchés d'Italie centrale. Nice et la Savoie seront rattachées à la France après plébiscite.
– ***1860 :*** c'est la montée du *Risorgimento*. L'expédition des Mille, ou Chemises rouges, conduite par Garibaldi, achève le mouvement de l'unité italienne. Proclamation de l'unité italienne.
– ***1866 :*** guerre austro-prussienne. La Vénétie devient italienne par l'échec autrichien.
– ***1870 :*** avec la défaite de la France face à l'Allemagne tombe le dernier obstacle pour faire de Rome la capitale du royaume d'Italie. La ville éternelle devient donc première ville du jeune royaume. Le Mezzogiorno voit son retard économique et social s'accentuer et le Nord, sa prédominance (économique en tout cas) s'affirmer.
– ***1918 :*** la paix donne à l'Italie Trieste, le Trentin, le Haut-Adige et l'Istrie.
– ***1922 :*** la « marche sur Rome » de Mussolini ouvre l'ère fasciste.
– ***1924 :*** dictature fasciste de Mussolini.
– ***1929 :*** l'État italien et les États du Vatican trouvent un terrain d'entente; la papauté recouvre sa souveraineté sur le Vatican et l'État italien un bel allié.
– ***1945 :*** exécution de Mussolini et de ses ministres.
– ***1946 :*** plébiscite pour la République italienne, caractérisée par une forte instabilité ministérielle.
– ***1960 :*** les Jeux olympiques à Rome.
– ***1962-1965 :*** concile de Vatican II; encore aujourd'hui, on ne sait pas s'il s'agit d'une ouverture ou du contraire.
– ***1970 :*** fondation des Brigades rouges par Renato Curcio.

– ***1978 :*** Aldo Moro, enlevé par les Brigades rouges, est assassiné. Lois sur le divorce et l'avortement.
– ***1980 :*** attentat néo-fasciste à la gare de Bologne, qui fait plus de 85 morts. Le cabinet de Francesco Cossiga tombe.
– ***1981 :*** tentative d'assassinat de Jean-Paul II, le 13 mai. Début des arrestations des chefs historiques des Brigades rouges, ce qui stabilise la vie politique.
– ***1987 :*** aux élections législatives, le parti socialiste de Bettino Craxi obtient 15 % des voix, son meilleur score depuis 15 ans. La Démocratie chrétienne reste largement le premier parti italien (34 %) tandis que le PCI recule (26,6 %) et perd la plupart des grandes villes italiennes qu'il administrait depuis 10 ans. Les Verts entrent au Parlement avec 13 députés.
– ***1989 :*** le PCI annonce le début de sa transformation en parti démocratique de gauche sans la mention du mot « communiste ». Rappelons que le PCI fut le parti communiste le plus puissant d'Europe occidentale (33 % des suffrages en 1978).
– ***1992 :*** élections législatives avec une émergence de la « Ligue lombarde ». Démission du président Francesco Cossiga qui laisse le pays sans chef pendant plusieurs mois. Assassinat des juges Falcone et Borsellino, à Palerme.
– ***1993 :*** l'enquête « mains propres » sur la corruption liée aux partis politiques met en cause Bettino Craxi, secrétaire général du parti socialiste, et plus de 150 politiciens. Elle provoque aussi la démission de plusieurs ministres.
– ***1994 :*** révolution en Italie avec le retour de la droite au pouvoir. Démission de Berlusconi en décembre suite à une manifestation géante dans les rues de Rome.
– ***1995 :*** une « nouvelle » droite fascisante et pour le moins inquiétante (Ligue du Nord) avec son leader, Umberto Bossi.
– ***1996 :*** véritable alternative depuis 1946. Victoire en avril de la coalition de gauche, au nom prometteur de l'Olivier, conduite par Romano Prodi.
– ***1998 :*** l'Italie entre le 1er mai dans le club très fermé de l'euro à la suite des restrictions budgétaires menées par Prodi.
– ***1999 :*** en septembre, nomination de Romano Prodi à la présidence de la Commission européenne.
– ***2000 :*** élections régionales remportées par la droite, autour de Silvio Berlusconi, démission de Massimo d'Alema. Giuliano Amato lui succède.
– ***2001 :*** en mai, les élections législatives et sénatoriales donnent une majorité confortable à la Maison des Libertés, la coalition menée par Berlusconi. Ce dernier est nommé président du Conseil.
– ***2002 :*** en mars et avril, grèves et manifestations organisées par son opposition contre la politique libérale de Berlusconi.
– ***2003 :*** soutien de Berlusconi à George W. Bush lors de la guerre en Irak.
– ***2004 :*** fin du mandat de président de la commission de la communauté de Romano Prodi, remplacé en juillet par le Portugais José Manuel Durao Barroso.

HORAIRES

Les horaires officiels, que nous vous donnons à titre purement indicatif, ne sont pas toujours respectés. Pour plus d'informations, adressez-vous à l'office du tourisme, qui distribue gratuitement une liste régulièrement mise à jour des lieux de visite.
Vous remarquerez que presque tout est fermé entre 13 h et 16 h.
– ***Restaurants :*** de 12 h à 15 h et de 19 h à 23 h (plus tard dans les endroits touristiques). Quant au dîner, c'est entre 19 h 30 et 20 h 30. La possibilité d'être servi jusqu'à 23 h et au-delà n'a rien d'exceptionnel. C'est pratique

dans les restaurants, où, bien souvent, les touristes étrangers fournissent le gros du premier service, les Italiens venant prendre le relais en seconde partie de soirée...

– ***Banques :*** du lundi au vendredi, de 8 h 20 à 13 h 15 et de 14 h 45 à 16 h. Certaines sont ouvertes le samedi matin.

– ***Églises :*** ouvertes, généralement, tôt le matin pour la messe. Ferment ensuite au moment du déjeuner, pour rouvrir, souvent, à partir de 15 h ou 16 h. On arrive à les visiter parfois le samedi et le dimanche, en raison des nombreux mariages. Les églises-musées ont des horaires plus souples, mais il faut savoir que certains édifices religieux n'ouvrent jamais leurs portes.

– ***Musées :*** voir plus loin la rubrique « Musées, sites et monuments ».

– ***Postes :*** du lundi au vendredi approximativement de 8 h à 13 h 30; le samedi ainsi que le dernier jour du mois, de 8 h 30 à 13 h. Dans les grandes villes, la poste centrale est ouverte l'après-midi; fermeture fréquente le samedi après-midi pendant l'été.

– ***Bureaux et administrations :*** ouverts le matin seulement.

– ***Magasins :*** en règle générale, ils sont ouverts de 9 h à 12 h 30 et de 15 h 30 à 19 h 30, et toujours fermés le dimanche ainsi qu'une demi-journée par semaine (souvent, le lundi matin, à l'exception des magasins d'alimentation qui ferment le mercredi après-midi). Fermeture fréquente le samedi après-midi pendant l'été.

INFOS EN FRANÇAIS SUR TV5

La chaîne TV5 est reçue dans la plupart des hôtels du pays. Pour ceux qui souhaitent s'y installer plus longtemps ou qui voyagent avec leur antenne parabolique, TV5 est captée par satellite en réception directe, en analogique clair sur Eutelsat II F 6 (Hotbird I) 13° Est, en numérique sur Hotbird 6, et en numérique crypté dans le bouquet de Tele Più « D+ ».

Les principaux rendez-vous infos sont toujours à heures rondes où que vous soyez dans le monde mais vous pouvez surfer sur leur site • www.tv5.org • pour les programmes détaillés ou l'actu en direct, des rubriques voyages, découvertes...

LANGUE

La langue italienne est certainement la plus mélodieuse qui soit. Ça n'est plus une langue d'ailleurs, c'est une véritable musique. Et là, vraiment, on le dit comme on le pense. Comme vous le découvrirez vite, l'italien est une langue facile pour les francophones. En peu de temps, vous pourrez apprendre quelques rudiments suffisants pour vous débrouiller, ce qui vous ouvrira pas mal de portes et vous permettra de faire des rencontres. Cela dit, pour la plupart, les Italiens ayant fait des études parlent le français.

L'Italie, c'est aussi le foisonnement des dialectes : sicilien, sarde, catalan, slovène, occitan, bergamasque, grec et albanais. Ne vous découragez pas : il vous restera toujours la possibilité de joindre le geste à la parole. Les Italiens sont d'ailleurs très forts dans ce domaine, et le ballet des mains tient un rôle important dans les conversations. Pour vous initier, ou pour éviter les malentendus, procurez-vous donc le *Dictionnaire des gestes italiens* à la librairie italienne La Tour de Babel (voir plus haut rubrique « Avant le départ »). Nous vous donnons ci-dessous un petit vocabulaire de secours. Attention à certains faux amis : les jours *feriali* sont les jours ouvrables (par opposition à *festivi* = dimanche et jours fériés).

Quelques éléments de base

Oui	*Si*
Non	*No*
Monsieur	*Signore*
Madame	*Signora*
Bonjour	*Buongiorno*
Bonsoir	*Buonasera*
Bonne nuit	*Buonanotte*
Au revoir	*Arrivederci*
Excusez-moi	*Scusi*
S'il vous plaît	*Per favore*
Merci	*Grazie*
Je vous en prie	*Prego*
Je ne comprends pas	*Non capisco*
Parlez lentement	*Parla lentamente*
Pouvez-vous me dire ?	*Può dirmi ?*
Avez-vous ?	*Ha Lei ?*
Pourquoi ?	*Perchè ?*
Beaucoup	*Molto*
Peu	*Poco*
Trop	*Troppo*
Assez	*Abbastanza*
Encore	*Ancora*
Combien ça coûte ?	*Quanto costa ?*
C'est trop cher	*È troppo caro*
Tout	*Tutto*
Rien	*Niente*

Le temps

Lundi	*Lunedì*
Mardi	*Martedì*
Mercredi	*Mercoledì*
Jeudi	*Giovedì*
Vendredi	*Venerdì*
Samedi	*Sabato*
Dimanche	*Domenica*
Semaine	*Settimana*
Aujourd'hui	*Oggi*
Hier	*Ieri*
Avant-hier	*L'altro ieri*
Demain	*Domani*
Après-demain	*Dopo domani*
Le matin	*La mattina*
Dans l'après-midi	*Nel pomeriggio*
Le soir	*La sera*
Printemps	*Primavera*
Été	*Estate*
Automne	*Autunno*
Hiver	*Inverno*

Compter

Un	*Uno*	Cinq	*Cinque*
Deux	*Due*	Six	*Sei*
Trois	*Tre*	Sept	*Sette*
Quatre	*Quattro*	Huit	*Otto*

Neuf	*Nove*	Trente	*Trenta*
Dix	*Dieci*	Quarante	*Quaranta*
Onze	*Undici*	Cinquante	*Cinquanta*
Douze	*Dodici*	Soixante	*Sessanta*
Treize	*Tredici*	Soixante-dix	*Settanta*
Quatorze	*Quattordici*	Quatre-vingts	*Ottanta*
Quinze	*Quindici*	Quatre-vingt-dix	*Novanta*
Seize	*Sedici*	Cent	*Cento*
Dix-sept	*Diciassette*	Deux cents	*Duecento*
Dix-huit	*Diciotto*	Trois cents	*Trecento*
Dix-neuf	*Diciannove*	Mille	*Mille*
Vingt	*Venti*	Deux mille	*Duemila*
Vingt et un	*Ventuno*	Trois mille	*Tremila*
Vingt-deux	*Ventidue*	Un million	*Un milione*

Se déplacer en bus ou en train

Un billet pour...	*Un biglietto per...*
Contrôleur	*Controllore*
À quelle heure part... ?	*A che ora parte... ?*
À quelle heure arrive... ?	*A che ora arriva... ?*
Couchette	*Cuccetta*
Gare	*Stazione*
Arrêt	*Fermata*
Horaire	*Orario*
Arriver	*Arrivare*
Partir	*Partire*
Bagages	*Bagagli*
Quai	*Binario*
Consigne	*Deposito*
Valise	*Valigia*

Se déplacer en voiture

Automobile	*Macchina*
Lavage	*Lavaggio*
Chaussée glissante	*Fondo sdrucciolevole*
Parking	*Parcheggio*
Entrée	*Ingresso*
Sortie	*Uscita*
Péage	*Pedaggio*
Essence	*Benzina*
Le plein	*Il pieno*
Gonflage	*Gonfiaggio*
Pneu	*Pneumatico*
Graissage	*Lubrificazione*
Huile	*Olio*
Stationnement interdit	*Divieto di sosta*
Interdit	*Vietato*
Travaux en cours	*Lavori in corso*
Attention danger	*Attenzione pericolo*

Se déplacer à pied

Où se trouve ?	*Dove si trova ?*
Loin	*Lontano*
Près	*Vicino*
Ouvert	*Aperto*

Fermé	*Chiuso*
Marché	*Mercato*
Cathédrale	*Duomo*
Église	*Chiesa*
Cloître	*Chiostro*
Musée	*Museo*
Palais	*Palazzo*
Place	*Piazza, largo*
Placette	*Piazzetta*
Avenue	*Viale*
Promenade	*Passeggiata*
Cimetière	*Campo santo, cimitero*
Rue	*Via*
Ruelle	*Vicolo*
Cour	*Cortile*
Ruines	*Rovine*
Sentier	*Sentiero*
Escalier	*Scala*
À droite	*A destra*
À gauche	*A sinistra*
Grande place	*Piazzale*
Jardin	*Giardino*
Fleuve	*Fiume*

Dormir

Camping	*Campeggio*
Auberge de jeunesse	*Ostello della gioventù*
Auberge	*Locanda*
Hôtel	*Albergo*
Pension de famille	*Pensione familiare*
Je désire une chambre	*Desidero una camera*
À un lit	*A un letto*
À deux lits	*A due letti*
Chambre avec...	*Camera con...*
Salle de bains	*Bagno*
Douche	*Doccia*
Sur la rue	*Sulla strada*
Sur la cour	*Interna, sul cortile*
Quel est le prix ?	*Qual'è il prezzo ?*
Service et taxes compris ?	*Servizio e tasse compresi ?*
Petit déjeuner	*Prima colazione*
Réveillez-moi à... heure(s)	*Mi svegli alle... ore*
Je voudrais l'addition	*Vorrei il conto*

Boire

Bière	*Birra*
Café	*Caffè*
Café crème	*Cappuccino*
Chocolat	*Cioccolata*
Eau	*Acqua*
Jus de fruit	*Succo di frutta*
Thé	*Té*
Vin blanc	*Vino bianco*
Vin rouge	*Vino rosso*

Manger

Carte	*Carta*
Couteau	*Coltello*
Couvert	*Coperto*
Cuiller	*Cucchiaio*
Cuiller à café	*Cucchiaino*
Fourchette	*Forchetta*
Hors-d'œuvre	*Antipasti*
Menu	*Lista*
Plat, assiette	*Piatto*
Repas	*Pasto*
Verre	*Bicchiere*
À quelle heure...	*A che ora è...*
le déjeuner ?	*il pranzo ?*
et le dîner ?	*e la cena ?*

LITTÉRATURE

L'Italie du Nord est riche en auteurs contemporains. Si ***Giovanni Guareschi*** n'est pas très connu, en revanche, ses personnages, Don Camillo, l'irascible curé de campagne en conflit avec le maire communiste, Peppone, nous sont archi-familiers. D'autant que l'interprétation au cinéma par Fernandel et Gino Cervi est inoubliable. Né à Turin où il vécut toute sa vie, à l'exception de ses 11 mois en déportation à Auschwitz, ***Primo Levi*** ne prend la mesure de sa judéité qu'en camp de concentration, sentiment qu'il exprimera superbement dans *Si c'est un homme,* écrit dans l'urgence, dans la nécessité de témoigner. Originaire de Bologne, ***Giorgio Bassani,*** né en pleine Première Guerre mondiale, étudie à Ferrare et c'est là qu'il situe la plupart de ses romans, dans le milieu de la bourgeoisie juive comme pour *Le Jardin des Finzi-Contini,* énorme succès augmenté par l'adaptation cinématographique de De Sicca. Il donne de sérieux coups de main à d'illustres connus tels Pasolini, qu'il aide à écrire son premier scénario, ou à Lampedusa dont il publie *Le Guépard.* ***Dino Buzzati,*** originaire de Vénétie, est journaliste au *Corriere della Sera* où il entre à 22 ans et dans lequel il écrit jusqu'à sa mort en 1972. Envoyé en Éthiopie comme correspondant de guerre, il rédigera *Le Désert des Tartares,* son chef-d'œuvre sur l'attente et le rendez-vous manqué. Côté théâtre, ***Dario Fo*** n'est pas en reste. Acteur né en 1926 en Lombardie son premier succès vient avec sa pièce *Les anges ne jouent pas au flipper.* En 1970, il fonde le collectif théâtral La Commune. En 1974, il obtient un théâtre permanent, inauguré avec la représentation de *Faut pas payer!* Ses textes politiques et provocateurs lui valent les foudres du pape, des États-Unis où il est interdit d'entrée en 1980 et de la télévision... Il obtient le prix Nobel de littérature en 1997 pour avoir « fustigé les pouvoirs et restauré la dignité des humiliés ». Autre empêcheur de tourner en rond, ***Italo Calvino,*** dont les trois « contes philosophiques » *Le Baron perché, Le Vicomte pourfendu* et *Le Chevalier inexistant,* reflètent avec humour les préoccupations sociales et politiques de l'auteur résistant. Il a habité Paris et de passage en Italie, il découvre un jeune Milanais, aujourd'hui devenu grand (la petite cinquantaine à ce jour), ***Andrea de Carlo.*** Ce dernier publie *Treno di Panna,* roman aux teintes autobiographiques, qui raconte l'histoire d'un Milanais partant vivre à Los Angeles (encore un qui a la bougeotte). Lors d'un prix littéraire, ce dernier rencontre Fellini et devient son assistant sur le film *Et vogue le navire.* Également sur les traces de Buzzati et de Calvino, la parodie explose sous la plume de ***Stefano Benni,*** qui, avec *Bar sport* publié en 1976, se moque des habitudes italiennes. Avec *Le Bar sous la mer,* il frappe un grand coup d'humour écorchant la littérature et les chefs-d'œuvre. Il enchaîne avec *Baol,* plus fantastique et poétique. Suit une production prolixe de *Spiriti* en passant par *Saltatempo,* tous best-sellers. Pour ***Vincenzo Consolo,*** c'est un roman sous forme de réflexion allégorique sur le rôle des intellectuels face aux événements historiques qui lui valut une reconnaissance mondiale (*Le Sourire du marin inconnu).* En 1994 il obtient, à l'âge de 61 ans, le Prix international de littérature romanesque pour l'ensemble de son œuvre. Pour les fanas de roman policier, ne passez pas à côté de ***Giorgio Scerbanenco,*** grand auteur de polar qui, dans les années 1960 a mis en scène un détective d'un genre nouveau, pas très moral : Duca Lamberti qui apparaît pour la première fois dans *Vénus privée,* fouillant les bas-fonds de Milan. Il obtient le Grand Prix du roman policier pour *À tous les râteliers.* Un petit coup de jeunesse pour l'Italie quand on pense qu'en 1937 le ministère de la Culture populaire avait décrété que dans un roman, l'assassin ne pouvait pas être italien et ne devait pas échapper à la justice... Dans cette brèche ouverte par Scerbanenco, les auteurs modernes italiens ont tenté d'inventer un roman noir qui ne doive rien à Agatha Christie ni aux Américains. ***Carlo Lucarelli,*** qui a fréquenté la police, en a tiré une série à tendance humoristique avec le personnage de l'inspecteur Colidandro. Il a également fondé le « Groupe 13 » à Bologne, qui regroupe plusieurs écrivains dont la volonté est d'intégrer le passé – pas toujours glorieux – de l'Italie au roman noir d'aujourd'hui en faisant montre d'un engagement politique et social. Également membre du mouvement, ***Lorianio Macchiavelli,*** quant à lui, a inscrit son brigadier Sarti Antonio dans la réalité urbaine de Bologne. Célèbre « cas judiciaire » (il est arrêté en 1976 à l'âge de 19 ans pour meurtre : suivront 11 procès, 6 ans de prison et 3 ans de cavale qui se sont terminés par une grâce présidentielle). ***Massimo Carlotto*** a pris la plume pour parler du monde judiciaire et carcéral de l'intérieur. Une dame, aussi, en la présence de ***Laura Grimaldi,*** éditrice, traductrice et journaliste à Milan, née dans les années 1940, qui fait dans le polar cru et dérangeant. Elle a obtenu en 2003 le Prix du roman policier européen avec *La Faute.* ***Sandrone Dazieri,*** actuellement directeur de la collection policière *Gialli Mondadori* a carrément créé un personnage qui porte son propre prénom et qui souffre d'un dédoublement de la personnalité...

Bref, le polar italien a encore de beaux jours devant lui.

Enfin, *last but not least,* linguiste, historien, philosophe et écrivain né dans le Piémont en 1932, ***Umberto Eco*** a plus d'une corde à son arc. Après des études en sémiologie et une thèse sur saint Thomas d'Aquin, il débute une carrière de journaliste à Milan. Rapidement, il se met à l'écriture, publiant plusieurs essais sur le Moyen Âge. Le grand public le découvre en 1980 avec *Le Nom de la rose,* porté à l'écran par Jean-Jacques Annaud. Il collectionne les titres de docteur Honoris Causa ainsi que les prix littéraires (en 1982, il a obtenu entre autres, le prix Médicis étranger). Il enseigne dans le monde entier, mais sa base arrière reste Bologne. À lire aussi si vous n'avez pas peur de feuilleter en même temps votre dictionnaire : *Le Pendule de Foucault, L'Île du jour d'avant...*

LIVRES DE ROUTE

Pour parfaire votre préparation, nous vous proposons ci-dessous une liste d'ouvrages sur l'Italie. Vous trouverez ces livres pour la plupart en librairie dans des éditions courantes. Ils n'ont pas tous l'Italie du Nord comme référence, mais certains apportent des éclairages inédits sur tel ou tel aspect de l'Empire romain ou de l'Italie plus contemporaine.

– ***Géopolitique de l'Italie*** (2000), de Bruno Teissier. Éditions Complexes. Un tour d'horizon complet, intelligent, pédagogique, un peu ardu mais pas indigeste de la géopolitique du pays au fil du temps. Analyse fine de la situation actuelle. À consulter avant de partir.

– ***Chroniques italiennes*** (1837-1839), de Stendhal. Gallimard, Folio n° 392, 1973. En fouillant les archives de Civitavecchia, Stendhal se constitua une étonnante collection de procès-verbaux relatant des faits divers qui ensanglantèrent certaines grandes familles italiennes du XVIe siècle : on y complote, on y aime, on y tue avec cette fièvre et cette exaltation latines qui, même en Italie, ont disparu depuis longtemps.

– ***Voyage en Italie*** (1954), de Jean Giono. Gallimard, Folio n° 1143, 1979. Hors de sa Provence, Giono est perdu. Dès lors, la découverte de l'Italie en 1953 par ce vieux jeune homme de près de soixante ans est un hasard heureux pour la littérature. Cette escapade de quelques semaines dans une guimbarde sur les routes de Toscane et de la plaine du Pô, Giono la vit comme une reconnaissance et un éblouissement.

– ***Les Enfants du massacre*** (1984), de Giorgio Scerbanenco. Éd. 10/18, Grands Détectives n° 1604, 1998. Duca Lamberti, détective, cherche qui a bien pu commanditer le sauvage assassinat d'une institutrice qui enseignait à de jeunes délinquants. Les allées et venues du policier et de son assistante nous guident à travers le dédale des rues milanaises, et la ville se dessine sous nos yeux. Au fur et à mesure que l'enquête progresse, c'est la grande métropole du crime qui émerge lentement de la brume.

– ***Le Jardin des Finzi-Contini*** (1962), de Giorgio Bassani. Gallimard, Folio n° 634, 1975. À Ferrare, vers la fin des années 1930, le narrateur fréquente les Finzi-Contini, une riche famille juive. Puis vient la guerre, avec son cortège de douleurs. Tout s'efface ? Non. Les souvenirs restent, et le jardin des Finzi-Contini redevient ce qu'il n'avait jamais cessé d'être : une image du paradis perdu. Un admirable récit sur l'Italie provinciale.

– ***Mort accidentelle d'un anarchiste,*** de Dario Fo. Éd. Dramaturgie, coll. Divers, 1997. La police tente de maquiller un crime qu'elle a commis. Par le prix Nobel de littérature 1997.

MÉDIAS

Journaux et livres

Deux grands quotidiens nationaux se partagent le gâteau : *Il Corriere della Sera* et *La Repubblica.* Mais il existe une myriade de journaux locaux, parfois pour toute une région (*La Stampa* dans le Nord par exemple) mais aussi simplement pour une ville. La presse spécialisée talonne de près ces journaux généralistes puisque *La Gazetta dello Sport* arrive en troisième position des ventes (sur près de 90 titres pour un lectorat qui oscille entre 5 et 6 millions) avec plus de 450 000 exemplaires. De même, le quotidien économique *Il Sole 24 Ore* diffuse à près de 400 000 exemplaires. Dans les kiosques, les librairies françaises, les centres culturels, vous trouverez une sélection des quotidiens et hebdomadaires français. Certaines librairies, dans les grands centres, ont un rayon d'ouvrages en français avec un choix de livres de poche. On trouve dans les grandes villes des librairies françaises ainsi que des centres culturels proposant des expositions, des conférences, des projections de films et des bibliothèques de prêt.

Radio

Il existe plus de 1 300 stations de radio, pour la plupart locales, réparties sur tout le territoire. La radio d'État, la *RAI (Radio Audizione Italia),* est toute puissante mais on compte aussi des dizaines de radios libres dont *Radio Deejay,* la préférée de la jeune génération. De plus, sur les grandes ondes, selon l'endroit où l'on se trouve, on peut parfois capter certains postes français tels que *Radio Monte-Carlo, Europe 1, France Inter,* etc. La réception n'est pas toujours fabuleuse cependant. *Radio Vaticana* diffuse des informations en français, plusieurs fois par jour.

Télévision

Difficile de parler de la télévision italienne sans évoquer le groupe Fininvest de « Monsieur Télévision », Silvio Berlusconi. Ses ramifications sont tentaculaires et s'infiltrent dans la presse, les chaînes de télévision, la publicité, l'édition, la grande distribution, les réseaux câblés... Le monopole d'État ayant été levé en 1975, les chaînes privées ont envahi le petit écran. C'est en 1970 que Silvio Berlusconi a pris le contrôle de *Canale 5,* puis, au début des années 1980, s'est porté acquéreur de *Italia 1* et de *Rete-Quattro,* regroupé sous Mediaset.

Liberté de la presse

Cas unique en Europe, Silvio Berlusconi cumule pouvoir politique et empire médiatique. Le président du Conseil est propriétaire de Mondadori, l'un des principaux groupes de presse et d'édition du pays, et de Mediaset, qui regroupe trois chaînes de télévision privées nationales. Cette anomalie italienne pèse sur la liberté de la presse dans le pays. La menace, particulièrement sensible dans le secteur audiovisuel, a poussé des milliers d'Italiens à descendre dans la rue à plusieurs reprises en 2003 pour protester contre le conflit d'intérêts de « Monsieur Télévision ».

Entrepreneur spécialisé dans la construction et l'immobilier, Silvio Berlusconi a commencé à bâtir son empire médiatique en 1973. Sa fortune est aujourd'hui estimée à plus de 5,5 milliards d'euros. Dans un pays où la télévision est le média privilégié par l'écrasante majorité des Italiens, le problème du conflit d'intérêts de l'homme le plus riche d'Italie s'est posé dès son entrée en politique, en 1993. Mais malgré ses promesses électorales, il n'a rien fait pour remédier à cette situation. Bien au contraire. Silvio Berlusconi fait peu de cas de sa « double casquette » et ne ménage pas les journalistes. Il a multiplié les ingérences et les pressions politiques sur la *RAI,* la télévision publique, fustigeant les journalistes les plus critiques et faisant licencier ceux qui, selon lui, utilisent le service public de manière « criminelle ».

Utilisant sans états d'âme sa fonction gouvernementale et son influence politique, le président du Conseil n'a pas hésité à promulguer des lois taillées sur mesure pour servir les intérêts du groupe Mediaset. Le tout au détriment de l'autonomie de la *RAI,* en constante perte de vitesse face aux chaînes berlusconiennes.

Ce texte a été réalisé en collaboration avec ***Reporters sans frontières.*** Pour plus d'informations sur les atteintes aux libertés de la presse, n'hésitez pas à contacter :

■ ***Reporters sans frontières :*** 5, rue Geoffroy-Marie, 75009 Paris. ☎ 01-44-83-84-84. Fax : 01-45-23-11-51. • www.rsf.org • rsf@rsf.org • Ⓜ Grands-Boulevards.

MUSÉES, SITES ET MONUMENTS

Horaires

Chiuso est un petit mot italien signifiant « fermé » et qui décore parfois la porte d'un musée qui devrait être ouvert. La fantaisie, qui fait partie des charmes de l'Italie, n'est pas exclue, tant s'en faut, des horaires, dont les fluctuations échappent au commun des mortels.

Les horaires varient beaucoup selon la taille et la fréquentation touristique des villes. En principe, les musées sont fermés le lundi. En principe toujours, les musées et sites nationaux sont ouverts de 9 h à 19 h (parfois plus tard en été et plus tôt en hiver !). Cependant, dans certaines villes, les musées et les

sites ferment vers 14 h. Bref, difficile de généraliser, car les horaires varient décidément beaucoup (selon qu'il s'agisse d'un site national ou municipal, par exemple).
De nombreux sites à ciel ouvert sont aussi accessibles de 9 h jusqu'à l'heure précédant le coucher du soleil.

Tarifs

Pour la plupart des lieux, les tarifs demeurent élevés (entre 4 et 6 €), mais certains restent cependant encore abordables. Les étudiants en histoire de l'art ou en architecture peuvent souvent entrer gratuitement dans les musées de la plupart des grandes villes. Il vaut mieux demander un laissez-passer à la mairie de chaque ville. Ou, pour qui aime oser, tenter avec n'importe quelle carte d'étudiant ou de « senior » directement sur les sites. La carte d'étudiant est très utile en Émilie-Romagne, en Lombardie (sauf à Milan) et en Vénétie (sauf à Venise) pour bénéficier de réductions. Quoi qu'il en soit, les moins de 18 ans et les plus de 65 ans ressortissants de l'Union européenne bénéficient de réductions ou de la gratuité dans la plupart des musées et sites nationaux. Gardez donc toujours votre carte d'identité à portée de main.
Par ailleurs, les villes proposent le plus souvent un système de *pass* donnant accès à plusieurs sites. Là encore, difficile de généraliser puisque les formules varient beaucoup selon les villes. Cependant, un *pass* englobe rarement tous les sites d'une municipalité, vérifiez donc avant son achat qu'il vous ouvrira les portes des lieux que vous tenez absolument à voir. Ces *pass* s'avèrent néanmoins souvent intéressants pour ceux pris de fringale culturelle.
Quant aux visites : rares sont les explications et commentaires traduits en langues étrangères et ce même dans certains lieux où la visite est obligatoirement guidée. Dommage...

PASTA (LES PÂTES)

Premiers producteurs de pâtes sèches, les Italiens sont aussi les premiers consommateurs avec pas moins de 28 kg par personne et par an.

Petite histoire de la *pasta* ou la fin du mythe de Marco Polo « introducteur des pâtes en Italie »

Marco Polo, introducteur des pâtes en Italie. Combien de fois avons-nous entendu ou lu pareille ineptie ? Les pâtes se consommaient, en effet, depuis belle lurette. Comble de l'ironie, un document notarial de 1279 mentionne à Gênes la fabrication de pâtes 20 ans avant la publication du *Livre des merveilles du monde.*
L'Antiquité nous fournit ainsi bon nombre de preuves, comme le bas-relief de Cerveteri (célèbre nécropole étrusque au nord de Rome), représentant différents instruments nécessaires à la transformation de la *sfoglia* en tagliatelle, ou bien le livre de cuisine d'Apicius, où nous retrouvons l'ancêtre de la lasagne, la *patina.*
Au travers de ces témoignages étrusque et romain, les *macaroni* pourraient revendiquer la paternité de la *pasta.* Mais cet italianisme n'est pas si incontestable que cela. La Sicile arabe (IXe-XIe siècles) n'est pas pour rien, en effet, dans l'introduction de la *pasta secca* en Italie, les Arabes semblant avoir inventé la technique de séchage pour se garantir des provisions lors de leurs déplacements dans le désert. Au terme de celle-ci, le savoir-faire aurait ensuite rayonné à travers l'Italie.
Avalant les siècles goulûment, nous voici, à la fin du XIXe siècle, à Naples, qui peut être considérée par bien des côtés comme étant la patrie de la *pasta secca.* C'est ici qu'une véritable industrie se mit en place favorisant la diffusion à travers toute l'Italie des pâtes sèches... qui voyagent mieux, il va sans dire, que la *pasta fresca.* Pâtes sèches, pâtes fraîches : la frontière

entre le sud et le nord de l'Italie se trouve là. Le Nord étant réputé dans la fabrication de pâtes fraîches aux œufs faites à partir de farine de blé tendre et le Sud, dans la fabrication de pâtes sèches réalisées à partir de semoule de blé dur.

Les tagliatelles ou les pâtes plates

Très différentes des spaghetti de par leur composition même (œufs, farine de blé tendre), ces pâtes ruban sont des pâtes de riches... que l'on fabrique artisanalement. Dans beaucoup de maisons de Bologne notamment, on les fabrique encore. Tout le contraire de la *pasta secca,* pâtes de « pauvres », fabriquées industriellement.

À l'origine, il y a les Étrusques... et la sfoglia

La *sfoglia* est la boule de pâte que l'on étale afin d'obtenir les *tagliatelles,* pâtes ruban plus ou moins larges. Comment les préparer?
Composées de farine de blé tendre, les tagliatelles se cuisinent plus volontiers avec du beurre. L'huile d'olive, la tomate (qui ne fit d'ailleurs son apparition qu'au XVIIe siècle en Italie) et l'ail lui sont étrangères. La sur-cuisson (2-3 mn au plus), ici comme pour les autres formes de pâtes, est synonyme de catastrophe. Trop cuites, les tagliatelles perdent de leur élasticité et deviennent collantes.

Pâtes et sauce tomate : une grande histoire d'amour

Pendant des siècles, les pâtes furent l'apanage des tables royales et aristocratiques. Il fallut attendre l'invention des pâtes sèches pour qu'elles se démocratisent et passent au rang d'aliment populaire. Sain, simple et nourrissant, le plat de pâtes mit néanmoins du temps à conquérir son public. C'est seulement à la fin du XVIIIe siècle, quand on eut l'idée d'associer tomates et pâtes qu'elles connurent le succès. Il faut dire que l'alchimie est parfaite. La « pomme d'or », pourtant ramenée des Amériques depuis le XVIe siècle, fit du même coup une entrée fracassante dans la cuisine italienne (le clergé européen l'avait jusque-là, taxée de tous les maux. Trop bon, trop rouge, ce ne pouvait être que le fruit du diable! Pire, du poison...). La magie de la sauce tomate, c'est qu'elle est la seule à s'accorder à toutes les pâtes, longues ou courtes, lisses ou striées, plates ou tarabiscotées. Ce qui n'est pas le cas des autres sauces, car on Italie, il est une affirmation qui pourrait passer au rang de proverbe, de dicton : « À chaque sauce, sa pâte! » Tout est une question d'adhérence de la sauce. Voilà pourquoi, les *maccheroni* qui furent longtemps servis accompagnés de trois fois rien, beurre, fromage sec râpé, sucre..., connurent par la suite tant de diversité.

Les macaronis *(maccheroni)*

Par ce mot d'origine grec (*macarios* signifiant heureux), on désigne l'ancêtre de toutes les pâtes, un peu comme le mot « nouille » chez nous. D'ailleurs le sens figuré de *maccherone* (nigauds à la tête vide) n'est guère plus gentil et ne manquera pas de nourrir l'humeur caustique de nos compatriotes. Car pour les Français, il a longtemps désigné l'ensemble des Italiens. C'est du même tonneau que « rosbif » ou « grenouilles ». En Italie du Sud, *maccheroni* désignait aussi l'ensemble des pâtes sèches, d'où la fréquente confusion entre *maccheroni* et macaronis, ces derniers étant à ranger définitivement dans la famille des pâtes courtes.

Les pâtes courtes

Il en existe une grande variété, surtout depuis l'invention des pâtes sèches industrielles. Les machines permettant toutes sortes de fantaisies.

Ainsi les ***fusilli*** (originaires de Campanie) sont le résultat d'évolutions techniques considérables. Au début, les *fusilli* étaient des cordons de pâte de blé dur enroulés en spirale autour d'une aiguille de fer. L'aiguille était retirée une fois la pâte sèche. On pourrait également citer les ***farfalle*** (ou papillons), ces derniers étant originaires de la région de Bologne.
Plus traditionnels : ***penne, macaroni, tortiglioni, giganti, bombardoni...*** (à noter que les ***penne rigate*** représentent à elles seules près du quart du marché de la pâte sèche, juste derrière les *spaghetti*).
Les pâtes courtes et grosses, comme les ***orecchiette*** ou les ***trofie*** aiment les sauces à base d'huile (par exemple le *pesto*) ou des légumes, tandis que les courtes et creuses comme les ***rigatoni*** ou les ***conchite*** aiment les sauces plus épaisses à la viande.

Les *spaghetti*, ou les pâtes longues

Qui n'a pas un faible pour les *spaghetti*? Cette forme de pâtes se mange depuis belle lurette dans toute l'Italie. Garibaldi et sa fameuse expédition des Mille en 1860 n'y seraient pas pour rien. Remontant du Sud vers le Nord, il aurait en effet fortement contribué à la généralisation des pâtes sèches et des spaghetti en particulier. L'Unité par la *pasta*!
Pourtant, certaines, faciles à faire à la main, à la maison, remontent aux origines même des pâtes... Encore faut-il savoir ce que l'on entend par pâtes longues. On les classe en fonction de leur largeur.
– Les larges et plates : comme les ***lasagnettes,*** les ***fettucine,*** les ***tagliatelles...*** À utiliser de préférences avec des sauces au beurre, à la crème, aux coulis de courgettes, de poivrons, de tomates...
– Plus larges encore : les ***parpadelles*** jusqu'aux ***lasagnes*** (que l'on fait cuire au four).
– Les longues et fines : comme les ***linguine,*** les ***linguinettes,*** les ***fettucelles*** et bien sûr les ***spaghetti...*** Elles raffolent des sauces à bases d'huile, mais sont finalcment assez polyvalentes...
– Les ultra-fines : les ***vermicelli, cappelletti*** (dites également ***cappellini,*** c'est-à-dire fins cheveux), ***capelli d'angelo*** (cheveux d'ange), que l'on utilise principalement en soupe et en bouillon.
– Les ***bigoli*** ou les ***bucatini,*** très populaires à Rome (cf. *bucatini all'amatriciana*), sont des pâtes bâtardes, à la fois spaghettis creux et macaronis longs. On les réserve volontiers aux sauces à la viande. Les plus gros sont les ***ziti.***

Petit lexique

Pâtes sans œufs

– *Bucatini :* spaghetti géant avec un tout petit trou.
– *Conchiglie :* en forme de coquillage.
– *Farfalle :* papillons.
– *Fusilli :* pâtes en forme de spirale.
– *Gnochetti* : en forme de petits coquillages.
– *Maccheroni :* macaroni.
– *Orecchiette* : comme... oreilles, typique des Pouilles.
– *Penne :* sorte de tuyau biseauté, en forme de plume.
– *Puntine :* petits points.
– *Rigatoni :* court, en forme de polochon.
– *Spaghetti :* long et rond.
– *Ziti :* spaghetti géant avec un grand trou.

Pâtes aux œufs

- *Cannelloni :* en forme de polochon, fourré.
- *Capellini :* petits cheveux.
- *Fettuccine :* long et plat.
- *Lasagne :* large, long, plat et en pile, blanc ou vert.
- *Quadrucci :* voir *fettuccine.*
- *Ravioli :* en forme de coussin, fourré.
- *Tagliatelle :* comme les *fettuccine.*
- *Tonnarelli :* spaghetti carré, blanc ou vert.
- *Tortellini :* en forme d'anneau, fourré.
- *Tortelloni :* la taille au-dessus, fourré.

PERSONNAGES CÉLÈBRES

Nous ne mentionnons ici ni les nombreux auteurs d'Italie du Nord, ni le monde du cinéma ou encore les grands noms du café que vous retrouverez dans les rubriques « Littérature », « Cinéma » et « Boissons ».

Mode et design

– ***Alessi :*** le tire-bouchon *Anna* (en forme d'une dame en robe), la brosse à toilettes au nom évocateur *Merdolino,* les bouilloires, les cafetières... L'histoire des produits *Alessi* commence en 1920 avec Giovanni Alessi, tourneur sur métaux, créant près du lac d'Orta une fabrique d'articles ménagers conçus à partir de métaux. La maison vite réputée pour la qualité de son travail associera à partir de 1950 créateurs et grands designers qui participeront à l'élaboration d'une belle gamme d'articles ménagers ingénieux, aux formes souvent ludiques, colorées et un rien enfantines.

– ***Giorgio Armani (1934) :*** né à Plaisance et issu d'une famille modeste, Armani l'autodidacte fait ses premières gammes chez son compatriote Nino Cerrutti avant de créer sa propre marque dans les années 1970. Ses costumes pour femmes à la coupe androgyne – voire masculine – et ses costumes d'hommes d'affaires sont presque devenus une légende : à la fois élégants, raffinés mais souples et sportifs, sophistiqués tout en étant sobres et sensuels (magnifiquement portés, entre autres, par Richard Gere dans le film *American Gigolo*).

Photos et arts plastiques

– ***Federico Patellani (1911-1977) :*** cet aristocrate enrôlé dans la guerre d'Éthiopie avait mis dans l'une des poches de son sac à dos un *Leica.* Aujourd'hui, 700 000 clichés sont signés Patellani. Du noir et blanc bien léché mais aussi de la couleur car Patellani fut l'un des tout premiers, dans les années 1940, à adopter cette innovation. Bien implanté dans le milieu cinématographique, on lui doit de fameux clichés de Sophia Loren ou Anna Magnani.

– ***Hugo Pratt (1927-1995) :*** père du fameux personnage de B.D. Corto Maltese – le voyage solitaire et rêveur traversant au fil des albums événements et contrées lointaines – ce phénomène culturel, voire mythique pour certains, fut un élément clé dans la reconnaissance de la BD comme un art sérieux. Sa biographie n'est d'ailleurs pas sans rappeler celle de son héros : né à Rimini, il passera lui-même de continent en continent, ballotté par l'histoire, au gré des événements.

– ***Oliviero Toscani (1942) :*** quasiment inconnu du grand public et pourtant tellement célèbre. Il a traîné ses guêtres aux côtés de son père, reporter photographe au *Corriere,* puis dans une grande école d'art en Suisse. Il a ensuite fait ses armes pendant une vingtaine d'années pour *Elle.* Le malade du sida à l'article de la mort, le nouveau-né sanguinolent, le prêtre déposant un baiser sur les lèvres d'une nonne aussi sainte que désirable des affiches de Benetton, c'est Toscani. Pas mou du genou pour un sou, il a enfin fait sortir la pub de sa langue de bois trop fréquente.

– Dans les « anciens » dont vous aurez la joie de découvrir les œuvres au fil des églises, des palais, des châteaux et différents monuments, on peut notamment citer ***Antonio Allegri*** dit ***Le Corrège*** (1489-1534), peintre de la Haute Renaissance, ***Girolamo Francesco Mazzola*** dit ***Le Parmesan*** (1503-1540) illustre représentant du maniérisme, ou encore ***les Carrachi*** (ou ***Carrache***), cette famille de peintres et graveurs originaires de Bologne qui, outre leurs œuvres respectives, ont également ouvert en 1582 l'*Accademia degli Desideros* qui allait grandement influencer de nombreux artistes (dont Le Guerchin).

Musique

– ***Arturo Toscanini (1867-1957) :*** tout d'abord violoncelliste mais surtout chef d'orchestre génial, rigoureux à l'extrême et passionné (qui a dit tyrannique ?), il se fait tout particulièrement remarquer lors d'une tournée en 1892 en remplaçant à la dernière minute plusieurs chefs d'orchestre et en dirigeant *Aïda* (de Verdi) de mémoire. Directeur musical de la Scala de Milan à deux reprises, directeur artistique du Metropolitan Opera de New York, il dirige aussi l'Orchestre philharmonique de New York. Républicain convaincu et ouvertement opposé au fascisme, il n'hésitera pas non plus à refuser de diriger au prestigieux festival de Bayreuth pour protester contre l'antisémitisme ambiant. Il terminera sa carrière aux États-Unis en dirigeant de 1937 à 1954 un orchestre spécialement recruté pour lui, le *NBC Symphony Orchestra.*

– ***Giuseppe Verdi (1813-1901) :*** né voilà près de deux siècles à Roncole dans la région de Parme, le célèbre compositeur de la fameuse *Trilogie populaire* qui regroupe *Rigoletto, Il Trovatore* et *La Traviata* ainsi que de *Nabucco,* a aussi joué, ne l'oublions pas, un rôle de « héraut de l'aspiration du peuple italien à la liberté ». En 1848, il crée en effet *La Bataille de Legnano,* un opéra qui se veut un véritable hymne à la liberté. Sa musique, chantée à chaque coin de rue, devient le symbole de la révolte et de la lutte contre la domination autrichienne et son nom se trouve associé au nouvel esprit révolutionnaire. D'ailleurs, il fait l'objet d'un célèbre jeu de mots qui couvre alors les murs d'Italie : « Viva VERDI », que chacun peut déchiffrer comme l'abréviation de « Viva Vittorio Emanuele Re D'Italia » (« Vive Victor-Emmanuel roi d'Italie »).

– ***Luciano Pavarotti (1935) :*** doit-on encore présenter ce ténor particulièrement médiatique qui, dans ses grandes heures et avant de devenir particulièrement branché et populaire, a interprété les plus grands rôles dans des opéras de renom (*Aïda, Madame Butterfly, Tosca, Rigoletto,* etc.) et œuvré pour la vulgarisation et la promotion de la musique classique en parcourant le monde avec ses deux acolytes José Carreras et Placido Domingo... vous savez, « les Trois Ténors ».

Dans un style plus populaire et contemporain, on pourrait encore citer ***Zucchero, Eros Ramazzotti,*** etc.

Sciences

– ***Alessandro Volta (1745-1827) :*** physicien né à Côme, inventeur, notamment, de la pile électrique.

– ***Guglielmo Marconi (1874-1937) :*** ce physicien et inventeur (bricoleur génial surtout) originaire de Bologne est l'un des papas de la TSF (télégraphie sans fil).

Automobiles

– ***Enzo Ferrari (1898-1988) :*** d'abord homme à tout faire chez un carrossier, cet autodidacte devient pilote pour CMN avant d'intégrer l'équipe d'Alfa Romeo. En 1929, il fonde l'écurie Ferrari (qui met en course des Alfa Romeo) et met un terme en 1931 à sa carrière de pilote pour se consacrer entièrement à la direction de son écurie. Après de multiples rebondissements, Enzo Ferrari abandonne Alfa Romeo en 1942 pour monter à Maranello, près de Modène, sa propre usine qui produit d'abord des machines-outils et des moteurs d'avion (guerre oblige !). La première automobile de marque Ferrari n'apparaît sur les circuits qu'en 1947. Une légende, qui connaît des hauts et des bas, est alors définitivement née...
– ***Maserati :*** les voitures de course mythiques (associées au non moins mythique nom de Fangio qui lui donnera le titre de championne du monde en 1957) sont nées de la passion d'une fratrie, les frères Maserati, qui en 1926 construisent leur première voiture de course, la type 26, qui ne tarde pas à devenir la redoutable rivale de Bugatti. En 1932, la marque passe sous le contrôle d'Adolfo Orsi, un riche industriel de Modène, et devient en 1947 propriété exclusive de ce même Orsi (les frères Maserati quittent alors la société) qui va diversifier sa production en sortant les premières Maserati routières. Mettant fin à sa production de voitures de course en 1958 (plus de sous !), la firme est ensuite rachetée par Citroën (qui ne résistera pas aux crises pétrolières) puis par l'État italien et l'industriel italo-argentin Alessandro de Tomaso qui a déjà lui-même sa propre marque. Aujourd'hui, comme Ferrari (sa rivale et voisine), elle est passée sous le contrôle de Fiat, et ne produit plus que des voitures de sport qui en jettent.
– ***Ferruccio Lamborghini (1916-1993) :*** vers 1940, ce mécanicien averti et passionné de voiture fait fortune en fondant son usine de construction de tracteurs. Pouvant alors s'offrir les plus beaux fleurons de Jaguar, Aston Martin et Ferrari, il constate qu'aucun ne lui apporte entière satisfaction (trop bruyant, trop inconfortable, mauvais freinage) et s'en plaint même à son illustre voisin, Enzo Ferrari, qui s'en offusque (imaginez : un constructeur de tracteurs qui ose critiquer ses voitures !). Estimant qu'on n'est jamais mieux servi que par soi-même, Lamborghini décide de créer sa propre voiture et investit dans une usine ultramoderne dans la région de Modène. Si la première voiture, la 350 GT fait un flop, la seconde, la Miura, fait sensation. Cela dit l'entreprise ne résistera pas aux crises pétrolières et passera de main en main. Elle est aujourd'hui sous le contrôle d'Audi qui semble peu décidé à faire vivre la légende.
– ***Alessandro Benetton :*** le successeur présumé de « vous mé reconnaissez ? » qui a usé ses fonds de culotte sur les sièges en moleskine des Formule 1. C'est aussi le gendre idéal le plus courtisé d'Italie. Et pour cause !

PHOTO

Les amateurs seront comblés. Paysages et monuments sont magnifiques. Les occasions ne manquent pas, surtout lorsque la lumière est au rendez-vous. On peut photographier librement partout, sauf dans certains musées. Généralement, les galeries de peinture interdisent toute utilisation du flash et même du pied. Il est préférable de se conformer au règlement (les éclairs de flash nuisent à la conservation des fresques et peintures).
Presque toutes les marques de pellicules sont vendues en Italie, mais les prix varient considérablement selon les points de vente. Évitez les magasins à proximité des monuments : arnaque garantie. Des tirages peuvent être effectués dans des délais record chez des photographes équipés de machines automatiques.

On a tout intérêt à assurer son équipement avant le départ, s'il s'agit d'appareils coûteux, et à être vigilant pour éviter tout désagrément.

Offre spéciale *Routard*

Avant votre départ, préparez vos vacances avec Photo Service. Pour les adeptes de la photo numérique, Photo Service offre 12 % de réduction sur l'achat d'une carte mémoire. Pour les fidèles de l'argentique, Photo Service offre 12 % de réduction sur l'achat de pellicules. Ces avantages sont disponibles dans tous les magasins Photo Service sur présentation du *Guide du routard.*
Au retour, Photo Service vous offre la sauvegarde de vos photos sur CD-Rom pour toute commande de tirages numériques, ou une pellicule gratuite de votre choix pour tout développement et tirage. Sur présentation du *Guide du routard,* Photo Service vous offre la carte de fidélité qui vous permet de bénéficier de 12 % de réduction sur tous vos travaux photos pendant un an dans les magasins Photo Service comme sur le site • www.photoservice.com • Offre valable jusqu'au 31/12/2005.

POPULATION

Les statistiques sont unanimes : la population italienne vieillit. L'Istat (Institut supérieur de statistiques italiennes) prévoit qu'en 2050 l'espérance de vie sera de 88 ans pour les femmes et 82 pour les hommes. Pour noircir encore un peu plus le tableau, on estime à 4,5 millions le nombre d'Italiens en moins d'ici 2030. Pas franchement étonnant avec un taux de natalité de 1,44 bébé par femme, le plus bas de l'Union européenne ! Et c'est en Italie du Nord que la baisse de la natalité se fait le plus sentir, le record étant détenu par l'Émilie-Romagne (0,9 enfant par femme !), ce qui fait de cette région la plus âgée d'Europe (21,3 % de la population ont plus de 64 ans, les moins de 15 ans ne représentant que 10,8 %).
Les Italiens peuvent compter néanmoins sur l'afflux d'immigrés (plus de 12 % durant la dernière décennie). Le plus dur est sans aucun doute l'intégration de ces derniers (principalement les habitants d'Afrique du Nord, d'Albanie et d'ex-Yougoslavie) dans la société italienne. Il faudrait en effet une politique conséquente. On a tous en tête l'image de clandestins entassés dans des rafiots de fortune, l'œil hagard, débarqués sur les côtes. Ils sont ensuite parqués dans des *centri d'accoglienza,* faisant plutôt penser à des prisons qu'à des centres d'hébergement. Le nouveau gouvernement a du pain sur la planche... D'autant que la précarité n'est pas un vain mot dans la péninsule, le taux de chômage avoisinant les 10 %...

POSTE

La poste italienne a mis en circulation un timbre « Posta prioritaria » obligatoire vers les pays européens à 0,61 € qui permet d'envoyer une lettre en un temps record (1 journée pour l'Italie et 2-3 jours pour l'étranger : un peu plus cher que le tarif normal, mais ça marche !). Ce timbre peut être acheté dans une *tabaccheria.*
Pour se faire adresser du courrier en poste restante, tenir compte des délais d'acheminement et demander à l'expéditeur de rédiger l'enveloppe avec la mention : *Fermo Posta, Posta centrale di...*, et le nom de la ville en italien, précédé, si possible, du code postal, comme en France.
Pour tout autre renseignement, n'hésitez pas à appeler le *call center* au ☎ 803 160. Des opérateurs multilangues (dont le français) répondent à vos questions de 8 h à 20 h.

POURBOIRE ET TAXE

Pourboire

Rien ne vous oblige à laisser un pourboire. Libre à vous d'en décider selon la qualité du service dont vous avez pu bénéficier. Les chauffeurs de taxi et employés d'hôtels, lorsqu'ils portent vos bagages, attendent une *mancia.* Dans les églises, les sacristains sont souvent remplacés par des tirelires électriques qui permettent d'admirer les chefs-d'œuvre sans avoir à « graisser la patte ».

L'addition

Ne pas s'étonner de voir son addition majorée des 2 à 3 % du traditionnel *pane e coperto* (lequel a théoriquement été supprimé, mais il continue d'être appliqué dans beaucoup de restos). Telle est la pratique en Italie. Celui-ci peut varier entre 1 et 3 € (au-delà, cela devient du vol). Il doit être signalé sur la carte, quand il y en a une, ce qui est rarement le cas dans les *trattorie*! Les 10 % de *servizio* d'antan ont tendance à disparaître. Ajoutez à cela une bouteille d'eau minérale (autour de 1,50 €) et vous comprendrez rapidement pourquoi l'addition grimpe si vite. N'oubliez pas de la vérifier avant de payer.

RESTAURANTS

Où manger?

Le routard risque d'être désorienté les premiers jours devant la variété des enseignes : *ristorante, tavola calda, osteria, rosticceria, pizzeria, trattoria,* etc.
En général, le snack-bar (tout le monde comprend) et le *caffè* vendent des gâteaux et des sandwichs. La *rosticceria* vend des plats à emporter, théoriquement, mais ils ont aussi des tables où l'on peut se restaurer sur place. Il y a des *pizzerie* où l'on consomme assis et d'autres où l'on emporte. À noter aussi que l'on peut acheter des pizzas dans certaines boulangeries *(panetterie).*
Les *tavole calde* étaient des endroits où l'on mangeait une pizza ou un plat de spaghetti sur le pouce. Elles ressemblent désormais de plus en plus aux *trattorie.* Les vraies *tavole calde* s'appellent maintenant *rosticcerie* (rôtisseries) ou *pizzerie-bars.* Les Italiens se mélangent salement les pinceaux.
On trouve un peu partout des menus touristiques avantageux. Il est possible aussi de se contenter d'un plat de pâtes ou d'une pizza. Les plus fauchés apaiseront leur creux avec des *tramezzini* (sandwichs variés au pain de mie), que l'on trouve dans un grand nombre de cafés.

Cafés et bars

Les Italiens consomment plutôt debout au comptoir après avoir acquitté le montant de leur boisson à la caisse à l'entrée. On économise ainsi le service. Si vous êtes servi à une table, le prix de la consommation peut être majoré de 50 %.
Deux petits détails enfin : certains bars et cafés sont démunis de toilettes, ou alors il faut en demander la clé au comptoir, clé qui, soit dit en passant, est un peu remise à la tête du client. Ainsi, les toilettes sont souvent *guasto* (hors service) si l'on demande cette fameuse clé avant de commander à boire! Pour savoir si un bar ou un restaurant a une terrasse, demandez s'il y a un *dehors* (oui, en français!).

SANTÉ

Carte européenne d'assurance maladie

Pour un séjour temporaire en Italie, pensez à vous procurer la carte européenne d'assurance maladie (qui remplace le formulaire E111 depuis le 1er juin 2004). Il vous suffit d'appeler votre centre de sécurité sociale (ou se connecter au site Internet de votre centre, encore plus rapide !) qui vous l'enverra sous une quinzaine de jours. Cette carte fonctionne avec tous les pays membres de l'Union européenne (y compris les 10 petits derniers). C'est une carte plastifiée bleue du même format que la carte vitale. Attention, elle est valable un an et est personnelle (chaque membre de la famille doit avoir la sienne, y compris les enfants).

Vaccins

Aucun vaccin n'est obligatoire, mais il est préférable d'avoir son rappel antitétanique à jour, surtout si l'on fait du camping. Par précaution, vous pouvez prévoir un répulsif anti-moustiques.

■ ***Catalogue Santé Voyage*** (Astrium) *:* 83-87, av. d'Italie, 75013 Paris. ☎ 01-45-86-41-91. Fax : 01-45-86-40-59. Ⓜ Tolbiac. • www.sante-voyages.com • (infos santé voyages et commande en ligne sécurisée). Renseignements par téléphone uniquement. Envoi gratuit du catalogue sur simple demande. Livraison *Colissimo suivi* : 24 h en Île-de-France, 48 h en province. Expéditions DOM-TOM.

Assurances

Ne partez pas sans vous être assuré que vous l'êtes bien !
– En France, vous pouvez bien sûr vous assurer auprès de ***Routard Assistance.*** Voir conditions et bulletin d'inscription en fin de guide.
– En Belgique, vous pouvez faire appel à ***EUROCROSS.*** Si vous êtes malade, un coup de téléphone en PCV au : ☎ 32-22-70-09-00 (numéro en Belgique) suffit pour qu'ils vous assistent.

SAVOIR-VIVRE ET COUTUMES

– *Tenues dans les églises :* une tenue correcte est à respecter pour y pénétrer. Un gardien est là pour vous le rappeler, et il n'a aucune indulgence pour ce qui est considéré comme indécent (à savoir shorts pour les hommes ou robes découvrant les genoux pour les femmes...).

La rue

Comme dans de nombreux pays méditerranéens, la rue est un lieu social avant tout. Vers 16-17 h, les personnes âgées sortent leurs chaises en paille, s'installent devant le pas de leur porte et parlent de tout et n'importe quoi : du petit qui a réussi, de celle qui pense plus à sortir qu'à travailler et surtout... du foot. On épluche quelques légumes pour la *cena* tout en surveillant du coin de l'œil les enfants qui jouent. Remarquez que leurs conciliabules sont souvent sectaires. Les femmes d'un côté, les hommes de l'autre.

La *passeggiata*

Une coutume venue du Sud qui tend toutefois à disparaître dans le Nord du pays : entre 18 h et 20 h, les rues s'enflent, se gonflent d'une foule extraordinaire qui monte et descend la rue en un rite immuable. Pour l'observateur étranger, l'une des images les plus évocatrices de la vie citadine et sur tout villageoise, le meilleur moyen aussi de constater à quel point les mœurs et les comportements ont évolué depuis quelques années. Et c'est grâce à ces évolutions que la *passeggiata* se poursuit...

La place

Comme la rue, il s'agit encore d'un lieu social, une sorte d'arène, lieu de rencontre de toutes les générations : alors qu'elle est ouverte à tous les vents, qu'elle est un carrefour, voire le lieu du monument aux morts pour la patrie en France – et dans les autres pays francophones – la place italienne, en revanche, est fermée. Bien plus, il s'agit d'un refuge où, peut-être, les nouvelles idées comme les courants d'air ont du mal à s'engouffrer.

SITES INTERNET

Sites sur l'Italie

• ***www.routard.com*** • Tout pour préparer votre périple, des fiches pratiques, des cartes, des infos météo et santé, la possibilité de réserver vos prestations en ligne. Sans oublier *Routard mag,* véritable magazine avec, entre autres, ses carnets de route et ses infos du monde pour mieux vous informer avant votre départ.
• ***www.enit-france.com*** • Site de l'office du tourisme très riche en informations. Nombreuses rubriques pratiques qui permettent de faire un tour d'horizon de la culture italienne.
• ***www.touristie.com*** • En français. Site régulièrement remis à jour. Possibilité de réserver en ligne des hôtels, une voiture et des billets d'avion ainsi que les entrées dans les musées. Rubriques très complètes sur la littérature, cinéma, gastronomie, etc. Une carte générale divisée par région vous aidera à vous situer. Indispensable avant de foncer vers la Botte !
• ***www2.ac-lyon.fr/enseigne/italien/index.htlm*** • Site italien de l'académie de Lyon. Avec beaucoup de liens sur la presse, la littérature, le cinéma, mais aussi des actualités, des moteurs de recherche italiens et d'autres sites sur l'Italie par région.
• ***www.paginegialle.it*** • Correspond à nos pages jaunes. Très utile pour chercher une adresse à condition d'avoir des notions d'italien.
• ***www.museionline.it*** • En anglais et en italien. Un site incontournable si vous vous apprêtez à visiter tous les musées d'Italie du Nord. Tous les musées sont répertoriés par catégories : art, histoire, archéologie, histoire naturelle, sciences et technologie avec les prix, les horaires et le site Web de chaque musée. En plus, ce site vous donne la liste des expos temporaires à voir dans la région visitée (régulièrement remis à jour). On vous le recommande chaudement.
• ***www.france.italia.it*** • Le site français en Italie avec la liste de toutes les ambassades, les consulats, les centres culturels, les alliances françaises ainsi qu'un dossier sur les rapports économiques franco-italiens. Infos intéressantes pour les étudiants qui veulent y séjourner.

Sur le cinéma et la presse

• ***www.rai.it*** • Le site de la première radio-télévision italienne.
• ***www.cinecitta.it*** • Site officiel du géant italien avec le box-office de chaque semaine, des infos et l'actualité du cinéma.

Sur la cuisine et le vin italien

• ***www.italianpasta.net*** • En italien. Sur un air de musique italienne, vous découvrirez l'univers des pâtes : le goût, la consistance, la couleur. Plus de 150 recettes, des conseils pour les aficionados et des suggestions pour l'accompagnement des vins. Vous pouvez également adhérer au très sérieux club de la *pasta.* Un avant-goût de l'Italie...

• ***saveurs.sympatico.ca/ency_9/Italie/9italrec.htm*** • Un site pour découvrir une bonne sélection de recettes italiennes, de la Lombardie à la Sicile. Recettes en français.

Sur la voiture italienne mythique

• ***www.ferrari.it*** • Le site officiel de la fameuse voiture rouge en italien et en anglais.

TÉLÉPHONE ET TÉLÉCOMMUNICATIONS

Téléphone

L'Italien semble être atteint de téléphonite aiguë ; il ne quitte jamais son *telefonino* et s'en sert partout et à toute heure !

– Quoi qu'il en soit, vous trouverez encore des ***cabines téléphoniques*** : elles fonctionnent avec des cartes magnétiques *(scheda telefonica internazionale)* que l'on trouve dans les bureaux de poste, tabacs (enseigne avec un « T », comme tabac pardi !), kiosques à journaux et distributeurs automatiques. Ne pas oublier de plier le coin en plastique de la carte pour téléphoner (gage qu'elle n'a jamais été utilisée) et d'appuyer sur la touche « OK » après avoir composé le numéro de votre correspondant.

Pour téléphoner sans souci depuis l'étranger, vous pouvez vous procurer la carte téléphonique du *Routard* avant votre départ. Développée en partenariat avec Tiscali, elle est utilisable depuis 21 pays (entre autres : États-Unis, Canada, Allemagne, Belgique, Espagne, Irlande, Italie, Pays-Bas, Portugal, Royaume-Uni). D'une valeur de 20 €, elle vous permet de joindre vos correspondants en France et dans le monde entier.

Simple d'utilisation, vous pouvez l'utiliser depuis n'importe quel téléphone à touches (d'une cabine, de chez des amis, d'un restaurant, d'un hôtel, de l'aéroport...) en bénéficiant de tarifs très avantageux (exemple : pour 20 €, 1 h 20 de communication depuis les États-Unis vers un poste fixe en France).

Grâce à cette carte sans abonnement, vous terminerez le crédit non consommé lors de votre retour en France.

Comment vous la procurer ? Une seule adresse : • www.routard.com • Votre carte sera envoyée directement à votre domicile (frais de port offerts).

– On peut aussi téléphoner dans les ***centres Telecom Italia*** ou dans les ***postes centrales.***

– Dans la mesure du possible, n'appelez jamais de votre hôtel ou d'un poste privé. Ils peuvent vous majorer de 70 % le prix de la communication et ce, en toute légalité, car ils ont 45 % de TVA à payer sur le service.

– Pour obtenir un numéro d'abonné (italien), composez le : ☎ 12. Pour un appel en PCV (*a carico,* c'est-à-dire « à la charge » du destinataire), faites le : ☎ 170 (qui vous met en communication avec un opérateur pour les appels internationaux). Le ☎ 176 (24 h/24, appel depuis un téléphone fixe) permet d'obtenir, en italien ou en anglais, un certain nombre de renseignements (les numéros internationaux, entre autres).

– Pour appeler l'Italie en PCV depuis la Belgique, composer le : ☎ 1324 ; depuis le Luxembourg, le : ☎ 0010 ; du Canada, le : ☎ 01139 ; et de la Suisse, le : ☎ 0800-551-441, 24 h/24.

Italie → Italie

Il faut impérativement composer le numéro de votre correspondant précédé de l'indicatif de la ville.

Italie → France

00 + 33 + n° du correspondant (sans le « 0 » initial du n° à 10 chiffres).
– *Pour la Belgique,* le code pays est le 32.
– *Pour la Suisse :* 41.
– *Pour le Canada :* 1.
– *Pour le Luxembourg :* 352.

France → Italie

0,22 €/mn, du lundi au vendredi de 8 h à 19 h ; 0,12 €/mn, en tarif réduit. Vers les portables, respectivement 0,44 €/mn et 0,34 €/mn.
Attention, composez : 00 + 39 + indicatif de la ville (précédé du 0) + n° du correspondant.

Internet

Les centres Internet sont généralement ouverts tous les jours, ils ferment leurs portes vers 21 h ou minuit. Les connexions sont de bonne qualité. Compter 5 € l'heure de connexion.

TRANSPORTS INTÉRIEURS

Avion

Coûteux, mais permet de gagner beaucoup de temps. Pour la plupart, les grandes villes ont un aéroport national. Se renseigner sur place sur les éventuelles réductions ou à Paris en s'adressant à Air France et Alitalia (se reporter en début de guide, rubrique « Comment y aller ? »).

Train

Réservations et informations

– ***Les Chemins de fer italiens (Ferrovie dello Stato)*** proposent des réductions intéressantes, quel que soit votre âge, pour voyager à travers toute l'Italie mais également pour rejoindre les grandes villes européennes (comme Paris ou Bruxelles, par exemple). Penser aux tarifs *Prem's,* par exemple : à acheter de 6 à 2 semaines à l'avance, les billets proposés présentent des réductions considérables. Seul bémol : ils ne sont ni échangeables ni remboursables. Autrement dit, mieux vaut être sûr de son coup... Pour les routards souhaitant sillonner la péninsule, renseignez-vous sur les *Cartes Inter Rail,* en particulier si vous comptez poursuivre votre périple en Grèce, Turquie et Slovénie. En effet, une fois la carte en votre possession, vous pourrez emprunter tous les trains que vous souhaiterez (attention aux suppléments !) pour aller où vous voudrez pendant la période choisie. De plus, le billet de train vous permettant de rejoindre la zone choisie fera l'objet d'une réduction de 50 %. Assez cher toutefois. Une autre solution économique pour les non-motorisés qui auraient comme projet de parcourir l'Italie en train : le billet kilométrique. On achète 3000 km d'un coup et on peut même se les partager à plusieurs... Pour toute information, composer le numéro suivant sans préfixe : ☎ 89-20-21 (numéro unique pour toute l'Italie). On peut également se renseigner sur Internet : • www.trenitalia.com • Possibilité de réserver en ligne et en français.

NORD
SUISSE
FRANCE
Modane
Brennero (Brenner)
Fortezza
Bolzano (Bozen)
Calalzo
Belluno
Udine
Pordenone
Trento
Iselle
Varese
Como
Treviso
Brescia
Verona
Novara
Milano
Venezia
Padova
Vercelli
Torino
Asti
Piacenza
Alessandria
Parma
Ferrara
Cuneo
Genova
Modena
Bologna
Ravenna
Savona
La Spezia
Massa Centro
Forlì
Rimini
Imperia Porto Maurizio
Ventimiglia
Pisa
Firenze
Pesaro
Livorno
Arezzo
Chiusi Chianciano
Perugia
Isola d'Elba
Grosseto
Orvieto
Orte
Terni
ROMA
Latina
Golfo Aranci
Sassari
Ozieri Chilvani
SARDAIGNE
Oristano
Cagliari
MER TYRRHÉNIENNE
MER MÉDITERRANÉE
Trapani
0
100
200 km

LE RÉSEAU FERROVIAIRE ITALIEN

– Les agences de voyages autorisées vendent tous les types de billets de train possibles et imaginables. Vous pouvez également acheter et retirer vos billets aux guichets automatiques des grandes gares.

Horaires

– Pas trop de retard sur les grandes lignes, mais fréquents sur les petites. Si votre train a un retard de plus de 30 mn, vous pouvez demander une indemnisation, sous forme d'avoir. Se présenter assez tôt à la *stazione* car il arrive qu'un train annoncé au départ sur un quai parte finalement d'un autre quai... Prévoyez large pour les correspondances.
– En Italie, les horaires sont disponibles chez certains marchands de journaux. On peut aussi utiliser les digiplans dans les gares. Ils donnent des infos sur les horaires des trains partant de la gare émettrice, à destination des localités mentionnées, et sur ceux des trains reliant les principales villes du pays ou du réseau européen. Tout ça régi par un code couleur, à savoir : vert et noir pour les trains régionaux et interrégionaux, rouge pour les trains Intercity, bleu pour les Eurostar.

Quelques remarques

– Routard, pour le train, gare aux faux amis ! Il y a le *diretto* (pas si direct que ça), le *rapido,* lequel ne l'est pas autant que l'*espresso.* Voyager en *rapido* coûte plus cher qu'en omnibus. À propos, omnibus se dit *regionale.* On trouve parfois *diretto* ou *interregionale,* encore des faux amis.
– Tous ces trains ont cependant un point commun : leur manque de confort, à l'exception des *Eurostar* (*pendolino* fonctionnant à vitesse réduite) mis en service le 1er juin 1997. Liaisons *Eurostar* possibles entre les grandes villes (Naples, Rome, Florence, Bologne, Venise ou Milan). Suppléments modiques. Les routards pressés emprunteront le « vrai » *pendolino* (équivalent de notre TGV) assurant la liaison Rome-Milan via Florence et Bologne. Train assez cher.
– Comme en France, beaucoup de lignes secondaires, peu rentables, ont été remplacées par des services de bus.

Bus

Pratiques et, généralement, plus ponctuels et plus confortables que les trains mais souvent plus chers que ces derniers. Les gares routières sont assez proches des centres-ville. Il est très facile d'obtenir des renseignements sur les lignes et les horaires en s'adressant aux offices du tourisme, dans les agences de voyages ou aux bureaux locaux de la *CIT.* De plus, de nombreux sites ne sont pas desservis par le train et seuls les bus permettent d'y accéder. Un seul bémol : les correspondances n'étant pas toujours très au point, il n'est pas rare de les rater. Prévoyez donc une solution de rechange.
Les tickets de bus des réseaux urbains sont en vente dans les kiosques à journaux, les tabacs, certains distributeurs automatiques, ainsi que dans certains magasins autorisés (autocollant les signalant). Par contre, une fois monté dans le bus, impossible de trouver un titre de transport, si ce n'est en l'achetant à un passager qui en a en réserve !

Scooter

Qui n'a pas rêvé de parcourir l'Italie en scooter, cheveux au vent ? Un conseil : si vous n'en avez jamais fait, ce n'est pas le moment de commencer. Le port du casque est obligatoire (contrairement à ce qu'on peut voir). Une dernière recommandation : vérifier que vous êtes bien assuré, un accident est vite arrivé...

Tableau des distances entre les principales villes (en kilomètres)

	ANCÔNE	AOSTE	BOLOGNE	CÔME	FERRARE	FLORENCE	GÊNES	LA SPEZIA	LIVOURNE	MILAN	PADOUE	PÉROUSE	PISE	RAVENNE	ROME	SIENNE	TURIN	VENISE
ANCÔNE		617	219	475	229	262	506	427	396	426	326	139	356	152	307	246	547	3015
AOSTE	617		401	208	427	470	245	347	421	181	404	626	401	476	748	537	110	442
BOLOGNE	219	401		260	47	106	291	212	176	210	116	262	181	76	369	173	332	154
CÔME	475	208	260		263	353	185	276	350	49	242	509	331	335	631	420	165	280
FERRARE	229	427	47	263		152	338	261	247	254	75	308	227	74	430	219	373	113
FLORENCE	262	470	106	353	152		225	146	115	299	216	153	91	137	278	68	395	255
GÊNES	506	245	291	185	338	225		102	176	145	363	381	156	371	510	292	170	397
LA SPEZIA	427	347	212	276	261	146	102		96	222	322	302	77	289	427	175	272	361
LIVOURNE	396	421	176	350	247	115	176	96		296	311	271	20	253	322	119	346	350
MILAN	426	181	210	49	254	299	145	222	296		235	455	276	266	575	366	138	273
PADOUE	326	404	116	242	75	216	363	322	311	235		372	291	134	494	283	366	38
PÉROUSE	139	626	262	509	308	153	381	302	271	455	372		251	196	192	110	551	411
PISE	356	401	181	331	227	91	156	77	20	276	291	251		233	342	109	326	330
RAVENNE	152	476	76	335	74	137	371	289	253	286	134	196	233		384	207	407	141
ROME	307	748	369	631	430	278	510	427	322	575	494	192	342	384		231	673	530
SIENNE	246	537	173	420	219	68	292	175	119	366	283	110	109	207	231		462	322
TURIN	547	110	332	165	373	395	170	272	346	138	366	551	326	407	673	462		402
VENISE	301	442	154	280	113	255	397	361	350	273	38	411	330	141	530	322	402	

Bicyclette

Un moyen de transport qui se répand de plus en plus dans les centres historiques des villes où la circulation automobile est réglementée. D'ailleurs, on trouve quelques loueurs de vélos. Tout comme pour le scooter, il faut savoir slalomer entre les voitures et ça, franchement, ce n'est pas gagné. On vous aura prévenu !

Taxis

Ils ont mauvaise réputation et ce n'est pas totalement injustifié. Ne prendre que des taxis officiels « en uniforme » généralement de couleur blanche. Des suppléments peuvent être exigés pour des bagages, des services de nuit ou les jours de fête. En cas d'absence de compteur, n'oubliez pas de bien fixer le prix de la course avant de partir.

Voiture

C'est, bien entendu, le moyen idéal pour visiter l'Italie. La *macchina* donne une autonomie totale au routard qui peut aller d'un point à un autre sans contrainte. Dans ce cas, il est beaucoup plus avantageux de retenir votre voiture depuis la France dans le cadre d'un forfait « avion + voiture ». Les prix pratiqués sur place sont beaucoup plus élevés. Il y a parfois aussi des différences d'un loueur à l'autre. Ne pas hésiter à lire entièrement le contrat, à passer la voiture en revue, surtout lorsqu'il s'agit de petits loueurs locaux, et à réclamer un horodateur. Ne jamais rien laisser en évidence dans une voiture. Attention, le loueur conserve une empreinte de votre carte bancaire (même si votre voyagiste a tout réglé d'avance).

Les stations-service sont fréquentes sur les autoroutes, où elles ne ferment pratiquement jamais. Elles affichent 24 h/24. Sauf que dans la plupart des cas, la carte *Visa* n'est pas reconnue par le distributeur 24 h/24. Elle est seulement prise au comptoir lors des horaires d'ouverture de la station. Il faut alors payer en liquide (en général ce sont des billets de 20 € qu'on vous demande). Après avoir introduit vos billets, vous choisissez le numéro de la pompe. Elle se déclenche, et voilà, le tour est joué ! Un peu difficile à comprendre la première fois, mais il y a toujours une bonne âme qui viendra vous aider. Conclusion de l'histoire : toujours avoir du liquide ou éviter le dimanche ou la sieste pour faire le plein !

Les stations-service en ville sont généralement fermées entre 12 h 30 et 15 h 30 (la sacro-sainte sieste), mais cela dépend du temps, de l'endroit et... de l'âge du capitaine.

Location de voitures

■ L'agence ***Auto Escape*** réserve auprès des loueurs de gros volumes de location, ce qui garantit des tarifs très compétitifs. N° Vert : ☎ 0800-920-940. ☎ 04-90-09-28-28. Fax : 04-90-09-51-87. • www.autoescape.com • info@autoescape.com • 5 % de réduction supplémentaire aux lecteurs du *Guide du routard* sur l'ensemble des destinations. Il est recommandé de réserver à l'avance. Vous trouverez également les services d'Auto Escape sur • www.routard.com •

■ Et aussi ***Hertz*** (☎ 0825-861-0861), ***Avis*** (☎ 0820-050-505) et ***Budget*** (☎ 0825-003-564).

Routes

– ***Le réseau routier*** est moins dense que le nôtre mais permet de se rendre partout. Avec plus de 6 000 km d'autoroutes, l'Italie se place au 2ᵉ rang européen. À part quelques exceptions, elles sont payantes (plutôt moins chères

qu'en France mais pas toujours très bien entretenues). **Attention : il est désormais obligatoire de rouler feux allumés sur les routes, hors des villes, jour et nuit, sous peine d'amende.**
– Les autorités ont créé la *Viacard* pour régler les péages. Fonctionne suivant le même principe que les cartes téléphoniques. À chaque péage, la valeur du trajet effectué est débitée de la valeur de la carte. On peut se la procurer en Italie, dans les bureaux *ACI* et *TCI,* les autogrills, les principales stations autoroutières et dans de nombreux bureaux de tabac. Les autres cartes de paiement sont désormais acceptées.
– ***Signalisation :*** le matraquage de panneaux publicitaires au bord des routes à l'approche des villes ainsi que le foisonnement de panonceaux (jaunes) indiquant les directions des hôtels, restos, monuments, sites, etc., font qu'il est souvent très difficile de s'y retrouver. Parfois, une dizaine de panonçeaux étroits sont superposés : il faut carrément arrêter la voiture pour tenter de trouver ce que l'on cherche. Pour vous repérer, sachez que l'autoroute est signalée en vert et les routes nationales en bleu.
Attention au code de la route des Italiens. Il arrive que le feu rouge ne s'éteigne jamais et qu'apparaisse simultanément la flèche verte ! Attention aussi à la priorité à droite sur les ronds-points... Un routard avisé en vaut deux ! Si vous supputez que la direction à prendre vient de vous passer sous le nez car il n'y avait pas de panneau, retournez-vous. Il se peut que l'indication soit dans votre dos car les panneaux n'ont pas été placés dans les deux sens (et puis quoi encore ?). Dans ce cas, n'hésitez pas à demander. Les Italiens sont généralement hyper accueillants et prêts, sans restriction et dans la mesure du possible, à vous aider. C'est parfois même le début d'une discussion... surtout si vous les branchez sur le foot.
– ***La limitation de vitesse*** est calculée en fonction de la cylindrée des véhicules. Dans les agglomérations, elle est de 50 km/h.

	Autoroute	**Route**
Autos (jusqu'à 1 099 cm^3)	130 km/h	90 km/h
Motos (de 150 à 349 cm^3)	110 km/h	90 km/h
Autos (plus de 1 099 cm^3)	130 km/h	90 km/h
Motos (plus de 349 cm^3)	130 km/h	90 km/h
Autobus de plus de 8 t	90 km/h	70 km/h

Les excès de vitesse et autres infractions sont sanctionnés essentiellement par des amendes qui coûtent un tiers de moins si on les règle sur-le-champ. Attention à l'état de vos feux, la maréchaussée est assez pointilleuse sur ce point.

Cartes routières

Nous conseillons les cartes *Michelin,* claires et à jour. Choisissez, en fonction de votre itinéraire et de votre type de déplacement, l'Italie en une seule feuille ou les cartes plus détaillées consacrées au Nord-Ouest, au Nord-Est ou au Centre. Pour ceux qui souhaitent sortir des grands axes, l'acquisition d'un atlas au 1/200 000 est judicieuse. L'*Atlante Stradale d'Italia* est vendu en coffret de trois volumes différents (Nord, Centre et Sud), moins cher que les cartes vendues séparément. L'ENIT, à Paris, distribue une carte, *Italia no problems,* très succincte, au 1/1 500 000.

Quelques principes de conduite

Pour conduire sereinement en Italie, une seule règle : coller le plus près possible au code de la route local.
– Vous serez étonné du nombre d'accidents ou d'accrochages en ville. Les Italiens, conduisant à 30 cm du véhicule précédent, se percutent facilement dès que l'un d'eux freine. C'est alors que débutent les négociations pleines de mauvaise foi pour déterminer qui a tort, qui a freiné ou allait trop vite...

Les conditions se corsent lorsqu'il pleut, qu'il y a des tunnels... mais les Italiens freinent rarement...

– Portions particulièrement à risques : Alessandria – Genova – La Spezia – Florence – Bologne.

– Voilà, pour rouler heureux, oubliez vos petites manies et vos critères de conduite, armez-vous d'une bonne dose d'humour, intériorisez la façon de conduire des Italiens et l'enfer des villes vous paraîtra plus doux.

Stationnement

Vous constaterez, comme dans beaucoup de pays, que le plus compliqué en voiture c'est de pouvoir s'arrêter. Les villes italiennes n'ont jamais été conçues pour la circulation automobile. Très vite, vous réaliserez combien il est difficile de s'y garer. Chaque lieu touristique ou administration possède son parking plus ou moins officiel. N'hésitez pas à les utiliser et ne vous sentez pas agressé (ou ne tentez pas de vous esquiver) si le gardien vient vers vous : votre voiture sera réellement en sécurité, ne mégotez pas pour quelques euros. Donnez-les-lui d'ailleurs directement, d'un geste sûr, il verra que vous êtes « du coin ». Le paiement peut vous être demandé à l'arrivée ou au départ.

Dans les principales villes d'Italie, le centre est fermé aux voitures de tourisme par la ZTL *(Zona Traffico Limitato)* où les voitures ne peuvent circuler que selon certaines règles. Concernant le parking, il est réglé dans des *Zona blù* (parking payant marqué au sol par des traits bleus). Le ticket peut être acheté sur des bornes automatiques. On peut également se procurer des *vouchers* à différents tarifs et horaires dans les *tabaccherie.* Attention malgré tout à la sévérité de la police si vous vous garez dans une zone d'enlèvement *(zona rimozione).* Votre véhicule finira à la fourrière avec une note salée. Paradoxe de l'Italie ! Un dernier conseil : pensez à vous munir d'un disque horaire, c'est bien utile pour les stationnements de courte durée (les voitures de location en possèdent généralement un).

Pannes et réparations

Il existe en Italie, le long des routes, des *officine meccaniche,* ou *meccanico.* On vous y prêtera facilement des outils si vous savez bricoler ; en revanche, en cas de panne, ça risque d'être long et très cher. Mieux vaut essayer à tout prix de rejoindre un concessionnaire de la marque de votre voiture dans une grande ville.

Sur les autoroutes, utilisez les bornes d'appel SOS. Sur le reste du réseau routier, les touristes circulant avec une voiture immatriculée à l'étranger peuvent bénéficier des secours routiers gratuits et illimités sur tout le territoire italien de l'ACI en composant le : ☎ 803-116. Ils seront reliés à un standard multilingue. Les touristes circulant à bord d'une voiture de location doivent appeler leur loueur, sauf sur les autoroutes où ils utilisent la borne SOS.

Les bureaux de sécurité routière mettent à votre disposition des informations sur bandes sonores : ☎ 06-43-63-21-21 (également en français) ou ☎ 89-25-25 (Info route), • www.autostrade.it • et sur la radio 103,3 F (Isoradio).

Auto-stop

Facile (relativement !) pour deux raisons : la courtoisie des Italiens, et les *autostrade* permettant d'avaler les kilomètres rapidement. N'hésitez pas à demander un *passaggio* aux conducteurs dans les stations-service (votre hardiesse sera souvent récompensée) en utilisant la formule : « Dove andate ? » ou bien : « Andate in direzione di... ? » Pensez aux péages terminaux des autoroutes.

Faites attention aux périphériques. C'est très dur d'en sortir, surtout lorsqu'ils doublent une autoroute et que seul le trafic local y passe, comme à Bologne. Sur votre pancarte, il est préférable de mettre l'abréviation du nom de la ville dans laquelle vous désirez vous rendre plutôt que le nom entier.
Enfin, faire du stop en Italie le week-end, ce n'est pas du gâteau : la famille en promenade, c'est chose fréquente, ne l'oubliez pas.

URGENCES

On ne vous demande pas de les apprendre par cœur, mais c'est bon à savoir au cas où...
- ***Pompiers :*** ☎ 115.
- ***Urgences sanitaires :*** ☎ 118.
- ***Gendarmes :*** ☎ 112.
- ***Police d'État :*** ☎ 113.
- ***ACI (Automobile club d'Italie) :*** ☎ 116.

LE VAL D'AOSTE

Le Val d'Aoste, au nord du Piémont, est une petite région qui ravira les amateurs de montagne. Les massifs du Mont-Blanc, du Grand-Paradis et du Mont-Rose marquent la frontière avec la France et la Suisse. Nombreuses stations de sports d'hiver (parmi lesquelles la célèbre Courmayeur), en général peu sportives (grands boulevards). Quasiment plus intéressant au printemps et en été, quand on découvre à pied la montagne, et notamment le parc national du Grand-Paradis, peuplé de bouquetins, marmottes, chamois, oiseaux de proie, etc. Dans le Val d'Aoste, on boit à la *grolle,* sorte de récipient dans lequel on déguste à tour de rôle une boisson alcoolisée.

LE VAL D'AOSTE *(VALLE D'AOSTA)* (11100)

Paysage de sommets, de glaciers, de torrents, de pâturages, de forêts et de châteaux. C'est aussi en vallée d'Aoste qu'on trouve les vignobles les plus hauts d'Europe (Morgex, 1 200 m). En revanche, le fameux jambon d'Aoste n'est pas plus italien que le *Guide du routard*! Il vient bien d'Aoste, mais en France, entre Lyon et Chambéry! Sachez que, dans cette région, pour la plupart, les gens parlent très bien le français. C'était d'ailleurs la seule langue parlée jusqu'à la fin du XIXe siècle. Les Valdôtains ont toujours exprimé leur volonté d'être différents de leurs compatriotes italiens et tenté de se rapprocher de leur patrie de cœur : la France. Ni Français ni véritablement Italiens ; depuis 1948, la région bénéficie d'un régime d'autonomie. Les habitants sont pour la plupart trilingues : ils parlent le savoyard, le français (langue officielle et celle qu'on enseigne à l'école) et l'italien.

Adresse utile

■ ***Espace Vallée d'Aoste :*** 14, rue des Capucines, 75002 Paris. ☎ 01-44-50-13-50. Fax : 01-44-50-13-55. • www.espace-vda.com • Ⓜ Opéra. Ouvert du lundi au vendredi de 10 h à 17 h. Nombreuses informations pratiques pour préparer son séjour. Très bonne documentation et personnel aussi compétent que sympathique.

AOSTE *(AOSTA)* 36000 hab. IND. TÉL. : 0165

Petite ville bercée par les montagnes, Aoste est aussi une voie de passage entre la France et la Suisse dont les Romains avaient su tirer parti bien avant la création du tunnel du Mont-Blanc! Il reste quelques vestiges de cette période. Située au centre de la vallée, entre châteaux et stations de montagne, proche du parc du Grand-Paradis, Aoste peut être le point de départ de vos excursions. Les distances ne sont pas longues.

Adresses utiles

ℹ ***Office du tourisme :*** 2, pl. Émile-Chanoux, Aoste. ☎ 23-66-27. Dans l'hôtel de ville. Ouvert de 9 h à 13 h et de 15 h à 20 h du lundi au samedi ainsi que le dimanche matin. Fermé le 25 décembre. Bonne docu-

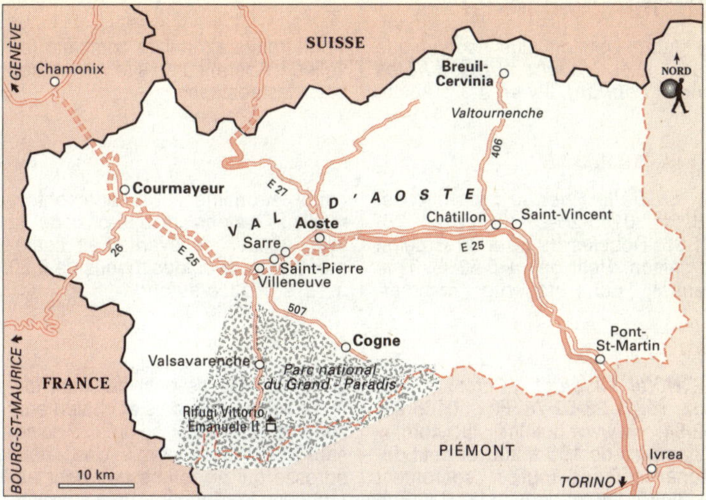

LE VAL D'AOSTE

mentation sur la ville et la vallée. Cartes en couleur gratuites. Donnent tous les renseignements nécessaires pour des randonnées en moyenne et haute montagne.

Également un ***point d'accueil touristique*** sur la place Arc-d'Auguste. Ouvert de 9 h à 19 h.

✉ ***Poste :*** pl. Narbonne. Ouvert en semaine de 8 h à 18 h 30 et jusqu'à 13 h le samedi.

■ ***Banques :*** pl. Narbonne et Émile-Chanoux.

@ ***Point Internet à la bibliothèque :*** 1, rue Tour-du-Lépreux. ☎ 27-48-00. Ouvert de 9 h à 19 h du mardi au samedi. Fermé le dimanche ainsi que le lundi matin. Accès libre, sur réservation. 4 ordinateurs.

@ ***Point Internet Le Snooker :*** 3, rue Lucat. ☎ 40-093. Ouvert de 7 h 30 à 3 h 30. Fermé le jeudi.

Où dormir ?

Campings

Camping Ville-d'Aoste : viale Gran Sant Bernardo, località Les Fourches. ☎ 36-13-60. Sur la route du tunnel du Grand-Saint-Bernard, à 10 mn à pied du centre par un sentier de montagne. Ouvert de mai à septembre.

Camping Milleluci : à Roppoz (1 km d'Aoste). ☎ 442-74. Face à l'hôtel du même nom, sous les pins. Ouvert toute l'année. Compter 6 à 8 € par personne ; 11 € l'emplacement. Barbecue, jeux pour enfants et possibilité d'accès à la piscine de l'hôtel. Très agréable.

Camping Aosta : Villair-Quart. À 5 km d'Aoste en empruntant l'autoroute direction Saint-Vincent. ☎ ou fax : 76-56-02. Ouvert de mi-mai à mi-septembre. Depuis la terrasse, magnifique vue sur les montagnes. Excellente pizzeria, dessert savoureux et accueil charmant. L'apéritif et le café y sont offerts à nos lecteurs et une réduction de 10 % sur le prix de l'emplacement est effectuée sur présentation du *GDR*.

Plusieurs ***campings*** à Sarre, dont le ***Parco International Touring*** (le 1er à gauche en sortant d'Aoste vers Sarre). ☎ et fax : 25-70-61. • www.campingtouring.com • Ouvert de mi-mai à mi-septembre. Piscine, tennis. 10 mn du centre avec le bus n° 2. Bon accueil.

Chambres d'hôtes

Autre solution plus économique que l'hôtel, les ***chambres d'hôtes chez l'habitant.*** Il y en a 3 à Aoste. Vous trouverez la liste complète (en vallée d'Aoste) sur le site • www.bedbreakfastaosta.it •

Prix moyens

La Belle Époque : via d'Avise, 18. ☎ 0165-26-22-76. Fax : 26-11-96. Doubles de 50 à 60 € selon la saison. Petit dej' à 5,50 €. Très central, dans la rue commerçante et animée. Certainement le meilleur rapport qualité-prix de la ville. Accueil décevant. Fait également resto, avec des menus de 9,50 à 12 €. Pizzas autour de 5 €.

Chic

Hôtel Milleluci : Porossan Ropoz, 15. ☎ 23-52-78. Fax : 0165-23-52-84. • www.hotelmilleluci.com • Chambres de 100 à 200 €, petit déjeuner compris (ouf!). Légèrement excentré, l'hôtel domine la ville. Évidemment pas donné. Cossue, cette ancienne ferme de montagne a toutefois gardé tout son charme rustique. Chambres spacieuses et confortables avec vue dégagée. Salon et salle de petit déjeuner joliment boisés, très gais et chaleureux, avec leurs rideaux colorés. Piscine, sauna et bain turc. Une belle adresse qui ne tombe pas pour autant dans le clinquant. Vu les prestations, les prix deviennent intéressants en basse saison. Réduction de 10 % sur le prix de la chambre accordée à nos lecteurs sur présentation du *GDR.*

Où manger? Où boire un verre?

Vous n'aurez pas trop de mal à trouver un endroit pas cher où manger dans Aoste. La rue Aubert est pleine de restaurants dont des ***pizzerias*** bon marché. Dans une charmante cour, l'***osteria dell'Oca*** (fermé le lundi) est sympa; sinon, ***Pam Pam trattoria degli artisti*** (n° 18), dans une ruelle.
– Tous les mardis, à Aoste, grand ***marché,*** utile pour se ravitailler.

Pizzeria Manuel : via Antica Zecca, 33. ☎ 36-10-86. À côté du théâtre. Du centre-ville, après la porte prétorienne à gauche (rue de l'Hôtel-des-Monnaies). Fermé le jeudi. Une adresse informelle, bon marché et conviviale, comme on les aime! Également quelques plats de viande, risotto, pâtes...

Ristorante Praetoria : via San Anselmo, 9. ☎ 44-356. À côté de la porte prétorienne, au début du centre-ville. Fermé le mercredi soir et le jeudi. Les spécialités régionales traditionnelles (*crespelle,* charcuteries, fondue valdôtaine...) sont servies dans plusieurs petites salles assez intimes. Au sous-sol, on prend ses repas dans les caves. À ce propos, choix de vins assez impressionnant.

The Old Distillery Pub : rue des Prés-Fossés. Une mousse irlandaise, ça change de la *grappa.* Chouette cour où l'on peut aussi trinquer aux beaux jours.

Ad Forum : pl. Jean-XXIII. ☎ 40-011. À côté de la cathédrale. Ouvert de 11 h à minuit. Fermé le lundi. Un bar à vins agréable, où l'on peut aussi manger un morceau.

Le ***Rock Si bar,*** rue du Marché-Vaudan, est fréquenté le soir, mais l'animation se trouve plutôt dans les stations d'altitude et les jeunes n'hésitent pas à faire des kilomètres pour aller là où ça bouge.

À voir

Arc d'Auguste : au nord-est de la ville. Presque entièrement intact, il marque l'entrée de l'ancienne ville. On peut remarquer un crucifix, installé au Moyen Âge pour se protéger des inondations.

Remparts : toujours debout. À l'est, la porte prétorienne est la mieux conservée. Dans l'une des deux tours est installé le restaurant *Vecchia Aosta,* assez réputé et cher.

Collégiale Saint-Ours : via et piazzetta Sant'Orso. Tout près de l'arc d'Auguste. Cloître fermé le lundi. Date du Moyen Âge. Imposant clocher. Façade intéressante en terre cuite (XVe siècle), d'inspiration gothique. Beau cloître du XIIe siècle. Jetez un œil aux bas-reliefs des chapiteaux, représentant des scènes bibliques. Rare et intéressant. À l'intérieur de l'église, outre le jubé, une mosaïque représentant Samson luttant contre le lion (XIIe siècle).

Cathédrale : piazza Giovanni XXIII. Édifiée au XIe siècle, la façade centrale date du XVIe et représente, au travers de peintures et sculptures colorées, une scène de la Dormition de la Vierge. L'intérieur de la cathédrale est assez austère. Mosaïques des XIIe et XIIIe siècles. Pour la visite des fresques et des fouilles, réservations au : ☎ 333-80-88-036. Le musée du Trésor de la cathédrale abrite des objets sacrés. Fermé le lundi. Petit droit d'entrée.

Théâtre romain : au nord de la ville. Ouvert de 9 h 30 à 12 h et de 14 h à 16 h 30 ; en été, de 9 h à 19 h. Les gradins ont été épargnés, mais il faut une certaine imagination pour visualiser la scène, dont il ne reste pas grand-chose.

Le ***pont romain,*** en parfait état, ouvre sur un dédale de ruelles bien typiques.

Manifestation

– ***Foire de Saint-Ours :*** tous les ans les 30 et 31 janvier. La foire se déroule rue Aubert, place Émile-Chanoux, via Porta Praetoria et via Sant'Anselmo. Cette grosse manifestation réunit à Aoste près d'un millier d'exposants valdôtains qui viennent des montagnes présenter leur artisanat. Des objets en bois, mais aussi en pierre ollaire et en fer forgé. Une fête qui remonte à loin et qui perpétue des traditions ancestrales.

➤ DANS LES ENVIRONS D'AOSTE

LES CHÂTEAUX DE LA VALLÉE

Le Val d'Aoste compte plus de 130 châteaux médiévaux, généralement accessibles en transports en commun.

Château de Sarre : depuis Aoste, prendre l'A 5 et suivre la direction de Cogne. ☎ 0165-25-75-39. Ouvert de 9 h à 19 h de mars à octobre ; de 10 h 30 à 12 h 30 et de 13 h 30 à 17 h 30 en hiver (jusqu'à 18 h 30 le dimanche). Entrée : 5 €. Il ne reste plus rien du château moyenâgeux, entièrement reconstruit au début du XVIIIe siècle par Ferrod. Il abrite quelques peintures et souvenirs de la famille de Savoie, qui y séjournait lors de parties de chasse. Rien de transcendant, mais une visite agréable.

Dans la vallée, plusieurs petits châteaux d'opérette, plus ou moins intéressants mais de styles différents. Tout proche de Sarre, le ***château Saint-Pierre,*** qui a l'air directement sorti d'une légende, abrite un musée d'Histoire naturelle. À l'est d'Aoste, le ***château de Fénis*** est un bel exemple de château moyenâgeux avec ses fortifications. On peut y voir de belles fresques. Quant à l'harmonieux ***château d'Issogne,*** c'est par la richesse de ses œuvres Renaissance qu'il est le plus frappant.

QUITTER AOSTE

En train

La ***gare ferroviaire*** est au sud de la ville.

➢ ***Pour Turin*** (2 h de trajet) ***et Milan*** (3 h) ***:*** nombreuses liaisons, toutes les heures environ.

En bus

La ***gare routière*** est face à celle des trains, rue Carrel.

➢ ***Pour Turin :*** 3 ou 4 bus par jour (2 h de trajet), de 8 h à 19 h environ.
➢ ***Pour Milan :*** 3 ou 4 bus par jour (2 h 30 de trajet), de 8 h à 19 h environ.
➢ ***Pour Martigny (Suisse) :*** 2 bus par jour.
➢ ***Pour Chamonix via Courmayeur :*** 3 bus par jour.
➢ ***Pour Cogne :*** 6 ou 7 bus par jour de 8 h à 20 h 30 environ. Compter 50 mn de trajet.
➢ ***Pour Cervinia :*** 6 bus par jour en moyenne via Chatillon.

COGNE *(COGNE)*

(11012) IND. TÉL. : 0165

À nos yeux, Cogne est l'un des plus séduisants lieux de séjour du Val d'Aoste. Il faut dire que cette charmante bourgade familiale conjugue pas mal d'atouts. Assez isolée, aux pieds des montagnes du parc du Grand-Paradis, elle prouve bien que le Val d'Aoste est autre chose qu'un boulevard liant la France à l'Italie. C'est une architecture traditionnelle qu'on découvre ici, avec des maisons en pierre ou en bois, souvent coiffées de toits de lauzes et bien caractéristiques de la région. Des traditions toujours vivaces, qu'on retrouve dans l'artisanat local, dont la dentelle, une des spécialités. Et pour casser la croûte, la ville n'est pas en reste. Bref, vous l'aurez compris, on a eu un petit faible...

Adresse utile

Office du tourisme : pl. Émile-Chanoux. ☎ 74-040. Fax : 74-91-25. • www.cogne.org •

Où dormir ? Où manger ?

Camping Lo Stambecco : tout à côté de l'hôtel *La Barme,* à Valnontey. ☎ 74-152. Fax : 74-92-13. • www.campinglostambecco.com • Ouvert de mai à septembre. Entre 3 et 6 € l'emplacement et 6 € par personne. Tenu par les propriétaires, absolument adorables, de *La Barme.*

La Madonnina del Gran Paradiso : 7, rue Laydestré. ☎ 74-078. Fax : 74-93-92. • www.lamadonnina.com • À côté du téléphérique. Chambres avec douche de 70 à 130 €. Demi-pension demandée en haute saison, de 53 à 85 € par personne selon la période. Au resto, menus de 25 à 39 €. Belles chambres boisées, plutôt douillettes, avec balcon et vue dégagée pour celles en étages (éviter le rez-de-chaussée). Salle à manger chaude et conviviale. À table, on se régale d'une cuisine inventive, en marge des spécialités valdôtaines classiques. Une sélection étudiée qui change régulièrement. Pains maison délicieux.

La Barme : à Valnontey. ☎ 0165-74-91-77. Fax : 0165-74-92-13. • www.hotellabarme.com • En venant de Cogne (3 km), à gauche à l'entrée du village. De 60 à 100 € la double selon la saison. En demi-pension, de 45 à 60 € par personne. Menus de 12 à 23 €. Charmant petit hôtel familial, à côté des pistes de ski de fond. Sauna. Location de skis en hiver (8 €/jour) et de VTT en été. Au resto, spécialités valdôtaines.

Le ***restaurant Lou Ressignon*** (☎ 74-034 ; fermé les lundi soir et mardi ainsi que 10 jours fin mars, 10 jours fin septembre et tout le mois de novembre), propose des spécialités locales dans un cadre rustique. Menus de 20 à 30 €. Digestif offert sur présentation du *GDR*.

La ***brasserie du Bon Bec*** (rue Bourgeois, 72 ; ☎ 74-92-88 ; fermé le lundi) a également très bonne réputation.

À voir. À faire

Coopérative « dentellières de Cogne » : en face de l'église. En été, ouvert tous les jours de 9 h à 12 h 30 et de 14 h 30 à 19 h. Hors saison, le week-end uniquement. Accès libre. Un art minutieux importé par des religieuses françaises (Cluny) au XVIIe siècle qui transmirent leur savoir aux Valdôtains, de bouche à oreille. Quelques pièces sont ici présentées. On peut les acheter, mais c'est très cher.

➢ Dès le printemps, Cogne (1 500 m) offre la possibilité de nombreuses ***excursions,*** pour marcheurs flemmards aussi bien que pour grimpeurs avertis. Également des balades à cheval, en VTT... Pour les uns comme pour les autres, se renseigner à l'office du tourisme pour connaître les différentes possibilités.

➢ L'hiver, ***ski de fond,*** avec 80 km de pistes. Onze boucles à travers les arbres jusqu'aux hameaux de Lillaz, Valnontey et Épinel.

➢ Seulement 9 km de ***ski alpin.***

➢ Idéal pour les gamins : un ***parc de jeux*** est installé sur le pré de Saint-Ours pour se familiariser aux joies de la glisse.

➢ Cogne et surtout Valnontey sont aussi appréciées par les plus intrépides pour leurs ***chutes de glaces*** à escalader. S'y sont essayés les plus grands alpinistes, y compris notre Catherine Destivelle nationale.

LE PARC NATIONAL DU GRAND-PARADIS *(IL PARCO NAZIONALE DEL GRAN PARADISO)*

Un des plus beaux d'Europe, notamment pour sa faune de bouquetins, chamois et marmottes. Accessible depuis Aoste en bus. Accès libre. Le parc regroupe cinq vallées au sud du mont Blanc, dont trois en vallée d'Aoste. Nombreux campings avec des possibilités de balades ou d'ascensions pour toutes les compétences. À notre avis, les deux plus belles vallées sont le *val de Cogne* et la *vallée de Valsavarenche*.
Deux charmants villages moyenâgeux valent la peine d'être signalés : ***Nex*** et ***Tignet,*** dans la vallée de Valsavarenche. D'anciennes fermes en bois aux toits de lauzes, un panorama majestueux et un silence presque intimidant, voilà ce qui vous attend.

Adresse utile

- ***Consortium des opérateurs touristiques du Grand Paradis :*** Trépont, 91, 11018 Villeneuve. ☎ 0165-92-06-09. Fax : 0165-92-05-28. • www.granparadisonatura.org • Sur la route principale (ne pas entrer dans le village). Ouvert du lundi au vendredi de 9 h à 17 h. Escale indispensable pour se renseigner de fond en comble sur le parc du Grand-Paradis. S'occupe aussi de réservations hôtelières. Pour partir à la découverte du parc, ils proposent toutes sortes de prestations culturelles, touristiques et sportives. Concerts lyriques dans le château de Sarre, balades en ski de fond ou en raquettes, randonnées à cheval, trekking, kayak, canyoning, héliski, hébergement en hôtels, agritourisme, *B & B*... Bref, toutes les infos pour apprécier au mieux ce petit coin de paradis encore préservé, habité à l'année par des renards, lynx (impossibles à voir, on n'a pas leurs yeux), vautours, bouquetins, chamois et même des loups, paraît-il.

Où dormir ? Où manger ?

- Pour les amateurs de nature et de randonnées, ***camping Pont-Breuil*** à 2000 m d'altitude, tout au bout de la route de Valsavarenche. ☎ 0165-95-458. Ouvert de juin à septembre. Superbe, mais nuits froides. À 1600 m, ***camping Grivola,*** à Bien-de-Valsavarenche, près du village. ☎ et fax : 0165-90-57-43. Ouvert de juin à septembre mais la propreté et l'accueil laissent à désirer. Un apéritif y est offert à nos lecteurs. Dans la même vallée, également le ***camping Gran Paradiso,*** localité Plan de la Pesse. ☎ et fax : 0165-90-58-01. Sont offerts 10 % de réduction sur présentation du *GDR*.
- ***Lo Mayen :*** da Dupont Emilia, à Valsavarenche, dans le parc du Grand-Paradis. ☎ 0165-90-57-35. Ouvert toute l'année sur réservation. De 42 à 52 € par personne en demi-pension. Ferme-gîte tenue par des patrons très sympathiques. Chambres propres et bien décorées. Bonne cuisine (les produits viennent de la ferme). Accueil parfait. Point de départ pour de nombreuses randonnées dans le parc. Apéritif, café ou digestif offert sur présentation de ce guide.
- ***Hostellerie du Paradis :*** lieu-dit Eau-Rousse, Valsavarenche. ☎ 0165-90-59-72. Fax : 0165-90-59-71. • www.hostellerieduparadis.it • Ouvert toute l'année. Demi-pension demandée ; de 50 à 75 € par personne. Un hôtel bien joli tenu par un amoureux du parc. Bon confort pour goûter aux plaisirs de la nature et à ceux de la table.

Quelques balades...

➢ Au lieu-dit *Terre,* presque au bout de la vallée de Valsavarenche, possibilité de ***randonnée*** jusqu'au ***refuge de Chabod*** (2750 m). Compter 2 h 30 de balade, seul ou avec un guide. Départ du parking, en traversant le pont. À faire en été ; l'hiver, l'ascension n'est possible qu'en ski de randonnée, avec des peaux de phoques. Du refuge, en été, on peut atteindre le Grand-Paradis (4061 m) ou le Petit-Paradis (3900 m) pour ceux dont les prétentions sont plus modestes. Pour cette 2e partie, après le refuge de Chabod, c'est de la haute montagne, il est donc indispensable de se faire accompagner d'un guide.

➢ *Pont,* lieu-dit situé 3 km plus loin, est le point de départ pour se rendre au ***refuge Victor-Emmanuel II*** (2735 m). Environ 2 h 30 de marche. Pour l'ascension des sommets, mêmes possibilités que depuis le refuge de Chabod. Un sentier balisé permet une liaison entre les deux refuges. Sympa et pas difficile.

COURMAYEUR *(COURMAYEUR)* (11013)

Sa situation exceptionnelle au pied de l'aiguille du Midi et du mont Blanc a fait de Courmayeur, dite « la perle des Alpes », un haut lieu de l'alpinisme, très prisé, été comme hiver. Il faut dire aussi que le tunnel du Mont-Blanc y déverse sa flopée de touristes, donc, forcément, en haute saison, on a un peu l'impression que c'est l'industrie du sport. Pourtant, côté ambiance, on aurait pu s'attendre à bien pire, et on a même eu de bonnes surprises.

Adresses utiles

Office du tourisme : piazzale Monte Bianco, 13. ☎ 0165-84-20-60. Fax : 0165-84-20-72. En bas de Courmayeur, sur la place où est installé le parking. Ouvert de 9 h à 12 h 30 et de 15 h à 18 h 30 du lundi au samedi; de 9 h à 12 h et de 15 h à 18 h les dimanche et jours fériés. • www.courmayeur.net • aiat.montebianco@psdv.it •

Compagnie des guides de Courmayeur : strada Villair, 2. ☎ 0165-84-20-64. Fax : 0165-84-23-57. • www.guidecourmayeur.com • guidecourma@tiscali.it • Pour toutes vos excursions en montagne, à pied, à ski ou en raquettes.

Discobar « Planet » : au centre sportif, via dello Stadio, 2. ☎ et fax : 0154-84-44-09. Ouvert de 12 h à 15 h et de 19 h 30 à 1 h du matin. 1 ordinateur.

Bar Tavola Calda Ziggy : via Marconi, 15. ☎ 0165-84-37-52. Ouvert de 15 h à 2 h 30 du matin. Dans un bar-salle de jeux sordide. En dépannage, vraiment.

Où dormir ? Où manger ?

Attention, en saison, il peut être parfois difficile de se loger pour une ou deux nuits. Les hôteliers privilégient en général les clients qui restent une semaine en demi-pension. Bien souvent, des réductions plus ou moins intéressantes sont accordées pour des séjours d'une semaine *(settimana bianca).*

Camping Aiguille noire : à Zerotta, au pied des pistes et du télésiège du même nom. ☎ 0165-86-90-41 ou 0165-84-12-16. Fax : 0165-84-30-97 • www.aiguillenoire.com • Face à la chaîne du Mont-Blanc. Ouvert de mi-juin à mi-septembre. Compter 4,50 € par personne et de 4 à 5,90 € l'emplacement. En basse saison, 10 % de réduction (sur le prix de l'emplacement) pour nos lecteurs.

Hôtel Émile Rey : rue du Trou-des-Romains, à La Saxe. ☎ 0165-84-40-44. Fax : 0165-84-64-97. Chambres de 63 à 93 € selon la saison, petit dej' compris. Celui-ci, fallait venir le chercher, dans son dédale de ruelles (charmantes d'ailleurs) ! Il est donc prudent de laisser son véhicule sur un parking avant de s'engouffrer dans les passages étroits. L'hôtel est tout proche. Toutes les 20 mn, navettes pour le centre, les pistes ou La Palud (punta Helbronner). Le vrai petit hôtel de charme, pas frelaté pour un sou, avec quelques chambres personnalisées et un vrai accueil. La jeune maîtresse de maison, aussi jolie que sympathique, sera ravie de vous refiler de bons tuyaux sur la montagne et de vous recommander les bonnes tables du coin. On parie sur *Le Vieux Pommier* (voir plus bas) ! Parole de gourmande, c'est du tout bon !

Pensione Venezia : strada La Villette, 2. ☎ et fax : 0165-84-24-61. Double à 43 € avec lavabo et balcon, quelle que soit la période. Douche et toilettes sur le palier. L'adresse la moins chère de Courmayeur, en plein centre-ville.

Agritourisme Le Rêve : sur la commune du Biolley. ☎ et fax : 0165-84-28-61. • www.agriturismo.com/lereve • Suivre la direction du palace Bron. De 64 à 90 € pour deux en double avec petit déjeuner. Demi-pension exigée en juillet et août. Pas vraiment moins cher qu'une nuit dans un petit hôtel, mais on aide une famille d'agriculteurs méritants à maintenir leur activité. Pas facile, surtout à Courmayeur ! Et puis quelles chambres ! Spacieuses, modernes et confortables. Ambiance familiale, mais salle à manger légèrement tristounette.

Baita Ermitage : en haut de Courmayeur, localité L'Ermitage. ☎ 0165-84-43-51. Fermé le mercredi. *Primi* autour de 6 €, *secondi* de 10 à 12 €. L'auberge traditionnelle de Courmayeur réjouit ses hôtes avec une sérieuse cuisine valdôtaine à prix vraiment raisonnables pour la station. Grand choix de polentas. Très chaleureux. Souvent complet le week-end, penser à réserver.

Restaurant-refuge Maison Vieille : col Checrouit, en haut du télésiège Maison-Vieille. ☎ et fax : 0165-80-93-99 ou 337-23-09-79. • www.maisonvieille.com • Sur les pistes, mais accessible à ski comme à pied. Ouvert au déjeuner (prix raisonnables) toute l'année sauf en mai et de mi-octobre à fin novembre ; refuge ouvert du 15 juin à fin septembre. Compter 38 € par personne la nuit en dortoir avec demi-pension. Un chalet authentique et pas surfait, comme la cuisine, simple et copieuse. Pâtes, pizzas, polenta... Une bonne halte, d'autant plus agréable qu'elle est légèrement en retrait des pistes.

Le Vieux Pommier : pl. Monte Bianco, 25. ☎ 0165-84-22-81. Fax : 0165-84-63-05. • www.levieuxpommier.it • Face au parking et à côté de l'office du tourisme. Nuitée en chambre avec bains à 60 € (quelques chambres seulement). Plats entre 10 et 15 €. Une adresse incontournable, tant par sa position stratégique que par ses spécialités de montagne, où *fontina* et charcuteries ont une place privilégiée. On mange autour du pommier, devenu l'emblème du lieu. Excellent rapport ambiance-qualité-prix.

Pour de vraies pizzas au feu de bois, pantagruéliques et royalement garnies, c'est au ***Tunnel*** qu'il faut aller, via Circonvallazione, 80. ☎ 0165-84-17-05. Ouvert jusqu'à minuit. Mieux vaut réserver, car, en mezzanine comme au sous-sol, les quelques tables sont prises d'assaut par les connaisseurs qui se remplissent ici la panse pour quelques euros. Et quand quantité rime avec qualité, comme ici, c'est le top.

À faire

➢ ***Randonnées et ski :*** toute l'année, possibilité de se rendre à la *pointe Helbronner* (3 462 m) en téléphérique au départ de La Palud (1 370 m). 31 € l'aller-retour en basse saison (de juin à septembre, forfait Montblanc à 34 €). Au sommet, panorama tout simplement fascinant à 360°, avec vue en gros plan sur le mont Blanc, les Grandes Jorasses, la dent du Géant... Plus loin, le Cervin, le massif de la Vanoise. Point de départ pour la fameuse *vallée Blanche,* un somptueux itinéraire de 20 km à dévaler skis aux pieds jusqu'à Chamonix. La présence d'un guide n'est pas obligatoire, mais nous vous la recommandons plus que vivement. Vous n'allez pas aux fraises mais en haute montagne. Et celle-ci peut réserver bien des surprises, alors autant que ce soient des bonnes. Pour info, l'itinéraire est ponctué de crevasses, alors prudence.
Autre descente à ski, celle du *Toula* (6 km), jusqu'au pavillon du Mont-Fréty, 300 m plus bas. À faire avec un guide également. De là, on peut reprendre le téléphérique pour terminer la descente.
L'été, des télécabines panoramiques font la liaison entre la pointe Helbronner et l'aiguille du Midi, à 3 842 m. Possibilité de rejoindre Chamonix. Extra. Pour plus d'infos, se renseigner auprès de l'office du tourisme.

➢ Côté ***ski de piste,*** le domaine s'étend sur une centaine de kilomètres. Dans l'ensemble, les pistes sont assez faciles, accessibles à tous. Remontées mécaniques assez vétustes, mais le top est d'avoir en permanence la vue sur la chaîne du Mont-Blanc. Un *ski pass* intéressant est valable sur tout le domaine skiable de la vallée d'Aoste, Chamonix et Zermatt, à partir de 3 jours de ski, consécutifs ou non (un peu plus cher). Tarif plein : 93,50 € pour 3 jours, 175 € pour 6 jours ; réductions pour les moins de 12 ans et les plus de 65 ans. Sont inclus dans le forfait de 5 jours ou plus l'accès aux pistes de ski de fond, l'entrée dans certains châteaux de la vallée, l'entrée aux piscines, aux musées et salles d'exposition d'Aoste et Gressoney-Saint-Jean, au golf, aux patinoires d'Aoste, Courmayeur et Breuil-Cervinia. Se renseigner à l'office du tourisme ou sur le site des remontées mécaniques : • www.courmayeur-montblanc.com •

➢ Possibilité de ***ski de fond*** au val Ferret. Les guides de Courmayeur proposent aussi des ***randonnées en raquettes*** et, pour les intrépides, l'***héliski*** (un hélicoptère vous dépose sur des sommets pas accessibles autrement). Pour les activités de montagne, faites-vous accompagner par un guide.

BREUIL-CERVINIA *(BREUIL-CERVINIA)* (11021)

Certainement la station la plus connue, la plus branchée aussi, mais c'est loin d'être la plus sympa ni la meilleur marché. Et c'est assurément la plus laide ! Amis routards en quête de calme et de villages authentiques, passez votre route. D'authentique, il ne reste que la montagne et le majestueux Cervin (4 478 m), qui attire plus d'un touriste. Un peu plus bas, on a préféré le village de Valtournenche, moins surfait, nettement plus charmant et surtout moins cher. En plus, le domaine skiable est relié à celui de Cervinia (et Zermatt).

Adresses utiles

ℹ ***Office du tourisme :*** via Guido Rey, 17. ☎ 0166-94-91-36. Fax : 0166-94-97-31. • www.montecervino.it • À la sortie du tunnel. Ouvert tous les jours, normalement de 9 h à 12 h et de 15 h à 18 h 30. En théorie, possibilité d'acheter ses forfaits en ligne et de réserver ses hôtels.

ℹ ***Société des guides du Cervin :*** via Carrel. ☎ 0166-94-81-69. Fax : 0166-94-98-85. • www.guidedelcervino.com • Avant d'entreprendre toute expédition en montagne.

@ ***Lo Yeti :*** rue Bich. ☎ 0166-94-91-96. Environ 5 € l'heure.

@ ***Lino's Bar :*** à la patinoire. ☎ 0166-94-82-80.

Où dormir ? Où manger ?

Difficile de faire une sélection quand tout est plus ou moins kif-kif : cher et aseptisé ! Côté prix, c'est le casse-tête complet : ils passent du simple au (presque) double selon la saison. Pour la plupart, les hôtels demandent la demi-pension, les prix sont donc par personne et par jour. Réductions quand on reste une semaine.

Camping Glair : 3 km avant Valtournenche. ☎ 0166-92-077. Fax : 0166-92-080. • info@campingglair.it • À 10 km de Cervinia. Ouvert toute l'année.

Agritourisme La Péra Doussa : à Loz. ☎ 0166-92-777. Fax : 0166-92-767. • laperadoussa@tiscali.it • Entre Valtournenche et Cervinia (indiqué depuis la route). Compter 50 € par personne en demi-pension. Repas à 25 €. Une authentique ferme qui prend le contre-pied de l'ambiance préfabriquée de Cervinia. La sympathique famille Giovanni élève une centaine de bêtes et propose 7 chambres tout confort avec balcon. Grandes tablées hyper conviviales pour prendre ses repas, cuisinés avec les produits de la ferme. Du vrai de vrai ! L'été, balades à cheval (15 € l'heure).

Hôtel Miravidi : à Cervinia. ☎ 0166-94-80-97. Fax : 0166-94-96-58. Au bout du village. De 34 à 42 € par personne et par jour avec le petit déjeuner. Parmi les moins chers de la station. Accueil charmant et bon enfant. Chambres un peu petites mais avec balcon pour la plupart.

Al Caminetto : au centre de Valtournenche. ☎ 0166-92-150. Fax : 0166-93-879. Ouvert en juillet-août et de décembre à avril. De 40 à 50 € par personne en demi-pension selon la saison. Même si les chambres sont assez riquiqui, on a bien aimé l'ambiance montagnarde et rustique.

Sinon, l'***hôtel Bijou :*** piazza Carrel, à Valtournenche. ☎ 0166-92-109. Fax : 0166-92-264. Chambres de 30 à 45 € par personne avec petit déjeuner, à des prix encore modérés malgré ses 3 étoiles. Faut dire que ça manque un peu de charme... Le resto a bonne réputation.

Albergo Grandes Murailles : via Roma, 78, Valtournenche. ☎ 0166-93-27-02. Fax : 0166-93-29-56 • www.hotelgmurailles.com • Seize chambres de 82 à 190 € par personne selon la saison, petit déjeuner à 8 €. Fermé de mi-mai à fin juin et en octobre-novembre (sauf les week-ends). Un charmant hôtel familial avec des chambres élégamment meublées et confortables. Belles salles de bains. Une agréable cheminée au salon. Sauna (payant). Digestif offert sur présentation du *GDR.*

Parmi les restos, pas de révélations non plus. Un peu prétentieux pour une qualité acceptable, sans plus. On a quand même aimé le ***Bistrot de l'Abbé,*** via Gorret, à l'entrée de Cervinia, qui propose quelques assiettes à picorer autour d'un verre de vin. Au départ du téléphérique, ***La Tana*** offre une terrasse ensoleillée et ***Saussure,*** quant à lui, propose une bonne cuisine traditionnelle.

À faire

➢ Été comme hiver, les amateurs de ***ski*** prendront leur pied à dévaler les 350 km de pistes (Cervinia + Zermatt), faciles dans l'ensemble côté italien, sans quitter le mont Cervin des yeux. Du *plateau Rosa* (3479 m), belle descente de 9 km jusqu'à la station. Les pistes sont reliées à Valtournenche. Sur l'autre versant, on bascule sur Zermatt en Suisse. Allez hop, plantez le bâton et on attaque la piste ! Possibilité d'acheter un *pass* valable sur l'ensemble de la vallée d'Aoste (voir plus haut, rubrique « À faire » à Courmayeur). Réductions pour les étudiants ; se renseigner.

➢ Pour les riders, un ***snowpark*** (à Plan Maison).

➢ ***Ski de fond :*** à Cervinia, Champlève ou Valtournenche. Accès à la piste gratuit pour l'achat d'un forfait de 5 jours minimum.

➢ Également toutes sortes d'activités sportives : ***balades*** et ***randonnées, alpinisme, motoneige, tours du Cervin*** (4 jours), ***via ferrata, raquettes...*** S'adresser à la société des guides du Cervin (voir plus haut, « Adresses utiles »).

➢ Ne pas négliger les petites stations comme ***Torgnon*** et ***Chamois*** (accessible en funiculaire uniquement) qui offrent des domaines skiables moins étendus mais aussi moins fréquentés.

LA LIGURIE

La Ligurie se présente comme une longue bande en arc de cercle face au sud. Elle est enserrée entre mer et montagne en suivant la côte, de la frontière franco-italienne jusqu'à La Spezia et le début de la Toscane. Elle est célèbre dans le monde entier pour la douceur de son climat. Gênes marque la césure entre la Riviera du Ponant et celle du Levant. Même si l'arrière-pays du Ponant mérite une incursion pour ses villages fortifiés c'est surtout la région des *Cinqueterre* qui fait sa réputation : petits ports, villages en balcon sur la mer, oliveraies et jardins en terrasses, un paradis pour les randonneurs. La région est, en outre, une très grande productrice de fleurs. En mars, vous pourrez admirer les orangers et citronniers en fruits. Si le temps est favorable, le printemps et l'automne restent les meilleures saisons pour cette région où les Italiens du Nord, comme les autres, sont en vacances et déferlent sur la côte. Attention, de nombreux hôtels sont fermés en mars, juste avant Pâques (le pire week-end !).

UN PEU D'HISTOIRE

Si le nom de la région vient de l'ancien peuple des «Ligures» dont la présence remonte au Ier siècle av. J.-C., l'histoire de la Ligurie remonte à un million d'années, quand les descendants des premiers hommes, venant d'Afrique, arrivèrent en Europe. On trouve leur trace dans les Grottes de *Balzi Rossi,* près de Vintimille.
Dès la fin de l'âge de bronze, les tribus ligures se consacrent à l'élevage des moutons et à l'agriculture et construisent sur l'Apennin plusieurs villages où les constructions en pierre sèche sont entourées de murs d'enceinte circulaires. Des tours, situées sur les hauteurs près de la côte, on contrôle les troupeaux et l'accès aux passages alentour.
De 600 à 100 av. J.-C., ce réseau de villages s'étend dans les vallées proches de la côte permettant ainsi l'échange de produits avec les navigateurs des autres terres. Au VIe siècle av. J.-C. sur la colline de Garzano, devant la mer, où se dresse l'oppidum des Ligures *Genuati,* naît Gênes.
À partir de 214 av. J.-C., la romanisation du territoire se réalise plus par conflits successifs que par pactes avec les Ligures. La conquête romaine définitive se fait pendant le règne d'Auguste, qui institue la Xe région, appelée Ligurie, s'étendant de la côte aux rives du Pô.
Rome ambitionne de contrôler autant la côte que l'intérieur et construit d'importantes voies de communication : la *Postumia* reliant Gênes à Aquileia sur la côte Adriatique ; l'*Aemilia Scauli,* prolongement de l'*Aurelia* vers l'intérieur et la *Jiulia Augusta* le long du littoral jusqu'à Nice.
À partir du VIe siècle, après l'invasion lombarde et les incursions des Sarrasins, les Ligures abandonnent les villes côtières pour retourner dans leurs anciennes installations défensives. Gênes fait désormais partie de l'Empire byzantin.
Après l'invasion lombarde, le clergé milanais et la plupart des habitants, dont les commerçants, se réfugient à Gênes. C'est l'origine des traditions maritimes et marchandes de Gênes et son rôle de «porte» entre la Lombardie et la mer.
Du XIIe au XIVe siècles, Gênes connaît son apogée comme république maritime. Elle réussit même à résister à l'empereur Frédéric Ier Barberousse.
Cet État régional est complété avec la sujétion définitive de Savone en 1528. C'est aussi l'année où Andrea Doria, membre d'une importante famille génoise, impose à la République un régime aristocratique qui perdure jusqu'en 1796 quand, les armées napoléoniennes instaurent un nouveau régime.

Après la première campagne d'Italie de Napoléon, la Deuxième République ligure se transforme en République ligure. En 1805, la Ligurie fait partie de l'Empire français.

Après le Congrès de Vienne en 1815, Gênes est attribué au royaume de Sardaigne, sous le nom de duché de Gênes. Cette domination de la maison de Savoie fait émerger des sentiments nationaux; pour preuve l'origine ligure d'illustres personnages du *Risorgimento* comme Mazzini et Garibaldi et leur rôle dans le processus d'unification italienne.

LA LIGURIE

On doit à Cavour la transformation du port de Gênes en grand port marchand et l'établissement de l'arsenal militaire à La Spezia, transformant ainsi un bourg de pêcheurs en grand centre industriel et maritime.
Entre 1923 et 1927, La Spezia et Savone deviennent chefs-lieux de province et la province de *Porto Maurizio* devient la province d'Imperia.
La Seconde Guerre mondiale marque profondément la région ; occupée par les forces allemandes et épuisée par les luttes de libération. Gênes fut la seule ville européenne qui réussit à se libérer avant l'arrivée des troupes

alliées. D'origine nordique et non latine, la langue ligure a ses particularités phonétiques.

SPÉCIALITÉS RÉGIONALES

La cuisine est aussi parfumée que la terre ligure : le basilic (dans le *pesto,* proche de notre pistou), le romarin, la sauge et la marjolaine sont à l'honneur, et l'huile d'olive est de rigueur. Les légumes trouvent ici le soleil qu'il leur faut pour pousser, et on les retrouve dans les menus : courgettes, aubergines, tomates (fraîches ou séchées), fèves, artichauts, fenouil, etc. Nombreux poissons, parmi lesquels se distinguent les anchois et la morue, préparés de très nombreuses façons, ainsi que les *moscardini in guazetto* en été (petits poulpes) et les croûtes de fruits de mer. Goûtez aussi aux *focaccie* (fougasses) ou à la *farinata* (galette à base de farine de pois chiches et d'huile d'olive, cuite dans un four à pain). Côté *pasta,* parmi les spécialités régionales on s'attardera sur les *trofie* (sorte de gnocchis, roulés très fins), les *pansotti* (raviolis farcis de fromage et d'herbes aromatiques nappés d'une sauce aux noix) et toutes autres variétés de pâtes assaisonnées au fameux *pesto* qui se compose de basilic, de pignons, d'ail, d'huile d'olive et de parmesan. Pendant les fêtes de Noël, on déguste le *cappon magro* (poisson et légumes). Et côté dessert, la *torta pasqualina* (gâteau à la ricotta).

LA RIVIERA DU PONANT

C'est la région qui va de Menton (en France) à Gênes. Dans sa partie ouest, jusqu'à Savona, la côte est à coup sûr hyper touristique et même si on trouve quasiment un hôtel tous les 50 m, il est très difficile de trouver une chambre (y compris dans un 3 étoiles) sans avoir réservé à l'avance. Tous les Turinois et Milanais débarquent dans le coin en juillet et août. Beaucoup du charme de cette partie de la côte a aujourd'hui disparu. On n'y trouvera vraiment son compte que si on est un adepte de la trilogie plage-pizzeria-discothèque. Stations balnéaires saturées, béton omniprésent, trafic routier infernal, alternance de plages privées payantes (les plus nombreuses) et publiques, de galets et de sable. De plus en été, les hôteliers exigent souvent plusieurs jours de réservation avec au moins la demi-pension. Hormis quelques exceptions, comme Albenga ou Noli, ce n'est pas la partie de la côte ligure que l'on préfère, mais pour ceux qui aiment musarder, voici tout de même, au-delà de l'omniprésent ruban-balafre de l'autoroute, quelques repères intéressants pour découvrir l'arrière-pays des Alpes ligures. Et pour être complet, de Savona à Gênes l'implantation d'industries rend cette portion peu attractive.

VINTIMILLE *(VENTIMIGLIA)*

Al fino dello stato, comme le disent les Italiens, la ville-frontière n'offre que peu d'intérêt, si ce ne sont les vestiges d'un théâtre romain du IIe siècle apr. J.-C. (coincés entre la route et la voie de chemin de fer) et la cathédrale de l'*Assunta* dans le centre historique. La visite des jardins Hanbury peut justifier une halte éventuelle.

À voir

👍👍 ***Jardins botaniques de la villa Hanbury :*** à ***Mortola Inferiore,*** à 3 km après la frontière. ☎ et fax : 0184-22-95-07. Du 15 juin au 15 septembre, ouvert tous les jours de 9 h 30 à 18 h ; du 1er mars au 14 juin et du 1er lundi de septembre au 31 octobre, tous les jours de 9 h 30 à 17 h ; du 1er novembre au dernier dimanche de mars, de 10 h à 16 h, fermé le mercredi. Entrée : 6,50 € ; réductions.

Ce célèbre jardin fut créé à la fin du XIXe siècle par Sir Thomas Hanbury, riche commerçant anglais qui souhaitait profiter de l'exceptionnelle douceur de la Ligurie pour acclimater diverses variétés de plantes exotiques rapportées de ses voyages en Afrique et en Extrême-Orient. S'étendant sur 18 ha, du haut du promontoire de Mortola jusqu'à la mer, et composé de plusieurs milliers de végétaux et plantes tropicales, c'est aujourd'hui l'un des plus riches jardins botaniques d'Europe. Avec ses nombreuses variétés de palmiers, cactus, agrumes, plantes odoriférantes, etc., venues des cinq continents, ce jardin offre aux promeneurs une explosion de formes, de couleurs et de senteurs. Très chouette.

SAN REMO (18038) 56000 hab.

Importante station balnéaire fréquentée depuis la fin du XIXe siècle par les artistes et l'aristocratie européenne, San Remo conserve aujourd'hui encore sa réputation de station chic et très chère. Élégantes villas stuquées, casino de style Art nouveau et surprenante église russe orthodoxe du Christ-Salvateur ponctuent le bord de mer et sa promenade bordée de palmiers. En s'éloignant de celui-ci, on rejoint depuis le *Duomo* et la via Palazzo, le quartier médiéval de La Pigna et ses charmantes ruelles escarpées qui mènent à la piazza Castello, vestige d'anciennes fortifications, puis au sanctuaire baroque de la Madonna della Costa où trône au-dessus de l'autel une Vierge médiévale.
Tous les ans en janvier se tient le célébrissime Festival de la chanson italienne (la *canzonetta*) qui, depuis 1950, a permis la découverte de talents aussi prestigieux que Ornella Vannoni, Lucio Dalla, Lucio Battisti, Mina, Adriano Celentano ou Domenico Modugno dont son *Volare* en 1958 lui valut de vendre 20 millions de disques !

Adresse utile

i ***Azienda di promozione turistica (APT) :*** ☎ 0184-59-059. Fax : 0184-507-649. • www.rivieradeifiori.org • Service administratif de l'office du tourisme de la province de San Remo.

LES ALPES LIGURES

C'est notre coup de cœur et une vraie découverte à 50 km à vol d'oiseau de la France et on regrette de ne pas l'avoir fait plus tôt. À défaut de trouver beaucoup d'intérêt à la route côtière, nous vous suggérons donc de faire une incursion dans l'arrière-pays en remontant les quatre vallées perpendiculaires des rivières *Arroscia, Argentina, Arméa* et *Nervia.* On plonge là, à quelques kilomètres de la mer, dans un univers montagnard proche par le relief, la flore, la faune et l'habitat de celui des Alpes de Haute-Provence : villages médiévaux fortifiés, perchés sur des arêtes rocheuses, serrés autour de leurs ruelles étroites et colonisés par des artistes ; nids d'aigles en ruine, torrents sauvages, routes vertigineuses, végétation de maquis, oliveraies à flanc de montagne, figuiers de barbarie, forêts de châtaigniers et alpages peuplés de marmottes, de chèvres, de chamois et de rapaces et même de... quelques fantômes de sorcières dont on entretient comme à Triora, la fascinante et sulfureuse réputation. Parmi ces villages, ***Triora, Castelvecchio*** et ***Apricale*** font partie du cercle fermé des plus beaux villages d'Italie.

Peu après Vintimille, on peut remonter les rives de la Nervia pour se rendre jusqu'au village de ***Dolceacqua,*** ancien fief de la puissante famille génoise des Doria. Les deux tours carrées de leur ancien château (en ruine) dominent les maisons établies des deux côtés de la rivière et sont reliées entre elles par un très élégant pont médiéval en pierre. Sortez vos appareils photo ! À noter également que les vignobles en terrasse qui entourent le village produisent l'un des meilleurs vins rouges de la Ligurie, le *rossese di Dolceacqua*.

Où dormir ? Où manger ?

Nombreux ***B & B*** dans le village et dans les environs dont la liste peut être obtenue chez *Pro Loco* : ☎ 0184-20-66-66 • www.dolceacqua.it •

Casa Ghirosveglio : via Martiri della Libertà, 46, 18035 Apricale. ☎ 0184-20-82-43 et 0349-75-19-595. • www.ghirosveglio.com • Trois chambres au centre du village médiéval pour 80 € avec petit dej'. Un vrai coup de cœur pour cette maison ancienne à flanc de falaise : chambres lumineuses et colorées à l'adorable décoration sur le thème des fables (Hansel et Gretel, Alice, Mirta). Vous en aurez un avant-goût en visitant leur site Internet.

Agriturismo La Mollinella : loc. La Mollinella, 18035 Isolabona. ☎ et fax : 0184-20-81-63. • www.lamolinella.it • Ouvert de juin à octobre ainsi qu'aux vacances de Pâques et de Noël. À 12 km de la côte. Table d'hôtes ouverte toute l'année samedi soir et dimanche midi. Charmante maison rose à 1,5 km du village médiéval d'Isolabona. Route bien fléchée. Quatre chambres avec bains dans une jolie annexe séparée de la maison principale par un jardin. Déco sobre mais agréable. Tarif : chambre pour deux à 52 € avec petit dej' ; 47 € par personne en demi-pension. À la table d'hôtes, menu (24 €) de cuisine régionale avec des spécialités à découvrir comme les tagliatelles maisons aux cèpes, les gnocchi à la courge au beurre de sauge ou le lapin *alla ponentina*. Un régal ! Accueil charmant.

Albergo Santo Spirito : piazza Roma, 23, 18010 Molini di Triora. ☎ 0184-94-019. Fax : 0184-94-79-00 • www.ristorantesantospirito.com • En haute saison, chambres à 70 € avec petit dej'. Possibilité de demi-pension et réduction pour séjour supérieur à trois nuits. Dans le village en contrebas de Triora, une auberge de tradition qui a fêté ses 200 ans d'existence. Chambres au confort moyen, décor un peu rustique mais accueil très chaleureux. Au resto, cuisine ligure solide faite avec les produits de l'exploitation agricole familiale. Recettes à base des produits de la chasse, de bonnes soupes, beaucoup de champignons. Usage des fruits des bois, des châtaignes, des noix et bien sûr, de l'huile d'olive vierge raffinée et pressée sur place. Et en vedette : les escargots, la fierté du village. Décoration boisée avec des témoignages de la vie ancestrale.

Achats

La Bottega di Angelamaria. Ne manquez pas, à l'angle près de l'auberge *Santo Spirito*, la boutique incroyable d'une dame qui perpétue (même physiquement) la tradition locale des sorcières. Sa boutique est un vrai bric-à-brac sur le sujet. Elle vous vendra avec chaleur son *latte di lumacha,* littéralement lait d'escargot, en fait une *grappa* parfumée.

TRIORA

À 800 m d'altitude, un bourg médiéval à un carrefour stratégique pour la république de Gênes. À la fin du XVIe siècle eut lieu à Triora une chasse aux sorcières consécutive à une grave famine. De malheureuses femmes furent torturées et moururent en prison. Cinq cents ans plus tard, les habitants de la bourgade ont décidé d'expier les fautes de leurs ancêtres en édifiant à l'entrée du village un monument métallique figurant une souriante sorcière perchée sur son balai et qui offre aux visiteurs un philtre magique. On parcourra donc les vestiges du système complexe de fortifications et on se désaltèrera aux nombreuses fontaines avant de visiter le petit musée ethnographique.

Comment y aller ?

➢ Depuis San Remo, bus nº 16, cinq fois par jour. Trajet : 1 h 30. De 8 h 15 à 15 h 30 et de 17 h 30 à minuit.

À voir

Musée régional ethnographique et de la Sorcellerie : ouvert en semaine de 14 h 30 à 18 h et le week-end de 10 h 30 à 12 h. Entrée : 2 €. Musée bric-à-brac plus consacré à l'ethnographie, à l'agriculture et l'élevage locaux qu'à la sorcellerie. Néanmoins les superstitions et les croyances sont abordées à travers les pratiques divinatoires. Un petit frisson accompagnera la description des tortures et des conditions carcérales de l'Ancien Régime. Petite section archéologique et quelques bestioles empaillées. Petit jardin en terrasse au soleil.

IMPERIA (18100) 40200 hab.

Chef-lieu de province sur la côte, elle est née de la fusion de Porto Maurizio et d'Oniglia en 1923. Imperia n'offre que peu d'intérêt sauf pour casser la croûte ou visiter le nouveau musée consacré à l'huile d'olive.

Où dormir ?

Camping Eucalyptus : via D'Annunzio, 32. ☎ et fax : 0183-6-1534. Ouvert toute l'année. Compter environ 7 € par personne. Camping en étage proche de la mer. Jeune proprio très sympathique.

Où manger ?

Da Beppa : via Andrea Doria, 24. Sur le port d'Oniglia. ☎ 0183-294-286. Ouvert de 8 h 15 à 15 h 30 et de 17 h 30 à minuit. Fermé le mardi. Sous les arcades en face du port de pêche. Une adresse de poissons à l'excellent rapport qualité-prix. Salle d'apparence banale, nappes blanches et serveurs sanglés dans leur tablier marine, nœud pap en plus. Éclairage un peu cru, mais l'essentiel se trouve dans l'assiette : que du frais, que du bon ! Jugez-en : *gamberini con rucola, spaghetti alle vongole, pesche spada* (espadon) *alla Beppa.* On sort repu et satisfait. N'est-ce pas cela qui compte ?

À voir

Museo dell' Olivo : via Garessio, 11, 18100 Imperia. ☎ 0183-295-762. • www.museodellolivo.com • Ouvert de 9 h à 12 h et de 15 h à 18 h 30 tous les jours sauf le dimanche. Entrée gratuite. Le musée est situé dans une villa qui fut l'ancien siège de la société ***Fratelli Carli*** dans les années 1920. Ouvert depuis 2002, ce musée moderne et interactif rend honneur à l'arbre symbolique de la civilisation méditerranéenne, partie intégrante depuis 6000 ans de l'histoire économique, technique et artistique de ces régions. Vous en sortirez en n'ignorant plus rien de l'histoire, la culture et la production de l'olivier, ça c'est sûr ! Pendant la durée de la récolte (en général de décembre à mars), les visiteurs peuvent voir fonctionner le pressoir moderne de la société.

Peu après Imperia, un petit village adorable : ***Cervo.*** Perché sur une crête, parcouru de ruelles sinueuses, on l'appelle le « Paradis des peintres ». Ce joli village accueille en juillet et en août un festival international de Musique de chambre (sur le parvis de l'église baroque Saint-Jean-Baptiste). Vue plongeante sur le grand bleu depuis les terrasses du village. *Cervo* fait partie de la liste des plus beaux villages d'Italie.

ALASSIO (17021) 10500 hab.

Centre administratif. Peu probable qu'on s'y arrête malgré sa promenade en bord de mer et la belle courbe de sa plage de sable fin incurvée vers le promontoire qui abrite un port de plaisance. Le jour de la Saint-Valentin les amoureux se retrouvent devant le *muretto* couvert de carreaux de grès signés par une pléiade de célébrités (Hemingway fut le premier) dont un couple d'amoureux de Peynet.

Adresse utile

Azienda di promozione turistica (APT) : viale Gibb, 26. ☎ 0182-64-711. Fax : 0182-64-46-90. • www.inforiviera.it • Siège administratif de l'office du tourisme de la Riviera delle Palme.

ALBENGA (17021)

Même si la ville moderne ne possède pas un visage très attractif, Albenga possède un centre ancien bien conservé et plein de charme. Important port romain fondé vers le IIe siècle av. J.-C. avant que la mer ne se retire, le centre historique d'Albenga se trouve donc aujourd'hui à 1 km du bord de mer. Sur un plan Renaissance aux rues qui se coupent à angle droit, il possède beaucoup de cachet, avec ses vieilles maisons, ses tours, ses églises et les restes de remparts.

Adresse utile

Azienda di promozione turistica (APT) : viale Martiri della Libertà. ☎ 0182-558-444. Fax : 0182-558-740. • iatalbenga@italianriviera.com •

Où manger bon marché ?

Sutta Cà : via Ernesto Rolando Ricci, 10 ☎ 0182-53-198. Compter autour de 20 €. Fermé le jeudi soir et le dimanche. Ouvert le dimanche midi en été. Derrière l'église Santa Maria, en plein centre historique, une *trattoria* toute simple. Deux salles blanches ornées de gravures avec buffet garni de bouteilles. Cuisine ligure traditionnelle : pain aux olives, *minestrone alla genovese,* raviolis d'épinards aux pignons et romarin, *trippa in umide,* excellent *tiramisù.* Vins de Ligurie au verre. Portions généreuses. Fréquenté par les habitués. Service pas très loquace.

À voir

La vieille ville : autour de la place San Michele, encadrée d'édifices publics d'époque romane, ne pas manquer de jeter un œil à la cathédrale au décor baroque et au très ancien baptistère du Ve siècle. Il conserve une superbe mosaïque paléochrétienne représentant le monogramme du Christ entouré de 12 colombes se détachant sur un ciel étoilé (ouvert du mardi au dimanche de 10 h à 12 h et de 14 h 30 à 18 h).

Le Musée naval romain : dans le **palazzo Peloso-Cepolla.** Sur la piazza San Michele. Mêmes horaires que le baptistère. Il a été créé pour conserver le chargement d'amphores à vin trouvées dans l'épave d'un navire marchand romain (le plus long qu'on ait trouvé puisqu'il faisait plus de 60 m de long avec 10000 amphores, de quoi ramasser une fameuse cuite !).

FINALE LIGURE

(17024)

Jolie station balnéaire avec plage à perte de vue et bord de mer dominé par une ancienne forteresse. Et puis, cerise sur le gâteau, à 2 km de là, à l'intérieur des terres, l'adorable bourg fortifié de *Finale Borgo* enserré dans ses remparts. Promenades à faire dans l'arrière-pays.

Où dormir ? Où manger ?

Ostello per la gioventù Castello Wuillermin : via Generale Caviglia, 46, Finale Ligure (province de Savona). ☎ et fax : 019-69-05-15. • hostelfinaleligure@libero.it • Fermé du 15 octobre au 15 mars. Entièrement rénové en 2004. Près de 320 places réparties en dortoirs de 6, 8 ou 10 lits à 11 € par personne, ou en chambres familiales de 4 lits à 12 € par personne. Draps et petit déjeuner inclus dans le prix. Parking un peu plus bas. Les non-motorisés devront exercer leurs mollets sur les 300 marches qui donnent accès à ce château de briques rouges dominant la mer, petite folie privée construite dans les années 1920 et aujourd'hui reconvertie en auberge de jeunesse. Demandez votre chemin aux riverains, l'accès est très mal indiqué. Nombreux services : bar, restaurant, laverie, service Internet, etc. Bon accueil et ambiance conviviale. De là-haut, vue imprenable sur les toits de Finale Ligure et sur le bleu de la mer, cela va sans dire.

Hotel Orchidea : via XXV Aprile, 15, 17024 Finale Ligure. ☎ 019-69-05-26. Fax : 019-690-836. Chambres au calme, avec air conditionné autour de 80 €. Possibilité de pension complète. Hôtel complètement rénové un peu en hauteur à l'arrière de la station et à 600 m de la mer au milieu d'un jardin en terrasse. Solarium. Parking aisé. Accueil très sympa.

Où dormir ? Où manger dans les environs ?

Spaghetteria Sotto il Santo : piazza Garibaldi, 17024 Finalborgo. ☎ 019-68-00-87. Ouvert tous les soirs et le dimanche midi. Fermé le mardi. Plats autour de 5 €. Sur la place principale bordée de façades aux fresques anciennes, repérez le cadran solaire, notre adresse se trouve dessous. Salle tout en longueur. Comme on s'y attend, *spaghetti* déclinés à tous les temps, sous toutes les formes. Possibilité de manger également des salades.

Trattoria Piemontese di Viola : piazza Massa, 4, à Calice Ligure. ☎ 019-65-463. Fermé le mardi et le lundi soir en hiver ainsi que trois semaines en novembre. Dans le petit village de Calice Ligure à 6 km de Finale Borgo, une adresse gérée dans la tradition familiale depuis 1870. Compter entre 20 et 25 €. Pas de carte, les propositions du jour sont récitées par le serveur. Faites-vous expliquer si vous ne comprenez pas. Deux salles décorées de croûtes picturales. On y vient pour se mettre les pieds sous la table et profiter du défilé des plats qui se succèdent avec bonheur. La cuisine se distingue par son usage intensif des herbes. Portions raisonnables, ce qui permet de déguster sans s'alourdir. À titre d'exemple, après les *antipasti* comme le *cappo magro* et la *frittata mista,* on vous propose des *taglierine con erbe* suivi de l'agneau au four. Les glaces maison achèvent ce véritable festival pour les papilles. Les vins, parmi 70 étiquettes, sont servis en carafe ce qui est un bon point. Une adresse de derrière les fagots comme on les aime.

À voir

Finale Borgo : ancienne capitale d'un petit marquisat, le bourg est entouré de remparts datant du XVe siècle. En dehors du couvent de Santa Caterina, qui sert de cadre à des manifestations artistiques et gastronomiques, on peut aussi voir le campanile octogonal de la collégiale San Biagio et en hauteur le château San Giovanni, récemment restauré. Une petite balade dans les vieilles rues s'impose. *Finale Borgo* fait partie de la liste limitée des plus beaux villages d'Italie.

TOIRANO

Accessible depuis Borghetto San Spirito. Un village croquignolet, des contreforts montagneux avec ruelles étroites et maisons reliées par des arcades aériennes et gentiment fleuries. Petit musée ethnographique et surtout magnifiques **grottes** où l'on a retrouvé des empreintes de chasseurs d'ours du néolithique. Visite guidée de 9 h 30 à 17 h. Entrée 8 €. ☎ 0182-98-062. En août, fête de l'huile appelée fête des *gumbi,* du nom local des pressoirs. On se réunit dans les caves pour manger du ragoût de mouton et des *frittele* de pommes.

Non loin de là, en remontant la vallée de la Pennavaira, on arrive à ***Balestrino*** où l'imposante demeure fortifiée du marquis Del Carretto surplombe un bourg en ruine. Même configuration architecturale très ancienne à ***Zuccarello*** situé sur la « route du sel » qui remontait le *Neva.* On y trouve encore des rues bordées de maisons à arcades voûtées.

➤ DANS LES ENVIRONS DE TOIRANO

Castelvecchio di Rocca Barbena est un superbe village avec un château médiéval du XIIIe siècle perché en haut d'une âpre colline sur laquelle s'adossent des maisons de pierre agrémentées de terrasses ensoleillées. En été, réjouissances médiévales avec pièces de théâtre et banquet à base d'escargots et de tourtes aux légumes.

☗ ***Bed and Breakfast :*** via Roma, 42, à Castelvecchio di Rocca Barbena. ☎ 0182-78-009 ou 010-54-29-55 • www.casacambi.it • Téléphoner avant d'arriver, l'accès est un peu compliqué. Quatre chambres de 90 à 110 € avec petit déjeuner. Ouvert d'avril à fin octobre. Adresse de charme à flanc de colline avec le bourg médiéval à l'arrière. Magnifique vue sur la mer que l'on distingue au loin. Chambres avec vue toutes décorées avec goût. Mobilier d'antiquaire. Atmosphère cosy et terrasse aux oliviers qui embaument. On vous conseille de réserver.

NOLI

(17026)

Autre lieu agréable situé non loin de la station balnéaire de Finale Ligure. Un paisible village médiéval aux vieilles maisons de pêcheurs ocre et terre de Sienne et qui fut pendant 700 ans une petite république indépendante alliée de Gênes. Mur d'enceinte et château bâti sur les hauteurs. Vénérable Christ roman dans l'église San Paragorio.

Adresse utile

ℹ ***Azienda di promozione turistica Riviera delle Palme :*** corso Italia, 8. ☎ 019-749-90-03. Fax : 019-749-93-00. Édite un itinéraire fléché *(dalle Alpi al Mare)* qui serpente dans les contreforts alpins qui bordent la côte. Villages pittoresques à explorer et étapes gourmandes. Comme la route fléchée « touche » à quatre reprises la côte, on peut la prendre sur une fraction d'itinéraire.

Où dormir ? Où manger ?

☗ ꟾ●ꟾ ***Albergo Ristorante Romeo :*** via C. Colombo, 81-83. ☎ 019-74-89-73. Chambres entre 62 et 68 € avec petit déjeuner. En plein centre du village, pas loin de l'église. Onze chambres au mobilier clair, déco fraîche et bien tenues. Accueil un peu bourru mais qui se détend très vite. Resto de spécialités maritimes.

SAVONA

(17100)

Chef-lieu de province et port important de la côte ligure, dont le noyau primitif se situe sur la colline de *Priamar,* à présent occupée par une forteresse massive héritée de la République génoise qui l'a bâtie au XVIe siècle. On peut s'y arrêter quelques heures pour déambuler agréablement dans les rues commerçantes autour de la place d'Armes et découvrir quelques vestiges épargnés par les bombardements de la dernière guerre. De Savona partent les *ferries* pour la Sardaigne et la Corse. Ne pas manquer la procession du Vendredi saint (si vous êtes dans le coin ce jour-là !).

Adresse utile

ℹ ***Azienda di promozione turistica (APT) :*** corso Italia, 157r. ☎ 019-840-36-72. Fax : 019-840-36-72. • savona@inforiviera.it • Demander les brochures d'itinéraires dans la ville.

Où manger bon marché ?

Vino e Farinata : via Pia, 15r. Pas de téléphone. Fermé les dimanche et lundi, ainsi qu'en septembre. Portions autour de 4 €. Une institution à Savona que cette *trattoria* populaire aux tables de bois. Plusieurs variétés de *farinata* : au romarin, au saucisson, au gorgonzola. Également excellentes fritures de poisson, crevettes et espadon.

Où dormir ? Où manger dans les environs ?

Camping Il Persiano : via Provinciale Civezza, 135, 18017, San Lorenzo al Mare. ☎ et fax : 0183-919-94. Ouvert toute l'année. Compter environ 16 € l'emplacement pour 2 (voiture comprise). Location de bungalows-chalets également (environ 434 € la semaine pour 4 personnes, toutes commodités incluses). Si, sur votre route, vous désirez vous arrêter, nous vous conseillons ce camping. Situé à flanc de colline, dans une oliveraie. Assez calme malgré la proximité de l'autoroute. Souvent complet en été (comme tous les campings de la région) ; arriver tôt le matin. Accès gratuit à la piscine. Jetons pour les douches chaudes mais douches froides gratuites (quand même !). Bar, jeux vidéo, soirées organisées régulièrement. Bon restaurant à prix raisonnables. Excellent accueil. Le gérant parle le français. Navette jusqu'au village en juillet et août. De là on peut attraper un des bus locaux (bleus) qui desservent toute la côte jusqu'à Gênes (le long de la via Aurelia) avec des arrêts dans tous les villages.

La Familiare : piazza del Popolo, 8, Albissola Marina. À 4 km à l'est de Savona. ☎ 019-489-480. Fermé le lundi. Compter 30 € pour un repas. Dans ce village spécialisé dans la céramique, cette *trattoria* familiale située en bord de mer est particulièrement affectionnée des gourmands. Petite salle blanche avec portraits d'ancêtres qui veillent sur les lieux. Cuisine légère : *polpo con patate,* pâtes au *pesto, misto di pesche* arrosé d'un filet d'huile d'olive, *budini* fondant au dessert ou *tiramisù* maison. Service pro et efficace.

À voir

La nouvelle cathédrale : magnifique chœur avec stalles en bois sculpté du début du XVIe siècle (visite guidée). À côté de la cathédrale, visite le samedi après-midi de 16 h à 17 h 30 de la « deuxième Chapelle Sixtine », joyau rococo construite pour le pape Sixte IV.

Musée archéologique du Priamar : ouvert du mardi au samedi de 10 h à 12 h et de 15 h à 17 h (16 h-18 h en été) et le dimanche de 15 h à 17 h. Fermé le lundi. Musée moderne dans l'ancienne forteresse Renaissance du Priamar. Sont exposés les objets découverts lors des différentes fouilles archéologiques réalisées dans la région. Vue splendide sur le port et les environs.

GÊNES *(GENOVA)* (16100) 648 000 hab.

Pour les plans de Gênes, se reporter au cahier couleur.

Premier port d'Italie, bardé d'installations hyper modernes ; une zone industrielle, tout autour de la ville, qui n'en finit pas. Bref, pas vraiment une ville attirante au premier abord. Et pourtant, Gênes mérite un arrêt, ne serait-ce

qu'une nuit, pour découvrir sa vieille ville (l'une des plus grandes d'Europe), ses innombrables palais et son célèbre cimetière de Staglieno. Ceux qui arrivent par la mer venant de Corse ou de Sardaigne découvriront que la ville forme un amphithéâtre frisant la perfection. Les autres, les plus nombreux, qui abordent Gênes en voiture, ne doivent pas se laisser décourager par les kilomètres interminables à travers les quartiers industriels. Malgré une autoroute qui serpente pendant 30 km, laisser passer toutes les sorties successives jusqu'à « Genova Ovest » puis prendre la direction « Sopraelevata », périphérique surélevé, véritable monstruosité architecturale et urbaine qui sépare la ville de son port et dont le seul intérêt est d'offrir une vue superbe.
À l'occasion de la célébration du 500e anniversaire de la découverte de l'Amérique par Christophe Colomb, en 1992, la ville a subi un très sérieux « lifting » qui a mis en valeur de nombreuses façades et a permis le réaménagement des zones portuaires inutilisées. Depuis son accession en 2004 au rang de capitale européenne de la Culture, de nombreux travaux sont en cours un peu partout, continuant de redonner au centre-ville un visage de plus en plus souriant.
Avec une mauvaise réputation qui lui collait aux pavés, le quartier du port était, il n'y a pas si longtemps, un peu « craignos ». La rénovation a assaini la fréquentation des ruelles qui le bordent. On peut donc s'y promener tranquillement, sans bien sûr, abandonner toute règle d'élémentaire prudence.
À présent le vieux Gênes a la cote. Le prix du mètre carré dans le centre historique a été multiplié par trois en 10 ans. Les espaces sont généreux, le seul ennui, c'est que si l'on veut un peu de lumière, il faut habiter les étages supérieurs (6e ou 7e étage) et jusqu'à maintenant les ascenseurs sont rares.
Les Génois ne sont pas des Napolitains. Ils ont même une réputation de gens réservés, voire méfiants. Ne vous étonnez donc pas si vous ne trouvez pas chez eux cette faconde que l'on trouve à Marseille.

UN PEU D'HISTOIRE

Pendant plusieurs siècles, Gênes (la république de saint Georges) rivalisa avec Pise et Venise pour la suprématie du commerce maritime. Dès le XIe siècle, la ville impose sa présence maritime sur les côtes tyrrhéniennes en chassant les pirates sarrasins. Au XIIIe siècle, à l'occasion des croisades, elle établit des comptoirs en mer Noire, en Grèce, au Moyen-Orient. Ses conquêtes englobent la Corse et la Sardaigne. Finalement, la guerre entre Venise et Gênes, à la fin du XIIIe siècle, ruine les deux cités. Accablée de dettes, sous le coup des luttes de pouvoir entre les grandes familles, Gênes aura bien du mal à se relever. Il faudra attendre le milieu du XVe siècle pour qu'elle retrouve son éclat. Alors que la rivalité franco-espagnole bat son plein, Andrea Doria s'impose sur le devant de la scène avec un système oligarchique. Ancien général de François Ier, il n'hésite pas à s'allier avec l'Espagne dont la puissance maritime s'affermit.
Christophe Colomb, qui découvrit l'Amérique pour le compte de l'Espagne, était natif de Gênes. Cette découverte capitale fut à l'origine de nouveaux courants commerciaux et la puissance de la cité revint vite alors que s'amenuisait celle de Venise. Le commerce maritime a enrichi les grandes familles génoises qui ont accumulé des fortunes considérables. Gênes est la première ville d'Italie pour la richesse de ses caisses d'épargne. Elle avait également le monopole de cette teinture dite *blù di Genova* que M. Levi utilisa pour ses premiers pantalons (d'où le nom *blue jean,* « bleu de Gênes »).
Méchamment bombardée pendant la dernière guerre, Gênes est encore l'une des toutes premières villes commerciales et industrielles d'Italie.

Adresses utiles

Informations touristiques

Azienda di promozione turistica *(APT ; zoom couleur, C2, **1**)* **:** via Roma, 11/3. ☎ 010-57-67-91. Fax : 010-58-14-08. • www.apt.genova.it • Service administratif de l'office du tourisme de la ville et de la province de Gênes. Possibilité d'y obtenir, depuis chez vous, par courrier ou en consultant leur site Internet, toutes les informations touristiques concernant la ville et ses environs (en anglais et/ou parfois en français). Formule intéressante : vente de billets combinés *(tessera)* pour les musées et les bus valables de 1 (24 h) à 3 jours. De même la *Card Musei* pour 3 ou 7 jours et qui permet l'accès à plus de 20 musées.

Sur place, s'adresser aux bureaux d'***informazioni e d'accoglienza turistica*** *(IAT)*. On vous y donnera gratuitement un plan en couleur de la ville et du centre historique, la liste des hôtels et diverses brochures dont un très intéressant *passport* proposant, entre autres, des itinéraires de visites thématiques (pour éviter de vous perdre !). Si vous avez l'intention de visiter la région, demandez également la carte des itinéraires et excursions dans les différents parcs.

Bureau à l'aéroport C. Colombo (☎ 010-60-15-247), ouvert du lundi au samedi de 9 h 30 à 12 h 30 et de 13 h 30 à 17 h 30 et deux bureaux dans le centre :

– *IAT Porto Antico (zoom couleur, B2, **2**)* **:** ponte Spinola. ☎ 010-248-711. Un kiosque sur le port, à gauche de l'aquarium. Ouvert tous les jours de 9 h à 13 h et de 14 h à 18 h.

– *IAT Stazione Ferrovaria Principe (plan général couleur, A1)* **:** ☎ 010-24-62-633. Dans le grand hall avant la sortie. Ouvert du lundi au samedi de 9 h 30 à 13 h et de 14 h 30 à 18 h.

Genova Informa *(zoom couleur, B2, **3**)* **:** piazza Matteotti. ☎ 010-246-54-32 ou 335-56-99-195 (portable). Devant le Palais ducal. Petit kiosque d'information touristique dépendant de la municipalité. Son avantage, c'est qu'il est ouvert tous les jours et sans interruption de 9 h à 20 h. Vous pourrez y obtenir un plan de la ville et un certain nombre d'infos touristiques concernant Gênes et y réserver un hôtel.

Il Girasole *(zoom couleur, B2)* **:** palazzo Ducale. Piazza Matteotti, 40r. ☎ et fax : 010-583-388. Dans la galerie. Marina Firpo est guide professionnel et assure un service de visites culturelles à la carte.

Transports

Transports urbains *(AMT ; plan général couleur, D2)* **:** ☎ 010-55-82-414. • www.amt.genova.it • Bureau d'information et de vente sur la piazza Verdi, devant la gare Brignole. Mais on peut également acheter ses tickets dans les bureaux de tabac, chez les marchands de journaux et aux caisses automatiques (avec billets et monnaie). Le centre n'est pas si grand, mais si vous en avez assez de pratiquer le trek urbain, en plus du classique billet à l'unité (1 €, validité d'1 h 30), sachez qu'il existe un billet touristique très pratique car, pour 3 €, vous pourrez l'utiliser dans tous les bus et funiculaires de la ville, et ce pendant 24 h.

Bus Giro Citta **:** tous les jours, un bus AMT, avec guide touristique, part à la découverte de Gênes. Départ à 9 h 30 de la piazza Verdi *(plan général, D2)*. Le troisième samedi du mois, bus nocturnes à 20 h 30. Infos et réservations : ☎ 010-595-97-79.

Gares ferroviaires **:** il y a deux gares à Gênes. La *stazione FS Principe (plan général couleur, A1)*, piazza Acquaverde, et la *stazione FS Brignole (plan général couleur, D2)*, piazza Verdi. La plus importante est la gare Principe ; tous les trains s'y arrêtent et on y trouve de nombreux services (office du tourisme, change, consignes, etc.). La gare Brignole ne dessert quant à elle que les villes du Nord et du Sud, et celles de la côte du Ponant jusqu'à Vintimille, mais pas Nice. Les bus n°s 19 et 33 relient les deux gares entre elles, via la piazza De Ferrari dans le centre.

✈ ***Aéroport Cristoforo Colombo :*** à Sestri-Ponente, à 6 km à l'ouest du centre. Informations sur les vols : ☎ 010-601-54-10. • www.airport.genova.it • Bureau de poste et distributeur de billets dans le hall *(Banca Carige)*. Pour rejoindre Gênes, ligne *Volabus* n° 100 (toutes les 20 mn de 6 h 15 à 23 h 20, tarif : 3 €) jusqu'à la gare Brignole, via la place Fontane Marose, au bout de la rue Garibaldi. Nombreuses liaisons avec les grandes villes européennes et italiennes. La piste principale est construite sur la mer, ce qui rend les atterrissages assez spectaculaires.

Services maritimes : deux compagnies organisent des tours dans le port de Gênes, une façon intéressante de découvrir la ville et son histoire avec un autre œil. La visite, commentée (en italien uniquement), dure 45 mn. Embarcadère devant l'aquarium. Se renseigner auprès des organismes ci-après pour connaître les heures de départs : *Alimar,* ☎ 010-25-67-75 ; *Cooperativa battellieri del porto di Genova,* ☎ 010-26-57-12. Ces compagnies organisent également, en saison, des excursions à destination de Camogli, de Portofino, de Santa Margherita, des Cinqueterre et de Portovenere (réservation obligatoire). En saison, la compagnie *Mobylines* effectue des liaisons quotidiennes vers Bastia (voir « Quitter Gênes »).

Location de voitures

■ ***Avis :*** ☎ 010-650-72-80.
■ ***Europcar :*** ☎ 010-650-85-32.
■ ***Hertz :*** ☎ 010-651-24-22.

Postes et télécommunications

✉ ***Poste centrale*** *(zoom couleur, B1)* **:** via Dante, 4r. ☎ 010-59-17-62. Près de la piazza De Ferrari. Ouvert du lundi au samedi de 8 h à 18 h. Téléphone international à la poste et change possible.

@ ***Internet :*** possibilité de surfer chez *Phone Center,* piazza de Marini, 15r (dans le centre, en face du vieux port). Ouvert du lundi au samedi de 10 h à 21 h et le dimanche à partir de 15 h. Compter 4 € l'heure. Comme l'indique son nom, on y trouve aussi des téléphones internationaux.

Consulats

■ ***Consulat de France*** *(zoom couleur, B1)* **:** via Garibaldi, 20. ☎ 010-24-76-327 ou 010-24-76-340. Ouvert de 8 h 30 à 12 h et de 14 h à 16 h. Permanence téléphonique assurée le week-end.

■ ***Consulat de Belgique :*** salito Spianata Castelleto. ☎ 010-24-61-281.

■ ***Consulat de Suisse :*** piazza Brignole, 3. ☎ 010-54-54-11.

Divers

■ ***Change :*** dans les banques, notamment près de la gare. Nombreuses banques et *ATM* en ville également. Sinon, devises et chèques de voyage entre autres chez *Maccorp Italiana,* à la gare Principe. ☎ 010-

246-50-72. Bureau de change ouvert tous les jours et sans interruption de 8 h à 19 h 45. Pratique donc, mais commission assez élevée.

■ ***Pharmacies de nuit :*** *farmacia Pescetto,* via Balbi, 185r (près de la gare Principe), ☎ 010-24-62-697 ; *farmacia Ghersi,* corte Lambruschini, 16 (au sud de la gare Brignole), ☎ 010-54-16-61. Toutes deux sont ouvertes jour et nuit (avec une pause déjeuner entre 12 h 30 et 15 h 30).

■ ***Taxis :*** ☎ 010-59-66.

Comment s'orienter dans la ville ?

Petite astuce : les rues ont une double numérotation. Rouge pour les bâtiments à vocation commerciale et noir pour les résidences et les bâtiments publics. Ne vous étonnez donc pas si vous voyez un petit « r » ou un petit « n » après le numéro de l'adresse. Simple comme bonjour, sauf quand les numéros rouges sont noirs de crasse !

Où dormir ?

Camping

Camping Villa Doria : 16156 Pegli. ☎ et fax : 010-696-96-00. • www.camping.it/liguria/villadoria • À 10 km à l'ouest de Gênes. Pour s'y rendre : de la gare Principe de Gênes, train local ou bus n° 1 ou n° 3, à travers la zone industrielle, jusqu'à Pegli. De la gare de Pegli, prendre le bus n° 93 ou prévoir 10 mn de marche. En voiture, se rendre jusqu'à Pegli par le bord de mer ; repérer la gare de chemin de fer puis suivre le fléchage. Fermé en janvier. Compter 6 € par personne, de 8 à 11 € l'emplacement (suivant sa taille) et 3 € pour une voiture. Très calme, au milieu d'un grand parc du XVIe siècle. Sanitaires récents et nickel, eau chaude gratuite y compris pour les douches. Bar et épicerie sur place mais pas de resto. Lave-linge séchant. Possibilité de louer des bungalows (de 26 à 52 €). Accueil très chaleureux, patron francophone et serviable. Une très bonne adresse. Pour nos lecteurs, 10 % de remise sur le prix total.

– Ceux qui résident au camping ont la possibilité de prendre leurs repas à la ***pizzeria Leo*** : via Martiri della Libertà, 4r, à 10 mn à pied du camping *Villa Doria.* Fermé le jeudi. Congés annuels : une vingtaine de jours en juillet. Bonnes *pizze* de 4 à 10 € et spécialités locales à des prix raisonnables. Café ou digestif offert sur présentation de ce guide. Accueil pas folichon.

Bon marché

Ostello della gioventù *(hors plan général couleur par D1)* **:** via Costanzi, 120, 16135. ☎ et fax : 010-242-24-57. • hostelge@iol.it • À 3 km de la gare Brignole par le bus n° 40. Réception ouverte de 15 h 30 à 0 h 30 (ils attendent le dernier bus). Congés annuels : de Noël à début février. 213 places au total. Dortoirs de 8 lits à 14 € par personne (sanitaires extérieurs) ou chambres familiales avec salle de bains privée à 18 € par personne. Petit dej' inclus dans le prix. Auberge de jeunesse moderne, bien tenue mais assez excentrée, au nord, sur les hauteurs qui dominent la ville. Belle vue. Accueil très agréable. Quelques chambres équipées pour personnes handicapées. On y parle le français et l'anglais. Cuisine à disposition pour ceux qui souhaitent faire leur popote, sinon petite cafétéria et bar. Une laverie est à votre disposition ainsi qu'un dépôt pour les bagages. Parking privé et fermé. *Cappuccino* offert à nos lecteurs sur présentation de ce guide.

Albergo Argentina *(plan général couleur, C2,* ***11****) :* via Gropallo, 4/4, 16122. ☎ et fax : 010-839-37-22. Prendre la via Edmondo de Amicis à droite en sortant de la gare de Brignole jusqu'à la petite place de laquelle part la via Gropallo ; l'immeuble est au tout début de la rue, sur la gauche. Compter de 48 € la double avec lavabo, à 55 € avec bains. Petit déjeuner sur commande. Au 3e étage d'un bel immeuble ancien rénové, une toute petite pension (9 chambres seulement) tenue par un jeune couple très accueillant. Les chambres sont spacieuses, calmes et simplement meublées. Une de nos meilleures adresses dans cette catégorie de prix. Ne prend pas les cartes de paiement. Réductions de 5 % en basse saison accordées à nos lecteurs sur présentation de ce guide.

Albergo Carola *(plan général couleur, C2,* ***11****) :* via Gropallo, 4/12, 16122. ☎ 010-839-13-40. Fax : 010-837-50-63. Situé dans le même immeuble que l'*Albergo Argentina,* au 3e étage. Chambres de 46 à 55 €. Déco plus classique et chambres plus anciennes mais très bien tenues là aussi. La meilleure donne sur le jardin. Propriétaire très agréable qui parle un peu le français. Une bonne solution si l'*Albergo Argentina* est complet. Hors saison, réduction de 10 % accordée à nos lecteurs sur présentation du *GDR.*

Albergo Caffaro *(zoom couleur, B-C1,* ***10****) :* via Caffaro, 3-14, 16124. ☎ et fax : 010-247-23-62. • arenaori@hotelcaffaro.191.it • À 30 m de la piazza Portello près de la sortie du tunnel routier. Sept chambres de 45 à 55 € sans petit déjeuner (machine à café). Au 6e étage, chambres spacieuses avec ou sans bains avec même une vue de très loin... sur la mer ! Hall fleuri et accueil charmant de type pension de famille. Demander le permis résidentiel pour garer la voiture.

Hôtel Chopin *(plan général couleur, A1,* ***17****) :* via Andrea Doria, 22r, 16126. ☎ et fax : 010-25-52-87. • hotelchopin@inwind.it • À quelques dizaines de mètres de la gare Principe. Congés annuels : de Noël au 7 janvier. Compter 42 € la double avec sanitaires extérieurs et 62 € avec salle de bains privée. Cet hôtel offre l'avantage d'être très bien placé pour ceux qui descendent du train. Autre avantage, tout l'établissement a été refait de fond en comble. Tout y est donc absolument nickel et les chambres sont de confort passable (literies neuves, TV...). Constitue par la même une adresse à l'excellent rapport qualité-prix, tout particulièrement pour ses chambres avec sanitaires extérieurs. Côté bémol, assez bruyant à cause de la proximité de la gare et pas dans le quartier le plus folichon de Gênes. En revanche, accueil extrêmement sympathique et... en un français parfait. Réduction de 10 % accordée à nos lecteurs sur présentation du *GDR.*

Albergo Fiume *(plan général couleur, C2,* ***12****) :* via Fiume, 9r, 16121. ☎ 010-59-16-91. Fax : 010-570-28-33. Située à 300 m de la gare Brignole, cette pension présente l'avantage d'être ouverte toute la nuit (pour ceux qui arrivent tard ou pour les « oiseaux de nuit » !). Compter 50 € la double avec lavabo et 60 € avec douche et w.-c. Pas de petit déjeuner, mais bar à côté. Rénové, cet établissement de 19 chambres présente un bon rapport qualité-prix, mais est cependant assez bruyant et l'accueil y est un peu blasé. Entretien léger. Dommage !

Prix moyens

Hôtel Cristoforo Colombo *(zoom couleur, B2,* ***14****) :* via Porta Soprana, 27, 16123. ☎ et fax : 010-251-36-43. • www.hotelcolombo.it • Compter, selon la période, autour de 85 € la double avec bains, TV satellite et téléphone. Mais aussi quelques chambres sans bains à 55 €. Pas de petit déjeuner. Petit hôtel bien situé et récemment refait avec beaucoup de goût et de cachet. Tout comme le hall d'entrée, aux murs recouverts de vieilles gravures et décoré de meubles anciens, les chambres, bien que pas très grandes, possèdent beaucoup de charme. On peut aussi profiter de l'adorable petite terrasse aménagée sur les toits et de la vue très chouette qu'elle offre sur la ville. Pour ne rien gâcher, accueil (en français ou en anglais) très chaleureux et disponible. En résumé, une excellente adresse pour laquelle nous conseillons de réserver au plus tôt ! Le parking, par contre, est plutôt malaisé dans le coin. Cela risque de coûter assez cher.

Hôtel Balbi *(plan général couleur, B1, **15**) :* via Balbi, 21/3, 16126. ☎ 010-247-21-12. Fax : 010-25-23-62. • www.hotelsgiovani.com • Le site ne fonctionne pas pour la réservation. À 100 m de la gare Principe, au 2e étage d'un ancien palais restauré, pas d'ascenseur. Congés annuels : du 23 décembre au 6 janvier. Compter, selon la période, autour de 75 € la double avec salle de bains privée, et de 50 € à 65 € avec salle de bains extérieure. Petit déjeuner compris. Charmant établissement familial proposant une quinzaine de chambres agréables et parfaitement tenues. Vous aurez le choix entre des chambres avec de superbes plafonds peints donnant sur la via Balbi (bruyante, mais il y a un double-vitrage) ou d'autres situées côté cour, beaucoup plus calmes mais sans les fresques ! Toutes sont très spacieuses et possèdent un joli parquet ancien. Connexion Internet. Le propriétaire, très sympa, parle le français. Parking payant (mais cher) à proximité. Et en plus, une réduction de 10 % est accordée à nos lecteurs sur présentation de ce guide.

Hôtel Helvetia *(zoom couleur, B1, **19**) :* piazza Nunciata, 1, 16124. ☎ 010-246-54-68 Fax : 010-247-06-27. • www.hotelhelvetiagenova.it • En face de l'église de l'Annunziata. Chambres de 75 à 95 €. Rue bruyante mais bonne isolation. Chambres de petite taille mais claires et bien meublées, certaines avec terrasse. Déco moderne et fonctionnelle mais pas sans charme. Équipement complet. Petit déjeuner-buffet inclus. Garage payant à 13 € par jour. Accueil pro mais non dénué de chaleur.

Hôtel Doria *(zoom couleur, B2, **13**) :* vico dei Garibaldi, 3, 16123. ☎ 010-247-42-78. À 50 m de la piazza De Ferrari, dans une petite ruelle en contrebas de la rue du XXV Aprile. Compter 70 € la double avec bains, w.-c. et... même la TV ! Petite pension familiale, simple et sans prétention, mais très bien située, en plein centre. Chambres pas très grandes mais plutôt bien tenues et calmes. Prix tout à fait raisonnables vu sa situation. Accueil distant de prime abord, mais qui finit par se détendre, surtout si vous arrivez à baragouiner quelques mots d'italien ! Cartes de paiement refusées.

Mini Hôtel *(zoom couleur, B1, **16**) :* via Lomellini, 6/1, 16124. ☎ et fax : 010-246-58-03. • www.minihotelgenova.com • En plein cœur du Gênes historique et à deux pas du vieux port et de la gare Principe. Compter 84 € la double avec bains. Petit hôtel très correct et en tout cas bien mieux que le hall d'immeuble ne le laisse supposer. Quatorze chambres assez grandes, calmes et confortables à la déco classique. Air conditionné. Pas un charme fou, mais l'accueil du jeune couple bien que discret est tout à fait agréable. Bar. Parking à proximité (12 € pour 24 h).

Très chic

Hôtel Metropoli *(zoom couleur, C2, **18**) :* piazza Fontane Marose, 16123. ☎ 010-246-88-88. Fax : 010-246-86-86. • www.bestwestern.it/metropoli_ge • Compter, selon la période, de 100 à 180 € la double, excellent petit déjeuner-buffet inclus. Donnant sur l'une des plus jolies places de Gênes, entre le quartier chic et le centre historique, le *Metro-*

poli offre tout le confort moderne d'un 3 étoiles récemment rénové. Chambres spacieuses, déco soignée et fraîche, et bon confort cela va sans dire (TV satellite, AC, minibar, sèche-cheveux...). L'ensemble possède pas mal de charme et un côté cosy bien agréable. Accueil pro mais chaleureux. Internet dans les chambres. Réduction de 10 % accordée à nos lecteurs sur présentation de ce guide (hors tarifs spéciaux).

Où manger ?

Bon marché

Farinata dei Teatri *(plan général couleur, C1, **27**)* **:** piazza Marsala, 5r. À côté de la piazza Corvetto. Ouvert le midi seulement et fermé le week-end. Portions à partir de 5 € avec un quart de vin blanc. Sur une placette où glougloute une fontaine aux dauphins. Trois tables et puis *basta* ! On doit attendre qu'il y ait de la place pour s'asseoir sinon on emporte sa portion. Pour manger sur le pouce une de ces fameuses *farinata* ou une tarte aux légumes cuite devant vos yeux dans le four à bois du fond. Poires au vin en dessert. Voilà un en-cas rapidement expédié.

Trattoria da Maria *(zoom couleur, C2, **23**)* **:** vico Testa d'Oro, 14r. ☎ 010-58-10-80. Dans une minuscule ruelle entre les rues XXV Aprile et San Sebastiano, près de la piazza Fontane Marose. Service jusqu'à 14 h 15 au déjeuner ; 21 h 15 au dîner. Fermé le samedi toute la journée ainsi que le lundi soir. Menu « touristique » à 9 €, boisson comprise et pain à volonté ; à la carte, compter dans les 12 € maxi. Pas de *pane e coperto* en sus. *Trattoria* archi typique et populaire, tenue par l'adorable Maria Manté, une jolie mamie tout sourire et pleine de douceur. Évitez la salle du bas (trop proche des fumées de cuisine) et grimpez à l'étage. Vous y trouverez plusieurs petites salles à la déco réduite au strict minimum : juste une tripotée de tables aux nappes à carreaux accueillant les coudes des ouvriers, retraités du coin, et ceux de quelques touristes ravis de profiter de ce cadre, de cette ambiance et de ces prix d'un autre temps. Le menu change chaque jour mais, pas de doute, vous y trouverez des spécialités typiquement génoises, préparées comme à la maison et servies sans chichis. Parmi celles qui reviennent régulièrement, ne pas manquer le minestrone, les raviolis *in brodo*, le *stufato alla genovese* ou les délicieux *verdure ripiene* (légumes farcis). Le véritable resto populaire tel qu'on l'aime. Cuisine *slow food*.

La Locanda del Borgo *(plan général couleur, D2, **24**)* **:** via Borgo Incrociati, 45-47r. ☎ 010-81-06-31. Derrière la gare Brignole ; prendre le passage souterrain (crade) à gauche de celle-ci, le resto est dans la rue juste en face. Fermé le mercredi. Fréquenté par les antiquaires du coin. À midi, et à midi uniquement (on insiste), menu du jour avec *primo, secondo,* eau et café à 8 €. Venir tôt, les habitués prenant rapidement les tables d'assaut. Pas de *pane e coperto* en sus. Le soir, à la carte, compter dans les 30 €. Petite *trattoria* sans prétention, genre cantine de quartier, proposant une cuisine toute simple mais savoureuse. Les plats changent chaque jour, mais si rien ne vous satisfait dans le menu vous pourrez piocher dans les propositions du jour débitées à haute voix par le patron, entre autres, quelques spécialités à base de poisson. Accueil très gentil mais bien demander les prix (surtout des poissons qui sont facturés au poids – le prix est donné pour 100 g – pour ne pas se faire surprendre).

Antica Trattoria Sà Pesta *(zoom couleur, B2, **21**)* **:** via Giustiniani, 16r. ☎ 010-246-83-36. Près de l'église San Lorenzo. Ouvert de 12 h à 15 h. Fermé le dimanche et le soir (sauf réservations). Congés annuels en août. Compter dans les

15 € pour un repas complet. Un des plus vieux restos de Gênes, au milieu du labyrinthe de ruelles médiévales. Sa grande spécialité et réussite, c'est la *farinata,* galette à base de farine de pois chiches que l'on cuit devant vous, dans un four à bois. Garnie de différents ingrédients (oignons, œufs, pommes de terre, etc.), elle constitue un repas copieux et bon marché. Quelques autres plats typiquement liguriens également *(trenette, stoccafisso, torte di riso...).* Atmosphère authentique et très conviviale. Salles sombres et voûtées. On s'attendrait presque à y rencontrer Christophe Colomb.

|●| ***Trattoria Fulvio*** *(zoom couleur, B2,* ***20****) :* piazza delle Erbe, 10r. Près de la piazza G.-Matteotti et de l'église San Lorenzo et à côté du bar *Berto.* Fermé les dimanche et lundi. Pas de carte mais un menu à prix fixe, tout compris, à 16 €. Une place tranquille et populaire dans le vieux Gênes. Les ouvriers et les artisans s'y retrouvent comme une même famille. À la belle saison, on prend l'apéro dehors sur la place, à l'ombre des parasols, avant de s'attabler dans une salle rustique et chaleureuse. Accueil pas toujours très chaleureux vis-à-vis des touristes, malheureusement.

Chic

|●| ***Le Cantine Squarciafico*** *(zoom couleur, B2,* ***26****) :* piazza Invrea, 3r. ☎ 010-247-08-23. À l'angle de la piazza San Lorenzo. Ouvert de 12 h 30 à 14 h 30 et de 19 h 30 à minuit. Fermé le dimanche midi en été. Congés annuels : en août et la 1re semaine de janvier. Compter dans les 30 € le repas. Installé dans les anciennes caves d'un palais du XVIe siècle, ce lieu marie habilement architecture ancienne (plafond voûté, colonnes à chapiteaux, sol de marbre et ardoise) et déco moderne (peintures éclatantes, lampes design). Cadre chaleureux, ambiance conviviale et cuisine de qualité proposant aussi bien spécialités ligures *(mandilli al pesto, stoccafisso accomodato)* que créations plus personnelles. Grand choix également de salades et de *carpacci.* Pour finir sur une note sucrée, ne pas manquer de goûter à la délicieuse *torta al cioccolato,* une vraie réussite. Carte des vins bien fournie mais assez chère.

|●| ***Ostaia do Castello*** *(zoom couleur, B2,* ***28****) :* Salita Santa Maria di Castello, 32r. ☎ 010-246-89-80. Fermé le dimanche. Près de l'église éponyme et de la tour des *Embriaci.* Vénérable *osteria* centenaire consacrée à la tradition de la vraie *cucina genovese.* Murs de crépi blanc, grille monumentale et morion (casque) espagnol du XVIe siècle. Plusieurs formules dites « touristiques » selon qu'on est pressé ou non. Cela dit, ce serait dommage de ne pas prendre le temps pour se régaler à l'envi de plats généreux comme l'assortiment de la mer en *antipasto* ou les *maltagliati* aux langoustes et crevettes qui raviront les plus exigeants. Ensuite entre poissons et viandes, il vous faudra choisir s'il vous reste encore un peu de place... Service plein de prévenance.

|●| ***Ristorante da Vittorio*** *(zoom couleur, B2,* ***25****) :* via Sottoripa, 59r. ☎ 010-247-29-27. Sur le vieux port, sous les arcades de la piazza Caricamento. Ouvert tous les jours, midi et soir. Compter dans les 40 € pour un repas complet. Grand resto, au look pas spécialement engageant (genre brasserie un peu froide), mais sans doute l'une des meilleures adresses de Gênes pour déguster poissons et fruits de mer. Et, comme tous ces Génois qui s'y pressent midi et soir, vu la qualité et la fraîcheur des produits, on lui décerne sans forcer nos lauriers. Les poissons attendent en vitrine. Dans l'assiette, pas de problème, les plats sont tout à la fois copieux et savoureux. Service rapide et efficace (qui plus est agréable) mais si vous souhaitez absolument y dîner en fin de semaine, il est prudent de réserver. Sinon, attendez-vous à faire la queue... comme tout le monde !

|●| ***Le Terrazze del Ducale*** *(zoom couleur, B2,* ***34****) :* piazza Matteotti,

40r. ☎ 010-562-24-40. Compter autour de 35 € pour dîner. Prendre l'ascenseur monumental en bordure de la galerie. Difficile de trouver à Gênes un endroit pour dîner sous les étoiles. Ici au 4e étage du *palazzo Ducale,* on peut profiter de la vaste terrasse pour manger dans un cadre de bon goût. Le resto est capable de servir autant les grandes tablées de groupes que de contenter les individuels les plus exigeants. Cuisine ligure généreuse : pâtes au jus de langouste, crevettes et tomates (un régal !), *bonccini di vitello* et *semi-freddo* en dessert à se rouler par terre de bonheur. Service pro.

Où déguster une bonne glace ?

***La Cremeria delle Erbe** (zoom couleur, B2) :* vico delle Erbe, 15-17r. À deux pas de la piazza Matteoti, dans la petite ruelle qui relie la via di Porta Soprana à la piazza delle Erbe. Ouvert de 11 h à minuit en semaine, jusqu'à 2 h le week-end. Fermé le lundi. Excellentes glaces artisanales, préparées de façon traditionnelle et sans colorants. Goûter le *caffè-gianduja* ou les *granite* et vous nous en direz des nouvelles ! Chose rare, on peut même s'y attabler dans de jolies petites salles voûtées et délicieusement colorées.

– Voir aussi les adresses citées à Bocadasse et à Nervi dans la rubrique « Dans les environs de Gênes », plus bas.

Où boire un verre ?

L'été, au moins, l'essentiel des réjouissances nocturnes se concentre à Nervi (voir plus bas « Dans les environs de Gênes »), notamment le long de la promenade ou autour du port.

Sinon, à Gênes même, dans un registre classique, deux excellents cafés « historiques » (label officiel) pour déguster de succulentes pâtisseries et autres douceurs accompagnées d'un *espresso* ou d'un thé : ***Mangini** (plan général couleur, C2, **30**),* élégant café fondé en 1876, sur la piazza Corvetto, et ***Klainguty** (zoom couleur, B2, **31**),* à l'incroyable décor début 1800 (profusion de stucs dorés, lustres en cristal, miroirs), sur la piazza di Soziglia, dans le centre historique. Fermé le dimanche.

***La Bottega del Conte** (zoom couleur, B2, **32**) :* via delle Grazie, 47r. ☎ 010-246-83-56. Ouvert de 18 h à 2 h. Fermé le lundi. Une superbe œnothèque au décor et à l'atmosphère intimes (remarquez les murs et le comptoir de marbre blanc; descendez jeter un œil ou vous installer dans les caves voûtées et faites-vous raconter l'histoire de cette antique demeure !). Vous pourrez y boire une sélection de bons vins locaux à prix fort raisonnables, d'autant que l'on vous offrira un bel assortiment de charcuteries et fromages à l'heure de l'apéro.

***Bar Berto** (zoom couleur, B2, **33**) :* piazza delle Erbe, 6r. ☎ 010-275 81 57. Ouvert de 11 h à 1 h du lundi au vendredi, à partir de 15 h les samedi et dimanche. Gentil petit bar, qui a fêté ses 100 ans, fréquenté par une clientèle jeune et décontractée, proposant un très grand choix d'apéros, de vins et de cocktails. Si la taille (minuscule) du bar, décoré de faïences 1900, vous étouffe, vous pourrez profiter de la terrasse installée sur cette jolie place ou de la salle au décor marin du 1er étage. Possibilité d'y grignoter toutes sortes de sandwichs locaux *(piadine, bruschette, focaccie...)* ou de salades composées.

***Mentelocale** (zoom couleur, B2, **34**) :* palazzo Ducale, piazza Matteotti, 5. ☎ 010-595-96-48. Ouvert tous les jours de 10 h à 23 h (jusqu'à 2 h le week-end). Situé à l'intérieur même du Palais ducal, ce bar au look design-branché, est finalement beaucoup moins froid que son décor ne le laisse supposer. On peut y lire la presse italienne et, à l'étage, s'installer au resto, qui propose une cuisine très *fusion style. Brunch* le week-end.

🍸 ***Sul Fronte del Porto** (plan général couleur, B2, **35**) :* palazzo Millo, en face du Bigo, l'araignée de Renzo Piano, sur le port. ☎ 010-251-83-84. Prendre l'ascenseur pour rejoindre le dernier étage. Bar à cocktails panoramique avec terrasse surplombant le port. Idéal pour un apéritif au moment du couchant, avant de dîner dans une adresse du port. Délicieuses petites choses à grignoter en buffet. Resto attenant spécialisé dans les langoustes, brasserie, fast-food et salle de danse.

À voir

Vue d'ensemble : avant de plonger dans les entrailles de la vieille ville et pour bien prendre la mesure de ce labyrinthe aux ruelles étroites, prenez un peu de hauteur grâce à l'ascenseur panoramique tournant à côté du Bigo sur le port (prix 3 €) ou l'ascenseur reliant la piazza del Portello *(zoom couleur, B1)* à Castelleto, quartier chic mais sympa. Possibilité aussi de grimper encore plus haut grâce au funiculaire Zecca-Righi *(zoom couleur, A1),* à prendre à proximité de la piazza della Nunziata, jusqu'à son terminus, 280 m plus haut. Le funiculaire ou l'ascenseur, qui fonctionnent avec des tickets de bus, permettent d'accéder en quelques minutes à un magnifique point de vue sur la ville, la mer, le port, le vieux centre, en contrebas, et les quartiers résidentiels à l'ouest. Cela vous sera très utile par la suite pour vous repérer dans le centre. Redescendre ensuite pour débuter votre visite par la via Garibaldi, orgueil de Gênes.

***La via Garibaldi** (zoom couleur, B1) :* autrefois appelée stada Nuova ou via Aurea (« la rue de l'Or »), elle est bordée par de beaux palais édifiés par l'aristocratie génoise aux XVIe et XVIIe siècles. Rubens et Van Dyck portraiturèrent plusieurs des propriétaires de ces nobles demeures. Elle a été complètement remise à neuf pour « Gênes 2004 ». Parmi celles-ci, voir surtout :

– Le ***palazzo Bianco,*** au n° 11, qui abrite une belle pinacothèque. ☎ 010-557-20-13. Ouvert de 9 h à 19 h (à partir de 10 h les samedi et dimanche). Fermé le lundi. Entrée : 3,10 € ; réductions ; gratuit pour les moins de 18 ans et les plus de 65 ans (ressortissants de l'Union européenne) ; gratuit pour tous le dimanche. Billet combiné pour les trois musées. Appelé aussi *palazzo Grimaldi,* il héberge une collection de primitifs flamands et hollandais ; œuvres de Rubens, Van Dyck, Gerard David, Memling... Quelques grands noms de la peinture italienne (Véronèse, Filippino Lippi), un *Ecce Homo* du Caravage, et française et espagnole (Simon Vouet, Murillo, Zurbarán), et une anthologie de la peinture génoise du XVIe au XVIIIe siècle, avec des toiles de Strozzi, Cambiaso, Castiglione, etc.

– Le ***palazzo Rosso,*** au n° 18, n'a pas dû vouloir être en reste : il abrite lui aussi une très belle galerie de peintures. ☎ 010-247-63-51. Mêmes horaires et tarifs qu'au Palazzo Bianco. À ne pas manquer, en dehors des magnifiques meubles d'époque et de ses salles richement décorées : des tableaux de Titien, du Tintoret, de Véronèse *(Judith et Holopherne),* de Van Dyck (*Christ* très humain) et des médaillons du peintre hollandais Averkamp, spécialiste des scènes de patinage.

– Le ***palazzo Tursi,*** tout proche (au n° 9), est l'un des plus grands et des plus beaux palais de la rue. Construit entre 1565 et 1579, il possède une imposante façade Renaissance et présente la particularité d'avoir une cour plus haute que la rue. Comme il abrite aujourd'hui les bureaux de la municipalité, on peut facilement voir l'intérieur (très chic) et y admirer le célèbre violon de Niccolò Paganini, instrument mythique qui fit accéder le prodige génois au rang de star internationale, ainsi que des lettres manuscrites de Christophe Colomb. Visite gratuite aux heures d'ouverture des bureaux (du lundi au vendredi de 8 h 30 à 16 h 30). Pour les autres palais – et ils sont nombreux –, on se contentera d'admirer du dehors ; ne pas hésiter cependant à entrer dans les cours : elles réservent souvent des surprises ! Certains palais se cachent derrière des façades anonymes.

🍴🍴🍴 ***Le palazzo Reale** (plan général couleur, B1) :* via Balbi, 10 ☎ 010-271-02-11. Ouvert les mardi et mercredi de 9 h à 13 h 45 et du jeudi au dimanche de 9 h à 19 h. Fermé le lundi. Entrée : 4 € ; réductions ; gratuit pour les moins de 18 ans et les plus de 65 ans ressortissants de l'Union européenne. Jardins seulement : 1 €. Billet combiné avec le *palazzo Spinola* : 6,50 €.
En remontant de la via Garibaldi vers la gare Principe par la piazza della Nunziata, on aboutit à la via Balbi qui prit le nom de cette importante famille génoise, enrichie grâce au commerce de la soie. Les Balbi firent construire le palazzo Reale au milieu du XVIIe siècle. Vendu au début du XVIIIe siècle aux Durazzo qui le firent alors agrandir. Le palais passa, au début du XIXe siècle, aux mains de la maison de Savoie lorsque la ville fut annexée au royaume de Sardaigne. Les Savoie en font alors leur résidence officielle à Gênes et le palais y prend son appellation actuelle de « Palais royal ». Transformé en Musée national en 1919, le palazzo Reale est un superbe exemple de demeure aristocratique génoise organisée comme une scène de théâtre face à la mer. Les riches Génois considéraient que leur demeure devait se reconnaître depuis le large avant de pénétrer dans le port. En plus de ses appartements d'apparat et de son ameublement d'époque, il abrite une riche collection de sculptures et œuvres d'art des XVIIe et XVIIIe siècles, ainsi que des toiles de Véronèse, Van Dyck (superbe portrait en pied de Catherine Balbi-Durazzo), le Tintoret, etc. Ne pas oublier du côté des *primitifs* les remarquables *Martyres de sainte Catherine et de sainte Agnès.* Superbe galerie des Miroirs (inspirée de la galerie des Glaces de Versailles). Notez les médaillons avec, entre autres, Sardanapale, Darius, Ptolémée et Auguste. Remarquable salle du trône, avec *Médée et Méduse* de Giordano ; profusion d'or et de velours, de stucs et de fresques... Cour d'honneur séparée par une triple arche des jardins donnant sur le port. Une visite à ne pas manquer.

🍴 ***Le vieux Gênes** (zoom couleur, B-C1-2) :* un labyrinthe gigantesque et inextricable de ruelles étroites et sombres (les *carruggi*) qui rappelle l'importance de la ville au Moyen Âge. Le quartier le plus intéressant se situe au sud de la cathédrale San Lorenzo. À l'exception des fils électriques, pratiquement rien n'a changé depuis plusieurs siècles. Au Moyen Âge, la densité de population y était la plus forte d'Occident. On y construisit donc des immeubles, qui avaient parfois six étages. Les familles puissantes réunissaient leurs membres autour de placettes qui portent encore leurs noms. Un grand nombre de ces constructions sont toujours debout, avec, de temps en temps, de superbes résidences aux façades couvertes de fresques rappelant l'opulence des armateurs et banquiers génois. Vous remarquerez aussi un peu partout les innombrables *edicoli,* ces statues de la Vierge, de saint Jean Baptiste ou saint Antoine de Padoue chargées de protéger les lieux. La visite est particulièrement recommandée pendant les heures d'ouverture des boutiques. Le vieux centre résonne alors de tous les bruits, et on y retrouve les odeurs qui font le charme de l'Italie. Allez jeter un coup d'œil, au 14 vico dei Caprettari (qui donne sur le port) la boutique de style Liberty du *barbier Giacalone.* Elle est classée Monument national !
Il n'existe pas de parcours obligé pour visiter les *carruggi* du vieux Gênes, le centre faisant partie de ces endroits qu'il faut découvrir à l'aventure, en suivant les ruelles au gré de son inspiration. On peut descendre la via Luccoli (qui fait largement office d'artère principale puisqu'on peut y marcher à quatre de front !). Cette voie commerçante conduit au palazzo San Giorgio et

à la piazza Caricamento. Remonter le long des arcades de Sottoripa pour rejoindre la via San Luca puis retrouver la piazza Banchi, l'ancienne place des changeurs, avec sa curieuse église San Pietro, (surélevée avec la loge du chanoine au-dessus) et atteindre la cathédrale San Lorenzo.

La cathédrale San Lorenzo *(zoom couleur, B2)* **:** ouvert de 7 h (8 h les dimanche et jours fériés) à 19 h. Consacrée au début du XIIe siècle à saint Jean Baptiste (dont on avait ramené les reliques à Gênes lors de la première croisade), elle fut remaniée jusqu'à la Renaissance, mais présente néanmoins un style assez homogène. Elle affiche une belle façade gothique en marbre polychrome, à bandes noires et blanches alternées, motif typique de la ville. Au tympan, ce pauvre saint Laurent qui grille sur son barbecue. Jetez un coup d'œil sur le flanc droit pour admirer le portail latéral de style roman avec ses colonnes sculptées. Intérieur majestueux et sobre. Saint Jean Baptiste, patron de Gênes, a été particulièrement gâté : la façade de sa chapelle est des plus réussies. Elle abrite une châsse contenant les reliques du saint. À noter dans un mur, une bombe anglaise de la dernière guerre qui s'est encastrée sans exploser. Un vrai miracle!

La sacristie donne accès au très beau *musée du Trésor* (un des plus importants d'Italie, ça veut tout dire...). Ouvert du lundi au samedi de 9 h à 11 h 30 et de 15 h à 17 h 30. Entrée : 5,50 € ; réductions. Parmi les nombreux bijoux, reliquaires et objets sacrés, on peut y voir la fameuse *Sacro Catino,* coupe hexagonale en verre soufflé que la légende présente comme le Saint-Graal. À remarquer également la superbe croix byzantine en or incrusté de perles et pierres précieuses *(croce degli Zaccaria),* le *piatto di san Giovanni Battista,* plat en calcédoine sur lequel la tête du saint aurait été présentée à Salomé, et une très belle châsse en argent du XVe siècle destinée à porter en procession les cendres du saint patron de la ville. Le cloître des chanoines abrite un petit musée diocésain d'art sacré (fermé le lundi, entrée cloître et musée à 5,50 €) où l'on peut voir 14 toiles décoratives teintes de cet indigo caractéristique qui a donné le « bleu de Gênes », également la couleur du *blue jeans.*

À gauche de la cathédrale une rue part vers la piazza San Matteo, ancienne place privée de la famille Doria avec son église à bandes horizontales grise et blanche (cloître) et ses palais du clan Doria avec leurs portails ouvragés. Le plan de ces immeubles était toujours le même. Au-dessus des arcades abritant les commerces, le premier étage avec la *caminata* (la cheminée) ; ensuite celui des chambres et au troisième étage les cuisines construites en hauteur pour des évidentes raisons de sécurité.

Après cette visite, remonter la via San Lorenzo jusqu'à la piazza Matteotti, pour voir le ***palazzo Ducale*** *(zoom couleur, B2).* Le palais ouvre chaque jour à 6 h 30 et ferme vers minuit. Construit à la fin du XVIe siècle dans un style Renaissance. Sa façade, reconstruite au XIXe siècle après un incendie, présente un élégant visage néo-classique. Ancienne résidence des doges de la ville (ils étaient obligés d'y résider), le palais accueille aujourd'hui colloques, rencontres et expositions temporaires. Remarquez la porte massive en chêne et aux pointes de fer émoussées. À l'intérieur, l'édifice se distingue par ses larges cours à arcades et colonnes, ses loges et l'ampleur de ses salons. On peut y voir notamment la très belle *chapelle du doge,* aux fresques superbes signées par Giovanni Battista Carlone. Surmontant le palais, la *tour Grimaldina,* coiffée de créneaux qui servit de prison. On y enfermait les opposants politiques. Le régime carcéral y était assez léger. Séjournèrent là, Dragut, le pirate au service de François Ier et Niccolo Paganini, enfermé quelque temps pour détournement de mineur (une admiratrice subjuguée par son tempérament sulfureux!)

Les premiers samedi et dimanche du mois, se tient au *palazzo Ducale* un marché aux puces.

Sur un des côtés de la piazza de Ferrari (la plus importante de la ville avec sa grande fontaine) le théâtre Carlo Felipe (1827) est surmonté d'une curieuse tour massive construite en 1992, pour les 500 ans de la découverte de l'Amérique par Christophe Colomb.

Si l'on dispose d'un peu de temps, on peut remonter la *via Roma (zoom couleur, C2),* artère élégante doublée de la galerie couverte Mazzini qui débouche sur la piazza Corvetto. Sur la via Roma, ***Finollo,*** le plus connu des marchands de cravates d'Italie. Les chemises y sont faites à la main.
Sur la gauche en haut de la via Roma un palais de 1548, bâti par l'oncle d'Andrea Doria, sert de siège à la ***prefettura*** *(zoom couleur, C2).* Le bâtiment est accessible en semaine jusqu'à 17 h. Montez à l'étage (entrée libre) pour admirer tout autour de la galerie les superbes fresques de Luca Lambiaso qui montrent les plans de Rome, Venise, Milan, Florence, Gênes, Jérusalem et Anvers. Sur le plan de Gênes on reconnaît aisément la *Lanterna,* (le phare), le palais d'Andrea Doria, les darses des Galères, le palais San Giorgio, la cathédrale San Lorenzo, le palais des Doges... Au plafond, une fresque représente Hercule et les Amazones.
Tout près de là, en face, on peut prendre un verre à la terrasse du vénérable café *Mangini* en compagnie de vieilles dames très comme il faut, puis entamer une promenade vers les jardins autour de la place qui offrent, tous deux, une très belle vue sur la ville. Celui de droite, l'*Acquasole,* permet de rejoindre, par le ponte Monumentale, la *via XX Settembre,* artère principale de la ville, bordée d'arcades et de magasins élégants. Celui de gauche, le *parco Villetta di Negro,* beaucoup mieux entretenu, offre une vue imprenable sur la ville.

Sinon, à l'arrière du palazzo Ducale, on accède à la ***piazza San Matteo*** *(zoom couleur, B2),* qui présente aujourd'hui encore le visage typique des « clans » nobiliaires du Moyen Âge. Ancien fief de la famille des Doria. Celle-ci y éleva ses palais autour de la place et l'église San Matteo. Caractérisées par leurs bandes noires et blanches, leurs demeures se serrent autour de l'église familiale. À gauche de l'église, un ravissant cloître recèle de nombreuses inscriptions célébrant la gloire de la famille.

De retour sur la piazza Matteotti, remonter la ***via Porta Soprana*** *(zoom couleur, B2)* jusqu'à la porte du même nom, l'emblème du quartier. C'est le seul vestige (restauré) des remparts qui furent construits au XIIe siècle autour de la colline de Castello pour se défendre des attaques de Barberousse. À deux pas, on peut jeter un œil à la « maison de Christophe Colomb » *(zoom couleur, C2),* dont les murs, selon la légende, auraient vu naître le célèbre découvreur (si ce n'est vrai, il y aurait tout au moins passé une partie de son enfance).

De là, descendre la via di Ravecca pour rejoindre le ***musée de Sant'Agostino*** *(zoom couleur, B2),* piazza Sarzano, 35r. ☎ 010-251-12-63. Ouvert de 9 h à 19 h (à partir de 10 h les samedi et dimanche). Fermé le lundi. Entrée : 3,10 €; réductions; gratuit pour les moins de 18 ans et les plus de 60 ans; gratuit pour tous le dimanche.
Détruits par un bombardement lors de la dernière guerre, l'église (déconsacrée sous Napoléon) et l'ancien couvent des augustins (XIIIe siècle) ont été récemment, et superbement, aménagés pour accueillir des fresques, éléments architecturaux et fragments de sculptures provenant d'anciennes églises de la ville. Les sculptures exposées, par leur nombre et leur diversité, proposent un parcours très complet dans l'histoire de la sculpture génoise du Xe au XVIIIe siècle. Parmi les nombreuses pièces, on remarquera la superbe *Marguerite de Brabant* réalisée par Giovanni Pisano vers 1313. Ce chef-d'œuvre est tout ce qu'il reste du monument funéraire que l'empereur Henri VII fit ériger en mémoire de sa jeune épouse, morte peu de temps après qu'il eut envahi l'Italie, en 1310. Cloître triangulaire étonnant, en fait il manquait de place pour le construire en carré !

De là, rejoindre la via San Lorenzo, voie piétonne en passant par l'adorable *piazza delle Erbe,* bordée de cafés populaires, comme le bar *Berto* (voir « Où boire un verre? »). On arrive ensuite au ***vieux port,*** qui est vraiment impressionnant. Totalement réaménagé lors de l'année Christophe Colomb en 1992, ses nouvelles infrastructures sont imposantes, et le point de vue sur l'amphithéâtre de la ville serait parfait si l'on pouvait faire abstraction de la structure de béton de la Sopraelevata. On a même dû abattre un pan de palais du XVIIe siècle pour la faire passer!
Promenez vous sous les arcades *(sotto ripa),* à l'arrière du *palazzo san Giorgio,* à la fresque de saint Georges chatoyante et qui avait autrefois les pieds dans l'eau. Ce fut le premier palais public et la première banque de Gênes. Derrière le palais, sur la piazza Bianchi, on trouve la loge des Marchands *(loggia dei Mercanti).*
Reconverti en espace pluri-fonctionnel, l'ancien port (les activités portuaires sont désormais installées plus à l'ouest) accueille aujourd'hui immeubles résidentiels, hôtels, cinéma multiplexe, centre commercial et de nombreux bars et magasins. Hormis la *Cité des Enfants* (modèle réduit de la Cité des Sciences et de l'Industrie de Paris), le *Bigo* œuvre de Renzo Piano inspiré des mats de charge que l'on trouve sur les cargos (ascenseur moderne avec vue panoramique sur la ville et la baie), et le *Neptune* (bateau vedette du film *Pirates* de Polanski), l'attraction principale reste sans aucun doute l'*aquarium,* le plus grand d'Europe et l'une des attractions les plus visitées d'Italie! Au loin, vers l'ouest et le port moderne, on aperçoit la silhouette caractéristique de la ***Lanterna,*** le phare qui est le symbole de la ville. Visites le dimanche à 14 h 30 sauf par mauvais temps.

Aquario di Genova *(zoom couleur, B1-2) :* porto Antico, ponte Spinola. ☎ 010-234-56-78. • www.acquariodigenova.it • Ouvert du lundi au vendredi de 9 h 30 à 19 h 30 (22 h le jeudi), dernière entrée 1 h 30 avant la fermeture; les week-ends et jours fériés, jusqu'à 20 h 30. En juillet et en août, ouvert tous les jours de 9 h 30 à 23 h. Entrée : 12,50 €; réductions; gratuit pour les enfants jusqu'à 3 ans.
Quelques chiffres : 10000 m^2 de surface d'exposition, 71 bassins, 6 millions de litres d'eau, près de 6000 hôtes représentant 600 espèces animales, 1,5 million de visiteurs par an... ce qui en fait le troisième site le plus visité d'Italie. Ouf! Une grosse machine donc, mais toujours est-il que la présentation y est très bien faite, dans un esprit à la fois ludique et pédagogique. Superbes bassins géants où évoluent phoques, dauphins, pingouins ou requins, importante section dédiée à la biodiversité (avec présentation notamment de l'écosystème malgache), bassins « tactiles » où l'on peut faire ami-ami avec des raies... Le prix d'entrée est certes élevé, mais pour vous qui vous sentez l'esprit Grand Bleu, les 2 ou 3 h que vous passerez ici valent largement le déplacement (et la dépense!).

Museo nazionale dell' Antartide *(zoom couleur, B2) :* palazzino Millo, porto Antico. ☎ 010-234-36-90. • www.mna.it • Ouvert de juin à septembre du mardi au dimanche de 10 h 30 à 18 h 30; le reste de l'année du mardi au vendredi de 9 h 45 à 17 h 30 et les week-ends et jours fériés, de 10 h à 18 h. Entrée : 5,30 €; réductions; gratuit pour les enfants jusqu'à 6 ans. Audioguide en français. Petit musée interactif consacré aux explorations polaires et au pôle Sud en particulier. Quelques belles images qui font rêver et beaucoup d'explications scientifiques un peu brouillonnes. À visiter s'il pleut.

Palazzo del Principe *(plan général couleur, A1) :* via Adua, 6. ☎ 010-255-509. Ouvert du mardi au dimanche de 10 h à 17 h. Entrée : 6,20 €. Réductions. Excellent commentaire avec l'audioguide. Au bout de la via Balbi, un peu en dehors du centre, face à la mer (mais la voie express en gâche la vue depuis les jardins). Le *palazzo del Principe* fut construit au milieu du XVIe siècle pour Andrea Doria pour lui permettre de se reposer (il est mort à 95 ans !) de son intense activité au service de François Ier, de Charles-Quint et de sa chère République génoise. Les lieux sont à la gloire du personnage, souvent représenté sous les traits de Neptune. On y admirera en priorité la salle des immenses tapisseries qui relatent par le détail les péripéties de la fameuse bataille de Lépante qui vit la flotte de la coalition chrétienne mettre en déroute la flotte ottomane. C'est Giovanni Andrea, le neveu d'Andrea Doria qui y participa. Dans le salon des Géants, beau portrait d'Andrea et dans la galerie ouverte sur les jardins une série de fresques polychromes à la gloire des Doria vêtus de toges romaines réalisées par Sebastiano del Piombo. Au centre des jardins, fontaine monumentale de Neptune, bien évidemment !

À part ça, pas mal d'autres choses à voir si l'on a le temps : la Galerie nationale du ***palazzo Spinola*** *(zoom couleur, B1)* **:** piazza Pelliceria, 1. Ouvert du mardi au samedi de 8 h 30 à 19 h 30 et le dimanche de 13 h à 20 h. Ancien palais de la famille Grimaldi. Mobilier de la fin du XVIe au XVIIIe siècle, œuvres de la Renaissance flamande et italienne. Portrait d'*Ansaldo Pallavicino* de Van Dyck, superbe *Ecce Homo* d'Antonello da Messina et sculpture de Madone de Giovanni Pisano.
Mais on pourrait aussi citer l'***église Del Gesù*** *(zoom couleur, B2)* et ses deux chefs-d'œuvre de Rubens *(La Circoncision du Christ* et *Le Miracle de saint Ignace guérissant une possédée)* tableau commandé par la famille Palavicini ; l'***église Santa Maria di Castello*** *(zoom couleur, B2)* de 1120, aux colonnes et chapiteaux romains et surtout sa superbe fresque de l'*Annonciation* de Juste de Ravensburg... Ne pas manquer aussi la petite ***église San Donato*** *(zoom couleur, B2)* du XIIe siècle où se trouve, dans la chapelle de gauche, le magnifique polyptyque de l'*Adoration des mages* de Joos Van Cleeve. Petit détail intéressant : un graffiti de caravelle gravé sur la première colonne de gauche. En fait, la ville recèle d'innombrables églises, palais et musées (souvent l'un dans l'autre) que l'on découvrira au hasard de ses promenades.

Cimitero di Staglieno *(hors plan général couleur par D1)* **:** au nord-est de la gare Brignole, à la sortie de la ville. ☎ 010-87-01-84. Bus n° 34 de la gare Principe, ou n°s 12 et 14 de la gare Brignole. Si vous êtes en voiture, prenez la sortie est de l'autoroute en direction de Piacenza. Ouvert tous les jours de 7 h 30 à 17 h (dernière admission). Entrée du côté des fleuristes. Demandez la brochure en français.
Cet immense cimetière réunit, sur 160 ha, un ensemble de monuments funéraires assez exceptionnels, où le style le plus macabre rivalise avec la frime la plus extravagante. Les marchands génois aimaient étaler leurs richesses de leur vivant, mais aussi une fois morts. Si on aime le genre, c'est à visiter. Un endroit assez envoûtant. Plusieurs célébrités y sont enterrées, du politicien Mazzini (l'un des pères de l'unification italienne) à Constance Lloyd (la femme d'Oscar Wilde). Le long du parcours, arrêtez-vous sur la tombe de Caterina Campodonico, une inconnue qui a travaillé toute sa vie comme vendeuse ambulante de noisettes pour se payer une statue dans l'olympe des *Genovesi* !

DANS LES ENVIRONS DE GÊNES

On peut également aller explorer le ***bord de mer,*** l'occasion d'une balade agréable en bord de Méditerranée avec quelques haltes dans de petits villages où vivent encore de vieux pêcheurs génois, comme ***Boccadasse,*** dont le vieux port offre un adorable visage de carte postale avec ses jolies maisons colorées et ses barques à sec sur la plage. Un coin totalement préservé malgré sa proximité avec la trépidante Gênes. Ne pas hésiter à déguster une bonne glace artisanale chez *Amadeo* (piazza Nettuno, 7 ; fermé le mardi) tout en profitant du coucher du soleil sur les maisons jaunes et ocre : sérénité et romantisme assurés.

➢ Boccadasse est aisément accessible depuis Gênes, en bus (n° 42 depuis la place Fontane Marose) ou encore mieux, à pied : longer le port pour rejoindre la piazzale Kennedy d'où débute le corso Italia, belle promenade le long de la mer; en 30 mn de marche vous y êtes!

Un peu plus loin, le joli village de pêcheurs de ***Nervi*** (bus n° 15) et sa fameuse *passeggiata Anita Garibaldi,* superbe promenade longeant la mer sur plus de 2 km et bordée de terrasses de cafés ensoleillées le jour et de discothèques en plein air le soir. C'est ici, à la belle saison, le véritable centre de la vie nocturne de Gênes.

Rendez-vous incontournable au très fréquenté et chaleureux *Senhor do Bonfim,* bar à l'ambiance brésilienne ouvert sur la promenade, qui propose de fréquents concerts *live.* Programmes sur : • www.bonfim.it •

Ceux qui aspirent à un peu plus de tranquillité peuvent profiter de la petite terrasse sur pilotis du *Pub del Duca,* au bout la *passeggiata,* de l'autre côté du *porticiolo* de Nervi. Pour manger on peut s'installer sans hésiter chez *Halloween* (sur le port de Nervi; ouvert tous les soirs de 19 h 30 à 1 h, sauf le mercredi), souvent bondé d'Italiens venus savourer une bonne pizza ou une délicieuse *focaccia al formaggio.* Service un peu speed mais ambiance très sympa. Pour le dessert, rendez-vous chez *Flavio* (via Giovanni, 3, sur le port; ouvert tous les jours sauf quand il pleut – *sic*!), vieille *gelateria* tenue par un monsieur qui fait lui-même ses glaces depuis... ouh, il ne s'en souvient même plus! En tout cas, y'a pas de doute, elles sont vraiment délicieuses.

➢ Nervi est facilement accessible en voiture ou en train depuis Gênes. On rejoint le *porticiolo* uniquement à pied, par la *passeggiata* Garibaldi à laquelle on accède en prenant le passage souterrain de la gare de Nervi.

Pegli, une bourgade, jadis très aristocratique, à 10 km au nord de Gênes, qui, outre un camping que l'on vous signale plus haut dans « où dormir? » recèle un très beau parc dessiné autour de la ***villa Pallavicini*** avec un itinéraire conçu comme un parcours initiatique. On passe de grottes dantesques en pavillons turcs, temple grec ou pagode chinoise selon une scénographie sensée franchir les étapes de la connaissance philosophique. L'ensemble se visite de préférence à la fin du printemps et se double d'un petit musée archéologique. *Parco Durazzo-Pallavicini.* Ouvert de 9 h à 18 h d'avril à fin septembre et de 10 h à 16 h le reste de l'année. Entrée : 3,62 €.

En 2004, inauguration à Pegli d'un tout nouveau ***Musée naval*** consacré sur 10 000 m^2 à l'histoire maritime de la Riviera. Les collections permanentes de l'ancien *Pavillon de la mer* de Gênes y ont été intégrées.

QUITTER GÊNES

En voiture

➢ ***Pour la France :*** vers la Côte d'Azur, via *Savona, Imperia* et *Ventimiglia* (frontière). Prendre soit la S 1, qui longe la côte à petits pas (bouchons en perspective en été!), soit l'autoroute Gênes-Vintimille (l'A 10) qui offre une suite ininterrompue de tunnels, de viaducs et de... péages. Assez impressionnant. À la sortie de Gênes, très grand poste de péage : files interminables de voitures, il est donc très facile d'en trouver une si l'on fait du stop.

Parcours différent en prenant le chemin des écoliers, avec de nombreux beaux paysages : au lieu de passer par Vintimille, tourner à droite juste avant la frontière, en remontant vers Tende (N 204) jusqu'à Breil. Prendre direction Sospel par le col de Brouis (D 2204). Puis retour sur Menton par le

col de Castillon ou sur Nice par le col de Braus. Évidemment, ça fait un détour, mais ça vaut le coup si l'on n'est pas pressé et qu'on aime les parcours buissonniers.
On peut aussi remonter en France, vers les Alpes via *Alessandria* et *Turin* (A 26 puis A 21).
➢ ***Pour le nord de l'Italie :*** Milan est accessible par l'A 7. Pour les villes d'Émilie-Romagne, le chemin le plus court consiste à prendre l'A7 en direction de Milan puis l'A 21 en direction de Piacenza ; de là rejoindre l'A1, qui dessert les villes de Parme, Modène et Bologne.
➢ ***Pour le sud de l'Italie :*** on peut descendre vers Florence ou Rome, via La Spezia et Livourne par l'A 12 (avec bifurcation sur l'A 11 pour Florence). Mais si vous envisagez de poursuivre votre route vers le sud, nous vous conseillons d'emprunter, au moins jusqu'à Santa Margherita Ligure la *via Aurelia.* Entre mer et montagnes, c'est une route qui réserve des points de vue magnifiques.

En train

Numéro d'information gratuit (depuis l'Italie) sur les liaisons ferroviaires : ☎ 848-888-088.
➢ Nombreuses liaisons directes avec les Cinqueterre via Sestri Levante ; Vintimille et Nice ; La Spezia, Milan, Zürich et Bâle ; Turin ; La Spezia et Rome.

En bateau

Servizio del Tigullio : ☎ 0185-28-46-70.

➢ Liaisons ***pour la Corse*** en saison, se renseigner auprès de :

Compagnie Mobylines : terminal Traghetti, calata Chiapella, via Milano, 51. ☎ 010-254-15-13. • mo by.genova@mobylines.it • La compagnie effectue, du 1er juin au 30 septembre, une liaison quotidienne vers la Corse. En principe, départ de Gênes tous les jours à 9 h, arrivée à Bastia à 13 h 30 (départ à 14 h 45 et arrivée à 19 h 30 dans le sens Bastia-Gênes).

LA RIVIERA DU LEVANT

CAMOGLI (16032) 6 000 hab.

À 25 km à l'est de Gênes, bien à l'abri du golfe Paradiso, Camogli est un petit port authentique et pittoresque avec ses bateaux bariolés et ses maisons colorées accrochées à flanc de colline. Son nom (*Casa delle Mogli* : « la Maison des Femmes ») fait référence à cette époque où tous les hommes étaient en mer pour la pêche. Signes particuliers des habitations : leur hauteur (6 à 9 étages), leurs typiques couleurs ligures (rouge-brun, jaune-ocre, vert) et leurs éléments d'architecture peints en trompe l'œil (les Camogliens, et les Liguriens en général, ayant horreur du vide et de la dissymétrie, ajoutent des fenêtres partout où l'architecte n'en a pas prévu !). Promenade loin des voitures, au bord d'une plage de galets dans un site sympathique : d'ailleurs, c'est l'endroit préféré des gens du coin (les Milanais vont à Portofino, eux !).

Adresses et infos utiles

Office du tourisme (Pro Loco) : via XX Settembre, 33. ☎ et fax : 0185-77-10-66. • www.camogli.it • Dans la rue principale du village, vers la droite en sortant de la gare. Ouvert toute l'année, du lundi au samedi de 9 h à 12 h et de 15 h 30 à 18 h 30; le dimanche de 9 h à 13 h. En plus de la documentation habituelle, on peut s'y procurer des cartes de randonnées et y acheter ses billets de bus ou de train. Excellent accueil.

■ **_Change_** possible et distributeur automatique à la *Banco di Chiavari,* au n° 19 de la via XX Settembre, près de l'office du tourisme et à la *Banca Carrige.*

La compagnie maritime **_Golfo Paradiso_** effectue des liaisons vers San Fruttuoso, Portofino, Portovenere et les Cinqueterre. Renseignements au : ☎ 0185-77-20-91 ou sur le site • www.golfoparadiso.it • Les horaires changent selon la saison et sont affichés à l'embarcadère, sur le port.

■ **_Transports :_** *bus* pour Rapallo et Santa Margherita Ligure avec la compagnie *Tigullio Buses* (☎ 0185-23-11-08) et nombreux *trains* à destination de Gênes (20 mn) et La Spezia.

Où dormir ? Où manger ?

Albergo La Camogliese : via Garibaldi, 55. ☎ 0185-77-14-02. Fax : 0185-77-40-24. • www.lacamogliese.it • Doubles de 67 à 100 €, petit déjeuner-buffet compris. Demi-pension ou pension complète possible (minimum 3 jours). Petit établissement proposant une vingtaine de chambres agréables et bien tenues, toutes avec bains, TV satellite, téléphone et pour certaines, vue sur mer. Quelques-unes possèdent même un petit balcon. Bon accueil de la famille Rocchetti, qui tient cet hôtel avec rigueur et gentillesse depuis plus de 50 ans.

Pour manger, on trouve plusieurs **_restaurants,_** notamment de poissons et fruits de mer, sur la promenade le long du port.

La Rotonda : via Garibaldi 101. ☎ 0185-77-45-02. En surplomb de la plage aux galets noirs, un resto tout en rond entouré de cabines de plage. Nappes bleu lavande, déco marine avec d'amusantes peintures marines naïves. Superbes pâtes comme les *trofiette al pesto* ou les spaghettis aux fruits de mer. On retiendra aussi les *funghi porcini triffolatti* ou le *rissotto* aux champignons. Le vendredi : *stoccafisso.* Font aussi la *pizza.* Service obligeant.

Spaghetteria Il Portico : passegiatta Mare, via Garibaldi, 197a. ☎ 0185-77-02-54. Ouvert à 12 h 30 et à 20 h, fermé le mardi. Plats de pâtes autour de 7 €. Au bout de la promenade, côté port une entrée garnie de cactus. Déco claire en crépi blanc et briques avec tournesols. *Penne, spaghetti, tenette* et *tutti quanti.*

– On peut également se rendre jusqu'à **_Recco,_** à 2 km de Camogli, pour goûter à la spécialité locale, la célèbre *focaccia al formaggio* (fougasse nappée de fromage fondu). Tous les restos de Recco en ont à leur carte.

À voir. À faire

En surplomb de la plage et du port de pêche, la **_basilique Santa Maria Assunta_** (XIIe siècle) mérite un coup d'œil (moyennant le payement de l'éclairage !) pour son incroyable décor baroque (profusion de marbre, dorures et cristal), de même que le **_château de la Dragone_** (même époque).

Voir aussi le petit ***Museo marinaro*** : via Gio Bono Ferrari, 41. ☎ 01 729-049. Celui-ci retrace, au travers de modèles réduits, d'instruments d navigation, d'ex-voto, etc., la longue tradition maritime de ce charmant petit village. Fermé le mardi.

– À ne pas manquer, le 2e dimanche de mai, la fameuse ***sagra del Pesce,*** opération de relations publiques des pêcheurs locaux qui régalent la population en faisant frire 2000 sardines dans une gigantesque poêle de 4 m de diamètre ! Pour preuve, le mur garni de poêles.

➢ Nombreux sentiers pédestres au départ de Camogli, notamment vers le parc naturel de Portofino. On peut rejoindre, entre autres, en 1 h 30 de marche, le minuscule village de ***San Fruttuoso,*** dominé par une belle abbaye bénédictine du Xe siècle (entrée : 4 €). Caché au fond d'une petite crique adorable, le village est aussi un haut rendez-vous des plongeurs qui viennent rendre hommage à leur saint protecteur, le *Christ des Abîmes,* statue de bronze immergée à 17 m de profondeur à l'entrée de la petite baie. On peut apercevoir, par beau temps, l'incroyable statue depuis les bateaux qui font la liaison entre San Fruttuoso et Camogli ou Portofino. De San Fruttuoso, les marcheurs courageux (et entraînés) peuvent poursuivre le sentier qui rejoint ensuite Portofino. De Camogli à Portofino, compter 5 h de marche. Renseignements et cartes auprès de l'office du tourisme.

Où dormir dans les environs ?

B&B Penelope : Frazione Terrile 70 à Uscio, de l'autre côté de l'autoroute. Sortie Recco. ☎ 0185-919-16 ou 338-897-98-13 (portable). • www.bbpenelope.it • Deux chambres (maximum 6 lits) : 50 et 60 € en double, lit supplémentaire à 18 € avec petit dej'. Salle de bains commune. À 12 km de Recco, téléphoner pour vous faire expliquer la route. Le bus Uscio-Terrile arrive à 100 m de la maison. Dans la montagne, une maison tenue par Odile, une sympathique francophone d'origine belge qui fait du tissage. Ambiance baba sans façon, mais chaleureuse dans un environnement tranquille propice aux randonnées.

SANTA MARGHERITA LIGURE (16038) 10500 hab.

À 30 km à l'est de Gênes. Cet ancien village de pêcheurs est devenu une station balnéaire réputée aux XIXe et XXe siècles lorsque artistes, poètes et écrivains le choisirent comme lieu de villégiature. Porte d'entrée du parc naturel de Portofino, Santa Margherita jouit en effet d'une situation exceptionnelle au bord des eaux limpides du golfe de Tigullio. Sa plage de sable et de galets, sa promenade plantée de palmiers et ses petits immeubles aux façades colorées lui confèrent un charme certain. Plus tranquille et beaucoup moins chère que sa voisine Portofino, c'est une bonne base pour qui souhaite explorer la région.

Adresses et infos utiles

Office du tourisme : via XXV Aprile, 2b. ☎ 0185-28-74-85. Fax : 0185-28-30-34. • www.apttigullio.liguria.it • Prendre à droite de la gare la via Roma, puis à gauche jusqu'au largo Giusti et de nouveau à droite. En saison, ouvert du lundi au samedi de 9 h 30 à 12 h 30 et de 15 h à 19 h 30. Le dimanche de 9 h 30 à 12 h 30 et de 16 h 30 à 19 h 30. Hors saison, ouvert du lundi au samedi de 9 h 30 à 12 h 30 et de

[illegible] 30. Personnel sympa[illegible] documentation et on [illegible] ous aider à réserver [illegible] d'hôtel.
[illegible] a Roma, face à l'hôtel Con[illegible]. Ouvert du lundi au vendredi de 8 h à 18 h et le samedi jusqu'à 13 h.

■ ***Banque :*** distributeur à la *Banca di Chiavari,* à gauche de l'église.

Bateaux : le *Servizio Marittimo del Tigullio* (☎ 0185-28-46-70 ; • www.traghettiportofino.it •) effectue des liaisons quotidiennes vers Portofino (et San Fruttuoso) : en été, départ toutes les heures de 9 h à 16 h ; 2 départs quotidiens hors saison (à 10 h et 14 h). En saison, liaisons également vers Gênes, Sestri Levante, les Cinqueterre, Portovenere et Lerici.

Bus : *Tigullio Pubblici Trasporti* (☎ 0185-28-88-34) dessert Portofino toutes les 20 mn de 6 h à 20 h (ligne n° 82). Bus pour Camogli également (ligne n° 73). Départs de la pl. Vittorio Veneto, vers les quais.

Trains : la *station FS* se trouve piazza Nobili, en haut de la via Roma. Nombreux trains à destination de Gênes (via Camogli) et La Spezia (via Sestri Levante, Levanto et les Cinqueterre).

@ ***The Internet Point :*** via Giuncheto, 39. Pas loin de la piazza Mazzini.

Où dormir ?

De bon marché à prix moyens

Santa Margherita tend à subir l'influence des prix élevés de Portofino. Pas d'hôtel vraiment bon marché donc, surtout pour les établissements situés en bord de mer. Cependant, en s'éloignant quelque peu de la plage, le *Routard* a déniché pour vous :

Albergo Annabella : via Costasecca, 10. ☎ 0185-28-65-31. À deux pas de la piazza Mazzini, dans le centre, et à 5 mn de la mer. Compter 62 € la double hors saison et jusqu'à 75 € en haute saison. Petit dej' possible en supplément (4 € par personne). Petite pension familiale un peu vieillotte proposant une dizaine de chambres calmes et bien tenues mais un peu tristounettes. Douche et toilettes sur le palier. Sans être franchement luxueuse, cette adresse représente un bon rapport qualité-prix surtout en basse saison. Il vaut mieux réserver car c'est souvent complet. Attention, ne prend pas les cartes de paiement.

Hôtel Nuova Riviera : via Belvedere, 10/2. ☎ et fax : 0185-28-74-03. • www.nuovariviera.com • Un peu plus haut que l'*Albergo Annabella.* Ouvert toute l'année. Séjour de 2 nuits minimum. Les prix varient selon les prestations et les périodes de l'année : dans l'annexe, chambres avec salle de bains extérieure entre 65 et 74 € pour deux sans petit dej' ; dans l'hôtel, compter de 75 à 98 € la double avec bains, petit déjeuner inclus. Menus de 18 à 30 €. Jolie petite adresse familiale dans une villa de style Liberty possédant un agréable jardin. Chambres rénovées, claires, spacieuses et très bien tenues. Les patrons parlent le français. Ils servent également des repas, préparés par la *mamma,* où les spécialités régionales sont à l'honneur. Une adresse « routard » que nous aimons bien depuis longtemps et où il faut réserver impérativement en saison. Cartes de paiement acceptées uniquement à l'hôtel. Attention ! réservé exclusivement aux non-fumeurs.

Hôtel Conte Verde : via Zara, 1. ☎ 0185-28-71-39. Fax : 0185-28-42-11. Congés annuels : de décembre à février. Les prix varient selon les prestations et les périodes de l'année : doubles de 55 à 85 € avec salle de bains extérieure et de 70 à 125 € avec salle de bains privée ; petit dej' inclus. À 50 m de la mer, hôtel confortable aux chambres bien tenues mais dont les moquettes gagneraient à être changées ! Environnement parfois bruyant, prévoyez des boules Quies si vous dormez la fenêtre ouverte. Tenu en famille dans une ambiance sympathique. Parking privé et fermé. Pour nos lecteurs, 10 % de réduction sur le prix des chambres de mars à juin (hors week-end).

Plus chic

🏠 ***Hôtel Jolanda :*** via Luisito Costa, 6. ☎ 0185-28-75-13. Fax : 0185-28-47-63. • www.hoteljolanda.it • Selon la période, compter entre 100 et 130 € la chambre, petit déjeuner-buffet compris. Dans une rue tranquille du centre-ville et à 100 m de la mer. Ne pas se fier à l'aspect extérieur du bâtiment, sans charme aucun, car l'intérieur, entièrement rénové, est, lui, du genre « classe » et raffiné. Chambres dans le même esprit, élégantes et confortables, toutes avec bains, téléphone, minibar, coffre, AC, TV et parfois balcon. Ascenseur et parking (payant). L'hôtel dispose aussi d'un bar, d'un sauna, d'une salle de gym et d'un petit jardin. Accueil pro et chaleureux. Connexion Internet.

🏠 ***Albergo Fasce :*** via Luigi Bozzo 3. ☎ 0185-28-64-35. Fax : 0185-28-35-80. • www.hotelfasce.it • Ouvert de mars à mi-décembre. Chambres avec bains à 95 €. Dans un quartier résidentiel au milieu de la verdure et des palmiers un peu en retrait du corso Matteotti, un hôtel familial à l'accueil pro et efficace. Déco sobre et moderne. Chambres avec balcons. Solarium sur le toit. Resto de cuisine ligure. Prêt de vélos et parking aisé.

Où manger ?

– *Via Palestro,* à droite de l'église, de nombreux ***traiteurs*** vendent des spécialités ligures. *Via Cavour,* on peut acheter des pâtes fraîches.

|●| ***Trattoria da Pezzi :*** via Cavour, 21. ☎ 0185-28-53-03. Fermé le samedi. Compter de 13 à 20 € pour un repas. Même si le cadre est sans prétention et la déco plutôt minimaliste, n'hésitez pas à pousser la porte de cette petite *trattoria* familiale, car l'accueil y est très gentil et la cuisine excellente. D'ailleurs, les locaux ne s'y trompent pas et la fréquentent assidûment. Parmi les spécialités, essayer sans hésiter le minestrone, les lasagnes, les légumes farcis ou la fameuse *focaccia al formaggio,* tous aussi bons les uns que les autres. Bon à savoir : l'établissement fait aussi des plats à emporter (pratique pour ceux qui veulent composer leur pique-nique).

|●| ***Ristorante Cinzia e Mario :*** via Palestro, 26. ☎ 0185-28-75-05. Juste en face de l'office du tourisme. Fermé le lundi. Congés annuels : du 7 janvier au 7 février. Menu « touristique » à 20 € ; à la carte, compter dans les 25-30 €. Très calme, ce restaurant-pizzeria qui donne sur deux rues est équipé d'un espace de jeux destiné aux enfants. Le patron vous expliquera les spécialités de la Ligurie et n'hésitera pas à découper le poisson pour vous. Goûter à la *pizza al pesto* ainsi qu'aux *scampi al limone e vino bianco* ou au *rissotto alla marinara.* Bon rapport qualité-prix dans l'ensemble. Digestif offert à nos lecteurs sur présentation du *GDR.*

|●| ***Trattoria Il Bompresso :*** corso Matteotti, 26 à l'angle de la via Cervetti Vignolo. ☎ 0185-283-556. Fermé le mercredi. Dans une rue commerçante du centre. Déco style gustavien en dégradé de gris. Bonne adresse assez chère pour déguster des langoustes (sur commande). *Spaghetti al sugo de triglio, scalloppine al marsala* et en dessert le fameux *budino.*

|●| ***L'Oca Bianca :*** via XXV Aprile, 21. ☎ 0185-28-84-11. Congés annuels : en janvier et février. Fermé le lundi. Cher (compter au moins 35 € le repas) mais cela vaut la peine. Servie dans un beau décor, la cuisine est en effet tout à fait exquise et l'accueil excellent. Délicieuses

pâtes, entre autres, comme ces divins *ravioli alla mandorla* (aux amandes grillées). Menu végétarien. Excellente carte des vins également. Le digestif, accompagné d'une pâtisserie maison, est offert à nos lecteurs sur présentation de ce guide.

Il Frantoio : via Giuncheto 23a. ☎ 0185-28-66-67. Ouvert le soir du lundi au mercredi. Fermé le jeudi. Compter plus de 30 € pour un repas. Un ancien pressoir d'huile d'olive sert de cadre élégant et d'enseigne à ce restaurant situé dans une rue étroite donnant sur le port. Trois salles en enfilade avec voûtes et ventilos et au mur, quelques reproductions de photos grivoises de la Belle Époque sensées peut-être, mettre les convives en appétit. Jolie carte, bien balancée, où il vaut mieux piocher dans les suggestions du chef. Plats classiques du répertoire ligurien : *miestre, ravili de poisson, involtini di breaola,* poissons grillés. Pas vraiment donné mais qualité supérieure et inventivité. Les budgets un peu plus serrés choisiront une des 20 sortes de pizza.

À voir. À faire

À part la plage et le farniente, pas grand-chose à faire à Santa Margherita même. On peut tout de même jeter un œil à l'*église,* dégoulinante de dorures, de cristal et de marbre. On peut y voir également quelques belles œuvres d'artistes italiens et flamands (ouvert tous les jours de 7 h à 12 h et de 15 h à 19 h). Sinon, cap sur Portofino !

Villa Durazzo : visite guidée le samedi à 15 h. Entrée : 7 €. Construite en 1560, elle héberge une collection de sculptures de marbre, de majoliques, de tapisseries et d'art décoratif chinois. Parc à l'italienne, jardins à l'anglaise et petite orangerie.

PORTOFINO (16034) 600 hab.

Grand rendez-vous de la jet-set internationale, le minuscule port de pêche de Portofino demeure un havre de paix et d'élégance. Véritable décor de théâtre avec ses maisons de pêcheurs et ses imposantes villas aux façades peintes en trompe l'œil, Portofino, si l'on fait abstraction de l'afflux touristique estival, reste sans doute le lieu le plus charmant de la Riviera italienne. C'est aussi l'endroit où l'on voit des gens en short chevauchant leur mobylette dès le mois de mars. Aucune construction n'a été admise depuis 50 ans. À côté, Saint-Tropez, avec ses multiples opérations immobilières, respire la vulgarité. Pas étonnant que les familles Agnelli, Berlusconi ou Pirelli y aient leur résidence d'été...

Comment y aller ?

À 5 km de Santa Margherita Ligure, Portofino est dans un cul-de-sac, et l'unique parking de la ville ne contient que 400 places, pas une de plus. Deux kilomètres avant le village, un affichage électronique des places disponibles et du temps d'attente a désormais remplacé le carabinier. Attention, en été, surtout le week-end, il est fréquent d'attendre 2 ou 3 h pour pouvoir se garer ! Et pour couronner le tout, le tarif du parking est exorbitant (4,50 € l'heure !). *Conseil* : laissez donc votre voiture à Santa Margherita, par exemple dans un parking payant (prix moyen) près de la gare, si vous ne trouvez pas de place ailleurs. De là, toutes les 20 mn, de 6 h à 20 h, un bus dessert Portofino. Ou mieux, prenez le bateau qui assure cette liaison (voir plus haut « Adresses et infos utiles » à Santa Margherita). Si vous décidez quand même d'y aller en voiture, attention aux bus qui manœuvrent, comme vous le rappellent des panneaux, la route étant horriblement étroite.

Adresse utile

Office du tourisme *(IAT)* **:** via Roma, 35. ☎ et fax : 0185-26-90-24. • www.apttigullio.liguria.it • Ouvert tous les jours de 10 h 30 à 13 h 30 et de 14 h 30 à 19 h 30 en saison ; hors saison, ouvert jusqu'à 17 h 30 seulement, et fermé le lundi. Procurez-vous la carte des itinéraires de promenade.

Où dormir ? Où manger ?

Dormir à Portofino risque de grever sérieusement votre budget. Seulement 5 hôtels, dont le moins cher est à 250 € la nuit... En revanche, voir plus haut nos adresses à Santa Margherita, qui n'est qu'à 5 km et offre plus de possibilités (tous les hôtels sont indiqués en ville par des panneaux). Côté restos, c'est le même topo... alors apportez votre pique-nique ! Si vous tenez absolument à manger ici, la pizzeria *Il Portico* est un peu moins chère que les autres...

À voir. À faire

Le village est interdit aux voitures. Tant mieux, car le promontoire de Portofino est un parc naturel parcouru par d'adorables petits sentiers.

➢ Le sentier le plus court (compter 1 h de marche aller-retour) et le plus populaire passe par l'*église San Giorgio,* qui domine le port, et conduit jusqu'à l'ancien château fort, entouré de très jolis jardins, ainsi qu'au phare, à la pointe de la péninsule, d'où l'on jouit d'une chouette vue. Sur ce chemin, pas de problème, vous pouvez emmener votre Yorkshire pour faire « local », le trekking en Armani étant ici tout à fait normal !

➢ Un autre sentier plus long (compter 2 h de marche aller) grimpe sur les collines couvertes d'oliviers et de pins maritimes. Puis il redescend (pente assez raide) jusqu'à ***San Fruttuoso,*** une minuscule crique où se cache une abbaye bénédictine (voir plus haut la rubrique « À voir. À faire » à Camogli). Sinon, accès en bateau possible depuis Portofino en saison (*Servizio Marittimo del Tigullio,* ☎ 0185-28-46-70).

RAPALLO

(16035)

L'élégante station balnéaire fut autrefois une destination de villégiature très prisée. Elle a un peu perdu de son lustre. Cela reste malgré tout un bon plan logement à côté de ses voisines hyper chères de la presqu'île de Portofino. La promenade le long du bord de mer de la baie, fermée par un château du XVIe siècle, compensera le côté suranné et un peu décrépit des façades de certains hôtels dignes des cartes postales de la Belle Époque. Pour les accros du petit point, on vous signale en plus l'existence d'un petit musée de la Dentelle *(museo del Merletto)*.

Adresse utile

***Office du tourisme** (IAT)* **:** Lungo Vittorio Veneto, 7. ☎ 0185-23-03-46. Fax : 0185-263-051. • www.apttigullio.liguria.it • Ouvert tous les jours de 9 h 30 à 12 h 30 et de 15 h à 19 h 30 en saison ; hors saison, ouvert jusqu'à 17 h 30 seulement et fermé le dimanche. Excellent accueil souriant.

Où dormir ?

⛺ ***Camping Rapallo :*** via San Lazzaro, 4d, 16035 Rapallo. ☎ et fax : 0185-26-20-18. • www.campingrapallo.it • À 5 km de Santa Margherita et à 2 km du centre de Rapallo ; à Rapallo, prendre la direction de l'autoroute puis suivre le fléchage. Compter 5,50 € par personne en haute saison, plus 8 € l'emplacement pour une tente. Camping 1 étoile, pas vraiment luxe mais très correct et plutôt calme malgré la route qui passe à proximité. Sanitaires un peu anciens mais bien tenus. Piscine et douches chaudes gratuites. Bar sur place et restos à proximité. En saison, il est recommandé de réserver ou de passer tôt le matin.

Albergo Portofino : corso Matteotti, 53/1-2. ☎ 0185-23-11-03. Chambres de 45 à 60 €. En plein centre mais plutôt en dehors du bruit, au 1er étage. Couloirs un peu vieillots. Chambres de confort élémentaire mais toutes avec petite salle de bains. Salle de resto lumineuse avec plantes vertes pour les pensionnaires. Cuisine familiale, plats fixes mais copieux et à prix doux. Clientèle de longue durée plutôt retraités qui profite des conditions avantageuses de la pension complète. Ambiance un peu cimetière des éléphants.

Albergo Villa Marosa : via Rosselli, 10 ☎ 0185-50-668. • www.villamarosa.it • Chambres de 55 à 90 €, selon la saison. Petit dej' à 3 €. Petite villa rose au fond d'un jardin dans un environnement pas formidable mais au calme. Véranda remplie de plantes vertes. Chambres à la déco sobre, les plus grandes avec terrasse. Accueil prévenant. Parking privé fermé.

Villa delle Rose : via Aurelia Levante, 65. ☎ 0185-50-736. Dix chambres de belle taille, lumineuses et confortables à 68 €. Villa cossue avec jardinet à l'avant ayant appartenu à un amiral, pas loin du centre que l'on peut rejoindre à pied à travers un beau parc. Salon aux fauteuils de cuir. Petit dej' à 3 €. Petit parking.

Où manger ?

U Giancu : via San Massimo, 78, 16035 San Massimo. Fermé le mercredi. De janvier à Pâques, ouvert uniquement le week-end. Compter 25 €. Réservation conseillée le soir. À quelques kilomètres du centre. Cuisine ligure authentique qui professe la simplicité sans négliger les saveurs. Dans un décor de B.D., souvent des personnages de *fumetti* italiens inconnus ailleurs. Soupes de pâtes en abondance agrémentées de toutes sortes d'herbes, *polpettone di patate con fagiole e funghi porcini.* On mange dehors aux beaux jours. Un endroit attachant qui n'oublie pas de consacrer un espace aux enfants.

SESTRI LEVANTE

(16039)

Située à 50 km au sud-est de Gênes, Sestri Levante s'étend de la baia delle Favole (la « baie des Fables », tout au long de la « promenade ») à la baia del Silenzio (« baie du Silence »), petite crique au sable fin.

Les couleurs rose et jaune des maisons, les bas-reliefs qui décorent les entrées de quelques immeubles, les barques des pêcheurs sur le *mare piccolo* (comme on appelle ici la baia del Silenzio), le *carruggio* (la via XXV Aprile, la rue principale) avec ses parfums et ses belles boutiques, font de Sestri l'un de ces lieux charmants de la côte ligure.

Malgré tous les fléchages « Parking », il est difficile de trouver une place en pleine saison : essayer ceux qui longent la mer.

Adresses et infos utiles

***Office du tourisme** (IAT) :* piazza San Antonio, 10, un rond-point avant de rejoindre la promenade du bord de mer. ☎ 0185-45-70-11. Fax : 0185-45-95-75. • www.apttigullio.liguria.it • En saison, ouvert du lundi au samedi de 9 h 30 à 12 h 30 et de 15 h à 19 h 30; les dimanche et jours fériés de 9 h 30 à 12 h 30 et de 16 h 30 à 19 h 30. Hors saison, horaires restreints et fermé le dimanche. Personnel sympathique, bonne documentation et on peut même vous aider à réserver une chambre d'hôtel.

De Sestri partent régulièrement, en été, des ***bateaux*** vers les Cinqueterre et Portovenere, ainsi que pour Portofino et San Fruttuoso. Tickets à l'embarcadère, peu avant le départ du bateau. Renseignements auprès du *Servizio Marittimo del Tigullio* (☎ 0185-28-46-70).

Sestri Levante se trouve sur la ligne ferroviaire Gênes-La Spezia : nombreux ***trains*** dans les deux sens avec arrêt possible dans les Cinqueterre notamment.

Où dormir ?

Camping

– Évitez le *camping del Mare* (cava S. Anna). Bruyant, caillouteux, sanitaires sales.

Camping Fossa Lupara : via Costa, 31. ☎ et fax : 0185-439-92. Situation pas formidable sous le tablier de l'autoroute. En pleine saison, compter 5 € par personne et de 10 à 15 € pour l'emplacement selon sa taille; environ 20 % de moins en basse saison. Relativement calme, malgré la proximité de l'autoroute. Sanitaires corrects et eau chaude gratuite. Petite épicerie sur place (avec pain frais le matin) et pizzeria bon marché. Un peu loin du centre pour les personnes sans voiture, mais en haute saison, navette gratuite reliant la gare, le centre-ville et les plages. Accueil très sympa du gérant, qui parle bien le français.

Chambres d'hôtes

Casa Olivieri (di Fabrizia Repetto) : villa Ginesta, 26. ☎ et fax : 0185-47-93-78. • casaolivieri@libero.it • À 3 km du centre de Sestri, sur une colline plantée d'oliviers et d'arbres fruitiers. Pour s'y rendre : prendre la via Fascie en direction de La Spezia, puis à droite, direction San Bartolomeo; dépasser l'église et tourner à droite direction Villa Genesta; c'est au bout de la route. Congés annuels : de novembre à février. Compter de 65 à 75 € pour une double, petit déjeuner compris. Jolie maison familiale du XVIIe siècle, restaurée et aménagée avec beaucoup de goût. Les propriétaires y proposent 7 chambres (dont une familiale avec terrasse), toutes différentes, confortables (chacune avec bains) et pleines de charme (mobilier ancien, peintures d'époque...). Petit déjeuner très copieux avec fruits, gâteau et confitures maison, à prendre dans le jardin lorsque le soleil est au rendez-vous. Pour ne rien gâcher, la famille est adorable et Fabrizia, qui parle très bien le français, vous offre un pot de confiture si vous vous présentez le *GDR* à la main. Vélos à disposition.

De bon marché à prix moyens

Albergo Marina : via Fascie, 100. ☎ 0185-48-73-32. Fax : 0185-415-27. • www.marinahotel.it • Chambres tout confort de 50 à 58 € (même à 39 € en basse saison). Petit déjeuner de 5 à 8 €. Demi-pension possible à 46 € par personne. Voici une adresse très agréable, non par sa situation (un peu à l'écart du centre et à 250 m de la mer), mais grâce à son sympathique patron, un homme dynamique et tout à fait charmant qui n'hésitera pas à vous emmener en cuisine pour vous montrer ses préparatifs pour le repas du soir ! Cuisine uniquement pour les hôtes. Les chambres, malgré une déco assez classique vert et blanc avec tableaux de qualité, sont très bien tenues et de bon confort (téléphone, TV, sèche-cheveux). Elles donnent toutes sur une cour ou un jardin tranquille et certaines possèdent même un petit balcon. En bref, un excellent rapport qualité-prix-accueil.

Albergo San Pietro : via Palestro, 13. ☎ 0185-412-79. • ostelsanpietro59@libero.it • Dans le centre de Sestri, à deux pas de la baia del Silenzio. Congés annuels : en novembre, décembre et jusqu'à la mi-février. Chambres avec bains de 51 à 58 €, petit déjeuner à 10 €. Possibilité de pension complète de 50 à 56 € par personne, ou demi-pension. Excellent rapport qualité-prix pour des chambres proprettes, très correctes et récemment rénovées. Patrons très sympathiques et gentille ambiance familiale. Cuisines et restaurant (le week-end) au rez-de-chaussée. Attention, il n'y a que 9 chambres et l'adresse est connue, alors dépêchez-vous de réserver ! Ne prend pas les cartes de paiement.

Pensione Villa Iolanda : via Pozzeto, 15. ☎ et fax : 0185-413-54. • www.villaiolanda.com • Dans le centre de Sestri, sur le promontoire qui sépare les deux baies. En saison, doubles à 58 € avec salle de bains extérieure et à 65 € avec salle de bains privée. Petit déjeuner en supplément à 6 € par personne. Possibilité de repas, le soir à 21 €. Petite pension sans prétention mais bien tenue et bien située. 10 chambres récentes et tout confort autour d'un patio avec bassin pour les bambins ; 5 autres avec salle de bains commune, plus anciennes mais propres, aux 1er et 2e étages de la maison (la plupart de ces dernières avec balcon). Ambiance familiale et accueil agréable.

Plus chic

Hotel Due Mari : vico del Coro, 15. ☎ 0185-426-95. Fax : 0185-42-698. • www.duemari.it • Chambres de charme de 105 à 135 €, selon la situation et le confort. Certaines ont une terrasse privée. Superbes suites au plafond peint. À cheval sur la petite péninsule, un hôtel entièrement refait avec multiples dépendances : piscine d'eau de mer d'où on profite d'un panorama à 360°, jardins intérieurs. Beaucoup de goût dans la déco. Resto à la carte de très bon niveau. Une adresse alliant le charme et la convivialité de l'accueil et où il fait bon prolonger son séjour si on en a les moyens.

Où manger ?

Sur le pouce

Panificio Tosi : via XXV Aprile, 128-130. Fermé le dimanche. LA boulangerie de la ville. Pour ceux qui reviennent de la plage ou pour ceux qui y vont... Rien que le parfum du pain et des autres spécialités est un plaisir ! Ne résistez pas à un morceau de *focaccia alle olive,* à la *focaccia salata* encore chaude et à la *focaccia al formaggio filante* qui sort du four sur des énormes plateaux. Un vrai régal !

De bon marché à prix moyens

Osteria Mattana : via XXV Aprile, 34. ☎ 0185-45-76-33. Dans le *carruggio,* à gauche en remontant de l'église Santa Maria. Ouvert le soir, de 19 h 30 à 22 h 30, ainsi que les vendredi, samedi et dimanche midi.

Fermé le lundi. Compter de 15 à 20 € environ pour un repas. En plein centre, une *osteria* accueillante et très mignonne (cadre de style moderne-chaleureux avec tables de bois et murs carrelés) proposant une petite cuisine traditionnelle tout à fait sympathique. Les propositions changent chaque jour, mais on retrouve, inscrits au tableau noir, les classiques *verdure ripiene* (légumes farcis), *pasta al pesto, farinata* et autres *torta d'erba* (tourte aux légumes). Soirées musicales de temps en temps. Service agréable. Digestif offert à nos lecteurs. Cartes de paiement refusées.

Polpo Mario : via XXV Aprile, 163. ☎ 0185-48-72-40. Dans le *carruggio,* à droite en venant de l'église Santa Maria. Fermé le lundi. Menu dégustation à 25 € (sauf les samedi soir et dimanche midi). À la carte, compter de 25 à 30 € pour un repas complet. Resto sympathique et bon niveau de cuisine, avec beaucoup de spécialités de poisson, dont un excellent *fritto misto.* Le patron est peint sous la forme d'un poulpe ! Cadre élégant et service dans le même ton mais parfois un peu lent. Digestif offert sur présentation du *GDR* de l'année.

Chic

Ristorante El Pescador : sur le port, via Pilade Queirolo, 1. ☎ 0185-414-91 ou 428-88. Fermé le mardi. Menu à 32 et 42 € ; à la carte, compter dans les 35 € environ. Sans doute le meilleur restaurant de la ville et le plus cher. Malgré le cadre intérieur sans grand charme, belle vue sur le port de plaisance et le golfe. Délicieuses spécialités locales et beaucoup de poissons bien sûr : ne pas manquer le *pesce spada al limone* (espadon mariné au citron) ou les *spaghetti alla brezza marina* (aux fruits de mer) vraiment *al dente,* les *linguine al movellame* ni le *semifreddo all'amareto,* en dessert.

Où manger une bonne glace ?

Gelateria K2 : via Asilo Maria Teresa, 12-14. En haut du *carruggio* dans une petite rue sur la gauche, en face de l'entrée de service de l'hôtel *Balbi.* Ouvert de 11 h à 20 h. Fermé le mercredi. Congés annuels : au mois de novembre. Vaste choix de parfums. La spécialité : la brioche farcie... à la glace de votre choix.

Gelateria Gourmet : tout en haut du lungomare Descalzo (la « promenade »), vers la sortie de la ville. Ses délicieuses glaces bien crémeuses, ainsi que ses granités, notamment la *granita al lampone* (aux framboises) et celle au *pompelmo* (pamplemousse) valent le déplacement.

LEVANTO (19015)

Jolie petite ville tranquille, située aux portes des Cinqueterre, à une dizaine de kilomètres à l'ouest de Monterosso (que les plus courageux pourront aussi rejoindre à pied).

Adresse utile

Office du tourisme : piazza Mazzini, à la gare. Ouvert du lundi au samedi de 9 h à 13 h et de 14 h à 17 h, le dimanche de 9 h 30 à 12 h 30.

Où dormir, où manger avant les Cinqueterre ?

Camping Cinqueterre : au lieu-dit Sella Mereti. ☎ et fax : 0187-80-12-52. À 1,5 km du centre de Levanto en montant une petite route dans les vignes, en direction de La Spezia. C'est fléché. Ouvert de début avril à fin septembre. En haute saison, compter 8,50 € par personne plus 4 € pour la voiture et, selon sa taille, de 7 à 13,50 € pour l'emplacement. Très ombragé et calme. Sanitaires très propres. Bar et petite épicerie sur place. Un peu excentré pour ceux qui n'ont pas de voiture mais navette gratuite, en saison, entre le camping, la gare et la mer. Accueil moyen.

Auberge de jeunesse Ospitalta del Mare : via san Nicolo, 1. ☎ 0187-80-25-62. Fax : 0185-80-36-96. • www.ospitaliadelmare.it • Nuitées de 14,50 à 29 €. Ouvert toute l'année. Dix chambres de 4 à 8 lits, spacieuses et claires. Dans un monastère joliment rénové. Blanchisserie, resto en self et accès Internet. Pas loin du camping *Acqua Dolce* et à 200 m de la plage. Idéal pour prendre les sentiers de randonnée des Cinqueterre.

Osteria Il Navicello : piazza Colombo, 8. ☎ 0187-80-91-76. Ouvert à midi le week-end et tous les soirs. Fermé le jeudi. Compter entre 25 et 30 €. À l'ombre des arbres de la place centrale, un resto de bonne tenue, plutôt gastronomique. Salle coquette aux murs couleurs bouton d'or. Aquarium à langoustes. À la carte, la part belle est aux produits de la mer : friture de poissons, calamars grillés, mais aussi pâtes aux châtaignes ou au *sugo di coniglio* avec pignons de pin. Plats bien présentés. Vin blanc de la maison à prix doux.

LES CINQUETERRE

Cette région absolument superbe est située entre Levanto et La Spezia. Cinq petits villages blottis au bas de collines sculptées de terrasses en étages ou de falaises qui se jettent dans le bleu cobalt de la mer. À partir de Levanto, ils s'appellent : ***Monterosso*** (le plus important et le seul doté d'une belle plage de sable), ***Vernazza*** (le plus pittoresque, avec ses maisons colorées regroupées dans une anse minuscule ; vraiment adorable mais assez envahi en été), ***Corniglia*** (surplombant la mer du haut de sa colline bordée de vignobles), ***Manarola*** (petit village perché dont les maisons descendent en pente douce vers une adorable petite crique ; on y trouve la seule auberge de jeunesse de la région) et ***Riomaggiore*** (dont les maisons multicolores, agrippées à leur rocher, se serrent autour d'un port minuscule ; c'est là que l'on trouve le plus grand nombre de chambres à louer).

Longtemps difficiles d'accès (avant la construction de la route en corniche entre Sestri Levante et La Spezia, les villages ne furent longtemps accessibles qu'en train, en bateau ou à pied), les Cinqueterre conservent aujourd'hui encore un visage préservé de la modernité et un décor plus marqué par des activités traditionnelles comme la pêche ou la viticulture que par le tourisme de masse. Les Cinqueterre, inscrites par l'Unesco au Patrimoine mondial de l'Humanité sont également classées parc national et aire marine protégée.

Hormis la culture des oliviers, on produit dans la région un vin exquis, le fameux blanc *sciacchetrà,* qui mûrit dans les vignobles plantés sur les terrasses vertigineuses, étagées jusqu'à la mer. À remarquer, au cours de vos balades, l'ingénieux système de rails qui permet aux viticulteurs de se déplacer plus aisément sur la « verticalité » de ces terrasses. Produit en petite quantité, le *sciacchetrà* se trouve difficilement dans le commerce. Les vins de dénomination Cinqueterre, blancs secs très agréables, sont plus courants.

Comment y aller?

➢ ***En voiture :*** même si la route de corniche qui réunit Sestri Levante à La Spezia est désormais terminée et que l'on peut maintenant rejoindre chacun des cinq villages en voiture, nous vous déconseillons ce moyen de transport, et plus encore en haute saison. Malgré les points de vue superbes qu'elles offrent, les routes qui permettent de rejoindre chacun des villages sont affreusement étroites et peu adaptées à recevoir de nombreux automobilistes. Même si chaque localité possède un parking, il est souvent minuscule, affreusement cher et éloigné de 1 ou 2 km du village. De plus, si vous arrivez après 10 h, vous risquez de vous casser le nez, les gardiens des parkings nous ayant avoué qu'ils étaient parfois obligés de les fermer en été pour cause de surnombre. Si vous persistez malgré tout, attention au parking sauvage sous peine de retrouver votre voiture à La Spezia et de rentrer *a piedi* ! Préférez donc, et de loin, le bateau ou le train ! Si malgré tout vous persistez, sachez que des petits bus électriques de couleur verte assurent les navettes entre le haut et le bas. Ils sont gratuits avec la *carta Cinqueterre* (voir « Adresses utiles »). Cela vaudra mieux que d'avoir à trimbaler une valise sur 2 km !

➢ ***En train :*** le plus pratique. Les trains locaux de la ligne Gênes-La Spezia desservent en effet les différents villages. Depuis Levanto ou La Spezia, départ toutes les demi-heures environ, de 4 h 30 à minuit (horaires réduits hors saison). Durée du trajet : entre 5 et 30 mn selon le village où vous souhaitez vous arrêter. Attention, assurez-vous cependant que le train dans lequel vous grimpez est bien un omnibus ; les Express ne s'arrêtent en effet qu'à Riomaggiore et Monterosso, et les InterCity uniquement à Monterosso. Il existe un billet touristique très intéressant *(carta Cinqueterre)* qui, pour 5,40 € (2,70 € pour les enfants), permet à la fois de circuler à volonté entre les villages, depuis Levanto ou La Spezia, pendant toute la journée, et inclut le prix d'accès au sentier de randonnée côtier. Ce billet existe aussi en version 3 ou 7 jours (il coûte respectivement 13 et 20,60 €).

➢ ***En bateau :*** le must, car c'est le seul moyen de transport qui permet d'avoir le recul nécessaire pour appréhender la beauté de ces villages suspendus entre ciel et mer et de découvrir ces incroyables paysages façonnés par la main de l'homme. Deux fois plus cher que le train, mais la dépense en vaut la peine. La *carta Battello* coûte 13,60 € et permet d'emprunter les trains circulant entre Levanto et La Spezia, les sentiers de randonnée, le bus du parc, mais surtout comprend un trajet en bateau de Monterosso à Riomaggiore. Liaisons régulières et fréquentes entre Monterosso, Vernazza, Manarola et Riomaggiore, avec la compagnie *Navigazione Golfo Dei Poeti* (☎ 0187-73-29-87) basée à La Spezia. Cette compagnie propose également des excursions dans les Cinqueterre à la journée ou la demi-journée au départ de La Spezia ou de Portovenere.

En été, possibilité de rejoindre les Cinqueterre depuis Gênes avec les compagnies *Alimar* (☎ 010-25-67-75) et *Cooperativa battellieri del porto di Genova* (☎ 010-26-57-12), depuis Camogli avec *Golfo Paradiso* (☎ 0185-77-20-91) et depuis Santa Margherita Ligure et Sestri Levante avec le *Servizio Marittimo del Tigullio* (☎ 0185-28-46-70).

➢ ***À pied :*** des sentiers relient les différents villages. Entreprendre la totalité ou une partie de ces chemins est une autre et superbe façon de découvrir les Cinqueterre. Pour les moins courageux, possibilité de combiner un bout de marche avec un retour en train ou en bateau (ou vice versa). Voir plus bas la rubrique « À voir. À faire ».

MONTEROSSO *(19016)*

Village garni de vergers plantés de citronniers (la spécialité en est le *limoncello*), Monterosso conserve quelques vestiges du passé comme l'église gothique San Giovanni Battista à la façade rayée de bandes horizontales. Sa plage est accessible.

Adresses utiles

- ***Office du tourisme*** *(IAT)* (le plus important des Cinqueterre) **:** dans la gare de Monterosso. ☎ 0187-81-70-59. Fax : 0187-81-71-51. Ouvert tous les jours, hors saison de 8 h à 20 h, en été jusqu'à 22 h. Fournit toutes les informations générales sur les cinq villages (transports, hébergements, etc.) ainsi que tous les renseignements concernant plus généralement le parc naturel des Cinqueterre (cartes des sentiers notamment). Vend aussi les billets de train, de bus et la *carta Cinqueterre*. Possibilité d'y déposer ses bagages.
- ***Sites Internet :*** • www.aptcinqueterre.sp.it • pour des renseignements pratiques et infos générales sur les Cinqueterre (en anglais ou en français) et • www.parconazionale5terre.it • pour une présentation du parc national et de l'aire marine protégée (en italien).

– ***Carta Cinqueterre :*** très intéressante, elle permet un nombre illimité de voyages en train en seconde classe sur le trajet Levanto-La Spezia durant sa période de validité ainsi que l'utilisation des navettes électriques qui font le transport dans les localités. Les bénéfices de la vente de cette carte sont ***reversés*** aux institutions en charge de la préservation du territoire des Cinqueterre.

- ***Pro Loco*** situé juste en dessous de la gare, via Fegina, 38. ☎ et fax : 0187-81-75-06. Ouvert uniquement en saison (d'avril à novembre) de 10 h à 12 h 45 et de 14 h 30 à 19 h, du lundi au samedi et le dimanche matin. Peut vous fournir lui aussi tous les renseignements pratiques, notamment concernant les transports et l'hébergement. Il peut vous aider à trouver une chambre. Bureau de change (espèces et chèques de voyage, mais commission importante).
- ***Poste :*** via Roma, 71. Ouvert du lundi au vendredi de 8 h à 18 h et le samedi jusqu'à 12 h.
- ***Change :*** à la poste et au Pro Loco de Monterosso (commission élevée). Ou dans les *Banca Caridge* de Monterosso (via Roma, 69), Ouvert du lundi au vendredi, généralement de 8 h 15 à 13 h 30 et de 14 h 30 à 16 h. Devises et chèques de voyage (sans commission pour les *American Express*) et distributeurs.
- ***The Net :*** via Vittorio Emanuele, 55.

Où dormir ? Où manger ? Où boire un verre ?

À moins que vous ne vous y preniez à l'avance, difficile de trouver de la place en saison, c'est pourquoi nous vous conseillons plutôt de loger à La Spezia ou à Sestri Levante. Le village de Monterosso est celui qui compte le plus grand nombre d'hôtels, mais c'est aussi le plus fréquenté. Les habitants des autres villages louent des chambres mais généralement pour plusieurs nuits.

- ***Albergo Souvenir :*** via Gioberti, 24, à droite en montant. ☎ et fax : 0187-81-75-95. Dans la partie historique, un peu en retrait de la rue principale et à 100 m de la mer. Compter 80 € la chambre, petit dej' compris. Petite pension familiale et tranquille proposant une dizaine de chambres sans prétention mais lumineuses et calmes, toutes avec bains et TV. Agréable jardin. Bon rapport qualité-prix. Fabriquent du *limoncello.*
- ***Albergo Marina :*** via Buranco, 40. ☎ 0187-81-76-13. • www.hotelmarinacinqueterre.it • Ouvert toute l'année. Chambres à 116 € en haute saison. Joli petit hôtel niché au cœur du village au pied des collines. Déco raffinée dans les tons roses. Son atout : des jardins en terrasse pour prendre le soleil au milieu des citronniers. Barbecue et resto de cuisine ligure au rez-de-chaussée vous permettront de profiter de l'éventuelle demi-pension. Ambiance familiale et feutrée.

Albergo Pasquale : via Fegina, 4. ☎ 0187-81-75-50. • www.pasini.com • Ouvert toute l'année. Quinze chambres à partir de 96 €, mais de 135 à 180 € en haute saison. Assez cher mais chambres face à la mer (et à la ligne de chemin de fer !) et bien équipées. Salle de petit dej' au décor marin.

Snack-bar FAST : via Roma, 13. ☎ 0187-81-71-64. Dans la rue principale du centre historique. Ouvert de 8 h à 1 h. Fermé le lundi hors saison. Petit bar jeune et sympa décoré d'un comptoir de faïence et d'affiches de concerts. Un cadre et une ambiance gentiment rock'n'roll pour grignoter, à prix très raisonnable, *panini, focaccia, bruschette* ou une salade tout en buvant un verre de blanc des Cinqueterre. Belle carte de cocktails également.

Ciak Ristorante la Lampara : piazza Don Minzoni, 6. ☎ 0187-81-70-14. Ouvert midi et soir sauf mercredi. Fermé en novembre. Derrière l'église, une façade rose où ont été dégagées d'anciennes colonnettes gothiques. Deux salles en contrebas, grandes tablées, atmosphère enfumée et bruyante mais top en matière de cuisine de poissons. Goûtez aux spaghettis *Ciak* généreusement servis dans un plat en terre cuite et passés au four. Portions généreuses et choix de vins très large.

Enoteca Eliseo : piazza Matteotti, 63. ☎ 0187-81-73-08. Dégustation de vins locaux ou de *grappa* sur des petites tables au-dehors. Musique classique.

VERNAZZA *(19018)*

Les maisons hautes et colorées se pressent autour de la petite anse dans laquelle se jette le torrent qui dévale de la montagne. Les barques de pêcheurs au sec sur la grève forment une palette chatoyante. Vernazza fait partie du cercle limité des plus beaux villages d'Italie.

Adresses utiles

IAT : via Roma, 51, à la gare de Vernazza. ☎ 0187-81-25-33. Ouvert de 6 h 30 à 20 h (22 h en été).

Change : *Banca Caridge* de Vernazza (via Gavino, à côté de la poste).

Où dormir ? Où manger ?

Affitacamere Tonino Basso : via Gavino, 34. ☎ 0187-82-12-64 ou 335-26-94-36 (portable). Fax : 0187-82-12-60. • www.toninobasso.com • Dans le haut du village, à côté de la poste. Compter de 80 à 90 € pour une chambre. Pas de petit déjeuner. Coup de cœur pour les chambres aménagées avec beaucoup de goût par le charmant et accueillant Tonino Basso. Situées dans un immeuble moderne sans grand charme, ses chambres sont, elles, vraiment sympas : spacieuses, avec une belle déco sobre et design, et de très bon confort avec AC (bains, TV... et même un ordinateur pour surfer ou consulter ses messages, sans supplément de prix !). Vu qu'il n'y a que 4 chambres, il ne vous reste qu'à réserver au plus vite.

Albergo Barbara : piazza Marconi, 30. ☎ et fax : 0187-81-23-98. Fermé de décembre à février. Au dernier étage d'une maison couleur brique, sur le port. Compter de 48 à 85 € la chambre sans bains. De 60 à 85 € pour celles à l'équipement plus complet. Pas de petit déjeuner et location pour 2 nuits minimum en saison. Neuf chambres seulement, simples et bien tenues, avec cabinet de toilette mais salle de bains commune. Vue sur le port et la mer pour les plus chères. N'accepte pas les cartes de paiement.

🏠 ***Pensione Sorriso :*** via Gavino, 4. ☎ 0187-81-22-24. Fax : 0187-82-11-98. Dans la rue principale. Compter 70 € la chambre avec salle de bains commune et 80 € avec salle de bains privée, petit dej' compris. Réparties dans trois bâtiments, les chambres, même si elles ne possèdent pas beaucoup de charme, sont néanmoins bien tenues et plutôt calmes, mais certaines sont un peu sombres. L'avantage, c'est qu'avec sa capacité (19 chambres), on y trouve souvent de la place.

|●| ***Ristorante Gambero Rosso :*** piazza Marconi, 7. ☎ 0187-81-22-65. Sur le port de Vernazza. Fermé le lundi. Congés annuels : de mi-décembre à mi-février. Menus à 38 et 50 €. Plats à la carte entre 10 et 15 €. Idéalement situé, un joli resto proposant une cuisine typiquement ligure, raffinée, parfumée et vraiment délicieuse. Cadre intérieur chaleureux et très belle terrasse sur la place, d'où l'on bénéficie d'une vue superbe. Assez cher mais cela en vaut la peine, d'autant que l'accueil est au niveau du resto, c'est-à-dire excellent. Vous pouvez vous adresser ici pour contacter Tonino Basso qui loue quatre chambres superbes dans le haut du village (voir plus haut). Digestif offert à nos lecteurs sur présentation de ce guide.

MANAROLA *(19010)*

Dominé par l'église San Lorenzo, le village de pêcheurs entouré de vignobles est perché sur une falaise sombre qui donne à pic sur la mer et sa rue principale descend doucement vers le petit port.

Adresse utile

ℹ ***IAT :*** à la gare de Manarola. ☎ 0187-76-05-11. Ouvert de 7 h à 20 h et de 6 h 30 à 22 h en été.

Où dormir ? Où manger ?

🏠 |●| ***Albergo della gioventù, ostello Cinque Terre :*** via Riccobaldi, 21. ☎ 0187-92-02-15. Fax : 0187-92-02-18. • www.ostello5terre.com • Dans le haut du village, derrière l'église. Réception ouverte de 7 h à 13 h et de 17 h à 1 h (de 16 h à minuit en basse saison). Congés annuels : du 1er décembre au 15 février. Au total 48 places, soit en dortoirs (non mixtes) de 6 lits avec sanitaires extérieurs de 17 à 22 € par personne, soit en chambre de 4 lits (pour famille ou groupe de copains) avec salle de bains privée de 68 à 84 € la chambre (les prix varient selon la saison). Petit déjeuner à 3,50 € par personne. Possibilité de repas le soir, à la carte ou menu à 14 €. Auberge de jeunesse toute récente, sur les hauteurs qui dominent le village. Très agréable. Nombreux services : lave-linge, fax, point Internet, location de VTT, kayak de mer, masque et tuba. Personnel jeune, sympathique et de bon conseil. On y parle l'anglais. Carte internationale des AJ non obligatoire. Café offert sur présentation du *GDR*. Cartes de paiement acceptées.

🏠 |●| ***Albergo-ristorante Marina Piccola :*** via Birolli, 192. ☎ 0187-92-01-03. Fax : 0187-92-09-66. • www.hotelmarinapiccola.com • Resto fermé le mardi. Chambres à 105 €, petit dej' compris. Demi-pension à 85 € par personne, pension complète à 101 €. Menu à 34 € ; sinon, compter autour de 20-25 € à la carte. Petit hôtel tranquille situé face à la mer, dans une maison tout en hauteur. Chambres simples mais confortables, au charme rustique. Cuisine typique à base de poisson et fruits de mer. Spécialité de moules farcies. Sans être exceptionnelle, la table est bonne et les assiettes copieuses. Terrasse couverte face à la mer.

🏠 |●| ***Hotel Ca' d'Andrean :*** via Discovolo, 101. ☎ 0187-92-00-40.

Fax : 0187-97-04-52. • www.cadandrean.it • Chambres à 85 € avec petit dej'. Dans le haut du village à côté d'un ancien moulin. Chambres un peu impersonnelles, mais au bon rapport qualité-prix. Préférez celles de l'étage avec terrasse. L'accueil manque un peu de chaleur.

Aristide : via Discovolo, 290. ☎ 0187-92-00-00. Dans la rue principale de Manarola. Fermé le lundi. Compter dans les 15 à 20 € pour un repas complet. Salle de resto au 1er étage, au-dessus du bar. Clientèle d'habitués. Spécialité de poisson *ai ferri* (grillé), bonnes lasagnes *al pesto* et très bon *risotto all'Aristide* (aux fruits de mer). Moins touristique que les autres restos et prix tout à fait raisonnables, mais accueil pas toujours très chaleureux envers les touristes. Dommage.

RIOMAGGIORE *(19017)*

La petite capitale des *Cinqueterre* est traversée par le torrent Majo. Ses maisons à flanc de colline se répartissent sur les deux rives du vallon et sont reliées entre elles par des escaliers plutôt raides. La descente de la rue principale vient butter sur une étroite crique au milieu des rochers noirs.

Adresses utiles

IAT : piazza Rio Finale, dans la gare de Riomaggiore. ☎ 0187-92-06-33. Point Internet dans les locaux.

Change : *Banca Caridge,* via Colombo, 215.

Internet : chez *Mar-Mar,* via Malborghetto, 8 (en bas de la rue principale).

Où dormir ? Où manger ?

C'est à Riomaggiore que l'on trouve la plus grande offre dans le domaine de l'hébergement : difficile de faire 20 m dans le village sans voir une pancarte « Affitacamere », c'est dire...

Edi : via Colombo, 111. ☎ et fax : 0187-92-03-25. • www.wel.it/vesignaedi • Compter 52 € pour une chambre avec bains. Essayez d'appeler Edi pour louer une belle chambre dans Riomaggiore à des prix plus que corrects. Également quelques appartements avec cuisine à louer à la semaine.

Fazioli Roberto : via Colombo, 94. ☎ et fax : 0187-92-09-04. • robertofazioli@libero.it • Compter de 70 à 100 € pour une double avec bains. Loue également quelques chambres sympas réparties dans le village ainsi que quelques appartements, mais les prix sont plus élevés que chez *Edi.*

Hotel Ca dei Duxi : via Colombo, 36. ☎ et fax : 0187-92-00-36. • www.duxi.it • Ouvert toute l'année. Compter de 65 à 110 € la double. Dix chambres en tout, plaisantes avec douche et AC réparties dans des bâtiments qui se font face. Préférez les chambres les plus hautes qui profitent mieux du soleil.

CORNIGLIA *(19010)*

Corniglia se présente plus comme un village agricole que maritime. Il est perché sur un éperon rocheux entouré de cultures en terrasses et ne possède pas d'accès direct à la mer, il est donc moins visité que les autres. Ses habitants se sont enrichis grâce au commerce du vin.

Adresse utile

- *IAT :* dans la gare Corniglia, au-dessus des voies. ☎ 0187-81-25-23. À l'inverse des autres villages, depuis la gare, il faut grimper un escalier interminable pour rejoindre le village. Dur, dur sous le cagnard !

À voir. À faire dans les Cinqueterre

Pour profiter des paysages somptueux qu'offrent les Cinqueterre, rien de tel que d'enfiler de bonnes chaussures et de partir à la découverte de ces sentiers qui serpentent entre vignes, oliviers et maquis méditerranéen, entre mer et cours d'eau, et qui offrent également de superbes panoramas sur la région.

➢ Le parcours le plus classique consiste à emprunter le ***sentier Azzuro,*** qui relie Monterosso à Riomaggiore en longeant la côte. Attention, son accès est désormais payant. À moins que vous n'ayez acheté la *carta Cinqueterre* (qui permet durant une journée de circuler à volonté en train et/ou à pied entre les villages ; voir plus haut « Comment y aller ? »), il vous en coûtera 3 € pour pouvoir poser le pied sur ce sentier.
Parcourir les 12 km entre Monterosso et Riomaggiore nécessite environ 5 h de marche. Le chemin entre Monterosso et Vernazza (2 h) ne fait que 4 km, mais ça grimpe fort et c'est une partie assez difficile et éprouvante. À Vernazza, des ruines du vieux château (ouvert tous les jours en saison de 10 h à 18 h 30 ; accès : 1 €), vue panoramique splendide sur le littoral.
De Vernazza à Corniglia (1 h 30) puis de Corniglia à Manarola (1 h), aucune difficulté et panoramas vraiment superbes. Enfin, de Manarola, vous voilà prêt à attaquer la fameuse *via dell'Amore,* charmant chemin creusé dans le rocher et surplombant la mer, par lequel vous atteindrez Riomaggiore en 30 petites minutes. Cette dernière partie, certes très belle, est cependant très fréquentée. En tout cas, n'oubliez pas d'emporter votre crème solaire et votre maillot de bain car, tout au long du parcours, criques minuscules, gros rochers et eau limpide ne manqueront pas de vous faire de l'œil.

➢ Pour ceux qui ont des fourmis dans les jambes, de nombreux autres sentiers permettent d'exercer ses mollets... Par exemple, en empruntant les chemins *dei Santuari,* une autre façon de découvrir l'histoire du peuplement des villages des Cinqueterre. Avant la fin des incursions sarrasines, la population des lieux, originairement agricole et montagnarde, vivait en effet sur les hauteurs, chaque bourg y ayant construit son sanctuaire. Ce n'est que lorsque la mer devint plus sûre que la population descendit s'établir sur le littoral, à l'embouchure des torrents. Nombre de ces sanctuaires, dont les origines remontent souvent au haut Moyen Âge, sont encore visibles aujourd'hui.
De Monterosso par exemple, possibilité de monter, par un joli sentier au milieu des oliviers, jusqu'au sanctuaire de Soviore, perché à 500 m d'altitude (sentier n° 9 ; 1 h 30 de marche). De même, depuis Riomaggiore, on peut rejoindre, par un sympathique chemin muletier (sentier n° 3 ; 30 à 45 mn) le sanctuaire de Montenero (panorama exceptionnel). De Soviore comme de Montenero, on peut également rattraper le sentier n° 1 qui permet, d'un côté, de rallier Portovenere et, de l'autre, Levanto. Ce ne sont bien sûr que quelques-unes des possibilités que vous offre, amis marcheurs, ce fantastique pays !

LA SPEZIA (19100) 93 000 hab.

La ville, surtout réputée pour son arsenal militaire, est magnifiquement située au fond du golfe des Poètes, que dénaturent un peu les cheminées d'usines. Mais de beaux jardins et une longue promenade *(passeggiata*

Morin), bordée de palmiers et d'orangers, font un peu oublier les désagréments de cette petite cité industrielle particulièrement active. Il faut aller flâner sur le port, surtout en fin d'après-midi, à l'heure de la *passeggiata*. Hormis quelques petits musées, dont le très beau musée Amedeo Lia, le principal intérêt de La Spezia réside dans ses environs : Portovenere et les Cinqueterre, deux excursions à ne pas manquer. Il est préférable, et plus économique, de loger à La Spezia et de partir en balade la journée.

Adresses utiles

***Office du tourisme** (IAT)* **:** viale G. Mazzini, 45. ☎ 0187-77-09-00. Fax : 0187-77-09-08. • www.aptcinqueterre.sp.it • Ouvert de 9 h à 13 h et de 14 h à 17 h (15 h 30 à 19 h de juillet à mi-septembre), du lundi au vendredi et les samedi et dimanche matin. Carte pour visiter 6 musées de la région.

Office du tourisme du parc national des Cinqueterre : à la gare. ☎ 0187-74-35-00. Ouvert de 7 h à 20 h (23 h en été). Accès Internet.

Poste : piazza Giuseppe Verdi. Ouvert de 8 h à 18 h 30 du lundi au vendredi et le samedi matin. Service de change et téléphone.

Change : notamment, à la poste et à la *Banca Caridge,* via Vittorio Veneto, 59 (piazza Europa, près de la poste et du port). ☎ 0187-77-08-50. Ouvert du lundi au vendredi de 8 h 20 à 13 h 20 et de 14 h 30 à 16 h. Devises, chèques de voyage et distributeur automatique à l'extérieur.

Bateaux : liaisons régulières et fréquentes pour Portovenere et excursions vers les Cinqueterre avec la compagnie *Navigazione Golfo dei Poeti.* ☎ 0187-73-29-87.

Bus : *ATC*, piazza Chiodo, 7. En face du Musée naval. Dessert notamment Portovenere (toutes les 30 à 50 mn environ, de 6 h à 23 h ; ligne P) et Lerici (toutes les 15 à 30 mn de 6 h à 22 h ; lignes L et S). Départs de la pl. Chiodo.

Trains : la *station FS* se trouve piazza Stazione, en haut de la via Fiume. ☎ 0187-71-32-70. Nombreux trains directs à destination de Gênes (via les Cinqueterre, et toutes les villes de la côte pour les trains locaux), Pise et Rome. Train direct également pour Parme.

Cafetteria Italia 3 : via del Prione, 315. Connexion ADSL. 1 € pour 15 mn.

Où dormir ?

De bon marché à prix moyens

Albergo Il Sole : via Cavalotti, 31. ☎ 0187-73-51-64. • www.albergoilsole.com • En plein centre, dans une petite rue calme entre la via Prione et le corso Cavour. Doubles de 39 à 45 € avec sanitaires communs et de 47 à 55 € avec salle de bains privée. Petite pension récemment reprise par de jeunes patrons sympathiques et plein d'idées. Déco sobre et teintes ensoleillées, belles chambres, spacieuses et hautes de plafond, vaste salle de bains commune... notre meilleure adresse du point de vue rapport qualité-prix-accueil. Attention, 11 chambres seulement, les premiers arrivés ou ceux qui auront eu la bonne idée de réserver seront les mieux servis. Dommage pour les retardataires ! Petit déjeuner sur la terrasse en été (3 €). Possibilité de location d'appartements pour 3 ou 4 personnes (voir leur site). Arrangement avec la *trattoria Da Luciano.*

Albergo Teatro : via Carpenino, 31. ☎ et fax : 0187-73-13-74. Dans la rue parallèle à celle de l'*Albergo Il Sole.* Selon la période, doubles de 35 à 45 € avec salle de bains extérieure et de 45 à 61 € avec salle de bains privée. Petite pension de 6 chambres, propres et confortables, tenue par une gentille petite dame.

Pas le grand charme mais une adresse fonctionnelle et bien située. Ne prend pas les cartes de paiement.

Albergo Parma : via Fiume, 143. ☎ 0187-74-30-10. Fax : 0187-74-32-40. En sortant de la gare, prendre les escaliers sur la gauche, c'est juste en face. Doubles à 45 € avec sanitaires communs et à 60 € avec salle de bains privée. Un 2 étoiles sans charme mais bien pratique pour ceux qui arrivent tard ou veulent prendre un train tôt le matin pour les Cinqueterre. Chambres propres, correctes et prix honnête. En somme, fonctionnel. Attention, les chambres sur rue, malgré le double vitrage, sont assez bruyantes. Patron francophone.

Plus chic

Hôtel Genova : via Rosselli, 84-86. ☎ 0187-73-29-72. Fax : 0187-73-17-66. • www.gattei.it/genova • En plein centre-ville, à deux pas du musée Amedeo Lia. Chambres tout confort à 110 €, petit déjeuner compris. Très bien situé, cet hôtel offre 35 chambres impeccables et modernes, toutes équipées de TV, téléphone, minibar et AC. Petit patio pour le petit déjeuner au soleil. Ascenseur. Patrons accueillants et francophones. Gestion et ambiance familiales. Garage privé (payant, mais gratuit après 3 nuits).

Où manger ?

All'Inferno : via Lorenzo Costa, 3. ☎ 0187-294-58. Dans une ruelle face à la piazza Cavour. Fermé le dimanche. Compter dans les 16 € pour un repas. Charmante *osteria,* n'hésitez pas à descendre les quelques marches qui mènent à ces deux salles voûtées, rustiques et pleines d'habitués. La cuisine est traditionnelle, simple et copieuse, et les prix très raisonnables. Uniquement des *piatti del giorno* parmi lesquels reviennent souvent le *minestrone,* le *vitello tonnato,* les *carpacci* et, bien sûr, les pâtes à toutes les sauces comme les *tagliatelle* aux artichauts. Ambiance bonne franquette très sympathique et service dans le même ton.

Da Luciano : via Colombo 29. Fermé le dimanche Menus à prix fixe avec trois plats, un quart de vin et café à 10 €. Qui dit mieux ? Plats entre 4 et 8 €. Petite *trattoria* pas loin de l'Arsenal. Nappes à carreaux et ambiance familiale. Arrangement avec l'*Albergo Il Sole* pour bénéficier de prix avantageux.

Ristorante-pizzeria Da Sandro : via del Prione, 268. ☎ 0187-73-72-03. Fermé le dimanche. Compter autour de 15 € à la carte. Excellentes et gigantesques pizzas au feu de bois (uniquement le soir). Plats copieux et cuisine traditionnelle bien exécutée ; délicieux risotto aux fruits de mer notamment. Ambiance familiale et clientèle d'habitués. Service sympa mais un poil lent. Une bonne adresse.

Pizzeria Pulcinella : via Fiume, 6. Dans le quartier de la gare. ☎ 0187-73-68-28. Fermé le mardi. Très fréquenté des locaux, difficile de trouver une table libre. Cuisine typique variée et savoureuse à prix modérés. *Spaghetti allevongole,* langoustines et *scampis* au coulis de tomate et à l'ail. Un régal. Service rapide mais souriant.

Vicolo Intherno : vicolo della Canonica, 22. ☎ 0187-23-998. Fermé dimanche et lundi midi. Une petite impasse rose saumon à côté du marché. Menu dégustation à 20 €. Trois salles minuscules dans une ambiance musicale style *Buddha Bar.* Petites tables de pierre garnies de pots de plantes aromatiques. Laissez-vous tenter par les suggestions du jour, 3 ou 4 par catégorie. Jeune couple avec madame en cuisine et monsieur en salle. Cuisine ménagère simple et fraîche, recettes de grand-mère, présentées sans artifice. Desserts maison. Vins sélectionnés, à déguster au verre. On sort repu et heureux.

Antico Sacrista : corso Cavour, 276. ☎ 0187-71-33-84. Fermé le lundi. Compter dans les 12 € pour un repas. *Osteria* populaire et bon marché, sise dans un bâtiment de la fin XIXe siècle. Joli cadre avec poutres et voûtes en pierre, murs blancs et photos anciennes. Cuisine traditionnelle, classique, simple et avenante. Bonnes *focaccie, bruschette* ou *pizze,* quelques plats du jour sympas, des pâtes, avec notamment une spécialité régionale très originale, les *testaroli al pesto,* sorte de crêpe épaisse découpée en carrés et nappée d'une sauce au basilic tout à fait délicieuse. Si la table est bonne et les prix sont doux, la musique et l'accueil, en revanche, sont plutôt moyens. Dommage !

À voir

À noter : pour les passionnés, il existe un billet d'entrée groupé pour le musée Amedeo Lia, le musée du Sceau et le musée du Château San Giorgio. Valable 3 jours, il coûte 8 €.

Musée Amedeo Lia : via Prione, 234. ☎ 0187-73-11-00. • www.castagna.it/mal • Ouvert du mardi au dimanche de 10 h à 18 h. Fermé le lundi (sauf le lundi de Pâques), le 1er janvier, le 15 août et le 25 décembre. Entrée : 6 € ; réductions. Audioguide disponible en anglais et italien uniquement (3 €), mais fiches explicatives en français dans chaque salle.

Le Musée municipal d'art ancien, médiéval et moderne a été inauguré en 1996 à la suite de la donation qu'Amedeo Lia et sa famille ont faite à la municipalité de La Spezia. Situé dans l'ancien couvent (XVIIe siècle) des moines de Saint-François-de-Paule, il a été soigneusement restauré et adapté aux exigences de l'exposition. S'articulant en 13 salles thématiques réparties sur 3 niveaux, le musée présente notamment une importante collection de peintures du XIIIe au XVIIIe siècle. À admirer également, une très belle série de plaquettes en ivoire (surtout de production française), des émaux limousins, de nombreuses sculptures en bronze et en marbre de très belle qualité, de superbes enluminures, des vestiges archéologiques et des objets médiévaux et modernes. Parmi les œuvres à ne pas manquer, une petite mais précieuse tête d'Agrippine l'Aînée en améthyste (Ier siècle) ; une émouvante Vierge en Majesté, d'inspiration byzantine, du XIIIe siècle ; un autoportrait sur terre cuite du Toscan Pontormo ; les nombreuses œuvres des primitifs italiens, celles de Giotto, Pietro Lorenzetti, Titien, le Tintoret, Canaletto... Magnifique salle de natures mortes. Dans la salle VII, un *Autoportrait* de Pontorno, c'est fou ce qu'il ressemble à l'acteur John Malkovitch ! On arrête là et on vous laisse le plaisir de découvrir par vous-même les nombreuses surprises que recèle cette charmante collection.

Musée du Château San Giorgio : via XXVII Marzo. ☎ 0187-75-11-42. • www.castagna.it/sangiorgio • En hiver, ouvert de 9 h 30 à 12 h 30 et de 14 h à 17 h ; de juin à septembre, de 9 h 30 à 12 h 30 et de 17 h à 20 h. Fermé le mardi, le 1er janvier et les 24 et 25 décembre. Entrée : 5 € ; réductions.

Sur les hauteurs de la ville, le château San Giorgio, imposante forteresse du XIVe siècle récemment restaurée, accueille aujourd'hui les collections archéologiques municipales. Fossiles de mastodontes et d'ours des cavernes. Fonds très riche et joliment présenté. On peut y voir notamment de fascinantes statues-stèles des IVe-IIIe siècles av. J.-C., en provenance de la Lunigiana. Des terrasses du château, vue magnifique sur tout le golfe de La Spezia.

Musée du Sceau (museo del Sigillo) : palazzina delle Arti, via del Prione, 236. ☎ 0187-77-85-44. • www.castagna.it/museodelsigillo • Ouvert de 10 h à 12 h et de 16 h à 19 h. Fermé le lundi et le mardi matin. Entrée : 3 € ; réductions.

Ouvert en 2000, ce musée municipal rassemble la donation de la collection privée des époux Capellini. Avec près d'un millier de pièces exposées et plusieurs centaines d'autres en réserve, il s'agit de la plus vaste collection de sceaux existant dans le monde. Datées du IVe siècle av. J.-C. à l'époque contemporaine, on peut y admirer de très belles pièces, notamment quelques jolies créations de Lalique ou Fabergé et des sceaux en provenance du Vatican ou de la Cité interdite. Malheureusement, les explications, plus que maigres, nous ont un peu laissé sur notre faim ! La création de fiches explicatives donne une autre dimension à ce musée. Visites guidées gratuites certains dimanches.

Musée naval : via Amendola, 1, à l'entrée de l'arsenal. ☎ 0187-78-30-16. En hiver : ouvert du lundi au samedi de 8 h 30 à 18 h ; les dimanche et jours fériés de 10 h 15 à 15 h 45. En juillet et août : du lundi au samedi de 8 h 30 à 13 h et de 16 h 15 à 21 h 45 ; les dimanche et jours fériés de 8 h 30 à 13 h 15. Fermé le 1er janvier, le lundi de Pâques, le 15 août et les 24, 25, 26 et 31 décembre. Entrée : 1 € ; gratuit pour les moins de 10 ans.
Parmi le nombre impressionnant d'instruments de navigation, médailles, pavillons, armes de guerres et autres objets évoquant l'histoire de la marine, on remarquera la jolie collection de figures de proue et les nombreuses maquettes de vaisseaux anciens. Installé dans ce bâtiment en 1958, le musée fait cependant un peu vieillot et intéressera essentiellement les passionnés du monde et de l'histoire de la marine militaire. C'est de cet endroit que Marconi établit pour la première fois, en 1897, une liaison radio avec un poste récepteur sur le *San Martino* à10 milles au large.

PORTOVENERE (19025) 4 500 hab.

À 12 km au sud-ouest de La Spezia. On peut y aller en bateau, ou prendre le bus P (voir « Adresses utiles » dans le chapitre consacré à La Spezia). Petit port adorable blotti à flanc de rocher dans une anse minuscule, Portovenere offre, du bout de son promontoire, une belle vue sur le golfe des Poètes et sur les Cinqueterre. Par sa situation exceptionnelle, par ses fortifications, ses maisons hautes et étroites peintes de couleurs pastel, ses jardins et ses vieux édifices massifs, Portovenere évoque avec charme le Moyen Âge italien.
Initialement port romain, puis *castrum* (place fortifiée), la ville présente des vestiges bien conservés. Autour du *castello Doria* qui domine l'ensemble (ouvert de 10 h à 12 h et de 14 h à 18 h ; de 15 h à 17 h en hiver), il faut voir l'église romane *de San Lorenzo* (XIIe siècle) et, au bout du promontoire, dominant la mer, celle *de San Pietro* (XIIIe siècle). La *calata Doria,* dans la partie basse de la ville, a également beaucoup de charme avec son lacis de ruelles étroites.

Adresse utile

Office du tourisme *(Pro Loco) :* piazza Bastreri, 7. ☎ 0187-79-06-91. Fax : 0187-79-02-15. Ouvert en saison.

Où dormir ? Où manger ?

Ne vous faites pas d'illusions, il est impossible de trouver un logement abordable en été. Portovenere étant aisément accessible depuis La Spezia, il est préférable et plus économique de loger là-bas. Côté restos, attention à ceux situés sur le port : prix élevés, accueil froid, ambiance surfaite et prix des menus pas souvent affichés.

Albergo Genio : piazza Bastreri, 8. ☎ et fax : 0187-79-06-11. On y accède en remontant la via Cappellini. Congés annuels : du 10 janvier au 11 février. Chambres avec bains à 96 €. Petit déjeuner à prendre au bar (fermé le lundi), à 7 € par personne. Pour vous éloigner des gros complexes hôteliers deux à trois fois plus cher, un patron sympathique vous propose son auberge perchée sur le rocher. Très calme, et plutôt agréable. Sept chambres très correctes mais pas très grandes. Prix vraiment honnête pour Portovenere. Café offert sur présentation de ce guide. Remise de 5 % en cas de paiement en espèces.

Antica Osteria del Caruggio : via Cappellini, 66. ☎ 0187-79-06-17. Dans la rue principale du vieux bourg. Fermé le jeudi et le mercredi en hiver. Compter moins de 20 € pour un repas. Cuisine typique, vins locaux, tables en bois, décor de vieil intérieur de bateau et patron bourru mais sympa. Pas un grand choix, mais des plats tout ce qu'il y a de plus traditionnel, préparés avec talent par le cuistot, et avec la *mamma* au comptoir qui tient le boulier-compteur. Goûter notamment à la fameuse *mes-ciüa,* une épaisse soupe à base de haricots blancs et pois chiches (à arroser d'huile d'olive et d'une bonne rasade de poivre), à l'*insalata di polpo,* aux *cozze* (moules) *alla marinara* ou *ripiene* (farcies) ou aux *fagioli con tonno e cipolle* (haricots blancs au thon et oignons). N'accepte pas les cartes de paiement.

LERICI

(19032)

À 10 km au sud-est de La Spezia. On peut s'y rendre en bus (ligne L ou S) et ensuite rejoindre Portovenere en bateau (voir « Adresses utiles » dans le chapitre consacré à La Spezia). Petite station balnéaire assez fréquentée en été, blottie dans la baie du *golfe des Poètes.* Il faut dire que les poètes savent dénicher les jolis coins. Cela ne leur réussit pas toujours : l'Anglais Shelley y fit naufrage et se noya. C'est en sa mémoire et celle de son ami Byron que le golfe a reçu son appellation, un petit ***musée*** lui est même consacré. La vieille ville de Lerici, avec ses ruelles très étroites, est bien charmante. À son sommet se dresse le château, ancienne forteresse militaire bâtie au XIIe siècle, qui abrite aujourd'hui un musée de géopaléontologie et accueille diverses manifestations culturelles.

Adresse utile

Office du tourisme *(APT)* **:** via Biaggini, 6. Dans un tout petit cagibi à gauche de l'hôtel *Shelley,* côté nord du port. ☎ et fax : 0187-96-73-46. Ouvert du lundi au samedi de 9 h à 13 h et de 14 h à 17 h et le dimanche matin de 9 h à 12 h 30.

Où dormir ?

Camping Maralunga : via Carpanini. ☎ et fax : 0187-96-65-89. À 2 ou 3 km du centre, en direction de Tellaro (et ça grimpe !). Ouvert de juin à septembre. Fermé de 13 h à 16 h en raison de la sieste. En pleine saison, compter 9 € par personne et 21 € pour l'emplacement et la voiture. Joli cadre, avec vue sur la mer. Tables de pique-nique au fond du camping. Emplacements sous des oliviers mais sol très dur. Calme et propre. Épicerie et bar sur place. Terrasse.

Camping Gianna : via Fiascherino, à Tellaro. ☎ et fax : 0187-96-64-11. • www.campeggiogianna.com • À 2 km du précédent. Ouvert d'avril à septembre. Accueil ouvert de 9 h à

12 h et de 16 h à 19 h 30. En pleine saison, compter 8 € par personne et, selon sa taille, de 7 à 11,50 € pour l'emplacement, plus 5 € pour une voiture. Confortable. Patron accueillant. Piscine. Bar, pizzeria. Cher mais bien. En quelques minutes, on descend à la plage ou au port de Tellaro qui est très chouette.

Où manger ?

|●| ***Cucina Tipica locale :*** lago Marconi, 6. En face de l'oratoire à la façade jaune. Fermé le jeudi. Menu du midi à 10 € avec deux plats et un quart de vin et café. Petite adresse familiale sans façon. Salles décorées de vieilles photos de Lerici. Plats de cuisine locale (on s'en serait douté !) à prix très modérés, savoureux mais sans raffinement.

|●| ***Pizzeria Luisa :*** piazza Motino, 5. ☎ 0187-96-74-85. Fermé tous les mardis d'hiver. Congés annuels : en novembre. Compter 15 € environ pour un repas. On mange sur une petite place adorable, sans voitures. Goûter aux délicieuses pizzas ou à la *farinata al formaggio.* Salades diverses à 6 €.

Balade

➢ Excursion recommandée, par un sentier pédestre (30 mn de marche) ou par la route (bus réguliers depuis Lerici), jusqu'à ***Fiascherino*** (à 3 km au sud-est) le long d'une jolie baie rocheuse avec criques et plages croquignolettes. Au bout de la route, quelques kilomètres plus loin (15 mn de marche de Fiascherino), ***Tellaro,*** village médiéval perché sur un rocher surplombant la mer. Petite place adorable. Ne manquez pas l'église fortifiée, en bord de mer.

À voir dans les environs

Forteresse de Sarzanello : sur les hauteurs de Sarzana. Ouvert de 15 h à 18 h en semaine et de 11 h à 18 h le week-end. Fermé le lundi. Entrée : 2,50 € sans guide et 3,50 € avec guide. Une impressionnante forteresse Renaissance élevée en 1322 par le condottiere lucquois Castruccio. Vue panoramique spectaculaire depuis le donjon sur les contreforts des Appenins. Expos artistiques temporaires.

LA LOMBARDIE

Pour la région des lacs en Lombardie, se reporter au chapitre suivant.

Il y en a pour tous les goûts en Lombardie ! Montagnes d'un côté, rives orientales des célèbres lacs italiens, métropole hyper dynamique de Milan et magnifiques petites villes au charme tout provincial cachant des trésors d'art (Mantoue, Bergame, Pavie, etc.).
Pour comble d'enchantement, on y mange bien. Au menu : risotto, osso buco, *minestrone* (soupe de légumes), *bresaola* (viande séchée), polenta de maïs ou de sarrasin. En ce qui concerne les fromages, signalons que le *gorgonzola* est originaire de la région et, pour les pâtisseries, le *panettone,* originaire de Milan, est la spécialité de Noël dans toute l'Italie (préférez la marque « Le Tre Marie », reconnaissable, outre sa grande qualité, à ses belles boîtes décorées).

MILAN *(MILANO)* (20100) 1 800 000 hab. IND. TÉL. : 02

Pour les plans et le métro de Milan, se reporter au cahier couleur.

La capitale économique de l'Italie n'apparaît pas à première vue comme une destination de vacances. On y accède par des banlieues sans fin et des zones industrielles. Stendhal voulait en être citoyen, gageons qu'aujourd'hui il serait plus hésitant. À peine pénètre-t-on dans la ville qu'on est pris dans le tourbillon d'une activité inlassable et dans un trafic automobile infernal.
Et pourtant, si l'on n'est pas certain que Milan soit une belle ville, il reste qu'elle se révélera fascinante aux poètes urbains, aux amateurs d'architecture, aux artistes, aux curieux tout simplement. Il faut aller chercher ces quartiers populaires qui ont échappé jusqu'ici à la boulimie des promoteurs, ce Milan plus vrai, plus intime où l'on découvre vraiment l'âme et le caractère des Milanais. Et puis, les traces du passé y sont encore nombreuses, semblables à une mosaïque de styles architecturaux.
Pour finir, Milan comblera ceux qui se situent à l'avant-garde de l'art et de la création. C'est l'une des cités les plus imaginatives d'Europe, une véritable bouilloire culturelle d'où se dégage un fumet d'élégance. Pour le routard postmoderne, Milan symbolisera le progrès, l'efficacité, la technologie la plus avancée. À tous, cette ville apparaîtra comme un riche tissu de contradictions multipliées à l'infini.

UN PEU D'HISTOIRE

Vers le IVe siècle av. J.-C., le site de la future Milan s'appelle *Mediolanum* (« ville du centre » ?), et appartient aux Insubres (tribu celte), déjà réputés pour leur « bosse du commerce ». Sa position est centrale et stratégique, au cœur de la plaine fertile du Pô, sur la route des Alpes et à quelques enca-

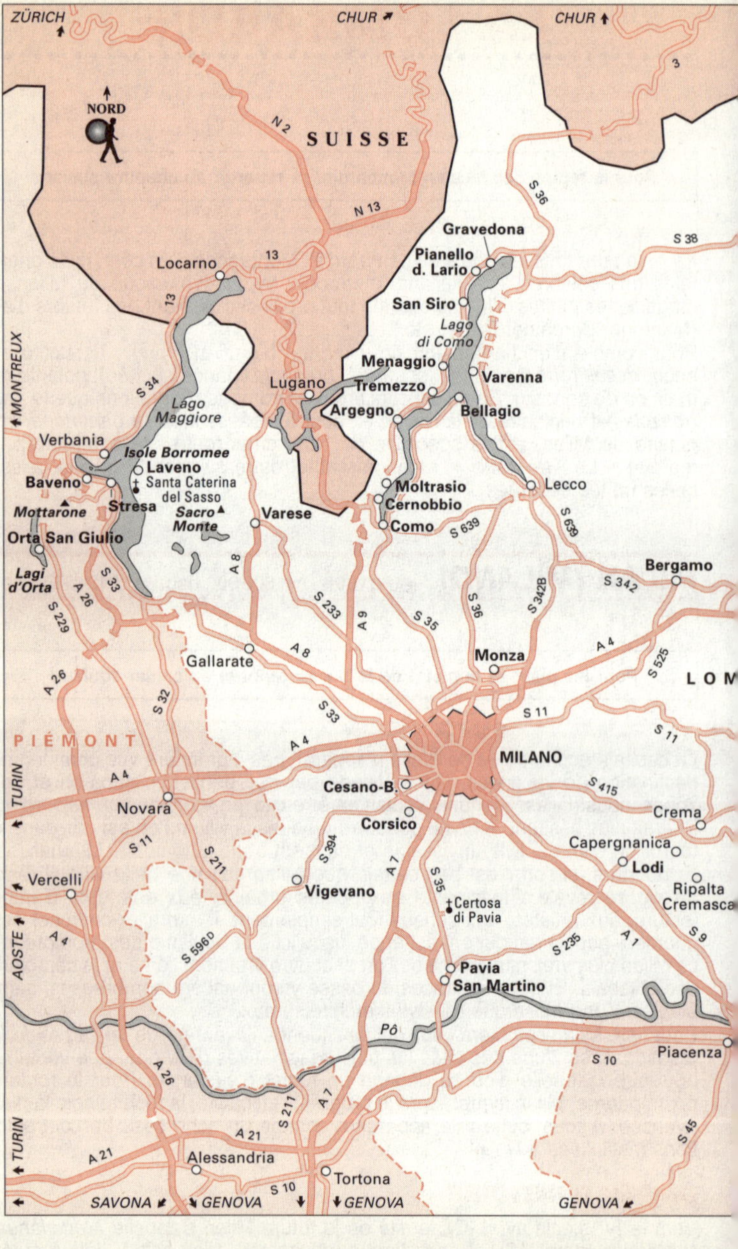
ZÜRICH
CHUR
CHUR
NORD
SUISSE
N 2
N 13
13
3
S 36
S 38
Gravedona
Pianello d. Lario
San Siro
Lago di Como
Menaggio
Tremezzo
Varenna
Argegno
Bellagio
Locarno
Lugano
Lago Maggiore
S 34
MONTREUX
Verbania
Isole Borromee
Laveno
Baveno
Santa Caterina del Sasso
Stresa
Mottarone
Sacro Monte
Varese
Moltrasio
Cernobbio
Como
Lecco
S 639
Orta San Giulio
Lagi d'Orta
S 33
A 26
S 229
A 8
S 233
A 9
S 35
S 36
S 342B
S 342
Bergamo
Gallarate
A 8
Monza
A 4
S 525
LOM
S 32
S 33
S 11
PIÉMONT
A 4
MILANO
TURIN
A 4
Novara
Cesano-B.
Corsico
S 415
Crema
Capergnanica
Lodi
Ripalta Cremasca
S 11
S 211
S 394
Vercelli
Vigevano
A 7
S 35
Certosa di Pavia
AOSTE
A 4
S 596D
S 235
A 1
S 9
Pavia
San Martino
Pô
Piacenza
S 10
A 26
S 211
A 7
S 45
TURIN
A 21
A 21
Alessandria
Tortona
S 10
SAVONA
GENOVA
GENOVA
GENOVA

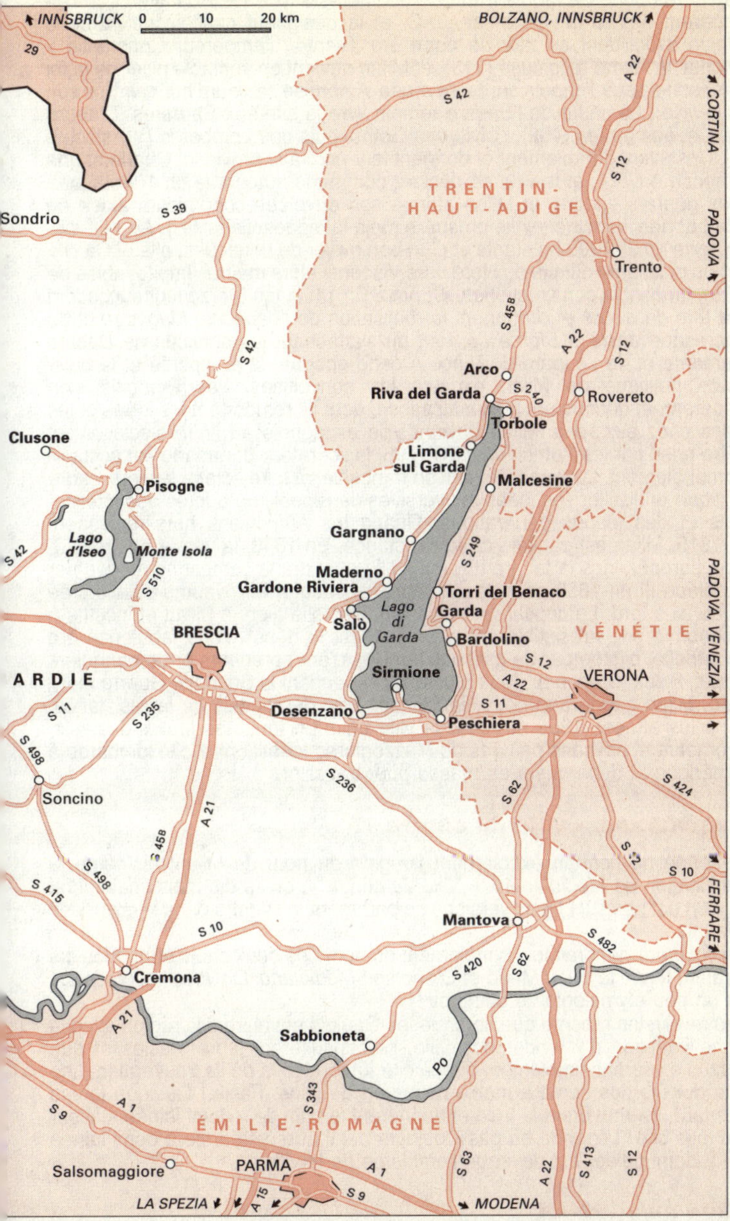

LA LOMBARDIE ET LES LACS

blures des ports de Méditerranée. Elle intéresse vite les Romains, qui s'en emparent dès le IIIe siècle av. J.-C. et la désignent capitale de l'Empire romain d'Occident en 292 de notre ère. Bientôt, l'empereur Constantin y autorise la liberté religieuse (313), et Milan devient un véritable pilier de la foi chrétienne sous l'impulsion de l'évêque Ambroise (aujourd'hui saint patron de la ville). La chute de l'Empire romain livre la cité aux Barbares. D'abord Attila et ses brutes (452), suivis des Goths, puis des Lombards (VIe siècle), qui s'installent durablement et donnent leur nom à la province. Charlemagne s'impose en 774, et la ville se déclare commune autonome en 1045. Quelques guerres encore, et Milan affirme son envolée économique, aidée en cela par une industrie textile prospère (déjà la mode milanaise !). Au XIIIe siècle, forte de 200 000 habitants et d'un bon millier de boutiques, elle est la cité la plus puissante d'Italie du Nord. Les Visconti, alors maîtres impitoyables de Milan, lancent la construction du *Duomo.* En 1450, les Sforza leur succèdent à la tête du duché et ordonnent la réalisation de l'*ospedale Maggiore* et du pittoresque *castello Sforzesco,* tout en s'attachant les services de Donato Bramante et de Léonard de Vinci. À cette époque, la prospérité et la puissance politique de Milan excitent les convoitises. Les Français s'en emparent, et découvrent la Renaissance, dont ils remportent les idées et les styles chez eux ; puis Milan devient ville espagnole au XVIIe siècle, avant d'être prise par les Autrichiens. En 1796, le libérateur Bonaparte est accueilli triomphalement. La jeune Révolution française va faire éclater le vieux cadre politique et distiller ses idées subversives de république auprès des intellectuels et des jeunes générations. Quand les Autrichiens haïs reviennent en 1815, Milan est capitale de la résistance. En 1848, la vague des révolutions européennes la fait frémir ; mais elle attendra la campagne menée par Napoléon III en 1859 pour devenir libre, et intégrer le royaume d'Italie créé un an plus tard. Le capitalisme naissant s'installe alors à Milan et insuffle à l'économie une irrésistible croissance. C'est le début d'une fabuleuse ère industrielle, pilotée par de grandes familles d'entrepreneurs et de banquiers (Pirelli, Falck, Crespi...). Sous Mussolini et pendant la Seconde Guerre mondiale, Milan gagne une nouvelle fois son titre de capitale de la résistance. Dans les années 1950 et 1960, la ville brille de tous ses feux industriels. Chômeurs et paysans pauvres du Mezzogiorno identifient la cité lombarde à l'Amérique et débarquent en masse pour travailler.

Mediolanum, « ville du centre » ?

Personne ne connaît exactement l'origine du nom de Milan, ni même la signification de *Mediolanum.* « Ville du centre », on l'a dit, mais finalement, on n'en est pas sûr ! Deux versions se partagent la vedette dans le cœur des Milanais...

Mediolanum viendrait tout simplement du nom des deux chefs étrusques qui auraient fondé la ville : Médo et Olano soit *Mediolano.* On vous l'accorde, ça fait un peu étymologie de comptoir !

L'autre version raconte que, lorsque les Gaulois envahirent la région avec la ferme intention d'y fonder une ville, ils consultèrent leurs oracles et que ceux-ci exigèrent simplement que la cité fût fondée là où ils trouveraient une truie dont le dos serait à moitié recouvert de laine. Facile ! Quelque temps plus tard, ils trouvèrent la truie et donnèrent le nom de « demi-lainée » à leur nouvelle cité ! Légende ou pas ; toujours est-il que cette truie à demi lainée (ou à demi pelée) est devenue l'emblème de la ville.

Milan aujourd'hui

Ville symbole du « miracle italien » des années 1960 (l'Italie est alors 5e puissance industrielle), Milan assume pleinement sa fonction de « capitale économique » et donne le *tempo* au pays. Pourtant, au milieu des

années 1970, elle subit aussi la crise économique mondiale de plein fouet. La ville jusqu'alors frénétique donne l'impression d'être fatiguée, de s'éteindre. Finie la grande saga industrielle, il faut trouver autre chose, un second souffle. Elle s'oriente alors vers le tertiaire (services, ventes, etc.), et s'impose aujourd'hui comme ville-phare des médias. On y trouve les principales agences de publicité, entreprises de presse écrite (4 quotidiens nationaux fabriqués à Milan), maisons d'édition et les plus importantes chaînes de télévision privées (dont *Mediaset* de Silvio Berlusconi). Autant d'atouts confortés par le marché boursier, les grandes banques étrangères, et les foires commerciales du pays *(Fiera di Milano)*, implantés en ville. À l'international, Milan est réputée pour l'élégance de sa mode et le savoir-faire de ses grands couturiers, dont les défilés rivalisent avec ceux de Paris et New York. Enfin, sa position de carrefour mondial du design, vient parachever une réputation de ville en perpétuelle recherche de créativité.
Milan a toujours été plus septentrionale que méditerranéenne (ne disait-on pas, il y a peu, que Milan était habitée par des Autrichiens parlant le français ?). Elle est désormais plus proche de New York et même de Tokyo que de Naples, témoignant là aussi d'une grande tradition d'ouverture sur le monde, d'une réelle sensibilité quant à son évolution. Aujourd'hui, la métropole lombarde, irrévocablement capitale de la création et de l'imagination (opposée à la Rome affairiste, bureaucratique et intrigante), s'est forgé une nouvelle image post-industrielle, branchée, dynamique, et a gagné définitivement le titre de *città delle occasioni*, la « ville des possibles »...

Adresses utiles

Informations touristiques

i ***Offices du tourisme*** *(APT) :*
– *Centre (plan couleur II, B4) :* via Marconi, 1, à côté du Duomo. ☎ 02-725-243-01, 02 ou 03. Fax : 02-725-243 50. • www.milanoinfotourist.com • (en italien et anglais). Ⓜ Duomo (lignes M1 et M3). À l'angle de la piazza del Duomo (sud de la cathédrale). Risque cependant de déménager durant l'hiver 2004-2005 à la suite d'une réforme du système des APT dans toute la Lombardie. Ouvert du lundi au vendredi de 9 h à 13 h puis de 14 h à 18 h (19 h en été) ; le dimanche de 9 h à 13 h et de 14 h à 17 h. Mieux vaut arriver tôt afin d'éviter la horde des touristes japonais et bénéficier des meilleurs conseils du personnel. Beaucoup d'infos à disposition ; plan de la ville assez bien fait et gratuit ; liste des visites commentées ; tramways touristiques ; possibilité de souscrire à la *Milano Welcome Card* pour une découverte guidée de Milan (visites, concerts...). Demandez également la brochure *Milano est Milan,* en français (3 €), très complète, avec toutes les bonnes adresses.
De même, le livret mensuel *Milano Mese* (en anglais) annonce les manifestations culturelles et sportives à ne pas manquer. Enfin, tous les mercredis, le supplément *Vivi Milano* du journal quotidien *Corriere della Sera,* plébiscité par les Milanais, rassemble le programme des cinémas, des théâtres, et des infos sur les événements immédiats (• www.corriere.it •) ; de même pour le fascicule *Tutto Milano* (qui paraît le jeudi) du quotidien *La Repubblica.* À disposition également une borne d'information avec téléphone gratuit pour la réservation d'hôtels.
– *Stazione Centrale (plan couleur I, D1) :* ☎ 02-725-243-60 ou 70. Dans la *galleria partenze* (hall des départs), au 1er niveau. Ouvert du lundi au samedi, de 8 h à 18 h 30 ; le dimanche de 9 h à 12 h 30 et de 13 h 30 à 17 h.
– Les aéroports de *Linate* et de *Malpensa* possèdent chacun un bureau privé de renseignements touristiques. Accueil cordial, mais les infos ont un caractère « homéopathique » très prononcé !

Informa Giovani *(plan couleur II, A5)* **:** corso Porta Ticinese, 106. ☎ 02-884-657-60. Ⓜ Porta Genova (ligne M 2). Juste en face de l'église Sant'Eustorgio. Ouvert les jeudi et vendredi de 14 h à 18 h et les lundi et mercredi de 10 h à 18 h. Bureau d'information pour les jeunes.

■ **Turismo Verde** *(hors plan couleur I par D1)* **:** piazza Caiazzo, 3. ☎ 02-670-55-44. Ⓜ Caiazzo (ligne M2).

Poste et télécommunications

✉ **Poste centrale** *(plan couleur I, B4)* **:** via Cordusio, 4. ☎ 02-724-821-26. Ⓜ Cordusio (ligne M1). Ouvert du lundi au vendredi de 8 h à 19 h et le samedi de 9 h 30 à 14 h. Bureaux de poste à la Stazione Centrale et dans les aéroports de Linate et Malpensa.

■ **Téléphones publics :** la ville ne manque pas de cabines téléphoniques. À noter cependant : une concentration à l'*Ufficio Telecom* *(plan couleur I, C4)*, galleria Vittorio Emanuele II, ouvert tous les jours de 8 h à 21 h 30, d'où l'on peut passer des appels internationaux. Distributeurs automatiques de cartes téléphoniques. Il est plus avantageux d'acheter dans les tabacs et chez les marchands de journaux des cartes internationales prépayées du genre *Europa* pour 5 ou 10 €. Mêmes structures à la Stazione Centrale.

MILAN

Consulats

■ **Consulat général de France :** via Mangili, 1 (adresse postale : via della Moscova, 12.) ☎ 02-655-91-41. • www.consulfrance-milan.org • Ⓜ Turati (ligne M 3). Juste à l'angle de la via Turati, à l'ouest des *giardini pubblici* (jardins publics). Ouvert du lundi au vendredi de 9 h à 12 h; l'après-midi sur rendez-vous.

■ **Consulat de Belgique :** via Turati, 2. ☎ 02-290-620-62. Ⓜ Repubblica (ligne M 3).

■ **Consulat de Suisse :** via Palestro, 2. ☎ 02-777-91-66. Ⓜ Palestro (ligne M 1).

■ **Consulat du Canada :** via V. Pisani, 19. ☎ 02-675-81. Ⓜ Repubblica (ligne M 3).

Argent, banques, change

■ **Banques :** généralement ouvertes du lundi au vendredi de 8 h 30 à 13 h et de 15 h à 16 h. Petite concentration de banques aux alentours du Duomo.

■ **Points de change :** généralement ouverts tous les jours de 9 h à 20 h, mais commissions de change exorbitantes. Cela dit, avec l'euro, plus de problème !

■ **Distributeurs automatiques de billets :** guichets *Bancomat* ouverts 24 h/24 et répartis un peu partout dans la ville. Habituellement, les banques en possèdent au moins un à l'extérieur. On en trouve également aux aéroports de Linate et de Malpensa, et à la Stazione Centrale.

■ **Perte de cartes bancaires ou de chèques de voyage :** *Eurocard-Mastercard,* ☎ 800-877-232 (carte de paiement) ou 800-874-155 *(traveller's cheque)*; *Mastercard,* ☎ 800-868-086 ; *American Express,* ☎ 800-864-046 (carte de paiement) ou 800-720-00 (*traveller's cheque*); *Diners Club International,* ☎ 800-864-064.

Transports

■ **Transports publics :** n° Vert, ☎ 800-016-857 (infos de l'Italie seulement). • www.atm-mi.it • La ville est couverte par un vaste réseau de bus, trolleybus et tramways. Également 3 lignes de métro *veloce* qui évitent les nombreux embouteillages. Circulation de 6 h à 21 h. Après, un service de bus se substitue aux lignes de métro M1 et M3. Informations générales auprès des bureaux *ATM (Azienda Trasporti Municipali)* situés dans les stations de métro Centrale F. S. ou Duomo (ouverts du lundi au samedi de 8 h à 20 h). Compter alors 1 € pour l'achat de l'indispensable plan du réseau des transports en commun. Le ticket urbain, identique pour le métro, le tram et le bus, coûte 1,20 € à l'unité et 9,50 € par carnet de 10 (il y a 5 tickets à oblitérer des deux côtés, il faut garder le talon; plusieurs personnes peuvent utiliser le même carnet). Valable 75 mn après l'oblitération; pour plusieurs trajets en bus et tramway; et pour une seule course en métro. En vente dans les bars-tabac *(tabacchi)*, kiosques à journaux et distributeurs automatiques (envoyez la monnaie!). Il est impossible d'acheter des tickets dans un bus ou un tram, et mieux vaut s'en procurer quelques-uns d'avance le soir, car les revendeurs habituels ferment vers 20 h. Vous serez peut-être intéressé par un billet spécial pour 24 h à 3 €, rentabilisé dès le 4e trajet; ou pour 48 h à 5,50 €, avantageux à partir de la 6e course. À noter enfin que les stations de métro sont signalées par un « M » blanc sur fond rouge (éclairé la nuit). De même, des panneaux orange matérialisent les arrêts *(fermata)* des bus et tramways; et indiquent itinéraires, horaires et correspondances.

Gare ferroviaire *(Stazione Centrale; plan couleur I, D1)* **:** piazza Duca d'Aosta. ☎ 848-888-088 (n° Vert; sans préfixe, de l'Italie seulement; infos du lundi au dimanche de 7 h à 21 h) ou 02-637-11. • www.trenitalia.it • Ⓜ Centrale F. S. (lignes M2 et M3). Trains réguliers et fréquents (toutes les heures au moins) pour les principales villes. Prévoir environ 15 mn de queue pour acheter un billet au guichet ou alors utiliser les distributeurs automatiques de billets de train (argent liquide et carte de paiement). Bureaux d'informations ouverts de 7 h à 23 h. Consigne : *galleria partenze,* 24 h/24. Bureau de change. Poste et téléphones publics. Agence de voyages *Doria* ouverte du lundi au vendredi de 9 h à 12 h et de 14 h à 18 h ainsi que le samedi matin. Supermarché *Supercentrale* ouvert tous les jours de 7 h 30 à minuit (grandes bouteilles d'eau à petits prix).

Gare routière principale *(plan couleur I, B1)* **:** porta Garibaldi. ☎ 02-637-901 (infos). Ⓜ Porta Garibaldi (ligne M2). En face de la *stazione* Garibaldi. Bureau d'information et de vente des billets ouvert tous les jours de 6 h 30 à 20 h 30. Départs quotidiens et réguliers pour les villes de l'Italie du Nord et du Centre. Également le point de départ des cars *Eurolines* pour certaines villes européennes. Une *gare routière secondaire :* piazza Luigi di Savoia; à gauche en sortant de la Stazione Centrale.

✈ ***Deux aéroports :*** ☎ 02-748-522-00 (infos jumelées 24 h/24). • www.sea-aeroportimilano.it •

– *Aeroporto Intercontinentale « Malpensa » :* à Gallarate (45 km au nord-ouest). ☎ 167-337-337 (n° Vert de l'Italie seulement et 24 h/24) ou 02-268-006-27 (départs internationaux). L'aéroport accueille principalement les vols internationaux. En voiture de Milan suivre la direction Genova/Turin puis Varese et ensuite Malpensa. Pour s'y rendre en transports publics, les cars *Airpullman* (☎ 02-400-992-60) assurent des liaisons régulières et quotidiennes avec les principales destinations touristiques. Pour Milan, prendre la navette *Malpensa Shuttle* sur la piazza Luigi di Savoia (*plan couleur I, D1* ; à droite de la Stazione Centrale); Ⓜ Centrale F. S. (lignes M2 et M 3). Départ toutes les 20 mn (attention quand même aux heures creuses!) de 6 h 20 à 0 h 15. Prix du billet : 4,50 €. Compter 50 mn de trajet. Autre possibilité avec la navette *Malpensa Express* : de la piazza Cadorna *(plan couleur I, A3)*; Ⓜ Cadorna (lignes M1 et M2). Départ toutes les 20 mn, de 6 h 30 à 23 h 30. Billet : 5,50 €, et durée de transport équivalente, avec un arrêt à la Fiera di Milano (piazza Giulio Cesare), 10 mn après le départ. Il existe aussi des trains, plus chers (9 €), assurant la liaison avec Milan de 6 h à 1 h 30.

– *Aeroporto « E. Forlanini » :* à Linate (7 km à l'est), pour les vols intérieurs et européens notamment. ☎ 02-281-063-24 (départs internationaux). Vous pouvez vous y rendre avec le bus *ATM* n° 73, de la piazza San Babila, à l'angle du corso Europa *(plan couleur I, C4)* ; Ⓜ San Babila (ligne M1). Départ toutes les 10 mn de 5 h 30 à 0 h 20. Prix du billet : 0,76 €. C'est le moins cher et souvent le plus rapide. Seconde possibilité : bus *STAM* (☎ 02-669-845-09) de la piazza Luigi di Savoia (*plan couleur I, D1* ; à droite de la Stazione Centrale) ; Ⓜ Centrale F. S. (lignes M2 et M3). Départ toutes les 20 mn de 5 h 40 à 19 h, et toutes les 30 mn de 19 h à 21 h. Prix de billet : 2,30 €.

■ ***Principales compagnies aériennes :***

– *Air France :* ☎ 848-884-66.

– *Alitalia :* ☎ 848-865-641 (vols intérieurs), ☎ 848-865-642 (vols internationaux).

– *KLM :* aeroporto Milano Linate. ☎ 147-865-060.

– *Canadian Airlines :* aeroporto Malpensa. ☎ 800-882-216 (n° Vert).

■ ***Taxis :*** les taxis milanais sont nombreux à sillonner les rues. Ils peuvent être appelés par téléphone : ☎ 02-53-53 ou 02-67-67 ; 02-83-83 ; 02-85-85 ; 02-40-40 ; 02-31-00. On trouve généralement des stations sur toutes les *piazze* : piazza del Duomo, piazza della Scala, piazza San Babila, etc. Tarifs assez coûteux et prise en charge élevée.

■ ***Location de voitures :*** les amateurs d'embouteillages grandissimes, ou d'excursions vers les lacs italiens, trouveront la plupart des agences représentées dans les deux aéroports et à la Stazione Centrale. Nous indiquons les principales à proximité et au sud du Duomo *(plan couleur II, B1)* ; Ⓜ Duomo (lignes M1 et M3). Généralement ouvertes du lundi au vendredi de 8 h à 19 h, le samedi de 9 h à 12 h 30, et le dimanche pour certaines (se renseigner).

– *Avis :* piazza Diaz, 6. ☎ 02-890-106-45.

– *Hertz :* via Gonzaga, 5. ☎ 02-720-045-62.

– *Europcar :* piazza Diaz, 6. ☎ 02-864-634-54.

■ ***Station-service ouverte 24 h/24 :*** la majorité des stations-service possèdent au moins une pompe en self-service utilisable avec la carte bleue, de jour comme de nuit.

■ ***Fourrière :*** *comando centrale polizia municipale,* piazza Beccaria : ☎ 02-772-72-32. Ouvert tout le temps.

■ ***Parkings du centre ouverts tous les jours :***

– *Velasca :* via Pantano, 4. ☎ 02-869-02-98.

– *Diaz :* piazza Diaz. ☎ 02-864-600-77.

– *Traversi :* via Bagutta, 2. ☎ 02-760-014-37.

Quelques-uns également autour de la Stazione Centrale et dans les environs de la piazza della Repubblica.

Divers

@ ***Internet Point*** *(plan couleur I, D2)* **:** viale Tunisia, 11. Ouvert de 9 h à 1 h tous les jours sauf le dimanche (ouverture de 14 h à minuit). Compter 2 € de l'heure. Une devanture jaune flashy qui abrite une douzaine d'ordinateurs avec accès rapide.

@ ***Milano Internet*** *(plan couleur II, A6)* **:** Sede di Alzaïa Naviglio Pavese, 2. Ouvert tous les jours de 9 h (dimanche à 14 h) à 1 h. Un cybercentre à 2 € de l'heure à deux pas des Navigli. Des ordinateurs au rez-de-chaussée mais aussi, plus agréable, en mezzanine.

■ ***Centre culturel français :*** corso Magenta, 63. ☎ 02-485-91-91. • cour sccf@tin.it • Ⓜ Cadorna (lignes M1 et M2). Juste en face de l'église Santa Maria delle Grazie et de son ancien couvent (qui abrite la fameuse *Cène* de Léonard de Vinci).

■ ***Objets trouvés :*** mairie de Milan, via Friuli, 30. ☎ 02-884-539-00. Ouvert en semaine de 8 h 30 à 16 h.

■ ***Urgences médicales :*** ☎ 118.

■ ***Service médical de garde :*** ☎ 02-345-67.
■ ***Hôpital :*** *Ospedale Maggiore Policlinico di Milano,* via F. Sforza, 35. ☎ 02-550-31. Le plus important centre médical de Milan, à 10 mn au sud-est du Duomo.
■ ***Pharmacie ouverte 24 h/24 :*** à la Stazione Centrale, *galleria partenze (plan couleur I, D1).* ☎ 02-669-09-35.
■ ***Police :*** ☎ 113.
■ ***Piscines :*** attention, le bonnet et, pour les hommes, le slip de bain sont obligatoires. Entrée à environ 3 €; réductions.
– *Piscine municipale Bacone (hors plan couleur I par D1-2) :* via N. Piccinni, angle via Monteverdi. ☎ 02-294-003-93. Ⓜ Loreto (lignes M1 et M2), sortie piazza Argentina. Ouvert du lundi au vendredi de 12 h 30 à 14 h 30; le vendredi de 20 h à 22 h 30 et le samedi de 12 h 30 à 17 h 30. Fermé en juillet, août et septembre.
– *De Marchi :* via E. De Marchi, 17. ☎ 02-670-60-63. Métro le plus proche : Turro (ligne M1). Du lundi au vendredi de 20 h à 22 h 30; les mardi, jeudi et vendredi de 12 h 30 à 14 h 30; le samedi de 12 h à 17 h 30.
– *Cozzi :* viale Tunisia, 35. ☎ 02-659-97-03. Ⓜ Porta Venezia (ligne M1). Ouvert le lundi de 18 h à 22 h; les mardi, jeudi et vendredi de 10 h à 13 h 30; le mercredi de 10 h à 19 h 30; les samedi et dimanche de 10 h à 16 h 30. Fermé en août.
– *Lido Di Milano :* piazzale Lotto, 15. ☎ 02-392-661-00. Ⓜ Lotto (ligne M1). Ouvert de juin à septembre, tous les jours, de 10 h à 19 h. Ce parc aquatique en plein air est proche de l'auberge de jeunesse *Pietro Rotta.*

Circuler dans Milan

La ville est construite selon un plan circulaire dont le centre est le Duomo. Le trafic se révèle assez dense entre les bus, tramways, voitures, et « ces cocasses motocyclettes semblables à des chaises percées et qui emportent des beaux prétendants, ou des messieurs à serviette de cuir », entendez : les scooters, selon Jean Giono ! Circuler dans Milan relève donc parfois du cauchemar (bonjour les vacances !). Contournez à tout prix le centre historique (autour du Duomo, dans la première couronne) et son dédale de rues et ruelles saturées, piétonnes, et presque toutes à sens unique *(senso unico).* La circulation y est toutefois plus facile pour un « Milan by night », mais éviter quand même la fièvre des vendredi et samedi soir. Sans souci en journée pendant les week-ends et jours de fête.
Point important : Milan ne se traverse pas, mais se contourne; empruntez l'une des trois *circonvallazione.* Ce sont des voies périphériques rapides, composées en fait de *vie* et de *corsi,* qui, mis bout à bout, forment chacune une couronne magique. Il suffit de se concentrer sur un plan de la ville pour les situer. Les rues transversales permettant d'accéder au centre-ville sont indiquées. Vitesse limitée à 50 km/h en ville. Ultime conseil : en cas d'infraction légère, les routardes qui feront les yeux doux aux *carabinieri* (tous beaux gosses !) auront les meilleures chances d'éviter la prune ! En revanche, les routards devront assumer leur virilité; tant pis !

Où se garer ?

Un casse-tête qui ne manque pas de défier quiconque arrive à Milan, tant le stationnement est restrictif. Attention ! N'abandonnez jamais votre automobile à la légère, vous risqueriez une contravention importante et l'enlèvement en fourrière. Les autorités milanaises ne plaisantent vraiment pas.
Pour se garer ***dans le centre historique*** (à l'intérieur de la première couronne), repérez d'abord les emplacements à lignes bleues (les jaunes

concernent les résidents milanais); puis apposez sur votre pare-brise les cartes vendues dans les bars-tabacs et les kiosques à journaux (attention, en général ils ferment à 20 h, faites provision de cartes pour ne pas vous lever aux aurores) qui s'utilisent en grattant les cases pour faire apparaître le jour et l'heure où vous avez laissé votre véhicule. Valable en général 1 h, vous pouvez en mettre jusqu'à deux, côte à côte. Tarif : en fonction des quartiers, de 1,20 à 1,50 € l'heure, de 8 h à 20 h. On trouve aussi dans le coin quelques parkings souterrains dont les tarifs sont plutôt élevés. Vous aurez moins de difficulté à vous garer ***en dehors du centre,*** où le stationnement est réglementé (horodateurs à prix variables) et parfois gratuit. Sachez enfin qu'à chaque terminus de métro, correspondances et gares vous trouverez des parkings payants *ATM,* réputés les moins chers de Milan. Ils sont malheureusement souvent complets, et notamment pendant la *Fiera di Milano* (voir notre plan du métro dans le cahier couleur).

Où dormir?

Il existe à Milan plusieurs centres de réservation d'hôtels assez performants et gratuits. Permanence téléphonique du lundi au vendredi, de 9 h à 19 h, en général. Donc, si vous arrivez en pleine manifestation milanaise ou pendant la Foire internationale :

■ ***Centro prenotazioni Hôtel Italia :*** ☎ 02-294-04-616 (à partir de la France) ou 800-015-772 (appel gratuit). • www.cphi.it •
■ ***Associazione provinciale Albergatori Milanesi :*** corso Buenos Aires, 77. ☎ 02-674-80-31.
■ ***Milano Hotels Central Booking :*** ☎ 02-805-42-42. Fax : 02-805-42-91.

Auberges de jeunesse

⌂ ***Ostello della gioventù Pietro Rotta*** *(hors plan couleur I par A2) :* viale Salmoiraghi, 1, 20148. ☎ 02-392-670-95. Fax : 02-330-001-91. De la gare centrale, prendre le métro ligne M2, direction Famagosta; puis changer à Cadorna pour la ligne M1, direction Molino Dorino, et descendre à l'arrêt QT8. Compter 30 mn. L'AJ est à environ 200 m en allant vers la piazza Stuparich. En voiture, demandez l'hippodrome San Siro. Fermeture annuelle de mi-décembre à mi-janvier. Accueil 24 h/24. Chambres à 6 lits autour de 18,50 € par personne, draps, douche et petit déjeuner inclus; quelques chambres doubles et familiales à environ 22 €; carte des AJ, vendue sur place, compter 18 €. Si vous ne possédez pas la carte, comptez 3 € de plus par nuit. Située à la périphérie ouest réputée pour sa verdure et ses stades, l'auberge propose environ 200 lits simples et superposés pour un prix défiant toute concurrence. Les sanitaires et douches, peu nombreuses (grouillez-vous le matin!), sont corrects. Laverie et parking fermé pour les voitures. Même si la bâtisse manque un peu de charme, l'accueil, en français (!), est cordial. Réservation possible et conseillée à partir de 6 personnes. Parking gratuit.

⌂ ***La Cordata*** *(plan couleur II, B6, 15) :* via Burigozzo, 11, 20122. ☎ 02-583-146-75 ou 02-583-031-32. Fax : 02-583-035-98. Depuis la gare centrale, prendre le métro ligne M3, direction S. Donato, et changer à Missori pour un tram (n° 15, direction Rozzano) ou un bus (n° 65, direction Piazza Agrippa). La rue Burigozzo précède la Porta Lodovica. Entrée sur la via Aurispa. Ouvert de 9 h à 13 h et de 14 h à 0 h 30. Compter 16 € la nuit sans petit déjeuner. Pas besoin de la carte des AJ. Le petit bâtiment, siège d'une association de jeunesse, est situé dans le quartier animé des Navigli. Il abrite une quarantaine de lits répartis en chambres de 6, 10 ou 16, avec une salle de bains par chambre. Utilisation gratuite de la cuisine. L'ambiance est jeune et l'accueil est sympa. Bon à savoir : les dortoirs ferment à clef, mais les placards individuels ne peuvent pas être cadenassés.

Campings

⛺ ***Campeggio Città di Milano*** *(hors plan couleur I par A2)* **:** via G. Airaghi, 61, 20153. ☎ 02-482-001-34. Fax : 02-482-029-99. • www.parcoaquatica.com • ♿ De la Stazione Centrale, prendre le métro ligne M 2, direction Famagosta ; puis changer à Cadorna pour la ligne M 1, direction Bisceglie, et descendre à l'arrêt De Angeli. Ensuite, sauter dans le bus n° 72 en direction de Figino ; descendre à l'arrêt di Vittorio et marcher 10 mn sur la via Airaghi qui serpente. Compter environ 1 h de trajet. Plus rapide en voiture : demander le célébrissime stade Meazza sur la via Harar, et poursuivre sur la via Novara ; prendre à gauche, avant un grand pont bleu, la via Caldera, prolongée par la via Airaghi. Réception de 8 h à minuit. Congés annuels : en décembre et janvier. Pour la nuit, compter 7,50 € par personne et de 6,50 à 8,50 € pour l'emplacement. Le camping propose également des bungalows pour deux personnes à partir de 37 € sans sanitaires ni cuisine. Compter 80 € pour ceux entièrement équipés. Une réduction de 10 % est accordée aux heureux possesseurs de la *Camping Card International* (sauf en été). Dans cet *Aquatica Camping* 4 étoiles construit autour d'un parc aquatique en plein air (40 % de réduction pour les campeurs), les 6 bassins avec jets d'eau et « toboggans de la mort » viendront égayer votre séjour. Sur une vaste pelouse peu ombragée (dommage !), l'établissement compte 244 emplacements. Propreté exemplaire des 2 blocs sanitaires et eau chaude restreinte. Bar, pizzeria et discothèques agrémentent cet endroit qui conviendra difficilement aux routards non motorisés soucieux de visiter le cœur de Milan. Pratique, mais bruyant. Réserver absolument en été.

⛺ Voir aussi le camping *Autodromo* à Monza, à 20 km au nord-est de Milan. Ouvert d'avril à septembre.

Dans le quartier du Duomo et ses environs

Pour s'y rendre par le métro, descendre à l'arrêt Duomo (lignes M 1 et M 3) ou Cordusio (ligne M 1). On peut également emprunter les bus nos 50, 54, 60 et les trams nos 3, 4, 12, 15, 19, 20. Le *centro storico* est le quartier idéal pour loger. On évite ainsi de prendre sa voiture ou les transports en commun. Évidemment, les hôtels y sont nettement plus chers qu'ailleurs.

Bon marché

Malheureusement, il n'y a pas une foultitude d'adresses recommandables et abordables en plein centre. On vous a quand même dégoté un hôtel bon marché dont on n'a pas envie de s'enfuir en courant.

🏠 ***Hôtel Nuovo*** *(plan couleur I, C4, 11)* **:** piazza Beccaria, 6, 20122. ☎ 02-864-644-44 ou 02-864-605-42. Fax : 02-720-017-52. À deux pas du Duomo. Chambres à 52 € avec lavabo et 80 € avec bains. Pas de petit déjeuner. Depuis la minuscule réception, on accède à l'étage. Un long couloir relie plusieurs immeubles dont certains assez vétustes. Même si la piazza Beccaria n'est pas excessivement bruyante, préférez la partie donnant sur l'arrière, plus calme. Les chambres sont proprettes, sans effort de déco, mais c'est l'un des hôtels les moins chers du centre, alors faut pas rêver non plus... Accueil à peine cordial.

Chic

Hôtel Speronari *(plan couleur II, B4, **12**) :* via Speronari, 4, 20123. ☎ 02-864-611-25. Fax : 02-720-031-78. Ⓜ Duomo (lignes M1 et M3). De la piazza del Duomo (côté ouest), prendre la via Mazzini ; c'est la 1re à droite, juste à côté de San Satiro. De 96 à 110 € la chambre. Dans une petite rue piétonne et commerçante, il vous faudra grimper jusqu'au 1er étage pour atteindre la réception. Une trentaine de chambres, rénovées, spacieuses et modernes occupe les deux étages supérieurs. L'hôtel est très fréquenté, et la réservation s'impose. Accueil très prévenant en français.

Plus chic

Hôtel Gritti *(plan couleur II, B4, **26**) :* piazza Santa Maria Beltrade, 4, 20123. ☎ 02-801-056. Fax : 02-890-109-99. • www.hotelgritti.com • Ⓜ Duomo (lignes M 1 et M 3). Autour de 140 € la chambre avec copieux petit déjeuner pour bien démarrer la journée. L'hôtel est situé juste en retrait de la via Torino, une rue animée où se succèdent d'innombrables boutiques de fringues toutes plus *hype* les unes que les autres. Le hall d'entrée, avec ses nombreux tapis et canapés aux motifs fleuris, annonce un établissement de confort. Les chambres sont agréables, et vous pouvez choisir entre la vue sur la place ou le calme de la cour. Les salles de bains manquent un peu d'espace. Dommage.

Imperial Hôtel *(hors plan couleur II par B5, **13**) :* corso Porta Romana, 68, à 100 m du Duomo. ☎ 02-583-182-00. Fax : 02-583-180-27. Ⓜ Crocetta. La double autour de 160 € avec petit dej'. Un petit hôtel bien situé, en dessous du Duomo et vraiment très proche du métro Crocetta. Marbre au sol et accueil prévenant pour ce petit hôtel très plaisant sur un étage. Toutes les chambres ont bains, AC, TV, frigo et des fleurs de lys sur les murs. Pour un peu, on se croirait à Versailles !

Encore plus chic

Hôtel Gran Duca di York *(plan couleur II, B4, **27**) :* via Moneta, 1a, 20123. ☎ 02-874-863. Fax : 02-869-03-44. Ⓜ Cordusio ou Duomo (ligne M1). Juste en face de la *biblioteca Ambrosiana* édifiée au croisement d'anciennes voies romaines. Compter entre 130 et 180 € la chambre avec bains, TV, téléphone ; petit dej' inclus. Au-dessus de l'entrée de cet hôtel 3 étoiles, un chat impassible surveille les allées et venues des chalands. Inutile de tenter de le distraire, il restera de marbre. L'établissement, un peu chic, offre tout le confort moderne. Les chambres sont claires et calmes ; depuis certaines d'entre elles, en se penchant un peu, on peut apercevoir la *Madonnina* sur son perchoir. L'accueil, un peu guindé, est néanmoins excellent. Parking possible devant l'hôtel.

À Porta Magenta

De chic à plus chic

Hôtel Antica Locanda Leonardo *(ex-Jolanda ; plan couleur I, A4, **16**) :* corso Magenta, 78, 20123. ☎ 02-46-33-17. Fax : 02-480-190-12. • www.leoloc.com • Ⓜ Conciliazione ou Cadorna (ligne M1 ou M2). Proche du *centro storico* par les trams nos 20 et 24, ou bus no 18 ; arrêt Santa Maria delle Grazie. Congés annuels : du 30 décembre au 5 janvier et en août. Compter de 170 à 190 € avec bains ; petit dej' compris. Porte discrète avec interphone. À deux pas de la fameuse *Cène* de Léonard de Vinci, cet hôtel occupe un immeuble ancien plein de charme, et isolé de la rue par une cour carrée intérieure. Au rez-de-chaussée, un délicieux salon avec des fenêtres à la française qui laissent apercevoir un craquant petit jardin. Timidement, au gré de l'évolution des goûts de ses clients (pas mal de Japonaises très bien élevées), Mario, le chaleureux proprio, fait rénover deux pièces, puis deux autres, et compte racheter l'immeuble mitoyen. Tant et si bien que son hôtel rassemble tous les styles de chambres imaginables... Il y en a pour tous les goûts. De plus, le maître des lieux est l'un des rares Milanais à pouvoir vous obtenir des places pour la Scala. Une merveilleuse adresse. Remise de 7 % aux lecteurs du *GDR* hors périodes de foire et 3 % en pleine saison.

Dans le quartier de Brera et les alentours

Situé entre le castello Sforzesco et les *giardini pubblici,* autour de la via Brera et du corso Garibaldi. Ⓜ Lanza et Moscova (ligne M2), ou Turati et Monte Napoleone (ligne M3).

Bon marché

ACISJF *(Associazione cattolica internazionale al servizio delle giovane ; plan couleur I, B1, **17**) :* corso G. Garibaldi, 123, 20121. ☎ 02-290-001-64. Ⓜ Moscova (ligne M2). Juste en face de l'église Santa Maria Incoronata (briques rouges). Ouvert de 7 h à 22 h ; le samedi, fermeture à minuit. Compter 23 € la nuit par personne. Une très bonne adresse pour les voyageuses de moins de 25 ans désireuses de se recueillir en fin de parcours dans un lieu calme (mais central) et rigoureusement organisé par des sœurs. En été, vous profiterez plus facilement des 100 lits de cet établissement, car les pensionnaires à l'année, étudiantes en majorité, sont en vacances. Confort rudimentaire, salles de bains collectives, mais draps immaculés, service de buanderie et excellent accueil de la patronne qui aime bien rire. En allant visiter la ville, n'oubliez pas de laisser votre clé à la réception.

Plus chic

Antica Locanda Solferino *(plan couleur I, B2, **18**) :* via Castelfidardo, 2, 20121. ☎ 02-657-01-29 et 02-659-27-06. Fax : 02-657-13-61. • www.anticalocandasolferino.it • Ⓜ Moscova (ligne M2). Au nord du quartier de Brera, proche de la porta Nuova et non loin de la très célèbre pinacothèque Brera. Congés annuels : 3 semaines en août. Chambres avec bains, TV et téléphone autour de 170 €, petit dej' inclus. Également deux appartements, plus chers. Cette demeure ancienne datant de l'époque napoléonienne abrite un hôtel plein de charme, avec ses 11 chambres très cosy, remplies de bibelots, aux rideaux fleuris et meubles anciens. Elles sont souvent le cadre de prises de vue pour des magazines de mode italiens. Sur les murs du couloir sont accrochées des lithographies très anciennes, dont certaines signées de la main du caricaturiste Daumier. L'accueil est extrêmement chaleureux, simple et attentionné. Vraiment un sans-faute pour cet hôtel pris d'assaut par une clientèle d'habitués (stylistes, mannequins, journalistes) qui réservent d'une année sur l'autre au rythme des salons et manifestations à Milan : il est donc impératif de réserver le plus tôt possible. Un inconvénient cependant : le bruit de la discothèque à proximité le week-end. Resto assez raffiné attenant.

Entre la gare et la Città Studi

Au nord-est du cœur de Milan, que l'on rejoint en quelques minutes par la ligne de métro M1, ce quartier offre des possibilités de logement à prix raisonnables. Les établissements que nous indiquons ici bénéficient d'excellents rapports qualité-prix. À noter enfin que les hôtels « Plus chic » pratiquent souvent des tarifs week-end assez avantageux, et à peine plus chers que ceux à « Prix moyens ».

De prix moyens à plus chic

Hôtel The Best *(plan couleur I, D1, 14)* **:** via Benedetto Marcello, 83, 20124. ☎ 02-294-047-57. Fax : 02-201-966. Ⓜ Central F.S. • www.thebesthotel.it • Autour de 80 € (les chambres peuvent descendre en dessous de 60 € en basse saison et grimper à plus de 100 € pendant les foires), petit dej' compris. Tout d'abord un accueil particulièrement souriant et chaleureux. Ensuite, un petit hôtel familial, bien situé, avec une vingtaine de chambres donnant sur la rue agréablement arborée ou sur un petit jardin intérieur dans lequel vous pouvez prendre le petit déjeuner. Et pour finir, situé proche d'une station de métro pour sillonner la ville. *The Best* on vous dit!

Hôtel Brasil *(hors plan couleur I par D3, 19)* **:** via G. Modena, 20, 20129. ☎ et fax : 02-749-24-82. • hotelbrasil@libero.it • Ⓜ Palestro (ligne M1). De la Stazione Centrale, bus n° 60. À proximité, tram n° 23 et bus n°s 61 et 54 pour atteindre rapidement le *centro storico*. Congés annuels : en août. Compter 72 € pour une chambre avec bains; 60 € avec douche, lavabo et bidet; 52 € pour celle sans douche. Petit déjeuner en sus : 5 €. Au 4e étage avec ascenseur d'un vieil immeuble de prestige (le porche est imposant), ce petit hôtel occupe un ancien appartement haut de plafond, avec parquets cirés et plantes vertes. Les 12 chambres pour 1, 2 ou 3 personnes sont propres et agréables. Réservez absolument celles donnant sur le petit jardin intérieur luxuriant, calme et frais en été. Un lieu plein de charme où vous serez très bien reçu par la *signora* Luisa, la patronne qui parle un peu français. Réduction de 10 % accordée en janvier, novembre et décembre à nos lecteurs.

Hôtel Kennedy *(plan couleur I, D2, 28)* **:** viale Tunisia, 6, 20124; 6e étage. ☎ 02-400-934. Fax : 02-294-012-53. • www.hotelkennedy@galactica.it • Une dizaine de chambres autour de 55 € sans bains et 75 € avec. Très bien situé dans un quartier animé proche de la gare, les chambres de cet hôtel sont claires et bien tenues. Préférez une des quatre avec balcon, absolument adorables. TV et téléphone dans toutes les chambres.

Hôtel San Tomaso *(plan couleur I, D2, 29)* **:** viale Tunisa, 6; 3e étage. ☎ 02-295-147-47. Fax : 02-295-147-47. Si le précédent est complet, vous pouvez tenter votre chance trois étages plus bas avec des prix comparables. Lits *king size.* Possibilité de petit déjeuner à moindre coût.

Hôtel Arno *(plan couleur I, D2, 20)* **:** via Lazaretto, 17, 20124. ☎ et fax : 02-670-55-09. • www.hotelarno.com • En face de l'hôtel *Eva.* Chambres avec petit déjeuner et bains à partir de 65 €; sans sanitaires, compter 50 €. L'établissement est situé au 4e étage d'un immeuble équipé d'un ascenseur et d'un interphone. En tout, 9 chambres pour 1, 2 ou 3 personnes, dont celles avec bains donnant sur la cour intérieure, plus calme que la via Lazaretto, assez bruyante (passage du tramway). Accueil décontracté. Accès Internet gratuit et, entre mi-décembre et mi-janvier, 10 % de réduction sur le prix de la chambre pour nos lecteurs sur présentation du *Guide du routard.*

Hôtel Eva *(plan couleur I, D2, 21)* **:** via Lazzaretto, 17, 20124. ☎ 02-670-60-93. Fax : 02-670-59-07. Compter 60 € la double sans sanitaires et 35 € la simple. Une bonne dizaine de chambres réparties sur 2 étages. Située au même niveau que l'hôtel *Arno, Eva* n'est en rien sa sœur jumelle. Celles-ci offrent un confort honnête pour 1, 2, 3 ou 4 personnes. Un peu moins bien que le précédent, *Eva* plaira aux voyageurs solitaires en quête de chambres spacieuses et bon marché.

Hôtel Aurora *(plan couleur I, D2, **22**)* **:** corso Buenos Aires, 18, 20124. ☎ 02-204-79-60. Fax : 02-204-92-85. • www.hotelaurorasrl.com • Ⓜ Porta Venezia (ligne M1). De la gare : bus n° 60 ou tramway n° 33, arrêt Piazza Lima ; puis descendre le corso Buenos Aires, direction porta Venezia. Sinon, tramway n° 5, arrêt Tunisia. À 3 stations de métro du Duomo. Ouvert toute l'année. Chambres avec bains autour de 90 €, et une chambre sans bains à 70 €, petit dej' compris. Situé sur une avenue très commerçante et au fond d'une petite cour intérieure, l'hôtel dénombre 16 chambres dans un immeuble avec interphone. Traversez la cour et montez au 1er étage par les escaliers peints en « gris-hôpital ». Propres et confortables, elles reçoivent 1, 2 ou 3 personnes. Accueil très cordial. Mieux vaut réserver les chambres sur cour. Réduction de 10 % sur présentation du *GDR* en basse saison.

Hôtel Euro *(plan couleur I, D2, **10**)* : via Vitruvo, 28. ☎ 02-295-150-24. Ⓜ Porta Venezia (ligne M1). Chambres autour de 90 A avec petit déjeuner. D'un confort et d'une propreté rares pour un 2 étoiles, cet hôtel hyper bien situé propose une vingtaine de chambres toutes neuves, absolument nickel, toutes avec bains. Les lampes de chevet rappellent que dans la via Malpighi située non loin, l'Art déco règne en maître. Petit bémol : pas d'ascenseur, mais pas de panique, deux étages à monter au maximum !

Hôtel Aurelia *(hors plan couleur I par D1-2, **23**)* **:** via N. Piccinni, 25, 20131. ☎ 02-295-270-52. Fax : 02-204-09-294. • www.hoteaurelia.it • Ⓜ Loreto (lignes M 1 et M 2), sortie piazza Argentina, puis prendre la via Monteverdi, et la 2e à gauche : via Piccinni (5 mn à pied). De la gare centrale, bus n° 92, arrêt Piccinni (devant l'hôtel). Autour de 75 € la chambre selon le confort et la période, petit dej' inclus. Petit hôtel avenant et facile d'accès depuis la gare. L'entrée laisse la place à un escalier en bois design permettant l'accès aux 11 chambres. Celles-ci, confortables et très bien entretenues, peuvent accueillir de 1 à 3 personnes. Salles de bains nickel. Accueil cordial. La piscine municipale (Bacone) est juste en face (voir la rubrique « Adresses utiles », plus haut).

Plus chic

Hôtel Fenice *(plan couleur I, D2, **24**)* **:** corso Buenos Aires, 2, 20124. ☎ 02-295-255-41. Fax : 02-295-239-42. Ⓜ Porta Venezia (ligne M1), juste à côté de la sortie. Chambres avec TV, téléphone et bains de 110 à 166 € selon la saison ; petit dej' compris. Tout proche des *Giardini Pubblici* (coureurs à pied, apportez votre équipement !), cet hôtel agréable offre 46 chambres spacieuses, toutes équipées de TV, double vitrage (le boulevard devient très passant dès 8 h) et AC. Accueil aimable et discret. Après le copieux buffet du petit déjeuner, vous pourrez gagner rapidement le quartier du Duomo en 3 stations de métro. Parking.

Dans le quartier des Navigli

Plus chic

Hôtel Minerva *(hors plan couleur II par A5, **25**)* **:** corso C. Colombo, 15, 20144. ☎ 02-837-57-45 ou 02-581-002-17. Fax : 02-83-582-29. Ⓜ Porta Genova F. S. (ligne M2), à 50 m de la station.

Tramways nos 14 et 2 pour rejoindre le Duomo. Congés annuels : en août. Chambres avec bains de 100 à 130 €, selon la saison; petit déjeuner inclus. L'hôtel se trouve dans l'ancien quartier populaire des Navigli, réputé pour ses restos, ses bars et son intense vie nocturne. Les chambres affichent une déco un peu austère, mais se révèlent propres et calmes. Les anciens canaux de navigation *(navigli)* de Milan combleront adeptes de balades romantiques et amateurs d'antiquités (brocantes périodiques). Parking.

Où manger ?

Comme dans beaucoup de capitales, on trouve à Milan une variété infinie de restos, à tous les prix. La cuisine typiquement milanaise est composée du *risotto giallo* (riz cuisiné au safran), de la *cotoletta alla milanese* (côtelette de veau panée et citronnée), de la *cazzuela* (mélange de porc et de choux) et du *panettone* (grosse brioche fourrée aux raisins et citrons confits), dont la renommée a franchi nos frontières. Vous trouverez également dans les nombreuses *tavole calde* (littéralement : tables chaudes) sandwichs, salades et autres mets froids à déguster sur place ou à emporter.

Attention, à Milan, le prix du couvert est beaucoup plus élevé qu'ailleurs, ce qui gonfle l'addition de manière inconsidérée : environ 2,50 € par personne et jusqu'à 5 € dans certains restos chic. Ça a le mérite de cibler clairement la clientèle !

Attention aussi, une grande partie des restaurants, ainsi que les magasins et autres lieux publics ferment en août, période durant laquelle Milan est désertée. Consultez alors le quotidien *Il Giornale,* qui indique les restos et magasins ouverts, ainsi que *Milano est Milan* (distribué par l'office du tourisme).

Dans le quartier du Duomo et ses environs

Sur le pouce

|●| ***Princi** (plan couleur II, B4, **30**) :* via Speronari, 6. À partir de 1,50 €. Entrez donc dans cette boulangerie-pâtisserie on ne peut plus tentante. Quelques tabourets sont à disposition pour grignoter les ficelles aux olives, les *focaccie* croustillantes, les parts de pizzas, les tartes, les brioches, les gâteaux poire-chocolat... n'en jetez plus ! Tout fait envie et les Milanais ne s'y trompent pas : ça ne désemplit pas. Le midi, quelques plats cuisinés que l'on peut voir se préparer dans les cuisines qui donnent sur la salle toute en longueur. Fauchés et gourmands, courez-y ! Succès oblige, Princi possède quelques autres boutiques dans Milan, aussi qualitatives que celle-ci.

|●| ***Café de Santis** (plan couleur I, B4, **33**) :* corso Magenta, 9. Ouvert de 9 h à 1 h, sauf le dimanche. Autour de 5 €. Ne passez pas à côté de ce minuscule bar tout en longueur submergé de bouteilles et de produits frais qui vous font de l'œil dès l'entrée, pour confectionner les *panini* les plus variés. À manger au coude à coude avec vos voisins ou à emporter.

|●| ***Bar della Crocetta** (plan couleur II, B5, **32**) :* corso Porta Romana, 67. ☎ 02-545-02-28. Ⓜ Crocetta. Panini entre 6,50 et 7,50 €. Certes, on peut trouver ça un peu cher à première vue. Mais lorsque l'on jette un coup d'œil au menu et à sa soixantaine de *panini,* tous plus originaux les uns que les autres, on commence à changer d'avis. D'autant que les garnitures sont fraîches, que le pain est croustillant et que les ingrédients débordent de partout. Les meilleurs *panini* de la ville, en somme, et ce sont les Milanais qui nous l'ont dit !

🍽 ***Bar Mercanti** (plan couleur I, B4, **31**) :* via dei Mercanti, 21. ☎ 02-874-302. Congés annuels en août et la 1re semaine de janvier. Ouvert tous les jours jusqu'à 19 h (dimanche jusqu'à 22 h). Grand choix de *panini* à 5 € de qualité moyenne. Son atout ? Une des plus belles terrasses de Milan, dans une rue piétonne, avec vue sur le Duomo. Une alternative plus que sympathique aux fast-foods qui pullulent dans le quartier.

Bon marché

🍽 ***Trattoria da Pino** (plan couleur I, C4, **42**) :* via Cerva, 14. ☎ 02-760-005-32. Dans une ruelle calme, à proximité du Duomo et de la piazza San Babila. Fermé le soir et le dimanche. Congé annuel en août et la semaine de Noël. Compter environ 4,50 € pour un *primo* et 5,50 € pour un *secondo.* Ne vous laissez pas tromper par l'exiguïté du *locale,* avec ses 4 tables et un zinc brillant comme un sou neuf, car le meilleur de cette authentique *trattoria* se trouve derrière le comptoir. Les employés du quartier y ont leurs habitudes, d'où le brouhaha montant dès 12 h 30. Nous avons un petit faible pour les pâtes à la ricotta et aux épinards, à moins que vous ne préfériez le rôti de veau ou le foie à la *veneziana.* Pour couronner le tout : la *crostata di ricotta* à la poudre de cacao amer. Un excellent rapport qualité-prix.

🍽 ***Ristorante Brek** (plan couleur I, C4, **55**) :* piazzetta Giordano, 1. ☎ 02-760-233-79. Ouvert de 12 h à 15 h et de 19 h à 23 h. À deux pas de San Basila, un self-service très animé mais joliment décoré bien que la devanture orange pétante ne laisse pas présager du mieux. Buffet de pâtes, risotto, charcuterie, tartes et vins au tonneau à moins de 10 € le repas complet. Plusieurs implantations de cette formule dans les autres quartiers de la ville.

Prix moyens

🍽 ***Ronchi 78** (plan couleur II, B4, **38**) :* San Maurillo, 7. ☎ 02-867-295. Ⓜ Duomo ou Missori. Au moins 22 € (mais le couvert est inclus) à la carte et menu très valable à 20 €. Ne vous étonnez pas que l'amblance soit parfois survoltée dans ce resto : c'est que la chère y est bonne et la cave voûtée qui accueille des groupes de musique *live* (vers 22 h 30) invite aux réjouissances. Souvent des groupes de jeunes fêtards sympathiques (au sous-sol), mais aussi des tables plus intimes (au rez-de-chaussée), le tout éclairé à la bougie. Nous avons craqué pour la charcuterie et les raviolis aux épinards et noix. Préférable de réserver, vous l'aurez compris.

🍽 ***Cantina Piemontese** (plan couleur I, C4, **47**) :* via Laghetto, 11. ☎ 02-784-618. Ⓜ Duomo. Fermé le samedi midi et le dimanche. Environ 25 €. Derrière une entrée minuscule se cachent trois charmantes petites salles. Une équipe jeune vous proposera un menu court mais qui change tous les jours. Cuisine traditionnelle du Piémont, raffinée, où tout le monde devrait trouver son bonheur : spaghetti aux fruits de mer, risotto *alla contadina* (légumes et herbes), filet de porc au porto... Produits frais d'une grande qualité. Ambiance cosy sans être trop chic.

🍽 ***Bistro Duomo** (plan couleur I, C4, **53**) :* via San Rafaele, 2. ☎ 02-877-120. Au 7e étage du grand magasin *Rinascente* (dans la ruelle à gauche du Duomo). Attention, le resto ferme à 22 h. Fermé le dimanche et le lundi midi. Compter autour de 20 €. Vaut le déplacement pour sa grande terrasse très calme à proximité immédiate des toits du Duomo. On a l'impression qu'on pourrait toucher les gargouilles. Assez spectaculaire le soir. Pour profiter de la vue, vous pouvez vous contenter d'un café, mais la cuisine reste correcte.

Entre la gare centrale et la piazza della Repubblica

Prix moyens

|●| ***L'Osteria del Treno*** *(plan couleur I, D1, **54**) :* via San Gregorio, 46-48. ☎ 02-67-00-479. Fermé le dimanche midi. Congés annuels : à la mi-août et pour les fêtes de fin d'année. Compter 25 € pour un repas très complet. Voici une adresse pour se réconcilier avec le quartier de la gare. Le cercle des cheminots abrite cette belle *osteria* où les retraités disputent de vives parties de *scopa* (jeu de cartes) sous l'œil amusé des hommes d'affaires et des touristes qui ne pipent mot de leurs jurons en pur dialecte milanais. Ça, c'est pour la première salle, aux allures d'œnothèque, où l'on déguste un bon *Barbaresco* accompagné de *stuzzicherie,* des amuse-bouche autour de l'oie et du cochon. À l'arrière, l'ambiance est plus *allegro ma non troppo.* Carte saisonnière harmonieuse et inventive : *gnocchi di patate* au cacao et gorgonzola, cuisse de porc aux pommes et poireaux, ainsi qu'un grand choix de fromages. Accrochez-vous au dernier wagon et ne loupez pas le *gelato* au lait de chèvre et sauge. Un régal ! Réservation conseillée.

|●| ***Pizzeria Piccola Ischia*** *(plan couleur I, D2, **43**) :* via Broggi Giuseppe, 15. Angle via Morgagni. ☎ 02-204-76-13. Pizzas entre 3 et 10 €. En poussant la porte de cette pizzeria de quartier qui accueille un monde fou midi et soir, on entre dans une pièce de Goldoni. Déco en stuc avec des personnages en relief, balcons à l'italienne, le linge qui sèche et les peintures en trompe l'œil. Quatre pages de choix de pizzas, en trois tailles possibles. Service à la bonne franquette où l'on écrit soi-même sa commande. Une ambiance on ne peut plus italienne.

Vers la porta Ticinese et le quartier des Navigli

Sur le pouce

|●| ***Fish Point*** *(hors plan couleur II par A6, **39**) :* piazza XXIV Maggio. Barquette de calamars à 5,50 €, *fritto misto* à 7 €. Ouvert du mardi au samedi de 8 h 30 à 13 h et de 16 h 30 à 19 h. Sur le terre-plein au milieu de la place, de beaux étalages de poissons frais, frits à la minute, devant vous. Un vrai régal, très pratique pour ceux qui font une overdose de *pasta* et qui ne veulent pas se ruiner.

|●| ***La Pagnottella*** *(plan couleur II, A5, **59**) :* viale Gorizia, 3. Une boulangerie pour manger sur le pouce des tartes aux fruits appétissantes, des pizzas à 10 € le kilo, de délicieuses tresses d'épinard à 1,50 € la pièce. Également grand choix de *gressini* et de biscuits à la farine bio. Accueil empressé et sympathique. Toujours beaucoup de monde.

Bon marché

|●| ***Pizzeria La Fabbrica*** *(hors plan couleur II par A6, **35**) :* strada Alzaia Naviglio Grande, 70. ☎ 02-835-82-97. Ⓜ Porta Genova F. S. (ligne M2). Rive droite du naviglio Grande. Ouvert de 19 h à 2 h. Pizzas et plats autour de 8 €. Dans cette ancienne cantine d'ouvriers haute de plafond, avec murs « bruts de décoffrage » et rangées de lustres en aluminium, la taille des pizzas ressemble au volant d'un 38 t (allez, roule Mimile !). Cuisine simple et copieuse. On s'y retrouve en famille ou entre copains autour de grandes tables et l'enthousiasme général fait résonner la popote qui retrouve son atmosphère d'antan.

Serveurs en tablier « bleu de chauffe ». Une adresse pleine de charme où il vaut mieux arriver tôt.

Pizzeria del Ticinese *(plan couleur II, A5, **34**)* **:** corso della Porta Ticinese, 65. ☎ 02-894-029-70. Fermé le lundi. Pizza de 3 à 8 €. Une bonne odeur de feu de bois vous accueille à l'entrée de ce petit resto qui utilise de la farine bio et de l'eau filtrée pour ses pizzas à la pâte particulièrement fine et à la garniture bien épaisse. Un endroit pour goûter une des plus fameuses spécialités de l'Italie, avec des produits de première qualité, et le tout sans se ruiner.

Pizzeria Premiata *(plan couleur II, A6, **37**)* **:** strada Alzaia Naviglio Grande, 2. ☎ 02-894-006-48. Métro le plus proche : Porta Genova F. S. (ligne M2). Au début de la rive droite du naviglio Grande. Ouvert de 12 h 30 à 14 h 30 et de 19 h 30 à 2 h. Fermé le mardi midi. Pizzas autour de 8 €. Une pizzeria qui semble attirer tous les Milanais... et avec raison. Le cadre rustique (déco bois, cuivres et vieilles photos), les serveurs *smart* et sympas, la taille démesurée des pizzas et *focaccie* servies sur des tables en marbre sont les raisons de ce succès. Plusieurs salles, sur différents niveaux avec des hauteurs de plafonds variées. Accueil très cordial. Courette en été. Pas de réservation.

Caffé della Pusterla *(plan couleur II, A5, **58**)* **:** via de Amicis, 24. ☎ 02-894-021-46. Ⓜ S. Ambrogio (ligne M2). Ouvert tous les jours de 7 h 30 à 22 h sauf le dimanche. Un petit café sympa qui propose des plats simples entre 6,50 et 8 € ainsi que de grandes salades pour environ 7,50 € ou des *panini* autour de 4,50 €... À l'extérieur, une terrasse ombragée, agréable malgré la circulation car protégée par un mur de lierre. À l'intérieur, de grandes bibliothèques où les livres ont cédé leur place à des bouteilles de vin. Des quotidiens (y compris en français) sont à disposition. Bref, une petite halte idéale pour se reposer avant de repartir de plus belle.

Viarenna *(plan couleur II, A6, **46**)* **:** piazza XXIV Maggio, 4. ☎ 02-839-22-11. Ⓜ Porta Genova F. S. (ligne M2) ou, du Duomo, tramway n°s 3 ou 20. À l'angle du corso Porta Ticinese. Service de 7 h à 2 h du matin. Petite restauration pour environ 4 €, et *cappuccino* au comptoir à 1,20 €. En revenant du marché de la Darsena, ce resto à l'ambiance de brasserie, construit en brique avec des poutres très classiques, viendra à bout de votre petit creux. Dégustation, au comptoir ou en salle, de pâtisseries savoureuses et de salades craquantes. *Happy hours* en fin d'après-midi. Rendez-vous des noctambules qui viennent casser une petite graine en sortant des bars du quartier.

Prix moyens

Briosca *(plan couleur II, A6, **56**)* **:** via Sforza, 13. ☎ 02-839-49-33. Fermé le lundi. Compter 18 €. Quelle ambiance dans cette *trattoria* de quartier ! Guitare à la main, les habitués viennent pousser la chansonnette italienne en fin de semaine (et parfois en milieu aussi !), repris en cœur par une salle de tous âges. Côté cuisine, il faut absolument goûter le *risotto primero* avec cèpes, pignons, marjolaine et cacao ou les excellentes *tagliata alla rucola grana.* Pour les vins, laissez-vous guider par le patron qui a très bon goût et qui ne devrait pas vous assommer d'un coup de bambou. Souvent plein à craquer, pensez à réserver ou bien prenez votre mal en patience, on vous dégotera tôt ou tard une petite place. Ça vaut vraiment le coup.

Cantina della Vetra *(plan couleur II, A5, **49**)* **:** via Papa Pio IV, 3. ☎ 02-89-403-843. Ouvert de 11 h à 15 h et de 20 h à minuit. Comptez autour de 20 € pour un repas sans vin. Derrière l'église San Lorenzo, un resto calme avec vue sur le parc. L'atmosphère est un étonnant mélange d'ambiances familiale, rustique et raffinée. Appétissant buffet d'*antipasti.* La carte propose un choix, un peu réduit, de succulentes spécialités italiennes dont le fameux *gnoccho fritto* typique de l'Émilie-Romagne, servi avec une superbe assiette de charcuterie. On peut aussi y venir pour un *brunch* ou pour boire un verre de vin.

Plus chic

|●| *Ristorante-piano-bar El Brellin* *(plan couleur II, A6, **41**) :* vicolo dei Lavandai, sur le naviglio Grande, 14. ☎ 02-581-013-51 ou 02-894-027-00. Restaurant ouvert pour le déjeuner et le dîner jusqu'à 2 h du matin. Fermé le dimanche soir. Congés annuels : les 2e et 3e semaines d'août, ainsi que la 1re quinzaine de janvier. Le midi, compter 25 €. Le soir menu-carte très complet autour de 43 €. Ceux qui désirent rencontrer le gratin branché milanais et fréquenter un lieu chargé d'histoire y apprécieront autant le raffinement de la cuisine Lombarde que le cachet indéniable de cette ancienne taverne reconvertie, jouxtant un authentique lavoir. Il est d'ailleurs fortement conseillé de réserver car l'endroit, très en vogue, fait salle comble tous les soirs.

|●| *Il Posto di Conversazione* *(plan couleur II, A6, **36**) :* via Alzaia Naviglio Grande, 6. ☎ 02-58-10-66-46. Ouvert de 20 h à 1 h et uniquement sur réservation à midi. Compter 35 € pour un repas complet. Une adresse plébiscitée par les Milanais. Pas vraiment branché, c'est pourtant plein tout le temps (réservation indispensable) ! Dans un cadre rustique et feutré, on se régale de faisan à la sauge, de spaghetti au safran et au canard ou de ravioli aux aubergines, chèvre et thym parmi d'autres délicieuses spécialités. On sort content et rassasié, paré pour attaquer une balade en amoureux, au bord des *navigli,* au clair de lune...

|●| *L'Osteria dei Formaggi* *(plan couleur II, A6, **44**) :* strada Alzaia Naviglio Grande, 54. ☎ 02-894-094-15. Ⓜ Porta Genova F. S. (ligne M2). Ouvert le soir uniquement. Fermé le dimanche. Congés annuels : en août. À la carte autour de 26 € et compter environ 34 € pour le menu dégustation. Au bord du très pittoresque Naviglio Grande, renommé pour sa fameuse brocante mensuelle (jetez un œil à la collection de vieux postes de radio sur les murs), ce resto au label *slow food* est spécialisé dans les plats à base de fromage. Comme sa clientèle de tous âges, vous serez séduit par le délicieux artichaut au fromage et huile de truffe ainsi que par le filet de bœuf au gorgonzola. Les plus aventureux pourront tenter les raviolis au *pecorino* et fraises, mais il faut bien avouer que c'est assez étrange ! Carte des vins lombards et piémontais bien fournie. Incroyable choix de *grappa.* Au dessert, classique gâteau citron-fromage ou curieux contraste du *gorgonzola* au miel amer. Service impeccable. Mieux vaut réserver le soir. Digestif offert sur présentation de votre guide préféré.

|●| *Osteria dell'Operetta* *(plan couleur II, A5, **40**) :* corso di Porta Ticinese, 70. ☎ 02-89-407-426 ou 02-83-75-120. À 15 mn à pied du Duomo par la via Torino ; ou tramway nos 3 ou 20. Service de 20 h à 0 h 30. Fermé le midi et le dimanche. Menu (avec vin, café et *grappa* compris) ou carte, compter 33 €. Ancienne gargote populaire du quartier de Porta Ticinese reconvertie en un beau resto chic. Sous de vieilles arches ornées de tableaux modernes, vous serez séduit par la cuisine régionale et raffinée. Magnifiques côtelettes à la milanaise servies sur une planche en bois, gigantesques plateaux d'*antipasti,* et pain maison servi dans des sacs en papier pour le maintenir au chaud. Un peu cher tout de même. Réservation nécessaire.

Dans le quartier de Brera-Garibaldi

À proximité quasi immédiate du Duomo, ce joli quartier, ancien et rénové, s'avère idéal pour le déjeuner comme pour le dîner. Ici, les hordes de touristes laissent la place aux amoureux et aux badauds tranquilles qui appré-

MILAN

cient les terrasses et les plats du jour des nombreux petits bistrots. À la tombée de la nuit, ce coin, essentiellement piétonnier, voit débarquer des cartomanciens et diseurs de bonne aventure, alors, si le cœur vous en dit...

Bon marché

Anima e Cozze *(plan couleur I, B2, 57)* **:** via Palermo, 15. ☎ 02-864-616-46. Ouvert tous les jours. Tous les plats, des *O'Maccarone* aux *Enzalate* en passant par les *pizze,* tournent autour de 8 €. Menu à 10 € servi du lundi au vendredi au déjeuner (un *primo,* un *secondo,* un *contorno* et une boisson). Larguez les amarres et allez pêcher quelques idées du côté du poisson. De la rue, déjà, on voit s'ébattre les serveurs en tenue de matelot dans un grand aquarium aux couleurs vives. Passée la porte, on est accueillis par un étal de poissons frais et la carte navigue nettement dans les eaux napolitaines, entre poissons (vous l'aurez compris) et pizzas bien de là-bas. Les *sclalatielli* aux fruits de mer ou les *padellata* aux moules (*cozze* en v.o.) palourdes et safran sont une invitation au voyage. Ne quittez pas le navire sans avoir goûté la typique pâtisserie napolitaine à la ricotta et fleur d'oranger.

De prix moyens à plus chic

El Beverin *(plan couleur I, B3, 52)* **:** via Brera, 29. ☎ 02-863-277. Ouvert tous les jours. Une super petite adresse pour toutes les heures de la journée : déjeuner sur le pouce (autour de 6 €), *aperitivo* (verre à environ 6 € également), dîner avec des menus entre 25 € et 37 €. Très bon *risotto* à l'artichaut et reblochon ou *polenta* à l'huile de truffe. Une carte gourmande consacrée à la dégustation de fromage propose des accords de vins originaux. Essayez donc le *grana padano* avec le verre de *spumante* ou le *gorgonzola* avec le *valpolicella.* L'ambiance est jeune, une petite terrasse est chauffée en permanence et le service est très souriant. Seul petit bémol : les pâtisseries ne sont pas à la hauteur des plats.

Antica Trattoria della Pesa *(plan couleur I, B1, 45)* **:** viale Pasubio, 10. ☎ 02-655-57-41. Ⓜ Garibaldi F. S. (ligne M2), puis descendez le corso Como jusqu'à la piazza XXV Aprile ; c'est la rue à droite. Service de 12 h à 14 h 30 et de 20 h à 22 h. Fermé le dimanche. Congés annuels : en août. À la carte, compter 45 €. Situé dans un vieux quartier ouvrier en pleine rénovation, au nord de Brera et proche de l'hôtel *Locanda Solferino,* où des lambeaux de rues et quelques commerces résistent à la boulimie des promoteurs. Créé en 1880, ce sympathique resto est l'un de ceux-là. Le décor en bois sombre avec gravures et assiettes anciennes diffuse une atmosphère feutrée de pension de famille. Bonne et réputée, la cuisine milanaise bourgeoise est très appréciée de la clientèle d'habitués, un peu âgée. Goûter au *rognoncino trifolato,* à la *cervella al burro,* au *risotto* ou à la *costoletta alla milanese.* Couverts en argent (s'il vous plaît !) et serveurs aux allures de « petits pères tranquilles ». Réserver si possible. Petite curiosité : quand Hô Chi Minh émigra du Vietnam dans les années 1920, il séjourna quelque temps à Milan et travailla dans ce resto comme plongeur (voir la plaque à l'extérieur). Souvent complet même avec des tarifs un peu élevés. Apéro ou digestif offert à nos lecteurs sur présentation du *GDR.*

Torre di Pisa *(plan couleur I, B3, 50)* **:** via Fiori Chiari, 21/5. ☎ 02-874-877. À côté de la pinacothèque de Brera, dans une petite rue piétonne. Fermé le samedi midi et le dimanche. Compter autour de 30 €. Une vraie *trattoria* qui remplit avec satisfaction les estomacs depuis un demi-siècle. Plusieurs petites salles dans lesquelles planent les fumets de la bonne cuisine mitonnée devant les yeux des clients. Les plats du jour sont nombreux et changent tous les jours.

🍴 ***Cestino*** *(plan couleur I, B3,* ***51****)* **:** via Madonnina, 27. ☎ 02-864-601-46. Fermé le mercredi. Autour de 30 €. Au cœur d'un quartier animé et piéton, une *trattoria* raffinée où les tables sont éclairées à la bougie, sans être guindée. Les pâtes aux noix de Saint-Jacques sont servies dans la coquille, le risotto au fromage fumé et champagne (!) est accompagné d'une fraise, les escalopes de veau au citron sont copieusement servies. Un régal pour les papilles. Malheureusement pas de *vino della casa* ni au verre ce qui peut rapidement faire grimper l'addition.

Où déguster une glace *buonissima*?

Les établissements sont généralement ouverts de 11 h à minuit (parfois un jour de repos hebdomadaire) et les glaces sont vendues en pot ou en cornet à emporter, entre 1,50 et 4 €.

🍦 ***Rinomata Gelateria*** *(plan couleur II, A6,* ***90****)* **:** Ripa Porta Ticinese, angle Viale Gorizia. Entre les deux *navigli.* Ouvert tous les jours jusqu'à 1 h du matin. Fermé en décembre et janvier. Non, ce décor n'est pas celui d'une pharmacie mais bien d'un glacier ! Derrière ce ne sont pas des médicaments soigneusement alignés dans les casiers en bois mais bien des cornets. Et vous avez le choix : au moins une dizaine de formes et de dessins différents. Et comme remède ? Torrone, crème caramel, fruit des bois, poire-choco... Très beau, très bon. Attention, l'abus de *gelato* peut nuire à votre ligne.

🍦 ***Le Colonne*** *(plan couleur II, A5,* ***92****)* **:** corso di Porta Ticinese, 75. Ouvert jusqu'à minuit, cette *gelateria* propose des glaces artisanales dont certaines au fruit frais qui sont un délice. Également de belles crêpes dont celles au Nutella qui font un malheur auprès des jeunes du quartier qui les avalent en sortant des bars branchés alentour.

🍦 ***Gelateria Toldo*** *(plan couleur I, B3,* ***91****)* **:** via Ponte Vetero, 11. ☎ 02-864-608-63. Ⓜ Cairoli (ligne M1) ou Lanza (ligne M2). Proche des stations de métro. Un grand choix de glaces maison aux parfums aussi savoureux qu'originaux : muesli-soja, réglisse, *cioccolato* au piment, pruneau-cannelle et, pour les gourmands soucieux de leur ligne, toutes sortes de sorbets (fruits des bois, fraise, mandarine, etc.) sans sucre ajouté ! Quel régal !

🍦 ***Gelateria S. Carlo*** *(plan couleur I, A4,* ***93****)* **:** corso Magenta, 77. Ouvert tous les jours jusqu'à 20 h 30. Congés annuels : 15 jours en août. Si la *Cène* de Léonardo a échauffé votre imagination, venez la rafraîchir ici : melon, *amaretto, tiramisù* parmi d'autres. Pour ceux qui surveillent les calories, vous pouvez vous joindre à la gourmandise sans angoisse : un choix non négligeable de *gelati senza zucchero* à base de lait de soja et de graines en tout genre. Si vous tournez le coin, via Bandello, 1, la même maison propose d'alléchantes pâtisseries. Cerise sur le gâteau : *aperitivo* un peu chic (œufs de saumon, fruits frais, petits fours...) à prix raisonnables.

Où boire un verre ?

Les cafés

Que ce soit pour un *espresso* bien serré ou un verre de martini, les cafés milanais sont une institution.

Autour du Duomo

Zucca *(plan couleur I, C4, **82**)* **:** galleria Vittorio Emanuele II. ☎ 02-86-464-435. À l'entrée de la galerie, vers la piazza del Duomo. Verre à 8 € au moins. Un café historique. C'est dans ce respectable établissement, ouvert depuis l'inauguration de la galerie, qu'est né en 1915 le célèbre *Campari*. À l'heure de l'apéritif, les amateurs se retrouvent autour de l'amère décoction, rappelant leurs illustres prédécesseurs Verdi, Puccini, Toscanini...

Sur le corso Porta Ticinese et près de la porta Ticinese

De Cherubini *(plan couleur II, A6, **80**)* **:** via Trincea delle Frasche, 2. Autour de la piazza XXIV Maggio. Ouvert tous les jours de 7 h à 22 h (dimanche jusqu'à 13 h). Pour boire un excellent *espresso* dans un cadre typiquement milanais, vieux d'un siècle. Pâtisseries et viennoiseries d'une qualité incomparable, fabriquées fraîchement sur place.

Sur le corso Como et autour

On est juste à côté de la stazione Porta Garibaldi. Un quartier assailli le soir par de nombreux Milanais où, contrairement à Ticinese, il est encore possible de se garer.

10 Corso Como Café *(plan couleur I, B1, **78**)* **:** corso Como, 10. ☎ 02-290-13-581. Ouvert tous les jours jusqu'à 1 h 30. Verre de vin ou thé autour de 5 € ; cocktails de 8 à 13 €. Immense espace zen et ethnique, très chic. Les bobos milanais ont trouvé refuge dans ces grands ateliers rénovés, mêlant verre, béton, métal et plantes vertes. Si les prix du resto sont plutôt élevés (les plats issus de l'agriculture biologique tournent autour de 20 €), les boissons sont relativement raisonnables, vu la qualité du service, des produits (très bons vins au verre, thés Mariage, cafés rares...) et surtout du cadre. En plus, aussi chic soit-il, l'endroit est plutôt cool. Les grandes terrasses chauffées, à la végétation luxuriante, à l'écart de la circulation et des klaxons, sont une invitation tentante à l'oisiveté. Superbe boutique design attenante (voir rubrique « Où faire du shopping ? »).

Le Trottoir *(plan couleur II, A6, **72**)* **:** piazzale XXIV Maggio. ☎ 02-837-81-66. Fermé le lundi. En plein milieu de la place, non loin de la porta Genova et des *navigli,* voici un lieu qui saura séduire les plus exigeants : pour 7 €, les deux étages vous offriront un cocktail bien tassé et de la musique *live.* On peut naviguer à volonté entre le groupe du rez-de-chaussée et celui du premier. Petite carte pour les affamés du soir, avec un gâteau au chocolat plus que recommandable.

Dans le quartier de Brera

Arcadia *(plan couleur I, B3, **79**)* **:** via Ponte Vetero, 13. ☎ 02-876-796. Et si vous étiez chez votre caviste de quartier et que vous décidiez d'y casser la graine ? Ici, c'est possible ! Un très large choix d'étiquettes (italiennes, bien sûr !), classées par région à emporter ou à consommer sur place (en ajoutant de 5 à 10 € sur le prix affiché). Le sommelier, qui parle français, est prêt à répondre à toutes vos questions. Belles assiettes de fromages ou de charcuterie déclinées en petites, moyennes et grandes tailles pour accompagner votre verre de vin.

Dans le quartier des Navigli

Sacrestia *(plan couleur II, A6, 76)* **:** via Conchetta, 20. Ouvert tous les jours de 21 h à 2 h. Sur le naviglio Pavese, un bar sorti d'un décor de studio de cinéma : tonneaux de vin peints au-dessus du bar en rotonde aux colonnes torsadées, escalier en colimaçon qui mène à une petite collection de livres, plafonds colorés... World music et soirées à thèmes organisées.

Capetown Café *(plan couleur II, A6, 74)* **:** via Vigevano, 3. ☎ 02-894-030-53. Ouvert jusqu'à 2 h du matin, tous les jours. Pléthore de cocktails autour de 6,50 € et *panini* à partir de 4,50 €. Ambiance jazzy cool pour ce café où se fréquentent les trentenaires du coin. Une adresse bien agréable qui tranche avec la mode techno du quartier.

L'*aperitivo*

Il faut absolument s'initier au remarquable apéritif *(aperitivo)* italien qui devrait rendre honteux les tenanciers de bistrots « de par chez nous » (messieurs, prenez-en de la graine !). Ici, pas besoin de mendier trois malheureuses « cahouètes » dans une coupelle Ricard, ni d'en tirer directement au distributeur (payant) que le taulier vous indique avec nonchalance. Non, rien de tout ça ! Quand les Milanais déboulent dans les bars après le travail, les comptoirs sont chargés de copieux amuse-gueule : saucissons, carpaccio, mortadelle, olives et anchois marinés, pains, fromages, etc. Et c'est gratuit ! Vous ne payez que le verre (prix très raisonnable et doses d'alcool parfois périlleuses). Un joli concept qui mériterait d'être exporté chez nous... À 18 h 30 : la flamme de la nuit commence à scintiller ! Bienvenue à Milan !

Autour du Duomo

Marino alla Scala *(plan couleur I, C3-4, 71)* **:** piazza della Scala, 5, 20121. ☎ 02-806-882-95. Fermé le dimanche. Pour l'*aperitivo,* compter 6 €. Si vous êtes jeune cadre dynamique branché, ne manquez pas l'*aperitivo* dans l'immeuble Tussardi qui pulse de 18 h à 22 h 30 avec musique mode et écran géant diffusant des images des quatre éléments : très *in* ! Ouvert aussi pour le déjeuner mais la partie resto est vraiment chère.

Garden Gallery *(plan couleur I, B4, 63)* **:** via Meravigli, 3. ☎ 02-805-51-25. Ⓜ Cordusio (ligne M1). Près du métro. Fermé le lundi soir. Cocktails autour de 6 € pendant l'*happy hour.* Ne vous laissez pas décevoir par la salle assez quelconque, c'est derrière que ça se passe. Le bar est ouvert sur une galerie de toute beauté, assez chic (elle se prête parfois à des défilés de mode) et où des tables sont installées dès 18 h pour accueillir les amateurs d'*aperitivo* dans une ambiance très années folles.

Victoria Caffé *(plan couleur I, B4, 69)* **:** via Clerici, 1. Il ne faut pas arriver trop tard dans ce bar à la mode pour se trouver une table parmi les volutes de cigarettes. La foule des jeunes Milanais déborde jusque sur le trottoir, d'où on entend tout de même la musique. À l'intérieur, style Art déco assez réussi et un buffet qui ne désemplit pas.

Scrofa Semilanuta *(plan couleur I, B4, 77)* **:** via Meravigli, 13. ☎ 02-86-45-40-16. Fermé le dimanche. Boissons alcoolisées autour de 4 €. Ce joli bar, situé en plein centre-ville offre un *aperitivo* en tout point mémorable. Ici, buffets richement garnis (salades de pâtes, charcuterie, fromages, beignets, légumes...), où chacun se sert au gré de ses envies et de son appétit. On remplit son assiette et l'on va s'asseoir, ou on va au bar, on boit un verre et on y retourne... Accueil sympa et en français !

Dans le quartier de la Porta Ticinese

L'Exploit *(plan couleur II, A-B5, **68**)* **:** piazza San Lorenzo, angle via Pioppette. Un bar très sympa à l'ambiance jeune qui déborde sur la belle place piétonne San Lorenzo aux beaux jours. Même en hiver, petite véranda chauffée. Vous ne pouvez pas le louper, c'est juste en dessous d'un mur mis à disposition par une célèbre marque de vêtements pour que s'expriment à tour de rôle des artistes milanais. L'*aperitivo* y est copieux et varié, même lorsque vous arrivez un peu tard, et les cocktails (à environ 6 €) sont très bien servis. Une de leurs spécialités dans cette grande carte classée par alcool : l'*Alfredo* (gin et Campari).

Colonial Café *(plan couleur II, A5, **81**)* **:** via de Amicis, 12. ☎ 02-894-204-01. Ouvert tous les jours de 18 h à 2 h du matin. Cocktails autour de 7 € pendant l'*happy hour.* Une ambiance safari dans un cadre résolument colonial : peintures aborigènes, bambous, boiseries exotiques, photos africaines... C'est presque *too much.* Les grands éléphants ou les petits colibris devraient pouvoir trouver un breuvage adéquat dans la jungle des cocktails. L'*aperitivo* commence plus tard qu'ailleurs mais lorsque ça démarre, *mamma mia* ! C'est vraiment maousse et on peut dîner sans problème à ce buffet de *pasta,* salade de riz, petits canapés pour la partie froide à volonté. Également bon buffet chaud auquel on peut se servir une fois en utilisant le jeton donné avec les boissons.

Trattoria Toscana *(plan couleur II, A5, **61**)* **:** corso Porta Ticinese, 58. ☎ 02-894-062-92. À 10 mn à pied du Duomo ou, pour les moins vaillants, tramway n° 3. Ouvert tous les jours sauf le dimanche, de 18 h 30 à 2 h 30. Boissons de 2 à 6,50 €. En semaine *happy hour* de 18 h 30 à 2 h. Derrière une devanture discrète, et une première salle où vous ne verrez pas âme qui vive, un bar devenu institution, où les étudiants branchés de Milan déboulent dès l'*aperitivo* (18 h 30). Au gré des verres et des discussions enflammées, beaux gosses ravageurs et jolies filles voluptueuses entament des mouvements frénétiques sur de la « musique de jeunes » ! On peut aussi y manger : c'est bon, un peu cher (entre 20 et 25 € le repas), mais tellement classe ! Ambiance torride autour de la fontaine et cour intérieure grouillante avec palmiers, à ne rater sous aucun prétexte. *Aperitivo* copieux mais il faut se pointer tôt, surtout le week-end, pour se sustenter. Très milanais dans l'âme.

MILAN

Dans le quartier de Brera

Bar Brera *(plan couleur I, B3, **67**)* **:** via Brera, 23. À l'angle des rues Fiori Chiari et Brera, la jolie terrasse de ce petit bar, sympa à toute heure, joue avec l'ombre et le soleil. Verre à 5 € de 18 h à 21 h. En dehors de cette tranche horaire, les prix sont exagérés. Ici on ne vous bourre pas de pain et de chips, au contraire : grand choix de charcuterie et de salades pour boire son cocktail tranquillement (en hiver, la terrasse est chauffée) et éventuellement aller dîner après dans ce chouette quartier piéton.

Près du Corso Como

ATM *(plan couleur I, B2, **73**)* **:** Bastioni di Porta Volta, 15. ☎ 02-655-23-65. Ⓜ Moscova (ligne M2). Sur la piazzale Biancamano. Ouvert du lundi au vendredi, de 18 h à 2 h, et le samedi de 22 h à 3 h. Fermé le dimanche. Conso à partir de 3 €. Un ancien abribus au milieu du terre-plein reconverti en bar design avec de grandes baies vitrées qui, telle une luciole à la nuit tombée, diffusent un halo de lumière orangée au centre de la rue. Fréquenté par une clientèle d'habitués ouverte aux rencontres. L'*aperitivo* y est particulièrement sympa.

Dans le quartier des Navigli

🍸 ***La Ringhiera*** *(plan couleur II, A6,* ***66****)* **:** Ripa di Porta Ticinese, 5. ☎ 02-839-39-02. Décor tropical (petites tables et paravents en bois, feuilles de palmier, bananes, parasols coloniaux, toile de jute au plafond, hamac...) pour ce bar à *aperitivo* à l'ambiance musicale très rock' n'roll. Un des seuls endroits sur les pourtant très animés *Navigli* qui propose la fameuse formule cocktail à 5,50 € et un buffet gratuit à volonté jusqu'à 22 h. Du coup, clientèle jeune et éclectique, et les cocktails prouvent que le barman est souvent débordé. Tenez-vous en aux classiques. Mardi et mercredi, soirée bière et le lundi soirée sangria.

Dans le quartier du Corso Sempione

🍸 ***Il Gattopardo*** *(hors plan couleur I par A1,* ***62****)* **:** via Piero della Francesca, 47. Juste dans le prolongement de la via L. Canonica. Ce véritable temple de l'apéro vaut le détour, ne serait-ce que pour son décor grandiose, dans cette rue légèrement excentrée. Poussez donc les portes de cette ancienne église (eh oui !) et vous serez converti. L'*aperitivo* vous attend sur l'autel du bar. Un énorme lustre de cristal tombe avec majesté du dôme ; le barman, tout en noir, vous invite à la confession : un cocktail, Monseigneur ? Pour une fois, vous pourrez siroter le vin de l'eucharistie... le péché n'a jamais été meilleur. Salades de pâtes, pizzas, chips, crudités pour accompagner le tout. Amen. Après 22 h 30, si vous avez le diable au corps, vous pourrez vous exprimer en toute liberté sur la piste de danse. Entre les deux, si malgré tout vous avez encore un creux, le resto ***Le Chatulle,*** un peu plus haut dans la rue (au n° 68), tenu par la même direction. Déco design aux tons blancs cassés. Cher (environ 33 €) mais chic. Très belle présentation des mets dans de grandes assiettes en verre.

🍸 ***Roialto*** *(hors plan couleur I par A1,* ***64****)* **:** via Pier della Francesca, 55. ☎ 02-349-366-16. Le physionomiste à l'entrée vous fait penser à un garagiste reconverti ? Normal. L'usine de carrosserie a fait peau neuve et prête à présent sa grande carcasse à l'un des lieux les plus branchés du moment. Surtout, ne dites pas d'où vous tenez le tuyau, on a promis de ne pas vendre la mèche... Mais on ne pouvait pas vous cacher ce havre de paix décoré façon colonialo-industriel, avec plantes à foison, petites tables à l'éclairage étudié et surtout l'*aperitivo* monstre qui donnerait à quiconque l'envie de revenir !

Près de la porta Venezia

🍸 ***Hôtel Diana*** *(plan couleur I, D3,* ***65****)* **:** viale Piave, 2. ☎ 02-205-81. Certes, le verre de vin est à 8 € et le cocktail à 10 €. Mais pour ce prix-là, attention les yeux... Une fois que vous avez osé pousser la porte du majestueux hôtel, dans votre tenue la plus correcte, vous entrez dans le jardin d'Éden. Sans rire. La salle pour l'*aperitivo* est en forme de rotonde avec des fauteuils en velours qui ressemblent à des fleurs pour répondre au magnifique jardin qui vous fait face. Grand, luxuriant, avec des chaises en rotin pour l'été, une fontaine, des oiseaux qui chantent, une oasis de fraîcheur, bref, le bonheur total ! Alors, aux beaux jours, n'hésitez pas à plonger dans ce bain de luxe, ce n'est pas non plus ruineux, et vous ne le regretterez pas (et pour plus de luxe encore, ceux qui ont 450 € à dépenser pourront aussi dormir à l'hôtel).

Où danser ?

Après ce grand bonheur gustatif, nourri de rencontres impromptues, la nuit vous réserve encore bien des surprises.

♫ ***La Banque*** *(plan couleur I, B4, **83**) :* via Porrone, 6. ☎ 02-869-65-65. Ouvert jusqu'à 2 h en semaine et 4 h le week-end. Les lourdes portes, l'escalier et les piliers de marbre impressionnent tout d'abord : vous entrez dans une banque, une vraie, qui a cessé son activité pour laisser la place à un superbe endroit très *in*. Jusqu'à 21 h, vous pouvez y prendre l'*aperitivo* (avec cocktails à 5 € seulement), puis vous pouvez y dîner (plus de 40 € quand même !) et enfin y danser jusqu'à l'aube dans la salle en bas (16 € avec conso). Fauteuils recouverts de rouge, serveurs chicos, musique *lounge* pour la première partie de soirée puis essentiellement du hip hop pour se trémousser. Le week-end, groupes *live*. Et qu'ça swingue !

♫ ***Tropicana Club Latino*** *(plan couleur II, B6, **84**) :* viale Bligny, 52. Ouvert le mardi et le jeudi (entrée gratuite ces deux jours) jusqu'à 2 h. Le vendredi et le samedi, entrée avec première conso obligatoire (entre 10 et 12 €). Une grande boîte exclusivement latino où se trémoussent belles filles et garçons bien sapés de tous âges sur des rythmes de salsa, meringué, et autre zouk. L'endroit est bien ventilé, et la taille de la piste prouve qu'ici, on vient là essentiellement pour la danse. Chaud devant !

♫ ***Shocking Club*** *(plan couleur I, B1, **70**) :* via Bastioni di Porta Nuova, 12. ☎ 02-657-50-73. Sous le teatro Smeraldo de la piazza XXV Aprile. Ouvert de 23 h 30 à l'aube. Fermé les dimanche, lundi et mercredi. Congés annuels : en été. Entrée : autour de 15 €. Plutôt décontracté et pas du tout « m'as-tu vu », les danseurs de cette boîte s'adonnent à des mouvements « gymnasticatoires » en toute insouciance. Ici au moins, on ne se prend pas pour des stars ! Les verres sont bien tassés pour être plus vite dans le rythme de la musique très entraînante.

♫ ***Casablanca*** *(plan couleur I, B1, **85**) :* corso Como, 14. ☎ 02-626-901-86. Un bar-boîte-resto branché comme tout le quartier qui combine l'*aperitivo* jusqu'à 21 h à 6 € le verre, puis dîner de qualité moyenne à prix élevés et discothèque jusqu'à 3 h du mat' pour s'éclater sur de la house, r'n'b et musique de style MTV. La déco est rococo (grands fauteuils « royaux »), un zeste d'exotisme en plus, avec le plafond recouvert de voiles dans le style casbah. Clientèle assez smart mais pas trop.

Cinémas

Forte concentration de cinémas sur le corso Vittorio Emanuele II qui, malheureusement, projettent un grand nombre de superproductions américaines. Ne manquez pas la superbe entrée du cinéma Odéon, via Santa Radegonda, 8 (Duomo). ☎ 02-87-45-47.

■ ***Arcobaleno*** *(plan couleur I, D2, **75**) :* viale Tunisia, 11. ☎ 02-294-060-54. Ⓜ Porta Venezia (ligne M 1). Quartier corso Buenos Aires. La séance autour de 7,20 €. Réductions. Une sélection de films en v.o. le mardi. Beaucoup de scolaires philosophent un peu bruyamment sur le sens de leur présence dans cette salle qui ose parfois l'art et essai. Quatre ou cinq séances par jour. Pour les programmes, consultez le supplément du quotidien milanais *Corriere della Sera* du mercredi.

■ Les cinés ***Mexico*** (via Savona, 57 ; ☎ 02-489-518-02) et ***Anteo*** (via Milazzo, 9 ; ☎ 02-659-77-32) proposent les mêmes prestations.

Trek Leonardo : sur la piste du Maestro !

En 1482, Léonard de Vinci (1452-1519) quitte Florence pour Milan, et offre au duc Ludovic Sforza (dit le More) ses compétences d'ingénieur militaire, d'architecte et de peintre. Pendant 18 années, ce citoyen milanais peu ordinaire marque la ville de son génie, dont nous vous proposons aujourd'hui la découverte, à l'occasion d'une balade « leonardesque ». Compter 4,5 km et un bon après-midi.

➢ Départ ***piazza della Scala,*** où la statue de Leonardo tient tête au fameux opéra, pour mieux rappeler qu'il était aussi un musicien d'exception. Laissons ici le *Maestro* perdu dans ses pensées, pour gagner la ***pinacoteca Ambrosiana*** qui renferme son *Portrait d'un musicien,* tableau aussi fascinant que ses carnets de notes réunis dans le *Codex Atlantico* conservé dans la bibliothèque *in situ.* Ensuite, au pas de charge, investissons le ***castello Sforzesco*** qui fut le « laboratoire » d'idées et d'expériences du maître toscan durant sa période milanaise. Les fresques de la *sala delle Asse* lui sont attribuées, ainsi que le système de plomberie, paraît-il ! Attardons-nous un peu sur les manuscrits (fac-similés) de son second *Codex Trivulsio,* jalousement gardé dans la petite bibliothèque du château, avant de reprendre notre chemin, en direction de l'***église Santa Maria delle Grazie.*** C'est dans le réfectoire de l'ancien couvent attenant que le grand homme a peint son illustre *Cène.* Admirons sans compter... Puis, dans l'allégresse, rejoignons le ***Museo nazionale della Scienza e della Tecnica Leonardo da Vinci,*** où une galerie entière est consacrée à ses inventions ; dont certaines donnent des ailes ! Aussi, légers comme l'air, rendons-nous enfin sur les quais des ***navigli,*** derniers survivants du réseau de canaux dessiné par Léonard de Vinci. Détente et *cappuccino.*

MILAN

À voir

Un avantage à Milan : les endroits à visiter se trouvent tous dans le centre. Nous conseillons aux plus pressés de commencer par la *Cène* de Léonard de Vinci dans l'annexe de l'église Santa Maria delle Grazie (à condition d'avoir réservé à l'avance au : ☎ 028-94-211-46 !), de poursuivre par le castello Sforzesco et son musée, puis de rejoindre la place du Duomo. Si vous avez un peu de temps, une balade dans le quartier de Brera vous laissera de jolis souvenirs de Milan.
Les horaires d'ouverture des musées ne suivant pas la même rigueur implacable que celle de nos esprits cartésiens, n'hésitez pas à vous les faire confirmer par téléphone.

Le Duomo et ses environs

★★★ ***Duomo*** *(plan couleur I, C4) :* piazza del Duomo. Ⓜ Duomo (lignes M 1 et M 3). Ouvert tous les jours de 7 h à 19 h. Entrée libre. Audioguide en français : 3 €. Évitez les shorts et vêtements trop ostentatoires.
Au cœur de la ville, il symbolise, dans toute sa splendeur, 600 ans d'histoire et d'art lombards. De style gothique tardif, commencé en 1386 à la demande d'un Visconti, le Duomo est la plus grande église du monde catholique après Saint-Pierre de Rome et la cathédrale de Séville. La façade (achevée seulement en 1813) a tellement d'extravagance qu'on la surnomma le « Hérisson de marbre ». L'évidente folie de celle-ci contraste avec l'intérieur, monumental, certes (5 nefs soutenues par 52 piliers de 3,5 m de diamètre !), mais plus froid. À l'entrée de l'édifice, dans la première travée, on remarque une ligne méridienne (tracée en 1786 par les astronomes de l'observatoire de

Brera) qui court de droite à gauche en travers de la nef. À midi, un rayon de soleil provenant d'un gnomon (un petit trou aménagé dans la voûte) traverse la ligne et indique la date dans le calendrier astrologique... Les vitraux du bas-côté gauche furent détruits par les déflagrations des salves tirées en l'honneur de Napoléon. Plus loin, au-dessus du chœur, sous la voûte, une croix en or contient un *clou* qui proviendrait de la Vraie Croix. Des manifestations religieuses ont lieu à la mi-septembre ; l'évêque est alors hissé jusqu'au reliquaire dans un ascenseur en forme de nuage : le « clou » du spectacle ! À gauche du chœur, la chapelle abrite un immense chandelier en forme d'arbre, œuvre d'un orfèvre parisien. Dans la chapelle de droite, une étonnante statue de saint Barthélemy, écorché vif, par Marco Finxi Agrate ; passez derrière et vous remarquerez qu'il porte sa dépouille sur le dos. Un peu *gore,* mais saisissant de réalité.

Avant de sortir, la visite du souterrain du Duomo peut donner aux plus acharnés un aperçu des édifices qui ont précédé sa construction ; notamment le baptistère San Giovanni (IVe siècle). Accès de 9 h 45 à 12 h 45 et de 14 h à 17 h 45, pour 1,50 €.

Enfin, à ne pas manquer : un ascenseur (à l'extérieur, côté nord) permet d'accéder aux toits, tous les jours de 9 h à 17 h 45 (16 h 15 en hiver), pour 5 €. Possibilité de billet jumelé à 7 € comprenant également l'entrée au musée du Duomo. Ainsi, au cœur de cette « dentelle », on approche les 2245 statues (dont une de notre Napoléon), les 135 flèches et l'insolite *Madonnina* dorée, qui culmine à 109 m de haut. La balade sur les toits vous rappellera une scène fameuse de Delon-Girardot dans *Rocco et ses frères.* Les fauchés monteront à pied (160 marches seulement), mais c'est malheureusement à peine moins cher... Au soleil couchant, les mille teintes de la façade emporteront votre émotion. Enfin, la nuit venue, une multitude de clochetons s'illuminent, et la *Madonnina* flamboie. Coupez !

Museo del Duomo *(plan couleur I, C4 et plan couleur II, B4,* ***123****) :* piazza Duomo, 14. ☎ 02-860-358. Ouvert tous les jours de 10 h à 13 h 15 et de 15 h à 18 h. Entrée : 6 € ; réductions.

Pour compléter la visite du Duomo. On retrouve ici, pêle-mêle, statues et gargouilles originales, vitraux, tapisseries, vêtements et mobilier, bas-reliefs... ainsi que des maquettes construites entre le XVIe et le XIXe siècle (dont une monumentale que l'on peut « survoler »). De nombreux panneaux expliquent (en français) l'histoire de la cathédrale et les différents projets qui se sont succédé. Une salle est consacrée aux travaux de restauration ; intéressant mais malheureusement un peu trop technique, en plus ils ont oublié de traduire... Un très beau musée, cependant. À voir absolument.

Chiesa San Satiro *(plan couleur II, B4,* ***110****) :* via Torino. À 50 m de la piazza del Duomo. Ouvert en semaine de 7 h 30 à 11 h 30 et de 15 h 30 à 18 h 30. Les samedi, dimanche et jours fériés, ouvert de 9 h à 12 h et de 15 h 30 à 19 h. Entrée libre.

Construite en 1478, cette église de la Renaissance lombarde en étonna plus d'un grâce à son fameux *presbiterio* en trompe l'œil (derrière l'autel majeur) imaginé par Bramante afin de compenser l'exiguïté du lieu saint. Bramante, architecte et peintre de génie présent à Milan de 1476 à 1499, réalisa encore d'autres monuments au style exceptionnel.

Pinacoteca Ambrosiana *(plan couleur II, B4,* ***111****) :* piazza Pio XI, 2. ☎ 02-80-69-21. Ⓜ Duomo ou Cordusio (ligne M1). Ouvert du mardi au dimanche de 10 h à 17 h 30. Fermé certains jours fériés. Entrée : 7,50 € ; réductions. Billet cumulatif avec le *Museo diocesano* et le *museo del Duomo* pour 12 €.

De taille plus modeste que sa grande sœur, la *pinacoteca di Brera,* l'*Ambrosiana* demeure, dans son beau palais du XVIIe siècle, l'une des plus belles pinacothèques d'Europe, et le plus vieux musée milanais (1618). La visite des 23 salles sillonne tout l'édifice (une œuvre d'art à lui seul !). Les toiles exposées à vos yeux éblouis datent du XVe au XIXe siècle ; les principales appartiennent aux écoles vénitienne et lombarde de la Renaissance. Vous serez saisi par la finesse et le réalisme du *Portrait d'un musicien,* sculpté et peint sur bois par Léonard de Vinci. Dans le sillage de Leonardo (comme on l'appelle ici), une fantastique *Madonna del Baldacchino* (pureté des traits de la Vierge, beauté de l'ange de gauche) de Botticelli ; puis l'*Adoration de l'Enfant* avec ses regards contemplatifs, de Ghirlandaio ; et le polyptyque de Vivarini (une *Madonna col bambino* avec des saints). Banquettes de velours rouge pour le superbe tableau de Bergognone, *Madone et Enfant.* La fresque monumentale de l'*École d'Athènes* par Raphaël est un grand moment de jouissance visuelle. Il ne s'agit là que du « brouillon » (sur carton) de l'artiste, l'œuvre achevée étant aujourd'hui au Vatican. Au centre, Platon, Aristote et Diogène (assis) entourés de disciples ; aux extrémités, d'autres génies grecs : Pythagore, Archimède, Euclide, etc., également avec des élèves. Très naïve *Canestra* (corbeille de fruits) du Caravage (une grande première dans la peinture italienne de la Renaissance). Admirable *Mort de la Vierge* de Baldassare Estense. Intéressantes toiles de maîtres flamands et allemands (Hans Müelich). Charmante *Vierge à la fontaine* de Bernard Van Orley. Une série de doux et très symboliques paysages de Jan Bruegel de Velours *(Allegoria del Fuoco),* dont certains très fleuris. Quelques séduisants Bernardino Luini. Et puis Véronèse, Giorgione, Bramantino, etc. Dans le même bâtiment, la *biblioteca Ambrosiana* conserve les 402 volumes du célèbre *Codex Atlantico,* précieux manuscrits de Léonard de Vinci. Lors de très rares expos publiques, on admire les tracés précis de la main du *Maestro* en pleine inspiration créative. Très émouvant.

Milan médiéval** (plan couleur I, B4, **112**) :* par miracle, malgré les nombreuses destructions dues aux bombardements de 1943 et aux promoteurs, il reste un dernier carré résistant à toutes les modes immobilières : la ***piazza Mercanti. Autrefois close, elle regroupait les activités marchandes de la ville, mais aussi les institutions judiciaires et administratives. Aujourd'hui située à deux pas du Duomo, elle abrite le ***palazzo della Ragione,*** une grande bâtisse de briques rouges édifiée en 1228 sur « pilotis » (27 piliers robustes). L'un des premiers magistrats, Oldrado da Tresseno, figure à cheval sur l'un des piliers où des vers en latin vantent ses mérites (« constructeur de palais, grand pourvoyeur d'hérétiques pour le bûcher », etc.). En face, la ***loggia degli Osii*** en marbre blanc et noir, du début du XIVe siècle. Fermant la place, la ***casa Panigarola,*** avec ses petites arcades décorées, est une très belle maison gothique. Au milieu se dresse un vieux ***puits*** du XVIe siècle.

***Galleria Vittorio Emanuele II** (plan couleur I, C4, **113**) :* ce célèbre passage, achevé en 1877, se cache derrière un arc de triomphe donnant sur la piazza del Duomo. Son constructeur bolognais, Mengoni, trouva la mort en tombant d'un échafaudage, la veille de l'inauguration. La rumeur dit qu'on l'aurait un peu aidé. Ce curieux ensemble, en forme de croix (aux quatre points cardinaux : les emblèmes de Turin, Florence, Rome et de Milan) et protégé par une voûte de verre et d'acier (environ 50 m de haut), est frais l'été, glacial l'hiver. On y trouve pourtant, en toute saison et à toute heure du jour et de la nuit, une foule dense et animée, plus ou moins milanaise, qui en fréquente assidûment les cafés, restaurants et magasins de luxe. Pas étonnant que les grandes chaînes de hamburgers se disputent âprement le pas de porte. Dommage, car la galerie y perd peu à peu son charme, sinon son âme ! Ne soyez pas intrigué si vous voyez des Milanais se laisser aller à une petite danse sur la mosaïque du Taureau, située au cœur de la galerie, sur la place de l'*Ottagono* : poser le talon sur la virilité du bel animal et faire 3 tours sur soi-même, exauce, dit-on, le vœu formulé... Cette pratique est tellement répandue que la mosaïque en question est restaurée plusieurs fois par an !

Entre la Scala et les giardini pubblici

⁂ ***Teatro alla Scala*** *(plan couleur I, C3-4, **114**)* **:** piazza della Scala. Ⓜ Duomo (lignes M1 et M3). Ouverture en décembre 2004 à l'occasion de l'inauguration de la saison 2004-2005. La plupart des spectacles auront lieu au *teatro degli Arcimboldi,* vialle dell'Innovazione, à l'extérieur du centre-ville ; des navettes au départ de la piazza della Scala permettent de s'y rendre. Infos et réservations : affiches sur les murs du théâtre ou au numéro habituel (voir plus bas dans le texte), seules quelques représentations à la Scala. Retour complet au théâtre mythique prévu pour la saison 2005-2006. Ce bâtiment néo-classique cache derrière sa façade quelconque l'une des gloires de Milan, certainement le meilleur théâtre lyrique du monde. Inauguré en 1778 avec un opéra de Salieri, la salle, construite en fer à cheval, impose une acoustique incomparable, et s'attire bientôt la faveur des grands *maestri.* Tout d'abord Rossini vers 1820, puis Donizetti, Bellini et Verdi, qui règne sur la Scala pendant plus de 50 ans. Puccini succède à l'auteur de l'exquise *Traviata,* puis, avec Toscanini, le lieu retrouve tout son éclat au lendemain de la Seconde Guerre mondiale. Depuis, c'est une consécration pour un artiste que de s'y produire. Les routards mélomanes feront l'impossible (le mot est faible !) pour assister à une représentation. Demandez le programme ! ☎ 02-720-037-44 (tous les jours de 12 h à 18 h). Fax : 02-887-92-97. Ensuite, réservation (au moins 1 mois à l'avance) par téléphone : ☎ 02-860-775 (24 h/24). • www.lascala.milano.it • Sur place, tentez votre chance auprès du guichet situé au bout des arcades via Filodrammatici, ouvert tous les jours de 12 h à 18 h. Il arrive que des billets pour le spectacle du soir même soient encore disponibles. À noter que les programmes *fuori abbonamento* (hors abonnement) sont plus accessibles et que les ballets ont moins de succès que les opéras. Autre solution : pointez-vous une heure avant le début de la représentation, et vous pourrez, en jouant un peu des coudes, acheter l'une des 200 places debout (les moins chères !) dans les galeries. Une fois dans la « forteresse » (ouf !), on arrive parfois à trouver des places assises non occupées. Prix du billet : de 5 à 150 €. Enfin, ultime possibilité : acheter des places au marché noir devant la Scala, à partir de 12 h, mais attention aux arnaques ! Si vos efforts ont été vains, sachez que Milan compte une bonne trentaine de théâtres, dont le réputé *Piccolo Teatro* (via Rovello, 2. ☎ 02-723-332-22).
À côté de la Scala débute la via Manzoni, l'une des artères les plus élégantes de Milan. Au n° 29 se trouve le grand hôtel où vécut et mourut Giuseppe Verdi. Pour la petite histoire : on recouvrait la rue de paille pour qu'il ne soit pas incommodé par le bruit des carrosses et des chevaux...

⁎ ***Museo teatrale alla Scala*** *(plan couleur I, C3-4, **114**)* **:** au palazzo Busca, corso Magenta, 71. ☎ 02-423-535-21. • www.teatroallascala.org • Ⓜ Conciliazione ou Cadorna (lignes M1 et M2). Ouvert du mardi au dimanche de 9 h à 18 h. Entrée un peu chère : 5 € ; réductions. Attention ! Le théâtre devrait regagner ses quartiers dans le théâtre de la Scala début 2005.
Les amateurs vibreront devant ces collections de costumes et de masques ayant appartenu aux plus célèbres noms de l'art lyrique et du théâtre. De même, d'impressionnants bustes de grands compositeurs, et une collection d'instruments de musique.

⁎ ***Museo Poldi Pezzoli*** *(plan couleur I, C3, **115**)* **:** via Manzoni, 12. ☎ 02-79-63-34. • www.museopoldipezzoli.it • Ⓜ Monte Napoleone (ligne M3). Ouvert du mardi au dimanche, de 10 h à 18 h. Fermé le lundi. Entrée : 6 € ; réductions.
Dans ce *palazzo* du XVIIe siècle, la superbe collection léguée par Gian Giacomo Poldi Pezzoli est souvent prise d'assaut par une horde de touristes asiatiques en mal de souvenirs Renaissance. On y présente des œuvres rares d'artistes immenses (Bellini, Piero della Francesca, Botticelli...). Quelques meubles rares. Très belle salle dédiée à l'horlogerie (donation Bruno Falk). Profonde émotion dans la salle de Dante.

Museo Manzoniano-casa del Manzoni *(plan couleur I, C3-4,* ***116****) :* via Morone, 1. ☎ 02-864-604-03. Ⓜ Monte Napoleone (ligne M3). Ouvert du mardi au vendredi de 9 h à 12 h et de 14 h à 16 h. Entrée gratuite.
Au premier étage, les appartements qu'occupa le célèbre écrivain de 1814 à 1873 méritent le détour. Intrusion dans l'univers poétique de l'artiste : des livres, des manuscrits, des portraits de famille et d'amis (Goethe) animent la visite. Superbe salle du Piano avec murs et plafonds peints. Au rez-de-chaussée, accompagné d'un gardien fort sympathique, on pénètre dans le « Studio » sombre et austère : lieu de création de l'auteur des *Fiancés.* C'est ici que la plupart de ses œuvres virent le jour.

➢ La *via Morone* vous charmera par ses courbes voluptueuses. Arrivé en bas, prenez à droite la via Omenoni ; au nº 3, vous trouverez une curieuse maison du XVIe siècle, la *casa degli Omenoni,* ornée au rez-de-chaussée de 8 statues géantes, œuvres d'Antonio Abbondio.

Museo Bagatti Valsecchi *(plan couleur I, C3,* ***117****) :* via Gesú, 5, ou via Santo Spirito, 10. ☎ 02-760-061-32. • www.museobagattivalsecchi.org • Ⓜ Monte Napoleone (ligne M3). Ouvert tous les jours, de 13 h à 17 h 45 sauf le lundi et certains jours fériés. Entrée : 6 € (3 € le mercredi). Possibilité de visite guidée.
Un des joyaux méconnus de Milan. Au XIXe siècle, deux frères, Fausto et Giuseppe, décident de consacrer une partie de leur immense fortune à la transformation de leur lieu de vie en un palais de style Renaissance. Excentricité tout italienne, certes, mais le résultat est tel qu'un historien non averti s'y laisserait prendre ! Dans chaque pièce où le confort moderne a été banni (cherchez donc le téléphone !), plusieurs fiches signalétiques en français renseignent le visiteur émerveillé. La baignoire, avec son motif de coquille, ressemble à une fontaine italienne (évitez d'y jeter une pièce !). Unique inconvénient : de nombreuses gardiennes vous poursuivent partout dans le musée, afin de s'assurer de votre bienveillance à l'égard des objets de la collection, pour la plupart exposés à l'air libre.

Galleria civica d'Arte moderna *(plan couleur I, D3,* ***118****) :* via Palestro, 16. ☎ 02-760-028-19. Ⓜ Palestro (ligne M1). En face des *giardini pubblici.* Ouvert tous les jours sauf le lundi, de 9 h 30 à 17 h 30. Entrée gratuite.
Dans le cadre somptueux de la villa Reale (XVIIIe siècle), ce musée accueille des collections de tableaux des XIXe et XXe siècles. Dès le rez-de-chaussée, on découvre avec stupéfaction quelques Picasso, Renoir, Matisse, Dufy et Modigliani ; des noms divins qui font battre la chamade au cœur des petits amateurs que nous sommes. Au premier étage : la peinture lombarde. Au second : Gauguin, Manet, Cézanne, Van Gogh, Sisley, etc. Peut-être aurez-vous les mêmes palpitations que les coureurs à pied des *Giardini Pubblici* d'en face ! À ne pas manquer. Expos ponctuelles payantes.

Le quartier de Brera

En apparence, c'est le quartier le plus paisible de Milan, avec son dédale de ruelles, ses échoppes, ses terrasses de café (les plus sympas de la ville pour grignoter un bout ou boire un verre dans la journée). Délimité par les *vie* Brera, Pontaccio et Mercato, ce vieux quartier rénové est aujourd'hui investi par les brocanteurs, les artistes, les créateurs, les étudiants et les diseuses de bonne aventure. Quelques rues pittoresques pour traîner sa bohème : via Fiori Chari, via Madonnina, via Carmine...

Pinacoteca di Brera *(plan couleur I, B3,* ***119****) :* via Brera, 28. ☎ 02-722-631-29. Ⓜ Lanza (ligne M2). Ouvert du mardi au dimanche de 8 h 30 à 19 h 15. Fermé le lundi. Entrée : 5 € ; réductions. Audioguide pour les œuvres principales en français à 3,50 €. Visite guidée les samedi et dimanche à 17 h mais uniquement en italien, sinon guide sur demande en téléphonant à l'association des Amis de Brera (☎ 02-86-07-96).

On ne peut passer à Milan sans visiter ce musée logé dans un lieu fondé par l'ordre des Humiliés au XIIIe siècle et qui renferme l'une des plus belles collections de peintures au monde. Il faut compter 2 à 3 h de visite, mais, pour les plus pressés, un fascicule distribué au guichet présente les œuvres majeures et permet de faire la visite en 1 h, au pas de charge. Dans la cour intérieure du palais de Brera (XVIIe siècle), une statue de Napoléon tout nu (visez la taille de la feuille de vigne !) rappelle que la création de cette pinacothèque lui revient. Aussi les œuvres d'art exposées aujourd'hui résultent-elles essentiellement des saisies opérées par les Grognards de l'Empereur dans les collections privées d'Italie du Nord et les églises. En traversant les 38 salles, on ne manquera pas dans la salle IV le *Couronnement de la Vierge* de Gentile da Fabriano, un polyptyque aux détails délicats, aux couleurs et aux drapés étonnants. On vibrera devant le remarquable *Christ mort* de Mantegna qui met en valeur le visage du Christ grâce à un procédé de perspective inversée ; on s'arrêtera aussi devant l'émouvante *Pietà* de Bellini. Admirable perspective du *Miracolo di san Marco* du Tintoret ; très moderne *Christ mort* de Campi. Dans la salle XIV, le visiteur pourra admirer le travail de restauration dans une immense cage en verre, d'une œuvre de Savoldo, *La Pala di Pesaro* jusqu'à la fin de l'été 2005. Ensuite, on arrive aux œuvres extraordinaires de Carlo Crivelli (salle XXI), peintre de la Renaissance : le *triptyque* en relief du Duomo de Camerino et le *Couronnement de la Vierge* au style très personnel. N'oublions pas le très réaliste *Christ à la colonne,* seule œuvre attribuée avec certitude à Bramante, peint en 1490 pour l'abbaye de Chiaravalle (notez la corde serrant son bras gauche et les larmes sur ses joues) ainsi que la *Cène d'Emmaüs* du Caravage (début du XVIIe siècle) qui joue avec les ombres et la lumière en mettant en évidence les détails les plus crus des visages. Autre *Cène* de Rubens (1632), aux regards éloquents ; autant de chefs-d'œuvre témoignant du grand sens du détail et du relief de ces maîtres italiens qui influencèrent longtemps le monde de la peinture. Pour finir, une mention spéciale du *Routard* au *Baiser* de Hayez, tendrement goulu ! Un peu hors sujet, mais à signaler tout de même, une salle à l'entrée est consacrée à la peinture moderne et expose des œuvres provenant de la donation Jesi : Modigliani, Picasso, Braque, Bonnard et quelques cubistes italiens...

À l'ouest du Duomo, les corsi Magenta et Sempione

🎭🎭🎭 ***Castello Sforzesco** (plan couleur I, B3) :* piazza Castello. ☎ 02-88-46-37-00. Ⓜ Cairoli (ligne M1). Ouvert tous les jours de 9 h 30 à 17 h 30. Entrée gratuite, y compris pour le musée qui, lui, est fermé le lundi. Visites guidées sur rendez-vous : ☎ 02-659-69-37 (6 € ; réductions).

Forteresse militaire au XIVe siècle sous les Visconti, le château prend sa forme définitive vers 1450 avec l'arrivée des Sforza, ducs de Milan, qui en font leur résidence. Ce quadrilatère en brique de 200 m de côté, limité à chaque extrémité de sa façade par deux tours cylindriques, abrite aujourd'hui un musée dédié à la sculpture et aux grands maîtres de la peinture lombarde ; du Moyen Âge au XVIIe siècle. Parmi les innombrables *Madonne col Bambino,* ne manquez pas celle de Foppa. Pour ceux qui ne sont pas encore allés à Venise, deux grands tableaux du Canaletto offrent une belle compensation. De nombreuses salles abritent quelques chefs-d'œuvre qui ont marqué l'histoire de l'art. Et tout cela gratuitement, on le rappelle... En plus, la présentation est exceptionnelle.

Levez bien haut votre royal museau dans la *sala delle Asse* dont le décor de forêt touffue de la voûte est attribué à Léonard de Vinci. Notez que le *Maestro* fut « l'homme à tout faire » du castello Sforzesco pendant 18 ans (sous Ludovic Sforza). Cette pièce servit d'écurie à une troupe d'artilleurs pendant l'occupation française. Aujourd'hui elle abrite un unique tableau de Francesco Napoletano, disciple de Leonardo. À l'arrière-plan, selon la technique utilisée dans le tableau de la *Joconde,* on aperçoit le castello Sforza. Enfin, la *Pietà Rondanini,* dernière œuvre de Michel-Ange, restée inachevée. Le travail laisse à la pierre une épaisseur rugueuse, et, en regardant attentivement, on se rend compte que la disposition initiale a été modifiée afin de rendre l'œuvre plus émouvante.

Au premier étage, une collection de meubles, une vaste section de céramiques et un riche musée d'instruments de musique où se trouvent de remarquables tapisseries représentant les douze mois.

– Dans la *Rochetta,* petite cour bordée d'arcades, vous trouverez l'entrée de la *biblioteca Trivulsiana,* qui renferme les précieux volumes du *Codex Trivulsio* de Léonard de Vinci. Les mordus pourront s'extasier en tournant quelques pages du fac-similé et découvriront, s'ils ne le savaient déjà, que Léonard écrivait tout à l'envers et de gauche à droite ! L'original est très rarement exposé au public. Ouvert du lundi au vendredi de 9 h à 12 h et de 13 h 30 à 16 h 30.

À signaler, vers la mi-août, la fête populaire annuelle, derrière le *castello* : spectacles gratuits, bal, restos de plein air bon marché, etc.

***Chiesa Santa Maria delle Grazie** (plan couleur I, A4, **120**)* **:** piazza Santa Maria delle Grazie, 2. ☎ 02-894-211-46. Sur le corso Magenta, en face du *CCF.* Ⓜ Cadorna (lignes M1 et M2) ; tramway n°s 16 et 19. Réservation obligatoire au moins deux jours avant, voire plus pendant les périodes scolaires ou le week-end (alors n'hésitez pas à téléphoner avant votre départ ; sur place, c'est pratiquement impossible d'avoir des places). La *Cène* de Léonard de Vinci : ouvert tous les jours de 8 h 15 à 19 h sauf le lundi. Entrée : 7,50 € (6,50 € l'entrée et 1 € pour la réservation obligatoire) ; strictement limitée à 25 personnes à la fois. Et temps d'admiration de 15 mn seulement.

Construite au XVe siècle, l'église se distingue par son dôme Renaissance à seize pans entouré d'une galerie et soutenu par des arcs monumentaux. Bramante est l'auteur de cette petite merveille de finesse et d'équilibre ; mais aussi de l'harmonieux cloître, que vous ne manquerez pas de visiter. Sinon, le lieu est célèbre pour la *Cène* de Léonard de Vinci *(Cenacolo Vinciano)* peinte dans le réfectoire de l'ancien couvent dominicain qui jouxte l'église, et dont l'entrée est à gauche de sa façade. Cette fresque (9 m x 5 m environ) est l'œuvre la plus illustre de Leonardo après sa *Joconde.* Elle représente les douze apôtres autour de Jésus, à l'instant où celui-ci déclare : « L'un de vous me trahira. » Ce qui explique l'émotion des convives alors que le Christ demeure tout à fait indifférent. Vinci achevait cette œuvre en 1498 après 4 ans de travail, utilisant des pigments à l'huile sur la paroi préalablement enduite d'un mortier spécial. Malheureusement, l'ensemble, très fragile, commençait à se dégrader 5 ans plus tard sous l'effet de l'humidité et du salpêtre obligeant d'ailleurs au rehaussement du sol, ce qui explique que la porte qui menait aux cuisines empiète sur le bas de la fresque. Jusqu'à aujourd'hui, les restaurations s'étaient succédé, mais souvent sans résultat satisfaisant. L'avant-dernière remontait à 1952. La dernière fois, il aura fallu 21 ans de travail minutieux (1977-1998) pour tenter de rendre à l'œuvre son aspect d'origine. Peine perdue, les couleurs apparaissent très délavées et des morceaux manquent à tout jamais. Pourtant, cette restauration est une réussite. La *Cène,* bien qu'ayant définitivement souffert des affres du temps, nous laisse voir tout le génie du maître dans la perception des expressions, la maîtrise de la lumière. L'ensemble possède un charme indicible et l'on est subjugué. De plus, les nouvelles techniques ont tout de même permis de découvrir des détails jusqu'alors ignorés, parce que recouverts par plusieurs couches de peinture ou de crasse, parfois depuis plusieurs centaines d'années ! D'ailleurs, Dan Brown, dans son livre, *Da Vinci Code,* paru en 2004, propose une théorie qui peut peut-être éclairer votre visite de l'œuvre. L'auteur américain suggère que « le personnage à la main droite du

Christ ne serait pas l'apôtre Jean mais Marie-Madeleine, l'épouse de Jésus ». Voyez ses cheveux longs, son visage aux traits fins, et sa position sereine de Madone. Observez bien aussi le regard de Judas qui est tourné vers elle, de même que le doigt de Pierre qui semble couper le cou de la « préférée ». À noter aussi le couteau qu'on peut voir au milieu des apôtres dans la partie gauche de la fresque, tenu par une main qui n'appartient à aucun des disciples. En effet l'angle du poignet – surtout si l'on regarde les dessins préliminaires et les photos des détails – confirme que ce n'est pas celui de Pierre. À vous de voir... et d'interpréter. L'église et l'œuvre de Vinci sont classées Patrimoine de l'Humanité par l'Unesco depuis 1980.

Museo civico archeologico *(plan couleur I, B4, **121**)* **:** corso Magenta, 15. ☎ 02-864-500-11. Ⓜ Cadorna (lignes M1 et M2) ; tramways n°s 16 et 19 ; bus n° 18. Proche de la chiesa Santa Maria delle Grazie. Ouvert tous les jours, sauf le lundi, de 9 h 30 à 17 h 30. Entrée libre.
Si la vie milanaise à l'heure romaine vous émoustille, rendez-vous dans ce petit musée où sont exposés statues, stèles et objets divers provenant des fouilles de la cité. Un plan de la Milan romaine est particulièrement instructif. D'autres artefacts de signatures grecque et étrusque : lampes à huile, vaisselle de verre, glaives en bronze et quelques vases attiques de toute beauté.

Museo nazionale della Scienza e della Tecnica Leonardo Da Vinci *(plan couleur II, A4, **122**)* **:** via San Vittore, 21. ☎ 02-48-55-51. • www.museoscienza.org • Ⓜ S. Ambrogio (ligne M 2) ; bus n°s 50 et 58. Ouvert du mardi au vendredi de 9 h 30 à 17 h ; les samedi, dimanche et jours fériés, de 9 h 30 à 18 h 30. Fermé le lundi, le jour de Noël et le jour de l'An. Entrée : 7 € ; réductions.
Cet ancien monastère (XVIe siècle) compte 45 salles consacrées aux sciences et techniques qui ont marqué notre histoire : l'électricité, le téléphone, le cinéma, l'imprimerie, le train, etc. Au premier étage, la *galleria Leonardo* est dédiée au maître inventeur toscan. Ses admirateurs ne manqueront évidemment pas de s'y rendre, mais ils seront fortement déçus par le manque de fantaisie, de poésie dans la présentation. Elle rassemble maints documents sur ses recherches, et de nombreuses maquettes d'après ses géniales inventions : canon à plusieurs gueules, systèmes à poulies et engrenages, grues de levage, presses à bras, roues à aube, et la fameuse machine volante qui ne fonctionna que dans l'imagination de son créateur. C'est mal exposé, mal expliqué... Le musée a beaucoup vieilli et le plaisir que l'on prend s'en ressent. Franchement, Léonard méritait mieux ! Nouveau pavillon consacré à l'astronomie, l'acoustique et la photographie. Jetez aussi un œil à la gare 1900 reconstituée.
Enfin, voir rapidement le ***Museo civico navale didattico*** pour ses innombrables maquettes de navires (au rez-de-chaussée) et son voilier de 52 m.

Basilica Sant'Ambrogio *(plan couleur II, A4)* **:** piazza S. Ambrogio. Ouvert tous les jours de 7 h à 12 h et de 14 h 30 à 19 h ; les jours fériés, ouvert de 7 h à 13 h et de 15 h à 20 h. Accès libre.
Sanctuaire le plus vénéré de Milan, la basilique fondée au IVe siècle par l'évêque Ambroise, devenu saint patron de la ville (sa dépouille repose dans la crypte, sous le chœur), fut l'objet de plusieurs transformations qui lui donnèrent son aspect roman actuel. L'*atrium,* atypique cour d'entrée bordée de colonnes (superbes chapiteaux), donne à l'édifice un aspect de temple antique ; notamment quand le soleil couchant fait flamboyer la pierre. À voir absolument.

La Triennale *(plan couleur I, A3, **125**)* **:** via Alemagna, dans le parc Sempione. ☎ 02-72-43-41. Ouvert du mardi au dimanche de 10 h 30 à 20 h 30. Un lieu qui accueille des expos modernes temporaires de jeunes Milanais ou d'artistes à la renommée internationale. Renseignements par téléphone ou sur • www.triennale.it • À l'intérieur, le ***Caffé Design*** avec des chaises, toutes différentes, conçues par de grands créateurs.

Le quartier de Porta Ticinese et des Navigli

Ospedale Maggiore *(hors plan couleur II par B4)* **:** entre les rues Festa del Perdono et Sforza, au sud du Duomo. L'un des plus beaux édifices de Milan. Cet hôpital du XVe siècle (remanié au XVIIe siècle) fut réalisé selon les plans du grand architecte florentin Filarete; le même qui donna au castello Sforzesco son allure définitive. Le bâtiment abrite aujourd'hui l'université de Milan. Le côté donnant sur la via Festa del Perdono correspond à la partie la plus ancienne, avec d'élégantes fenêtres géminées. En longeant ce côté vers le sud, vous tomberez sur la *basilique San Nazaro Maggiore,* piazza San Nazaro, datant du IVe siècle.

Basilica San Lorenzo Maggiore *(plan couleur II, A-B5)* **:** corso di Porta Ticinese, 39. ☎ 02-894-041-29. Ouvert tous les jours de 7 h 30 à 12 h 30 et de 14 h 30 à 18 h 45. Accès libre. Visite des mosaïques romaines de 9 h 30 à 18 h 30, pour 2 €.
Édifiée au IVe siècle, plusieurs fois modifiée, elle a cependant conservé son plan octogonal et ses mosaïques d'origine. Pour admirer celles-ci, poussez donc, à droite, la porte romaine qui mène à la très sereine chapelle Saint-Aquilin. Ici, un souterrain permet de voir les fondations romaines de la chapelle (IIe siècle). À noter aussi, les seize colonnes corinthiennes d'époque romaine en marbre (ancien temple du IIe siècle) s'élevant devant la façade de la basilique, et la statue de l'empereur Constantin qui décréta à Milan la liberté du culte chrétien. Les amateurs de photos insolites pourront se réjouir quand le tramway serpente entre les colonnes romaines et l'église San Lorenzo Maggiore, avant de s'engouffrer dans la porta Ticinese...

Porta Ticinese *(plan couleur II, A5)* **:** en descendant le corso di Porta Ticinese, ne manquez pas de découvrir l'un des derniers vestiges des anciennes fortifications du XIVe siècle. La porte permet d'accéder au pittoresque quartier des Navigli. Le quartier de Porta Ticinese-corso Magenta est très fréquenté par les Milanais les plus branchés.

Chiesa Sant'Eustorgio *(plan couleur II, A5-6)* **:** piazza S. Eustorgio. Tramway n° 3. Au bout du corso di Porta Ticinese, à gauche. Ouvert de 7 h 30 à 12 h et de 15 h 30 à 18 h, sauf le lundi.
Superbe ensemble monumental qui succéda au XIIe siècle à l'une des premières églises chrétiennes de la ville et qui recèle encore de beaux restes de fresques. L'éclairage, malheureusement, est épouvantable. Elle abrite quelques reliques des Rois mages offertes par Constantin. Élégant campanile de style lombard. À côté, un petit musée vous attend dans la capella ouverte de 10 h à 18 h (entrée : 6 €) : tombeaux gothiques, triptyque de Bergognone, vestiges de la première église avec fresques d'origine, superbe devant inachevé en marbre de l'autel principal, la chapelle Portinari (dans la crypte), chef-d'œuvre de la Renaissance, etc. Le soir, place et jardins qui entourent l'église sont le lieu de rendez-vous des jeunes du quartier. Les illuminations accentuent encore le charme puissant de l'édifice.

Navigli *(plan couleur II, A5)* **:** Ⓜ Porta Genova F. S. (ligne M2); tramway n° 3. Au sud du *centro storico,* un ancien quartier populaire pittoresque et haut en couleur. Devant la vaste piazza XXIV Maggio (arc de triomphe), le bassin de la Darsena, ancien port fluvial de Milan, s'ouvre sur le naviglio Grande (vers Abbiategrasso) et le naviglio Pavese (vers Pavie), les deux derniers canaux rescapés du réseau qui sillonnaient la ville au Moyen Âge et qui contribuaient à l'alimentation des Milanais en produits agricoles. À partir d'un premier canal ouvert au XIIe siècle, Léonard de Vinci conçut entièrement ce système hydrographique qui servit aussi à l'acheminement des pierres pour la construction du Duomo. Les voies navigables furent recouvertes, pour la plupart, au cours des cinquante dernières années. Il faut se promener le long des quais, traverser les petites passerelles (les amateurs

de photos originales seront conquis), et pousser de lourdes portes pour découvrir d'adorables cours avec une vie populaire intense. Vous y verrez ainsi les maisons milanaises typiques avec leurs longs balcons extérieurs et leurs façades colorées. Au nº 4 du naviglio Grande, très belle cour intérieure qui abrite des ateliers d'artistes. À la hauteur du nº 16, un insolite lavoir médiéval. Le quartier est en cours de réhabilitation. Malheureusement, les canaux ne sont plus entretenus depuis des années. Eau stagnante et déchets de toutes sortes, ils commencent à faire tache dans le paysage. Pas étonnant qu'il y ait autant de moustiques en été !
Aujourd'hui, le quartier des Navigli est réputé pour sa fameuse brocante mensuelle *(mercato dell'antiquariato)*; ses ateliers d'artistes et ses galeries d'antiquaires, souvent établis dans d'anciennes usines rénovées. De même, les ouvriers en bleu de chauffe ont cédé la place à l'élite milanaise branchée qui, le soir venu, s'entasse dans les nombreux restos, bars et cafés de plein air qui bordent les deux canaux. Toujours très fréquenté le week-end, ce paradis des noctambules en goguette serait en perte de vitesse ces dernières années ; au profit des *locali* du corso di Porta Ticinese.
Au début du mois de juin, la fête locale, *festa del Naviglio,* transforme le paisible quartier en un lieu de rassemblement où s'exprime la liesse populaire ; mini-concerts de jazz, marchés divers, compétitions et jeux aquatiques au rendez-vous.

Les giardini pubblici et la porta Venezia

Giardini pubblici *(plan couleur I, C-D2-3)* **:** deuxième grand poumon vert de Milan, après le parc du Castello. En complète rénovation, ce grand jardin public est un endroit très sympa pour une sieste comme pour un pique-nique. Pas moins de 4 métros desservent le jardin, mais on peut tout à fait y accéder à pied par la piazza Cavour. Il abrite un petit musée du Cinéma (ouvert seulement le week-end), le palais Dugnani (fermé pour travaux), ainsi que le musée d'Histoire naturelle et le planétarium.

Via Malpighi *(plan couleur I, D2,* ***124****)* **:** dans cette petite rue à deux pas de la porta Venezia, on trouve une petite concentration d'architecture Liberty, l'***Art nouveau italien.*** Chaque immeuble semble avoir fait un effort dans les détails, mais trois façades se détachent nettement, à commencer par la bibliothèque Venezia, située au bout de la rue, dans la via Melzio. Au nº 12 de la via Malpighi, magnifique immeuble de pierre, aux balcons grandioses, ornés d'angelots et de fer forgé. On peut entrer et admirer le joli hall, ravissant avec ses fresques peintes d'une multitude de motifs floraux. Mais le plus remarquable reste l'immeuble situé au nº 3, à l'angle de la rue Sirtori. Sa façade est entièrement recouverte de céramique avec des femmes qui ne sont pas sans rappeler les peintures de Mucha. Les amateurs ne manqueront pas de faire le petit détour.

Lieux insolites

Cimitero monumentale *(plan couleur I, B1)* **:** piazzale Cimitero Monumentale. ☎ 02-659-99-38. Ⓜ Garibaldi F. S. (ligne M2) ; tram nº 3. Au nord de la ville, à l'ouest de la Stazione Centrale. Ouvert du mardi au dimanche de 8 h 30 à 17 h 30. Fermé le lundi. Entrée libre.
On rêve de s'y faire enterrer, mais il en coûte un paquet de milliers d'euros. C'est – et l'on pèse nos mots – le cimetière le plus fou d'Europe, le plus baroque, le plus lyrique... Un vrai dictionnaire des fantasmes, caprices, lubies de la bourgeoisie milanaise. Un extraordinaire musée de sculpture (inauguré en 1866), aussi ! Il faut partir à la recherche (allez, on est sympa, c'est tout à gauche) de l'esthète qui fit reproduire la *Cène* de Léonard de

Vinci grandeur nature sur sa tombe, et cet autre, probablement grand propriétaire terrien, qui fit couler sur la sienne un colossal roc de béton rouge avec un magnifique groupe de bronze (paysan labourant et deux énormes bœufs). Enfin, une pseudo-tour de Pise évoquant les étapes du chemin de Croix à chaque fenêtre.

Giuseppe Meazza Olympic Stadium dit ***San Siro*** *(hors plan couleur I par A2)* **:** via Piccolomini, 5. ☎ 02-487-071-23 et 02-404-24-32 (visite). À l'ouest de Milan. Du centre-ville, tramway n° 24 jusqu'au terminus. En voiture, n'importe quel Milanais vous l'indiquera ! Ouvert aux visites (par le côté ouest) du lundi au samedi de 10 h à 17 h. Entrée : 12,50 €.
Construit en 1926 et agrandi à l'occasion du *Mondiale 90* pour accueillir 90 000 personnes, ce temple du football, cher à l'Inter de Milan et au Milan AC, est une grande fierté de l'Italie. Sur le banc de touche, on est tout d'abord saisi par les mensurations énormes de l'édifice. Puis, passage dans la salle d'échauffement, de contrôle antidopage, etc. Aux vestiaires (aujourd'hui, ça ne sent pas le fauve !), les jeunes Italiennes ne peuvent s'empêcher de toucher le maillot de leur joueur fétiche, en versant une petite larme ! L'émotion s'achève par la visite du *museo Inter e Milan,* retraçant la vie des deux clubs au travers de coupes et reliques en tous genres. Le problème c'est que parfois on ne voit le stade que des tribunes, et qu'il n'est pas toujours possible de visiter les vestiaires, etc. Alors le prix de la visite est vraiment trop élevé. Pour nos routards « footeux » désirant assister à un match : programme des rencontres dans *Milano Mese (APT),* et achat des billets (une place au stadium, ça vaut de l'or !) auprès de la *Banca Cariplo,* via Verdi, 8. ☎ 02-770-01 (Inter).

Fêtes et manifestations à ne pas rater

Particulièrement nombreuses, elles se succèdent à un rythme effréné durant toute l'année. Une aubaine qui pourrait bien enrichir votre voyage. Pour le programme complet, consultez la brochure *Milano Mese* de l'office du tourisme. Voici un échantillon des événements remarquables.
– ***Carnevale Ambrosiano :*** le carnaval de Milan, réputé le plus long d'Italie, laisse entrevoir des masques typiques, *Meneghin* et *Cecca.* En février, piazza del Duomo, notamment (infos : *comune di Milano,* ☎ 02-760-073-56).
– ***Milan-San Remo :*** chaque année, en mars, liesse populaire au départ de la prestigieuse course cycliste (infos : ☎ 02-628-287-51).
– ***Haute couture :*** en avril, présentation des collections de mode automne-hiver. Même chose en octobre pour les vêtements printemps-été. Pas évident d'y entrer, mais cadres somptueux : *galleria, teatro...*
– ***Bagutta :*** exposition de peinture réputée, dans la via Bagutta et alentour. En avril et octobre (infos : *APT,* ☎ 02-725-243-01).
– ***Stramilano, Marathon international de Milan :*** tous les ans, en avril. Plus de 50 000 participants (infos : ☎ 02-894-042-40).
– ***Milano Cortili Aperti :*** en mai, sorte de journée du Patrimoine où les portes des résidences et palais privés s'ouvrent à votre curiosité (infos : *Associazione Dimore storiche italiane,* ☎ 02-763-186-34).
– ***Festa del Naviglio :*** en juin, le naviglio Grande vit au gré des spectacles, expos, concerts, jeux aquatiques, marchés d'antiquités et de produits régionaux ; sans oublier les illuminations nocturnes grandioses. À ne pas manquer (infos : *comune di Milano,* ☎ 02-620-836-56).
– ***Sagra di San Cristoforo :*** en juin, à proximité de l'église. Comme le veut la tradition, célébration anticipée de la Saint-Christophe, avec procession sur les eaux du naviglio Grande (péniches décorées), musique et bal.
– ***Estate a Milano :*** en juillet, spectacles culturels, musique, théâtre et danse réunissant des artistes d'Italie et d'ailleurs, un peu partout dans la ville (infos : ☎ 02-725-243-01).

– ***Gran Premio d'Italia Formula 1 :*** une institution qui compte plus de 70 éditions. Chaque année en septembre, les *tifosi* de la *scuderia* Ferrari viennent acclamer les bolides rouges sur le circuit automobile de Monza. Infos : ☎ 039-248-21 (standard) et 039-248-22-12 ou 71 (vente de billets). • www.monzanet.it •

– ***Le 7 décembre :*** ce jour de la ***Saint-Ambroise,*** patron de la ville, donne lieu à des festivités autour de la basilique Sant'Ambrogio ; et notamment un grand marché traditionnel curieusement baptisé « Oh Bej ! Oh Bej ! », du cri que poussaient les marchands pour ameuter le chaland. Le même jour, et ce n'est pas un hasard, lancement de la ***saison lyrique*** à la *Scala.* Grand succès, mais difficile d'y accéder.

– ***Artigianato in Fiera :*** en décembre, les artisans de toute l'Italie se retrouvent à la Fiera di Milano. Expo-vente, et spectacles en prime (infos : ☎ 02-499-71).

– ***Natale a Milano :*** pour Noël, concerts, marché et événements divers sur la piazza del Duomo (infos : ☎ 02-72-52-43-01).

Marchés

Baignés d'innombrables couleurs, parfums et saveurs, on y croise aussi bien de vieilles *mammas* aux cabas déformés, que de jeunes Italiennes sophistiquées et pressées (excusez, leur Alfa est en double file !). Déambulez donc entre les étalages de ces marchés, et vous finirez bien par approcher l'âme de la ville ; ou du moins en apercevoir un visage inédit.

– ***Mercato Papiniano*** *(hors plan couleur II par A6)* **:** viale Papiniano. Ⓜ Porta Genova F. S. (ligne M2). Dans le quartier des Navigli, le mardi matin de 8 h 30 à 13 h, et le samedi toute la journée. Le plus important de la ville. Un marché haut en couleur avec fruits et légumes, bien sûr ; mais aussi, fromages, charcuterie, épices, fleurs, et quelques montagnes de vêtements et bric-à-brac de type « puces ».

– ***Autres marchés du même type :*** *via Benedetto Marcello (plan couleur I, D1-2),* près de la Stazione Centrale, le mardi matin et le samedi ; et *piazza Mirabello (plan couleur I, C2),* dans le quartier de Brera, le jeudi matin.

– ***Mercato dell'antiquariato sul naviglio Grande*** *(plan couleur II, A6)* **:** le dernier dimanche de chaque mois (sauf en août), sur les quais du naviglio Grande, de l'aube jusqu'en fin d'après-midi ; il réunit le gratin des antiquaires et brocanteurs de Milan. Les prix sont donc en conséquence, mais cela vaut le coup d'œil. Meubles rares et splendides ; objets précieux.

– ***Mercato d'antiquariato di Brera*** *(plan couleur I, B3)* **:** autour de la via Fiori Chiari, tout près de la pinacoteca Brera. Le 3e dimanche du mois (sauf en août), moins important que le précédent, mais encore plus chic et coûteux. À voir pour ses pièces rares et magnifiques, dignes des palais de la ville.

– ***Fiera di Senigallia*** *(plan couleur II, A5-6)* **:** viale G. d'Annunzio. Sur les quais de la Darsena, marché aux puces tous les samedis de 8 h 30 à 17 h. On y vend des fripes militaires et fantaisie ; des outils, disques, chaussures et toutes sortes de pacotilles ; des objets d'art africain et asiatique. Pas cher et bonne ambiance.

– ***Mercatino dei fiori e delle piante*** *(plan couleur I, D3)* **:** piazzetta Reale. Ⓜ Palestro (ligne M1). Tous les dimanches matin (de mars à juin et de septembre à décembre), on y trouve fleurs, plantes, mais aussi oiseaux et poissons rouges, que les rares *bambini* de Milan dévorent des yeux.

Où faire du shopping ?

Les magasins sont généralement fermés le lundi matin (sauf ceux d'alimentation, qui sont fermés le lundi après-midi).

Périodes de soldes : en général, la dernière semaine de janvier et la 1re semaine de février; en été, les 2 dernières semaines de juillet.
– *Pour les bonnes affaires :* corso Buenos Aires, corso Genova.
– *Pour le standing :* corso Vittorio Emanuele II et le « triangle de la Mode ».
– *Pour le « vintage » :* via Torino, porta Ticinese.
– *Pour la tendance :* corso Como.
– *Pour la variété :* le centre commercial *La Rinascente* (piazza del Duomo; ouvert le dimanche!), baptisé ainsi par Gabriele D'Annunzio après sa reconstruction au début du XXe siècle, est le plus vieux et le plus important de la ville.
Attention : au mois d'août, de nombreuses adresses indiquées ci-dessous sont fermées. Milan est ville morte à cette époque de l'année.

Pour faire un tour dans le monde des stylistes

Milan est la capitale incontestable de la mode en Italie. Depuis les rues où l'élégance des Milanais s'affiche avec classe et discrétion, jusqu'aux boutiques du quartier Monte Napoleone, chéri des grands couturiers italiens, sans oublier les inconditionnels défilés de mannequins, personne n'échappe à la mode. Voici les meilleures adresses par via, pour rêver devant les dernières créations. Et n'oubliez pas que les plus grandes folies sont permises à Milan!

Via della Spiga *(plan couleur I, C3) : Dolce Gabbana* (n° 2), *Genny* (n° 4), *Bulgari* (n° 6), *G. Ferré* (n° 11), *Borsalino* (n° 14), *Cerruti 1881* (n° 20), *Krizia* (n° 23).

Via Monte Napoleone (la plus chic; *plan couleur I, C3) : F. Rosetti* (n° 1), *Les Copains* (n° 2), *Gucci* (n° 5), *Etro* (n° 5), *Versace* (n° 11), *Vuitton* (n° 14), *Cartier* (n° 16), *Valentino* (n° 20), *A. Ferretti* (n° 21), *Gucci* (n° 22), *Ungaro* (n° 27), *Ferragamo Salvatore* (à l'angle avec la via Borgospesso).

Via San t'Andrea *(plan couleur I, C3) : Missoni* (n° 2), *Armani* (n° 9), *Issey Miyake* (n° 10), *Chanel* (n° 10A), *Kenzo* (n° 11), *Moschino* (n° 12), *Fendi* (n° 16), *Hermès* (n° 21).

Via Alessandro Manzoni *(plan couleur I, C3) :* immense *Armani* (n° 30) regroupant les rayons homme, femme, enfant, jeans, déco, et même librairie et CD..., *Paul Smith* (n° 30).

Corso et galleria Vittorio Emanuele II *(plan couleur I, C4,* ***113****) : Max Mara, Prada.*

Sinon, partout de jeunes créateurs. Au hasard des rues et des vitrines, vous craquerez forcément pour un modèle. En série limitée à Milan, il deviendra unique à Paris et ça peut valoir le coup de casser sa tirelire. En cherchant un peu, on peut trouver des folies raisonnables...

Les bonnes affaires du routard à Milan

Admettons-le : parmi les ruelles chic du quartier Monte Napoleone, en louvoyant dans le sillage des jolies Italiennes au parfum tendre et à l'allure fatale entre les boutiques luxueuses et les touristes japonais, on est pris d'une envie de dépenser irrésistible. Nous vous proposons donc un « bon plan routard » (et néanmoins gaillard!) : quelques adresses pour acheter des fringues de marques à - 50, voire - 60 % de leur prix habituel!

L'Emporio Isola *(plan couleur I, A1) :* via Prina, 11. ☎ 02-349-10-40. Tramway n° 1 ou bus n° 57. Presque à l'angle du corso Sempione. Ouvert du mardi au samedi de 10 h à 19 h 30 et le lundi de 15 h à 19 h 30. Dans un *open space* moderne avec mezzanine, de bonnes affaires sur *Ar-*

mani, Cerruti, Gaultier, Hugo Boss, Chipie, Kenzo, Ralph Lauren, Valentino, etc. Second magasin : Foro Buonaparte, 70.

***Buba** (plan couleur I, D2) :* via Spallanzani, 6. ☎ 02-294-096-34. Ⓜ Porta Venezia (ligne M1). À gauche de l'hôtel *Fenice.* Insolites « habits de lumière » : bikinis, bustiers, robes en strass et paillettes à partir de 50 €.

***Docks Dora** (plan couleur I, B2) :* corso Garibaldi, 127. ☎ 02-290-103-88. Ⓜ Moscova (ligne M2). Jeans et autres fripes de seconde main.

Voici 3 boutiques que l'on aime particulièrement :

***10 Corso Como** (plan couleur I, B1, 78) :* corso Como, 10. ☎ 02-290-13-581. Ouvert tous les jours jusqu'à 1 h 30. Une boutique de créateurs très design à l'intérieur du *Café Como.* Vêtements évidemment hors de prix, objets pour la maison, accessoires...

Magazzini 10 Corso Como : via Tazzoli, 3. ☎ 02-290-151-30. Le stock dégriffé du *10 Corso Como* avec des réductions d'environ 50 %.

Diesel : galleria Passarella, 2. ☎ 02-763-905-83. On l'oublie, mais Diesel est une marque italienne très créative, notamment dans les jeans *vintage.*

Et un peu à l'extérieur de Milan, de vraies bonnes affaires :

Serravalle Outlet : de Milan prendre l'A 7 en direction de Genova. Sortie Serravalle Scrivia, puis SS 35 bis. Ouvert tous les jours de 10 h à 19 h (samedi et dimanche jusqu'à 20 h). Pour les mordus de bonnes affaires, 150 boutiques *discount* réunies dans un même espace ! Reebok, Prada, Timberland, Dolce Gabbana, Adidas, Guess... toutes les marques sont représentées dans une sorte de petit village lombard reconstitué. Des prix à environ 40 ou 50 % de moins que dans les magasins en ville. De quoi se restaurer sur place pour ceux qui y passeraient la journée. Parking gratuit.

Pour faire un tour dans le monde du design

Carrefour international du design, Milan est à la pointe des dernières tendances. Toutes ces adresses se situent autour de la piazza San Babila *(plan couleur I, C4),* lieu majeur de l'activité. Temps fort début avril pendant le *Salone internazionale del Mobile,* où ces magasins organisent des cocktails et événements tous les soirs pendant une semaine. Entrée libre.

Alessi : corso Matteotti, 9. ☎ 02-79-57-26. Tous les objets de grand designer comme Philippe Starck par exemple, pour la cuisine notamment.

Cassina : via Durini, 18. ☎ 02-760-207-58. Le design des maîtres : Starck, bien sûr, mais aussi Le Corbusier, Wright, Mackintosh. La grande classe du design italien, anguleux, fonctionnel et dépouillé.

Da Driade : via Manzoni, 30. ☎ 02-760-238-98. Le magasin aux objets étranges avec beaucoup d'angles stricts. Votre cuisine mise à nu.

Dilmos : piazza San Marco, 1. ☎ 02-290-024-37. Des lampes et du mobilier en particulier, en mosaïque alliée au verre et à l'inox brossé.

Giorgetti : via Monte Napoleone, 18. ☎ 02-760-001-36. Le design bien dégagé derrière les oreilles !

Kastell : via C. Porta, 1. ☎ 02-659-79-16. Le royaume du maître Philippe Starck : toute sa collection, y compris les chaises...

Kappellini : via Santa Cecilia, 4. ☎ 02-760-038-89. Entre Afrique et découverte des mondes intérieurs, allez voir, ça vaut le coup d'œil.

➤ DANS LES ENVIRONS DE MILAN

Abbaye de Chiaravalle : à 6 km au sud-est de Milan. Compter 15 mn en bus (nº 77, direction Cimitero di Chiaravalle) à partir de la station de métro Porta Romana (ligne M3). En voiture, depuis la porta Romana, prendre le corso Lodi, et au piazzale Corvetto, tourner à droite (viale Martini). Au croisement avec la via San Dionigi, suivre la direction du sud (à gauche) ; enfin, au bout, à droite, la via Sant'Arialdo mène à l'abbaye. Un peu compliqué à trouver. Ouvert de 9 h à 11 h 45 et de 15 h à 18 h 45. Entrée gratuite.
Cette abbaye cistercienne fut fondée en 1135 par le religieux français Bernard de Clairvaux (Chiaravalle, en italien) dans l'esprit de la réforme de Cîteaux (1098). Ce brave homme, appelé en Italie en 1133 par le pape Innocent II, eut à cœur de ramener la communauté monastique à une vie de prière et de labeur (on peut parier que les moines lui en sont bien reconnaissants !). L'édifice en brique fut remanié plusieurs fois et possède aujourd'hui les caractéristiques des styles gothique et romano-lombard. L'intérêt de l'endroit est d'ailleurs essentiellement historique. Le lieu est consacré au même *san Bernardino* qui a conquis les Milanais par une série impressionnante de miracles, et à son ordre : portraits de moines sur les colonnes, massacre des martyrs cisterciens dans le transept gauche, « arbre généalogique » des principaux abbés dans le transept droit... Dommage qu'aucune peinture ne subsiste au plafond. La fameuse tour octogonale, haute de 56 m, fut érigée par Francesco Pecorari au XIVe siècle. Les Milanais l'ont familièrement surnommée « Ciribiciaccola » (ça se prononce presque comme ça s'écrit...).

MONZA

Au XIXe siècle, la petite bourgade de Monza fut le fief de l'industrie chapelière. En témoignent de nombreuses cheminées qui, de-ci, de-là (via Visconti, par exemple), pointent encore vers le ciel en souvenir d'une gloire passée. Eugenio (l'auguste patron de l'excellent restaurant où nous vous invitons à faire une halte) raconte qu'au démarrage des premiers engins mécaniques, les couvre-chefs de ces dames s'envolèrent. Les petites usines furent peu à peu désaffectées. Mais sur le circuit automobile, ça décoiffe plus que jamais ! Fan de F1 ou pas, la visite du circuit, surtout en période d'entraînement, est réellement impressionnante ! Mais attention aux oreilles : vrrroum ! vrrroum ! vrrroum !

Où dormir ? Où manger ?

Campeggio Autodromo di Monza : ☎ 039-387-771. Fax : 039-21-021-45. À environ 20 km au nord-est de Milan. Pour s'y rendre : de la Stazione centrale, ligne M1 du métro jusqu'au terminus Sesto San Giovanni ; de là, prendre un bus de la ligne Carate-Giussano (tarif extra-urbain), et se faire préciser l'arrêt de l'Autodrome par le chauffeur (attention, la destination n'est pas desservie le dimanche). Si vous êtes en voiture, il faut pénétrer dans le parc luxuriant de la villa Reale de Monza. Ouvert d'avril à septembre ; réception de 7 h à 23 h. Compter de 6 à 8 € pour la nuit. Ce camping plaira à tous ceux qui aiment se réveiller avec le chant des oiseaux. Les « fous du volant » investissent les lieux le samedi soir. Attention aux jeunes femmes seules. Le terrain jouxte en effet le circuit automobile. Piscine à disposition.

Ristorante-pizzeria del Centro : spalto Isolino, 9. ☎ 039-32-22-64. De la piazza Roma et son église médiévale sur pilotis, descendez la via

Vittorio Emanuele II puis longez le canal à droite jusqu'à la passerella dei Mercati. Le restaurant est à 70 m devant vous à gauche. Ouvert de 11 h à 15 h et de 19 h à minuit, sauf le samedi matin et le mardi. Compter 30 € pour un repas complet. Pour une fois, notre coup de cœur n'est pas allé vers un resto avec 3 tables à son actif. C'est tout le contraire : jardin aménagé sous des toiles tendues ; 250 couverts l'été, et quelle ambiance ! À l'intérieur, quelques objets à caractère sportif, et un four d'où sortent d'imposantes pizzas. Quelques délicieuses spécialités de poisson et de pâtes aux fruits de mer. Le patron, dont la famille tient le resto depuis les années 1960, ne refusera jamais un client, même si celui-ci arrive après le service. Pour la qualité de l'accueil, du service et de la cuisine, chapeau ! Digestif offert à nos lecteurs sur présentation de leur guide préféré.

À voir. À faire

Autodrome national : dans Monza, suivre la direction *parco,* puis *autodromo.* ☎ 039-24-821. • www.monzanet.it • Ouvert tous les jours de 8 h à 12 h et de 13 h à 17 h 30. Compter 3 € pour la visite du circuit et – qui sait ? – assister aux entraînements. C'est, bien sûr, plus cher pour assister à un championnat : de 35 à 55 €.
Un endroit dédié à tous les Fangio de la terre ! Du bonheur pur ! Et franchement, pas besoin d'aimer la vitesse et les voitures pour prendre son pied... Une visite en famille ne devrait poser aucun problème... Mais aussi exaltante soit-elle, souvenez-vous quand même en partant que la route n'est pas un circuit et que votre Twingo n'est pas une Ferrari !

VIGEVANO

IND. TÉL. : 0381

Cette petite bourgade lombarde est située à 35 km au sud-ouest de Milan et à 37 km au nord-ouest de Pavie. Occupant une position stratégique au bord du Tessin, son contrôle fut disputé par les seigneurs des deux villes. C'est à l'époque des Sforza qu'elle devint ville ducale, ce qui entraîna son rapide essor. Au XIXe siècle, elle devint un important centre de fabrication de chaussures. Aujourd'hui encore, les habitants de Vigevano ne sont pas peu fiers d'assurer la plus grande part (disent-ils...) de la production italienne. La place ducale au centre de la cité est un vrai ravissement d'harmonie Renaissance.

Adresse utile

***Office du tourisme** (IAT Proloco) :* via Merula, 40. ☎ 0381-312-624. Fax : 0381-71-101. Ouvert tous les jours de 10 h à 12 h et de 16 h à 19 h. On peut y obtenir quelques petites brochures (en français) sur la ville. Accueil sympa, mais informations à dosage homéopathique. Également un kiosque au *castello Sforzesco.*

Où manger ?

Ristorante Torre : via Merula, 39. ☎ 0381-83-027. Ouvert du lundi au samedi. Fermé le dimanche (sauf le dernier du mois). Compter 10,50 € pour le menu, boisson comprise. Un petit resto ouvrier qui, le midi, nourrit les habitués du quartier. On est accueilli à la bonne franquette par le patron et sa famille. Le cadre rustique donne l'impression de participer à un repas familial à la campagne : murs crépis, nappes à carreaux... Une petite cantine sympa où l'on mange bien et à sa faim !

À voir

Piazza Ducale : conçue par Bramante, c'est une des plus belles places d'Italie. Elle est entourée d'arcades dont les chapiteaux sont richement décorés de motifs floraux, de scènes mythologiques, de médaillons et d'armoiries ducales. On peut y passer des heures à une terrasse pour observer le va-et-vient des habitants.

Duomo : consacré à saint Ambroise. Sa façade baroque est saisissante, avec son air de décor de cinéma !

Castello Sforzesco : ouvert de 8 h à 18 h du lundi au samedi (19 h le dimanche et jours fériés). Entrée gratuite. Ce château des Visconti fut remanié sous les Sforza et transformé en résidence Renaissance avec la contribution de Bramante. On conserva alors une étonnante rue couverte, longue de plus de 160 m reliant la partie principale à la vieille forteresse. Les écuries, qui pouvaient contenir plus de mille chevaux, abritent aujourd'hui des expositions.
– **_Musée de la Chaussure :_** dans les écuries du château. Ouvert du mardi au vendredi de 10 h à 12 h 30 et de 15 h à 18 h 30 (14 h 30 le samedi et dimanche). Fermé le lundi. Entrée : 3 €. Si vous vous sentez encore en jambes, une exposition de collections historique et ethnologique.

Torre del Bramante : ouvert du mardi au vendredi de 11 h à 12 h et de 15 h à 16 h les samedi, dimanche et jours fériés de 10 h à 12 h 30 et de 14 h 30 à 18 h. Entrée : 1,50 €. Elle s'élève à l'angle de la piazza Ducale et constitue un des éléments de l'enceinte du château. Reconstruite à plusieurs reprises entre le XIIe et le XVe siècle, elle fut achevée par... Bramante (encore lui !). Vue panoramique de la ville.

LODI

Située sur les rives de l'Adda, à 34 km au sud-est de Milan, Lodi doit ses origines à la destruction par les Milanais de « Laus Pompeia », à quelques kilomètres de là. Elle fut fondée en 1158 par Frédéric Ier Barberousse puis adhéra ensuite à la Ligue lombarde avant de passer sous la domination de grands seigneurs. De nos jours, ses monuments témoignent de ce riche passé historique. La piazza della Vittoria, point de rencontre médiéval, est encore le centre névralgique de la ville. Elle est bordée d'échoppes et de cafés où s'active une foule bigarrée. Attention : le lundi, ville morte !
➢ Possibilité de s'y rendre en bus depuis Milan : n° 160 depuis la station San Donato (ligne M3).

Adresse utile

Office du tourisme : piazza Broletto, 4. Juste derrière le Duomo. ☎ 0371-421-392. Fax : 0371-421-313. • www.apt.lodi.it • Ouvert de 9 h à 12 h 30 et de 15 h à 18 h, du lundi au vendredi. Week-end, ouverture le matin uniquement. En hiver, fermé le dimanche. Accueil sympathique, en français qui plus est. Propose d'intéressantes brochures sur Lodi et sa province.

Où manger ?

I●I *El Picinin :* piazza Castello, 32. ☎ 0371-428-486. Fermé le lundi. Ouvert jusqu'à 21 h. Pour se régaler sur le pouce, dans un bar à vin bien agréable avec son grand comptoir central et ses canapés en osier plein de coussins moelleux. Grand choix de vins au verre et petite restauration de qualité : *panini,* salades et *bruschette* entre 3 et 5 €. En fin de journée, *aperitivo* avec canapés, pizzas, charcuterie et un très bon *prosecco.*

I●I *Castello :* piazza Castello, 2, 20075. ☎ 0371-420-396. En face du parc. Ouvert tous les jours, sauf le dimanche. Compter 25 € pour un repas. Pour de la cuisine régionale, un resto au décor un peu chic dont le succès (plus ou moins mérité) a fait grimper les prix. Intéressants *antipasti* de terrine d'oie, délicieux ravioli aux radis et *peccorino,* bons poissons. Réservation recommandée, en particulier le soir.

Où dormir ? Où manger dans les environs ?

La ville de Lodi peut se visiter en quelques heures. Inutile donc d'y chercher un hôtel pour la nuit. Pour les routards désirant découvrir calmement les alentours, nous avons dégoté quelques adresses de fermes-auberges bien typiques.

Cascina Arcobaleno : via S. S. Trinità, 14, Capergnanica. ☎ et fax : 0373-238-112. • www.cascinarcobaleno.it • À 10 km de Lodi sur la route de Crema. Sortie « Chieve » puis tout droit jusqu'à Capergnanica où l'on trouve des panneaux indicatifs. Six chambres à partir de 65 € la nuit. Réduction pour plusieurs nuits. Une ferme-école où l'on élève chevaux et volatiles en tout genre. Idéal si vous avez envie de dormir au vert et d'être réveillé au chant du coq ! Les chambres, aménagées récemment, ont tout le confort. Elles portent le nom des quatre saisons ainsi que « sole » et « luna ». Cette dernière, une double, possède un coin cuisine et une mezzanine pour le même prix. Accueil sympa.

I●I *Agriturismo Torre :* via 24 Maggio, 31, Ripalta Cremasca. ☎ et fax : 0373-68-193. • www.agriturismo-latorre.it • À 3 km au sud de Crema, direction « Piacenza» sur la rocade qui contourne la ville. Puis, dépassez le village de Ripalta Cremasca et suivez ensuite les panneaux qui indiquent l'hôtel, une exploitation agricole familiale qui propose quelques facilités de logement. Compter 60 € la chambre sans petit déjeuner (65 € avec) et 10 € pour un menu dégustation lorsque vous logez sur place. Le resto est ouvert le soir du jeudi au dimanche ainsi que le dimanche midi. Très bons produits artisanaux et charcuteries maison. Réservation recommandée.

À voir

Sanctuaire de l'Incoronata : via Incoronata. Ouvert de 9 h à 12 h et de 15 h à 18 h. Au XVe siècle, s'y situait une maison de rendez-vous sur la façade de laquelle était peinte une Vierge. La légende veut qu'un soir, à la suite d'une rixe entre ivrognes et prostituées, la Vierge se mît à pleurer. Une église fut donc érigée en 1488 par les habitants de la commune à la place du bordel. L'architecte Giovanni Battagio, élève de Bramante fut choisi mais un an après, il fut renvoyé. Pour se venger, il caricatura les seize personnes qui avaient initié le projet et on peut en voir le résultat en stuc, sortant des médaillons à l'intérieur de l'église. D'autres artistes furent mis à contribution et on peut admirer dans les chapelles, polyptyques et tableaux de Bergognone et de la famille Piazza. Les améliorations et travaux se poursuivirent jusqu'en 1738. Le résultat est un vrai bijou : chaque centimètre carré a été minutieusement travaillé. La qualité des peintures à base de bleu et d'or, des frises, les marbres de l'autel (n'oubliez pas d'aller faire un tour derrière), les sculptures dans le bois de noyer, en font une petite église vraiment exceptionnelle. Un travail d'orfèvre !

Église San Francesco : piazza Ospedale. Ouvert de 6 h 30 à 12 h et de 16 h à 18 h 30. La façade en brique du XIIIe siècle est inachevée et deux fenêtres s'ouvrent sur le ciel, peut-être pour regarder le Tout-Puissant par le petit bout de la lorgnette. Colonnes peintes de fresques (XIVe et XVe siècles) très bien conservées. D'illustres personnalités locales y reposent. Parmi elles, « la » poétesse locale, Ada Negri. Elle a même été représentée sur une colonne, sous les traits d'une Vierge à l'Enfant. À droite du chœur, tombeau du capitaine Fissaraga représenté à genoux, portant la maquette de l'église dans ses mains. C'est en effet grâce à ses donations que le bâtiment fut édifié. Enfin, une chapelle, située dans la nef droite, retrace la vie de san Bernardino qui consacra sa vie aux pauvres.

Duomo : piazza della Vittoria. Ouvert de 7 h 30 à 12 h et de 15 h 30 à 19 h 30. Une des plus grandes cathédrales romanes de Lombardie dont la construction a débuté en 1160. Elle est consacrée à san Bassiano, dont une relique est conservée dans la crypte. Façade avec fenêtres à ciel ouvert. Sur le portail du XIIe siècle, une sculpture d'Adam et Ève, têtes penchées par le poids de leur péché. L'intérieur est assez dépouillé. En effet, les ornements baroques du XVIIIe siècle furent retirés pour restituer le style d'origine. À remarquer, derrière l'autel, un bas-relief illustrant la Cène. Saint Jean y est représenté fortement courbé, la tête posée sur le cœur du Christ.

➤ DANS LES ENVIRONS DE LODI

Lodi Vecchio : abbaye de San Bassiano, à l'emplacement de l'ancienne cité romaine « Laus Pompeia », à 7 km à l'ouest de Lodi. ☎ 0371-752-900. Les horaires d'ouverture ne sont pas fixes (en général de 15 h à 16 h 30), il est indispensable d'appeler au préalable pour préparer sa venue. Laisser sonner longtemps car don Spini est un peu dur de la feuille.
Abbaye romane, en brique avec façade à « ciel ouvert » (décidément, c'est une manie !). Édifice intéressant pour ses fresques datant du début du XIVe siècle. Admirez celles de la voûte, en particulier les quatre évangélistes.

Crema : une petite ville fortifiée à 15 km à l'est de Lodi où il est agréable de déambuler. On peut aussi goûter une spécialité (très) locale : les *tortelli cremasce,* fourrés aux amandes et aux raisins.

Office du tourisme : via dei Racchetti, 8, Crema 26013. ☎ 0373-810-20. Fax : 0373-255-728. • www.cremonaturismo.com • Ouvert du mardi au vendredi de 9 h 30 à 12 h 30 ; le samedi de 9 h 30 à 12 h 30 et de 15 h à 18 h et le dimanche de 10 h à 12 h. Fermé le lundi.

Autour de la *piazza del Duomo,* le cœur du bourg, on trouve de nombreux monuments Renaissance. Les éléments vénitiens présents sur les hôtels particuliers témoignent des liens de Crema avec l'Orient. Ainsi, l'actuelle mairie occupe un palais du XVIe siècle décoré dans le plus pur style vénitien : fenêtres jumelées et trilobées et lion de Saint Marc. À 1 km de la ville, en direction de la gare, la *basilique Santa Maria della Croce,* construite par Giovanni Battagio (le bâtisseur de l'Incoronata de Lodi), possède une architecture originale. Cet élégant cylindre de briques (seconde moitié du XVe siècle) gracieusement cannelé abrite une crypte dans laquelle vous verrez une représentation hyper kitsch (mannequins à l'appui) d'une femme mortellement blessée par son mari. La Vierge lui est apparue, à Crema, et la femme lui a demandé les derniers sacrements. Ce « miracle » eut lieu le 3 avril 1490. Exactement un mois plus tard, il paraît que 40 miracles eurent lieu en une seule journée. Ça valait bien une basilique non ?

Soncino : à 17 km à l'est de Crema.

Office du tourisme : via IV Novembre, 14, 26029 Soncino. ☎ 0374-848-883. Fax : 0374-853-33. • www.prolocosoncino.it • Ouvert du mardi au samedi de 9 h à 12 h 30.

Le principal attrait de la ville : la *rocca Sforzeca,* une forteresse du XVe siècle protégée par des tours carrées sauf une, ronde. Ouvert du mardi au vendredi de 10 h à 12 h et le week-end de 10 h à 12 h 30 et de 15 h à 19 h (17 h 30 en hiver). Entrée : 2,60 €. À voir également : l'église *Santa Maria della Grazie.* À l'intérieur, belles fresques de Giulio Campi et Francesco Scanzi ; voûte inachevée.

PAVIE

(27100)

Située à 35 km seulement au sud de Milan, Pavie est une charmante petite ville qui mérite largement le détour. Construite en brique rouge le long du fleuve Tessin, elle fut une importante place forte de l'ère impériale de Rome, puis capitale du VIe au XIe siècle du Royaume lombard. Durant le Moyen Âge, la ville se targuait de posséder pas moins de 99 tours. Ensuite, la Renaissance et les débuts de l'uniformisation firent passer les tours à la trappe. Les Visconti sont pour une bonne part à l'origine de son embellissement. Elle abrite aujourd'hui un centre historique plein de charme, de nombreuses basiliques et églises, ainsi que l'une des plus anciennes universités italiennes. Les milliers d'étudiants qui se pressent dans les rues et sur les places favorisent une animation intense qui ne se ralentit qu'en été.
Mais Pavie est aussi et surtout célèbre pour sa chartreuse, chef-d'œuvre de la Renaissance lombarde, qu'il ne faut manquer sous aucun prétexte.

Adresses utiles

- Azienda di promozione turistica
- Poste centrale
- Gare routière
- Gare ferroviaire

Où dormir ?

- **10** Locanda della Stazione
- **11** Hôtel Aurora
- **12** Hôtel Excelsior
- **13** Camping Ticino

Où manger ?

- **20** Ristorante Marechiaro
- **21** Vecchia Pavia
- **22** I.S.U.
- **23** La Torre degli Aquila
- **24** Osteria del Naviglio
- **25** Trattoria Ressi
- **26** Il Cupolone

Où boire un verre ? Où manger une glace ?

- **30** Araldo Café
- **31** Safar
- **33** Vanille
- **34** Bar Imbarcadero
- **35** Latteria Cesare
- **36** Spaziomusica
- **37** Bar Malaika
- **38** Broadway Café

A
B
Chartreuse MILANO
NORD
Naviglaccio
Via Robecchi Brichetti
Stazione FF.SS.
PIAZZALE DELLA STAZIONE
Via A. Guidi
Viale V. Emanuele II
V. Monti
Viale Trieste
Via Trieste
Via Fabio Filzi
PIAZZA DANTE
Viale Giacomo
V. D. Chiesa
V. Nazario Sauro
Viale Cesare Battisti
Via Palestro
Via San Sev. Boezio
Via Lanfranco
Via S. G. Miani
V. San Felice al M.
Corso Alessandro Manzoni
PIAZZALE MINERVA
Via Ariberto
PIAZZA A. A. BOTTA
Via Alciato
Via Romagnosi
PIAZZA CARMINE
Santa Maria del Carmine
Corso Cavour
PIAZZA DEL TRIBUNALE
Via dei Molini
Via Feltre
Via Piero Gobetti
Viale della Libertà
Via Jacopo Menocchio
Via G. Frank
Via Parodi
Monastero d. Pusterla
Via G. Cavallini
Via Bernardino da Feltre
Via S. Agata
Via Azzario
V. Teodolinda
PIAZZA DEL DUOMO
Duomo
Brolett
Via D. Comune
Via L.
V. Cardinal Riboldi
Via San Margherita
Via Giacomo Cardano
Via Rezia
PIAZZALE SAN TEODORO
San Teodoro
MONTEBELLO D. BATTAGLIA
PIAZZALE DELLA LIBERTÀ
Via Porta
Via Cavagna Sangiuliani
Via Giacomo
Strada
Viale Lungo Ticino Visconti
Corso Via Longobardi
PIAZZALE PONTE TICINO
Viale
Ticino
PONTE DELLA LIBERTÀ
PONTE COPERTO
PIAZZALE GHINAGLIA
1
2
3
A7
13
10
11
12
20
23
26
31
33
37
38
VIGEVANO, A7, A21
A7, A21

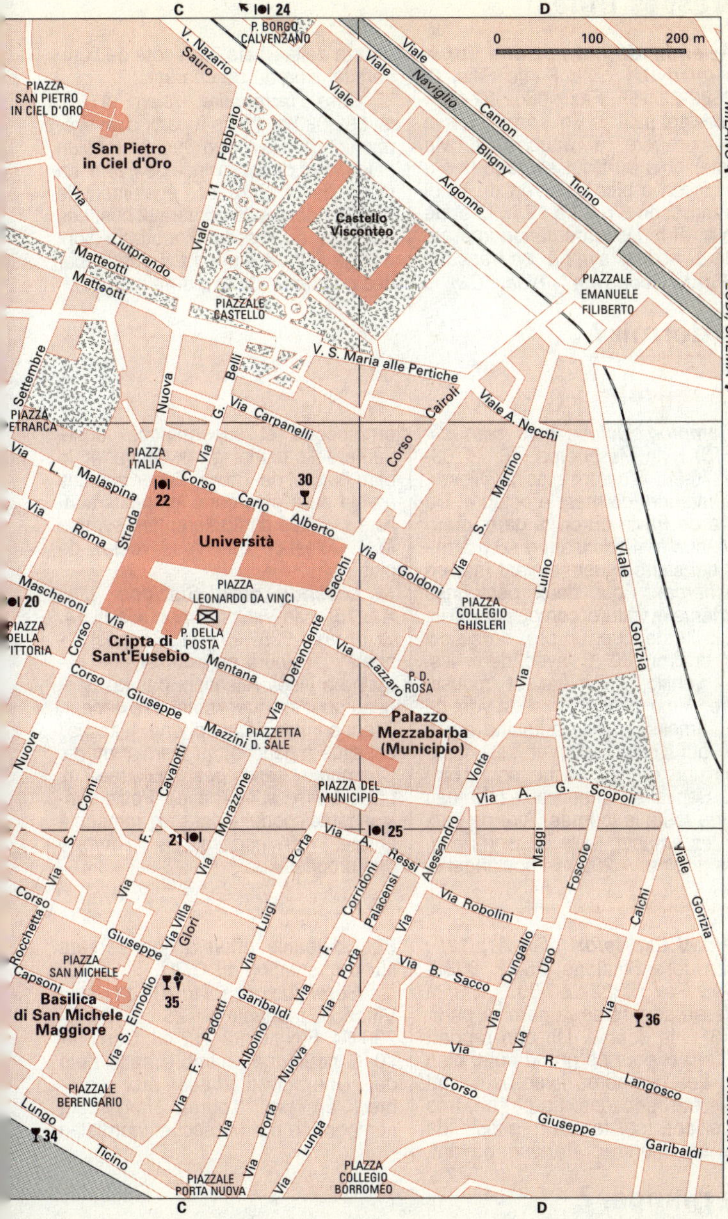

C
D
24
P. BORGO CALVENZANO
0
100
200 m
MILANO
LODI, CREMA
CREMONA
1
2
3
PIAZZA SAN PIETRO IN CIEL D'ORO
San Pietro in Ciel d'Oro
V. Nazario Sauro
Viale 11 Febbraio
Castello Visconteo
Viale Canton Ticino
Viale Bligny
Viale Argonne
Naviglio
PIAZZALE EMANUELE FILIBERTO
PIAZZALE CASTELLO
Via Liutprando
Matteotti
V. S. Maria alle Pertiche
Settembre
PIAZZA PETRARCA
Nuova
Via G. Belli
Via Carpanelli
Corso Cairoli
Viale A. Necchi
PIAZZA ITALIA
22
30
Corso Carlo Alberto
Via L. Malaspina
Via Roma
Strada
Università
Via Goldoni
Via S. Martino
Luino
Viale Gorizia
20
Mascheroni
PIAZZA LEONARDO DA VINCI
Sacchi
PIAZZA COLLEGIO GHISLERI
PIAZZA DELLA VITTORIA
Cripta di Sant'Eusebio
P. DELLA POSTA
Via Mentana
Defendente
Via Lazzaro
P. D. ROSA
Corso Giuseppe Mazzini
PIAZZETTA D. SALE
Palazzo Mezzabarba (Municipio)
Volta
Via A. G. Scopoli
Cavalotti
Morazzone
PIAZZA DEL MUNICIPIO
Via S. Comi
21
25
Via A. Ressi
Alessandro
Meggi
Foscolo
Via F.
Porta
Corridoni
Palacensi
Via Robolini
Calchi
Rocchetta
Via Villa Glori
Luigi
Via B. Sacco
Dungallo
Ugo
PIAZZA SAN MICHELE
Capsoni
35
Garibaldi
Basilica di San Michele Maggiore
Via S. Ennodio
Pedotti
Alboino
Nuova
36
Via R. Langosco
Corso Giuseppe Garibaldi
PIAZZALE BERENGARIO
Lungo Ticino
34
Lunga
PIAZZALE PORTA NUOVA
PIAZZA COLLEGIO BORROMEO

PAVIE

Adresses utiles

Azienda di promozione turistica *(plan B1)* **:** via Fabio Filzi, 2. ☎ 0382-221-56. Fax : 0382-32-221. • www.apt.pv.it • En sortant de la gare, prendre à gauche la via Trieste, puis au bout à droite la via Filzi (5 mn à pied). Ouvert dú lundi au samedi de 8 h 30 à 12 h 30 et de 14 h à 18 h. Documentation intéressante et accueil sympa, en français.

Poste centrale *(plan C2)* **:** piazza della Posta, 2. À côté de l'université. Bureau de change.

Gare ferroviaire *(plan A1)* **:** ☎ 892-020 de l'Italie à partir d'un téléphone fixe. Trains réguliers pour Milan et les villes de la province de Pavie. La place de la Gare est également le point de départ de nombreux bus. Les autocars du réseau interurbain sont orange (les arrêts sont signalés par des panneaux de la même couleur).

Où dormir ?

Bon marché

Camping Ticino *(hors plan par A2,* ***13****)* **:** via Mascherpa, 16. ☎ 03-825-270-94. • camping.ticino@libero.it • Ouverture de mars à octobre. Du centre de Pavie ou de la gare, prendre le bus n° 4 (circulant de 6 h à minuit) qui s'arrête juste devant (station *Mascherpa*). Pour deux personnes avec tente et voiture, compter 15,50 €. Possibilité de louer un petit bungalow pour environ 30 € avec deux lits, frigo, ventilo, cuisinière et moustiquaire. À moins de 3 km de la ville, ce petit camping à taille humaine ravira ceux qui veulent planter leur tente (sous une grande bâche pour l'ombre). Sanitaires impeccables et eau chaude toute la journée. Aire de jeux pour les enfants, table de ping-pong, petite piscine. À 200 m : boulangerie, œnothèque et supermarché. Juste derrière le camping, le fleuve et le parc naturel de Ticino. Super balades à vélo ou à pied dans les petits sentiers. Accueil particulièrement sympa. *Ma*! Qu'est-ce que vous voulez de plus ?

Locanda della Stazione *(plan A1,* ***10****)* **:** via Vittorio Emanuele II, 14. ☎ et fax : 0382-293-21. Congés annuels : 15 jours en août et une semaine à Noël. Attention, pas de panneau pour indiquer l'hôtel à l'extérieur, il faut sonner à l'interphone. L'accueil est situé à gauche, au premier étage. Chambres sans petit déjeuner ni bains à 31 € et 45 € avec. Petite pension toute coquette dans un immeuble années 1930 construit par la famille des propriétaires.

LA LOMBARDIE

Prix moyens

Hôtel Excelsior *(plan A1,* ***12****)* **:** piazza della Stazione, 25. ☎ 0382-285-96. Fax : 0382-260-30. ♿ Sur la droite en sortant de la gare. À partir de 73 € la double. Un bon rapport qualité-prix pour ce grand hôtel bien tenu. Les chambres avec bains ont toutes été rénovées. Le patron, très accueillant, se fera un plaisir de vous les montrer. Parking payant. Petit déjeuner offert à nos lecteurs sur présentation du *GDR*.

Hôtel Aurora *(plan A1,* ***11****)* **:** via Vittorio Emanuele II, 25. ☎ 0382-236-64. Fax : 0382-212-48. Compter 70 € pour une chambre sans petit dej'. Une bonne adresse aux chambres un peu sobres, largement compensée par un accueil cordial.

Où manger ?

Le long du *fiume* Ticino, des deux côtés du vieux ponte Coperto *(plan B3)*, en été, on peut pique-niquer sur l'herbe (sauf en cas de crue, bien sûr !). De nombreuses boulangeries disséminées dans toute la ville proposent de très bonnes *foccacie,* parts de *pizze* à emporter et sablés les plus variés. Pour ceux qui fuiraient les moustiques, voici quelques restaurants offrant un bon rapport qualité-prix. Les gourmets-gourmands seront heureux d'apprendre que les spécialités culinaires de Pavie sont le lapin *(coniglio),* le risotto aux grenouilles *(risotto alle rane)* et la soupe dans laquelle on jette un œuf à la fin de la cuisson *(zuppa di Pavia).*

Bon marché

Vecchia Pavia *(plan C2-3,* ***21****) :* via Mantovani, 3. ☎ 03-822-71-78. Menu *del giorno,* servi midi et soir à 10 € avec *primo, secondo* et salade. Grand choix de pizzas entre 5,50 € et 7,50 €. *Trattoria* familiale *molto simpatica.* Cadre un peu banal. Voyez tout de même les diplômes accrochés dans l'entrée à droite dont celui de *Gran Maestro Pizzaiolo Acrobatico* : ça va valser dans les assiettes !

I.S.U. *(plan C2,* ***22****) :* à l'angle du corso Alberto et de la strada Nuova. Pour le routard fauché et affamé, le resto U reste un bon plan pour manger un repas pas cher et assez copieux : choix de plats entre 2,10 et 2,60 €. Ouvert à tous midi et soir.

Prix moyens

Il Cupolone *(plan B2,* ***26****) :* via Cardinal Riboldi, 2. Juste à côté du Duomo. ☎ 03-823-035-19. Fermé le lundi midi et le mardi. À la carte à partir de 20 € et menu le midi et en semaine à 15 €. La patronne a étudié les beaux-arts en Belgique et parle un français impeccable. Service charmant et dynamique. Les amuse-bouches sont offerts : ça commence bien ! On a donc le temps de s'attarder sur le décor campagnard (tables en bois, outils et assiettes au mur). Spécialité de risotto aux asperges ou au fromage fumé et vin rouge. Les raviolis au poulet et à la truffe blanche : une merveille ! Gardez tout de même une petite place pour le gâteau au chocolat coulant... Inutile de vous dire que la réservation est plus que conseillée.

La Torre degli Aquila *(plan B3,* ***23****) :* Strada Nuova, 20. ☎ 03-822-63-35. Fermé le dimanche. Repas complet à moins de 24 €. Couvert à 1 €. Cadre de *trattoria* avec murs ocre très gais et plancher pour une ambiance chaleureuse. Cuisine italienne mêlant tradition et originalité servie par un chef enthousiaste. Goûtez le *risotto al cavallo nero,* le cerf aux myrtilles ou encore le filet de porc gratiné à la crème de truffe blanche. Le pain maison lui-même est remarquable.

Ristorante Marechiaro *(plan B-C2,* ***20****) :* piazza della Vittoria, 9. ☎ 0382-237-39. Au cœur de la vieille ville. Service assuré tard, midi et soir. Gamme de prix étendue : entre 13 et 23 €. Le four à pizza et les photos de la famille vous accueillent à l'entrée d'une grande salle voûtée en briques rouges. Une autre, au 1er étage, et encore une au sous-sol et c'est souvent plein à craquer quand même. Un large choix de pâtes, pizzas et risottos, dont les *spaghetti al marechiaro* (aux fruits de mer) et la friture mixte de poisson. Un vrai délice ! Ambiance italienne (beaucoup de bruit et d'agitation) garantie le dimanche et les jours de fête. La patronne, dynamique et loquace, y est pour beaucoup mais malheureusement le service est un peu lent. Évitez le vin de la maison.

Trattoria Ressi *(plan D2-3,* ***25****) :* via Ressi, 8. ☎ 0382-201-84. Fermé le dimanche. Congés annuels : 2 semaines en août. Choix de risottos mitonnés autour de 8,50 € comme celui à l'infusion d'herbes et chèvre. Une petite *trattoria* traditionnelle située un peu à l'écart dans une petite rue calmissime.

Osteria del Naviglio *(hors plan par C1,* ***24****) :* via Alzaia, 39b. ☎ 0382-460-392. ♿ Fermé le lundi ainsi que le samedi et le dimanche midi. Congés annuels du 27 décembre au

6 janvier. En août, ouvert seulement le soir. Vins au verre autour de 4,50 €. Menu à moins de 40 € par personne avec *antipasti, primo, secondo* et dessert. Sur le bord du canal qui longe la route vers la chartreuse et Milan. Une petite œnothèque tenue par une jeune équipe passionnée de vins (plus de 900 références en cave !) qui résiste encore et toujours aux promoteurs du quartier. À l'intérieur, le baquet rempli de bouchons invite à la dégustation. Petite terrasse à l'abri d'une moustiquaire. Café ou digestif offert à qui vous savez sur présentation de ce que vous savez !

Où boire un verre ? Où manger une glace ?

Dans le centre

Latteria Cesare *(plan C3, **35**) :* corso Garibaldi, 15. Fermé de 12 h 30 à 16 h 30. Le soir, ouvert jusqu'à 1 h. Cette ancienne crémerie porte le nom de son fondateur et la déco spartiate ne semble pas avoir changé depuis. Mais le bonheur est dans la tasse : la petite cuillère tient toute seule dans l'onctueuse *cioccolata con panna.* Idéal pour faire une pause-goûter ou déguster une glace, à la cannelle par exemple, absolument délicieuse. Sur place ou à emporter.

Araldo Café *(plan C2, **30**) :* derrière l'université, à l'angle de la via San Fermo et de la via Carlo Alberto Goldoni. Un petit café protégé par un peu de verdure, dont la belle terrasse est devenue le lieu de rencontre privilégié des étudiants. Un endroit vraiment sympa mais qui malheureusement ferme tôt.

Vanille *(plan B2, **33**) :* corso Cavour, 9-11. À deux pas du Duomo, un grand choix de glaces et de mousses semi-glacées que vous pouvez mélanger allégrement. Également pour manger sur le pouce une *foccacia* pas chère ou une part de pizza à emporter.

Safar *(plan B3, **31**) :* corso Strada Nuova, 30c. Ouvert tous les jours. Pour le déjeuner, un petit menu (plat de pâtes, dessert, bouteille d'eau et café) pour un mini-prix : 6,50 €. *Aperitivo* avec charcuterie, salades, pain à l'huile d'olive de 18 h à 21 h pour le prix habituel des cocktails : 6,50 €. Laissez faire le barman, il s'y connaît ! Un bar « jeune » à la musique « jeune » mais à l'accueil particulièrement sympa. DJ certains soirs ou bien soirées à thème (funky, house, latino...). Une bonne adresse pour rencontrer les étudiants du coin.

Bar Malaika *(plan B2, **37**) :* via Bossolaro, 21. Ouvert de 18 h à 2 h. Fermé le lundi. La déco africaine de ce bar lui confère une ambiance surchauffée. Un endroit idéal pour savourer un cocktail sur un air electro-soul ou pour prendre l'*aperitivo* sur des tables en djembé.

Broadway Café *(plan B2, **38**) :* via XX Settembre, 37. Ouvert tous les jours jusqu'à 2 h. Ne manquez pas ce café au joli bar en brique, mosaïques et bois avec une petite terrasse dans une rue piétonne. À l'heure du goûter, pas moins de trois cartes : une consacrée aux chocolats chauds (32 goûts différents dont l'étonnant aztèque aux épices), une pour les frappés et une autre pour les thés (dont fleurs égyptiennes, thé vert à la pêche parmi les 15 pages de choix !). De 18 h 30 à 20 h 30, laissez-vous tenter par les boissons à 5 €, buffet froid compris. Ambiance relax et musique *lounge.*

Dans les alentours

Spaziomusica *(plan D3, **36**) :* via Faruffini, 5. ☎ 0382-201-98. Fermé le mercredi, le dimanche et au mois d'août. Entrée payante. Un bar musical, un peu excentré où se produisent des groupes locaux et jeunes dans une ambiance survoltée. Programmation disponible sur : ● www.spaziomusicapavia.it ●

🍸 ***Bar Imbarcadero*** *(plan C3,* ***34****)* **:** sur la rive du Ticino côté vieille ville. ☎ 0382-27-464. En saison, les nostalgiques de l'« homme du Picardie » peuvent étancher leur soif sur le toit d'une péniche aménagée. Accueil assez bourru. Attention, le soir munissez-vous d'une crème antimoustiques, sous peine de servir de bifteck à ces satanées bestioles.

Où sortir ?

■ ***Cinémas :*** les principaux *(Corso, Corsino, Politeama)* se trouvent corso Cavour *(plan B2)* en face du palais de justice.

À voir

Le centre de Pavie a gardé le charme des vieilles villes italiennes, et c'est un régal que de s'y promener. Les distances étant très courtes, nous vous conseillons vivement de le parcourir à pied, à la découverte des ruelles pavées qui recèlent des trésors. N'hésitez pas à pousser la curiosité au-delà des porches : vous y découvrirez des petites cours carrées surveillées dans un angle par une statue de la Madone, dans un autre par un petit vieux aux yeux interrogateurs. On découvre aussi parfois, au coin des rues, des vestiges de fresques ou des peintures murales un peu défraîchies.
Les principales rues commerçantes sont le corso Strada Nuova et le corso Cavour (rien d'autre que le *cardo* et le *decumanus* des Romains), qui parcourent le vieux centre d'un bout à l'autre. On y trouve tous les cafés, boutiques et glaciers.

Les églises

En vous promenant dans la vieille ville, vous découvrirez au détour d'une rue de magnifiques églises et basiliques lombardes dont nous décrivons ici les principales.

🎥 ***Duomo*** *(plan B2)* **:** ouvert de 7 h 30 à 12 h et de 15 h à 19 h. D'apparence extérieure très sobre, il constitue une importante création de la Renaissance lombarde. Il a été érigé en 1488 à l'endroit même où se dressaient auparavant les églises de Santa Maria del Popolo et San Stefano (la basilique d'été et celle d'hiver). Ses plans furent dressés par plusieurs personnalités, dont Léonard de Vinci, qui avaient vu les choses en grand. Pensez donc, l'immense coupole est la troisième d'Italie, après celle de Saint-Pierre de Rome et la cathédrale de Novare. Le plan de l'église est en forme de croix grecque, une influence supposée néo-platonicienne et vraiment pas conforme aux préceptes du concile de Trente qui recommandait la construction d'églises avec un véritable transept. Elle n'a été achevée qu'en 1933. À droite de la cathédrale, on peut voir quelques vestiges ceints de grillage d'une tour. Cette tour dite « de la Mairie », s'est malheureusement écroulée le 7 mars 1989 sans crier gare, tuant sept personnes. Depuis, on pense que le Duomo est orphelin. En effet, la tour (qui fait l'objet de polémiques sur sa reconstruction) devait faire contrepoids au Duomo, lequel a lui aussi décidé de se fissurer de toutes parts (voir le campanile par exemple). Résultat des courses, par mesure de sécurité, seulement un cinquième du Duomo est ouvert au public, ce qui ne donne pas la mesure de ce que devait être le bâtiment.
La piazza del Duomo est ornée par la statue équestre du Regisole (dieu solaire), reconstitution d'une statue impériale romaine.

🎥🎥 ***Église San Teodoro*** *(plan B3)* **:** piazza San Teodoro, au sud de la ville. Ouverte de 7 h 30 à 12 h 30 et de 14 h 30 à 18 h 30. Une belle petite église

LA LOMBARDIE

qui résume bien l'histoire de Pavie. Bâtie à la fin du XIIe siècle, son architecture d'inspiration cistercienne se remarque par la présence de son chapiteau cubique. En entrant, repérez sur le bas-côté nord, un tableau représentant une vue aérienne de la ville établie en 1522. Elle vit alors sous la domination des Visconti et des Sforza. On voit encore le château au fond doté de sa façade nord. Elle ne la gardera que 5 ans de plus. En effet, en 1527, un bombardement français la fait voler en éclats (ah! l'artillerie française!). Remarquez également deux petites chapelles romanes vers le centre du tableau. Ce sont les deux chapelles sur lesquelles a été construit l'actuel Duomo. Sur le mur immédiatement à droite du tableau se trouve la synopsie. À gauche de l'autel, une fresque d'une étrange ressemblance avec celles habituellement effectuées par Raphaël. Elle raconte l'histoire de sainte Agnès qui fut martyre sous Dioclétien.
Ne pas hésiter à descendre dans la crypte tout en brique et magnifiquement restaurée. L'ensemble s'étend sous les trois nefs. Remarquer sur les chapiteaux la présence de la sirène, créature malfaisante du Moyen Âge. Mi-figue mi-raisin, mi-chèvre mi-chou, sa dualité faisait irrémédiablement peur. D'ailleurs, ne séduisait-elle pas les marins pour les attirer au fond de la mer? À l'extérieur, sur la façade, si vous levez le nez, vous verrez de petits plats en majolique, jaune, verte ou bleue. Ces petites incrustations élégantes sur la brique rouge rappellent les relations commerciales que Pavie devait entretenir avec les pays lointains. Il ne peut, en effet, s'agir d'assiettes puisqu'au haut Moyen Âge les écuelles de Pavie étaient en bois.

Basilique San Michele (*plan C3*) **:** piazza San Michele (près du corso Garibaldi). Ouverte de 7 h 30 à 12 h et de 14 h 30 à 19 h. C'est le monument le plus précieux de l'architecture romane d'Italie du Nord. Cette magnifique basilique romane est la reconstruction, effectuée durant la deuxième moitié du XIIe siècle, d'une église lombarde fondée en 661 et dans laquelle Charlemagne, Henri II et Frédéric Ier Barberousse furent couronnés rois des Lombards. C'est un monument très intéressant, en particulier pour sa façade en pierre calcaire sédimentaire et friable. D'ailleurs, la roche part de plus en plus en poussière. Certaines de ses sculptures représentent des scènes de pêche et de chasse, des sirènes (encore!), des luttes entre des monstres et des hommes. Sur demande, on vous montrera, dans le presbytère, une immense mosaïque illustrant des scènes de la vie, de l'année et des mois. Le maître-autel, en marbre, est orné de reliefs datant de 1383. Dans la crypte se trouvent différents chapiteaux byzantins et grecs.

Église San Pietro in Ciel d'Oro (*plan C1*) **:** via S. Pietro in Ciel d'Oro, 2. Ouvert de 7 h à 12 h et de 15 h à 19 h. De style romano-lombard, reconstruite entre 1100 et 1132 sur les bases d'une vieille église du VIe siècle, elle vaut surtout pour sa façade et son portail sculpté près duquel est gravée une phrase de Dante, qui en fit mention dans *La Divine Comédie*. L'intérieur abrite le tombeau de saint Augustin, monument gothique en marbre blanc qui conserve les restes du saint homme.

Église Santa Maria del Carmine (*plan B2*) **:** via XX Settembre, 38. Bâtie en 1370, cette belle construction lombarde de style gothique présente sur sa façade une magnifique rosace et des décorations en terre cuite.

Les autres monuments

Castello Visconteo (*plan C-D1*) **:** ouvert du mardi au dimanche de 10 h à 18 h. En juillet, août, décembre et janvier, de 9 h à 13 h 30. Entrée : 6 € pour tous les musées combinés.
Commencé en 1360 sous Galeazzo II Visconti, le château est une imposante construction en forme de quadrilatère dont la façade, le versant nord et les deux grosses tours furent détruits en 1527 après la grande bataille de

Pavie. Il abrite aujourd'hui un musée de sculptures romanes et Renaissance, un musée archéologique, des peintures du XIXe siècle et une pinacothèque. Autour du Castello, petit jardin où les jeunes gens viennent faire la *siesta*.

Ponte Coperto *(plan B3)* **:** en bas du corso Strada Nuova. Ce pont couvert, de 216 m de long, a été reconstruit après la guerre et rappelle l'ancien pont bâti au XVIe siècle sur un pont romain, lui aussi couvert par un toit soutenu par 100 piliers de granit.

Piazza della Vittoria *(plan B-C2)* **:** bordée d'arcades et de maisons des XIVe et XVe siècles, elle constitue le cœur de la vieille ville, lieu de rencontre idéal où, lorsque le soleil apparaît, se pressent habitants et étudiants aux terrasses des cafés. Vue sur le Duomo et le Broletto.

Piazza Leonardo da Vinci *(plan C2)* **:** un endroit frais et ombragé, proche de l'université, où l'on peut voir les vestiges des VIIe et XIe siècles de la crypte de la basilique Sant'Eusebio, ainsi que les trois colonnes de Pavie, rares rescapées parmi les 150 qui existaient auparavant dans la ville.

Université *(plan C2)* **:** c'est l'une des plus anciennes d'Italie. Un édit de 825 contrôlait les études faites à Pavie mais ce n'est vraiment qu'en 1361 que Gian Galeazzo II Visconti (le même que celui du château) fait bâtir les premiers édifices. Les travaux s'achèvent en 1389. On remarque aussi clairement un passage des Autrichiens dans l'agencement néo-baroque des styles. L'université regroupe aujourd'hui 12 cours carrées bordées de porches et accueille plus de 100 000 étudiants. Attention, pour la petite histoire, vous ne verrez aucun étudiant traverser les cours. Il paraît que cela porte malheur pour les examens. Remarquez l'*Aula Magna* donnant sur la place Léonard de Vinci avec ses colonnes au style corinthien, ainsi que la cour carrée rassemblant les statues et les pierres tombales des professeurs qui ont marqué l'histoire. Un certain Volta, qui mit en évidence l'électricité développée par le contact des métaux, est l'un de ces professeurs illustres de même que Rita Lévy Montalcini « nobelisée » en 1986 pour ses travaux sur le développement du système nerveux (Nerve Groth Factor). Remarquez également les tours de vigie gigantesques sur la sortie est de l'université. Visite possible de sublimes amphithéâtres néo-classiques sur réservation (☎ 0382-50-41).

Piazza del Municipio *(plan C-D2)* **:** à l'extrémité du corso Mazzini. Elle est dominée par l'hôtel de ville (curieux bâtiment rose aux balcons crénelés) protégé par un César conquérant et vindicatif.

Marchés

– ***Marché*** sur la piazza Petrarca du lundi au samedi, le matin. Le premier dimanche de chaque mois, la ***brocante*** se tient au même endroit.

➤ DANS LES ENVIRONS DE PAVIE

LA CHARTREUSE DE PAVIE (CERTOSA DI PAVIA)

Comment y aller ?

Elle est située à 9 km au nord de la ville sur la route de Milan, dans une petite bourgade qui porte le même nom (Certosa di Pavia). Pour les routards non motorisés, possibilité d'y accéder en bus ou train.

➢ ***En bus :*** des bus partent toutes les demi-heures de la place de la gare à Pavie (enseigne SGEA), ou encore de la piazza Castello à Milan.

➢ ***En train :*** une petite vingtaine de trains pour Milan s'arrêtent à la station Certosa di Pavia, à 1 ou 2 km de la chartreuse. Dans l'autre sens, une quinzaine de trains partent de la station Milano Rogoredo vers Certosa di Pavia.
➢ ***En voiture :*** si vous y accédez en voiture, deux parkings sont tout proches mais les prix sont variables en fonction de leur emplacement. Renseignez-vous bien. Attention, ne pas suivre le premier panneau que l'on rencontre au départ de Milan, à droite : il vous dirige vers un hôtel homonyme. La *certosa* se situe à gauche des canaux en venant de Milan !

Infos utiles

– ***Horaires et jours d'ouverture :*** en été, ouvert de 9 h à 11 h 30 et de 14 h 30 à 18 h ; en mars, avril, septembre et octobre, elle ferme ses portes à 17 h 30 ; en hiver, à 16 h 30. Fermé le lundi sauf si c'est un jour férié.
– Tenue décente exigée.
– ***Visites guidées :*** elles sont gratuites mais pas systématiques. Elles sont faites sur demande, en italien le plus souvent, par l'un des sept moines vivant encore à la chartreuse, dont un parle l'anglais. Il suffit de vous présenter à l'intérieur de l'édifice : des groupes sont formés par les pères.
– ***Conseil :*** éviter d'y aller les jours de fête car il y a autant de monde et de bruit que dans une gare parisienne aux heures de pointe !

Où manger ?

Bon marché (près de la chartreuse)

|●| ***Bar Gra Car :*** piazza del Monumento. Ce petit bar situé à gauche juste avant l'entrée de la chartreuse propose des boissons, bien sûr mais aussi des *panini* à 3 € et des assiettes d'*antipasti* appétissantes. On peut manger sur les trois petites tables à l'intérieur, sur la terrasse calmissime ou sous la tente dans laquelle trône un baby-foot. Les patrons sont très accueillants. Attention, derrière le cabanon, l'espace réservé au pique-nique pourrait bien vous tenter pour une sieste au soleil. Choix de liqueurs fabriquées à la chartreuse. Parfait pour un déjeuner sur le pouce, relax.

|●| ***Nuovo Chalet della Certosa :*** viale del Monumento, 1. ☎ 0382-934-935. Le resto se situe juste avant le monument sur la droite. Compter 27 €. Dans le cadre plutôt chic d'une belle et imposante bâtisse : plafonds hauts, poutres apparentes et gravures botaniques aux murs. Art de la table à l'honneur : nappes, argenterie et vaisselle de qualité. Sur la cheminée monumentale, l'inscription « GRA CAR » (pour *gratiarum cartusia*) rappelle que leur prestigieuse voisine est dédiée à la Madone des Grâces. Dans le menu, la grenouille prend sa revanche sur le bœuf, frite ou en omelette. Aux beaux jours, profitez du soleil dans la véranda ou le jardin. Digestif offert sur présentation du *Routard.* Réservation recommandée le week-end.

Visite

Fondée en 1396 par Gian Galeazzo Maria Visconti (traduisez là aussi Jean Galeas Visconti) qui voulut en faire le mausolée de sa dynastie, la chartreuse constituait l'attrait principal des environs de Pavie. D'ailleurs, n'étaitelle pas intégrée au château de Pavie dans un gigantesque parc ? À juste titre, Montaigne avait comparé l'édifice à « une somptueuse cour princière ». Après l'entrée de la chartreuse, ornée de fresques du XVe siècle, vous accédez à la *cour centrale* où se dévoile, dans le fond, la magnifique façade entièrement sculptée de marbre provenant des diverses régions italiennes.

Remarquez les médaillons du soubassement qui imitent les pièces de monnaie romaines. La ***façade*** a été achevée en 1470 mais on a la nette impression que sa partie supérieure a été tronquée. C'est Giovanni Antonio Amado qui en est l'artisan. Cristoforo Lombardo reprend le flambeau vers 1540 pour terminer la partie supérieure plus compacte, beaucoup moins ciselée au-dessus d'une rangée de petites alcôves cyclopéennes. Comme le Duomo, le plan de l'église est en forme de croix latine (décidément, c'est une manie !). À droite de la cour centrale se trouvent la *foresteria* (l'hostellerie) et les anciennes pharmacies. Appelée parfois le *Palais ducal,* la *foresteria* rompt littéralement la richesse de la façade. C'est de l'intérieur de la chartreuse que l'on accède au ***petit cloître*** qui offre une très belle vue sur l'église. Ses murs, contrairement à ce que laisse apercevoir la façade de marbre, sont tous en brique. À voir : la *salle de réfectoire,* où chacun des moines mangeait en silence pendant que l'un de ses coreligionnaires lisait sur la tribune. À vous de chercher la paroi en bois qui dissimule un petit escalier pour accéder à la tribune.

On parvient ensuite au ***grand cloître*** (et quand on dit grand, c'est vraiment impressionnant !) entouré par une centaine d'arcades ornées de médaillons de terre cuite sculptés. Sur trois côtés se trouvent les vingt-quatre cellules monacales dont une plus grande, celle du chef des moines, évidemment. Chacune des cellules est composée de deux pièces avec un petit jardin en bas, d'une chambre avec loggia en haut, ainsi que d'une petite ouverture à côté de la porte par laquelle on faisait passer les repas. Un lieu idéal pour le recueillement.

Sachez enfin que c'est ici que François Ier séjourna comme prisonnier après la célèbre bataille de Pavie en 1525, où les Français furent défaits par l'armée de Charles-Quint.

QUITTER PAVIE

En train

➢ ***Pour Milan :*** environ une vingtaine de trains, qui relient Milan en une demi-heure.

CRÉMONE *(CREMONA)* (26100)

Fondée par les Romains comme avant-poste sur le Pô en 218 av. J.-C., Crémone a connu une histoire riche et mouvementée. Commune libre, elle fut l'alliée de Frédéric Ier Barberousse, puis finit par tomber sous la coupe des Visconti. Sous leur domination, la ville a vu sortir de terre (cuite !) de magnifiques palais et églises décorés par des artistes de l'école de peinture locale tels que Bembo, Boccace, Boccaccino et les fameux frères Campi. Mais c'est surtout la longue tradition musicale de la cité qui a fait sa gloire avec Claudio Monteverdi, puis les plus prestigieux luthiers, dont l'immense Antonio Stradivarius. N'hésitez pas à sortir du cœur architectural (piazza del Comune) pour découvrir en flânant les trésors cachés derrière les portes cochères. Vous tomberez aussi, hélas, sur quelques cicatrices de l'histoire : ville natale d'un lieutenant de Mussolini, elle conserve de ce sombre régime plusieurs bâtiments à l'allure de blockhaus.

Adresses utiles

🛈 ***Azienda di promozione turistica*** *(plan C2)* **:** piazza del Comune, 5. ☎ 0372-232-33. Fax : 0372-534-080. • www.aptcremona.it • Ouvert tous les jours de 9 h à 12 h 30 et de 15 h à 18 h. Accueil sympathique dans une ancienne pharmacie en bois sculpté. Pratique, la *Cremonacard* (presque 8 €) comprend un billet pour les musées, un plan, un CD-Rom, un sac banane (chouette !) et vous permet de bénéficier de réductions en ville.

Poste *(plan C2)* **:** via Verdi, 21. À côté de la piazza Stradivari. Change.

Banque : *Banca Popolare di Cremona,* piazza del Comune. Avec distributeur de billets.

Téléphone : cabines sous les arcades entre la piazza del Comune et la piazza Stradivari.

Gare ferroviaire *(plan A-B1)* **:** piazzale Stazione. Renseignements au : ☎ 89-20-21. Trains réguliers pour Milan. Départs fréquents pour Mantoue, Venise, Bergame, Florence et même Rome (via Bescia).

Gare routière *(plan B1)* **:** via Dante. Lignes pour Milan, les lacs, Bergame et la mer en été.

Parking : en raison du centre piéton, mieux vaut se garer aux portes de la ville. À noter : le parking situé via Mantova, après le poste de police, est gratuit ainsi que celui jouxtant la gare routière.

Speedy Café *(plan C2)* **:** via Anguissola, 1. On surfe pour 5 € de l'heure. Au fond d'une salle de billard, pas très accueillante, une vingtaine d'ordinateurs en mezzanine. Pour ceux qui ne peuvent pas se passer du Net.

Où dormir ?

Bon marché

Camping Parco al Pô *(hors plan par B3,* ***10****)* **:** viale lungo Pô Europa, 12. ☎ 0372-21-268. Fax : 372-27-137. Ouvert de début avril à fin septembre. Compliqué à atteindre en transports en commun mais possibilité de prendre le bus n° 2 à partir du centre historique ou le n° 1 à partir de la gare. Prévoir un peu de marche. En voiture, suivre la direction du Pô puis les panneaux. Barrière fermée entre 23 h et 7 h. Compter 8 € pour une tente et 5 € par personne. Possibilité de louer aussi une caravane 2 places pour 18 €. L'accueil se trouve dans une structure en béton en voie d'inachèvement. Les sanitaires sont tous neufs pour la plupart. Le camping jouit d'un cadre verdoyant et calme à proximité du parc du Pô et de la piscine. Prévoir la DAM : défense anti-moustiques ainsi qu'un matelas car le sol est un peu caillouteux. Jolie vue sur Crémone.

Il Giardino di Giada *(plan D1,* ***15****)* **:** via Brescia, 7-9. ☎ 03-724-434-615. Au-dessus du resto chinois du même nom, quelques chambres à 31 € la double et 25 € la simple. Salle de bains sur le palier. Pour les routards désargentés qu'un hôtel un peu crado n'effraye pas. Trois avantages cependant : pas cher (vous l'aurez compris), situé dans la ville même (pour ceux qui n'ont pas de voiture, c'est un plus indéniable) et juste à côté d'un parking gratuit (pour ceux qui ont tout de même une voiture).

Prix moyens

Pizzeria-albergo Duomo *(plan C3,* ***11****)* **:** via Gonfalonieri, 13. ☎ 0372-352-42. Fax : 372-458-392. Juste à côté de la piazza del Comune. Compter 65 € pour une chambre avec bains et TV et 45 € pour une *single.* Un hôtel très bien situé. Le hall d'entrée exigu et un peu vieillot ne doit pas vous décourager. Les 22 chambres à l'étage se révèlent simples mais très propres : murs blancs et mobilier en pin ou en osier.

Hôtel Astoria *(plan C2,* ***12****)* **:** via Bordigallo, 19. ☎ 0372-461-616. Fax : 0372-461-810. Situé dans une petite rue proche du Duomo. Chambres à 70 €, petit dej' compris. TV. L'hôtel dispose d'une trentaine de chambres, propres mais à la décoration vieillissante. Accueil par un patron énergique et commerçant. Petit bar sympa juste en face.

Plus chic

🏠 ***Hôtel Continental** (plan D1, **14**) :* piazza Liberta, 26. ☎ 0372-434-141. Fax : 0372-454-873. • www.hotelcontinentalcremona.it • 110 € la chambre avec grande salle de bains, TV et petit dej'. Pour les plus fortunés, une suite avec jacuzzi à partir de 160 €. En basse saison, possibilité d'obtenir une réduction de 10 % sur toutes les chambres. Dans le hall, un grand salon en cuir de style anglais donne à l'établissement un charme quelque peu suranné. Déco élégante et ambiance feutrée. Chambres avec double-vitrage efficace, sauf pour les cloches. Le patron vous surprendra par son humour pince-sans-rire (en français, je vous prie). Parking gratuit.

Agritourisme

🏠 I●I ***Agriturismo Cascina Nuova** (hors plan par B1, **13**) :* via Boschetto, 51. ☎ 0372-460-433. Fax : 0372-568-761. • www.cascinanuova.it • Depuis la gare, longer le cimetière par la gauche pour trouver la via Boschetto, puis passer la caserne de gendarmerie mobile. Entrée par une cour de ferme où stationnent quelques tracteurs. À partir de 78 € la double. Également appartements pour 2 ou 4 personnes à louer à la semaine. Petit déjeuner à 4 €. Restaurant du mardi au dimanche avec un menu autour de 32 €. Chambres pimpantes agréablement décorées de tissus. Des animaux africains servent à les numéroter. Réservation conseillée.

Où manger ?

Crémone est connue pour quelques spécialités bien à elle : la *mostarda,* qui n'a pas grand-chose à voir avec la moutarde puisqu'il s'agit de fruits en morceaux conservés dans un sirop épicé, servis avec de la viande ou du fromage dans les restos. Vous trouverez également du *torrone,* sorte de nougat aux amandes. Ces spécialités sont disponibles à l'achat chez *Speralari,* via Solferino, 25, une honorable confiserie fondée en 1836.

■ Adresses utiles

- Azienda di promozione turistica
- Poste
- Gare routière
- Gare ferroviaire
- Speedy Café

Où dormir ?

- **10** Camping Parco al Pô
- **11** Pizzeria-albergo Duomo
- **12** Hôtel Astoria
- **13** Agriturismo Cascina Nuova
- **14** Hôtel Continental
- **15** Il Giardino Di Giada

Où manger ?

- **20** Osteria del Melograno
- **21** Hosteria 700
- **22** Cerri

Où boire un verre ? Où manger une glace ?

- **30** Centrale della birra
- **31** La Tisanieria
- **32** Bar Bolero
- **33** Pierrot

À voir

- **40** Musée Stradivariano
- **41** Tombe de Stradivarius
- **42** Musée Ala Ponzone
- **44** Atelier de luthier
- **45** Ancienne voie romaine

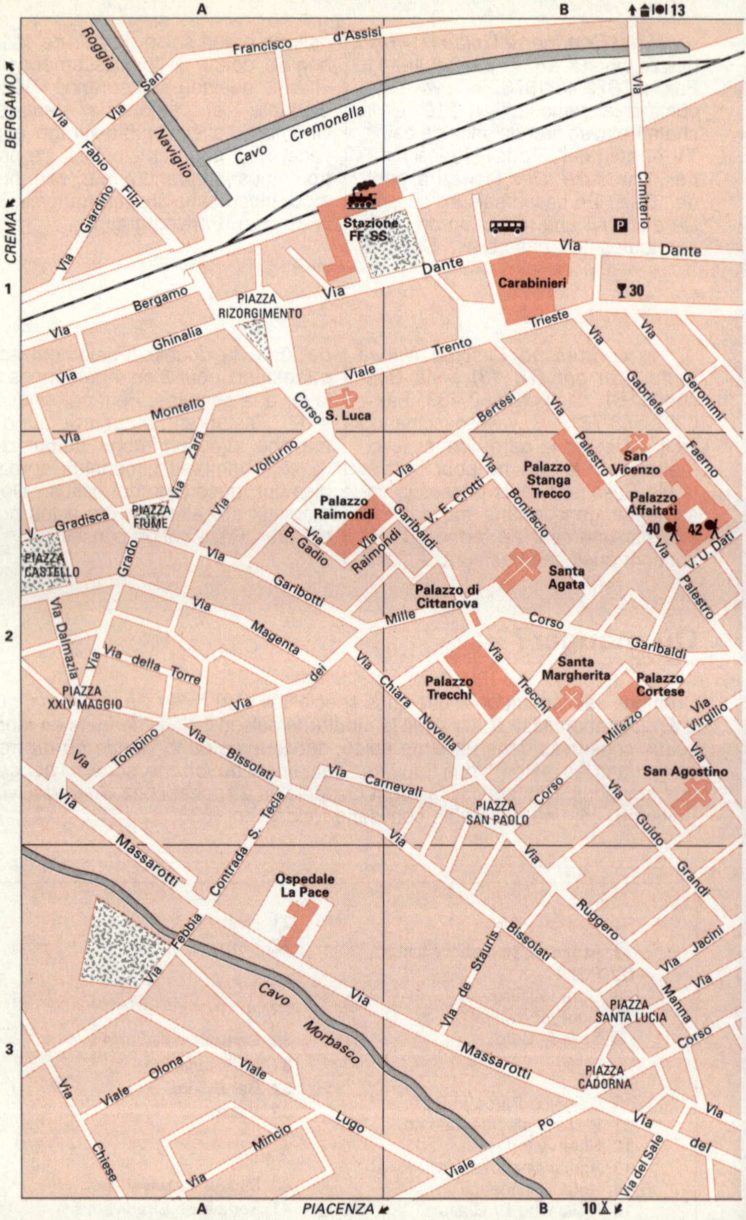
A
B
13
BERGAMO
CREMA
1
2
3
Francisco d'Assisi
Roggia
Via San
Via
Fabio
Naviglio
Cavo Cremonella
Filzi
Via Giardino
Stazione FF. SS.
Via Dante
Carabinieri
30
Via Bergamo
PIAZZA RIZORGIMENTO
Via Ghinalia
Viale Trento
Trieste
Via Cimiterio
Via Gabriele
Via Geronimi
Corso
S. Luca
Via Montello
Via Bertesi
Via Palestro
San Vicenzo
Faerno
Via Zara
Via Volturno
Palazzo Stanga Trecco
Palazzo Affaitati
40
42
V. U. Dati
Via Gradisca
PIAZZA FIUME
Palazzo Raimondi
Via Garibaldi
V. E. Crotti
Via Bonifacio
PIAZZA CASTELLO
Grado
Via B. Gadio
Via Raimondi
Santa Agata
Palestro
Via Garibotti
Palazzo di Cittanova
Via Dalmazia
Via Magenta
Mille
Corso Garibaldi
Via della Torre
Via dei
Via Chiara Novella
Via Trecchi
Palazzo Trecchi
Santa Margherita
Palazzo Cortese
Via Virgilio
PIAZZA XXIV MAGGIO
Via
Via Tombino
Via Bissolati
Milazzo
Via Carnevali
San Agostino
Via Massarotti
Contrada S. Tecla
PIAZZA SAN PAOLO
Corso
Via Guido Grandi
Via Ruggero
Ospedale La Pace
Febbia
Bissolati
Via de Stauris
Via Jacini
Via Manna
Cavo Morbasco
Via Massarotti
PIAZZA SANTA LUCIA
Corso
PIAZZA CADORNA
Viale Olona
Viale Lugo
Via Chiese
Mincio
Via
Po
Viale
Via del
Via del Sale
PIACENZA
10

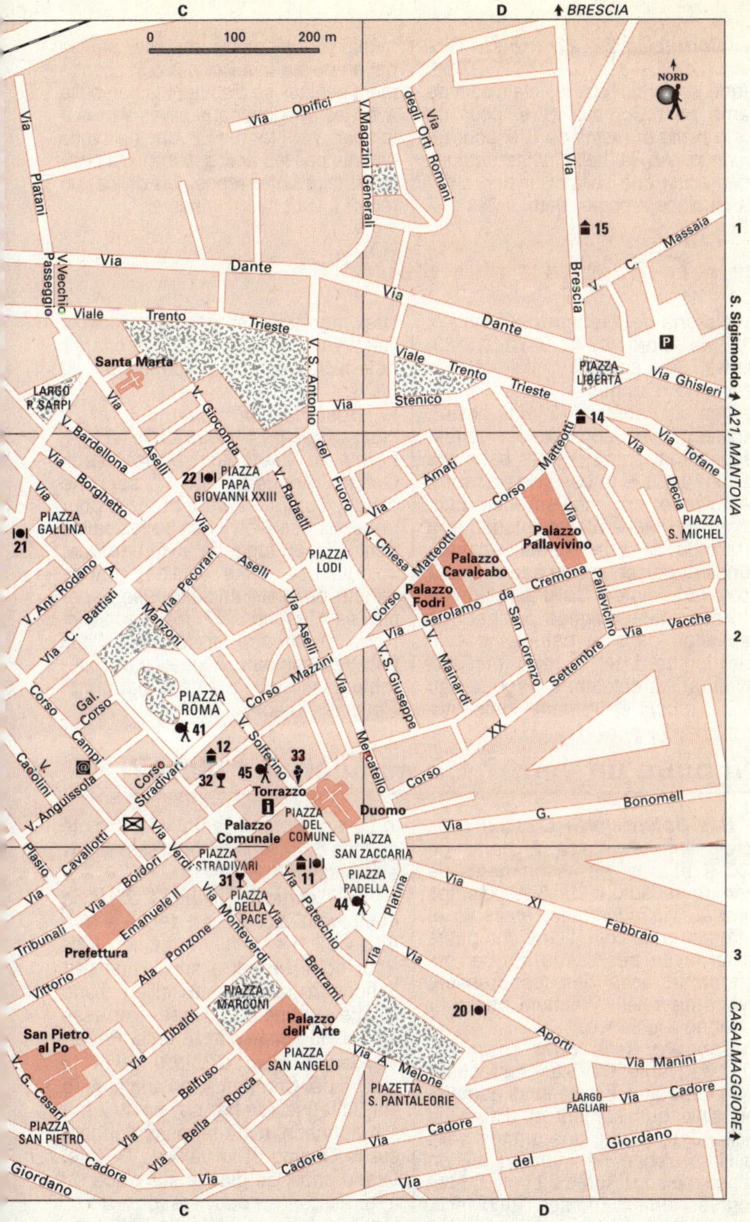
C
D
BRESCIA
0
100
200 m
NORD
Via Opifici
V. Magazini Generali
Via degli Orti Romani
Via Platani
Via Brescia
15
V. C. Massaia
1
V. Vecchio Passeggio
Via Dante
Via Dante
Viale Trento Trieste
Viale Trento Trieste
S. Sigismondo
A21, MANTOVA
P
Santa Marta
LARGO P. SARPI
Via Aselli
V. Gioconda
V. S. Antonio del Fuoro
Via Stenico
PIAZZA LIBERTA
Via Ghisleri
14
Via Tofane
Via Decia
V. Bardellona
Via Borghetto
22
PIAZZA PAPA GIOVANNI XXIII
V. Radaelli
Via Amati
Corso Matteotti
Via Palazzo Pallavivino
PIAZZA S. MICHEL
PIAZZA GALLINA
21
Via Pecorari
Via Aselli
PIAZZA LODI
V. Chiesa
Corso Matteotti
Palazzo Cavalcabo
Palazzo Fodri
Via Gerolamo da Cremona
Pallavicino
Via Vacche
2
V. Ant. Rodano
A. Battisti
Via C.
Manzoni
Via Aselli
V.S. Giuseppe
V. Mainardi
San Lorenzo
Settembre
PIAZZA ROMA
41
Gal. Corso
Corso Campi
Corso Mazzini
V. Solferino
Via Mercatello
Corso XX
12
33
45
32
V. Cadolini
V. Anguissola
Corso Stradivari
Torrazzo
Duomo
Via G. Bonomell
Via Verdi
Palazzo Comunale
PIAZZA DEL COMUNE
PIAZZA SAN ZACCARIA
Plasio
Cavallotti
Boldori
PIAZZA STRADIVARI
11
31
PIAZZA PADELLA
Via XI Febbraio
Via Tribunali
Via Emanuele II
PIAZZA DELLA PACE
Via Monteverdi
Via Patecchio
44
Platina
Prefettura
Vittorio
Ala Ponzone
Beltrami
Via
3
Via
PIAZZA MARCONI
Palazzo dell' Arte
20
Aporti
CASALMAGGIORE
San Pietro al Po
Via Tibaldi
PIAZZA SAN ANGELO
Via A. Melone
Via Manini
V. G. Cesari
Via Belfuso
Rocca
PIAZETTA S. PANTALEORIE
LARGO PAGLIARI
Via Cadore
Via Cadore
PIAZZA SAN PIETRO
Via Bella
Via Cadore
Giordano
Via Cadore
Via del Giordano
Via
Via
C
D

CRÉMONE

Bon marché

Cerri *(plan C2, **22**)* **:** piazza Giovanni XXIII, 3. ☎ 03-722-27-96. Fermé le mardi. Tous les plats sont au même prix. Compter 6 € pour un *primo piatto* et moins de 8 € pour un *secondo.* Ah la belle petite *trattoria molto tipica* que voilà ! Sur une charmante place arborée, deux salles animées et un menu raconté par le patron où les *tortellini in brodo* absolument géniaux se disputent la part belle avec les spaghetti aux olives vertes à tomber par terre. Et on ne vous raconte pas les *antipasti misti* qui suffirait à faire votre repas. Un délice, un régal ! Il vaut mieux réserver.

De prix moyens à plus chic

Osteria del Melograno *(plan D3, **20**)* **:** via Aporti, 25. ☎ 0372-318-63. Fermé le samedi midi et le dimanche. Congés annuels : 2 semaines en août et 2 en janvier. Excellents et abondants menus-dégustation à 18 € (à base de viande) et 23 € (à base de poisson). L'ambiance très chaleureuse tient autant au cadre rustique (chaudron suspendu dans la cheminée, murs jaunes et boiseries), qu'à la clientèle locale fort animée. Cuisine raffinée à la présentation soignée puisant son inspiration dans le patrimoine culinaire lombard, tel le veau farci aux olives ou les côtelettes d'agneau au *speck, rucola* et fromage fumé. Accueil agréable et service efficace. Réservation conseillée. Café offert à nos lecteurs, sur présentation du *GDR.*

Hosteria 700 *(plan C2, **21**)* **:** piazza Gallina, 1. ☎ 0372-361-75. ♿ Fermé le lundi soir et le mardi. Congés annuels : la 1re semaine d'août. Compter autour de 27 € pour un repas complet. Trois belles salles dont une, au fond, de style baroque, somptueuse. Côté cuisine, grande variété de plats et délicieuses spécialités : *risotto 700, tortelli cremonesi, semifreddo di torrone. Primi* pas très copieux. Accueil particulièrement sympathique de la patronne. Réserver le soir.

Où boire un verre ? Où manger une glace ?

Bar Bolero *(plan C2, **32**)* **:** via Bordigallo, 12. Verre à partir de 1,30 € et plats ou assortiments de charcuterie autour de 5 €. Goûtez donc au vin *spumante, frizzante* et autres crus du coin. Dans une petite ruelle pavée très calme, un bar qui sort sa terrasse dès les premiers rayons de soleil. Vraiment pas cher et bonne ambiance.

Centrale della birra *(plan B1, **30**)* **:** via Dante, 62. Situé en face de la via Geronimi. Fermé lundi et mardi soir ainsi que samedi et dimanche midi. Au 1er étage, une grande salle où l'Inox règne en maître : ici, on brasse maison ! Après 22 h, le DJ fait progressivement monter l'ambiance. Les proprios ont eu la curieuse idée d'installer une bibliothèque, mais on n'a pas vu beaucoup d'amateurs de bière s'y presser. À la belle saison, le *Centrale* prend ses quartiers d'été dans la cour. Également resto à prix abordables.

La Tisanieria *(plan C3, **31**)* **:** via Lombardini, 23. Ouvert de 7 h à 15 h et de 17 h à 2 h. Fermé le lundi. Pour boire un verre sous l'une des 5 horloges du bar au milieu d'une clientèle jeune et animée. Terrasse en saison sur la piazza della Pace.

Pierrot *(plan C2, **33**)* **:** sur la piazza del Commune, à l'angle de la via Solferino. Un bar ouvert de 7 h à 1 h du matin, avec terrasse donnant sur le Duomo et le palazzo Ducale. Grand choix de glaces sur place ou à emporter et *panini* à prix doux. Une glace au *biscotto,* un café bien costaud : le bonheur est au coin de la rue.

À voir

Les principaux monuments de la ville se trouvent autour de la piazza del Comune *(plan C2-3)* mais allez aussi flâner aux alentours. Évitez l'horrible galerie du XXV Aprile... Préférez-lui le parc voisin, où se trouve la tombe de Stradivarius.

¶¶ ***Palazzo comunale*** *(hôtel de ville; plan C2-3)* **:** piazza del Comune. Ouvert du mardi au samedi de 9 h à 18 h et le lundi de début avril à fin octobre. En haut des marches, intéressant portail du XVIe siècle. À l'intérieur, la salle du Conseil est ornée de tableaux du XVIIe. La boule d'or symbolise l'affranchissement de la ville. De la *sala della Consulta,* vue magnifique sur la piazza del Comune. La *salle Giunta* célèbre sur ses murs les noces de Bianca Visconti et de Francesco Sforza. La salle des Violons (entrée à 6 € ou billet combiné avec le musée Ala Ponze à 10 €) recèle quelques joyaux : instruments d'Amati, Guarneri et le fameux « Il Cremonese » de Stradivarius. Tous les jours, ces merveilles quittent les vitrines et revivent sous les doigts du conservateur du musée Stradivariano. Pour assister à ces concerts privés, réservez au : ☎ 0372-221-38.

¶¶ ***Duomo*** *(plan C2)* **:** piazza del Comune. Ouvert de 7 h 30 à 12 h et de 15 h à 19 h. Ensemble gothique lombard commencé en 1107. Remarquez la façade recouverte partiellement de marbre polychrome à la Renaissance : le cœur y était mais plus les moyens... À l'intérieur, autour du portail, des fresques représentent la Crucifixion et la Déposition du Christ avec un effet de perspective saisissant : les pieds semblent sortir du mur! Demandez l'autorisation pour accéder au chœur et admirer un remarquable travail de marqueterie aux figures insolites (tête de mort, lapin vivant puis mangeant les pissenlits par les racines...). Belle crypte abritant les reliques de saint Omobono, patron de la ville.

¶¶ ***Baptistère*** *(plan C2)* **:** piazza del Comune. Deux lions gardent l'entrée de cet impressionnant dôme en brique surmonté d'une colombe. Beaux autels baroques à l'intérieur.

¶¶ ***Torrazzo*** *(plan C2)* **:** piazza del Comune. Ouvert de 10 h à 13 h sauf le lundi. De début avril à fin octobre, ouvert également de 14 h 30 à 18 h. Entrée payante. Tour crénelée de 111 m (487 marches pour les routards courageux), plus haute construction en brique d'Europe (matériau vedette de la plaine du Pô, il faut bien l'admettre...). Horloge astronomique de 1583.

¶ ***Musée Ala Ponzone*** *(plan B2,* ***42****)* **:** via Ugolani Dati, 4. ☎ 0372-407-770. Billet combiné avec la salle des Violons du Palazzo communale : 10 €. Pinacothèque riche d'une collection d'aquarelles et de chefs-d'œuvre d'artistes du XIXe siècle, dont Moroni et Rizzi. Admirez la *Vierge à l'Enfant* de Bembo, ainsi qu'une scène de la vie de Jésus par Campi dans la section XVIIe siècle.

¶¶¶ ***Musée Stradivariano*** *(plan B2,* ***40****)* **:** via Ugolani Dati, 4, dans le musée Ala Ponzone. ☎ 0372-407-770. Ouvert de 9 h à 18 h. Entrée à 7 €. Ici se côtoient les instruments des plus grands luthiers depuis Amati bichonnés par le professeur Mosconi. La section des outils et des formes présente des créations du génial Stradivarius, ainsi qu'un morceau de son établi et son testament. Présentation vidéo et série de panneaux retraçant la fabrication d'un alto (un mois de travail au bas mot!).

¶ ***Tombe de Stradivarius*** *(plan C2,* ***41****)* **:** piazza Roma. L'église qui l'abritait autrefois a été détruite pour agrandir le parc. Le célèbre luthier, à qui l'on attribue plus de 1200 instruments, reste encore bien mystérieux : « 1648? 1649-1737 » indique, imprécise, sa plaque mortuaire.

¶¶ ***Palais*** **:** la ville compte maints palais *(palazzi),* impossible donc d'être exhaustif mais en voici quelques-uns : corso Matteoti, les *palais Fodri, Pal-*

lavicino et *Cavalcabò* ; via Palestro, le *palais Stanga Trecco* ; et, via Cortese, le *palais Cortese,* à la splendide façade en terre cuite. N'hésitez pas à pénétrer dans les cours intérieures (demandez la permission), puis gravissez quelques marches pour découvrir les plafonds richement décorés des cages d'escalier.

Si vous avez un peu plus de temps...

Atelier de luthier *(plan C-D3,* ***44****)* **:** via Sicardo, 12. ☎ 0372-45-74-66 ou, en second recours, 340-849-80-23 (portable). Ou site très bien fait : • www.infoviolin.it • Philippe Devanneaux, un Français, exerce ici son métier avec passion et vous le fera découvrir.

Ancienne voie romaine *(plan C2,* ***45****)* **:** via Solferino, 37. Les derniers vestiges de l'histoire antique de la ville.

Marchés

- ***Marché*** le mercredi et le samedi matin, piazza Stradivari.
- ***Marché des antiquaires*** le 3e dimanche du mois (sauf en été).
- ***Cremona antiquaria*** en septembre.

QUITTER CRÉMONE

En train

➢ ***Pour Milan :*** un train par heure.

SABBIONETA (46018)

À 33 km au sud-ouest de Mantoue, une curieuse petite ville fortifiée du XVIe siècle, très peu connue. Comme Noto en Sicile, Richelieu en France ou la « New Town » d'Édimbourg, c'est l'œuvre, du début à la fin, d'un même architecte-urbaniste. Produit des fantasmes du prince Vespasien Gonzague qui voulait, en pleine campagne, une capitale toute neuve entièrement à lui. Édifiée en moins de quarante ans, un record ! Le prince y attira une cour brillante et une foule d'artistes et de gens de lettres. Il entretint des ambassades dans l'Europe entière. On surnomma Sabbioneta « la petite Athènes ». Après sa mort, la ville déclina rapidement et sombra dans une totale léthargie pour quatre siècles. Aujourd'hui, moins de 400 habitants y vivent intra-muros. Il faut parcourir les ruelles de cette cité Renaissance, sublime dans sa décadence, entre ses palais délabrés et ses places désertes (un processus de rénovation a cependant été entamé).
Enfin, Sabbioneta respecte les règles d'urbanisme les plus modernes : les rues, orientées selon les quatre points cardinaux, se coupent à angle droit. La ville, conçue pour 3000 habitants, était divisée en 30 « blocs ».

Adresse utile

Office du tourisme : piazza d'Armi, 1. ☎ 0375-221-044. Fax : 0375-222-119. • ufficiocultura@uniti.it • Ouvert *grosso modo* de 10 h à 13 h et de 14 h 30 à 17 h (18 h le week-end). Fermé le lundi et l'après-midi de Noël jusqu'au jour de l'An. Billetterie : 8 € pour 4 monuments ou 3 € à l'unité. Accueil sympathique et en français. Plan gratuit de la ville. Organise des visites guidées, toutes les heures, parfois en français, gratuites avec l'achat d'un billet combiné. Propose également différents itinéraires à effectuer à pied ou à vélo.

Où dormir ?

Pour les romantiques qui voudraient Sabbioneta pour eux tout seuls, réserver impérativement en haute saison, car il y a très peu d'hôtels.

- ***Albergo Giulia Gonzaga :*** via Gonzaga, 65. ☎ : 0375-528-169. Fermé le dimanche après-midi. Congés annuels la 1re semaine de septembre. Compter de 42 à 52 € la nuit en double équipée de TV et sèche-cheveux. Reste de fresques, datant de l'époque napoléonienne, dans presque toutes les chambres. Une petite pension sympa, propre et bon marché. S'il n'y a personne, s'adresser à la boutique de souvenirs-tabac à côté mais il est préférable d'avoir téléphoné au préalable. Copieux et délicieux petit déjeuner offert sur présentation du *GDR* en cours.
- ***Al Duca :*** via della Stamperia, 18. ☎ 0375-524-74. Fax : 0375-220-021. • al.duca@rin.it • Près de la porta Imperiale. Compter 60 € la nuit en chambre avec TV et AC. Dans l'une des rares demeures Renaissance rénovées de la rue, une auberge pleine de charme. Notez le hall de réception, ses colonnes, son escalier de marbre rose et son armure. Bref, une affaire tenue en famille de façon irréprochable.

Où manger ?

- ***Corte Bondeno :*** via Mezza Loria. ☎ 348-775-90-07. À 3 km de Sabbioneta. Dans un corps de ferme de la fin du XVIIIe siècle, un restaurant au milieu de la campagne avec lapins et canards en liberté. Suivre les panneaux « Corte Bondeno », très bien indiqué. Fermé le lundi. Menu fixe qui change tous les jours, autour de 30 €. Les plats n'en finissent pas d'arriver : pléthore d'*antipasti,* des *primi,* un *secondo,* un *contorno,* un sorbet, un dessert, un café et, le croyez-vous, le vin de la région, le fameux lambrusco (rouge pétillant) est compris ! De la vraie cuisine lombarde, goûteuse, généreuse, délicieuse. La qualité et la quantité sont au rendez-vous. D'ailleurs, si vous finissez entièrement votre repas, foi de *Routard,* c'est que vous n'avez rien mangé depuis des semaines ! À essayer absolument si vous êtes motorisé.
- ***Alfredo's :*** via Scamozzi, 14. Fermé le lundi. Pour ceux qui n'ont pas de voiture, le seul véritable resto de la ville propose un menu comprenant deux plats à 13 €. Les pizzas tournent autour de 6 €, midi et soir. Spécialité de tortellini au potiron, herbes ou jambon. Salle sans charme particulier mais petite cour intérieure en été.

À voir

- ***Porta Imperiale*** et ***porta della Vittoria :*** à l'est et à l'ouest. Érigées en 1579 et en 1567, ces deux belles portes servaient à encadrer la ville.
- ***Palais Giardino*** *(palazzo Giardino)* et ***galerie des Arts :*** piazza d'Armi. C'est cet élégant édifice de briques rouges sur la place principale. Façade modeste mais intérieur très riche. Admirez l'enfilade de salles décorées sous la direction de Campi, notamment la salle des Trois-Grâces, dans le style de Pompéi, et le *camerino di Enea,* cabinet de Vespasien Gonzague. La galerie des Arts rappelle Versailles (96 m de long, 36 fenêtres). Les ingénieux trompe l'œil à chacune des extrémités renforcent encore la perspective. Les 26 figures allégoriques représentent (en toute modestie !) les vertus de Vespasien (justice, force, foi...). Magnifique corniche en chêne sculpté qui a résisté à 400 ans d'intempéries.

Teatro Olimpico : premier théâtre indépendant couvert d'Europe. Il vit les premières pièces de Monteverdi. Orné des divinités de l'Olympe. Nombreuses fresques dans le style de Véronèse. La visite la plus intéressante.

Palais ducal *(Palazzo ducale)* **:** ses plafonds d'origine en cèdre du Liban sculpté, œuvre d'un artiste français, témoignent de sa splendeur passée. Dans sa *sala delle Aquile,* quelques rescapées des 12 belles statues équestres qui ornaient autrefois le palais.

Église de l'Incoronata : là aussi, un petit chef-d'œuvre du trompe l'œil, notamment l'admirable coupole octogonale qui rappelle, bien sûr, la couronne de la Vierge. Mausolée de Vespasien Gonzague.

Église Santa Maria Assunta : étonnant plafond en trompe l'œil. Dans une chapelle, un dôme ajouré particulièrement original.

Museo « A passo d'uomo » : la salle du Trésor abrite un bijou d'exception : la toison d'or de Vespasien.

Synagogue : à côté de la *chiesa di Santa Maria Assunta.* Rien ne la distingue de l'extérieur. Située en étage, aujourd'hui abandonnée, elle était fréquentée par les ouvriers de l'imprimerie, pour la plupart juifs, au Moyen Âge.

Antiquités Moretti – Al Conte : piazza Ducale, en face de l'église. Ne manquez pas de payer une petite visite au dernier comte de Sabbioneta, comme il se nomme lui-même, paré de son chapeau melon et de son nœud pap. Il se fera un plaisir de vous faire faire le tour de son magasin d'antiquités et de vous montrer des photos de sa fille, Eleonora, une vedette locale. Pour les chineurs et les curieux.

Ceux qui disposent d'un peu de temps peuvent aller visiter, sur la route de Mantoue, à 5 km de Sabbioneta, l'intéressante ***église*** baroque de ***Villa Pasquali.*** Édifiée au XVIIIe siècle par Antonio Bibiena.

Manifestations

Le ***Salon des antiquaires*** anime le Palais ducal à la fin avril. La ville s'enorgueillit également d'un ***Festival de musique ancienne*** (de fin juillet à mi-septembre). Programme sur • www.comune.sabbioneta.mn.it •

➤ DANS LES ENVIRONS DE SABBIONETA

Brescello : un petit village touristique qui ravira les fans de Don Camillo puisque c'est là qu'a été tournée la série de films mettant en scène le maire communiste et le curé irascible. Vous pourrez repérer un peu partout des statues de Fernandel et de Gino Cervi. La place du village, l'église, la mairie, vous rappelleront des souvenirs. Un musée Don Camillo et Peppone a même été ouvert où l'on peut voir des photos du tournage, des costumes et les films qui passent en boucle. À acheter également le *lambrusco* Don Camillo, une cuvée très locale. Dans les restaurants on trouve la *pasta* Monseigneur, les tagliatelles Don Camillo, le risotto Peppone, etc. Rigolo.

MANTOUE *(MANTOVA)* (46100)

Contrairement aux villes du centre de l'Italie, qui dorment à l'abri de leurs murs crénelés comme si une gaine corsetait leurs souvenirs, Mantoue arbore une physionomie aérée. Le *fiume* (fleuve) Mincio fatigué se perd en méandres à tel point qu'ici on l'appelle lac. De là à dire qu'au couchant le lac donne aux murs de la ville des allures de loch... Mantoue est aussi le fief de la dynastie des Gonzague, ces fiers-à-bras qui, pendant 400 ans, dépensèrent une grande partie de leur fortune dans des travaux d'embellissement de la ville. Ils firent appel aux grands noms de la Renaissance italienne. Bien qu'ayant souffert des bombardements de la dernière guerre, la ville a gardé fière allure. Le soir, le centre historique conserve son aspect médiéval et un calme olympien. Une halte trop souvent oubliée des voyageurs, qui commence toutefois à refaire parler d'elle grâce à son festival de Littérature.

Adresses utiles

■ ***Azienda di promozione turistica*** *(plan C2)* **:** piazza Mantegna, 6. ☎ 0376-32-82-53. Fax : 0376-363-292. • www.aptmantova.it • Face à la rotonda San Lorenzo. Ouvert du lundi au samedi de 8 h 30 à 12 h 30 et de 15 h à 18 h ; le dimanche, de 9 h 30 à 12 h 30.

■ ***Poste*** *(plan C2)* **:** piazza Martiri Belfiore. Ouvert du lundi au vendredi de 8 h 30 à 13 h 30 et de 14 h 30 à 17 h 30 ; le samedi matin jusqu'à 13 h.

■ ***Téléphone* :** cabines sous les arcades bordant la piazza Mantegna.

■ ***Gare ferroviaire*** *(plan B2)* **:** piazza don Leoni. ☎ 89-20-21. 1 train toutes les heures pour Vérone (trajet : 35 mn) de 6 h à 22 h ; nombreux trains pour Milan (trajet : 2 h 30). Attention, il n'y a pas de consignes à bagages.

■ ***Gare routière*** *(plan B2)* **:** informations et billetterie piazza Mondadori. ☎ 0376-32-72-37. Liaisons avec les centres de la province de Mantoue et avec les villes de Sabbioneta, Peschiera et Brescia.

■ ***Location de vélos* :** signore Bonfanti, viale Pavie, 22. ☎ 0376-220-909. Fermé le dimanche en hiver.

LA LOMBARDIE

Où dormir ?

Malheureusement pour les jeunes, il n'y a à Mantoue aucune auberge de jeunesse. Il serait peut-être temps de faire quelque chose, non ?

■ ***Aziende agrituristiche* :** sortes de gîtes ruraux dans des fermes aux alentours de Mantoue. Se renseigner auprès de l'*Azienda di promozione turistica* (voir « Adresses utiles »).

Voici une adresse sympa pour les campeurs « hippophiles » : ***Azienda agricola Corte Chiara,*** porto Mantovano, via Strada Tezze, 1. ☎ 0376-390-804. Prendre la direction Brescia. À Mantovano, après

■ **Adresses utiles**
- Azienda di promozione turistica
- Poste
- Gare ferroviaire
- Gare routière

Où dormir ?
- **10** Hôtel ABC Superior
- **11** Albergo Bianchi
- **13** Hôtel Dante

Où manger ?
- **20** I Punto
- **21** La Fragoletta
- **22** Due Cavallini
- **23** Cantina Canossa
- **24** Hosteria dei Canossa
- **25** Aquila Nigra
- **26** Osteria Pizzeria delle Erbe
- **27** Antica Osteria Ai Ranari

Où boire un verre ?
- **30** Wine Bar
- **31** Enoteca Bonacolsi
- **32** Caffè Sociale

A
B
VERONA
0 200 400 m
NORD
Lago Superiore
1
2
3
PARMA CRÉMONA, MILANO
PORTA MULINA
Viale
Via
Via Porto
V. Concezione
Pitentino
Via G.
P. SAN GIOVANNI
Palazzo d'Arco
PIAZZA C. D'ARCO
S. Francesco
Alberto
Via
F.lli
Via Solferino e S. Martino
Via Marangoni
Stazione F. S.
P. DON LEONI
11
20
10
13
32
Via Bonomi
Via Bettinelli
PIAZZA CAVALLOTTI
Corso Vittorio Emanuele II
Via Mutilati
Via
Stazione Autolinee
PIAZZALE A. MONDADORI
Via Montanara e Curtatone
Via Giosuè Carducci
Via Tito Speri
S. Maurizio
Chiassi
Via de' Cani
Via Cremona
Viale Fiume
Viale
Giovanni
Via S. Crispino
Casa G. Romano
Via
Principe
Via della
Via Poma
Palazzo di Giustizia
Viale Hermada
Plave
Via Enrico Dugoni
Conciliazione
Via Fratelli Grioli
Acerbi
Viale Asiago
Fiume
PIAZZA DE GASPERI
PIAZZALE GRAMSCI
Casa Mantegna
Viale Rimembranze
Via G.
S. Sebastiano
LARGO XXIV MAGGIO
Via N. Sauro
Via della Repubblica
Viale Gorizia
Viale
Viale
PIAZZALE V. VENETO
Viale Monte Grappa
Viale
Viale Brigata Mantova
Montello
Viale Te
Palazzo del Te
Viale Montenero
Viale G. Vesci
Viale Pietro Albertoni

MANTOUE

LA LOMBARDIE

le passage à niveau, emprunter à droite la strada Mantovanella puis continuer tout droit. Ouvert toute l'année mais surtout opérationnel l'été. À partir de 10 € l'emplacement. Au milieu des pâturages, ce centre équestre propose quelques emplacements pour tentes et caravanes. Sanitaires plutôt sommaires. Piscine ouverte l'été et, bien entendu, balades à cheval dans le parc naturel voisin.

Prix moyens

Hôtel ABC Superior *(plan B2,* ***10****)* **:** piazza don Leoni, 25. ☎ et fax : 0376-32-23-29. • www.hotelabcmantova.it • De 77 à 110 € environ la chambre, petit dej' compris. Parking payant. Situé on ne peut plus près de la gare, cet établissement rénové propose une trentaine de chambres. Il reste quelques fragments de murs peints, joliment intégrés dans la rénovation. Architecture industrielle, pas du meilleur goût. Choisir de préférence les chambres sur cour. Terrasse appréciable. Réduction de 10 % sur le prix de la chambre en basse saison.

Albergo Bianchi *(plan B2,* ***11****)* **:** piazza don Leoni, 24. ☎ 0376-32-64-65. Fax : 0376-32-15-04. • www.bianchi.hotel@tin.it • ♿ Face à la gare. 50 chambres avec AC et bains, assez classes et un peu chères : de 90 à 130 €. Demandez une chambre donnant sur le jardin privé intérieur. Les chambres sur rue sont, bien sûr, plus bruyantes. Réduction de 5 à 10 % sur le prix de la chambre accordée à nos lecteurs sur présentation du *Guide du routard.* Parking privé payant.

LA LOMBARDIE

Chic

Hôtel Dante *(plan B2,* ***13****)* **:** via Corrado, 54. ☎ 0376-326-425. Fax : 0376-221-141. • www.hoteldantemn.it • Situé entre la gare et le centre historique. Compter 120 € la chambre avec petit déjeuner. Situé dans une rue calme, donnant sur le corso Vittorio Emanuele II, cet hôtel dispose de 40 chambres. Une fois la façade austère passée, le hall d'entrée, où vous accueillent des chevaux de bois, se révèle vaste et cosy. Petit jardin avec tables et chaises. Chambres sans charme particulier mais tout à fait correctes. Demandez la n° 250, plus grande et plus claire, avec un aperçu du canal.

Où manger ?

– ***Marché :*** de la piazza delle Erbe à la piazza Sordello, le jeudi matin.

Bon marché

I Punto *(plan B2,* ***20****)* **:** via Solferino, 36. ☎ 0376-32-75-52. Ouvert de 11 h 30 à 14 h 30 et de 19 h 30 à 21 h 15. Fermé le samedi soir et le dimanche. À deux pas de la gare, un self-service pratique au cadre pas désagréable du tout où, pour 10 €, vous aurez un *primo* (copieux), un *secondo,* le pain et une boisson. Possibilité de prendre juste un plat à environ 3,50 €. Plein d'étudiants et d'employés du quartier.

Osteria Pizzeria delle Erbe *(plan C2,* ***26****)* **:** piazza delle Erbe, 15. ☎ 0376-22-58-80. Pizza de 6 à 8 €. Sinon, compter 15 € pour un repas plus complet. À l'intérieur, le jazz est à l'honneur : musique, photos, sets de table... Dehors, une terrasse sur une grande place piétonne où se pressent touristes et habitués. Une carte variée où les belles salades concurrencent les pizzas et les pâtes typiques de Mantoue : les *bigoli* et les *tortellini alla mantovana.* Certains serveurs parlent français.

Prix moyens

|●| ***Antica Osteria Ai Ranari*** *(plan C2,* ***27****) :* via Trieste, 11. ☎ 0376-32-84-31. Environ 18 €. De l'extérieur, on vous l'accorde, ce n'est pas très tentant. Mais il faut oser pousser la porte de cette authentique *trattoria* pour goûter à la délicieuse cuisine de Mantoue dans un cadre... d'authentique *trattoria.* Grenouilles (*ranari* dans le texte) toutes fraîches le mercredi et le jeudi, incontournables *tortellini alla zucca* (potiron), remarquable ragoût d'âne à la polenta. Miam, miam ! Une vraie bonne adresse à prix doux. L'accueil pourrait être plus joyeux. Clientèle d'habitués. Le week-end, il est plus sage de réserver.

|●| ***La Fragoletta*** *(plan D2,* ***21****) :* piazza Arche, 5a. ☎ 0376-32-33-00. Fermé le lundi. Congés annuels : 2 semaines en janvier et 2 semaines en juin. Compter 20 €. Petite *osteria* de famille tenue par un couple de jeunes bien sympas. Superbes raviolis au canard et au beurre de thym, excellents raviolis au potiron, le tout fait à la main. Une cuisine imaginative qui ne s'essouffle pas. Quelques expos de peinture d'« artistes » locaux. Réservation fortement conseillée, car les deux petites salles sont vite occupées.

|●| ***Hosteria dei Canossa*** *(plan C1,* ***24****) :* vicolo Albergo, 3. ☎ 0376-221-750. Juste à côté de la place Canossa. Fermé le mercredi. Compter un bon 20 €. Dans une petite rue, une *vinoteca con cucina* se cache sous des voûtes en briques rouges. Murs en pierre nue, éclairage feutré et petites tables bien cosy. La bonne odeur du feu de bois contribue à l'atmosphère chaleureuse du lieu. Cuisine traditionnelle à déguster avec un verre de vin pour un prix raisonnable. De la très belle charcuterie comme le *proscuitto* d'oie, la terrine de sanglier, et des plats de pâtes originaux comme ces *fagottini* au fromage et poire ou ces *raviolini* de canard aux champignons. Équipe jeune et chaleureuse.

|●| ***Due Cavallini*** *(plan C3,* ***22****) :* via Salnitro, 5. ☎ 0376-32-20-84. Au sud de la ville. Fermé le mardi. Congés annuels : 10 jours en janvier et de mi-juillet à mi-août. Plats à environ 8 €. Un excellent restaurant *slow food,* malheureusement assez excentré. Quelques spécialités locales comme les *agnolli* proposés à toutes les sauces et un patio fort agréable en été. Une bonne adresse.

|●| ***Cantina Canossa*** *(plan C1,* ***23****) :* piazza Canossa, 1. ☎ 0376-36-07-94. Fermé le mercredi. Repas à environ 18 €. À l'intérieur, une salle spacieuse avec de grandes baies vitrées dans une ambiance brasserie chic. Mais c'est surtout pour la terrasse, qui s'étire paisiblement sur une place particulièrement calme, que l'on vient. Au programme : risotto à la citrouille et à la cannelle, carpaccio de bœuf à la valériane, porc au vin blanc et à la sauge...

Très chic

|●| ***Aquila Nigra*** *(plan C1,* ***25****) :* vicolo Bonacolsi, 4. ☎ 0376-32-71-80. Dans une minuscule ruelle donnant sur la piazza Sordello. Fermé le dimanche soir et le lundi. D'avril à mai, fermé le dimanche midi uniquement. Prévoir un bon 40 €. Le restaurant certainement le plus réputé de la ville pour la haute tenue de la cuisine régionale avec des produits de premier choix. Cadre et serveurs élégants comme il se doit, dans une demeure du XVIIe siècle.

Où boire un verre ?

🍷 ***Caffè Sociale*** *(plan B-C2,* ***32****) :* piazza Cavallotti. Ouvert de 7 h à 2 h. Le lundi, fermeture à 18 h. Le soir, à la belle saison, la grande terrasse ne suffit plus à contenir la foule des jeunes Mantouans branchés qui tchatchent, debout, un verre à la main, protégés de la circulation par des bambous. Petite restauration.

🍷 ***Wine Bar*** *(plan C2,* ***30****) :* corte dei Sogliari, 3. Fermé le lundi. Au fond d'une ruelle donnant sur le corso Umberto I[ero]. Un choix très impressionnant de vins au verre entre 3 et 4 €. Conseils avisés (et en français) du barman. Dans un décor hyper design et une musique tendance jazzy, venez donc y prendre l'*aperitivo* (assiettes de parmesan, pizzas et chips inclus). On peut y dîner, mais les plats sont servis assez chichement. Fréquenté majoritairement par des trentenaires. Un brin de modernité dans une ville un peu endormie le soir.

🍷 ***Enoteca Bonacolsi*** *(plan C2,* ***31****) :* via Bertani, 78. ☎ 0376-32-88-34. Fermé mardi et dimanche midi. Ouvert pour le déjeuner et le soir jusqu'à 3 h du matin. Deux belles salles classiques vous accueillent dans une ambiance chic et feutrée pour déguster un verre de vin parmi une centaine d'étiquettes. Plats froids originaux ou assiettes de fromages et charcuterie. Musique *lounge*.

À voir

👁👁 ***Piazza Sordello*** *(plan C1-2) :* le centre de la ville historique, cœur névralgique du pouvoir au temps des Gonzague (voir le *Palazzo ducale*). Une place qui a conservé son aspect médiéval, avec ses gros pavés rangés sur la tranche. Belle impression, surtout le soir, à la lueur des lampadaires. Sur la *torre della Gabbia,* haute de plus de 50 m, on aperçoit encore la cage en fer où étaient enfermés les prisonniers. Ils étaient certainement ravis d'avoir la plus belle vue sur la ville... Tout autour, les rues à arcades complètent avec charme le cœur de la cité.

👁👁 ***Palazzo ducale*** *(au château des Gonzague ; plan C-D1) :* piazza Sordello. ☎ 0376-352-150. Ouvert du mardi au dimanche de 8 h 45 à 19 h 15 (attention la billetterie ferme à 18 h 30 !). Fermé le lundi. Entrée : 6,50 € ; réductions. Location possible d'audiophones. ATTENTION, pour accéder à la chambre des Époux, il faut réserver au : ☎ 0376-382-150 ou au guichet. Pour tout vous dire, le *Palazzo ducale* est la propriété de l'État. Le règlement intérieur lui est propre et parfois tarabiscoté. Par exemple : en hiver, la visite est obligatoirement accompagnée par les gardiens, qui ne font pas office de guides... On vous invite très chaudement à en prendre un qui « cause » (oui, sinon, la visite est accompagnée mais muette, une belle pancarte indiquant que les accompagnateurs n'ont pas pour fonction de répondre aux questions) car on ne peut recevoir, comme ça, en pleine face autant d'histoire sans s'interroger. À la belle saison, la visite est libre. Pour les amateurs de kitsch, n'oubliez pas d'aller jeter un œil aux grottes artificielles, dans le jardin.

Le château des Gonzague est une véritable ville dans la ville. Il faut dire que ceux-ci mirent plus de quatre siècles pour arriver à ce résultat. Et quel résultat ! 34 000 m², 500 pièces où l'on pouvait loger 5 rois accompagnés de l'ensemble de leur cour ! Plus de 2 000 tableaux et 20 000 objets d'art ornaient les salles et les galeries, mais voilà, vous savez ce que c'est : plus le temps passe et plus on doit vendre pour boucler les fins de mois. Du coup, ce manque laisse parfois apparaître les dessins préparatoires des fresques. On ne peut raisonnablement résumer le *Palazzo ducale.* On s'en tient donc modestement ici aux principales salles.

En entrant dans la première pièce, portrait de l'artiste Giulio Romano, par son ami Le Titien avec, pour une fois, des explications techniques intéressantes. Vous ferez une petite halte pour les détails très canailles de la ***salle d'Amour et de Psyché,*** puis dans la ***chambre des Métamorphoses*** qui sont en fait quatre salles, représentant les quatre éléments. Dans la ***salle des Vents,*** levez la tête pour voir, au centre, une représentation de l'Olympe et dans les médaillons octogonaux, des évocations des mois de l'année

alternant avec les signes du zodiaque en stuc. Dans la ***chambre d'Achille,*** (en médaillon dans les quatre coins) belle fresque de Phaeton tombant du char du Soleil. Dans la ***galerie des Marbres,*** décorée de peintures de plantes vertes, étaient autrefois conservées les statues grecques et romaines accumulées par les Gonzague. En entrant dans cette salle, à gauche, représentation de l'Aurore et de Saturne, dévorant ses enfants symbolisant le temps qui féconde et le temps qui détruit. Impressionnante ***galerie d'Exposition*** (65 m de long), créée au XVIe siècle pour accueillir la collection de peintures des propriétaires des lieux qui possédaient des Titien, Mantegna, Caravage dont *La Mort de la Vierge,* aujourd'hui au Louvre. Plafond superbement restauré. La ***chambre du Zodiaque*** a été peinte par Lorenzo Costa en 1579 et représenterait l'horoscope de Gianfranco Gonzague. La ***salle des Fleuves*** fait un clin d'œil aux principales rivières de la province (le *Mincio,* l'*Oglio,* le *Pô,* l'*Oriese,* la *Mella* et le *Secchia*). Par la fenêtre, vous pourrez voir le jardin dit « suspendu » qui offre une belle perspective verdoyante à la salle.
Deux salles méritent qu'on s'y attarde un peu plus :

Salle des Glaces

On a longtemps cru que Monteverdi, un petit gars du coin qui a vu le jour à Crémone, y était venu jouer son *Orfeo* (1607) mais cela se serait plutôt déroulé dans la ***galerie des Miroirs,*** pourtant moins « bon tain » ! Remarquez les trompe-l'œil impressionnants : les chevaux semblent ne pas aller dans la même direction. Représentations allégoriques de l'éloquence, l'immortalité, l'humilité, la sagesse... entourant les dieux de l'Olympe (au centre) ainsi que le Soleil (à droite) et la Nuit (à gauche).
Comme on peut l'imaginer, le Palais ducal était le siège du pouvoir des Gonzague, dont le faste, l'apparat, le luxe avaient pour vocation d'impressionner les émissaires des souverains étrangers, des papes, etc. En sortant, avant de passer le porche sur la droite, se trouve une porte murée... Aussi bizarre que cela puisse paraître, c'était la porte d'entrée principale du palais.

Chambre des Époux

Ce chef-d'œuvre, peint par Andrea Mantegna entre 1465 et 1474, ne déplace pas autant de foules que la galerie des Offices de Florence, mais l'accès y est toutefois limité à 1 500 personnes par jour. Remarquable avant tout pour la technique et la fraîcheur des couleurs : la pièce semble s'ouvrir sur le monde extérieur. Au-dessus de la cheminée, la famille Gonzague au grand complet célèbre la nomination du premier cardinal de la maison (représentée sur le mur de gauche). En arrière-plan, une ville qui n'est sûrement pas Mantoue mais une sorte de Rome idéale élevée sur une seule colline, l'artiste ne l'ayant jamais vue. Levez les yeux vers la voûte et remarquez le baquet en équilibre, allégorie de la vie qui peut basculer à tout moment. La présence d'un Africain est aussi étonnante. Le paon, quant à lui, symbolise l'érotisme.

Rotonda di San Lorenzo *(plan C2)* **:** piazza delle Erbe. Ouvert de 10 h à 12 h et de 15 h à 17 h ; en hiver, ouvert seulement le matin. Dédiée à saint Laurent, martyr romain du IIIe siècle, cette église est surprenante de par sa structure en forme de rotonde. Une véritable réussite architecturale de facture romane de Lombardie. L'usage de la brique en témoigne parfaitement. À noter, la présence d'un étage, à l'usage des dames, typique de la brève période de 1000 à 1100.

Chiesa Sant'Andrea *(plan C2)* **:** piazza delle Erbe. Ouvert de 7 h à 12 h et de 15 h à 19 h. Un intérieur vraiment imposant par sa taille (de la longueur d'un terrain de football et de 90 m de hauteur de la crypte à la voûte). Elle possède une histoire singulière. Le soldat romain qui « clouta » le Christ sur la Croix (pardon pour le blasphème, mais c'est bien ainsi que ça s'est passé) se repentit une fois achevé son ouvrage. Il recueillit la terre qui se trouvait sous la Croix dans une amphore qu'il promena sous le bras lors de ses voyages. Arrivé à Mantoue, il fut martyrisé mais, avant de mourir, prit soin de cacher l'amphore. Quelques apparitions révélèrent aux chercheurs de reliques où elle était cachée. On filtra la terre et, par magie divine, on obtint, devinez quoi? le sang du Christ. Succès monstre au Moyen Âge. Aujourd'hui, la relique n'est de sortie qu'une fois par an, à Pâques, et attire des fidèles de tout le pays. En 1472, le marquis Ludovic II (le même qui est représenté sur les fresques de la chambre des Époux du Palais ducal) demanda à l'architecte Léon Battista Alberti d'ériger une nouvelle église à la place de l'ancienne église gothique. Témoin de cette époque, la majestueuse façade de Sant'Obre. Malheureusement, l'éclairage intérieur est très mauvais.

Palazzo del Te *(plan B3)* **:** via Te. ☎ 0376-323-266. Tout au sud de la ville, près de l'hippodrome *(ippodromo)*. Ouvert du mardi au dimanche de 9 h à 18 h; le lundi après-midi à partir de 13 h. Prix d'entrée vraiment exagéré : 8 €.
Une des plus célèbres villas de la Renaissance italienne, dont la restauration est récente. Ce palais était un peu la résidence olé-olé des Gonzague. Ils venaient y trousser quelques courtisanes (non, on n'exagère pas.) Cette villa semble, au premier abord, correspondre aux canons de beauté des *villes* romaines, mais Giulio Romano y a adjoint quelques fantaisies pour mieux répondre à la destination sulfureuse du lieu. Remarquez les triglyphes (ces triangles semblant tomber qui rompent la monotonie de la corniche) ou encore les tympans brisés au sommet. Chaque salon représente un monde imaginaire avec ses paysages inconnus et ses monuments fastueux. Amusez-vous à repérer les salamandres, emblème du maître de céans. Ne manquez pas les fresques du réfectoire de Frédéric II Gonzague, avec leurs sous-entendus érotiques, ainsi que, dans la ***salle du Soleil et de la Lune,*** l'étonnant char d'Hélios (vue imprenable sur la lune, en effet!). Mais le clou du spectacle est bien sûr la ***salle des Géants.*** Une salle où l'impression d'écroulement est à son comble, les géants essayent de gravir une Olympe sous l'œil d'un Jupiter foudre en main qui serait une allégorie de Charles-Quint triomphant des hérétiques. Le plafond écrase le visiteur comme l'acoustique. La fin du monde n'est pas loin mais également la fin de la Renaissance, qui marque l'arrêt de ce style maniériste. Un artifice de trompe-l'œil dû à Giulio Romano dans le but de créer un espace nouveau en supprimant les murs et en ouvrant les plafonds. Les graffitis sur les murs en bas sont dus à des touristes de passage... au XVIe siècle.

Palazzo d'Arco *(plan B1)* **:** piazza d'Arco, 1. ☎ 0376-32-22-42. Du 1er mars au 1er novembre, ouvert du mardi au dimanche de 10 h à 12 h 30 et de 14 h 30 à 17h 30; le reste de l'année, les samedi, dimanche et fêtes, de 10 h à 12 h 30 et de 14 h à 17 h.
Ce palais fut édifié au XVIIIe siècle par Antonio Colonna pour une branche de la famille trentine des comtes d'Arco. La visite comprend une vingtaine de pièces meublées, allant de la simple cuisine à l'impressionnante salle du Zodiaque.

Si vous avez un peu plus de temps...

Musée Francesco Gonzaga *(plan C1)* **:** piazza Virgiliana, 55. Ouvert *grosso modo* de 9 h 30 à 12 h et de 14 h 30 à 17 h le dimanche hors saison; tous les jours en demi-saison; les jeudi, samedi et dimanche en été. Fermé le lundi. Entrée : 3 €. Pour ceux qui souhaiteraient approfondir leurs connaissances sur le personnage phare de Mantoue.

🔭 ***Théâtre académique Bibiena** (plan C2) :* via Accademia, 47. ☎ 0376-32-76-53. Ouvert du mardi au dimanche de 9 h 30 à 12 h 30 et de 15 h à 18 h. Entrée : 2,10 €. Un vrai petit bijou témoignant de la richesse culturelle et scientifique de la cité.

QUITTER MANTOUE

En train

➢ ***Pour Vérone :*** une quinzaine de trains en été. Compter 40 mn de voyage.

LA RÉGION DES LACS

AVERTISSEMENT

Les lacs (qu'il s'agisse du lac Majeur, du lac de Côme, du lac de Garde ou du lac d'Orta) ne sont pas à la portée de la bourse de tous les routards. Les plus grands de la planète y accourent en faisant jongler francs suisses ou dollars. C'est cher, voire très cher. Les hôtels ou restaurants « bon marché » sont rares. Heureusement, pour nous autres, il reste quelques petites adresses qui font notre bonheur. Contrepartie : réserver assez à l'avance (début avril pour juillet-août). Sinon, il reste la solution camping/supermarché... Mais n'oubliez pas alors l'arme de survie du touriste : l'anti-moustiques !
Destination chère et courue. Essentiellement par des groupes et par des Allemands et Autrichiens, qui, pour quelques kilomètres au sud, profitent d'un climat nettement plus clément, ainsi que de l'art culinaire italien. Du coup, hôteliers, restaurateurs et autres prestataires de services se mettent en quatre pour satisfaire leurs clients plus fidèles qui ne lésinent pas à y mettre le prix.
Enfin, sachez que les amateurs de couleurs italiennes seront fortement déçus. On est très, très près de la Suisse et de l'Autriche. En revanche, pour faire un plein d'air pur et se sentir en villégiature dans un cadre assez splendide, courez-y. Et puis, c'est une excellente « pause nature » après avoir séjourné dans des villes comme Milan, Bergame, Brescia ou Vérone.

LE LAC MAJEUR *(IL LAGO MAGGIORE)*

Le lac Majeur (ou *Verbano*), reconnaissable par sa forme étirée, s'étend sur 65 km au-delà de la frontière suisse. D'origine glaciaire, ce grand lac préalpin reste l'un des plus réputés pour sa flore, son climat sain et tempéré, et ses îles Borromées. Les nostalgiques des villégiatures début de XXe siècle seront enchantés. Surtout au printemps, plus exactement de mi-avril à mi-mai, pour profiter des magnifiques jardins des villas avec leurs magnolias, rhododendrons, camélias... En revanche, les aficionados de sports nautiques et de plages passeront leur chemin : les plages sont quasiment toutes privées, quant au lac, on vient de vous le dire : c'est pour la villégiature !
La rive ouest du lac, la piémontaise, offre plus d'intérêt, avec quelques villes plaisantes comme Verbania, et surtout pour l'accès aux îles Borromées. Pour autant, ne vous en laissez pas conter par les Piémontais, pour qui la rive est, lombarde, ne mérite même pas qu'on en parle ! Ainsi, il existe un joyau de l'autre côté : l'ermitage de Santa Caterina del Sasso. Les différentes localités qui bordent le lac sont accessibles par bateaux, très fréquents en été. Pour les voitures, la traversée s'effectue en ferry entre Verbania et Laveno.
À noter, fin juillet a lieu le *festival de Jazz du lac Majeur* : concerts gratuits avec des pointures comme Dee Dee Bridgewater ou Sonny Rollins, dans toutes les villes de la côte ouest du lac.

STRESA (28049) 4900 hab.

Cette station climatique, située au bord de l'eau, impressionne par ses villas luxueuses et par son hôtel très chic du XIXe siècle. Il est préférable de se

LE LAC MAJEUR

renseigner hors saison car de nombreux hôtels sont fermés. Aujourd'hui, il reste à Stresa un peu de charme et énormément de facilités touristiques. Il faut savoir aussi qu'une ligne de chemin de fer – pas très fréquentée, heureusement – traverse Stresa au nord. Conclusion : plus on s'éloigne du bord du lac, plus les hôtels sont abordables et reculés mais aussi plus proches de la voie ferrée...

Adresses utiles

Office du tourisme *(IAT)* **:** piazza Marconi, 16. ☎ 0323-301-50 ou 0323-313-08. Fax : 0323-325-61. Tout à côté de l'embarcadère. De Pâques à octobre, ouvert tous les jours de 10 h à 12 h 30 et de 15 h à 18 h 30; en hiver, du lundi au vendredi ainsi que le samedi matin aux mêmes horaires. Plans de la ville et du lac disponibles.

✉ **Poste :** via Anna Maria Bolongaro, 41. Ouvert du lundi au vendredi de 8 h 15 à 18 h et le samedi de 8 h à 13 h 30.

■ **Banca Popolare di Intra :** corso Umberto I[ero], le long du lac, près de l'église. Ouvert de 8 h 20 à 13 h 20 et de 14 h 35 à 16 h; les jours fériés, de 8 h 20 à 12 h 15. Un autre distributeur automatique se trouve sur le corso Italia, en face de l'embarcadère.

■ **Hôpital** *(ospedale)* **:** via C. de Martini. ☎ 0323-304-28 ou 29. À côté du *palazzo dei congressi.*

■ **Numéro d'urgence :** ☎ 118.

■ **Taxi :** ☎ 0323-303-94.

■ **Location de voitures :** *Avis autonoleggio,* via Sempione Nord, 37. ☎ et fax : 0323-321-61.

■ **Parking :** devant l'embarcadère, donc pratique quand on part en excursion sur les îles Borromées. Souvent complet et cher, comptez environ 1 €/h. Encore un coût supplémentaire qui s'ajoute au transport et à l'accès aux îles déjà assez onéreux. Décidément, les autorités locales ne facilitent pas la vie du touriste ! Attention aux rabatteurs qui vous amènent vers le guichet des transporteurs privés, à des prix démesurés !

Où dormir ?

Pour les campings et les petits hôtels sympathiques, les stations de Baveno ou de Verbania offrent un choix plus important et un accueil moins guindé. Sinon, voici quelques adresses intéressantes à Stresa.

Prix moyens

Hôtel La Locanda : via Giacomo Leopardi, 19. ☎ et fax : 0323-311-76. • www.stresa.net/hotel/lalocanda • Congés annuels : de début novembre à mi-mars. Compter 55 € pour une chambre. Notre coup de cœur à Stresa. Forcément, car les petits hôtels familiaux, récemment refaits à neuf, joliment décorés et le tout pour un prix relativement abordable, ça ne court pas les rues, surtout à Stresa. Ah ! on allait oublier, parking gratuit pour un séjour minimum de 3 jours pour nos lecteurs et accueil très cordial.

Gigi Meublé : corso Italia, 30. ☎ et fax: 0323-302-25. Quasiment en face de l'embarcadère pour les îles Borromées. Chambres sans petit déjeuner à environ 55 €. À la fois hôtel, bar et pâtisserie, cet endroit plaira aux inconditionnels des chambres avec vue sur le lac. Les autres seront peut-être gênés par la route qui passe juste devant. Accueil médiocre, voire méfiant. De même, on fait bien comprendre aux jeunes qu'ils ne font pas partie de la clientèle habituelle. Idem pour ceux qui souhaitent ne rester qu'une seule nuit. En dernier recours donc. En revanche, un endroit pour faire sa pause-café et déguster des *margheritine,* les spécialités sablées de la région.

Chic

Hôtel Ristorante Fiorentino : via Anna Maria Bolongaro, 9. ☎ 0323-302-54. Fax : 0323-93-37-41. • www.hotelfiorentino.com • À deux pas de la touristique piazza Cadorna. Congés annuels : de décembre à mars. Compter 76 € pour une chambre avec petit déjeuner. Cet hôtel propose des chambres propres, confortables et au calme. Celles du dernier étage sont mansardées. Petite terrasse à l'arrière avec glycines et camélias, idéale pour prendre le petit déjeuner. Patronne plutôt aimable parlant le français. Évidemment, l'adresse est réputée, donc réservez à l'avance. Et si vous tenez vraiment à venir au mois d'août, n'hésitez pas à réserver début avril. Apéritif offert et réduction de 10 % sur le prix de la chambre en mars et en octobre, sur présentation du *GDR*.

Hôtel La Fontana : via Sempione Nord, 1. ☎ 0323-327-07. Fax : 0323-327-08. • www.lafontanahotel.com • Sur le corso Umberto I[ero], prendre la direction de Baveno, à gauche après l'hôtel *Bristol,* par la strada statale del Sempione. Congés annuels en décembre et janvier. Compter 88 € pour une chambre avec petit déjeuner. Cet hôtel a l'avantage d'être un petit peu à l'écart de la route tout en offrant des chambres spacieuses, modernes et confortables, avec une grande terrasse donnant sur le lac et un joli parc avec... des fontaines ! Pour la vue sur le lac, préférez les chambres n°s 24-25 ou 32-33. L'accueil est courtois et l'on y parle le français. Hélas, il n'y a pas d'AC. Donc, si vous voulez dormir fenêtre ouverte, vous aurez droit au bruit de la rue. Apéritif offert à nos lecteurs, sur présentation du *GDR*.

Hôtel Elena : piazza Cadorna, 15. ☎ 0323-310-43. Fax : 0323-333-39. • www.hotelelena.com • En plein centre-ville, sur l'une des plus touristiques places de Stresa. Compter 70-80 €, petit dej' inclus. Quatorze chambres, impeccables, mais hôtel sans charme. Demandez celles donnant sur l'arrière, plus calmes. Accueil distant. Rapport qualité-prix nettement inférieur à celui des adresses précédentes. Parking.

Vraiment très chic

***Grand Hôtel des Îles Borromées* :** corso Umberto I[ero], 67. ☎ 0323-93-89 38. Fax : 0323-324-05. Chambres avec petit déjeuner à 374 €. De loin, le plus beau et le plus vieil hôtel de Stresa (1861). Versailles n'est pas loin : marbres, dorures, fauteuils Empire, tables chinoises laquées... Nous l'indiquons comme curiosité, car la réception peut vous faire visiter les chambres et les suites... et vous faire rêver !

Où manger ?

Difficile de bien manger dans le centre de Stresa. Tous les restos se valent et proposent une nourriture standardisée. Les motorisés pourront se replier sur l'intérieur des terres, beaucoup plus fréquenté par les Italiens.

Bon marché

La Botte : via Mazzini, 6-8. ☎ 0323-304-62. Dans une petite rue qui relie la piazza Cadorna au lac, en plein centre, donc forcément très touristique. Congés annuels : de décembre à mars. Comptez 15 € pour le menu et 22 € environ pour un repas complet à la carte. Déco oscillant entre le pub et le resto bavarois, avec mobilier en bois et coussinets pour fessiers. Si vous en avez marre des *pasta* et *pizze,* c'est l'occasion de goûter à la charcuterie et aux fromages italiens. Allez jeter un coup d'œil aux plateaux devant le bar. Fromages de vache, de brebis, etc., des montagnes environnantes ou du sud de l'Italie. Spécialité du coin : le *gorgonzola piccante,* affiné pendant 120 jours. Apéritif maison offert sur présentation du *GDR* de l'année.

Où manger dans les environs ?

La Taverna del Gufo : via Verbano, 75, à Dagnente. ☎ 0322-650-08. À environ 20 km au sud de Stresa par une belle route bordée de villas. À hauteur de l'hôtel *Concorde,* prendre la route qui monte. Après la statue monumentale de san Carlo Borromeo (l'enfant du pays devenu archevêque de Milan au XVIe siècle), suivre la route à droite. Fermé le mardi. Compter *grosso modo* 15 €. Grand restaurant et pizzeria situé dans un joli jardin en hauteur. Terrasse couverte et petite salle charmante avec meubles rustiques. Bonnes pizzas et carte italienne habituelle. Idéal pour les familles et les non-fumeurs.

Où manger de délicieuses glaces ?

Gelateria Cremeria Fantasy : via Principessa Margherita, 38. Un des nombreux glaciers de la ville : *liquirizia* (réglisse), *tiramisù, stracciatella,* etc., des glaces évidemment faites maison, infiniment onctueuses. Une gourmandise qui ne vous ruinera pas !

LE LAC MAJEUR

À voir

À part les îles Borromées et l'ermitage de Santa Caterina del Sasso sur l'autre rive, qui constituent l'intérêt principal du déplacement, il n'y a pas une foule de monuments.

Villa Pallavicino : jardin botanique et parc zoologique à 300 m de Stresa, sur la route nationale en direction d'Arona. ☎ 0323-315-33 • www.parcozoopallavicino.it • Ouvert de mars à octobre, de 9 h à 18 h. Entrée : 6,70 € ; réductions. Pas grand-chose à y faire, sauf si vous avez des bambins en manque de gentils animaux.

Manifestations

– ***Settimane musicali di Stresa*** *(Semaines musicales de Stresa)* **:** quelques dates en juillet, mais surtout fin août et début septembre. Concerts et récitals de musique symphonique au théâtre du palais des congrès ou à la villa Pallavicino, mais aussi dans d'autres localités du lac Majeur, comme Verbania, Arona et surtout Isola Bella, Rocca Borromeo et Santa Caterina del Sasso. Les billets sont chers mais certains spectacles offrent des tarifs réduits. Informations ou réservations dans leurs bureaux de la via Carducci, 38, au centre, ☎ 0323-310-95 ; ou à Paris au : ☎ 01-40-70-07-25. • www.settimanemusicali.net •

– ***Festival de jazz du lac Majeur :*** fin juillet, concerts de jazz gratuits. Pour connaître le programme, surveiller les affiches ou téléphoner au : ☎ 0323-304-16.

➢ DANS LES ENVIRONS DE STRESA

LE MOTTARONE

Du haut de ses 1 491 m, le Mottarone offre une vue panoramique sur le lac et la chaîne des Alpes. Un téléphérique vous y conduit à partir de Carciano, à 2 km après Stresa sur la route de Baveno ; il fonctionne de 9 h 30 à 12 h et de 13 h 20 à 17 h 30, avec un départ toutes les 20 mn (durée du trajet : 20 mn). ☎ 0323-204-32. Compter 11,50 € l'aller-retour ; réductions pour les enfants. En haut, belles balades balisées à faire à pied ou à VTT (location au pied du téléphérique).
Sinon, les routards motorisés pourront suivre la route panoramique à péage (4 €) à partir d'Alpino (18 km), ou celle d'Armeno, un peu plus longue (29 km), qui mène au lac d'Orta.
En hiver, le Mottarone se transforme en une petite *station de ski,* idéale pour les débutants, lorsque la neige recouvre ses sommets.

QUITTER STRESA

En ferry

Embarcadère : piazza Marconi. Moyen le plus pratique et le plus agréable pour aller d'une ville à l'autre et seule solution pour les îles Borromées.
➢ ***Pour les îles Borromées :*** départs de 7 h à 19 h. Toutes les 30 mn d'avril à octobre.
➢ Dessert également ***Locarno*** et la ***partie suisse*** (nord) ***du lac.***

En bus

Plusieurs liaisons entre Stresa, Verbania et Arona presque toutes les heures pendant la saison.
➢ ***Pour Verbania :*** départs de 7 h 20 à 18 h 45. Fréquence variable : du quart d'heure à l'heure. Départs réguliers de la gare ferroviaire, moins fréquents de l'embarcadère.
➢ ***Pour Arona :*** départs de 6 h 30 à 17 h 45. Fréquence variable : du quart d'heure à l'heure et demie. Départs de la gare.
➢ ***Pour Orta :*** quatre bus opérant tous les jours sauf le dimanche. Départs de la piazza Marconi (embarcadère).

En train

Gare ferroviaire : *stazione,* via Principe Di Piemonte. Ligne Milan-Domodossola.
➢ ***Pour Milan :*** un départ par heure minimum, de 5 h à 20 h. Compter de 50 mn à 1 h 15 de trajet.

LES ÎLES BORROMÉES *(LE ISOLE BORROMEE)*

Dans cet archipel de quatre îles, seules l'isola Bella, l'isola Madre et l'isola dei Pescatori sont accessibles aux visiteurs et ouvertes de fin mars à fin octobre. Les deux premières sont célèbres pour leurs palais et jardins à l'italienne en terrasses. Ceux-ci conservent jalousement de rares plantes et

fleurs exotiques, dont l'épanouissement est favorisé par le climat exceptionnellement doux. Les amoureux des plantes préféreront venir au printemps, période de floraison des camélias, rhododendrons et azalées. L'automne paraît aussi une saison avantageuse, pour la douceur des couleurs et parce que le flot touristique y est moins important. De toute façon, pas d'illusion, vous n'échapperez pas aux cars.
Pour faire le tour des 3 îles, compter minimum 3 h 30. Mieux vaut regarder les horaires de retour avant d'embarquer car vous risquez de taper du pied sur le quai, coincé entre la foule de curieux, les échoppes de souvenirs et les baraques à *panini* défraîchies. Sous couvert de romantisme, les promoteurs locaux taxent au prix fort la gentille escapade et escamotent le fait que l'isola Bella et l'isola dei Pescatori sont désormais défigurées par le tourisme de masse. Remarquez, c'est justement sur ces deux îles que le pique-nique est autorisé, ce qui n'est pas plus mal pour nous autres. Pour plus d'informations, les îles Borromées possèdent leur propre bureau de promotion sur l'isola Bella : ☎ 0323-305-56 ; fax : 0323-300-46, ainsi qu'un site Internet : • www.borromeoturismo.it • avec une version en français.

Comment y aller ?

➢ Service de ***ferry-boat*** ***:*** *Navigazione Lago Maggiore,* ☎ 800-551-801 (n° Vert depuis l'Italie) ou 0322-233-200 (depuis l'étranger). • www.navigazionelaghi.it • Départs de Verbania-Pallanza et Verbania-Intra, Baveno, Stresa et Carciano, de 7 h à 19 h en été (avec un bateau environ toutes les 30 mn). En hiver (de fin octobre à fin mars), le transport est assuré seulement pour les résidents. Les billets excursion peuvent comprendre plusieurs destinations et leurs prix sont dégressifs. Les prix officiels de la *Navigazione* sont affichés tout près des guichets, piazza Marconi, à Stresa. En été, les ferries sont littéralement pris d'assaut par la masse touristique qui se presse sur les embarcadères : éviter de prendre le dernier de la journée.

➢ Il est possible de ***louer une vedette*** plutôt que de prendre le ferry. Attention, à Stresa, évitez les rabatteurs en costume de capitaine qui vous guettent dès votre arrivée sur le parking : ils peuvent allègrement doubler leur prix. Si vous tenez à louer une vedette, négociez ferme. Les prix officiels de la *Navigazione* affichés piazza Marconi, à Stresa, peuvent vous servir de référence.

ISOLA MADRE

La plus grande de toutes, l'isola Madre abrite un des palais des Borromées, puissante famille d'industriels italiens qui achetèrent trois des quatre îles de cette partie du lac Majeur, ainsi que de splendides jardins, motivation essentielle de la visite de l'île. Étendu sur huit hectares, ce jardin insulaire présente une palette variée de plantes et de senteurs venues d'ailleurs (Japon, Chine, Amériques...). Dans cet espace ouvert au public depuis 1947, huit jardiniers mettent en œuvre leurs connaissances et leur art pour présenter aux nombreux visiteurs la belle fresque végétale que constitue l'ensemble de l'île.

Infos pratiques

Attention : comme l'île n'est qu'un vaste parc, vous ne pouvez y poser un pied sans vous acquitter du droit d'entrée (à moins de rester cantonné à l'embarcadère !).

Le quai de la compagnie *Navigazione Lago Maggiore* se trouve en face des guichets. *Celui des navettes privées,* sur l'est de l'île.

– *Renseignements pour la visite du palais et des jardins :* ☎ 0323-312-61.
– *Horaires et périodes d'ouverture du palais :* de fin mars à septembre, ouvert de 9 h à 17 h 30 ; en octobre, de 9 h à 17 h. Fermé le reste de l'année.
– *Temps de visite : grosso modo* 2 h en prenant son temps.
– *Tarifs :* l'entrée aux jardins comme au palais est de 8 € ; réductions.
– Pour regagner la terre ferme, les *horaires des bateaux* sont indiqués auprès des guichets du parc.

À voir

Palais : il s'agit davantage d'une maison que d'un palais. Une maison luxueuse, certes, mais somme toute modeste où l'on pénètre rapidement dans l'intimité des lieux. Quelques tableaux, pas de sculptures, que des meubles, quelques tapisseries et une grande collection de poupées (y compris un charmant toutou) de la deuxième moitié du XIXe siècle. Ce qui nous a le plus amusés, c'est leur chouette collection de décors de théâtre de marionnettes en 3D. Révolutionnaire pour l'époque (XVIIIe siècle), notamment pour ses « effets spéciaux » et les ustensiles pour les réaliser (pipe à brouillard, lampes à résine pour le soleil...) ! Au rez-de-chaussée, remarquez le sol élastique constitué d'un composé de chaux, de terre et de granit. Il résiste aux variations de niveau et s'adapte au jeu du terrain sans se fendiller.

Jardins : on vient surtout sur l'île pour eux : 8 ha, une vue sur les monts enneigés, à travers les bambous ou les rhododendrons ; on n'est pas déçu ! Un phénomène de reflet des eaux fait en sorte que chaleur et humidité se concentrent sur cette île. Cela explique donc l'épanouissement des multiples essences que l'on ne trouve pas ailleurs à de telles latitudes. Plantes d'Australie, de Birmanie, du Tibet, du Pérou ou du Chili. Buissons de rhododendrons particulièrement imposants. Les botanistes, ou plus simplement les jardiniers du dimanche, sauront se renseigner sur la période adéquate pour la floraison de leur végétal favori. Sur le mur sud se concentrent les plantes subtropicales, au milieu desquelles gambade une foule de poules faisanes et de paons.

ISOLA BELLA

L'île subit en haute saison un véritable assaut touristique pour son palais résolument baroque, construit par le comte Carlo III Borromée et sa femme Isabella (qui donna son nom à l'île). Entrée du palais et des jardins : 8,50 € ; réductions. Mêmes horaires et conditions d'ouverture que le palais de l'isola Madre. Renseignements : ☎ 0323-305-56. Il faut compter 1 h 30 pour faire la visite du palais et des jardins (attention, si vous avez pris un ticket combiné pour plusieurs îles et que la soirée approche...).

À voir

Palais : beaucoup plus imposant que le précédent. En partie habité quelques mois dans l'année par la famille Borromée et d'illustres invités. Nombreuses salles des blasons avec tous les descendants de la famille. Belle bibliothèque renfermant de précieux manuscrits. Attention aux guides qui vous disent que la mappemonde a été dessinée par Christophe Colomb en 1492 ! Le tracé correspond très exactement à la cartographie actuelle... Épatant ce Colomb ! À noter également, l'immense salle aux colonnes corinthiennes et aux parois de stuc d'un bleu pâle hôpital. Cette salle n'a jamais été utilisée car sa hauteur de plafond est telle que la résonance ferait tourner de l'œil le premier musicien venu. À l'étage, la salle d'audience ou encore du trône est comme l'avait voulu Vitalio VI, fils d'Isabella et de Carlo III, représentative du faste et de la fantaisie des Borromées. Avec son siège en bois sculpté et doré, son pilastre en marbre rouge et ses ornements en soie brodée, tout y est fait pour « dépasser les ornements de Gênes et des grandes cours ». Au sous-sol, de nombreuses salles tapissées de coquillages et autres petits cailloux collés à la chaux. L'ensemble des salles représente six années de travail. Elles jouent un rôle thermique indéniable en isolant ce gros palais amarré sur la pointe nord de l'île. À voir également, un gros escalier dont les marches font contrepoids les unes avec les autres.

Jardins : encore une fois, c'est la partie la plus intéressante. Même si leur diversité paysagère est nettement plus limitée que celle de l'isola Madre, les jardins n'en présentent pas moins un certain attrait. Certes, la pierre l'emporte plus sur la verdure et force est de constater que les Borromées appréciaient le style grotte et petits cailloux. Mais la succession de petites terrasses permet de profiter d'une vue panoramique assez exceptionnelle. On voit même Santa Caterina del Sasso (si, si, chaussez vos lunettes !).

ISOLA DEI PESCATORI OU ISOLA SUPERIORE

Plus petite, sans jardins et peuplée de chats. C'est à l'origine l'île des pêcheurs et de leurs *lucie,* ces barques à fond plat, à nez carré et protège-soleil en demi-lune qui se replie comme un store vénitien. Au cours de votre *passeggiata* sur l'île, vous pouvez pousser les portes de la petite ***église San Vittore,*** surprenante pour la richesse de ses quatre bustes de pape, en métal doré et argenté, trônant en son chœur.

Où dormir ? Où manger ?

Chic

Albergo-ristorante Verbano : côté est de l'île, via Ugo Ara, 4, 28838. ☎ 0323-304-08. Fax : 0323-331-29. • www.hotelverbano.it • Congés annuels : en janvier et février. Chambres avec petit dej' à 145 €. Comptez environ 40 € le repas. Hôtel de charme dont la façade couleur terre battue se campe sur une pointe de l'île. Une douzaine de chambres assez confortables portant un nom de fleur. L'accueil est sympathique et le service attentionné. Pour les amoureux fortunés en quête de confidentialité. Très très calme. Pour ceux qui n'y logent pas, possibilité de commander une vedette depuis la terre ferme pour un simple dîner.

BAVENO

(28831) 4600 hab.

À proximité des îles Borromées, Baveno est une localité très ancienne comme peuvent en attester les pierres tombales romaines qui ornent son église. On retrouve ici une atmosphère plus décontractée qu'à Stresa. Les villas du XIXe siècle ainsi que la vieille mine de granit rose témoignent de la renommée passée de ce lieu.

Adresse utile

Office du tourisme : piazza Dante Alighieri, 14. ☎ et fax : 0323-92-46-32. D'avril à septembre : ouvert du lundi au samedi, de 9 h à 12 h 30 et de 15 h à 18 h ; les dimanche et jours fériés, de 9 h à 12 h.

D'octobre à mars : ouvert du lundi au mercredi et le vendredi de 9 h à 14 h ; le jeudi, de 9 h à 12 h 30 et de 14 h à 18 h 30 ; le samedi, de 9 h à 12 h 30.

Où dormir ?

Bon marché

⛺ ***Parisi :*** via Piave, 50. ☎ 0323-92-31-56 ou 0323-92-41-60. Fax : 0323-92-41-60. • campingparisi@tiscalinet.it • Ouvert de début avril à fin septembre. Compter 21 € pour 2 personnes, une tente et une voiture. Un tout petit peu moins cher en basse saison. Calme et tout près du lac. Douche chaude gratuite. Accueil très sympathique. Également location de chalets et bungalows.

⛺ ***Camping Tranquilla :*** via Cave, 2. ☎ et fax : 0323-92-34-52. • www.tranquilla.com • Situé sur les hauteurs de Baveno. Ouvert de mars à octobre. Compter 19 € pour deux personnes et un emplacement. Machines à laver et sèche-linge disponibles. Demandez les emplacements sur la droite, car ils offrent une vue sur les îles et sont un tantinet plus calmes. Piscine.

🏠 ***Meublé Oriente :*** via Mazzini, 77, 28835 Feriolo di Baveno. ☎ 0323-281-43. À 3,5 km de Baveno. À l'entrée du village Feriolo en venant de Verbania. Près de la route principale (l'A 26, très passante). Service de bus assuré à partir de Baveno. Congés annuels : de novembre à mi-mars. Prévoir à partir de 37 € pour une chambre, petit déjeuner à 5 €. Huit chambres proprettes avec douche et balcon dans un pavillon blanc entouré d'un joli jardin. Grand hall et espace repos peint en ocre. On peut prendre le petit déjeuner là, ou bien dans la verdure. Accueil discret et cordial. Cartes de paiement non acceptées. Café et apéritif offerts sur présentation du *GDR*.

Prix moyens

🏠 ***Hôtel Elvezia :*** via Monte Grappa, 15. ☎ 0323-92-41-06. Fax : 0323-91-66-82. • www.elveziahotel.com • Chambres avec douche autour de 70 € (moins cher hors saison) ; petit déjeuner à 10 €. Petit hôtel moderne, situé devant la belle église romane, et à 100 m du lac. Accueil familial et chaleureux. Jardin où l'on peut prendre le petit déjeuner-buffet. Salle de lecture. Chauffage. Attention, certaines chambres sont situées le long de la voie ferrée. Parking. Café offert ainsi que 10 % de réduction à nos lecteurs, excepté en haute saison.

🏠 🍽 ***Albergo-ristorante La Ripa :*** via Sempione, 11. ☎ 0323-92-45-89. Fax : 0323-92-35-79. • www.laripahotel.com • Sur la route de Stresa, à droite à l'entrée de Baveno. Congés annuels : de mi-octobre à mi-mars. Chambres, sans ou avec bains, entre 70 et 80 €. Au resto, compter environ 20 € pour un repas copieux, sans la boisson. Auberge familiale tenue par une adorable petite dame âgée qui prendra soin de vous et vous mitonnera de bons petits plats. Aidée par sa jeune nièce, elle s'avère efficace et très accueillante. De plus, elle parle le français et vous donnera plein de bons plans pour visiter la région. L'intérieur, chargé de bibelots, est cosy et sent bon la cire. Les chambres à l'étage donnent quasiment toutes sur le lac (demandez-en une avec un petit balcon ; belle vue sur l'île aux Pêcheurs) et sur un jardin verdoyant. Celui-ci débouche en contrebas sur une petite plage où vous pourrez goûter aux joies de la baignade... La salle de restaurant offre une vue magnifique de jour comme de nuit. Réservation plus que recommandée (11 chambres). Apéritif, digestif ou café offert à nos lecteurs sur présentation du *Guide du routard.*

Où manger ?

Pizzeria La Rampolina : via per Someraro, 13, à Campino di Stresa. ☎ 0323-92-24-21. Au feu rouge de Baveno, prendre la route qui monte vers le Mottarone en direction de Campino pendant environ 3 km. Ouvert seulement le soir ; fermé le lundi. Compter de 4,50 à 9 € la pizza. Plus de 60 variétés de pizzas avec du *speck,* du *gorgonzola,* de la vraie mozzarella de bufflonne... Plateaux de charcuterie et de fromages *nostrani* (locaux) servis dans des *taglieri* (planches à découper). Portions généreuses. Cadre familial avec des touches champêtres. Tables sous la pergola couverte de glycines. À l'intérieur, optez pour l'une des six tables dans l'avancée vitrée qui domine le lac.

VERBANIA

(28900) 30300 hab.

Verbania, « reine du Lac » au début du XXe siècle, fut très prisée par toute la noblesse et la bourgeoisie qui y construisirent de nombreuses résidences d'été. Les Allemands édifièrent même les premiers grands hôtels du lac, comme le *Majestic,* en 1870 (face à l'isolino San Giovanni). Après les fastes d'antan, Verbania fut délaissée pour Stresa. Il reste de ses splendeurs passées de nombreux témoignages, dont de magnifiques villas, en particulier le long de la via Vittorio Veneto. Et, qui dit « villas », dit... jardins à l'italienne, à l'anglaise... comme pour la villa San Remigio (visites guidées sur réservation auprès de l'office du tourisme, les samedi et dimanche) ou la villa Taranto. Pour la plupart, ces villas sont privées, mais lors de certaines manifestations, leurs grilles s'ouvrent. Pour nous, Verbania a sans conteste beaucoup de charme, et y séjourner est assez plaisant. Vu le nombre de touristes en été, nous devons admettre que nous ne sommes pas les seuls à le penser !

Verbania est une conurbation qui réunit les communes de Suna, Pallanza et Intra. Le cœur historico-touristique de Verbania se trouve à Pallanza. Presque toutes nos adresses s'y rapportent. À côté de Pallanza, qui joue un peu les belles endormies, Intra fait figure de grande active : magasins, librairies, cinémas, bars... et population active !

Adresses utiles

- **Office du tourisme :** corso Zanitello, 6-8. ☎ 0323-50-32-49. Fax : 0323-50-77-22. De mars à fin octobre, ouvert du lundi au samedi de 9 h à 12 h 30 et de 15 h à 18 h, et le dimanche matin. De novembre à février, ouvert du lundi au vendredi. Cartes en français, claires et gratuites, brochures sur les infos culturelles du lac. Efficaces et sympas.
- **Banco Popolare di Intra :** piazza Pedroni et corso Garibaldi, 38. Accepte la carte *Visa* et les chèques de voyage. Guichet automatique juste à côté de l'office du tourisme.
- **Poste :** piazza Gramsci.
- **Bar supermercato Esselunga :** viale Azari, 94, à Pallanza. Dans le centre commercial de Verbania. Ouvert du lundi au samedi de 8 h à 21 h et le dimanche de 9 h à 20 h. Compter 3 € de l'heure.
- **Hôpital** *(ospedale)* **:** via Crocetta. ☎ 0323-54-11.
- **Numéro d'urgence :** ☎ 118.
- **Bus :** service de liaison Intra, Pallanza, Suma, Omegna : toutes les 30 mn.
- **Taxi :** à Pallanza, ☎ 0323-50-35-77. À Intra, ☎ 0323-40-44-44.
- **Cinéma :** piazza Gramsci, à Pallanza, et piazza Matteotti, à Intra.

Où dormir ?

Campings

Les trois adresses se trouvent à Fondotoce, entre Verbania et Baveno (sur la gauche, en venant de Verbania).

⛺ ***Lido Toce :*** via per Feriolo, 41, 28924 Fondotoce di Verbania. ☎ et fax : 0323-49-62-20 ou 49-62-98. Ouvert d'avril à fin septembre. Compter 20 € pour 2 personnes, une tente et une voiture. 5 € de moins hors saison. Situé à la confluence du lac Majeur et du lac de Mergozzo. Assez familial. Bien au calme dans la verdure, avec une superbe vue sur le lac.

⛺ ***Isolino :*** via per Feriolo, 25, 28924 Fondotoce di Verbania. ☎ 0323-49-60-80. Fax : 0323-49-64-14. • www.isolino.com • Ouvert d'avril à fin septembre. Compter 48 € tout compris pour 2 personnes, 10 € de moins hors saison. Grand camping un peu usine, mais bien (voire trop) équipé. Blocs sanitaires et douches propres, nombreux bacs pour laver la vaisselle, lavomatic, pizzeria, supermarché, terrain de basket. Les meilleurs emplacements se trouvent (évidemment) près du lac, sur la petite plage. Piscine.

⛺ ***Continental Lido :*** via 42 Martiri, 156, 28924 Fondotoce di Verbania. ☎ 0323-49-63-00. Fax : 0323-49-62-18. • www.campingcontinental.com • En venant de Verbania, prendre la route en direction de Villadossola et Domodossola. Ouvert d'avril à fin septembre. Environ 23 € tout compris pour 2 personnes en haute saison. Au bord d'un petit lac, sans aucune notoriété : Mergozzo, calme et propre. Bien équipé, possibilité de pratiquer tennis, basket et volley.

Bon marché

🏠 ***Ostello Internazionale-Villa Congreve :*** via alle Rose, 7, 28922 Verbania Pallanza. ☎ 0323-501-648. Fax : 0323-50-78-77. Depuis l'office du tourisme, prendre la rue en face (Branca) puis la première à droite et l'on tombe sur la via alle Rose. Ce grand bâtiment jaune paille offre seulement 3 chambres pour les amoureux sans le sou (16,50 € par personne) ainsi que 3 grandes chambres de 4, 6 et 8 lits. Quelques chambres au dernier étage avec poutres apparentes, bains nickel. Ping-pong, salle de jeux et de TV... On peut saluer l'initiative de la mairie de mettre cette maison, plongée dans un parc, au service des plus jeunes voyageurs. Carte des AJ obligatoire.

🏠 ***Centro pastorale S. Francesco :*** via alle Fabbriche, 8, 28922 Verbania Pallanza. ☎ 0323-51-95-68. Fax : 0323-40-85-42. Pour s'y rendre, suivre la direction Intra sur la via Vittorio Veneto. Prendre ensuite la 3e rue sur la gauche, avant de passer le pont. Pas très loin du débarcadère d'Intra. Compter 32 € pour une chambre sans bains avec petit déjeuner. Grande bâtisse de béton fonctionnelle et excentrée, mais c'est bon marché. Chambres refaites à neuf. Terrain de foot et de tennis sur place. Possibilité d'y manger, compter 9 € pour un repas complet, sinon supermarché en face. Attention, en été, c'est souvent pris d'assaut par les groupes.

Prix moyens

🏠 ***Hôtel Villa Azalea :*** salita S. Remigio, 4, 28922 Verbania Pallanza. ☎ 0323-556-692. Fax : 0323-508-062. • www.albergovillaazalea.com • Sur les hauteurs de Verbania. Bien indiqué depuis l'office du tourisme. Ouvert de mi-mars à mi-novembre. Prévoir 72 € pour 2 personnes, petit dej' compris. Voilà une sympathique adresse dans un quartier résidentiel tenue d'une main ferme par la famille Leccardi, fous amoureux de leurs plantes. Chambres très propres avec une vieille commode par-ci, une table de nuit années 1960 par-là. Et des peintures indiennes en soie pour la touche exotique. Le confort n'est certes pas du dernier cri mais le magnifique parc où l'on prend le petit déjeuner en fait une adresse à part. Belles fontaines et chaises longues pour un farniente dans les règles de l'art. C'est L'ADRESSE. Et comme il n'y a que 12 chambres, réservez à l'avance. Réduction de 10 % sur le prix de la chambre pour les lecteurs du *GDR* de novembre à Pâques.

Il Chiostro : via F. Cervi, 14, 28921 Intra Verbania. ☎ 0323-40-40-77. Fax : 0323-40-12-31. • www.chiostrovb.it • Chambres à 76 € avec petit déjeuner. 100 chambres. Un endroit très calme au cœur d'Intra la vive. On devine difficilement des traces du XVIIe siècle dans cet ensemble récemment rénové. Chambres simples, très propres, donnant sur un petit jardin et sur le cloître. Salle de jeux et de lecture. Une bonne adresse pour ceux qui recherchent le calme et, paradoxalement, pour ceux qui veulent profiter des « nuits animées » d'Intra.

Hôtel Novara : piazza Garibaldi, 30. ☎ 0323-50-35-27. Fax : 0323-50-35-28. • www.stresa.net/hotel/novara • Congés annuels : de mi-novembre à mi-mars. Compter 67 € la nuit en double. Sur une place animée et fleurie, cet hôtel offre des chambres assez sommaires mais refaites à neuf, dont certaines avec vue sur le lac. Le restaurant perturbe le calme de vos nuitées et l'accueil laisse à désirer, mais en temps de pénurie... Possibilité de prendre son petit déjeuner-buffet sur la terrasse ensoleillée. Réduction de 10 % à nos lecteurs au moment de la réservation de mars à mi-juillet ainsi qu'en octobre et novembre.

Plus chic

Hôtel Belvedere : viale Magnolie, 6, 28900 Verbania. ☎ 0323-50-32-02. Fax : 0323-50-44-66. • www.pallanzahotels.com • Congés annuels : du 25 octobre au 15 mars. Chambres de 72 à 88 € sans petit déjeuner. Grand hôtel prisé par les groupes et sans charme particulier mais donnant sur le lac. Des chambres tout ce qu'il y a de plus standardisé avec évidemment tout le confort. L'hiver, comme le *Belvedere* est fermé, vous prenez du galon ; en effet, vous êtes logés pour 20 € de plus dans l'hôtel voisin, le *Pallanza,* un 4-étoiles !

Où manger ?

Bon marché

Café delle Rose : via Ruga, 36. ☎ 0323-55-81-01. Dans le centre de Pallanza. Fermé le dimanche. Congés annuels : une semaine en juin et une semaine en septembre. On y est largement rassasié pour moins de 13 €. Petit café dans une rue commerçante qui monte depuis le rivage. Une brasserie tenue par des jeunes. Déco « péchue », comme les tenanciers, avec de vieilles affiches de publicité. Excellents plats du jour. Également *panini* et salades. Fréquenté par les Italiens en pause-déjeuner. Une petite adresse bien sympathique. Café offert à nos lecteurs sur présentation du *GDR.*

Pizzeria Pascale : via Orfanelle, 1, 28922 Verbania Pallanza. ☎ 0323-50-28-84. De la piazza Giovanni XXIII, remonter la via Guglielmazzi. À la fourche, suivre la rue de droite (celle de la niche avec la Madone) ; quelques mètres plus haut, on tombe sur la via Orfanelle à hauteur de la piazzetta Trinità. Fermé le lundi. Congés annuels en août.

Compter 13 € pour un repas complet à la carte. Des jeunes aux plus anciens, tout Verbania se retrouve dans ces deux salles conviviales, autour de la cheminée ou du poêle en hiver. On y vient pour les *pizze* mais on succombe pour la *pasta*. D'ailleurs, à peine les *penne alla Pascale* ou *all'arrabbiata* terminées, on n'a qu'une envie : y retourner !

Prix moyens

|●| ***La Latteria :*** piazza San Rocco, 20, à Intra. ☎ 348-371-24-06. De la via Mameli qui longe le lac, prendre la petite rue à hauteur de l'hôtel *Miralago*. Fermé le dimanche midi et le mercredi. Compter environ 15 € pour un *antipasto* et un *primo*. En été, possibilité de manger en terrasse sur la petite *piazza*. Carte imaginative autour des fromages et des produits laitiers. D'ailleurs, la déco aux couleurs pastel fait de nombreuses références aux généreux ruminants. Délicieux *antipasti* comme le *speck* de canard et le *prosciutto crudo*. Goûtez aux copieux *gnocchi al castelmagno* servis dans une croûte de parmesan ou encore aux crépinettes aux asperges. Bon choix de vins et excellents desserts tel le *bonet*. Jeunes proprios sympas et débordés. Réservation plus que conseillée.

Beaucoup plus chic

|●| ***Ristorante Il Monastero :*** via Castelfidardo, 5-7, lungolago di Suna. ☎ 0323-50-25-44. Situé sous un petit passage à la sortie de Pallanza et en plein cœur de Suna. Fermé le lundi et le mardi. Congés annuels : en août. Compter environ 45 € le repas. Salle rustico-chic pour dîners aux chandelles. Carte saisonnière brève et de bonne tenue dont voici quelques exemples : *lasagnette* aux langoustines et aux artichauts, morue à la vicentine, sélection de fromages piémontais. Apéritif maison offert sur présentation du *GDR*.

Où dormir et où manger dans les environs ?

|●| ***Ristorante Pizzeria Zi Rosaria :*** corso Belvedere, 24, Ghiffa. ☎ 0323-592-77. À 5 km de Verbania en allant vers Cannobio. Le restaurant se trouve en contrebas de la route, avant d'arriver à Ghiffa. Fermé le mercredi, sauf de juin à août. Compter de 5 à 10 € pour une pizza et autour de 8 € pour des pâtes. On vient ici plus pour le lieu que pour l'assiette. Juste en bordure du lac, tables sous la tonnelle et bancs en bois. Idéal pour un repas familial sur la grande terrasse. Pour les frileux, salle au 1er étage avec grandes fenêtres pour plonger ses yeux dans le bleu du lac. Les *pizze* napolitaines et les *calzone* sont tout à fait correctes.

🏠 |●| ***Azienda agrituristica – Il Monterosso :*** via al Monterosso, località Cima Monterosso. ☎ 0323-55-65-10. Pour s'y rendre, prendre la via Azari vers l'église de Madonna di Campagna. Avant d'arriver au carrefour de la via Olanda, prendre sur la gauche une petite rue qui monte. La route étroite et sinueuse s'enfile peu à peu dans une profonde forêt de châtaigniers pendant 6 km (on vous conseille d'y aller plutôt pour le déjeuner). Fermé le lundi et le mardi. Menu à 18,50 € avec *antipasto, primo* (pâtes ou risotto) et un *secondo* de viande. Très prisé par les familles italiennes. Manège à chevaux et sentiers de promenade pour les amoureux de la nature. Réservation indispensable et vue imprenable. Possibilité également d'y loger.

Où manger une glace ? Où boire un verre ?

Gelateria Oasi : via Ruga, 15, Verbania Pallanza. Dans une rue piétonne partant de la piazza Garibaldi. Bonnes glaces.

Osteria del Castello : piazza del Castello, 9, à Intra. ☎ 0323-516-579. Sur une petite *piazza* face au nouvel embarcadère. Passez les arcades et vous y êtes, juste derrière les pivoines. Fermé le dimanche. Comptez 3 € le verre de vin et environ 8 € pour un plateau de fromages ou de charcuterie. Bar à vins appartenant au caviste qui a sa boutique à côté. Petite salle à l'intérieur avec déco d'auberge et photos d'époque, et pergola pour les beaux jours. Vins piémontais à l'honneur : *dolcetto,* Barbera, ainsi que le Vespolina, un rouge fruité et estival de la province de Novara. Possibilité d'y prendre un repas, menu hebdomadaire proposant salades et une poignée de plats de viande.

À voir

Évidemment les ***îles Borromées*** (se reporter au chapitre concerné).

Villa Taranto : via Vittorio Veneto, 111. ☎ 0323-55-66-67. Ouvert d'avril à octobre, de 8 h 30 à 19 h 30 (dernière entrée à 18 h 30). Entrée : 8 € ; réductions.
Cette villa de style néo-classique du XIXe siècle ne se visite pas puisqu'elle abrite les services municipaux de la ville. On se contente uniquement des jardins un peu moins spectaculaires que ceux des îles. Pas moins de 16 ha pour un superbe jardin botanique, créé en 1931 par le capitaine écossais Neil McEacharn. Il renferme aujourd'hui plus de 20 000 espèces (un régal pour les amoureux de botanique !). Beaucoup de monde en été.

Musée des Ex-voto : dans le palais Biumi-Innocenti, sur salita Biumi. Ouvert du mardi au dimanche de 10 h à 12 h et de 15 h 30 à 18 h 30. Entrée : 4 € ; réductions.
Cet art populaire est plus palpitant qu'on aurait pu le croire au premier abord. Quelque 700 pièces (beaucoup plus dorment en réserve) du XVIe au XXe siècle. Il s'agit d'une collection privée réunie par le docteur Eugenio Cefis. Les peintures, essentiellement sur bois, donnent une lecture en bande dessinée de tous les malheurs que rencontraient les fidèles : de l'accident de charrue à celui de vélo, d'auto et... de train, en passant par le toit qui tombe sur la tête, la défenestration, la rencontre avec un serpent... De nombreuses pièces proviennent du Mexique et on s'est laissé dire que Cefis aurait un peu trop forcé la main aux ecclésiastiques pour récupérer certaines d'entre elles... Quoi qu'il en soit, l'expo manque un peu de peps' et de notices en langues étrangères. Toutefois, original, pour un petit musée municipal.

Manifestations

– ***Fête des Camélias et fête des Rhododendrons :*** respectivement fin mars et fin avril. Conférences, visites guidées dans les jardins des villas privées (Giulia, San Remigio, Rusconi Clerici, Taranto, isola Bella) avec experts botaniques... Tout, vous saurez tout sur les belles du lac.
– ***Visite guidée des jardins privés :*** la 1re semaine de septembre. Enfin l'occasion de franchir les portails de ces magnifiques villas. S'accompagne d'un ***corso fiorito,*** ou défilé de chars allégoriques décorés de fleurs (le 1er dimanche de septembre). Pour réserver, s'adresser à l'office du tourisme.

QUITTER VERBANIA

En ferry

Depuis l'***embarcadère de Pallanza,*** piazza Garibaldi.
➢ ***Pour les villes du lac et les îles Borromées :*** bateaux de 7 h 30 à 18 h 45, toutes les demi-heures en été et toutes les 2 h en hiver.
Depuis l'***embarcadère d'Intra.***
➢ ***Pour la rive est du lac :*** direction ***Laveno.*** Seule possibilité de traversée pour les voitures et autres véhicules. De 5 h à 23 h 20, toutes les 20 mn.

En train

Gare ferroviaire : à 7 km de Pallanza-Verbania, vers Fondotoce. Pour y aller, un bus part toutes les 30 mn du lundi au samedi et toutes les heures le dimanche de la piazza Gramsci (Pallanza).
➢ Ligne ***Milan-Domodossola,*** une vingtaine de trains par jour de 5 h à 21 h 45.

En bus

➢ ***Pour Stresa, Arona :*** *Autoservizi Nerini,* via Alla Gardera. ☎ 0323-55-21-72. Plusieurs arrêts, notamment un à piazza Gramsci. Départs de 6 h à 17 h 15. Fréquence : de la demi-heure à l'heure.
➢ ***Pour Milan :*** mieux vaut le train ; 2 départs par jour.
➢ ***Pour Omegna :*** départs de 5 h 45 à 22 h 45.

SANTA CATERINA DEL SASSO

Joyau du lac et seul véritable attrait de la côte est, Santa Caterina del Sasso est encore un endroit un peu préservé des hordes de touristes. Enfin, on a dit : un peu. ***Monastère*** construit à flanc de roches, perdu au beau milieu de la côte. Du coup, l'approcher par le lac reste le must, même si les liaisons en bateau ne sont pas très nombreuses.

Comment y aller ?

En bateau

Navigazione Lago Maggiore : ☎ 800-55-18-01 (n° Vert depuis l'Italie). De début avril à fin octobre. Plusieurs départs par jour de/vers Stresa et réservation obligatoire pour certains bateaux. Horaires variables selon la saison, liste complète sur : • www.navigazionelaghi.it • Durée : 15 mn.

Par la route

Prendre la route qui longe le lac en direction de Ranco. Attention aux indications, ne pas confondre avec Santa Maria del Sasso !

La visite

☎ 0332-64-71-72. Fax : 0332-64-91-13. Pour y accéder, si vous venez par la route, vous devez descendre quelque 267 marches (c'est dans l'autre sens que c'est plus rigolo !). Ouvert en mars de 9 h à 12 h et de 14 h à 17 h. D'avril à octobre, de 8 h 30 à 12 h et de 14 h 30 à 18 h. De novembre à février, les samedi, dimanche et jours fériés de 9 h à 12 h et de 14 h à 17 h. Et tous les jours du 23 décembre au 6 janvier, aux mêmes horaires. Entrée gratuite en échange de quoi le silence est à respecter. « Le silence est d'or », qu'ils disaient ! Actuellement, n'y vivent plus qu'un prêtre, un moine et quelques laïcs bénédictins.

Qu'est-ce qu'il leur a pris de construire un ermitage ici ? On a vu plus simple. Au XIIe siècle, un marchand, Alberto Besozzi, fait vœu de vivre en ermite dans une grotte s'il réchappe d'un naufrage. Il respecte sa parole. Quelque temps plus tard, lors d'une épidémie, les habitants d'Arolo (village à quelques kilomètres) viennent s'en remettre à lui. Alors, il leur demande de construire une tombe similaire à celle de sainte Catherine au mont Sinaï. C'est le début de pèlerinages et de constructions qui s'enchaînèrent au gré des vœux. Dans l'église du XVIe siècle, on retrouve la reproduction du tombeau de sainte Catherine et celui de l'initiateur du lieu, l'ermite Besozzi.

ANGERA

Petite station agréable située sur la rive sud-est du lac, en face d'Arona. Outre les fameux vins rouges de ses collines, Angera mérite un arrêt pour son imposante *forteresse de la Rocca Borromeo* (fin XIIIe siècle), aux salles ornées de belles fresques lombardes. Elle abrite également un musée de la Poupée et de la Mode enfantine dont une section est consacrée aux automates du XIXe siècle en état de fonctionnement. ☎ 0331-93-13-00. Ouvert d'avril à septembre de 9 h à 17 h 30 ; en octobre, de 9 h à 17 h. Entrée : 6,50 € ; réductions.

LE LAC D'ORTA *(IL LAGO D'ORTA)*

À peine moins fréquenté, le lac d'Orta (ou Cusio), situé à une vingtaine de kilomètres de l'autre côté du Mottarone, peut se révéler un lieu de séjour agréable, surtout pour les fans de randonnées, à pied ou à vélo, en montagne. Un arrêt au charmant (mais surchargé) petit village d'Orta San Giulio permet d'avoir un aperçu intéressant du lac mais aussi de son île, l'adorable isola San Giulio, suffisamment peu étendue pour n'abriter qu'une jolie basilique romane, la basilique San Giulio, couvent des bénédictines, et quelques familles. Attirant autrefois les pèlerins vers le Sacro Monte, inspirant nombre de peintres à l'époque de la contre-réforme et accueillant, dès le XIXe siècle, les romantiques européens, la région continue d'attirer beaucoup de couples désireux de s'unir dans ce cadre exceptionnel. En juin a lieu le *Festival de musique* (9 jours durant lesquels des musiciens jouent en costume d'époque).
NB : pour les fauchés égarés dans cette région, la route entre Stresa et Orta par le Mottarone dessert de nombreuses fermes. N'hésitez pas à frapper à leur porte pour faire du camping chez l'habitant. Nombreux petits ruisseaux également beaucoup moins chers qu'une douche... mais beaucoup moins chauds également !

ORTA SAN GIULIO (28016) 1 200 hab.

Sachez que l'accès à Orta est un peu effrayant : immense parking (payant et plutôt cher) rempli de voitures et de cars. Si vous logez aux abords du village, essayez de laisser la voiture au camping ou à l'hôtel et venez à pied, vous économiserez environ 8 € par jour ! Les touristes se dirigent en effet en flot continu vers ce petit village... Si les abords du lac sont encore un peu préservés de la déferlante touristique, c'est parce que celui-ci sert d'aimant. Pourtant, en évitant soigneusement les week-ends et en particulier ceux des ponts d'avril et de mai, de même que les mois de juillet et août ; et en évitant la rue principale... bref, en évitant pas mal de choses, votre passage dans ce petit village à l'allure mi-montagnarde (maisons de pierre noire et toits de pierre), mi-bourgeoise (grandes demeures), sans oublier l'île San Giulio, devrait quand même être agréable !

Adresses et infos utiles

Office du tourisme : via Panoramica. ☎ 0322-90-56-14. Fax : 0322-90-58-00. Juste après l'embranchement pour Orta, dans une petite cabane sur la droite. En face de l'immanquable villa Crespi, un petit palais de style mauresque. De mars à septembre, ouvert du mardi au dimanche de 9 h à 18 h. Fermé le lundi et d'octobre à février.

Également un ***petit bureau municipal d'informations touristiques*** dans le village, via Bossi, 11, en été.

Poste : piazza Ragazzoni, 5. Ouvert du lundi au vendredi de 8 h 30 à 14 h et le samedi jusqu'à 13 h.

Rassurez-vous, il y a suffisamment de ***distributeurs automatiques*** sur place, vous les trouverez bien tout seuls...

Taxi : ☎ 338-972-50-21.

Locations de vélos : se renseigner à la mairie. Compter environ 15 € la journée.

– ***Journaux français :*** preuve que l'on est bien sur un site touristique, on trouve *Le Monde* dans le village.

Où dormir ? Où manger ?

Pour décharger vos bagages, vous pouvez pénétrer en voiture dans Orta : poursuivre la route après le parking, la via Giuseppe Fava. Évidemment, ressortir pour se garer après.

Campings et stationnements pour les camping-cars

Camping Cusio : via Don Bosco, 5. ☎ et fax : 0322-902-90. • cusio@tin.it • Dans la sortie de San Giulio, à gauche de l'hôtel *Santa Caterina*. Ouvert du 1er avril à fin novembre. Selon la saison, compter de 15 à 21 € environ pour 2 personnes, une tente et un véhicule. Pour une fois, voici un petit camping qui a bien du charme. Il s'est installé non pas au bord de la route comme la majorité des campings mais en retrait, dans le jardin d'une ancienne ferme, quelle bonne idée ! Convivial mais... vite plein, attention (une centaine d'emplacements seulement). Location de caravanes, mobile homes et bungalows. Bon accueil. Le patron parle un peu l'anglais. L'ouverture ou non de la piscine (un peu pataugeoire à canards) fixe les prix de haute et basse saisons. Douche payante. Bar et petite restauration sur place en juillet et août, supérette dans le village. Tennis, ping-pong et jeux vidéos pour les ados.

Camping Orta : via Domodossola, 28. ☎ et fax : 0322-902-67. Au bord du lac, vers Omegna. Ouvert toute l'année. Compter de 16 à 21 € pour deux. Moins bien placé que le précédent car en bord de route et pas seulement au bord du lac. Mais ça dépanne si l'autre est complet. Le patron parle un peu le français. Bar, épicerie, jeux pour les enfants. Location de bungalows et de caravanes. Machines à laver et à sécher.

Stationnements pour les camping-cars : sur le parking jouxtant l'office du tourisme. Même tarif que le parking du village, soit environ 8 € par jour.

Prix moyens

B & B Villa Pinin : via Fava, 12. ☎ et fax : 0322-905-505. • villapinin@yahoo.it • Derrière la construction mauresque de la villa Crespi, dans une ruelle pavée sur la gauche. Congés annuels : du 6 janvier au 1er avril et de début novembre au 8 décembre. Selon la saison, doubles de 50 à 70 € avec salle de bains commune ou de 80 à 100 € avec salle de bains privée (1 chambre). Villa très sympa avec une grande pièce à vivre, une cheminée, une terrasse et la vue sur le lac. Quatre chambres en tout. En demander une avec vue si possible. Elles sont toutes bien décorées et s'appellent par leur couleur. Seule la *camera Verde* possède une salle de bains indépendante. Location possible à la semaine. Accès à Internet et location de VTT. Bon accueil de la maîtresse de maison. Parking intérieur. Cartes de paiement acceptées. Réduction de 10 % sur le prix de la chambre sur présentation du *GDR*.

Taverna Antico Agnello : via Olina, 18. ☎ 0322-902-59. Fermé le mardi. Congés annuels : de janvier à mi-février. Compter 28 €. C'est une maison blanche... pas adossée à une colline mais en plein cœur du village. Le cadre est simple et à l'ancienne, avec un beau plancher qui tremble encore d'émotion mais supporte le poids des années et celui des clients. Il est très conseillé de réserver car c'est petit et il y a foule le week-end. Bon accueil de la patronne qui parle un peu le français. Ici, on se régale puisque tout est *fatto a casa.* Tartare de canard, *pasta,* steak de cheval, poissons, plats du jour et puis, bien sûr, les traditionnels et excellents *antipasti.* Bref, tous les ingrédients sont réunis pour passer une bonne soirée. Café offert sur présentation du *GDR.*

Chic

LE LAC D'ORTA

Piccolo Hotel Olina : via Olina, 40. ☎ 0322-905-656. Fax : 0322-903-77. • www.orta.net/d.negri • En plein cœur d'Orta, à quelques centaines de pas de la piazza Mario Motta. Congés annuels pour l'hôtel : de début novembre à fin décembre. Compter à partir de 60 € la chambre selon la saison, petit déjeuner-buffet inclus. Au restaurant, formules à partir de 23 € ou compter 30 € à la carte. Ce petit hôtel offre des chambres confortables et impeccables (la moindre des choses à ce prix-là !). Six d'entre elles se trouvent en face du resto. Pas de vue sur le lac, sauf si on décide de louer un appartement à la semaine (dans ce cas, compter quand même 800 € en été). Restaurant assez prisé par la bourgeoisie d'Orta. Le soir, il est recommandé de réserver, c'est la sortie chic de la ville. Le midi, les hommes d'affaires s'y retrouvent, il faut dire que le menu change tous les jours. Le cadre, tout ce qu'il y a de plus banal, est compensé par l'assiette et le service attentionné (sans toutefois beaucoup de sourire). Bonne cuisine de spécialités régionales. En plus, l'apéritif est offert aux lecteurs du *GDR.*

Où dormir ? Où manger dans les environs ?

Hôtel Belvedere : via Belvedere, 8, Quarna Sopra. ☎ et fax : 0323-826-198. À 20 km d'Orta ; aller dans le village d'Omegna, au nord, et, au 1er feu suivre la direction de Quarna ; restent 10 km de petite route en lacet. Congés annuels : de fin octobre à mars. Compter 45 € la chambre. Petit déjeuner à 6 €. Pour ceux qui sont motorisés, petit hôtel avec une vue assez époustouflante sur le lac, à 870 m d'altitude. Idéal pour s'éloigner des foules. Le patron parle un français approximatif mais l'accueil familial est très chaleureux. Chambres confortables, dont certaines avec vue sur le lac (bien les demander car d'autres donnent sur l'arrière). Grande salle de resto style années 1950. Petit concert de temps à autre. Une bonne adresse hors des sentiers battus.

Où boire un verre ?

Al Boeuc **:** via Bersani, 28. ☎ 0322-915-854. Dans une petite ruelle derrière le resto *Edera*. Ouvert de 11 h à 14 h 30 puis à partir de 17 h. Fermé le mardi ; ouvert seulement le week-end en janvier et février. Si personne n'est là, tirer sur la clochette et la bobinette cherra. Enfin, en principe. Car c'est plutôt un bar du soir. Les prix varient de 10 à 150 € environ la bouteille et de 2 à 5 € le verre. Petite salle chaleureuse du XVIe siècle dédiée à tout ce que les vignes italiennes produisent. On prend un verre ou une bouteille, on a le choix entre un petit cru ou des grands millésimes ! Et pour ne pas finir sous les tonneaux, on peut grignoter des *bruschette,* du *prosciutto* ou de la *bagna calda.*

À voir

Isola San Giulio *(île de san Giulio)* **:** embarcadère sur la place principale, piazza Mario Motta. Ferry : ☎ 0322-84-48-62. D'avril à octobre, un départ toutes les 15 mn. En hiver, uniquement les dimanche et jours fériés, le 31 janvier et le jour de la fête de san Giulio. Minimum 4 ou 5 personnes pour qu'un bateau parte. Fonctionne toute l'année avec évidemment moins de départs en hiver. Compter 3 € l'aller-retour (mais bien se mettre d'accord avant).
Le lieu porte le nom de san Giulio (saint Jules pour les intimes), un évangélisateur venu d'Égine qui, au IVe siècle, souhaitait atteindre l'île malgré une réputation peu propice au tourisme... Celle-ci était, paraît-il, peuplée de serpents, dragons et autres monstres aquatiques terrifiants. Comme les passeurs d'Omegna, le prenant pour un fou, voulurent chasser ce cher Jules à coups de pierres, celui-ci ne se démonta point. Il enleva son vieux manteau élimé et troué par les mites, l'allongea sur l'eau et partit pour l'île à la rame. Ah, non mais, on allait voir ce qu'on allait voir ! Arrivé sur l'île, il élimina ses affreuses bêtes et bâtit sa 100e église. Fin de la légende, pardon, de l'histoire. Et après les mites, début du mythe...
– La dépouille de san Giulio repose d'ailleurs, bien visible, paraît-il pour continuer d'effrayer d'éventuels monstres, dans la *basilique romane* du XIIe siècle dont les fondations remontent, suivant les versions, au IVe, VIe ou VIIIe siècle ! Celle-ci a vraiment beaucoup de charme, avec ses fresques du XIVe siècle. Quel dommage que ce soit la foule le week-end... Visite de 9 h 30 (le lundi, à partir de 11 h) à 12 h 15 et de 14 h à 18 h 45 (17 h 45 en hiver). Attention, pendant les messes dominicales à 11 h et 17 h (16 h 30 hors saison), pas de visite.
– À côté de la basilique, l'antique *palais des Évêques* est devenu un *couvent clausura* qui accueille une communauté de nonnes ayant fait vœu de silence. D'où l'importance des sollicitations appelant à respecter leur vœu (lire ci-après)... Elles fabriquent l'authentique pain de San Giulio (avec raisins et noisettes) à l'occasion de la fête de san Giulio. Celui que vous trouvez dans les boutiques est une contrefaçon, bonne néanmoins.
➢ Agréable *promenade* sur l'île, quoique bien courte. Des écriteaux tous les 30 m (traduits en français) rappellent la nécessité de ne pas élever la voix ni de jouer au vilain groupe de touristes bruyant et rigolard. C'est vous dire la situation l'été ! Si vous n'êtes pas convaincu de la vertu intrinsèque du silence, lisez avec plus d'attention les panneaux du style : « Le silence est le langage de l'amour » ! En tout cas, ça permet d'avoir un peu de calme, ce qui n'est pas plus mal...

Si vous avez faim ou soif, *resto-bar* avec vue sur le lac près de la basilique.

Sacro Monte : depuis le centre du village, sacrée montée (eh oui, c'était tentant !) pour ceux qui ont le souffle court. Accès en voiture autorisé pour les handicapés. Visites guidées gratuites (en italien et en anglais) le week-end et les jours fériés à 10 h et 16 h. Rendez-vous au bureau de l'*oratorio* à côté de l'église.
Construit à partir de 1590 pour honorer saint François d'Assise et rivaliser avec le Sacro Monte de Varallo. Moins impressionnant tout de même. Il a cependant la particularité d'offrir une très belle vue sur le lac depuis l'église San Nicolao, où se trouve la statue en bois de la Madonna della Pietà à l'origine du culte local. Il ne vous reste plus qu'à déambuler, comme des dévots (on n'a pas dit comme des veaux !), entre les vingt chapelles illustrant la vie de saint François au travers de fresques et statues. Voir notamment la 20e chapelle, à côté du bureau d'accueil et de l'église, pour sa superbe série de statues.

Promenade dans le village : piazza Motta, voir l'ancienne mairie du XIVe siècle, avec ses arcades et ses peintures signées Visconti. Jolie ruelles et maisons anciennes, certaines avec des traces de fresques, mais que de touristes et que de restos... Enfin, ne pas manquer de jeter un œil à la villa Crespi, une étonnante construction de style mauresque, sortie du désir d'un industriel cotonnier, M. Crespi, féru de voyages en Orient, et aujourd'hui transformée en hôtel chic. La plus belle suite avec jacuzzi vaut le détour mais elle vaut également... 480 € la nuit ! Ah, ça se paye *Les Mille et Une Nuits* (et encore, on n'a pas calculé ce que ça fait, mille et une fois 480 €...) !

QUITTER ORTA

En bateau

De l'***embarcadère*** (☎ 0322-844-862 ou 3335-060-288), piazza Mario Motta. Encore une fois, le moyen le plus pratique. Compter 3 € pour un aller-retour à l'île San Giulio et environ 6 € pour un tour du lac. Liaison pour toutes les petites villes du lac à négocier sur place.
➢ ***Pour Omegna :*** en saison, soit de mai à fin septembre environ, départ tous les quarts d'heure. Le reste de l'année, il faut négocier avec des privés. Compter environ 6 € l'aller-retour.

En train

Gare ferroviaire : à 2 km d'Orta. À la sortie d'Orta, traverser la grande route et remonter la rue, c'est ensuite sur la droite. Billets en vente au tabac : *tabbacchiera Pedro Pera,* via Lunetti, 1 bis, juste sur la gauche avant d'arriver à la gare.
➢ Ligne ***Novara-Borgomanero-Orta Miasino-Omegna-Domodossola.*** Environ 10 trains par jour toute l'année.

En bus

➢ Quelques liaisons ***pour Omegna.*** ☎ 0322-844-862. Le plus pratique étant d'y aller en bateau ou en train (moins cher aussi). D'Omegna, bus pour Stresa ou Verbania.
➢ Sinon, en été et le dimanche (départ du parking), deux fois par jour ***pour Stresa*** : à 10 h et à 17 h. Durée du trajet : 1 h.

VARESE

(21100)

À mi-chemin entre le lac Majeur et le lac de Côme, proche de la Suisse et du lac portant le même nom, Varese est une ville moderne et animée, avec quelques villas et jardins intéressants à proximité.
Bien que surnommée par Stendhal, au début du XIXe siècle, « le Versailles de Milan », la ville n'offre aujourd'hui que peu d'intérêt, si ce n'est celui d'être une étape pour se rendre dans les environs, notamment au massif du Campo dei Fiori.
Si vous êtes dans le coin, allez jeter un coup d'œil à la ***villa Menafoglio,*** dans le faubourg de Biumo. Cette propriété de la famille Panza di Biumo, datant de la deuxième moitié du XVIIIe siècle, abrite une importante collection privée d'art contemporain.
Enfin, pour la petite histoire, sachez que la tradition à Varese veut que l'avant-dernier jeudi du mois de janvier, les femmes offrent à leur mari ou fiancé un gâteau en forme de cœur, tandis que le dernier jeudi, les hommes rendent le cadeau...

Adresse utile

i ***Office du tourisme :*** via Carrobio, 2. ☎ 0332-28-36-04. Fax : 0332-23-80-93 • www.varesottoturismo.com • À l'angle de la piazza Monte Grappa. D'octobre à mai, ouvert du lundi au vendredi de 9 h à 12 h 30 et de 14 h 30 à 18 h et le samedi de 9 h à 12 h.

Où manger ?

|●| ***Fabbrica Pizza :*** via G. Ferraris, 5. ☎ 0332-23-29-39. Derrière le corso Matteotti, dans une rue piétonne en plein centre. Comptez environ 7,50 €. Une pléthore de pizzas fines et croquantes, quelques-unes faites avec des fromages locaux. Variez les plaisirs et goûtez à la *Lodi,* composée de *toma* (la tomme du Piémont), de noix et de pommes finement coupées. Tout au fond, une foule de jeunes pizzaiolos s'affaire sous les néons d'une cuisine-laboratoire ultra-propre. Service rapide et efficace.

➤ PROMENADES AUTOUR DE VARESE

LE MASSIF DU CAMPO DEI FIORI

➢ Pour s'y rendre, prendre le bus C à Varese (près de la gare, piazzale Pogliaghi) jusqu'au terminus.
Alors commence une chouette balade jusqu'à l'*observatoire de la Citadelle des sciences naturelles G. V. Schiaparelli* (visite sur rendez-vous, ☎ 0332-23-54-91), situé à 1 226 m, et offrant une vue magnifique sur les lacs lombards et les Préalpes. Compter 20 mn de marche à travers le parc naturel. Balade conseillée par temps clair, plutôt le matin. Le cadre se prête merveilleusement bien au pique-nique. Camping interdit.

LE SACRO MONTE *(880 m)*

➢ Accès facile par le bus C de Varese (départ près de la gare, piazzale Trieste) ou en voiture (il suffit de suivre les indications).

Encore un itinéraire bien agréable qui invite à suivre le chemin des 14 chapelles, bâties à flanc de montagne selon l'idée d'un père capucin. La construction, qui débuta en 1604, dura 80 ans. L'intérieur de chacune des chapelles abrite des fresques et sculptures en terre cuite très expressives. Le parcours se termine en haut par l'impressionnant *sanctuaire de Santa Maria del Monte,* et le non moins impressionnant pape Paul VI tout en bronze donnant la bénédiction du haut de ses 6 m. Le Sacro Monte est un lieu de pèlerinage très fréquenté par les Italiens, surtout le week-end et les jours de fête sainte.

ARCUMEGGIA

Si vous avez le temps, et si l'air de la pleine montagne vous manque, vous pouvez faire un tour par Arcumeggia. Perché sur le flanc de la montagne, ce petit village peuplé de 50 âmes vous surprendra par les peintures signées d'artistes italiens contemporains ornant les murs de ses vieilles maisons. Quelques œuvres, certes assez délavées, dont les plus vieilles datent des années 1950, traitent du thème de l'émigration.

➢ L'accès n'est possible qu'en voiture, à vélo (pour les courageux), ou en stop (l'été, la route est plus fréquentée). Route assez raide et très sinueuse, cœur fragile et freins incertains s'abstenir...

Comment y aller ?

➢ ***De Laveno :*** une quinzaine de kilomètres. Prendre la direction Varese, puis à droite direction Cuveglio. Après Casalzuigno, tourner à droite direction Arcumeggia.

➢ ***De Varese :*** une trentaine de kilomètres. Se rendre à Ganna (en passant par San Ambrogio), puis prendre successivement les directions de Bedero Valcuvia, Cassano Valcuvia, Cuveglio. À Cuveglio, suivre Casalzuigno, puis Arcumeggia.

Où manger ?

|●| ***Ristorante del Pittore :*** piazza Minoia. ☎ 0322-65-01-16. Ouvert de 8 h 30 à 23 h de mi-juin à mi-septembre et de 10 h à 21 h le reste de l'année. Fermé le mardi. Grande salle de restaurant où sont suspendus des tableaux signés de la main des artistes qui ont séjourné dans ce lieu insolite (autrefois, cet établissement faisait aussi hôtel). Terrasse à l'extérieur qui domine toute la vallée. Cuisine familiale très bon marché. Le bar attire autant les touristes de passage que les habitués venus taper le carton avec la patronne... L'hiver, on peut boire à la *grolla,* sorte de récipient avec 6 embouchures typique du Val d'Aoste et permettant de boire à tour de rôle un savant mélange de café, cognac, citron et autres ingrédients. Ça réchauffe ! Accueil très sympathique.

HORS DES SENTIERS BATTUS...

Si vous êtes en voiture, vous pouvez, en partant de Varese, prendre la direction du lac de Lugano (Bisuschio, Porto Ceresio) puis longer la rive est du lac Majeur, très agréable et moins touristique que la rive ouest (Luino, Laveno, Leggiuno, Ranco, Angera, Comabbio) ; au bord du lac de Varese, Biandronno, l'isolino Virginia et enfin Voltorre ; puis retourner à Varese. Cet itinéraire original permet de traverser de charmants villages ou stations renfermant des édifices religieux à l'architecture intéressante.

LE LAC DE CÔME *(IL LAGO DI COMO)*

Décrit par Stendhal dans *La Chartreuse de Parme* comme « le plus beau site du monde », ce n'est pas un hasard si le *Lario* (ainsi appelé par les Italiens) a été le lieu de prédilection des romantiques au XIXe siècle. Les montagnes et les eaux sont si proches qu'elles se mêlent pour former des paysages merveilleux. Au bord des rives, les vaguelettes viennent lécher les fondations des maisons dont, au loin, la tranquillité est seulement bouleversée par le « pout-pout-pout » des ferries. Il règne une nonchalance et une douceur de vivre loin d'être désagréables.
La clémence du climat explique la présence de tant de belles villas sur les rives, lieu de séjour préféré des souverains de tous les pays, venus y chercher le repos et la sérénité. Ces mêmes villas, vieux colosses protégés par les pins et les cyprès, aujourd'hui hantées par les courants d'air, inclinent leurs marches sous un tablier de lierre vers leur petit port privé. Elles ont quelque chose de magique. Une nonchalance voluptueuse, un mystère troublant. Mais entretenir de tels mastodontes a un prix. Si bien que ces témoignages des fastes d'antan se sont à présent transformés en pieuses reliques. C'est le cas, par exemple, de la *villa Pliniana,* que l'on peut observer à 2 km en face de la placette de l'hôtel *Fioroni* à Carate Urio (voir « Où dormir ? Où manger ? » dans le chapitre sur Moltrasio). Construite sur la côte orientale du lac, elle tente de survivre grâce à un vieux professeur qui court après ses souvenirs et les subventions comme d'autres après le bus.
Revenez ensuite sur la route entre Cernobbio et Torriggia. Attention, les virages en épingle sont si grisants, l'adrénaline monte si rapidement qu'on se laisse facilement prendre au jeu de la vitesse. La maréchaussée veille et effectue de nombreux contrôles.
Au lac de Côme, tous seront comblés : les romantiques par la beauté des paysages, les sportifs par la diversité des activités que l'on peut y pratiquer. Ceux qui ont du temps peuvent faire de belles excursions dans l'arrière-pays des Préalpes et des vallées. Les plus expérimentés pousseront jusque dans la région du Grigna et du Resegone, haut lieu de l'alpinisme. On pourra essayer de noyer le poisson dans l'eau et vous dire que les lacs italiens ont chacun leur personnalité. Nous, on ne vous mentira pas, c'est bien celui-ci le plus beau et il mérite que l'on y pose son sac, afin de se livrer à une exploration approfondie !
Une bonne nouvelle pour les touristes des provinces de Côme et Lecco : il existe désormais la carte *Alcard.* Elle permet de bénéficier de réductions pour les transports, les visites guidées, les musées. Elle est gratuite et disponible auprès des offices du tourisme de Côme, Domaso, Dongo, Menaggio, Tremezzo. Pour plus de renseignements : • www.galdeiduelaghi.org •

CÔME *(COMO)* (22100) 84 000 hab.

Malgré une industrialisation qui montre le bout du nez dans la région, Côme reste, au fond de sa baie, un abri heureux et une petite ville sympathique. Le vieux centre, où ne circulent que piétons et vélos, encore aujourd'hui bien délimité par les anciennes enceintes, livre son pesant de poésie urbaine et abrite quelques monuments vraiment dignes d'intérêt. Côme vaut évidemment le détour, même si l'on vous conseille plutôt de séjourner dans les villages bordant le lac.

Col du Saint-Gothard
Col du Saint-Bernard
N 2
NORD
SUISSE
Carlazzo
Porlezza
Lago di Piano
Valsolda
Lugano
Lugano
S. Margherita
Osteno
di
Belvédère
Laino
Lanzo d'Intelvi
S. Fedele d'Intelvi
Ospedaletto
Sala Comacina
Campione d'Italia
Pigra
Isola Comacina
Cerano d'Intelvi
Argegno
Lago
Maroggia
Cavagnola
Schignano
di
Brienno
Nesso
Zelbio
Porto Ceresio
Riva S. Vitale
S 340
Careno
Torriggia
Laglio
Monte Bisbino
1 315
Carate Urio
Pognana Lario
Moltrasio
Lago
Faggeto Lario
Mendrisio
Torno
Villa Pliniana
Cernobbio
Chiasso
Varese
San Maurizio
Villa Olmo
Brunate
COMO
A 9
S 342
MILANO
Ferries pour passagers à pied
Ferries transportant des véhicules

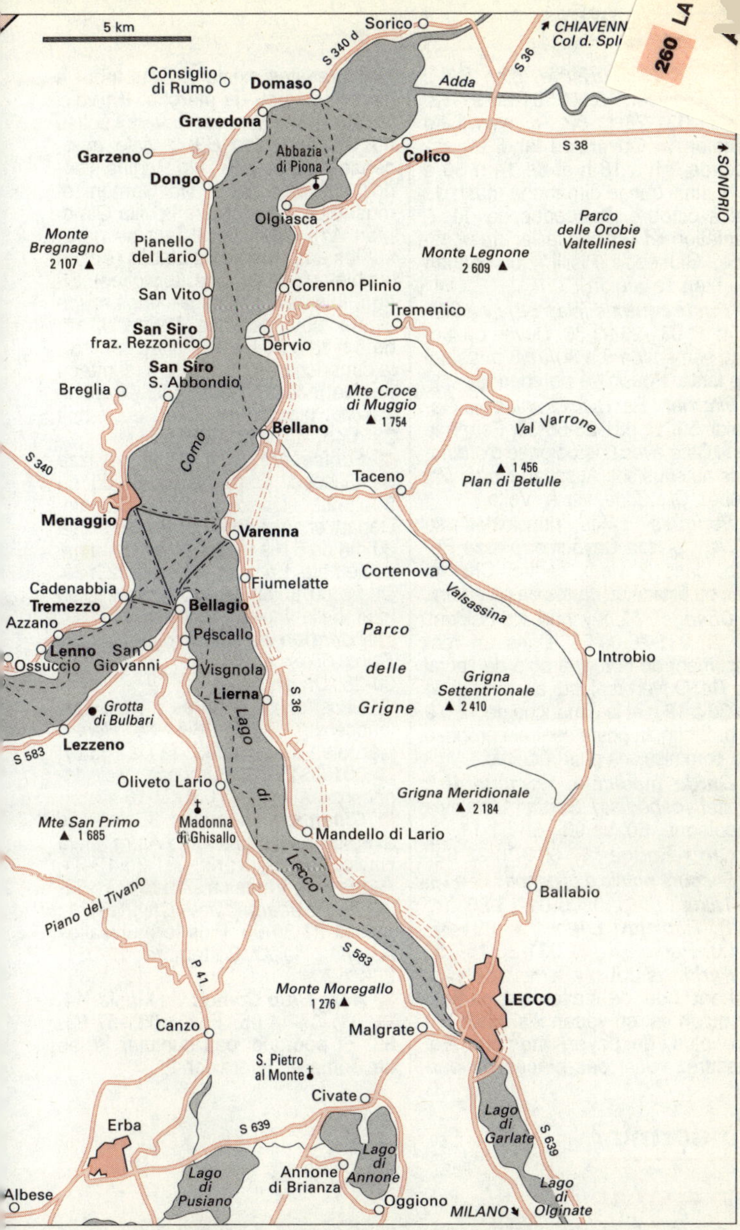

LE LAC DE CÔME

dresses utiles

Office du tourisme *(plan B2)* **:** piazza Cavour, 16. ☎ 031-26-97-12. Fax : 031-26-11-52. • www.lakecomo.org • Ouvert du lundi au samedi de 9 h à 13 h et de 14 h 30 à 18 h, ainsi que le dimanche matin de mai à octobre. Beaucoup de documentation et un conseiller très efficace, Giuseppe Pisilli, qui connaît très bien sa région.

Poste centrale *(plan B2)* **:** via Gallio, 4. ☎ 031-26-93-36. Ouvert du lundi au samedi de 8 h 30 à 18 h. Lente, trop lente. Possibilité de change.

Internet : *Bar Black Panter,* via Garibaldi, 59. ☎ 031-26-65-35. Fermé le lundi. Café avec une poignée d'ordinateurs au sous-sol. Aussi au *Como Bar* et chez *Clic Zone,* via A. Volta.

■ **Banques :** les principales se trouvent piazza Cavour et piazza Peretta, dans le vieux centre. Change avec du liquide ou cartes de paiement.

■ **Change :** *Moneyshop,* via Boldoni, 18. ☎ 031-26-00-55. Dans un renfoncement de la rue, à côté de l'hôtel *Tre Re.* Ouvert du lundi au samedi de 9 h 30 à 19 h et le dimanche de 12 h à 19 h. Sinon, la poste centrale propose des commissions plus réduites.

■ **Garde médicale permanente :** *hôpital (ospedale) Santa Anna,* via Napoleone, 60. ☎ 031-58-51-11.

■ **Croix-Rouge :** ☎ 031-26-22-62.

■ **Secours public d'urgence :** ☎ 118.

■ **Taxis :** ☎ 0800-01-23-80 (n° Vert). *Radiotaxi Lario* : ☎ 031-27-20-00. *Radiotaxi* : ☎ 031-26-15-15.

■ **Parkings :** il n'y a rien de plus barbant que de payer un parking lorsqu'on est en vacances. Mais encore plus, de payer une fourrière. Rassurez-vous, des places de parking gratuites existent. Seul tribut à payer : un peu de marche. En voici la liste : viale Varese, devant l'église du Crucifix *(plan B3)* ; viale Innocenzo XI *(plan B3)* ; via Regina Teodolinda *(plan B3)* ; via Cantoni et museo Giovio (derrière la villa Olmo, *plan A1*). Attention, il faut se garer sur les emplacements blancs (et non les bleus, gardés par des vigiles). Sinon, il vous reste les parkings municipaux payants : via Auguadri, 10, de 6 h 30 à 20 h du lundi au samedi ; le dimanche de 13 h à 20 h (si match de foot). ☎ 031-27-32-53. *Parking Jasca* : piazza Volta, 42, de 7 h à 23 h 45. ☎ 031-27-08-70.

■ **Funiculaire** *(plan C1-2)* **:** piazza de Gasperi, 4. ☎ 031-30-36-08 ou 30-25-92. Liaisons Côme-Brunate. Départ en moyenne toutes les 15 à 30 mn de 6 h à minuit de mi-juin à mi-septembre. En hiver, de 6 h à 22 h 30. Durée du trajet : environ 8 mn. D'en haut, belle vue sur la région.

■ **Location de vélos** *(plan B4, 1)* **:** *Rullo Bike,* via Grandi. ☎ 031-26-30-25. Un peu cher.

■ **Location de voitures :** *Avis :* viale Innocenzo ; ☎ 031-26-61-74. *Hertz :* piazzale S. Gottardo (à la gare) ; ☎ 031-26-27-70. *Europcar :* viale Innocenzo XI, 14 ; ☎ 031-24-16-43.

■ **Cinéma :** au moins 3 cinémas avec une salle chacun : *Astra,* viale Giulio Cesare, 3 ; ☎ 031-26-12-34. *Gloria :* via Varesina, 72 ; ☎ 031-52-39-95. *Politeama :* viale Cavallotti, 1 ; ☎ 031-27-30-00. Plus le multisalles *Astoria :* via XX Settembre ; ☎ 031-26-21-70.

■ **Aero Club Como :** via Masia, 44. ☎ 031-57-44-95. Fax : 031-57-03-33. Et pourquoi pas survoler le lac de Côme en hydravion ?

Où dormir ?

Bon marché

Ostello per la gioventù « Villa Olmo » *(plan A1,* ***10****)* **:** via Bellinzona, 2. ☎ et fax : 031-57-38-00. • ostellocomo@tin.it • À 1 km de la gare centrale (bus n°s 1, 6 ou 11 en direction de Cernobbio). Arrêt en face de la poste près de la villa Olmo. Possibilité de s'y rendre en longeant le bord du lac. Pas très loin du centre. Ouvert de 7 h à 10 h et de 16 h à 23 h 30 (sonnantes). *Check-in* l'après-midi uniquement. Congés annuels : de décembre à février. Il est obligatoire d'avoir la carte des auberges de jeunesse pour y séjourner. Prix unique en dortoir, 13,50 €. Possibilité d'avoir une chambre familiale. Un établissement situé à deux pas du lac, et dans la verdure (dommage que la tranquillité soit perturbée par les bruits de la route qui passe juste devant). Lits gigognes ; femmes et hommes dans deux dortoirs séparés couleur gris caserne. Une salle conviviale de resto-détente-rencontres, lambrissée avec tables et bancs de bois, et surtout plein d'infos. Possibilité d'y dîner pour 10,50 €. Excursions et visites à prix réduits. Location de vélos. Service de fax. Lave-linge à disposition. Une adresse sympathique pour sa proximité avec les très beaux jardins de la villa Olmo.

Protezione delle Giovane *(plan A1, **11**) :* via Borgovico, 182. ☎ 031-57-43-90 ou 57-35-40. À 50 m avant d'arriver à l'auberge de jeunesse (bus nos 1, 6 ou 11). Ferme à 22 h 30. Compter 13 € par personne. Établissement tenu par des sœurs (très gentilles, soit dit en passant) qui n'acceptent que des filles. Chambres à 2 lits, aussi simples que calmes. Vous partagerez la cuisine et les sanitaires avec les enseignantes et les étudiantes qui logent ici à l'année (il y a donc plus de place en été, lorsqu'elles sont en congés). L'endroit est agréable et bien situé, mais à déconseiller aux oiselles de nuit car les portes du Seigneur ferment à 22 h 30.

Albergo ristorante Sociale *(plan C2, **26**) :* via M. Comacini, 8. ☎ 031-26-40-42. Très central, à deux pas du Duomo. Congés annuels : 1 semaine vers Noël et 2 semaines en août. Voir « Où manger ? » Chambres avec bains à 40 €. Sept chambres, dont 2 avec salle de bains à l'intérieur, à un prix imbattable. Évidemment, c'est une adresse que l'on s'arrache : réservez à l'avance.

Prix moyens

Affitacamere in Riva al Lago *(plan C2, **12**) :* piazza Matteotti, 4. ☎ : 031-30-23-33. Fax : 031-30-07-61. • www.inriva.info • Juste en face de l'arrêt des bus et de la ligne de chemin de fer. Au 2e étage. Compter 55 € pour une chambre avec bains. La seule pension de la ville. Chambres récemment refaites, assez grandes et impeccables. Possibilité d'avoir une chambre pour 3 ou 4 avec un petit coin cuisine. Réduction de 10 % d'octobre à mars sur présentation du *GDR*.

Albergo Il Piazzolo *(plan B3, **16**) :* via Independenza, 65 (piazzolo Terragni). ☎ et fax : 031-27-21-86. Très central, juste derrière le Duomo, entre les vie B. Luini et A. Diaz. Congés annuels : en janvier. Comptez 60 € la chambre double avec petit dej' à 6 €. Sur

Adresses utiles

- Office du tourisme
- Gare routière
- 1 Gare ferroviaire locale
- 2 Gare ferroviaire principale, San Giovanni
- Embarcadère
- Poste centrale
- 1 Location de vélos

Où dormir ?

- 10 Ostello per la gioventù « Villa Olmo »
- 11 Protezione delle Giovane
- 12 Affitacamere in Riva al Lago
- 13 Hôtel Quarcino
- 14 Hôtel Funicolare
- 15 Hôtel Marco's
- 16 Albergo Il Piazzolo
- 26 Albergo ristorante Sociale

Où manger ?

- 20 Osteria del Gallo
- 21 Trattoria Sereni
- 22 Taverna Messicana
- 23 Nostra Damos
- 25 Locanda del Dolce Basilico
- 26 Albergo ristorante Sociale
- 27 Breeze Inn

LUGANO
A
CERNOBIO, TREMEZZO
B
BELLAGIO
Villa Geno
Via per Cernobbio
Via Bellinzona
Lac de Côme
Viale Via Geno
10
11
V. Cantoni
Via Museo Giovio
Borgo
Via N. Bixio
Via Bixio
Vico
Viale M. Sinigaglia
Viale Puecher
V. Veneto
V. Marconi
Viale F. Rosselli
Lungo Lario Trento
L. Lario Trieste
PIAZZA CAVOUR
Via Borgo Vico
Masia
21
V. Recchi
V. S. Elia
V. Cavallotti
V. Rubini
P. A. VOLTA
P. PERRETA
P. DUOMO
V. Garibaldi
V. Carcano
20, 23
22
P. S. ROCCHETTO
P. CACCIATORI DELLE ALPI
2
Via V. Giornate
V. Rusconi
V. Luini
Via Santa
Via Monterotondo
Viale Regina
V. Borsieri
Via Alessandro
Via Armando
16
V. Natta
27
V. Rovelli
Pinacothèque
V. Benzi
Via Diaz
V. Volta
V. Parini
Innocenzo XI
Torriani
Varese
V. Lucini
V. C. Cattaneo
V. Cadorna
Teodolinda
V. Gramsci
V. Italia Libera
Sant'Abbondio
V. S. Abbondio
Viale Roosevelt
Via Regina Teodolinda
Via Grandi
1
200 m
1
2
3
4
A
B
MILAN. VARESE

C
D
LECCO
1
2
3
4
Funiculaire
Torino
V. Colonnola
15
14
13
12
1
26
V. Odescalchi
Prudenziana
Trieste
P. AMENDOLA
P. MATTEOTTI
P. ROMA
Duomo
PIAZZA VERDI
PIAZZA DEL POPOLO
Via Brambilla
V. Manzoni
V. Rezzonico
V. Pessina
V. S. Monti
Via Gorio
Via Crispi
Via M. Monti
V. M. Anzi
Via Garovaglio
V. G. Ferrari
Via Grossi
Via Bernasconi
Via Valgioiera
Via per Brunate
V. V. Emanuele II
Indipendenza
Viale Lecco
Via Dante
V. T. ...
Museo Civico Giovio
Giovio
V. Balestra
V. L. Guanella
Tour de la Porte Vittoria
P. VITTORIA
V. Battisti
Via Sirtori
Via Mentana
V. Fiume
Via Dottesio
Zezio
V. Cotti
V. Petrarca
V. Bari
V. Dante
V. S. Martino
Via Ciceri
Via Briantea
V. Giulini
Via Milano
V. XX Settembre
P. GERBETTO
V. A. Moro
Via T. Carloni
V. Don Minzoni
Via Piave
Via Rienza
Via Pannilani
Strada Statale
V. Rezzia
V. Mentana
Via Ambrosoli
Castelnuovo
P. TESSITRICE
Via
V. Le Giulio Cesare
V. Palestro
Via Valleggio
Via F. Anzani
Milano

CÔME

…petite place très coquette et plu… tranquille (pub à côté, donc ani…ation les vendredi et samedi soir). Dix chambres flambant neuves, toutes avec salle de bains vraiment spacieuse. Déco soignée avec tables de chevet anciennes, belles armoires à glace... Accueil très aimable. Seul point faible : pas de parking.

Hôtel Quarcino *(plan C2, **13**)* **:** via Quarcino, 4. ☎ 031-30-39-34. Fax : 031-30-46-78. • www.hotelquarcino.it • Prenez la via Torno (environ 50 m), c'est en montant à droite dans une petite rue. Compter 70 € la chambre, 80 € avec petit dej'. Situé à deux pas du centre et au calme (certes, les cloches de l'église Sant'Agostino sont tout proches, mais elles sonnent seulement en journée, toutes les heures), c'est l'hôtel idéal pour les groupes de 3 ou 4 personnes : les chambres équipées de tout le confort (téléphone, TV et *tutti quanti*) reviennent alors moins cher. Terrasse et parking.

Hôtel Funicolare *(plan C2, **14**)* **:** via Coloniola, 8-10. ☎ 031-30-42-77. Fax : 031-30-16-06. Congés annuels : en janvier. Compter 74 € la chambre double, petit dej' compris. Un niveau en dessous du précédent mais également un peu moins cher. Chambres spacieuses s'organisant autour d'un couloir. Salle de bains complète dans les tons roses. AC dans toutes les chambres. Accueil courtois. Parking privé. Cartes de paiement acceptées. Petit dej' offert et 10 % de réduction à nos lecteurs de novembre à février sur présentation du *Guide du routard.*

Plus cher mais pas forcément plus chic

Hôtel Marco's *(plan C2, **15**)* **:** via Coloniola, 43. ☎ 031-30-36-28. Fax : 031-30-23-42. • www.hotelmarcos.it • Compter 96 € la chambre double avec petit dej'. Sur le bord du lac, ce qui fait que les prix s'en ressentent. Même si l'accueil est des plus diligents et affables, on a tout de même un peu l'impression de payer la vue. Chambres assez petites, correctes mais sans plus. En dépannage. 4 petites places de parking dans la rue derrière l'hôtel.

Où manger ?

Bon marché

Osteria del Gallo *(plan B2, **20**)* **:** via Vitani, 16. ☎ 031-27-25-91. Ouvert de 9 h à 19 h 30. Ouvert uniquement le midi. Fermé le dimanche. Congés annuels en août. Voilà une petite *osteria* qui nous fait bien plaisir. On s'approche du bar, la patronne, des plus avenantes, énumère son lot de spécialités du jour, puis on va se serrer les coudes avec d'autres convives dont on fait rapidement la connaissance sur un coin de table. Il s'agit également d'une œnothèque où l'on peut acheter son vin et d'autres produits du terroir. Une très bonne adresse pour manger dans le centre et sur le pouce. Digestif offert sur présentation du *GDR*.

Trattoria Sereni *(plan B2, **21**)* **:** via Borgo Vico, 34. ☎ 031-57-24-23. Ouvert de 12 h à 14 h 30 et de 19 h à 22 h. Fermé le dimanche. Menu à 8 €. Petite *trattoria* oubliée des touristes et c'est tant mieux ainsi ! Là encore, que du familial. Cadre pas franchement excitant mais propre, derrière une large baie vitrée fumée. Bon accueil et nombreuses pâtes à la carte *(al ragù, pizzocheri, pesto genovese).* Reconstituant et idéal avant de prendre le train.

Prix moyens

Albergo ristorante Sociale *(plan C2, **26**)* **:** via M. Comacini, 8. ☎ 031-26-40-42. Sous les arcades, juste à côté du Duomo et évidemment du teatro Sociale. Congés annuels : 1 semaine autour de Noël et 2 semaines en août. Compter à peu près 15 € pour un *antipasto* et un *primo*. Une véritable institution à Côme. À midi, adresse prise d'assaut par les habitués, attirés par une bonne cuisine. Les deux salles sont couvertes d'affiches d'opéra, de théâtre et de photos dédicacées par toutes les célébrités passées par ici. N'importe quel plat est bon. L'*antipasto caldo sociale* s'avère un choix judicieux pour découvrir des beignets de courgettes, boulettes de viande, croquettes d'olives, poivrons marinés et aubergines grillées... Vraiment une excellente adresse.

Nostra Damos (*plan B2*, ***23***) : via Vitani, 24. ☎ 031-26-91-31. Fermé les dimanche et lundi. Comptez environ 15 €. À côté de l'*osteria del Gallo*, mais, ici, la déco est sobre et moderne. Elle sert de cantine aux Italiens travaillant dans le centre, c'est donc toujours bondé et pour cause, car *tutto è fatto in casa*. M. Amos, figure de la gastronomie locale, officie dans sa cuisine située dans la cour, tandis que le service est assuré par une jeune fille charmante parlant le français. Pas de carte, mais une liste de plats du jour (viande et poisson) préparés sur le pouce. Un régal. Il convient de réserver.

Taverna Messicana (*plan B2-3*, ***22***) : piazza Mazzini, 5. ☎ 031-26-62-04. Fermé le lundi. Compter *grosso modo* 8 € pour une pizza et 15 € pour une entrée et un plat. Situé sur une belle placette du centre historique (l'été, on peut profiter du cadre en mangeant dehors sous les parasols), ce resto est très fréquenté par les Italiens. Plusieurs petites salles en enfilade au style rustique (tables et bancs de bois). On y déguste un peu à l'étroit et dans le brouhaha des pizzas *al taglio*, dont on peut choisir la composition, et qui sont servies sur des planches en bois ovales. Cependant, l'accueil est un peu froid et le service décevant.

Plus chic

Breeze Inn (*plan B3*, ***27***) : via Natta, 29. ☎ 031-24-23-20. Fermé les dimanche et lundi midi. Compter 23 € pour un *antipasto* et un *primo* et 39 € en ajoutant un plat. Ne pas s'attendre à de grosses portions. Qui dit resto chic en Italie, dit portion congrue. Il n'en demeure pas moins que la cuisine est d'une grande finesse. Petit restaurant avec une quinzaine de tables dont la moitié sur une mezzanine. Cadre intime avec bougies et cheminée. L'*antipasto di pesce* permet de découvrir plusieurs préparations de poissons. Les pâtes fraîches sont accommodées audacieusement. Le service est d'une grande amabilité, mais lent, trop lent.

Où manger dans les environs ?

Locanda del Dolce Basilico (*hors plan par D1*, ***25***) : via Mulattiera, 24, à San Maurizio, près de Brunate. ☎ 031-22-10-03. Fermé le mercredi. Comptez environ 24 €. Résolument pour les motorisés, car cette petite *osteria* qui sent bon la cuisine familiale est sur l'un des flancs du mont de Brunate, qui domine le lac depuis ses 715 m. Déco de chalet de montagne, vite pris d'assaut car l'endroit est réputé. Il est donc plus que conseillé de réserver.

Où manger une glace ?

La ***gelateria Cavour*** : piazza Cavour, 31, en face de l'office du tourisme, est notre adresse préférée.

Al Bottegone dei Gelati : dans la rue piétonne V. Emanuele, regorge également de crèmes onctueuses et de sorbets irrésistibles. Voilà, maintenant, vous n'avez que l'embarras du choix !

Où danser sur le pont d'un bateau ?

♫ Tous les étés, chaque samedi soir, une croisière nocturne fait le tour du lac avec à son bord une clientèle élégante adepte des danses de salon (tango, rumba, etc.). Départ tous les samedis soir à 21 h, depuis les embarcadères de la piazza Cavour. Renseignements et résa (obligatoire) au ☎ 031-57-92-11.

À voir. À faire

Duomo *(plan B-C2)* **:** ouvert de 7 h (7 h 30 l'été) à 12 h et de 15 h à 19 h. Un chef-d'œuvre de l'art lombard. Sa construction s'étendit du XIVe au XVIIIe siècle, mais le style Renaissance (auquel appartient le magnifique portail) domine. Dans leur niche, Pline le Jeune et Pline l'Ancien encadrent l'entrée. Dans la série des cinq statues au-dessus, les deux beaux éphèbes, graciles à souhait, provoquèrent des remous à l'époque pour avoir suscité bien des fantasmes. C'est toute la spontanéité, la jeunesse et le sens du profane de la Renaissance qui s'expriment. À l'intérieur, de magnifiques tapisseries flamandes et des orgues remarquables.

Broletto : jouxtant la cathédrale, c'était le siège de la municipalité au Moyen Âge. Bâtiment élégant du XIIIe siècle, alliant roman et gothique.

Église Sant'Abbondio *(plan B4)* **:** via Regina Teodolinda. Pas très loin de la gare principale. Ouvert tous les jours de 8 h à 18 h. De pur style roman lombard (XIe siècle), aux proportions harmonieuses, presque parfaites. Succession de toits inclinés avec deux belles tours. Abside principale recouverte de fresques du XIVe siècle sur la vie du Christ. Dans le maître-autel, l'urne de Sant'Abbondio, patron de la ville.

Il subsiste encore des vestiges importants de l'enceinte de la ville, le long du viale Varese et du viale Cattaneo. Ne ratez pas la ***tour de la porte Vittoria*** *(plan C3)*, inaugurée en 1192 (40 m de hauteur).

N'hésitez pas à vous perdre dans les petites rues du centre historique, où l'on trouve de nombreuses demeures anciennes à l'intéressante architecture. Au no 1 ***via Natta*** (piazza San Fedele), une pittoresque maison à encorbellement du XVIe siècle avec façade en brique. La petite ***église de San Fedele*** présente également beaucoup d'intérêt.

Musée Giovio *(plan C3)* **:** piazza Medaglie d'Oro Comasche. ☎ 031-27-13-43. Ouvert de 9 h 30 à 12 h 30 et de 14 h à 17 h ; le dimanche, de 10 h à 13 h. Fermé le lundi. Entrée : 3 € ; réductions ; gratuit pour les moins de 15 ans. Installé dans le palais Giovio et Olginati. Collections d'art et d'archéologie.

Villa Olmo : à la sortie ouest de la ville, en direction de Cernobbio, au bord du lac. Ouvert de 8 h à 19 h et jusqu'à 23 h de fin avril à septembre. Du centre-ville, belle promenade en longeant le lac pour arriver aux jardins de la villa.

Maisons des architectes rationalistes : il s'agit d'un mouvement proche du fonctionnalisme et du futurisme (début XXe siècle) représenté par Giuseppe Terragni, entre autres. On peut admirer certaines œuvres de ce dernier dans la ville de Côme, tel le *Novocomum* (via Sinigaglia), la *casa del Fascio* (piazza del Popolo) ou encore l'*asile Sant'Elia* (via Alciato). Visites sur rendez-vous, s'adresser à l'office du tourisme.

Un beau ***marché*** se tient chaque mardi, jeudi matin et le samedi toute la journée de part et d'autre de la piazza Vittoria *(plan C3)*.

Manifestations

– Le samedi de juin le plus proche de la ***Saint-Jean,*** la rive ouest du lac proche de l'île Comacina est illuminée par des feux d'artifices.
– ***Jazz Estate :*** de juin à septembre, concerts de jazz gratuits toutes les semaines. Renseignements à l'office du tourisme.
– En septembre, ***Festival de musique classique, Autunno musicale,*** avec des concerts donnés dans des édifices historiques. Renseignements à l'office du tourisme.

QUITTER CÔME

En bateau

Embarcadère *(plan B2) :* au bord du lac (qui l'eût cru !), face à la piazza Cavour. Comme toujours, achetez votre ticket au kiosque de la *Navigazione Lago di Como.* ☎ 031-57-92-11. • www.navigazionelaghi.it •
➢ Bateaux réguliers, plus ou moins directs (à vous de composer votre itinéraire), pour toutes les localités autour du lac. Croisières nocturnes le samedi en été à partir de Côme (entre 21 h et 1 h).
Plus cher avec le *motoscafo* ou *aliscafo* (hydroglisseur). Ceux qui sont décidément convaincus par ce moyen de transport peuvent prendre un billet journalier valable sur l'ensemble du réseau (15 €).

En train

Il existe deux gares ferroviaires.
Gare ferroviaire principale, San Giovanni *(plan A-B3, 2) :* piazzale San Gottardo. ☎ 031-26-14-94. Ligne internationale du Gothard pour la Suisse, départs pour Milan, Lecco.
➢ ***Pour la Suisse (Lugano) :*** 19 liaisons quotidiennes en général, 1 par heure, de 7 h à 21 h 30. Attention, pour la plupart, ce sont des trains internationaux nécessitant une réservation. Renseignez-vous bien avant votre départ.
➢ ***Pour Milan (Centrale) :*** départs de 4 h 30 à 22 h 10, toutes les heures en moyenne. Durée du trajet : 40 mn.

Gare ferroviaire locale *(plan C2, 1) :* piazza Matteotti, face au lac. Elle dessert toutes les gares situées sur la ligne Côme-Milan : *Ferrovie Nord.*
➢ Le trajet ***pour Milan*** dure 1 h. Départs de 6 h à 21 h 15, en moyenne toutes les 30 mn.

En bus

Gare routière *(plan C2) :* piazza Matteotti. ☎ 031-24-72-47. À côté de la gare ferroviaire locale. Bureau d'information de la *SPT* ouvert du lundi au vendredi de 8 h à 12 h et de 14 h à 18 h, et le samedi de 8 h à 12 h. Bus pour les villes bordant le lac et Bergame uniquement. Horaires disponibles à la gare routière ou à l'office du tourisme.
➢ ***Pour Bellagio :*** bus C-30.
➢ ***Pour Colico :*** bus C-10.
➢ ***Pour Bergame :*** bus C-46 (7 départs dans la journée).
➢ ***Pour l'aéroport de Milan Malpensa :*** bus direct. Arrêt également piazza Cavour. Six départs entre 7 h 20 et 18 h. Compter 1 heure de trajet.
➢ ***Pour Linate :*** il faut prendre le train jusqu'à *Milano Centrale,* puis de là, prendre le bus *STAM* (voir « Adresses utiles » dans le chapitre sur Milan).

En stop

➢ ***Pour Milan :*** prenez le bus jusqu'à Ponte Chiasso (terminus de 3 lignes différentes). De là, marchez jusqu'à l'entrée de l'autoroute. S'il n'y a pas beaucoup de passage, ça vaut le coup de continuer jusqu'au poste-frontière avec la Suisse (1 km). Là, sur le parking, entre les routiers et les touristes, vous trouverez vite votre bonheur.

LE TOUR DU LAC DE CÔME (163 KM)

AVERTISSEMENT

Tous les villages cités ne méritent pas forcément un arrêt. Nous indiquons des adresses pour dormir et manger, à vous de voir ensuite où établir votre base pour rayonner autour du lac. Si vous n'avez pas beaucoup de temps (ça arrive !), la plus belle partie se situe au centre du lac entre Menaggio et Varenna, sans oublier la villa Carlotta à Tremezzo.

Comment se déplacer ?

En bateau

La route étant étroite et les zones autour du lac très habitées, le bateau se révèle le meilleur moyen de transport. D'autant qu'en été les bouchons sur les petites routes ne relèvent pas de la fiction.

Navigazione Lago di Como : ☎ 800-55-18-01.

➢ Correspondance avec toutes les villes du lac. Plus grande fréquence au cœur du lac : Menaggio, Varenna, Bellagio et, évidemment en saison, de début avril à fin octobre. Pour les routards motorisés, possibilité de traverser le lac entre Menaggio, Varenna, Bellagio et Cadenabbia. Le prix dépend de votre bolide, compter entre 6 et 8 € pour le véhicule et une personne.

En bus

Lignes régulières tout autour du lac, excepté sur la rive est de Colico à Lecco. Prendre son billet avant de monter dans le bus, car aucune vente à l'intérieur. Généralement, toujours un point de vente en « ville » à proximité de l'arrêt.

➢ Pour la rive ouest : le bus C-10 effectue le trajet le long du lac entre Côme et Colico (à l'extrême nord). Le C-20 dessert les villages de montagne entre Côme, Argegno, San Fedele et Lanzo. Le bus C-30 va de Côme à Bellagio, le D-10 de Bellagio à Lecco et le C-12 de Menaggio à Lugano.

À savoir : trajet direct pour aller à l'*aéroport Milano Malpensa,* de Menaggio, Tremezzo, Cernobbio et Como, avec la *Società Pubblica Trasporti Como,* ☎ 031-24-71-11.

LA RIVE OUEST : DE CÔME À DOMASO (53 KM)

Une balade magnifique à faire, quel que soit le moyen de transport. Cette rive abrite de très beaux villages encore épargnés par le tourisme. Le trajet en voiture permet de longer le lac au niveau de l'eau et offre des points de vue superbes. Les amoureux de la marche et les solitaires iront se perdre dans les collines voisines à la recherche de l'authenticité italienne. Les randonneurs amoureux de beaux paysages pourront monter jusqu'au sommet du *monte Bisbino* (1 325 m) en empruntant de vieux sentiers muletiers ou bien une route étroite qui domine le lac et la plaine lombarde. Les plus beaux sites se trouvent entre Cernobbio et Menaggio. Le paysage est ensuite moins joli.

CERNOBBIO

(22012)

À 5 km de Côme. Une localité satellite de Côme où abondent jardins et villas. Son charme n'est pas immédiat car un gros échangeur barre son paysage. Malgré tout, c'est un lieu de rendez-vous élégant, par la présence de la *Villa d'Este,* grand bâtiment perdu dans un parc immense que la route côtière contourne. Construit en 1570 par un prince de l'Église, il a été transformé en hôtel au XIXe siècle. Le bâtiment principal s'accompagne d'un autre grand pavillon (le pavillon de la Reine). Toute la jet-set aime à s'y prélasser, c'est le cas de Schwarzi, du « Boss » ou de Gloria Estefan, qui vont y séjourner. La chambre standard est à 300 €, autant dire qu'il faut avoir un porte-monnaie sacrément bien rempli. Vous pouvez toujours essayer de bluffer le portier pour visiter les chambres en prétextant un prochain séjour. Le personnel est tellement serviable que ça pourrait marcher.

Où dormir ? Où manger ?

Prix moyens

🏠 🍽 ***Albergo Trattoria Ponte Vecchio :*** via Trento, 2. ☎ 031-51-11-29. Fax : 031-334-61-79. En venant de Côme, prendre à gauche au niveau de la villa d'Erba, juste avant le Municipio. Continuer jusqu'à l'autopont. Resto fermé le dimanche ainsi que du 25 décembre à fin janvier. Prévoir entre 70 et 77 € pour une chambre, petit dej' compris. Menu à 17 € servi en semaine. Assez à l'écart et dans un coin qui ne mérite pas le détour, cet hôtel présente un avantage certain : des chambres refaites à neuf avec tout le confort : grandes salles de bains très bien équipées, excellent couchage. L'autre avantage non négligeable : une bonne cuisine familiale.

🏠 🍽 ***Trattoria Albergo La Vignetta :*** via Monte Grappa, 32. ☎ 031-334-70-55. Fax : 031-34-29-06. • lavignetta@tin.it • Dans le quartier de Cernobbio. Pour vous y rendre, depuis Côme, prenez sur la gauche au rond-point principal. Continuez tout droit et prenez en face sur la droite une route qui monte vers la colline (la via Volta), c'est indiqué par la suite. Fermé en janvier. Comptez 58 € la chambre avec petite cabine de douche, petit dej' compris. Menu du midi à 12 €. Loin, au calme, dans un quartier résidentiel. Belles chambres spacieuses et confortables, avec de vieux meubles. En contrepartie, les chambres sans bains sont moins intéressantes car la douche commune se trouve dans les w.-c. également utilisés par les clients du restaurant. Apéritif ou digestif offert sur présentation du *GDR*.

Cher et pas forcément chic

🏠 ***Hôtel Miralago :*** piazza Risorgimento, 1. ☎ 031-51-01-25. Fax : 031-34-20-88. • www.hotelmiralago.it • Congés annuels : de mi-novembre à mi-février. Chambres doubles à 120 €. Demi-pension obligatoire à Pâques, compter 81 € par personne. Faute de pouvoir vous offrir la *Villa d'Este,* allez donc vous reposer dans cet hôtel en bordure du lac. Chambres confortables. Demandez celles avec vue sur le lac (30 sur les 42). Dommage que le bruit des cars et autres véhicules gâche un peu la quiétude de l'endroit, et que l'accueil ne soit franchement pas terrible. Somme toute assez cher pour ce que c'est.

MOLTRASIO

(22010)

À 8 km. Au pied du mont Bisbino (point de départ de l'ascension et de la route panoramique). Voir ***Sant'Agata,*** croquignolette et très vieille ***église*** romane avec une tour très haute pour l'époque.

Où dormir ? Où manger ?

Voici deux petites adresses dans les parages.

Prix moyens

Hôtel-ristorante Fioroni : piazza Minoletti, 1, 22010 Carate Urio. ☎ 031-40-01-49. Fax : 031-40-00-37. • www.confcommercio.como.it/fioroni.htm • À Carate Urio, à 1 km de Moltrasio. Congés annuels : du 15 novembre au 28 février. Prévoir entre 65 et 70 € la chambre. Compter 15 € pour le premier menu. Voici un hôtel pas comme les autres. L'accueil de don Giuseppe, le nœud pap' toujours allègre, est sans équivalent. On pourrait résumer le tout en disant que c'est un personnage aussi espiègle que Roberto Benigni. Mais l'incomparable valeur du lieu, c'est le lac, qui entre presque dans les chambres, embellies par Guiseppe. Préférez celles du bâtiment principal, plus charmantes. La carte est d'une bonne tenue et offre une large place aux poissons du lac ainsi qu'aux desserts. Digestif offert sur présentation du *Guide du routard* de l'année.

Vecchio Molo : via Regina, 93, Laglio. ☎ 031-40-07-30. À 1 km de Carate Urio, et par conséquent à 2 km de Moltrasio. Face à la route et au lac, à côté de l'hôtel *Plinio au lac* en sortant du village et des garages à barque de pêcheurs. Fermé le mercredi. Congés annuels : de décembre à mi-février. Prévoir 25 € le repas. Bon petit resto de poisson. La décoration intérieure, chaleureuse et maritime, vous met tout de suite dans l'ambiance. La carte n'est pas très fournie mais c'est un gage de qualité et de fraîcheur et l'*antipasto di pesce* (poisson) est assez bon. Accueil sympathique du chef. Bien pour le soir, car pas de vue extraordinaire sur le lac. Petite terrasse au bord de la route.

ARGEGNO

Sur la route, vous passez par ***Brienno,*** un joli village de pêcheurs plongeant littéralement dans l'eau, où l'on entend résonner les voix des *mammas* et les cris des enfants.
À 20 km de Côme, Argegno est le point de départ de la vallée d'Intelvi. Ne manquez pas la balade d'Argegno à Lanzo, en passant par San Fedele, jusqu'au sommet de la Sighignola. De là-haut, on peut admirer, au lieu-dit *Balcone d'Italia* (1 320 m), un somptueux panorama s'ouvrant largement sur les Alpes et le lac Lugano situé en contrebas. Cet itinéraire vous fera traverser des bourgades antiques, découvrir des villas, des monuments et demeures anciennes qui renferment les chefs-d'œuvre des « Magistri intelvesi », les artistes qui ont laissé de nombreux témoignages de leur art dans toutes les capitales d'Europe.
Entre le monte Bisbino et la vallée d'Intelvi, serpente une belle promenade, la ***via dei Monti Lariani,*** réservée aux amateurs de marche et de beautés naturelles.

Au centre de la vallée, à ***San Fedele,*** se croisent différents itinéraires qui partent en direction de Pigra (881 m ; un funiculaire permet de redescendre sur Argegno de 8 h à 12 h et de 14 h à 18 h), Casasco, Pellio et Lanzo (petite station de ski l'hiver). Magnifique panorama sur la ville et le lac de Lugano. D'autres sentiers permettent de bifurquer en direction de Laino et de Ponna et de rejoindre Claino con Osteno, une localité située sur la rive italienne du lac Ceresio.

Où dormir dans les environs ?

Agritourisme (chambres d'hôtes)

Al Marnich : à Schignano. ☎ 031-81-92-42. Fax : 031-81-98-14. • www.al-marnich.it • En venant de Côme, sur la route 340, bifurquez sur la gauche avant d'entrer dans Argegno. C'est à 8 km de cette bifurcation, en direction de Schignano. Passez la commune de Vesbio, et après c'est indiqué. Congés annuels : en février. Compter 70 € pour deux en *B & B* et possibilité de demi-pension, ce qui n'est pas de trop, compte tenu de l'isolement. Il suffit de se rendre dans ce petit refuge pour être convaincu par la majesté du site. On est en plein dans les Préalpes, le lac est en contrebas, mais non visible, et le repos garanti. Emanuele, un sympathique Milanais quinquagénaire, a réhabilité à sa sauce toutes les pièces de cette ancienne bergerie. Une touche originale, avec les murs des chambres peints en jaune ou bleu (nous, on a un faible pour cette couleur-là), bains neufs avec cabine de douche et variateurs de lumière. On a même gardé les madriers mastoc et les grossières dalles en ardoise. Les petits salons communs et salles à manger dégagent un certain charme rustique qui rappelle les refuges de montagne. Convient aux randonneurs. Café offert à nos lecteurs ainsi qu'une réduction de 10 % du 10 au 31 janvier, en mars, en octobre et en novembre.

SALA COMACINA

À 26 km. Point de départ pour gagner l'*isola* du même nom. Se garer sur le parking (juste au-dessus de la route principale) et descendre à pied jusqu'à l'embarcadère. De là, bateaux privés réguliers pour une traversée de 5 mn. *Boat service Conazzi* : ☎ 031-82-19-55. Autre possibilité, prendre le bateau de la *Navigazione Lago di Como,* à 1 km, à Lenno. Une demi-douzaine de départs d'avril à octobre. Trajet : 10 mn. ☎ 800-55-18-01.

Isola Comacina : un site particulièrement riche en témoignages artistiques, parmi lesquels figurent les mosaïques romaines mises au jour après de longues fouilles. Son histoire en dit également beaucoup et contraste avec la sérénité actuelle de l'île. Elle fut en effet jadis une forteresse, refuge de vassaux rebelles aux empereurs barbaresques ainsi que du roi Bérenger II (962), puis le centre de batailles navales des villages du lac alliés à Milan, pendant la guerre de Dix Ans contre Côme. Enfin, le grand écrivain de Côme, Auguste Giacosa, a chanté cette petite terre hospitalière dans tous ses écrits ; l'histoire se confond avec les légendes du lac en se rapprochant profondément de la malédiction qu'un poète de mauvais augure avait lancée contre l'île au XIIe siècle : « Ô île, tu seras maudite à travers les siècles. » Amusant : l'île appartient à la fois à l'Italie et... à la Belgique ! Le drapeau belge y flotte en permanence. Elle fut la propriété d'un habitant de Sala Comacina qui, après 1914-1918, la légua à Albert Ier, le roi-chevalier qui, à son tour, en fit don à l'Académie des beaux-arts de Milan pour servir de lieu d'accueil aux artistes de tous pays.

– En partant de Sala Comacina, ne pas manquer, à Ossucio, l'***église d'Ospedaletto,*** avec son clocher gothique posé sur une tour romane.

LENNO

(22016)

À 27 km. C'est ici que commence la Tremezzina, étroite bande de terre au bord du lac qu'on a appelée le jardin de la Lombardie. De fait, les parcs y sont si nombreux et si serrés qu'on dirait, en les voyant, qu'il ne s'agit que d'un seul et même immense jardin, au milieu duquel sont bâties les plus belles villas de la région.
La promenade au bord du lac sous les arbres est superbe. Un peu plus loin, petite place dominée par une vieille église. La vie est ici rythmée par le soleil et bercée par le bruit du ruisseau. Même les pêcheurs sont authentiques !
Bien loin de cette vie paisible, on peut rouvrir une page d'histoire, en poussant un kilomètre plus loin, à ***Azzano.*** Plus exactement un peu au-dessus du village, dans le hameau de Giulino di Mezzegra. C'est près du portail de la maison n° 14, le 28 avril 1945, que furent fusillés Mussolini et Clara Petacci, sa maîtresse. Pour la petite histoire, cette exécution arrangea tout le monde. La droite d'abord, puisque le jugement de Mussolini aurait été le procès de la politique italienne depuis 20 ans. La gauche ensuite, puisqu'elle permettait, en créant l'irréparable, d'aller jusqu'au bout de la révolution politique. Enfin, les Alliés, que cette exécution délivrait d'un gros poids. Mussolini, vivant et passant en procès, n'aurait été un atout pour personne : trop discrédité pour être exploitable ! D'ailleurs, les différents commandos américains envoyés pour l'arrêter furent loin de faire du zèle. Quant aux Anglais, ce n'était pas leur souci.

Où camper ?

Camping « La'vedo » : via degli Artigiani, 1. ☎ 0344-562-88. Ouvert d'avril à fin septembre. Compter 16 € pour 2, l'emplacement et la voiture. Tout petit, séparé de la route par une petite haie taillée au cordeau, douches propres mais à jetons. Peu de place pour les tentes et les caravanes. Bungalows à l'année. Le seul camping du coin.

À voir

Villa del Balbianello : située sur la pointe de la presqu'île. ☎ 0344-561-10. Fax : 0344-55-75. Accès par bateau de Sala Comacina. Ou par Lenno, les mardi, samedi et dimanche (la traversée coûte 5 €). Ouvert d'avril à octobre tous les jours, sauf les lundi et mercredi, de 10 h à 13 h et de 14 h à 18 h , les samedi et dimanche, ouvert de 10 h à 18 h. Entrée : 5 € ; réductions. La visite des jardins vaut le détour. Pour visiter l'intérieur de la villa, il est indispensable de réserver. Points de vue magnifiques sur le lac.

TREMEZZO

À 29 km. Petit village très touristique aux abords du lac, connu surtout pour la ***villa Carlotta.*** Située à la sortie de la ville, cette imposante demeure est aujourd'hui un musée. ☎ 0344-404-05. • www.villacarlotta.it • D'avril à septembre, ouvert de 9 h à 18 h ; en mars et octobre, de 9 h à 11 h 30 et de 14 h

à 16 h 30. Entrée assez chère : 7 € ; réductions. Un conseil : emportez votre pique-nique, c'est le lieu idéal, et en plus c'est permis.
Construite en 1690 par un banquier milanais dont on ne retiendra pas le nom, elle fut ensuite la propriété de la princesse Charlotte de Prusse qui la reçut comme don pour ses noces avec le duc de Saxe-Meiningen en 1848 (la veinarde !). Les jardins, très réputés, tiennent leurs promesses et offrent au printemps de nombreuses essences et fleurs odorantes (camélias, rhododendrons, fougères arborescentes, cactus, azalées, palmiers, magnolias, etc.). Le musée présente quelques œuvres qui permettent de saisir l'atmosphère dans les villas à cette époque. Notamment, les belles statues néoclassiques de Canova, *Amour et Psyché, Palamede* et *Madeleine repentante.* Superbes tapisseries des Gobelins du XVIIIe siècle. Œuvres intéressantes de Gainsborough et Reynolds. Pour finir, une « décoration de table » très simple et de bon goût, réalisée pour Eugène de Beauharnais.

Adresse utile

Office du tourisme : via Regian, 3. ☎ 0344-404-93. À proximité de l'embarcadère des ferry-boats. Ouvert du 1er avril au 31 octobre tous les jours (sauf le mardi) de 9 h à 12 h et de 15 h 30 à 18 h 30.

Où dormir ?

Camping

Camping Degli Ulivi : via Febo Sala, 18, 22019 Bolvedero di Tremezzo. ☎ 0344-401-61. Fax : 0344-400-15. Juste avant d'arriver sur Tremezzo, remonter la route sur la gauche. Suivre aussi la direction de la *villa Edy,* résidence-hôtel au même endroit. Ouvert d'avril à fin octobre. Compter 31 € pour 2, tente et voiture. Ce camping 3-étoiles, assez cher, possède deux avantages indéniables : il est éloigné de la route et possède une piscine. Il est préférable de réserver en été.

Chic

Albergo Rusall : via San Martino, 2, 22019 Rogaro di Tremezzo. ☎ 0344-404-08. Fax : 0344-404-47. • www.rusallhotel.com • À 5 km de Tremezzo en direction de Menaggio. Pour s'y rendre, à l'entrée de la ville, prendre la première rue à gauche après la paroisse et parcourir environ 2 km en montant dans la colline. Il vaut mieux avoir une voiture ou de bons mollets. Congés annuels : de début janvier à mi-mars. Restaurant fermé le mercredi midi. Compter 94 € la chambre avec petit déjeuner. Possibilité de demi-pension. Petit hôtel tenu par deux frères parlant le français, avec un emplacement sublime face au lac. Tennis. Petits bémols : les chambres sont plutôt petites, mais avec terrasse. Attention, car c'est une adresse d'habitués et les mois de mai et septembre sont très rapidement réservés vu le peu de chambres. Réduction de 10 % aux lecteurs du *Guide du routard* pendant les mois de novembre, décembre et mars ainsi que le petit déjeuner offert.

Où manger ?

Prix moyens

La Fagurida : via San Martino, 12, 22019 Rogaro di Tremezzo. ☎ 0344-40-676. Sur le chemin de l'*albergo Rusall,* quelques mètres plus loin. Fermé le lundi. Congés annuels de fin décembre à mi-février.

Compter en gros 21 € pour un repas. Grande salle de style rustique avec une cheminée et une multitude de cuivres aux murs. Dans la toute petite avancée couverte, surplombant une partie du lac, quelques tables sont à prendre d'assaut. Peu de choix : un *antipasto* et 5 ou 6 plats, mais tous délicieux. On vous recommande l'*antipasto* et, surtout, la polenta, cuisinée avec des oignons et du fromage, le tout gratiné au four. On n'en n'a jamais mangé d'aussi bonne. Le lapin grillé est aussi un must à ne pas rater.

Plus chic

Ristorante Al Veluu : à Rogaro di Tremezzo. ☎ 0344-405-10. Également sur le chemin de l'*albergo Rusall*. Fermé le mardi. Congés annuels : de novembre à mars. Repas autour de 40 €. Une belle salle intérieure avec cheminée, toute de bois et de cuivre revêtue. De la terrasse, la vue sur le lac est vraiment idyllique. Spécialité de risotto au champagne et poivre vert. Beurre maison et légumes du jardin. Bons desserts maison (tartes et *tiramisù*). Adresse sympa quoiqu'un peu chère. Service assez long. Apéritif ou digestif offert sur présentation du *GDR*.

MENAGGIO

(22017)

À 34 km. Une petite station climatique considérée comme l'une des plus belles dans la région, bien agréable, certes, avec sa longue promenade au bord du lac et ses petites rues, mais comme partout autour du lac, trop touristique pour le routard en quête d'originalité. À recommander hors saison. Bonne base pour rayonner.

Adresse utile

Office du tourisme : piazza Garibaldi, 4. ☎ et fax : 0344-329-24. Ouvert de 9 h à 12 h et de 15 h à 18 h. • infomenaggio@tiscalinet.it • Fermé le dimanche. Nombreux renseignements sur les randonnées et autres excursions intéressantes dans la région. Bon accueil et efficacité tout à fait appréciable.

Où dormir ? Où manger ?

Campings

Camping Europa : via dei Cipressi, 12. ☎ 0344-311-87. À la sortie de la ville, sur la droite, au bord du lac. Ouvert aux voitures de 8 h à 23 h. Réception fermée entre 12 h et 14 h. Fermé en hiver. Environ 15 € pour 2 avec une tente et une voiture. Un camping « de ville » avec des emplacements très serrés. Possibilité de louer des petits bungalows mais téléphoner avant, car ils sont souvent complets. Le patron est très sympa. Plage étroite et caillouteuse calée à côté d'un chantier naval. Douches payantes, mais eau chaude pas toujours au rendez-vous.

Camping Lido : via Roma, 4. ☎ 0344-311-50. À quelques pas du centre de Menaggio. Ouvert seulement en été. Compter de 15 à 17 € pour 2 personnes, une tente, une voiture. En fait, il s'agit d'un terrain de foot qui devient camping en été. Assez bruyant car la gare routière est juste à côté. En dernier recours, donc.

Bon marché

🏠 |●| ***Auberge de jeunesse La Primula :*** via IV Novembre, 106. ☎ et fax : 0344-323-56. • menaggio hostel@mclink.it • À l'entrée du village, au bord de la route et en haut d'une rampe. Ouvert de mi-mars à début novembre, de 8 h à 10 h et de 17 h à 23 h 30. Compter 26 € par personne en demi-pension. Bon repas le soir à 12 € (que l'on peut prendre même sans y loger en réservant avant 18 h). Dans une grande bâtisse moderne. Une salle chaleureuse et animée avec piano et photos, offrant une belle vue. Chambres bruyantes, étant donné la proximité de la route. Dortoirs de 4 ou 6 personnes. Patron très sympa. Informations sur les excursions dans la région. Location de vélos et de dériveurs. Strictement non-fumeurs. 15 mn de navigation sur Internet offertes à nos lecteurs.

🏠 |●| ***Albergo-ristorante Il Vapore :*** piazza T. Grossi, 3. ☎ 0344-322-29. Fax : 0344-348-50. Congés annuels : de novembre à février. Resto fermé le mercredi. Compter de 45 à 50 € la nuit en chambre double avec vue partielle sur le lac. Un petit hôtel (10 chambres seulement) pas cher vu sa situation au cœur de la ville et calme (donne sur une placette). Les chambres sont simples, avec une salle de douche assez sommaire. Ambiance du bar-resto fellinienne, avec les habitués qui viennent boire le coup et taper le carton. Près du bar sont alignées les photos souvenirs des bringues passées. Accueil changeant au gré des jours. Belle terrasse ombragée par la glycine.

Prix moyens

🏠 ***Hôtel Garni Corona :*** largo Cavour, 3. ☎ 0344-320-06. Fax : 0344-305-64. Non loin du précédent, c'est la porte à côté de l'office du tourisme. La chambre vaut entre 50 et 65 € sans le petit dej'. Un hôtel installé dans une vieille demeure qui ne manque pas de charme. Les chambres sont proprettes et, à défaut d'être du dernier cri (vieux parquet craquant de toutes parts), elles demeurent tout de même soignées. Quelques salles de bains refaites à neuf. Ascenseur antédiluvien. N'accepte pas les cartes de paiement.

Où manger un morceau sur le pouce ?

Bon marché

|●| ***Pizzeria Lugano :*** via Como, 26. ☎ 0344-31-664. Fermé le lundi. Congés annuels : de mi-juin à mi-juillet. Compter de 5 à 8 € pour une pizza et 15 € pour un repas. La pizzeria courue de Menaggio. Grande salle au 1er étage, face au fourneau du pizzaiolo. Ce dernier n'arrête pas, fournissant aussi tout Menaggio en *pizze* à emporter. Plus d'une trentaine de combinaisons : de la *Parma* à la *della Casa* (recommandée) en passant par la *Tyrol* et la *Bismarck* ! Non-fumeurs.

|●| ***Pub Tanamana :*** piazza IV Novembre. Face au débarcadère, en contrebas à droite en entrant dans le village. Ouvert de 12 h à 2 h. Fermé le lundi. Plus bar que resto, c'est le rendez-vous de la jeunesse de Menaggio. Belle terrasse. *Gelati* frappées et gâteaux, quelques *antipasti* et *panini.* Musique *live* une fois par semaine.

SAN SIRO (22010)

En fait, il s'agit d'une localité de formation récente composée de deux communes qui ont fusionné : ***Santa Maria Rezzonico*** (à 41 km de Côme) et ***Pianello del Lario*** (à 45 km). Moins bondé que Menaggio. Plage et baignade agréables. Santa Maria Rezzonico est un petit village dominé à 2 107 m par le mont Bregnagno. Vieux château de la famille Rezzonico, dont est issu le pape Clément XIII.

Où dormir ? Où manger ?

Camping MEC : via della Chiesa. ☎ 0344-870-26. Sur la droite à l'entrée du village. Compter 17 € pour deux personnes, tente et voiture. Petit camping un peu ramassé. Douches chaudes payantes. Tennis à proximité (réservez au café en haut de la route). Petite plage du camping donnant directement sur le lac. Très fréquenté par les Hollandais.

Ristorante Lauro con alloggio : via Carlo Alberto, 51. ☎ 0344-500-29. Situé dans une ruelle piétonne accédant directement au petit port. Congés annuels : en octobre. Restaurant fermé le lundi. Compter 32 € la chambre sans bains et 4,50 € le petit déjeuner. Au resto, compter 20 €. Très calme et peu fréquenté par les touristes, ce restaurant fait également office d'hôtel. Le rapport qualité-prix étant des plus honnêtes, il vaut mieux réserver à l'avance. Une dizaine de chambres simples et très propres avec vue partielle du lac. Cuisine familiale tout à fait correcte. Une adresse comme on les aime. Digestif offert sur présentation du *GDR*.

DONGO

Petit village sur la route des campings. Le tourisme rural se développe peu à peu dans les environs, surtout vers *Consiglio di Rumo.* Pas énormément d'intérêt sauf qu'il peut faire un bon point de chute pour randonner dans la région. Il suffit d'ailleurs de s'écarter un peu des bords du lac pour y trouver les images d'Épinal de l'Italie du Nord. Meules de foin, hameaux et villages où les retraités regardent avec interrogation l'étranger qui passe sur la place principale. Pour cela, suivre la direction de *Garzeno,* à 7 km. Sur la route, plusieurs *trattorie* et chambres d'hôtes.

Adresse utile

Office du tourisme : piazza Paracchini, 6. ☎ 0344-825-72. À la mairie, situé à l'entresol à droite. Ouvert du lundi au samedi de 9 h 30 à 12 h et de 15 h 30 à 18 h ; en été, fermeture une demi-heure plus tard. Renseignements sur les localités de la partie haute du lac et sur les *crotti,* les endroits de dégustation de vins et de charcuteries locales (à Stazzona). Visite guidée du petit musée de la Résistance cômasque (la porte juste à côté), qui exhibe photos et journaux d'époque relatant la capture de Mussolini (voir notre descriptif de Lenno), ainsi que les villas historiques, Bellagio et Côme.

Où acheter des truites de montagne ?

Azienda Agriturismo Punt di Reseg : localité Ponte delle Seghe, à côté de Garzeno. ☎ 0344-881-07. Attention, l'accès n'est pas facile, deux voitures ne passent pas de front et le revêtement est une route de terre avec ornières. Pour vous y rendre, depuis Dongo, prenez en face du couvent franciscain la direction de Germasino et Garzeno. Dans

Garzeno, demandez la direction de Ponte delle Seghe, puis, sur le chemin, prenez à gauche là où se termine le bitume. Passez un petit barrage, continuez tout droit. Une pancarte indique le chemin mais comme l'*azienda* est dans les arbres, on ne la voit pas. Un restaurant et un point de vente qui sert aussi de refuge de montagne où les randonneurs viennent se ressourcer, prendre un café, etc. Cela dit, même si vous n'y allez pas pour acheter ou vous restaurer, la route constitue une chouette *passeggiata* sous une canopée de châtaigniers.

GRAVEDONA

À 2 km avant Domaso, ne pas rater l'***église Santa Maria del Tiglio,*** chef-d'œuvre de l'architecture romano-lombarde. Située au bord du lac. Construite au XIIe siècle, elle impressionne par sa charpente, son clocher octogonal à base rectangulaire. Crucifix au Christ étonnamment moderne pour une sculpture en bois du XIIe siècle. Des fragments de mosaïque découverts laissent présager de la beauté du sol. Enfin, l'endroit, assez paisible, offre une des meilleures vues sur le lac.

Où dormir sur les hauteurs?

Agritourisme (chambres d'hôtes)

▲ ***Agriturismo La Sorgente :*** via Brenzio, 24, 22010 Consiglio di Rumo. ☎ 0344-81-859. • www.agriturismolasorgente.com • Prendre à gauche en direction de Brenzio à côté du cimetière avant d'entrer dans Gravedona. Compter 50 € pour 2. Seulement 3 chambres pour ce petit chalet tenu de main de maître par Marco, l'enfant du pays. Toutes refaites à neuf avec vieux meubles peints, les indispensables napperons en dentelle et petits miroirs émaillés. Deux chambres (qui d'ailleurs ressemblent plus à des bungalows) possèdent leur coin-cuisine. Site idéal avec une vue panoramique et plongeante sur le lac. Petite précision d'usage à l'égard des automobilistes : le gabarit requis pour entrer dans le village est la Fiat Uno. Tout autre véhicule risque fort de devoir faire marche arrière, qu'on se le dise. Digestif et café offerts sur présentation du *GDR*.

DOMASO (22013)

À 53 km de Côme. Grand village assez étendu au bord de l'eau, d'où l'on a la plus vaste vue d'ensemble du lac jusqu'à Bellagio (par temps clair seulement). Le relief devient franchement plus émoussé que dans les environs immédiats de Côme, et c'est peut-être pour cette raison qu'il possède beaucoup moins de charme que les précédents. En fait, la route de Gravedona à Colico ne présente pas vraiment d'intérêt. À recommander aux amateurs de planche à voile, toutefois, car le vent souffle pas mal dans la région.

Adresse utile

ℹ ***Office du tourisme :*** via Garibaldi, 81. ☎ 0344-963-22 et en hiver : ☎ 0344-960-88. Fax : 0344-833-63. Grand chalet ouvert, normalement, en saison, de 10 h à 12 h 30 et de 16 h à 18 h. Liste des campings et renseignements sur les possibilités de pratiquer la planche à voile.

Où dormir ?

⛺ ***Camping Gefara :*** via Case Sparse, 188, 22013 Domaso. ☎ 0344-961-63 ou 0344-951-21 en hiver. Fax : 0344-976-31. • www.campinggefara.it • Ouvert de début avril à fin septembre. Compter *grosso modo* 18 € pour 2 personnes, une tente et une voiture. Ce camping s'adresse plus à ceux qui ont oublié leur tente : bungalows pour 2, 3 ou 4 personnes. Choisir les plus récents car les anciens sont de vraies fournaises en été. Compter de 27 à 77 €. La patronne, qui parle bien le français, est très dynamique. Cartes de paiement non acceptées. Remise de 10 % offerte à nos lecteurs en basse saison pour un séjour minimum de 2 nuits.

LA RIVE EST : DE COLICO À LECCO

La route devient très belle entre Colico et Varenna. On peut emprunter la route bordant le lac, certes moins rapide que l'autoroute, mais quel spectacle ! En chemin, les fans de pèlerinages pourront s'arrêter à l'***abbaye de Piona,*** à quelques kilomètres de Colico, à ***Olgiasca*** plus exactement. Construite au XIIe siècle, elle n'éblouit pas par sa beauté, mais les familles y accourent le dimanche. Il y a même une mini-grotte de Lourdes reconstituée, avec une petite chapelle votive à côté, et les Photomatons de tous ceux qui ont besoin de prières...

➢ Pour se déplacer entre les villes de la côte est, le bateau comme toujours est la meilleure solution. Sinon, un train (FS180) relie Tirano à Milan en desservant Colico, Pionna, Varenna et Lecco.

VARENNA

ℹ ***Office du tourisme :*** via Capitanato del Lago. ☎ 0457-400-837. Fax : 0457-401-633. • info@malcesinepiu.it •

Certes très touristique et courue, notamment le dimanche par les Cômasques pour la *passeggiata* dominicale, Varenna n'en est pas moins une petite ville fort agréable. De l'embarcadère, suivre la promenade à pied le long du lac pour atterrir au « centro-historico-touristico ». Nombreuses terrasses bondées rivalisant toutes, avec leurs coupes débordant de *gelati*. Si vous ne vous laissez pas tenter ou si vous êtes un peu agoraphobe, vous trouverez, en continuant le chemin, un ou deux cafés avec des terrasses plus isolées. Les jardins de la ***villa Monastero,*** tout en longueur, poursuivent agréablement cette balade le long du lac. Rhododendrons, glycines, grands magnolias... et vue assez splendide sur le lac (sans blague !) et sur la ***villa Cipressi.*** Auparavant, c'était un couvent de cisterciennes. Les communautés religieuses ont décidément le chic pour s'établir dans des lieux splendides ! Aujourd'hui, la villa abrite un centre de congrès international.

Vous pouvez aussi accéder à la villa directement par la route, mais c'est nettement moins enchanteur. Ouvert de début avril à fin octobre tous les jours de 9 h à 18 h. Entrée pour la villa Monastero : 2 € ; même prix pour la villa

Cipressi et 3,50 € pour la visite des deux jardins. Réductions. Pour informations, appeler Graziella della Torre : ☎ 0341-29-54-50.

QUITTER VARENNA

En bateau

Possibilité de traversée pour les routards motorisés. La « carte de libre circulation dans le centre du lac », valable une journée, vous permet de vous déplacer entre les villes principales pour 7,50 €. Toutefois, elle n'est pas acceptée sur les hydroglisseurs.
➢ ***Pour Menaggio :*** une quinzaine de départs de 7 h 30 à 20 h, du lundi au samedi ; de 8 h 20 à 19 h 40, le dimanche et les jours fériés.
➢ ***Pour Bellagio :*** une vingtaine de départs de 7 h à 21 h, du lundi au samedi ; de 8 h à 21 h 40, les dimanche et jours fériés.
➢ Sinon, pour les passagers sans véhicule, nombreuses autres liaisons avec toutes les villes du lac.

En train

Ligne Tirano-Milan.
➢ ***Pour Lecco :*** une vingtaine de départs par jour de 6 h à 21 h.
➢ ***Pour Milan :*** une dizaine de départs par jour.

DE CÔME À BELLAGIO (30 KM)

La route qui relie Côme à Bellagio est tout simplement superbe. Contrairement à celle qui longe la rive ouest, elle surplombe le lac d'une cinquantaine de mètres et offre des vues plongeantes époustouflantes. Ami routard, soyez vigilant si vous voulez que votre véhicule ne soit vite transformé en un inutile accordéon. La route est assez étroite et sinueuse, ce qui ne fait pas peur aux Italiens de la région qui ne se gênent pas pour empiéter sur votre territoire de conduite. Roulez donc doucement et rappelez-vous le proverbe italien *Chi va piano va sano e va lontano.*

FAGGETO LARIO (22020)

Petit village, quelques kilomètres après Torno.

Où dormir ? Où boire un verre ?

Hôtel Vapore : via alle Rive. ☎ 031-37-87-00. Fax : 031-37-86-86. En venant de Côme, prendre à gauche juste après le restaurant *Il Pescatore.* Compter 90 € la chambre. Situé dans un joli petit port où règnent calme et tranquillité, cet hôtel offre une quinzaine de chambres, toutes dotées d'une kitchenette pas toujours en état. Certaines donnent sur le lac. Accueil assez froid. Cartes de paiement acceptées. Petit dej' offert aux lecteurs du *GDR.*

Il Pescatore : via per Bellagio, 1. ☎ 031-37-86-88. Fermé le mardi. Congés annuels : en décembre et janvier. Magnifique terrasse extérieure surplombant le lac, idéale pour la pause-café ou l'apéritif.

ZELBIO

(22020)

À 23 km au nord de Côme, dans la montagne. Ci-dessous, notre adresse préférée. Si vous ne vous arrêtez pas pour dormir, faites au moins une pause gastronomique.

Où dormir ? Où manger ?

Albergo-ristorante Nazional : piazza Rimembranze, 1. ☎ et fax : 031-91-79-31. C'est la seule auberge du village, donc facile à trouver. On peut y arriver avec le bus partant de Côme, ou en voiture. Congés annuels du 5 au 15 septembre. Il est préférable de réserver. Compter 70 € la chambre et 7 € pour le petit déjeuner. Compter 20 € environ pour un repas complet. Un endroit superbe et tranquille au-dessus du lac de Côme. Quelques chambres individuelles avec placard-salle de bains super technique : lavabo coulissant et plein de gadgets. On y mange également de bonnes spécialités (essayez la *pizzocheri* ou la *polenta uncia*). Accueil familial fort sympathique. C'est également un point de départ idéal pour des trekkings dans les montagnes aux alentours. Cartes de paiement acceptées. Apéritif offert sur présentation du *GDR*.

LEZZENO

(22025)

À 30 km au nord de Côme. L'une de nos meilleures adresses sur le lac.

Où dormir ? Où manger ?

Albergo Ristorante Crotto del Misto – Club Morgan : frazione Crotto, 10. ☎ 031-914-541. Fax : 031-915-291. • www.crottodelmisto.com • En contrebas, au km 20 de la route très passante vers Bellagio. Fermé le mardi. Congés annuels : de décembre à février. Chambres de 55 à 65 €. Compter de 21 à 26 € pour un *antipasto* et un *primo* ou un plat. La façade de l'hôtel-restaurant cache bien son jeu. Immense terrasse de l'autre côté donnant directement sur le lac, 2 petites tables en pierre trônent depuis 1700, car c'était déjà une *trattoria*. L'établissement appartient à la même famille depuis 1832. Les habitués cômasques accourent pour la cuisine, en particulier pour manger un poisson du lac et déguster un bon vin. En matière de vin, justement, c'est une véritable caverne d'Ali Baba. Des centaines de bouteilles et des fûts sont conservés dans des caves maintenues à température idéale par une source d'eau coulant sous la maison. De quoi s'assurer de beaux jours ! D'ailleurs, si vous voulez prolonger votre passage, vous pouvez séjourner dans cette maison. Réservation vivement recommandée.

Ski nautique

■ ***Club Morgan :*** au même endroit que l'adresse ci-dessus. Ouvert de mai à septembre. L'unique club de ski nautique du lac de Côme, pour les débutants ou les pros. Séances de 10 mn sur la base de 85 € l'heure.

BELLAGIO

(22021)

Située sur la pointe du triangle qui divise le lac en 2 branches, c'est la station balnéaire la plus huppée de la région. Conséquence : tous les Milanais et les habitants de la région y déferlent les week-ends ensoleillés pour remplir les terrasses des cafés et y exhiber paire de lunettes, cravate en soie et téléphone portable. La ville est inabordable en voiture le week-end en basse saison et tous les jours en été. Plutôt que de vous laisser piéger, privilégiez le bateau à partir de Côme.
Autrefois, Bellagio était un beau petit village de pêcheurs ; mais les ruelles de la vieille ville ont vu s'envoler leur authenticité le jour où ont débarqué les échoppes de souvenirs, puis les boutiques de fringues chic et de design. Bref, Bellagio est aujourd'hui la ville touristique par excellence. Dommage, mais on peut retrouver la sérénité passée en s'écartant du centre et en se rendant à quelques kilomètres de là, de l'autre côté de la pointe, à Pescallo.

Adresses utiles

Office du tourisme : piazza Mazzini (place de l'embarcadère). ☎ et fax : 031-95-02-04. Ouvert toute l'année de 9 h à 12 h et de 15 h à 18 h. En hiver, fermé les mardi et dimanche.

Poste centrale : lungo Lario Marconi. Ouvert du lundi au vendredi de 8 h 30 à 14 h 30 et le samedi jusqu'à 12 h 30.

Internet : *Il Sorbetto,* salita Serbelloni, 34. Ouvert tous les jours de 9 h à 23 h. Trois ordinateurs pour des connexions assez chères. Sinon, un ordinateur fonctionnant avec la télécarte à l'*embarcadère* et un autre au *Bar Sport.*

Taxi : ☎ 031-95-09-13.

Où dormir ? Où manger ?

Prix moyens

Hôtel Il Giardinetto : via Roncati, 12. ☎ 031-95-01-68. Tout en haut de la salita Monastero. Compter 52 € la chambre sans petit déjeuner. Un hôtel familial style années 1950, récemment rénové, qui offre des chambres proprettes, simples ou doubles avec bains. Une salle de repos avec des vrais fauteuils en faux cuir et une grande cheminée. Belle terrasse ombragée sous les tonnelles.

Ristorante Bilacus : salita Serbelloni, 30-32. ☎ 031-95-04-80. Fermé le lundi. Congés annuels : de novembre à fin mars. Compter en gros 21 €. En plein cœur de la vieille ville, un grand restaurant avec terrasse extérieure ayant pignon sur rue. Carte très fournie en viande et poisson. L'accueil est sympathique.

Chic et plus chic

Albergo-ristorante Silvio : via Carcano, 12. ☎ 031-95-03-22. Fax : 031-95-09-12. • www.bellagiosilvio.com • Grande maison saumon juste avant d'arriver à Bellagio en venant de Côme. Congés annuels : en janvier et en février. Environ 85 € la chambre, petit dej' compris. Compter 18 € pour un *primo* et un plat. Chambres très propres et agréables avec petite terrasse privée. Vue imprenable sur le lac. Très bonne cuisine avec, notamment, des *fettuccine,* pâtes faites maison.

Et savoureux poisson du lac évidemment! Vu la situation idéale et la qualité de la cuisine, il est nécessaire de réserver. Forts de leur succès, l'accueil est devenu un peu impersonnel et la qualité de la cuisine semble être en baisse.

Ristorante Barchetta : salita Mella, 13. ☎ 031-95-13-89. Fermé le mardi. Congés annuels : de novembre à fin mars. Compter 28 € par personne. Un endroit charmant, un peu cosy, avec nappes blanches en dentelle, chaises en bois ajouré. Pour déguster poisson du lac, pâtes et vin local.

Où dormir? Où manger dans les environs?

Bon marché

Camping Clarke : via Valassina, 170, à Visgnola. ☎ 031-95-13-25. En direction de Guello. Ouvert d'avril à septembre. Compter environ 30 € pour deux. Super accueil d'Elisabeth Clarke, une Anglaise réfugiée sur les hauteurs de Bellagio. Elle tient le centre équestre et propose en été quelques places de camping sur une terrasse herbue en surplomb des écuries et du lac. Attention, pour y aller à pied ou à vélo : ça grimpe!

Prix moyens

Si, au lieu de rentrer par la route du lac, on veut retourner à Côme par la route du centre, on peut manger à la ***trattoria La Busciona,*** via Valassina, 161. ☎ 031-96-48-31. Sur les hauteurs de Bellagio vers Erba (par Visgnola et Guello). Fermé le lundi. Congés annuels en janvier. Compter 25 € environ pour un repas complet. Du resto, prodigieux panorama qui porte très loin. Personnel parlant le français. Cartes de paiement acceptées. Digestif offert à nos lecteurs sur présentation du *GDR* de l'année.

Chic

Hôtel-ristorante La Pergola : piazza del Porto, 4, 22021 Pescallo. ☎ 031-95-02-63. Fax : 031-95-02-53. De Bellagio (2 km), prenez la route de Lecco, passez devant l'hôtel *Belvédère,* tournez à gauche après le cimetière et descendez vers le lac. Restaurant fermé le mardi. Compter 100 € la chambre avec petit déjeuner. Pescallo est notre village préféré dans la région, beaucoup plus calme et authentique que d'autres. Charmante auberge les pieds dans l'eau, dans un quartier de pêcheurs, abritant de jolies chambres avec balcon et poutres apparentes. Avec ou sans vue. Terrasse couverte de vigne vierge (oui, évidemment une pergola...) pour manger. Clientèle chic, donc prix en conséquence. Un très beau point de vue sur le petit port et les rives du lac. Ambiance familiale. Il vaut mieux téléphoner avant de s'y rendre car, vous l'aurez compris, l'endroit est très couru.

À voir

En arrivant, ne manquez pas de visiter le ***parc de la villa Melzi,*** en bordure du lac. ☎ 031-95-02-04. • www.infoparchi.com/ipParchi/it/dimore/melzi • Ouvert de 9 h à 18 h de fin mars à fin octobre. Entrée : 5 €. Gratuit pour les moins de 6 ans.
Belle demeure de style néo-classique construite sur l'ordre de Francesco Melzi d'Eril, vice-président de la République italienne fondée par Napoléon. Le petit *musée* contient des pièces archéologiques, des vestiges napoléo-

niens et des fresques de la Renaissance d'intérêt local. Agréable balade dans les jardins le long du lac. Liszt, lors de son séjour à Bellagio, d'août à décembre 1837, y fut inspiré et composa sa sonate *Après une lecture de Dante.* Pour la petite histoire, c'est ici qu'il vécut une grande histoire d'amour avec sa compagne. Quelques mois plus tard naquit leur fille Cosima, future épouse de Wagner.

Ne pas oublier, sur la colline, la ***villa Serbelloni*** (☎ 031-95-15-55) dont on peut visiter, en groupes accompagnés, les splendides jardins. Visite d'une heure et demie, en anglais ou en italien, à 11 h et 16 h tous les jours sauf le lundi. Entrée : 6,50 € ; réductions.

Ne pas hésiter à jeter également un coup d'œil à l'***église de Bellagio.*** Étonnante, au sol et colonnes d'ardoise, beau retable doré à l'or fin et belles voûtes en céramique dans les deux absidioles. Par contre, une tribune pas très élégante en ciment vient gâcher un peu son harmonie.

➤ DANS LES ENVIRONS DE BELLAGIO

San Giovanni : à 15 mn de Bellagio, une belle *église baroque* avec des sculptures et peintures du XVIe siècle. Également un *musée d'Instruments de navigation* : piazza Don Miotti. ☎ 031-95-03-09. • www.bellagiomuseo.com • Ouvert de 10 h à 13 h et de 16 h à 19 h 30, tous les jours de juillet à septembre. Entrée : 5 €. Belle maison étroite sur trois étages avec des tommettes en *cotto lombardo,* mélangeant le sable et la terre cuite. Ce petit musée privé est l'œuvre de Gianni Gini, un retraité milanais passionné de bateaux. Collection de lunettes, sextants et théodolites au 1er étage, suivie de chronomètres et de boussoles orientales au 2e et de journaux de bord au 3e.

➢ ***Monte San Primo*** (1 685 m) ***:*** en voiture jusqu'à Pian Rancio sur le versant nord ou jusqu'à Calma di Sormano sur le versant sud. Ville à 1 200 m (route de Guello, Cernobbio, San Primo), puis marche de 3 h jusqu'au sommet. Vue unique sur les environs.

À 11 km de Bellagio, au col de Ghisallo se trouve la mère de tous les cyclistes : la ***Madonna di Ghisallo.*** Une ***chapelle*** lui est dédiée avec une centaine d'ex-voto : médailles, coupes, fanions... Pour coureurs uniquement !

DE BELLAGIO À LECCO

Coincée entre la montagne et un parapet de pierre, la route, très étroite, ne permet pas de se laisser aller à la rêverie.

Plus on se rapproche de ***Lecco,*** plus les industries sont nombreuses et les malheureux cyclistes se retrouvent coincés entre le chemin de fer et les usines, dans le trafic infernal des camions. Néanmoins, une excellente adresse dans les environs de Lecco :

Antica Osteria Casa di Lucia : via Lucia, 27, 23900 Lecco. ☎ 0341-49-45-94. À Acquate, à 2 km du centre historique. Fermé le samedi midi et le dimanche. « La carta dei vini sono io », déclare le patron ! Sans aucune prétention, les vins, il s'y connaît, et il vous fera découvrir de petites merveilles : c'est sa passion ! Le restaurant a la chaleur des vieilles *osterie* lombardes et vous y trouverez fromages et charcuteries : *salumi, taleggio, robiola, caprini,* sans oublier les spécialités : *bresaola della Valchiavenna, pasta e fagioli* ou la *polenta e funghi.* N'accepte pas les cartes de paiement.

Et puis, pour acheter d'excellents fromages régionaux à Lecco :

La Nuova Casa del Formaggio : via Roma, 81, 23900 Lecco.

VERS LE LAC D'ISEO

BERGAME *(BERGAMO)* (24120) 123 000 hab.

Berceau de la *commedia dell'arte,* Bergame donna naissance, au XVIe siècle, aux illustres et sympathiques personnages masqués : Arlequin, Polichinelle, Pierrot et sa Colombine, Scapin, Fracasse, Pantalon et Mezzetin...
Comme ses héros de la comédie, Bergame est devenue une ville à deux visages : la partie basse, moderne, bruyante, présente un intérêt mineur si ce n'est d'offrir des hôtels abordables. La partie haute, cœur historique plein de cachet, est un véritable enchantement. Elle doit sûrement sa beauté aux Vénitiens qui l'ont gouvernée pendant environ 400 ans plutôt qu'à nos ancêtres les Gaulois qui l'ont envahie en 550 av. J.-C. et lui avaient donné le nom de Berghem (littéralement : « Habitation sur la montagne »). C'est encore un homme de nos contrées, Napoléon, qui mit fin à la douceur de vivre vénitienne. Bergame vit alors passer dans ses murs des Autrichiens sans parler évidemment des Français. Le passage de Napoléon donna aux Bergamasques l'occasion d'exercer leur malice légendaire. Comme à son habitude, celui-ci repartit de Bergame avec quelques chefs-d'œuvre. Mais, les Bergamasques n'attendirent pas un siècle pour les lui réclamer. Bonaparte, indigné, aurait répondu : « Les Bergamasques, tous des voleurs. » La réplique de ces derniers ne se fit pas attendre « Pas tout le monde, *una bona parte* ! »

Adresses utiles

Office du tourisme *(plan II, B2 et plan I, B1-2)* **:** vicolo Aquila Nera, 2. ☎ 035-24-22-26. Ouvert de 9 h à 12 h 30 et de 14 h à 17 h 30. Proche de la piazza Vecchia, dans la ville haute. Ou également dans la ville basse *(plan I, B3)* : viale V. Emanuele II, 20. ☎ 035-21-02-04. Fax : 035-23-01-84. • www.apt.bergamo.it • Le passage obligé. De nombreuses et très riches cartes pour tous les randonneurs de quelque type que ce soit (à pied, à vélo, à cheval). Tout ce qu'on attend d'un office du tourisme. Procurez-vous également auprès de l'office, *Bergamo Avvenimenti,* un petit mensuel équivalent au *Pariscope.*

Poste *(plan I, C3)* **:** via Antonio Locatelli, vers la piazza della Repubblica. Ouvert du lundi au vendredi de 8 h 15 à 17 h 30 et jusqu'à 19 h pour les recommandés. Le samedi, de 8 h 15 à 13 h et jusqu'à 19 h pour les recommandés.

Change : pour la ville basse, *Banca Popolare,* via Roma, sur la piazza V. Veneto *(plan I, C3).* Pour la ville haute : *Banca Popolare,* via Gombito, juste à l'angle de la rue de l'office du tourisme.

Internet *(plan I, C4, 1)* **:** *Internet Train,* dans la galerie Cosimo Fanzago, située sur la via Angelo Maj, 2e. Face au petit parc degli Alpini, de l'autre côté de la gare. Ouvert du lundi au samedi de 9 h 30 à 19 h. Une quinzaine d'ordinateurs dans un petit local au rez-de-chaussée.

Hôpital : *ospedale Maggiore,* largo Barozzi, 1, via dello Statuto (ville basse). ☎ 035-26-91-11.

Premiers secours d'urgence : ☎ 118.

Pharmacie internationale : via Angelo Maj, 2a.

Funiculaire *(plan I, B2)* **:** station située sur le viale Vittorio Emanuele qui prolonge le viale Papa Giovanni XXIII. Ouvert du lundi au vendredi de 6 h 15 à 0 h 45; le samedi de 6 h 15 à 1 h 15 et les dimanche et jours fériés de 6 h 30 à 0 h 30. Le billet aller-retour est très bon marché mais, attention, il n'est valable qu'une heure. Guichet ou billetterie automatique. Au terminus, il y a un joli café avec une terrasse surplombant la ville basse.

– Il existe un autre funiculaire qui relie la ville haute à une autre colline qui la surplombe de façon grandiose : San Vigilio. Station juste après la porta Sant'Alessandro. Pour le trouver, traverser la ville haute (en venant du funiculaire de la ville basse).

– Par ailleurs, un billet touristique valable pour toute la journée et sur toutes les lignes de bus est mis en vente à 2,40 €.

■ ***Location de voitures :*** *Avis* (☎ 035-31-60-41 ou 01-92) se trouve à l'aéroport à 7 km au sud-est de Bergame. Également bureau d'*Avis* au centre-ville, central Parking, via Paleocapa, 3. ☎ 035-27-12-90. Téléphoner avant pour être sûr de trouver quelqu'un.

Où dormir ?

Dans la ville basse

Bon marché

🏠 ***Auberge de jeunesse*** *(hors plan I par D1,* ***10****) :* via G. Ferraris, 1. ☎ et fax : 035-36-17-24. • hostelbg@libero.it • Bus n° 14 ; à prendre via Camozzi, à 10 mn de la gare, puis demandez au chauffeur de vous prévenir pour l'arrêt. En voiture, c'est un peu complexe. Prenez la direction du stade de foot, continuez tout droit jusqu'à l'échangeur *(circonvallazione)* et à droite. L'AJ est perchée dans un quartier résidentiel. Compter 15 € par personne. C'est un gros bloc de béton, genre cube de Lego et balcon avec rambardes en fer orange pétard. Auberge neuve et pleine de services : fax, lave-linge, Internet, possibilité de prendre des repas. Cela dit, vu l'éloignement, c'est une solution d'hébergement qui n'est valable que pour les motorisés.

🏠 ***Hôtel Caironi*** *(plan I, D3,* ***11****) :* via Torretta, 6b-8. ☎ 035-24-30-83. Un peu excentré, dans une rue tranquille. Bus n°s 7-8 depuis la gare ; descendre à l'arrêt Maj-Sant'Anna. Comptez 38 € la double. Petit hôtel familial de 7 chambres avec salle de bains et douches dans le couloir. Entrée par le restaurant, où l'on peut également prendre le petit déjeuner. L'ensemble est très propre et sans prétentions, un peu comme le quartier.

🏠 ***Hôtel San Giorgio*** *(hors plan I par C4,* ***12****) :* via San Giorgio, 10. ☎ 035-21-20-43. Fax : 035-31-00-72. De la gare, prendre la via Papa Giovanni XXIII et continuer par la via Paleocapa. Environ 15 à 20 mn à pied. Autour de 60 € la chambre double avec salle de bains privée, 45 € avec bains dans le couloir. Un hôtel d'étape à proximité de la ville. Situé entre la voie ferrée et la route, pratique mais assez bruyant. Il offre cependant des chambres très correctes et bon marché ; il est donc conseillé de réserver.

■ Adresses utiles

- Office du tourisme
- Poste
- Gare ferroviaire
- Gare routière
- @ 1 Internet

🏠 Où dormir ?

- 10 Auberge de jeunesse
- 11 Hôtel Caironi
- 12 Hôtel San Giorgio

Où manger ? Où trouver une bonne boulangerie ?

- 26 Caffè Trattoria A. d'Ambrosio
- 27 Caffè Osteria Al Vecchio Tagliere
- 29 La Cantina
- 35 La Boutique del Pane

Où prendre son café ?

- 36 Café Balzer

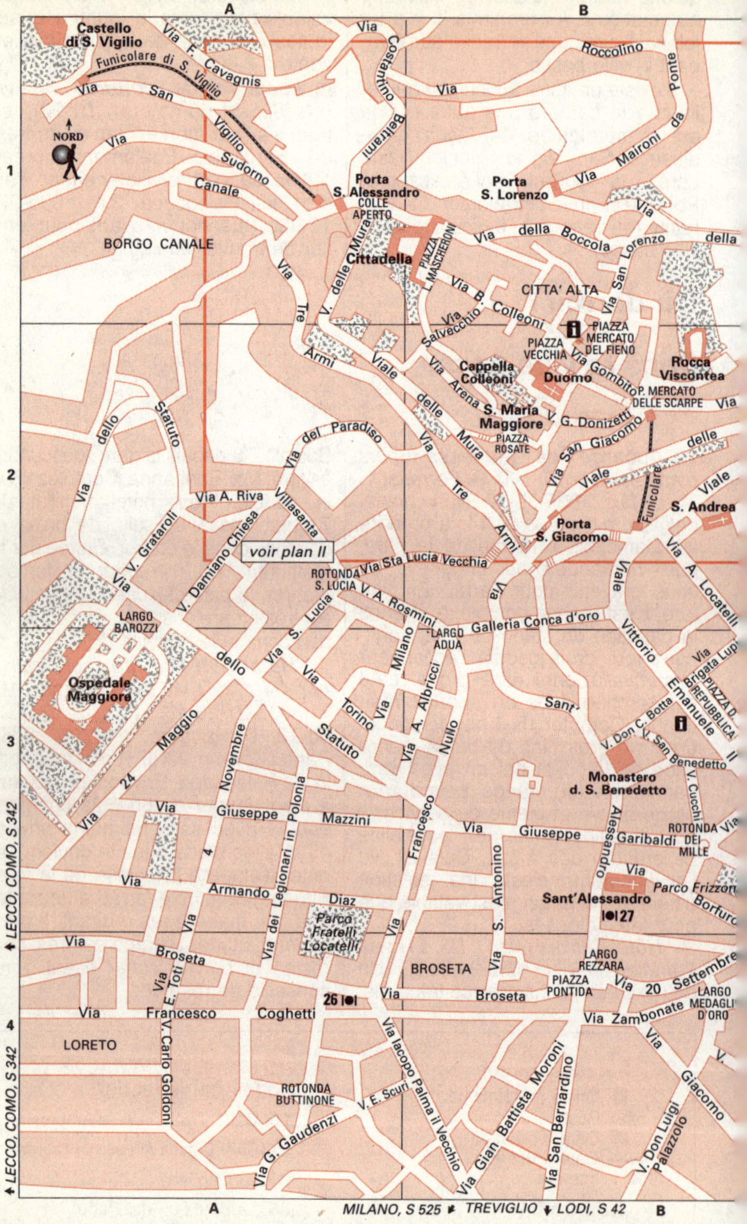

BERGAME ET LE LAC D'ISEO

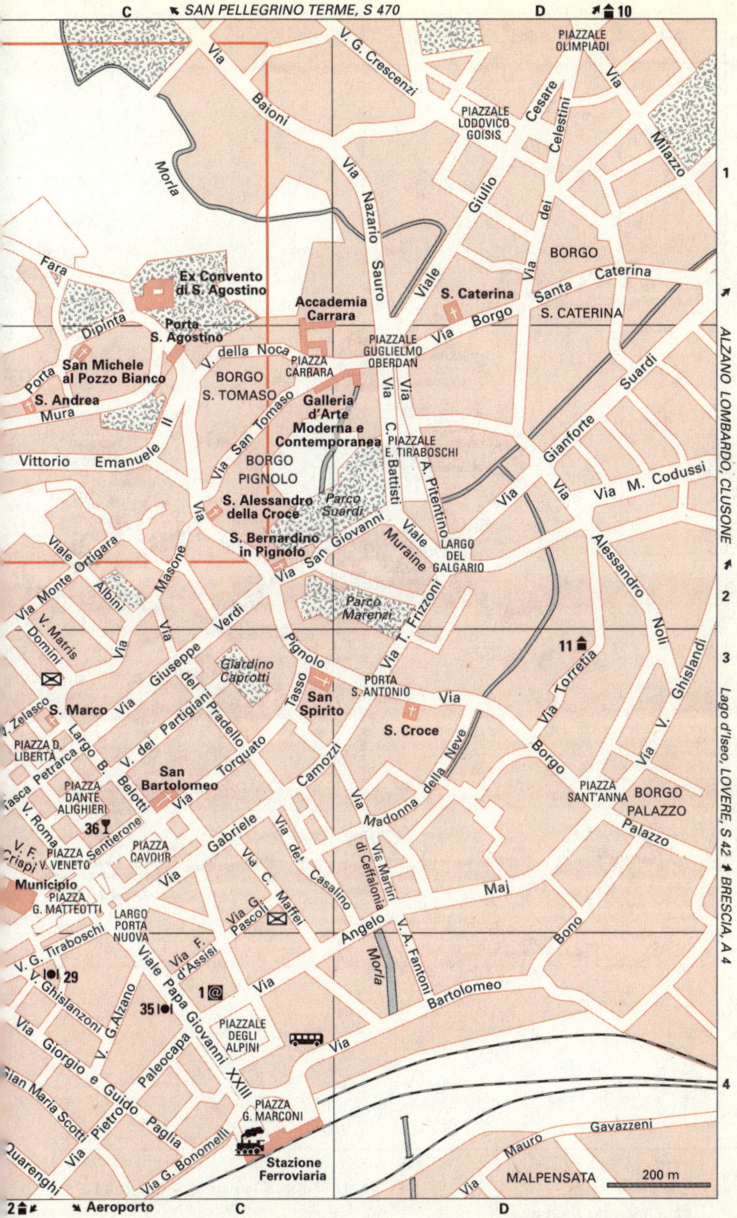

BERGAME (PLAN I)

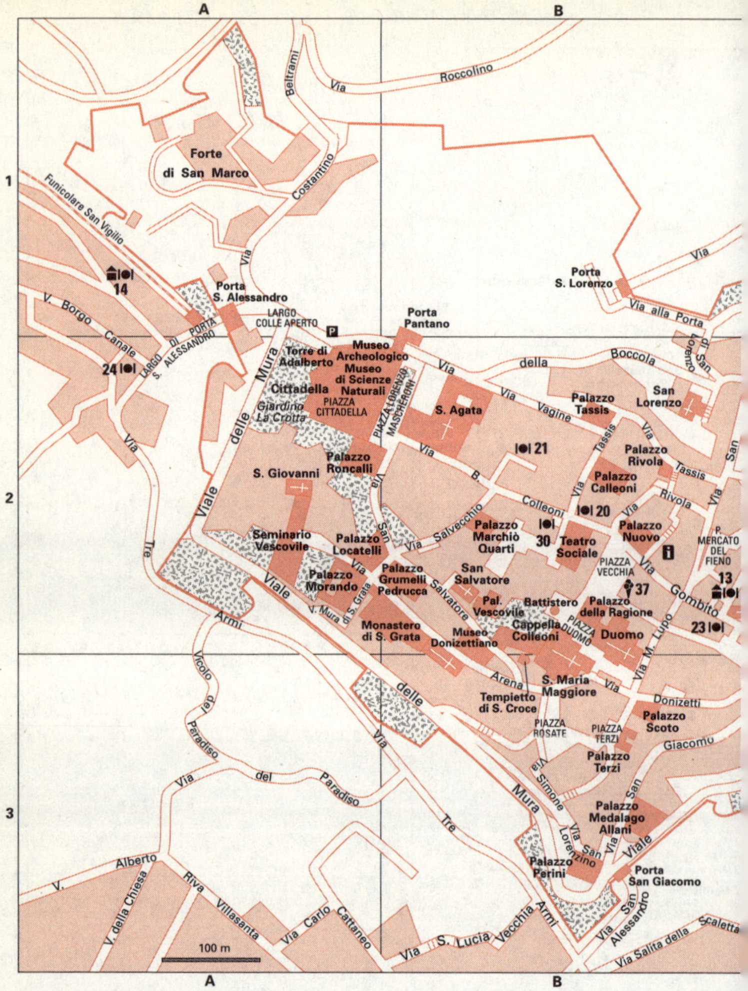

■ **Adresse utile**

i Office du tourisme

Où dormir ?

13 Albergo Ristorante Agnello d'Oro

14 Hôtel Ristorante « Gourmet »

Où manger ?

20 Il Fornaio

21 La Cooperativa Città Alta

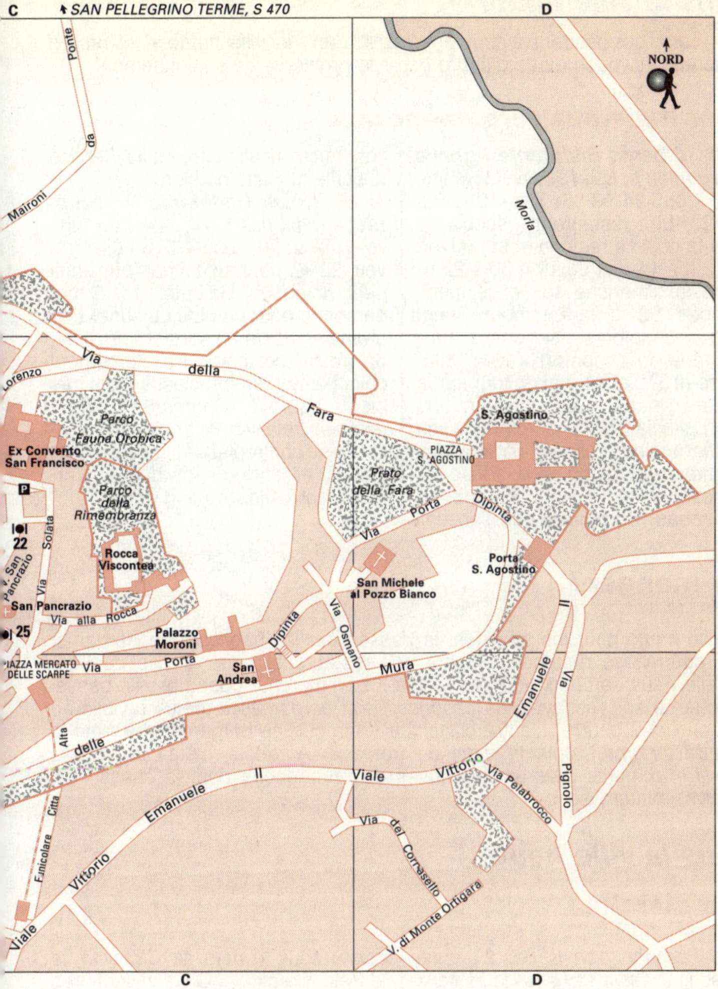

BERGAME (PLAN II)

22 Trattoria 3 Torri
23 Trattoria da Ornella
24 Antica Trattoria La Colombina
25 Al Donizetti
30 Da Franco

Où déguster une bonne glace ?

37 Piazza Vecchia Gelateria

Dans la ville haute

Pour ceux qui désirent à tout prix rester dans la ville haute – et on les comprend –, vous devrez d'abord gérer le problème de stationnement.

Cher mais pas forcément chic

Albergo Ristorante Agnello d'Oro *(plan II, B2,* ***13****)* **:** via Gombito, 22. ☎ 035-24-98-83. Fax : 035-23-56-12. Le restaurant, spécialisé dans la cuisine régionale, est ouvert de 12 h à 14 h et de 19 h 30 à 22 h ; fermé le dimanche soir et le lundi. Compter 92 € la chambre. Vingt petites chambres vieillottes mais équipées tout confort (avec téléphone et TV, et journal du jour sur le bureau) dans une maison du XVIIIe siècle. Murs surchargés de photographies, cuivres, céramiques et autres œuvres du père, artiste qui collectionne tout ce qui se rapporte à l'agneau. Dommage que l'accueil soit aussi désinvolte, et le service aussi lent. Sans parking.

Hôtel Ristorante « Gourmet » *(plan II, A1,* ***14****)* **:** via San Vigilio, 1. ☎ et fax : 035-437-30-04. Prévoir 92 € pour une chambre sans petit déjeuner. Rajouter 10 € par personne pour un petit déjeuner très ordinaire. Juste en sortant des murs, on trouve cet hôtel. Pas forcément chic, pas forcément classe mais très bien équipé. Chambres gigantesques (relativement rare) au mobilier en contreplaqué, avec petits salons et entrée individuelle. Terrasse agréable. Parking gratuit.

Où manger ?

La ville haute pour les touristes, la basse pour les habitants de Bergame, telle pourrait se résumer l'axiome des restaurants dans la ville de Polichinelle. Plus de choix pour les restos « bon marché » dans la ville basse. Où que ce soit, essayez les *casoncelli alla bergamasca,* petits raviolis au jambon et au beurre. L'autre classique de la cuisine bergamasque c'est la *polenta taragna* : polenta avec du fromage. Autrefois, c'était la *polenta uccelli* (aux petits oiseaux, les grives de préférence), dont la chasse est désormais interdite.

Dans la ville haute

Bon marché

Il Fornaio *(plan II, B2,* ***20****)* **:** via Colleoni, 3. Ouvert tous les jours sans interruption jusqu'à 20 h. Fermé 3 semaines en juin. Pâtisseries et bonnes parts de pizza à emporter sur la piazza Vecchia. Plein de possibilités : champignons, tomates, fromage, cœurs d'artichauts... Rapide et pas cher. Pris d'assaut entre 12 h et 14 h par tous les lycéens et étudiants de Bergame.

La Cooperativa Città Alta *(plan II, B2,* ***21****)* **:** vicolo Sant'Agata, 19. ☎ 035-21-85-68. Ouvert non-stop. Fermé le 25 décembre. Compter 8 € pour un plat et 13 € pour un *antipasto* et un plat. Aussi connu sous le nom de *Circolino,* le « Petit Cercle ». On s'y sent très bien, les anciens jouent aux cartes et choisissent le plat du jour (inscrit sur un tableau à la craie), pendant que les jeunes s'y retrouvent pour boire un coup et manger un morceau. Toute la famille est là ! En plus, tous les bénéfices de la coopérative sont réinvestis dans des programmes d'aide sociale (personnes âgées, jeunes, insertion...). Petit vin local, joyeux à boire... Cartes de paiement acceptées.

Da Franco *(plan II, B2,* ***30****)* **:** via Colleoni, 8, à deux pas de la piazza

Vecchia. ☎ 035-23-85-65. Fermé le lundi. Compter de 4 à 8 € pour une pizza, 15 € pour un *antipasto* et un *primo.* Menu à 13 €. Deux grandes salles, dont une réservée aux groupes, ce qui permet de manger tranquillement. On vient dans ce resto surtout pour manger une pizza à un prix raisonnable. Vous pouvez aussi opter pour des plats traditionnels (polenta, *casoncelli*...), mais pour ne pas être déçu, on vous conseille plutôt les *antipasti.* Petite terrasse à l'extérieur, au calme.

Prix moyens

🍽 ***Trattoria 3 Torri*** *(plan II, C2,* ***22****) :* piazza Mercato del Fieno, 7a. ☎ 035-24-43-66. Fermé le mercredi hors saison. Compter 16 € pour un repas. Toute petite *trattoria* sur une charmante placette. Spécialités de Bergame, comme le *brasato d'asino con polenta,* et pas mal de plats de viande (porc, veau, cheval). Clientèle d'habitués ; les copains viennent boire un verre de vin blanc des collines voisines. Une bonne adresse. La salle, vraiment minuscule, est souvent pleine à craquer et la terrasse moins sympa. Allez-y donc en début ou en fin de service.

🍽 ***Al Donizetti*** *(plan II, C2,* ***25****) :* via Gombito, 17a. ☎ 035-24-26-61. Fermé le mardi. Compter 15 à 18 €. Collection impressionnante de vins proposés au verre par Massimo. Vous pouvez venir pour l'apéro, ou pour grignoter sur le pouce une assiette d'excellente charcuterie ou de fromages. À apprécier sous la petite halle couverte ou à l'intérieur, où l'on contemple une carte des vins de... Bourgogne !

🍽 ***Trattoria da Ornella*** *(plan II, B2,* ***23****) :* via Gombito, 15. ☎ 035-23-27-36. Dans la rue principale de la ville haute. Fermé le jeudi. Compter de 15 à 20 € par personne. Belle salle voûtée, au décor soigné avec une touche rustique. Assez fréquenté le week-end par les Italiens, le resto propose une bonne cuisine régionale : raviolis cuisinés au beurre et à la sauge, polenta, *antipasti* frais et variés, carte des vins bien fournie. Dommage que le service soit un peu guindé.

Plus chic

🍽 ***Antica Trattoria La Colombina*** *(plan II, A2,* ***24****) :* via Borgo Canale, 12. ☎ 035-26-14-02. Fermé les lundi et mardi. Congés annuels : 15 jours fin janvier et entre fin juin et début juillet. Compter environ 30 € par personne. Repas servis sous la tonnelle. Vue magnifique sur Bergame. Évidemment, spécialités de polenta (avec *speck* en sauce avec des *stracotti,* etc.), mais vous pouvez alterner avec les légumes braisés accompagnés de fromage de chèvre, nettement plus appréciables avec la chaleur. Le restaurateur parle le français et vous offrira généreusement la *grappa* maison : nature, myrtille ou aux herbes.

Dans la ville basse

Bon marché

🍽 ***Caffè Trattoria A. d'Ambrosio*** *(plan I, A4,* ***26****) :* via Broseta, 58a. ☎ et fax : 035-40-29-26. En face de la station *Esso,* dans une grande maison jaune-ocre. Fermé le samedi à midi et le dimanche, ainsi qu'en août, à Pâques et à Noël. Le midi, menu à 8 €. Belle terrasse, remplie de géraniums en été, et salle qui hésite entre un décor campagne et un dépouillement presque protestant. Patronne un peu rock'n'roll qui jure dans l'ensemble de cette grande cantine aux allures de restaurant ou de ce grand restaurant aux allures de cantine, on ne sait pas trop. Une vraie bonne adresse avec de petits plats bien bons, comme le lapin au four avec polenta ou les *casoncelli*. Buffet de *verdure* à volonté. Le meilleur rapport qualité-prix de la ville. Clientèle quasi uniquement bergamasque. Café ou digestif offert sur présentation du *GDR*.

Caffè Osteria Al Vecchio Tagliere *(plan I, B3, 27)* **:** piazzetta Manzu, via San Alessandro, 13. ☎ 035-24-47-25. Ouvert du lundi au vendredi de 11 h à 15 h et de 18 h à minuit; le samedi toute la journée. Fermé le dimanche. Le soir, la porte d'entrée est souvent fermée et il est nécessaire de sonner pour entrer. Prévoir 15 € par personne à la carte. Coincée au fond d'un sympathique et tranquille patio, cette petite *osteria* propose de généreuses assiettes en bois avec des charcuteries, fromages divers et polenta, bien sûr. On peut également se contenter d'un *panino* ou même venir y prendre son café en face d'une belle librairie d'art. Jazz en *live* le mardi. Un digestif est offert à nos lecteurs sur présentation du *Guide du routard.*

Chic

La Cantina *(plan I, C4, 29)* **:** via Ghislanzoni, 3. ☎ 035-23-71-46. Fermé le samedi midi et le dimanche. Congés annuels : au mois d'août. De 30 à 40 € par personne. Encore une œnothèque pour les sybarites. On prend place au sous-sol parmi les caisses et les magnums des bons vins de la région ou des célébrissimes *chianti,* assis sur de hauts tabourets et devant de gros comptoirs en bois. Si la patronne mène avec une main de fer ses employés, cela n'empêche pas ces derniers d'être de très bon conseil en matière de choix des vins. Les plats proposés varient avec les saisons, belle sélection de fromages locaux. Bon, si bon...

Où trouver une bonne boulangerie ?

La Boutique del Pane *(plan I, C4, 35)* **:** viale Papa Giovanni XXIII, 76. ☎ 035-23-75-78. Dans la ville basse, proche de la gare. Fermé le dimanche et le lundi après-midi. Congés annuels : 3 semaines en juillet. 60 sortes de pains, qui dit mieux ? Vous y trouverez les *grissini,* les *colombe* (délicieuses brioches vendues uniquement à Pâques), les pâtes artisanales et autres produits italiens à des prix raisonnables. Pizza vendue à la portion. Amateurs d'étouffe-chrétien, ne manquez pas les *baci di Bergamo* (petits gâteaux faits de meringue et de chocolat).

Où déguster une bonne glace ? Où prendre son café ?

Piazza Vecchia Gelateria *(plan II, B2, 37)* **:** sur... la piazza Vecchia. Fermé le lundi et de novembre à février. Nombreux parfums, l'un des glaciers artisanaux les plus fréquentés. Et pour cause !

Café del Tasso : piazza Vecchia, juste à côté de la *gelateria*. Le plus vieux café de la ville, officiant depuis le XVIe siècle ! Il ne reste pas grand-chose de cette époque, mais la déco actuelle, reposante et feutrée, ne manque pas de charme. Derrière le comptoir, une ribambelle de *grappa* différentes, de quoi troquer son *caffè* contre un petit verre. Pour la petite histoire, sachez que *Tasso* vient du nom d'une famille originaire d'un village des environs. Les Tassi (au pluriel), anciens courriers de Venise, devinrent, sous les Habsbourg, responsables de l'organisation de toute la poste impériale. On leur construisit alors une petite voiture, dont l'arrivée dans les villages était annoncée par le son du cor et la phrase : « V'là les Tassi! » De là à dire que c'est l'origine du mot taxi, il n'y a qu'un pas. Que les Bergamasques n'hésitent pas à sauter!

Café Cavour *(plan II, B2)* **:** via Gombito, 7a. ☎ 035-24-34-18. Fermé le mercredi et 3 semaines en août. Une institution dans la haute ville. On vient pour prendre un cappuccino et manger un petit gâteau au bar, ou pour passer un moment dans l'une des deux salles du salon de thé, avec des parts de gâteaux nettement plus gourmandes. Au bar, dans une salle vert amande aux peintures en médaillon, on retrouve l'atmosphère du XIXe siècle de cette pâtisserie vieille de 150 ans. Pour se faire servir, passer d'abord à la caisse puis tendre le ticket au serveur à nœud pap'.

Café Balzer *(plan I, C3,* ***36****)* **:** portici Sentierone, 41. ☎ 035-23-40-83. Ouvert tous les jours de 7 h à 22 h. Café grand style, où les Bergamasques viennent prendre leur bergamote... Nombreuses et délicieuses pâtisseries.

À voir

Dans la ville haute (cittá alta ou centro)

Interdite à la circulation en journée, la ville haute reste difficile d'accès le soir et le week-end. S'y garer n'est pas évident mais possible, notamment sur la piazza del Fieno *(plan II, B2)* ou via della Fara *(plan II, C2)*. Le funiculaire reste le moyen d'accès le plus pratique. La ville est entourée de remparts de l'époque vénitienne (XVIe siècle) qui s'ouvrent sur quatre portes : Santo Agostino, Santo Lorenzo, Santo Alessandro et Santo Giacomo.

Piazza Vecchia *(plan II, B2)* **:** au cœur de la vieille ville. Stendhal et Le Corbusier ont craqué pour cette place médiévale; et nous aussi! Des terrasses de cafés, vous pourrez y admirer le palais de la Ragione et la ***torre Civica.*** Cette dernière, appelée aussi le Campanone, sonne encore aujourd'hui une centaine de coups de marteaux, en rappel du couvre-feu du Moyen Âge. Édifié au XIIe siècle, le ***palais de la Ragione*** subit un grave incendie et fut reconstruit au XVIe par le pouvoir de Venise, avec une nouvelle orientation. Pour bien marquer la séparation des pouvoirs, le palais ne fut plus tourné vers le Duomo, représentant l'Église, mais vers la piazza Vecchia.
Autre marque de Venise : sur le fronton comme sur les portes de la ville, on retrouve le lion de Venise avec sa patte posée sur l'évangile ouvert : « Pax tibi marce evangelista meum », en résumé : « La paix soit avec toi. » Ce qui signifie que Venise entretenait de bons rapports avec Bergame. En revanche, l'état de guerre déclaré, l'évangile était fermé!
La ***fontaine*** au centre de la piazza Vecchia fut offerte à la ville en 1780 par le *podestà* (fonctionnaire administratif) de Venise, Alvise Contarini, cadeau dont la portée symbolique se voulait représentative de la force de travail du peuple de Bergame. Ainsi, le lion symbolisait la force, le serpent la ruse pour surmonter les obstacles du travail, et le sphinx le côté enchanteur des Bergamasques au travail. Mais les Bergamasques interprétèrent tout autrement ce cadeau.

Chapelle Colleoni *(plan II, B2)* **:** ouvert de 9 h à 12 h 30 et de 14 h à 18 h (17 h en hiver). Fermé le lundi de novembre à janvier.
Merveille de l'art lombard de la Renaissance édifiée au XVe siècle par l'architecte de la chartreuse de Pavie, Amadeo. La façade est somptueuse, recouverte de marbre de toutes les couleurs et de fines sculptures. L'intérieur ne déçoit nullement, abritant les tombeaux sculptés de Bartolomeo Colleoni – commandant en chef de toutes les troupes de Venise – et d'une de ses filles, Medea. Avant d'entrer dans la chapelle, remarquez sur les grilles, des armoiries un peu particulières. Elles représentent effectivement trois testi-

cules. Pourquoi trois ? L'histoire raconte que Colleoni en possédait autant. D'ailleurs, femmes et hommes ne s'y trompent pas, venant régulièrement les toucher pour obtenir un surcroît de puissance virile, de telle sorte qu'elles sont polies !

Basilique Santa Maria Maggiore *(plan II, B2-3)* **:** ouvert du lundi au samedi de 9 h à 12 h 30 et de 14 h 30 à 18 h ; le dimanche de 9 h à 13 h et de 15 h à 18 h.
Un vrai melting-pot artistique ! Chaque époque a apporté sa touche à cette église d'origine romane. Commencée au XIIe siècle, elle fut poursuivie les siècles suivants. L'abside et le campanile datent de 1400, et la sacristie est de style Renaissance. Elle abrite le tombeau de Donizetti (1797-1848), compositeur lyrique bergamasque à l'origine d'un nombre inimaginable d'opéras. Il pouvait, dit-on, en écrire plus de trois par an ! Berlioz et Wagner l'avaient d'ailleurs surnommé *Dozzinetti* (qui signifie « Douzaine »). Il séjourna longtemps à Paris. On lui doit entre autres : *Lucia di Lammermor, La Favorite* et *L'Elixir d'amour.*
L'intérieur de la chapelle est remarquable pour sa riche décoration baroque faite de stucs et d'or (début XVIIe siècle), pour ses tapisseries florentines et pour les grandes marqueteries. Ces dernières, au nombre de 66 (4 devant l'autel, les autres sur les dossiers des sièges du chœur), ont été réalisées d'après des dessins de Lorenzo Lotto et exécutées par Capoferri durant trente ans ! Elles sont dissimulées par des panneaux. Demander à les voir. Un gardien les découvrira spécialement pour vous !
Ne pas manquer le magnifique confessionnal en bois du XVIIIe siècle. Drapés, anges rebondis et joufflus..., ça donne presque envie de retourner à confesse !

Via Bartolomeo Colleoni *(plan II, B2)* **:** rue pavée pittoresque bordée d'anciennes demeures aux teintes ocre dont certaines (nos 9 et 11) appartenaient au célèbre condottiere Bartolomeo Colleoni. La rue, quelque peu défigurée par les innombrables boutiques en tout genre, est envahie par les promeneurs le week-end. N'hésitez pas à vous perdre dans les petites ruelles alentour, beaucoup plus tranquilles. Sachez aussi qu'après minuit, les rues se vident rapidement et que vous pourrez alors vous promener en toute sérénité.

Citadelle de la Rocca *(plan II, A2)* **:** construite au XIVe siècle et remaniée par les Vénitiens, elle offre de belles vues sur la ville basse. Suivre la via Gombito et tourner à gauche au niveau de la piazza del Mercato delle Scarpe (place qui, avant de devenir le terminus du funiculaire, accueillait le marché médiéval).

San Vigilio : prendre le funiculaire à côté de la porta San Alessandro. D'en haut, vue splendide sur Bergame et de magnifiques villas. Allez-y pour le coucher du soleil. Sinon, à la même heure, chouette balade via Sudorno, route en contrebas de la via San Vigilio.

Dans la ville basse

Accademia Carrara et sa pinacothèque *(plan I, C-D1-2)* **:** via San Tomaso. Bus nos 9a, 9b, 9c, de la gare. Ouvert du mardi au dimanche de 9 h 30 à 13 h et de 14 h 30 à 17 h 45. En été, de 10 h à 13 h et de 15 h à 18 h 45. Entrée : 3 € ; réductions ; gratuit le dimanche. En semaine, pour éviter les groupes scolaires, allez-y plutôt en fin de matinée ou de journée. Palais néo-classique abritant des peintures de maîtres italiens (surtout lombards et vénitiens) et étrangers du XVe au XVIIIe siècle. Pour les mordus de ces périodes, c'est un passage culte, pour les autres, c'est l'occasion de s'initier aux plus grands.

Très riche collection où se succèdent, sur 15 salles, des peintures de Velázquez, Dürer, Rubens, Raphaël, Botticelli, Bellini... Ne pas manquer : le *Portrait de Lionel d'Este* par Pisanello et le *Portrait de Julien de Medicis* de Botticelli (salle 2) ; *La Vierge à l'Enfant* du peintre vénitien Giovanni Bellini (salle 3) ; le *Saint Sébastien* de Raphaël (salles 7 et 8). Et évidemment des toiles des « stars » de Bergame : Lorenzo Lotto *(Le Mariage mystique de sainte Catherine)* et les portraits de Giovanni Battista Moroni (salle 9). Notices sous film plastique permettant de déambuler dans les salles. Éclairage malheureusement pas terrible.

***Galleria d'Arte moderna e contemporanea** (plan I, C-D2) :* en face de l'académie. Ouvert du mardi au dimanche de 10 h à 13 h et de 15 h à 19 h ; toutefois, tenir compte des expositions temporaires. Nocturne le jeudi jusqu'à 22 h 30.
Dans le bâtiment sur la gauche ont lieu les expositions temporaires. Généralement, une grande expo d'avril à début juillet. Entrée : environ 8 € selon la taille des expositions ; réductions. À ne louper sous aucun prétexte. C'est un événement culturel dans toute la Lombardie. Les éclairages sont soignés, les explications abondantes et en anglais, les thèmes choisis pertinents.
Le bâtiment sur la droite abrite les salles d'exposition permanente, sans grand intérêt. Entrée gratuite. Quelques œuvres d'artistes du XXe siècle, avec notamment une toile de Matta, une de Kandinsky et deux de Di Chirico. Au dernier étage, installations d'art contemporain.

***Vieux quartiers** (plan I, C2-3) :* via Pignolo. De la via Vittorio Emanuele, prendre à droite la via Verdi et continuer tout droit jusqu'à l'*église San Bernardino* ; la via Pignolo est perpendiculaire. Bus n°s 2 et 12 de la via V. Emanuele, ou 9a, 9b, 9c de la gare. Pour les amateurs de vieilles et belles églises et d'hôtels particuliers des XVIe et XVIIIe siècles. Deux retables au sujet identique *Madonna col Bambino in trono,* exécutés en 1521 par Lorenzo Lotto, se trouvent dans les églises de *San Bernardino* (ouvert de 8 h 30 à 11 h et de 16 h à 18 h) et de *San Spirito* (ouvert seulement pendant les messes).

Piazza G. Matteotti** (plan I, C3) :* au centre de la ville basse, à droite de la via V. Emanuele, immense place où se trouvent le théâtre Donizetti et l'église San Bartolomeo*** avec un autre retable de *Madonna col Bambino in trono,* du peintre... (on vous aide : le nom et le prénom commencent par un « L »), oui, Lorenzo Lotto ! Dans un tout autre style, ne pas manquer la voûte peinte par Gaspare Diziani : *La Gloria dell'ordine domenicano.* Ouvert de 7 h 30 à 12 h et de 15 h 30 à 19 h 30.

***Façade du cimetière municipal** (hors plan I par D2) :* pour les cinéphiles avec un peu d'imagination. Cette façade dont les plans ont été projetés en 1896 par Pirovano est presque le site idéal pour tourner le retour des *Aventuriers de l'arche perdue.* Vraiment saisissant.

QUITTER BERGAME

En bus

***Gare routière** (plan I, C4) :* piazza Marconi, 4. Kiosque d'information en face de la gare, ouvert du lundi au samedi de 7 h 30 à 18 h 30. Carte du réseau disponible. Plusieurs compagnies desservent la plupart des localités de Lombardie.
➢ ***Pour Milan :*** départs réguliers de 5 h 30 à 23 h, tous les quarts d'heure aux heures de pointe, toutes les demi-heures aux heures creuses.
➢ ***Pour Côme :*** trajet en 2 h pour 60 km.
➢ ***Pour les petits villages et les stations de ski :*** renseignements auprès des terminaux.

En train

Gare ferroviaire (plan I, C4) : piazza Marconi. ☎ 848-88-80-88. Dépôt de bagages fermé jusqu'à nouvel ordre.

➢ ***Pour Milan*** *(Milano Centrale)* **:** une quarantaine de départs quotidiens de 4 h 30 à 23 h. *Grosso modo,* 50 mn de trajet.

➢ ***Pour Côme :*** pas de liaison directe. Correspondance à Milan ou Monza. Mieux vaut le bus.

➢ ***Pour Brescia :*** une quinzaine de trains dans la journée, de 5 h 40 à 20 h 30. Compter 50 mn de trajet.

En avion

✈ ***Aéroport Orio al Serio*** *(hors plan par C4)* **:** à 7 km au sud-est de Bergame. ☎ 035-32-63-23. Essentiellement des liaisons nationales.

CLUSONE (24023)

Belle petite ville de moyenne montagne baignant dans une marée de pins. Située à 34 km au nord de Bergame dans la vallée du Serio. Soyons donc sérieux : en hiver, on y fait un stop avant d'aller vers les stations de ski ; en été, on y séjourne pour trouver un peu le frais. Si la ville possède un certain cachet, la route des alpages vers Valbondione (belles cascades à voir) est encore plus belle.

Adresses utiles

Office du tourisme : piazza dell' Orologio, 21. ☎ 0346-211-13. Fax : 0346-92-06-94. Au pied du superbe emblème de la ville, un vieux cadran solaire. Ouvert le lundi de 9 h à 12 h et de 15 h à 17 h, les mardi, jeudi et vendredi de 9 h à 12 h, le samedi de 9 h 30 à 12 h 30 et de 15 h à 18 h et le dimanche de 10 h à 12 h. Demandez le parcours des randonnées, notamment celle qui va du centre jusqu'au refuge de San Lucio (1 027 m) et au pizzo Formico (1 637 m).

Gare routière : piazza della Repubblica. Le bus est le moyen le plus facile d'arriver à Clusone. 17 départs pour Bergame par jour et un direct pour Milan. Les tickets s'achètent au bar *Moderno,* à l'angle de la piazza IV Novembre. Pour aller dans le centre, remonter tout droit la rue principale (la viale Roma) en face de l'arrêt de bus ; une fois sur la piazza IV Novembre, la première rue à droite y conduit.

Où dormir ? Où manger ?

Camping

Camping Clusone Pineta : località Fiorine. ☎ 0346-221-44. À l'entrée de Clusone. À 2 km du centre du village. Entrée par un petit chemin de terre en face du garage *Volvo* et à côté d'une pizzeria. Ouvert toute l'année (on vous souhaite toutefois bien du courage pour planter votre tente en hiver !). Compter 11 € pour 2 personnes. Bien en retrait de la route, donc relativement calme. Emplacements pas superbes (peu de places pour les tentes) et sanitaires du même acabit. C'est pourtant le seul camping du coin donc... on n'a pas le choix.

Prix moyens

🏠 🍴 ***Hôtel Antica Locanda :*** piazza Uccelli, 3. ☎ 0346-21-413. Fax : 0346-269-45. • www.albergoantica locanda.it • Gros édifice jaune dans le centre du vieux bourg en allant vers la place de l'Horloge. Restaurant fermé le mardi soir. Compter, pour la chambre sans ou avec bains, de 35 à 55 €. Menu à 10 €. Fréquenté surtout par des retraités italiens. Bon accueil. Chambres confortables, bien tenues, que l'on pourra qualifier de modernes à défaut de charmantes. Plaques de moquette de toutes les couleurs, téléphone et TV dans chacune. Réservez à l'avance, en particulier l'été, car il y a seulement 11 chambres. Bonne étape gastronomique à un prix très raisonnable. C'est un peu la cantine du village. Pour nos lecteurs, digestif offert pour un repas au restaurant.

🍴 ***Hostaria Polenteria :*** via Imvico, 7. ☎ 0346-208-81. À gauche de l'*albergo Antica Locanda,* c'est à 10 m sur la gauche dans un petit passage. Fermé le mercredi. Compter 17 €. Menu-dégustation à 18 € avec, évidemment, de la polenta au programme. Pas moins d'une douzaine de façons de la préparer. On ne saurait trop vous recommander d'en essayer une. Pour les courageux, la *polenta montanara* : polenta, haricots blancs et charcuterie ! Petit cadre cosy, un chouia maison de poupées avec son vieux poêle, ses nappes cirées jaunes et ses chaises de couleur en paille. Buffet d'*antipasti* ouvrant l'appétit. Une bonne adresse où il convient de réserver le soir.

Où boire un verre ?

🍸 ***The Ritual :*** piazza dell'Orologio. Un bar irlandais tout ce qu'il y a de plus banal puisque la grande mode en Italie est de sortir dans les bars irlandais. *Tifosi* que nous sommes de la Guinness, nous n'allons pas les déjuger !

🍸 ***Caffetteria Wine Bar :*** au croisement des rues A. Cifrondi et Franzini, un peu en contrebas de la piazza dell'Orologio. Juste à côté de la poste. Fermé le mardi. Petit bar animé le soir, où l'on peut déguster de petits vins locaux au verre.

À voir

★ Tout près de la route principale, l'***église del Paradiso,*** consacrée à la *Madonna adolorata.* Belles peintures et très belle voûte polychrome avec quelques rosaces solaires. Le retable vaut également son pesant d'étonnement ; pour un peu, on jurerait presque qu'il est orthodoxe !

★ Un peu plus haut, le ***palais communal*** et le ***cadran solaire.*** La façade sud du palais arbore un beau cadran solaire, qui a pour originalité de donner l'heure (avec les minutes), la longueur de la nuit, la constellation traversée par le soleil et la position quotidienne de la lune. Rien que ça !

★★ Au sommet du village, on arrive à la ***Danse macabre,*** qui donna sa réputation à Clusone. Cette fresque attire tous les spécialistes qui étudient le thème de la mort au Moyen Âge. Cette peinture anonyme (XVe siècle) est composée de deux parties bien distinctes sur la façade de l'*église San Bernardino.* Assez saisissante, la partie supérieure (ou le ***Triomphe de la mort***) présente la Grande Faucheuse sous des traits (assez *Mars Attacks*) qui glacent très rapidement les sangs. Ici, elle décoche ses flèches et vient même de tuer un pape. Même si la partie inférieure droite est tombée en poussière, on peut toujours repérer facilement les compagnons de la Mort : scorpions, serpents et crapauds. La deuxième partie, celle du bas, retrace la *Danse macabre* proprement dite.

★ ***Crypte de l'église Santa Madonna del Grazie :*** dans le petit village d'***Ardesio*** (sur la route de Valbondione). Ouvert de 7 h 30 à 12 h et de

14 h 30 à 18 h 30. Impressionnante série d'ex-voto païens. Les historiens doivent se régaler puisque, au travers de tous les remerciements adressés à la Madone, on peut lire les événements survenus au village et à la région : avalanches, inondations, animaux gravides, décès d'enfants en bas âge, accidents divers de bûcherons et même abcès dentaires ! Réalisés tantôt sur bois ou cousus main, beaux témoignages de l'explication divine des événements de tous les jours.

LE LAC D'ISEO *(IL LAGO D'ISEO)*

L'un des plus petits de la région, accessible facilement de Bergame (30 km) et de Brescia (22 km). L'endroit est idéal pour une balade d'une journée en bateau autour du lac (65 km au total) et sur l'idyllique île *Monte Isola.* Encore une fois, le bateau reste le meilleur moyen de circuler, avec de nombreuses correspondances entre les différentes villes. Vous trouverez tout ce dont vous avez besoin à ***Iseo,*** petite ville en bord de lac, offrant un grand choix de terrasses de café pour admirer le coucher de soleil sur Monte Isola.

Adresse utile

Office du tourisme : lungolago Marconi, 2, 25049 Iseo. ☎ 030-98-02-09. Fax : 030-98-13-61. • iat.iseo@tiscali.it • D'octobre à fin mars, ouvert du lundi au vendredi de 9 h à 12 h 30 et de 15 h à 18 h, le samedi de 9 h à 12 h 30. De mi-avril à fin septembre, ouvert tous les jours sauf le dimanche après-midi, de 9 h à 12 h 30 et de 15 h 30 à 18 h 30.

Où dormir ? Où manger ? Où boire un verre ?

Nombreux ***campings*** au bord du lac (à Sarnico, Iseo, etc.), malheureusement bruyants et bondés : musique le soir et circulation le jour...

Camping 30 Passi : via XXV Aprile, 1, à Riva di Solto. ☎ 035-98-03-20. Fax : 035-98-51-19. Fermé en janvier et février. Compter 18,50 € pour 2 personnes, une tente et un véhicule. Sur la partie la moins industrielle du lac et la plus belle. Après une série de falaises (dessinées pour un spot de pub sur l'adhérence des pneus). Petit camping d'habitués. Sanitaires dans un bloc central à côté de la pizzeria. Fermée le mardi ; compter 25 € environ pour un repas complet ; le digestif est offert sur présentation du *GDR.*

Il Volto : via Mirolte, 33, 25049 Iseo. ☎ 030-98-14-62. Fermé le mercredi et le jeudi midi et 3 semaines en juillet. Pas de terrasse, ni de coucher de soleil, mais une vieille *osteria,* où l'on peut prendre un verre ou manger de bons plats. C'est le rendez-vous de la ville pour l'apéro. Enfin, surtout des hommes, qui disparaissent sur le coup de 19 h 30 pour aller retrouver leur femme pour dîner ! De toutes les manières, hommes ou femmes sont les bienvenus pour boire un verre de vin au comptoir, en compagnie du patron et du cuistot. Goûter au vin de la région : le Franciacorta. Le blanc ressemble un peu à du *prosecco,* le rouge est plus fruité. Vraiment une bonne adresse.

À voir

À ***Pisogne,*** au nord-est du lac, se trouve la petite ***église de Santa Maria della Neve,*** ou ***della Longa.*** Une fois arrivé à Pisogne, tourner à gauche en direction de Grignaghe (en face d'une station-service). Ouvert du mardi au

dimanche de 9 h 30 à 11 h 30 et de 15 h à 18 h. Ce sont les horaires officiels ; en réalité, poussez la porte, la plupart du temps, c'est ouvert. Les religieuses, du bar *Romanino* juste à côté, ont l'œil dessus.
Vue de l'extérieur, elle ne paye pas de mine. Dès qu'on entre, on est un peu abasourdi par la profusion de fresques. Réalisées par Girolamo Romani, dit Le Romanino, en 1534, elles valurent à cette église le surnom de « chapelle Sixtine des pauvres ». C'est tout de même un peu exagéré.

Monte Isola : départs réguliers toute l'année de Sulzano pour Peschiera et de Sale Marasino pour Carzano. On vous conseille de partir de Sulzano pour arriver à Peschiera. Départs également d'Iseo et de Sarnico, de début avril à fin septembre. Demandez une carte de l'île à l'embarcadère.
Chouette balade sur cette petite île couverte d'oliviers, où l'on aperçoit encore de vraies barques de pêcheurs (*atelier de fabrication Archetti* à Peschiera en direction de Carzano), des poissons séchés au soleil et des Italiens ! Évidemment, comme partout, évitez le week-end et les jours fériés, car c'est une destination assez connue dans le canton.

➢ Sur l'île, le *tour du lac* fait 25 km. Compter 5 h 30 à pied. Si jamais vous flanchez, des bus réguliers (toutes les 40 mn) circulent tous les jours. Sinon, vous pouvez aussi louer des vélos à Peschiera ou à Carzano. À *Peschiera* : *Sensole,* dans le centre. Ouvert d'avril à octobre les week-ends et veilles de jours fériés et jours fériés. À *Carzano* : au magasin d'alimentation *Mazzucchelli,* ouvert toute l'année. On peut y acheter de l'huile d'olive et des poissons... La partie la plus belle se situe entre Peschiera et Sensole.

Une bonne adresse pour boire un verre ou se restaurer le midi, sous une tonnelle de vigne vierge, avec vue directe sur l'île San Paolo : ***trattoria La Spiagetta,*** via Sensole, 26. ☎ 030-98-861-41. Fermé le soir et le mardi.

➢ Les plus courageux monteront jusqu'au *sanctuaire della Madonna della Ceriola* construit sur les restes d'un temple païen sur le sommet de la montagne (à 600 m) qui constitue l'île ; compter 1 h 30 de grimpette.

BRESCIA

(25100) 200 000 hab.

Voici une petite ville à laquelle on ne pense pas vraiment lorsque l'on évoque l'Italie. Il est vrai que sa vocation industrielle et tertiaire ne la prédispose pas trop au séjour des foules. C'est en effet ici que l'on fabrique les célèbres Beretta utilisés dans tous les bons polars et grâce auxquels tous les gentils flics américains arrêtent les méchants gangsters. D'ailleurs, dès le départ, Brescia est née sous le signe de la méfiance. Il n'y a qu'à regarder sa structure pour s'en convaincre. Longtemps ceinte de hauts murs dont il ne reste plus que le nom des portes (portes Milano, Trento, delle Pile, San Giovanni...), elle est gardée par un gros château où subsistent encore pont-levis et meurtrières. Brescia fut aussi une des capitales du règne lombard. Les Lombardiens, eux aussi, se firent remarquer par leurs armes, puisque leur nom proviendrait de ces longues lances, pas comme les hallebardes mais presque (longues bardes). Si Brescia n'est pas très engageante, la vieille ville mérite le détour et recèle un passé historique très riche. Alors, si le farniente sur les bords du lac de Garde vous pèse, allez faire un tour dans la deuxième ville de Lombardie, après Milan. Vous ne le regretterez pas.

Adresses utiles

Office du tourisme : corso Zanardelli. ☎ 030-434-18. Fax : 030-29-32-84. • iat.brescia@tiscali.it • Ouvert de 9 h à 12 h 30 et de 15 h à 18 h. Le samedi, le matin uniquement. Fermé le dimanche. Gianluca répondra en français et, qui plus est, avec gentillesse, à toutes vos interrogations sur la ville et sur les lacs (Iseo, de Garde). Un *deuxième bureau,* plus central, sur la piazza Loggia, 6. ☎ 030-240-03-57. • turismo@comune.brescia.it • Horaires d'été : du lundi au samedi de 9 h à 18 h 30, le dimanche de 9 h à 13 h. Là encore, super accueil en français bien sûr. Liste des manifestations culturelles de Brescia et sa province disponible aux deux bureaux ou sur le site • www.apt.brescia.it •

Poste : piazza Vittoria. Ouvert du lundi au vendredi de 8 h 15 à 19 h et le samedi jusqu'à 13 h. Possibilité de change.

Internet : *Brixia web,* via Antiche Mura, 6a. ☎ 030-375-93-31. Une dizaine d'ordinateurs dans une petite salle agréable. Système de paiement par carte à puce. Possibilité d'utiliser sa carte à Vérone, Milan.

Argent : *Banca Bipop,* piazza Loggia. Retrait et change 24 h/24. *Banco di Brescia,* corso Martini della Libertà, 13.

Hôpital : *ospedale civile,* piazzale Ospedali Civili. ☎ 030-399-51.

Service médical d'urgence : ☎ 118.

Taxi : *Radio Taxi,* ☎ 030-351-11.

Location de voitures : *Hertz,* via 25 Aprile, 4c. ☎ 030-451-32. *Autonoleggio maggiore,* via della Stazione, 88. ☎ 030-492-68.

Où dormir ?

Se loger à Brescia n'est pas très évident. Les hôtels très bon marché (entre 40 et 50 €) sont près de la gare et, franchement, ce n'est pas terrible comme ambiance.

Prix moyens

Hotel Antica Villa : via S. Rocchino, 90. ☎ 030-30-31-86. Fax : 030-338-43-12. Juste à quelques minutes du centre à pied. Sinon, bus C. Pour une chambre, comptez 80 € sans petit déjeuner (90 € avec). Dans un quartier résidentiel de la ville, cette villa surplombe un peu la route assez fréquentée. Les chambres sont correctes. Et l'endroit somme toute agréable, avec deux petites terrasses.

Regina e Due Leoni : corso Magenta, 14. ☎ 030-375-78-81. Fax : 030-454-00. Compter entre 47 et 62 € pour une chambre avec ou sans bains. Préférable de téléphoner avant pour réserver, non pas que ce soit une superbe adresse, mais à ce prix-là et dans le centre, on ne peut guère espérer mieux. Chambres vieillottes, pas très bien entretenues. Certaines sans fenêtre. Grande entrée avec salle TV, qui est en fait la pièce à vivre des patrons.

Trento : piazzale C. Battisti, 31. ☎ 030-38-07-68. Fax : 030-33-479-87. En plein centre. Compter 60 € la chambre. Convient aux familles car il possède quelques grandes chambres pouvant loger 4 personnes. Hôtel refait à neuf, proposant 12 chambres tout confort. Inconvénients : au-dessus de la salle de restaurant et au bord d'une rue passante. On vous conseille les chambres du côté opposé à la rue.

BRESCIA

Où manger ? Où boire un verre ?

Prix moyens

La Bersagliera : corso Magenta, 38. ☎ 030-375-05-69. Fermé le lundi. Compter de 5 à 7 € la pizza et de 15 à 18 € environ pour un repas.

Salle sans intérêt, accueil très désinvolte, mais une des adresses du centre-ville les moins chères pour les *pizze,* avec une quarantaine de combinaisons. Du coup, établissement fréquenté par un peu toutes les classes d'âge de Brescia.

Osteria Al Bianchi : via Gasparo da Salo, 32. ☎ 030-29-23-28. À deux pas de la piazza Loggia. Fermé les mardi soir, mercredi et samedi midi. Compter environ 20 à 22 € pour un *primo* et un *secondo.* Dans les locaux d'un ancien monastère, deux salles succèdent au petit zinc qui réunit les Bresciani de tous âges autour d'un pot ou d'une partie de cartes. Goûtez aux délicieux *malfatti* d'épinards et aux *bocconcini* d'âne dans une sauce au *barolo.* Excellent *zabaione.* Service rapide et attentionné.

La Vineria : via X Giornate, 4. ☎ 030-28-04-77. Fermé le mardi. Compter autour de 25 €. Bar à vin tout en longueur avec sa myriade de bouteilles. En plus de venir y prendre un verre que l'on accompagne d'une tartine, on peut aussi y manger de bons plats comme les *casoncelli,* en terrasse sous les arcades. Atmosphère sympathique. Adresse très courue.

À voir

Dans la ville

Le centre de Brescia est très intéressant car il concentre sur une petite surface trois époques historiques distinctes : la période romaine avec la piazza Foro, le Moyen Âge avec la piazza Papa Paolo VI, et enfin la Renaissance avec la piazza della Loggia.

On commence notre remontée dans le temps par la ***piazza Foro,*** ancien centre de la cité romaine Brixia avec des vestiges de théâtre et son ***capitolium.*** Ce n'est qu'en 1991 que les autorités ont achevé les travaux qui permettent de voir ce grand temple dédié à la triade Jupiter, Junon et Minerve. Le *capitolium,* dont il ne reste qu'une partie du *pronaos* (le petit vestibule avant la *cella,* la salle principale du temple), semble avoir été bâti au cours du Ier siècle. C'est du moins ce que laisse penser l'inscription sur le frontispice : « L'empereur César Auguste Vespasien plus haut pontife, détenteur de la puissance du tribunal pour la quatrième fois, salué empereur pour la dixième, père de la patrie, consul pour la quatrième, et censeur. » La plupart du matériel de l'époque romaine qui figure dans le musée Santa Giulia provient de ce temple. Le *decumanus maximus* passe au pied de son escalier.

On avance à grandes enjambées pour se retrouver au Moyen Âge, au cœur du centre-ville : ***piazza Papa Paolo VI.*** Le ***Broletto,*** avec sa tour du Pegol, palais lombard, remonte au XIIIe siècle et a connu de multiples modifications. Le ***Duomo Vecchio,*** cette église romane appelée aussi Rotonda, car elle a une forme circulaire, date du XIe siècle. Ouvert tous les jours (sauf le lundi) de 9 h à 12 h et de 15 h à 19 h, d'avril à octobre. De novembre à mars, ouvert de 10 h à 12 h et de 15 h à 17 h (sauf le lundi). Enfin, votre œil exercé aura sans doute repéré un intrus sur cette place, le ***Duomo Nuovo.*** Construit au XVIIIe siècle, baroque au possible, tout en marbre blanc du pays et coiffé d'une coupole vert-de-gris (la troisième plus haute d'Italie : 88 m). Ouvert du lundi au samedi de 7 h 30 à 12 h et de 16 h à 19 h 30, le dimanche de 8 h à 13 h, mêmes horaires l'après-midi. Avec un peu plus de temps, il est possible de contempler les belles fresques baroques dans l'escalier du ***palazzo del Comune.***

On poursuit quelques pas plus loin, pour atterrir en pleine Renaissance avec la ***piazza della Loggia.*** Construite sur le modèle vénitien avec évidemment sa ***Loggia,*** actuel palais de la commune, le ***Monte Vecchio di Pietà,*** avec sa logette et la ***tour de l'Horloge.*** En haut de l'horloge, à côté de la cloche, on voit « les Fous des heures ». Et y a de quoi l'être ! Ils sonnent les heures depuis 1581.

Monastère Santa Giulia : via Musei, 81b. ☎ 030-297-78-34. Du 1er octobre au 31 mai, ouvert du mardi au dimanche de 9 h 30 à 17 h 30. De juin à fin septembre, du mardi au dimanche de 10 h à 18 h. Entrée : 8 €. Donne accès également aux Domus romains. Billet couplé avec trois autres musées de la ville : 12 €.

Un mastodonte de ***musée*** : 13000 m² consacrés dans un souci très didactique à l'histoire de la région. C'est tellement grand que les gardiens du musée font office de boussoles, car il est facile de ne plus savoir dans quel sens est la visite.

Cet ancien monastère bénédictin, qui comptait lors de ses plus belles heures pas moins de 7000 frères, comprend trois églises : la *basilique* lombarde *de San Salvatore* (et sa crypte), l'*église* romane *de Santa Maria in Solario* et l'*église Santa Giulia,* de la Renaissance. Fondé en 753, ce monastère subit de nombreuses modifications, surtout aux XIIe et XVe siècles.

Voici les étapes essentielles du parcours, brossées à gros traits.

– *Au sous-sol :* de la préhistoire à l'âge de fer, et époque romaine avec un reste de voie romaine et les fondations d'une maison.

– *Au rez-de-chaussée :* période romaine, ne pas louper une superbe *Victoire ailée* et, parmi les têtes en bronze, celle du sympathique Marc Aurèle (avec une oreille plus grande que l'autre), également celle de Minerve datant des débuts de l'ère chrétienne ; vient ensuite le haut Moyen Âge lombard carolingien et l'église de San Salvatore. Du rez-de-chaussée on accède aux Domus de l'Ortaglia, domus privés avec mosaïques et fresques de 1 000 m² environ. À L'extérieur, parc archéologique.

– *Au dernier étage :* la période vénitienne ; les explications se font nettement moins prolixes.

Mais en fait, la raison essentielle de venir au musée de Santa Giulia, si vous n'êtes pas fan de pièces archéologiques, c'est l'***église de Santa Maria in Solario.*** Encastrée dans les murs du monastère, c'est autour d'elle que tout s'est construit. Vous pouvez y accéder directement en demandant le chemin à l'entrée : même si l'on vous dit que la visite ne commence pas par là, affirmez que vous voulez y aller d'abord. Dans la petite loggia se trouvent les superbes fresques de Floriano Ferramola, aux couleurs assez pimpantes et très harmonieuses. Harmonie renforcée par la voûte céleste avec Dieu le Père (au centre) en pleine bénédiction. Au milieu de la chapelle, intéressante mais un peu comme un cheveu sur la soupe, l'une des rares pièces de ce Moyen Âge lombard : la *Croix de Desiderio,* roi lombard. Son armature est en bois et une feuille de métal la recouvre ; elle affiche de nombreux camées et médaillons sur ses branches un peu maladroitement disposées.

Château : accès en voiture ou à pied par la contrada San Urbano, chemin partant de la piazza Tito Speri, juste à côté de la piazza Papa Paolo VI. Ouvert tous les jours de 8 h à 20 h. C'est le rendez-vous oxygène de Brescia. Jardins tout autour du château, construit du XIIIe au XVIe siècle, avec vue sur la ville. Cinéma en plein air, concerts et autres événements gratuits ou payants, de début juin à septembre, lors de *Brescia estate aperta.* Pour plus d'infos, s'adresser à l'office du tourisme.

– Également la ***pinacothèque Tosio Martinengo*** constituée de grandes toiles de maîtres de la Renaissance et aussi le polyptyque de Tiziano (1522) conservé dans l'église des SS Nazzaro et Celso.

QUITTER BRESCIA

En train

Gare ferroviaire : piazzale Stazione. ☎ 89-20-21 (numéro sans préfixe) de 7 h à 21 h pour des informations. Au sud de la ville, avant le quartier des affaires, « Brescia Due ». Bus 1 ou 10 pour y aller du centre. Sinon, le mieux est encore d'aller à l'office du tourisme où l'on vous renseignera très vite.

➢ ***Pour Milan (Centrale) :*** de 14 h 15 à 22 h 37, un train toutes les heures en moyenne, avec très peu de départs entre 10 h et 12 h. Compter à peu près 1 h de trajet.
➢ ***Pour le lac de Garde (Desenzano) et Vérone :*** de 6 h 15 à 23 h 20, départ toutes les heures. Trajets : 15 et 45 mn respectivement.
➢ ***Pour la valle Camonica :*** ligne FNM (Ferrovie Nord Milano). Liaison avec Iseo, Edolo.
➢ ***Pour Rome :*** une ligne directe à 7 h 05 (4 h 50 de trajet).

En bus

Gare routière : en face de la gare ferroviaire. Plusieurs compagnies.
➢ ***Pour Sirmione (lac de Garde) :*** bus L 902, ligne Brescia-Vérone, avec arrêts à Desenzano et Sirmione.

En avion

✈ ***Aéroport Montichiari :*** à 15 km au sud-est, en direction de Mantoue. ☎ 030-96-565-11. Liaisons surtout intérieures.

LE LAC DE GARDE *(IL LAGO DI GARDA)*

C'est le plus grand lac italien. Il bénéficie d'un climat doux, abrité des vents du nord, qu'apprécièrent en leur temps les Romains. Ce microclimat favorise d'ailleurs l'existence d'une superbe végétation : palmiers, citronniers, cyprès, lauriers-roses. Étonnez-vous que Virgile, Pline, Goethe, Barrès et D'Annunzio aient été inspirés par un tel petit paradis ! Remarquez qu'ils auraient aujourd'hui quelque mal à accorder leur luth, car ils n'avaient pas prévu le tourisme de masse. Cette fréquentation est plus familiale et beaucoup moins élitiste que sur le Lac de Côme. Seuls subsistent, dans l'arrière-pays, quelques villages épargnés. Il faut vite en profiter.
En fait, la balade du tour du lac est assez décevante car, contrairement à Côme, les paysages sont évasés et monotones. Beaucoup de tunnels, un ballet incessant d'autocars pleins à craquer... et d'authentiques villages de pêcheurs transformés en colonies d'authentiques touristes. Tournez-vous alors du côté de votre assiette : huile d'olive vierge extra produite avec parcimonie par les oléiculteurs de Riva, d'Arco, de Nago ou de Torbole, poissons du lac (truite, anguille, sardine, corégone, brochet ou carpe), *carne salata* (viande salée) à consommer cuite ou crue, vins (Nosolia, Schiava ou Müller Thurgau), sans oublier *grana* et *grappa,* ainsi que la célèbre truffe noire d'été, ou *scorzone,* et *trifola* pour celle d'hiver.

Transports

➢ ***Bateau :*** nombreuses liaisons pour toutes les villes du lac : Desenzano, Sirmione, Peschiera, Gardone Riviera, Torri del Benaco, Torbole et Limone, entre autres. Traversées pour les routards motorisés de la rive ouest à la rive est, entre Maderno et Torri del Benaco ainsi qu'entre Malcesine et Limone. Informations sur les horaires et fréquences par numéro Vert : ☎ 800-55-18-01 (depuis l'Italie) ou sur • www.navigazionelaghi.it •
➢ ***Bus :*** fréquents, tout autour du lac.
– *Rive est,* de Peschiera à Riva : bus nos 62, 64, ligne Riva del Garda-Verona. Au moins une quinzaine de départs entre 5 h et 20 h.
– *Rive ouest,* de Desenzano à Riva : bus n° 80, la ligne la moins fréquente ; de Desenzano à Peschiera : la ligne Brescia-Verona.

➢ ***Train :*** la ligne Milan-Venise passe par Desenzano et Peschiera. Elle dessert également Brescia et Vérone. Une quinzaine de départs par jour.

Pour les routards funboarders

Sachez tout d'abord que le lac de Garde est praticable principalement dans sa partie nord. D'autant plus que, dans cette partie, la navigation à moteur est interdite (excepté pour les ferries). C'est là qu'il y a du vent, et plus précisément deux vents :
– Le *vento* (ou *peler*) est un vent du nord qui se lève tôt (vers 4 h du matin) et se couche tôt (vers 11 h). C'est à Malcesine que ça se passe. Parkings réservés « only surfers ».
– L'*Ora* est un vent du sud qui souffle l'après-midi de 14 h à 18 h. Il ne souffle que dans le nord, donc deux endroits stratégiques : Riva et Torbole. Quand le vent souffle vraiment fort (6/7 beauforts), vous trouverez même des vagues (petites, mais pour un lac...) à Porto San Nicolo. Ces deux villages possèdent toutes les structures nécessaires pour apprendre, louer, réparer ou acheter !
Sachez également que sur le lac de Garde, on trouve les débutants comme les experts. Un bon endroit pour vous initier, donc, avant d'attaquer l'océan.

LA RIVE EST : DE DESENZANO À RIVA DEL GARDA

DESENZANO DEL GARDA (25015) 24000 hab.

Ex æquo avec Torri del Benaco, Desenzano est la ville qui nous a le plus séduits dans la région. Par ailleurs, c'est la seule qui soit bien desservie par le train. Deux bonnes raisons pour vous y arrêter.
Desenzano a des origines très anciennes : son nom dérive d'un certain *Decentius,* personnage de la cour impériale romaine de Milan, à qui appartenait probablement la villa aux riches mosaïques que l'on peut admirer aujourd'hui via Scavi Romani (voie des Fouilles-Romaines). Agréable balade le long du lac, belle place entourée d'arcades, petit port de plaisance enclavé dans le vieux centre, agréables terrasses où l'on peut tranquillement siroter un petit Martini dans une balancelle... Attention au marché du mardi : la veille, ne pas laisser sa voiture en bordure de lac, du lungolago C. Battisti à la piazza XXV Aprile compris.

Adresses utiles

■ ***Office du tourisme :*** via Porto Vecchio, 34. ☎ 030-914-15-10. Fax : 030-914-42-09. Ouvert de 9 h à 12 h 30 et de 15 h à 18 h. Ouvert le samedi après-midi et le dimanche matin en juillet et août. Face au petit port, dans le *palazzo Todeschini.* Bon accueil et efficace.

■ ***Banque :*** *Banco Popolare di Verona,* distributeur piazza Matteotti.

■ ***Hôpital :*** *ospedale,* località Montecroce. ☎ 030-914-51. À 2 km du centre, prendre viale Marconi, puis viale Ettore Andreis.

■ ***Premier secours :*** ☎ 118.

■ ***Taxi :*** ☎ 030-914-15-27.

■ ***Location de vélos :*** chez *Girelli,* via Annunziato, 10. Ouvert quasiment tout le temps. Dans le cas contraire, téléphoner à Luciano, chez lui : ☎ 030-911-97-97. VTT ou *city bike,* 10 € par jour.

@ ***Internet :*** *Mediateca,* via dal Molin, 9. À côté de la bibliothèque et du musée archéologique. Ouvert les mardi, mercredi et jeudi de 15 h à 17 h 30 et de 20 h 30 à 23 h ; le lundi de 20 h 30 à 23 h et le samedi de 10 h à 12 h 30. Gratuit.

Où dormir ?

Camping

⛺ ***Camping Vo :*** via Vo, 4. ☎ 030-91-21-325. Fax : 030-91-20-773. À la sortie de Desenzano, sur la route en direction de Salò. Ouvert d'avril à fin octobre. Compter 26 € pour 2 personnes, tente et voiture comprises. Camping agréable au bord de l'eau, bénéficiant de toute l'infrastructure du « village touristique » à côté. Entendre par là, des petits appartements individuels. Grande terrasse, restaurant, tennis, plage privée (pour les pieds sensibles, s'équiper de sandalettes en plastique). Comme d'habitude, beaucoup de places pour les caravanes et partie congrue pour les tentes.

Bon marché

🏠 ***Hôtel Marino Meublé :*** via Anelli, 20. ☎ 030-91-41-910. Chambres à 56 € sans petit déjeuner. Petit hôtel jaune avec des volets en bois, dans la rue principale. Pas beaucoup de chambres (huit), mais pas trop cher et central. La patronne est assez sympa. Possibilité de prendre son petit déjeuner dans le bar juste au rez-de-chaussée.

Prix moyens

🏠 ***Albergo Trattoria Alessi :*** via Castello, 3. ☎ 030-914-19-80. De la piazza Malvezzi, petite ruelle montante. C'est un peu plus loin, sur la gauche. Environ 65 € avec petit déjeuner. Dix-huit chambres. Petit hôtel sans charme particulier, agréablement situé au cœur de la vieille ville. Les chambres n°s 41 et 43, en soupente, sont peut-être plus sympas que les autres. Possibilité de manger dehors, menus touristiques pas trop chers.

🏠 ***Splendid Hotel Mayer :*** via Ulisse Papa, 10. ☎ 030-91-42-253. Fax : 030-91-42-324. Compter 70 € la double, petit dej' compris. Grand hôtel des années 1950 dont le nom, *Splendid Mayer,* inscrit en grosses lettres, ressort de la façade jaune à volets gris. Intérieur un peu vieillot, mais chambres correctes et parking, ce qui n'est pas négligeable en plein centre-ville. Malgré les 55 chambres, il est conseillé de réserver, car c'est souvent pris d'assaut par des groupes.

Chic

🏠 ***Hôtel Piroscafo :*** via Porto Vecchio, 11. ☎ 030-91-411-28. Fax : 030-99-125-86. À deux pas de la piazza Matteotti. Congés annuels en janvier et en février. Chambre double avec bains à 97 € sans petit déjeuner. Cet hôtel donne sur la petite marina et sur les balancelles des terrasses de café. Une trentaine de chambres très confortables et propres, sans cachet, mais avec petit balcon. Très bon accueil. Une bonne adresse dans cette catégorie.

🏠 ***Hôtel Aurora :*** lungolago C. Battisti, 53. ☎ et fax : 030-999-10-90. Sur la promenade face au lac, à 2 mn du vieux centre en allant vers Salò. Congés annuels : de novembre à mars. Compter 95 € la chambre avec petit déjeuner (90 € sur présentation du *GDR*). Récemment refait à neuf, cet hôtel, même s'il n'est pas très joli (gros bloc de béton couleur jaune d'œuf aux stores bleus), mérite bien ses 3-étoiles : chambres équipées tout confort (bains, TV, minibar, AC). Demandez celles donnant sur la cour, plus calmes. En plus, la sympathie et le sourire de Gianna, qui tient son hôtel en famille, rendent le séjour agréable. Parking clos gratuit.

Où manger ?

Bon marché

Pizzeria Garda : lungolago C. Battisti, 21. ☎ 030-914-17-14. Le long du lac, en direction du vieux centre. Fermé le jeudi. Congés annuels : en janvier-février et en juin. Compter entre 5 et 8 € la pizza. Excellent jambon de Parme, pizzas et truite grillée du lac. Belle salle intérieure avec plafond blanc voûté. Terrasse couverte donnant sur le lac. Impeccable et bon marché.

Pizzeria Al Ceppo : lungolago C. Battisti, 55. ☎ 030-914-05-65. À côté de l'hôtel *Aurora*. Fermé le jeudi. Congés annuels en janvier. Menus à 12,50 €. Compter 20 € pour un repas complet à la carte. Une très bonne adresse pour déguster d'excellentes pizzas, même si le décor aseptise plus les neurones qu'il n'ouvre l'appétit.

Plus chic

Wine Bar : via Girolamo Bagatta, 33 ☎ 030-914-22-59. Ouvert de 19 h à 1 h. Fermé le mardi. Attention, ne pas confondre avec le restaurant juste à côté, *La Lepre*, beaucoup plus cher. Compter autour de 35 €. Petit restaurant chaleureux à la déco baroque : tubes de plomberie, murs de pierre, voûtes en brique... Endroit un peu confidentiel et sophistiqué avec une cuisine originale. Apéritif maison offert sur présentation du *GDR*.

Où déguster les meilleures glaces ?

Master Gelateria : piazza Matteotti, 21. Ouvert de 11 h à 1 h 30. Fermé 6 semaines en début d'année. LE glacier à Desenzano. Tous les habitants vous le diront. Et quel choix !

À voir

Santa Maria Maddalena : appelé aussi le *Duomo*. Ouvert de 7 h 30 à 11 h 30 et de 15 h 30 à 18 h 30. Date du XVIe siècle et abrite la *Dernière Cène* de Giambattista Tiepolo.

Villa Romana : via degli Scavi. Ouvert de mars à mi-octobre de 8 h 30 à 19 h 30 ; de mi-octobre à février de 8 h 30 à 17 h. Fermé le lundi. Entrée : 2 € ; réductions ; gratuit pour les moins de 18 ans et les plus de 65 ans membres de l'Union européenne. Ruines d'une villa romaine du IVe siècle, élevée sur une construction du Ier siècle. Le pavement de mosaïque est visible de la rue.

Allez vous balader dans les ruelles du vieux Desenzano, jusqu'aux ruines d'un château fort des XVe et XVIe siècles. De là, belle vue sur les montagnes et le lac (notamment Sirmione).

QUITTER DESENZANO DEL GARDA

En train et en bus

Gares ferroviaire et routière : piazza Einaudi. À 15 mn à pied du vieux centre (prendre toujours tout droit par le viale Cavour). Desenzano se trouve sur la ligne Milan-Venise.
➢ ***Pour Vérone*** (30 mn de trajet) et ***Venise*** (2 h de trajet) **:** plusieurs départs de 1 h 50 à 23 h 39.
➢ ***Pour Brescia*** (20 mn de trajet) et ***Milan*** (de 1 h à 1 h 30 de trajet) **:** plusieurs départs de 5 h 57 à 22 h 16.
– ***Bus*** réguliers pour les localités autour du lac : bus n° 80 pour les villes de la rive ouest (de Desenzano à Riva), bus de Desenzano à Peschiera (ligne Brescia-Vérone), n°s 62, 64 ensuite de Peschiera à Riva del Garda (ligne Riva-Vérone). Départs également de la piazza Matteotti, place de l'embarcadère.

En bateau

Embarcadère : informations, horaires et tarifs piazza Matteotti. ☎ 030-914-95-11. Fax : 030-914-95-20.
➢ Départs réguliers (toutes les 40 mn de 8 h 20 à 18 h 20) pour l'ensemble des villes autour du lac. Un des moyens de transport les plus rapides en haute saison.

SIRMIONE

(25019) 5900 hab.

À 6 km (jusqu'à l'entrée de la péninsule). Au sud du lac, tout au bout d'une presqu'île (3,5 km de long) qui possède incontestablement beaucoup de charme. C'est aussi une station thermale renommée pour ses eaux chaudes (69 °C). Sirmione est devenu un des hauts lieux touristiques du lac de Garde. En été et le week-end, on fait du sur-place à cause de la foule. La moitié de nos lecteurs s'enfuiront en courant. Pour l'autre moitié, voici ce que l'on peut y trouver d'intéressant.
Sirmione est une ville que l'on peut diviser en trois zones :
– *Le début de la presqu'île :* c'est le quartier de Colombare, situé en dehors de la vieille ville. Il s'étend le long d'une grande avenue entre la route nationale et un superbe château avec douves et créneaux. Superbement éclairé le soir. De nombreux hôtels et campings de part et d'autre. Inconvénients : on est loin de la vieille ville, les plages sont bondées et il y a une forte concentration touristique l'été.
– *La vieille ville :* au centre de la presqu'île. Son charme a été dérobé par le tourisme de masse uniformisateur. Les belles ruelles ont été envahies par les boutiques et restos en tout genre (si au moins ils étaient bons !), et il est presque impossible d'y trouver un peu de tranquillité. On ne peut pas y accéder en voiture. Parking payant à l'extérieur.
– *L'extrémité de la presqu'île :* un véritable havre de paix à deux pas de la vieille ville. Un endroit calme, ombragé par les oliviers. Un centre de cure (pour le traitement des maladies respiratoires et des rhumatismes) et de remise en forme très fréquenté par les personnes âgées et les enfants. C'est l'endroit que l'on préfère et où se trouvent nos meilleures adresses. Inconvénient : l'accès en voiture y est difficile, aussi bien pour sortir que pour entrer, surtout en été lorsque Sirmione devient un véritable entonnoir. Mais bon, vous pouvez toujours marcher (15 mn à partir du parking).

Comment y aller ?

➢ Bus réguliers de Brescia, Vérone et Desenzano qui vous déposent à l'entrée de la péninsule ou à celle du centre historique. Ensuite, de nombreux bus locaux pour aller au bout de la presqu'île.

Adresses et infos utiles

Office du tourisme : viale Marconi, 8. ☎ 030-91-61-14 ou 91-62-45. Fax : 030-91-62-22. • iat.sirmione@tiscali.it • À l'entrée de la vieille ville, bâtiment circulaire, de brique et de béton, sur le parking, face au château avant de passer le pont. De Pâques à fin octobre, ouvert tous les jours de 9 h à 21 h. De novembre à Pâques, ouvert de 9 h à 12 h 30 et de 15 h à 18 h ; fermé le samedi après-midi et le dimanche. La très sympathique Orietta vous donnera toutes les infos. Demandez un plan de la ville détaillé.

✉ **_Poste :_** juste à côté de l'office du tourisme. ☎ 030-91-61-95. Ouvert du lundi au vendredi de 8 h 30 à 14 h et le samedi de 8 h 30 à 12 h 30.

■ **_Banque :_** *Banco di Brescia,* piazza Castello, face au château en entrant dans la vieille ville. Chèques de voyage ou carte *Visa.* Distributeur automatique.

■ **_Police :_** viale Marconi. ☎ 030-990-57-72.

■ **_Urgence médicale :_** ☎ 118. De mi-juin à mi-septembre : *Guardia medica turistica,* dans la mairie de Colombare, dans l'arrière-ville, à 3 km du centre de Sirmione.

Embarcadère : près de la piazza Carducci, dans la vieille ville.

Bus : arrêt juste à côté de la poste, derrière l'office du tourisme. Ligne Brescia-Vérone, desservant Desenzano ou Peschiera. Départs toutes les heures.

■ **_Location de scooter et vélos :_** *Adventure Sprint,* via Brescia, 9. ☎ et fax : 030-91-90-00. Juste avant le croisement avec la via Colombare qui va vers Sirmione.

■ **_Location de bateaux :_** lungolago Diaz, à côté de l'office du tourisme, ou sur la piazza Montebaldo. Possibilité de faire le tour de la presqu'île, compter 40 € pour 5-6 personnes pour un tour de 30 mn, 5 € par personne supplémentaire.

■ **_Taxi :_** piazza Porto, ☎ 030-91-60-82.

Divers

– **_Marché alimentaire :_** le lundi matin, via Colombare, dans le quartier Colombare.

LE LAC DE GARDE

Où dormir ?

Si vous voulez dormir à Sirmione en été ou les jours fériés d'avril et mai, il est préférable de réserver auparavant, même s'il existe un nombre considérable d'hôtels. De plus, ces jours-là, il n'est pas rare que la demi-pension soit obligatoire. C'est le cas, entre autres, à l'**_hôtel Speranza_** (via Casello, 6 ; ☎ 030-91-61-16 ; 70 € la double, petit dej' compris). Quelques habitants de Sirmione louent des chambres.

À l'extrémité de Sirmione

Prix moyens

Villa Paradiso : via Arici, 7. ☎ et fax : 030-91-61-49. Située à 50 m de San Pietro, dans le quartier résidentiel de Sirmione. Congés annuels de mi-octobre au 25 avril. Environ 63 € pour 2 personnes. Porte vraiment bien son nom. Cette superbe demeure tenue par une gentille dame d'un dynamisme rare propose une poignée de chambres pleines de charme avec vue sur le lac. Certaines ont une vue panoramique sur la presqu'île. Le jardin, avec ses cyprès qui chatouillent la tour de l'église voisine, est impeccablement entretenu et l'accueil chaleureux. Calme et volupté sont garantis. Seul le chant des grillons est susceptible de briser la tranquillité de ce lieu. N'accepte pas les cartes de paiement. Notre meilleure adresse à Sirmione. Café offert sur présentation du *GDR*.

Plus cher mais pas forcément chic

☗ ***Albergo Villa Maria :*** via San Pietro in Mavino, 8. ☎ 030-91-60-90. Fax : 030-91-61-23. • www.villamariahotel.com • À côté de l'église San Pietro. Congés annuels : de janvier à mi-février. Chambres avec petit déjeuner entre 75 et 98 €. Récemment rénové, situé au calme dans la verdure, l'hôtel propose des chambres confortables avec petit balcon donnant sur le lac (demandez les chambres des étages supérieurs). Les propriétaires parlent le français. La pension complète est exigée quand il y a beaucoup de monde. 10 % de remise en mars, avril (sauf période de fêtes), octobre et novembre sur présentation du *Guide du routard* de l'année.

☗ ***Hôtel Désirée :*** via San Pietro in Mavino, 2. ☎ 030-990-52-44. Fax : 030-91-62-41. • www.hotel-desiree.it • Proche du *Villa Maria.* Ouvert de fin mars à fin octobre. Chambres doubles avec petit déjeuner de 75 à 110 €. Hôtel moderne, calme et lumineux. Des chambres confortables à dominante rose, avec un balcon donnant sur un jardin. Demander évidemment les chambres avec vue sur le lac. Terrasse extérieure agréable, piscine. Beaucoup de personnes âgées. Chambres nombreuses, mais il vaut mieux réserver. Demi-pension exigée le week-end et à Pâques. Apéritif offert à nos lecteurs sur présentation du *Guide du routard.*

Dans la vieille ville

Bon marché

☗ ***Albergo-ristorante Al Progresso :*** via Vittorio Emanuele, 20. ☎ 030-91-61-08. Ouvert de mai à mi-octobre. Chambres à 47 €. Pension complète abordable : 42 € par personne. Cette maison, qui fait également office de *trattoria,* a le mérite de se situer au cœur du centre historique. Il s'agit en outre du seul hôtel bon marché de la vieille ville. Il nous a donc semblé indispensable de le signaler. Toutes les chambres ont les bains à l'extérieur.

Prix moyens

☗ ***Hôtel Grifone :*** via Bocchio, 4. ☎ 030-91-60-14. Fax : 030-91-65-48. En venant du château, dans une rue à droite qui donne sur le lac, perpendiculaire à la via Vittorio Emanuele. Congés annuels : de novembre à mi-mars. La chambre est à 57 € sans petit déjeuner. L'intérieur de cette auberge ressemble un peu à un chalet de montagne : tout est en pin. Ambiance et accueil chaleureux ; on a la vue sur le lac et on peut prendre son petit déjeuner sur la terrasse. Il y a même une petite plage en bas de l'hôtel. Une de nos meilleures adresses.

Chic

Le Corte Regina : via Antiche Mura, 11. ☎ 030-91-61-47. Fax : 030-91-96-470. En venant du château, dans une rue à droite perpendiculaire à la via Vittorio Emanuele (rue principale). Ouvert de mi-mars à fin octobre. Compter 90 € pour deux avec petit déjeuner-buffet. Face à la pression touristique, cet hôtel familial s'est converti en un 3-étoiles moderne. Les chambres équipées d'une salle de bains, d'un minibar, d'une TV et d'un coffre-fort portent toutes des noms de fleurs. La propriétaire est très accueillante.

Hôtel Catullo : piazza Flaminia, 7. ☎ 030-990-58-11. Fax : 030-91-64-44. • www.hotelcatullo.it • Chambres de 110 à 125 € selon la saison. Petit déjeuner (buffet) compris dans le prix. L'un des plus vieux hôtels de Sirmione, réhabilité massivement et plébiscité par les groupes. Parfaitement tenu, avec un ponton pour la bronzette duquel vous assisterez aux allées et venues des ferries. Très bon confort, lits gigantesques. Terrasse avec vue sur le lac. Pour ceux qui ont les moyens.

Vers Colombare

Camping

Camping Sirmione : via Sirmioncino, 9. ☎ 030-91-90-45 ou 030-990-46-65 ; l'hiver : ☎ 030-91-94-51. Dans le quartier de Colombare, sur la droite en arrivant dans la presqu'île. Ouvert de mi-mars à mi-octobre. Selon la saison, compter de 24 à 32 € pour 2 personnes, une tente et une voiture. Assez cher, donc. Il présente l'avantage d'être ombragé et juste au bord du lac. Toutefois, l'été, c'est assez bondé et on y est à l'étroit. Piscine de 3 bassins juste derrière la réception. Loue également des petits bungalows préfabriqués à quelques mètres de l'eau. Location de matériel pour sports nautiques.

Où manger ?

Volontairement, nous n'indiquons aucun resto dans la vieille ville, tant ils proposent tous des « spécialités standardisées » (les cartes se ressemblent jusque dans le format et la typographie). Si vous voulez vraiment y manger, il faudra casser votre tirelire, ou vous contenter d'un morceau de pizza et d'une glace (elle aussi standardisée) sur un banc public.

Bon marché

Non solo pane : vicolo Strentella, 7 (après l'entrée du château à gauche). Ouvert de 8 h à 13 h 15 et de 15 à 19 h. Fermé en janvier et à midi le lundi et le mardi. Une belle boulangerie qui a le mérite de proposer de beaux gâteaux et des pizzas à emporter.

Où manger dans les environs ?

Prix moyens

Antica Osteria Busocaldo : località Massoni, 12, à San Benedetto. ☎ 045-64-00-614. Pour s'y rendre, prendre la route de Sirmione à Peschiera. À la hauteur d'une casse de voitures, prendre sur la droite en direction de Rovizza, en sortir puis suivre les indications. Fermé le lundi et le mardi midi. Cette grande *trattoria* perdue en plein champ s'est bâtie une sérieuse réputation tant pour ses viandes à la braise que pour ses plats végétariens. La pergola invite à venir les déguster et l'on est bien loin du chimique de Sirmione. Ah... comme c'est bon la cuisine faite à l'italienne !

La Dispensa : via Castello, 19-21, à Castellaro Lagusello, 46040 Monzambano. ☎ 0376-888-50. À une vingtaine de kilomètres de Sirmione. Aller à Pozzolengo puis suivre Castellaro. En semaine, service le soir uniquement. Fermé du lundi au mercredi. Compter de 20 à 30 € par personne. Même topo que la précédente adresse mais encore plus *piccolina* et plus *casalinga.* La patronne, très avenante, vous reçoit dans sa cuisine ou dans une petite courette croquignolette couverte de verdure. On y mange de savoureuses spécialités du coin, parfumées de nombreuses herbes du jardin. Une très bonne adresse.

Trattoria La Pesa : piazza G. Orlandi, Castellaro. ☎ 0376-889-01. Fermé le mardi. Là encore, on est bien loin des prix pratiqués sur la « côte ». Un peu plus cantine que les deux précédentes mais pas moins bon. Petite terrasse à l'ombre d'une grande bâche. Bon gibier *(coniglio in padella),* viandes savoureuses *(arrosto di vitello)* et pâtes faites maison.

À voir

Château des Scaligeri : ☎ 030-91-64-68. Visite du mardi au dimanche de 8 h 30 à 19 h en été ; de novembre à avril de 9 h à 17 h. Entrée : 4 € ; réductions ; gratuit pour les moins de 18 ans et les plus de 65 ans membres de l'Union européenne.
Entièrement construit sur l'eau au XIIIe siècle par un seigneur de Vérone, il commande l'entrée de l'île et du vieux village. La vue du donjon vaut le coup d'œil. Cependant si vous ne tenez pas à figurer sur cinquante films de vacances, passez votre chemin.

Église Santa Maria Maggiore : au bord du lac, proche du château. Datant du XVe siècle, cette église présente un élégant portail extérieur avec d'anciennes colonnes romaines (la première colonne à gauche date du IVe siècle). Remarquez, à l'intérieur, les fresques des XVe et XVIe siècles.

Église San Pietro in Mavino : à l'extrémité de la péninsule, vers les grottes de Catulle. Très vieille église du VIIIe siècle ayant gardé de jolies fresques. Il est agréable de s'y arrêter juste pour la douceur et la tranquillité des environs.

➢ **Passeggiata delle Muse** est une balade agréable, car un peu à l'écart des flux touristiques. Elle mène jusqu'au Lido, où les plus courageux loueront un pédalo et les adeptes du farniente opteront pour un verre en terrasse.

Grottes de Catulle : ☎ 030-91-61-57. Ouvert de 8 h 30 à 16 h 30 (19 h de mars à mi-octobre). Fermé les lundis non fériés. Entrée : 4 € ; réductions ; gratuit pour les moins de 18 ans et les plus de 65 ans membres de l'Union européenne.
Il s'agit des ruines d'une imposante villa romaine du Ier siècle av. J.-C. et du Ier siècle apr. J.-C. Le site fut, bien sûr, merveilleusement bien choisi. Par un bel après-midi de printemps ou d'automne, s'il n'y a pas beaucoup de visiteurs, c'est une superbe balade dans le passé. Petit musée abritant des fragments de mosaïques, des fresques et des bijoux.

PESCHIERA (37019)

À 15 km de Desenzano. Composée de différents petits îlots installés à l'embouchure du fleuve Mincio, c'est une ville agréable et un petit port sympathique. À 8 km au sud, on peut visiter les ***jardins de Sigurtà***, à ***Valeggio sul Mincio :***

sur 50 ha, nombreuses essences d'arbres et de fleurs. Grand parc qui n'a absolument pas la majesté des jardins des villas du lac Majeur ou du lac de Côme. Pour botanophiles invétérés uniquement ! ☎ 0456-371-033. Ouvert de début mars à début novembre, tous les jours, de 9 h à 18 h. Entrée assez chère : 8 € ; réductions. Laissez votre voiture à l'extérieur et baladez-vous à pied. Attention, il est formellement interdit d'y manger. Allez-y le ventre plein.

Adresses utiles

- ***Office du tourisme :*** piazzale Betteloni, 15. ☎ 045-755-16-73. Fax : 045-755-03-81. Ouvert de 9 h à 13 h et de 15 h à 19 h (18 h en hiver et de 16 h à 20 h en juillet et août).
- ***Poste :*** viale Venezia. ☎ 045-755-10-00.
- ***Argent :*** *Banca Popolare di Verona,* via Dante, 9. Sur le bord du canal, dans un renfoncement. Distributeur et change automatique.
- ***Hôpital :*** *ospedale,* via Gardesana, sur la route de Lazise. ☎ 0456-449-111.
- ***Premiers secours :*** ☎ 118.

Où dormir ?

Campings

- ***Residence-camping Butterfly :*** lungolago Garibaldi, 11. ☎ 045-640-14-66. Fax : 045-755-21-84. • www.campingbutterfly.it • À la sortie de Peschiera (direction Garda, Verona) ; à la rotonde, prendre à gauche après le pont le long de la rivière ; c'est indiqué ensuite. Ouvert de début avril à fin septembre. Compter, selon la période, de 16,50 à 27,50 €. Grand camping ombragé, séparé du lac par une route. Bon accueil et beaucoup de place. Majoritairement fréquenté par des habitués de caravane ou de cabanon. Piscine, terrain de foot et de beach volley.
- ***Camping Cappuccini :*** via Arrigo Boito, 2. ☎ 045-755-15-92. Fax : 045-640-90-35. • www.camp-cappuccini.com • En sortant de la vieille ville, en direction de Sirmione, prendre la première à droite. Ouvert d'avril à fin septembre. Entre 19 et 28 €. Bien situé sur une colline de Peschiera. On y loue aussi des bungalows pour 4 personnes. Ombragé et calme. Accueil un peu sec mais ce camping est très bien entretenu, les emplacements sont conséquents, et il possède une belle piscine d'un bleu limpide. Cependant, les campeurs sont acceptés seulement à partir d'une semaine de séjour.
- ***Camping-Bungalow Bella Italia :*** via Bella Italia, 2. ☎ 045-640-06-88. Fax : 045-640-14-10. • www.camping-bellaitalia.it • En bordure de lac, c'est indiqué sur la route qui vient de Desenzano. Prière d'arriver entre 8 h et 22 h, sinon vous trouverez les portes fermées. De 17 à 36 € en fonction de la saison. Cher pour un camping mais position panoramique, et tranquille avec 1 km de plage quasi privée (puisque c'est le seul accès !). Piscine, tennis, supermarché, restaurant, bar. On peut aussi y louer des bungalows et des chalets (jusqu'à 6 personnes, prix très intéressants). Animation tous les soirs. Séjour d'une semaine minimum.

Où manger ?

Prix moyens

- ***Trattoria Fioravante :*** via Benaco, 20. ☎ 045-755-01-55. Quand on va vers le camping *Butterfly,* c'est sur la droite le long du fleuve, face au garage à bateaux. Fermé le lundi. Compter environ 15 € pour un *antipasto* et un *primo.* Ce resto est tenu depuis de nombreuses années par une famille qui perpétue son savoir-faire dans la préparation des spécialités de poisson. Le cadre est simple et chaleureux et le service est assuré par les deux frères. Il suffit d'entrer et de demander les plats du jour. Daniela, la sœur cadette, se fera un plaisir de perfectionner ses bases de français avec vous.

L'Osteria : via F. Cavallotti, 7. Ouvert uniquement les soirs de semaine ; midi et soir le week-end. Fermé le mercredi. Compter environ 15 € pour un *antipasto* et un *primo* et de 4 à 7,50 € pour une pizza. À l'écart des restaurants touristiques de bordure de canal, dans une petite rue. Belle terrasse avec vue... sur le lierre grimpant le long de la façade (ça change du lac !). Grande salle rustique avec fauteuils en osier, chaises et tables en bois, bougies. Suggestions du jour à l'ardoise. Simple et convivial.

QUITTER PESCHIERA

En train

La ***gare*** est à la sortie de la vieille ville en direction de Garda. Très près, à 15 mn à pied maximum de la vieille ville.

➢ De 6 h 20 à 22 h, trains réguliers (toutes les heures) ***pour Vérone, Venise*** et ***Milan.***

BARDOLINO *(37016)*

À 29 km de Desenzano. Voilà une belle petite ville italienne, avec ses rues piétonnes commerçantes, ses vieilles ruelles chargées de souvenirs. Également reconnue pour son bon vin. Mérite le détour, ne serait-ce que pour une ***passeggiata*** dans le vieux centre et au bord du lac. Belle église romane du XIIe siècle, San Severo.

GARDA *(37016)*

À 32 km de Desenzano. La petite capitale du lac, trop touristique à notre goût, offre, néanmoins, l'une des plus belles vues de la région. Continuez plutôt votre chemin vers le village de Torri del Benaco.

TORRI DEL BENACO (25015) 3000 hab.

À 40 km de Desenzano. C'est notre village préféré, même s'il n'est pas épargné par le tourisme. Cet endroit est vraiment très paisible en basse saison. À tel point que, avec un peu de chance, vous pourrez encore y rencontrer ces retraités figés par le temps, patiemment assis devant leurs maisons centenaires. De belles placettes d'où l'on peut, à la terrasse d'un café, admirer paisiblement le coucher de soleil. Un joli port de pêche et de plaisance dominé par le château et cerné par de magnifiques bâtiments. Une agréable balade le long du lac bordé de pins, d'oliviers et de palmiers, bercée par le bruit des vagues et les cris étouffés des canards et des cygnes. Bref, un vrai petit bijou. Pas étonnant qu'André Gide, Laurence Olivier, Vivien Leigh et Maria Callas y aient séjourné. Et puis, l'arrière-pays mérite le détour.

Adresses utiles

Office du tourisme : via Fratelli Lavanda. ☎ et fax : 045-722-51-20. En plein centre, à côté du château. Ouvert de Pâques à octobre, du lundi au dimanche de 10 h à 13 h et de 16 h à 19 h. Également le dimanche, du 1er mai au 15 octobre de 9 h à 13 h. Fanas de *mountain bike,* demandez-leur les itinéraires pour aller à Crero, Albisano (sacrée grimpette !) et le Sorte.

Poste : via Gardesana, sur la route principale. Ouvert du lundi au vendredi de 8 h 30 à 14 h et le samedi jusqu'à 13 h.

Banques : *Banca Popolare di Verona,* via D. Alighieri, 38. Ouvert du lundi au vendredi de 8 h 20 à 13 h 20 et de 14 h 35 à 16 h 05. Distributeur automatique. Change. *Unicredit :* viale Fratelli Lavanda, 6. À côté de l'office du tourisme. Mêmes horaires que le précédent. Change.

Embarcadère : les routards motorisés peuvent prendre le bac pour traverser le lac jusqu'à Maderno. Environ 2 bacs par heure de 8 h à 20 h.

Où dormir ?

Prix moyens

Garni Onda : via per Albisano, 28. ☎ 045-722-58-95. Sur la route principale traversant le village, prendre à droite la direction d'Albisano, après l'hôtel *Belvedere*; c'est à 50 m sur la droite. Ouvert de mi-mars à fin octobre. Compter 64 € la chambre double avec un copieux petit déjeuner. Cet hôtel est l'endroit idéal pour se reposer au calme, à 100 m des rives du lac. Un bâtiment neuf et une maison plus ancienne abritent des chambres impeccables, dont certaines ont une grande terrasse avec chaises longues, haies de fleurs, etc. Possibilité de dormir à 3 ou 4 (moins cher). Cartes de paiement non acceptées. Marco et son frère sont plus que sympathiques et vous réservent non seulement un bon accueil mais également 5 % (pour un séjour minimum de 2 nuits) de réduction hors juillet, août et septembre, si vous présentez votre *Guide du routard* de l'année.

De prix moyens à plus chic

Hôtel Baia dei Pini : via Gardesana, 115. ☎ 045-722-52-15. Fax : 045-722-55-95. • www.baiadeipini.com • À la sortie du village, juste avant le virage sur la gauche. Ouvert d'avril à fin octobre. Chambres avec bains à partir de 100 € ; petit déjeuner à 12 €. C'est un des rares hôtels donnant directement sur le lac (petite plage en contrebas). Isolé dans une baie de grands pins. Quinze chambres spacieuses, dont certaines ont un balcon et offrent une vue magnifique sur le lac. Salle de resto chaleureuse avec grande terrasse extérieure. L'hôtel a été récemment rénové. Patrons accueillants. Réservation recommandée, car c'est vite complet. Possibilité de louer des planches à voile à côté, auprès de Jean-Pierre Rüegsegger (même numéro).

Chic

Hôtel Gardesana : piazza Calderini, 20. ☎ 045-722-54-11. Fax : 045-722-57-71. • www.hotel-gardesana.com • Face au petit port. Plusieurs prix en fonction du charme des chambres et de la saison. Compter de 86 à 144 € la chambre avec le petit déjeuner. Menus de 35 à 50 €. L'hôtel est installé dans une ancienne capitainerie construite au Moyen Âge. Trente-quatre chambres, très belles, avec tapisserie couleur pastel et petites frises florales, petit balcon donnant sur le port et le château. La cuisine localement réputée est servie sur la terrasse panoramique. Accueil d'une gentillesse extrême. Le patron, Giuseppe Lorenzini, passionné d'histoire et de littérature, parle couramment le français (il a d'ailleurs obtenu sa thèse sur les auteurs français ayant écrit sur le lac de Garde). Mirco, son fils, devrait prendre bientôt la relève. Les grands de ce monde y ont séjourné (Winston Churchill, André Gide, le roi d'Espagne). La grande classe à des prix non moins grands. Parking privé gratuit.

Où manger ?

Beaucoup de ***restaurants avec terrasse*** extérieure bordent la promenade le long du lac. C'est vrai que la terrasse est ici indispensable pour admirer les romantiques couchers de soleil... Difficile de s'en lasser.

Prix moyens

- ***Trattoria Agli Olivi :*** à Valmagra. ☎ 045-722-54-83. Via Valmagra, 7 ; sur la route d'Albisano. À 10 mn de Torri. C'est fléché. Plusieurs possibilités pour y accéder. On vous conseille d'attendre le 2e panneau indicateur, juste un peu avant d'arriver à Albisano. Congés annuels de mi-novembre à février. Compter environ 25 €. Parking gratuit. Notre meilleure adresse. Cette maison de pierre, isolée au milieu des oliviers, offre une vue plongeante sur le lac et Torri. Terrasse sous une tonnelle de vigne vierge. Bonne cuisine familiale italienne. L'idéal, c'est d'y venir en journée ou pour le coucher de soleil. Magnifique !
- ***Pizzeria Ristorante Alla Rotonda :*** vicolo Fosse, 15. ☎ 045-722-51-42. À côté du bar *Don Diego* et à deux pas de la route principale. De novembre à février, ouvert uniquement du vendredi au dimanche. Compter environ 13 €. Au calme, les tables sur la terrasse bâchée sont les plus prisées. Bonnes pizzas et excellents *gnocchi della nonna* à consommer sans modération. Quelques plats de viande (cabris, âne, porc) proposés en sauce avec de la polenta.
- ***Osteria Bell'Arrivo :*** piazza Calderini. ☎ 0456-29-90-28. Fermé le lundi. Environ 15 à 18 € pour un *antipasto* et un *primo*. Pas de vue sur le lac mais de la bonne cuisine. Un *antipasto* à prendre d'assaut : *trota alla Luigi,* filets de truite avec anchois, pignons, raisins et huile d'olive. Pour les pâtes fraîches, on vous conseille la suggestion du chef, vous serez sûr de ne pas être déçu. Excellente carte de vins. Un bémol : seule la consommation d'un *antipasto,* d'un *primo* et d'un *secondo* assure un service attentionné.

Où boire un verre ?

- ***Vicolo Don Diego :*** Fosse, 7. Petite rue partant de la via Dante Alighieri et remontant vers la grande route. La 1re sur la droite en partant de la piazza Calderini. Ouvert de 19 h à 2 h du matin. Fermé le lundi. Congés annuels : de décembre à février. Bar minuscule, ambiance taverne où l'on boit la sangria tout en refaisant le monde. Rendez-vous de la jeunesse de Torri. Événement suffisamment rare pour qu'il mérite d'être mentionné. Possibilité d'y manger, compter 10 €.
- ***Osteria di Ago e Rita :*** à San Felice. ☎ 045-629-00-54. À 2,5 km au nord de Torri del Benaco sur la nationale « Gardesana ». Ouvert de

midi à 2 h. Fermé le mercredi. Congés annuels : de décembre à février. Voici une belle maison de campagne face au lac, transformée en œnothèque ludique et décorée à l'indienne. Ce couple mythique des nuits de Torri a plus d'un succès à son actif (*Don Diego,* entre autres) et récidive avec un espace très convivial où l'on déguste des vins locaux, des en-cas nourrissants comme le *gnocco fritto* (chaussons) ou les *tigelle* (toasts avec de la charcuterie) pour finir la soirée tout en musique. Vraiment décontracté et sympa.

À voir

Castello : visite de 9 h 30 à 12 h 30 et de 14 h 30 à 18 h du 1er avril au 31 mai et du 1er juin au 31 octobre de 9 h 30 à 13 h et de 16 h 30 à 19 h 30. Entrée : 3 €. Construit en 1383 sur les ruines d'un autre château du Xe siècle dont il reste la tour. Restauré en 1980. Ne pas manquer les serres de citronniers visibles de l'extérieur en longeant le château sur sa droite.

➤ DANS LES ENVIRONS DE TORRI DEL BENACO

➢ ***Excursions : dans l'arrière-pays,*** superbes balades à pied. Carte des sentiers disponible à l'office du tourisme (voir « Adresses utiles » plus haut). Sur la route principale, prendre à droite, la direction d'Albisano. De là, sentier qui domine le lac (mais ne monte pas) jusqu'à Crero. Compter 50 mn. Les plus vaillants peuvent poursuivre jusqu'à Castelletto. Si un petit creux, ou une grande soif, vous tenaillent, faites une halte à la *trattoria Agli Olivi,* vous ne le regretterez pas (voir « Où manger ? »). Autre excursion, plus loin car il faut démarrer à Castelletto (à une dizaine de kilomètres de Torri del Benaco). Sentier au milieu des oliviers de Marniga à Campo, ancien village de paysans actuellement à l'abandon.

➢ ***À vélo :*** plein de possibilités, infos et parcours à l'office du tourisme. Il existe un bus (ligne n° 1) très pratique et économisant les efforts inutiles, qui vous dépose avec votre vélo en haut des montagnes, sur le monte Baldo. Départs tous les jours (sauf le dimanche) de Torri à 8 h 50, 12 h 15 et 14 h 45. Et tout ça pour 4 €. Vente de billets dans les deux kiosques *(tabbacchi)* du centre. Fonctionne du 9 juin à mi-septembre. Départs tous les jours de Torri, à 8 h 50, 12 h 15 et 14 h 45 (sauf le dimanche). Dessert Albisano, San Zeno et Prada. Pour ceux qui veulent louer des VTT, se renseigner auprès de Jean-Pierre à l'hôtel *Baia dei Pini* et également à l'hôtel *Continental* pour louer des scooters ou des voitures.

MONTE BALDO

Si vous désirez fuir les hordes de touristes concentrées le long du lac en haute saison, offrez-vous ce petit détour dans la montagne. Nombreuses excursions possibles pour randonneurs ou *bikers.* Pour ces derniers, reportez-vous ci-dessus, pour tout savoir sur le bus-vélo des montagnes.
Entre Torri del Benaco et Malcesine, on trouve plusieurs voies d'accès au monte Baldo :

➢ ***De Torri del Benaco :*** la première solution, la plus simple mais aussi la plus dangereuse et sinueuse : prendre la direction d'Albisano, puis San Zeno di Montagna, pour arriver ensuite à Prada. On ne saurait que trop vous conseiller la deuxième solution : partir de Garda suivre Castione-Castermano, puis San Zeno di Montagna.

➢ ***De Brenzone :*** en sortant de Castelletto di Brenzone, prendre à gauche la direction de l'auberge *Al Fasse* (panneau jaune) ; ensuite, c'est indiqué. Belle route panoramique bordée d'oliviers, très étroite et sinueuse au début et assez peu fréquentée. Évitez donc le coup de la panne...

➢ ***De Malcesine :*** au départ du téléphérique (de 8 h à 19 h tous les jours du 3 avril au 12 septembre) vers les refuges du Telegrapho, Chierego, Fiori del Baldo et le *forte* Naole. ☎ 045-74-00-206. Prix aller-retour : 14 €.

Où dormir ? Où manger ?

Vous trouverez de nombreuses auberges le long de la route. Les refuges, ouverts de mi-juin à fin septembre, offrent de belles possibilités pour se loger.

Hôtel-ristorante Genziana : località Prada Alta, 37010 San Zeno di Montagna. ☎ 045-728-51-22. Compter 50 € pour une double. Un établissement familial, au cadre intérieur boisé et chaleureux. Les chambres sont plutôt modernes et aseptisées. Une clientèle d'habitués qui se retrouvent chaque année (réserver en été). Bon point de départ pour les randonnées. La grande terrasse extérieure, bien exposée au soleil, assure un bronzage rapide, efficace et sans marques !

MALCESINE (37018)

À 61 km de Desenzano. Autrefois charmante bourgade dominée par un fier château du XIIIe siècle, Malcesine est devenue une station balnéaire éminemment touristique. Les ruelles pittoresques n'ont pas perdu de leur charme, mais sont quelque peu envahies par les échoppes touristiques. Goethe, qui aimait beaucoup l'endroit, n'en reviendrait pas. Du lac, un téléphérique peut vous emporter, de 8 h à 19 h, en moins d'un quart d'heure à 1710 m, à Tratto Spino, près des sommets du monte Baldo (2218 m ; ski l'hiver) ; compter 14 € l'aller-retour. Pour dormir, une centaine d'hôtels, de pensions et de campings. Franchement, on vous déconseille d'y séjourner.

Adresse utile

Office du tourisme : via Capitanato del Lago, à côté du port. ☎ 0457-400-837. Fax : 0457-401-633. • info@malcesinepiu.it • Ouvert de début avril à fin octobre, du lundi au samedi, de 9 h à 13 h et de 15 h à 19 h ; le dimanche de 9 h à 13 h. Ils peuvent vous informer sur les disponibilités des différents hôtels sur la rive droite du lac.

Où manger ?

Ristorante La Pace : via Casella, 1, Porto Vecchio. ☎ 0457-400-057. Compter environ 23 € à la carte. Un peu à l'écart de la foule, du côté du château, en bordure de lac, sur une terrasse de galets. Un cadre rustique pour une bonne cuisine servie en toute sympathie. Excellente truite saumonée et escalope à la milanaise. Dommage que la carte soit, une fois de plus, traduite en allemand seulement. D'ailleurs, un diplôme gastronomique délivré par le guide culinaire allemand *Feinschmecker* trône près du menu, c'est dire...

À voir

Château : ouvert de 9 h 30 à 18 h 30 (de mars à novembre). Entrée : 4 €. À l'intérieur, un intéressant *musée d'Histoire naturelle et d'Archéologie*. Dans une salle consacrée à Goethe sont exposées des images du lac et du château que le poète a esquissées au cours de son voyage en Italie. Beau panorama sur le lac.

TORBOLE

(38069) 2350 hab.

ATTENTION !

Le nord du lac de Garde, de Malcesine à Riva del Garda, est très fréquenté, encore même davantage en juillet, août, septembre. On vous y abordera en allemand ! Mille sabords ! C'est là que votre italien sera le plus apprécié par les locaux. Utilisez-le à 100 % et replongez dans l'Italie romantique... C'est aussi un spot pour les véliplanchistes des lacs. Car, d'une part, cette partie concentre les meilleurs vents, d'autre part, la circulation des bateaux à moteur, excepté pour les ferries, y est interdite. Pour se loger, aller aux offices du tourisme de Riva del Garda et Torbole pour consulter les panneaux hôteliers (24 h/24), où vous trouverez peut-être des places disponibles... Notre meilleur conseil : fuyez la côte et foncez vers les petits villages très sympathiques de l'arrière-pays : ***Arco*** et ***Dro.*** Torbole est situé à l'extrémité nord-est du lac (3 km de Riva del Garda), à l'embouchure de la Sarca. Goethe (qui aimait décidément le lac de Garde) y commença en 1786 la rédaction de son ouvrage *Iphigénie en Tauride.* Sur la place du village, une plaque commémore le passage de l'écrivain. Côté pratique, les campings sont mieux situés et moins chers qu'à Riva.

Adresse utile

- ***Office du tourisme :*** lungolago Verona, 19. ☎ 0464-50-51-77. Fax : 0464-50-56-43. Ouvert de 9 h à 12 h et de 15 h à 18 h 15 (de 9 h à 12 h et de 14 h 30 à 17 h 15 de début novembre à fin mars).

Où dormir ? Où manger ?

Campings

- ***Camping Al Porto :*** località Al Cor. ☎ et fax : 0464-50-58-91. • al porto@torbole.com • Ouvert d'avril à fin octobre. Fermeture entre 13 h et 14 h 30 puis à 22 h. Compter environ 22 € pour 2 personnes, une tente et une voiture. Bien situé au bord de l'eau, à côté d'un minuscule port, point de départ des véliplanchistes fous. Séparation des emplacements par des haies et des lauriers-roses. Pavillon sanitaire (d'une propreté quasi suisse) au centre du camping. Petite supérette. Centrale de recyclage des déchets.
- ***Camping Europa :*** località Al Cor. ☎ 0464-50-58-88. Ouvert la semaine précédant Pâques jusqu'au 2 novembre. Compter environ 24 € tout compris pour deux personnes. Juste à côté du précédent, sur la droite. Présente les mêmes caractéristiques et à peu de chose près les mêmes prix, mais l'accueil, franchement pas sympa pour un sou, laisse à désirer.

Prix moyens

- ***Albergo Villa Mimosa :*** via Strada Granda, 25. ☎ et fax : 0464-50-52-65. • www.villamimosa.com • Congés annuels d'octobre à avril. Compter de 58 à 74 € la chambre avec petit déjeuner et 11 € pour un repas complet. Dans un quartier résidentiel où beaucoup de chambres à louer sont proposées. Chambres propres et confortables avec tout de même une salle de bains un peu réduite : douche sans bac, coincée entre le mur et les toilettes. Piscine pas trop mal. Accueil chaleureux de la famille Miorelli. Bonne cuisine. Cartes de paiement non acceptées. Apéritif maison offert à nos lecteurs.

🏠 ***Hôtel Villa Verde :*** via Sarca Vecchio, 15. ☎ et fax : 0464-50-52-74. • www.hotel-villaverde.it • À partir du centre-ville, prendre la via Matteotti en direction de Riva. C'est sur la droite. Compter 70 € la chambre avec petit déjeuner. Hôtel très correct, aux chambres modernes et confortables. Piscine dans un bout de jardin. À proximité des plages du lac.

Plus chic

🏠 ***Hôtel Villa Rosa – Villa Maria :*** via Foci del Sarca, 13. ☎ 0464-50-51-02. Fax : 0464-50-51-03 • villa rosa@torbole.com • Congés annuels de novembre à mars. Compter de 74 à 100 € selon la saison, petit déjeuner compris. Grande bâtisse carrée rouge, qui abrite de nombreuses chambres propres et spacieuses avec des lits immenses. D'autres chambres dans l'annexe, *Villa Maria,* juste à côté. Piscine, parking privé, jardin, salle de fitness. Très bien tenu.

À voir

➢ À partir de Torbole, la route nationale « Gardesana orientale » longe le lac et dépasse la roche le ***corno de Bo,*** c'est-à-dire la galerie, dont la paroi rocheuse à plomb sur le lac est la destination de nombreux grimpeurs.

– Sur la conca d'Oro, on trouve le ***club Vela Torbole*** : né en 1964, c'est aujourd'hui l'un des clubs de voile italiens et européens les plus connus et il jouit d'un grand prestige, dû à ses régates organisées chaque année.

Château de Penede : ses ruines (285 m) couronnent un monumental rocher au-dessus de Torbole, ce qui lui donne encore davantage de prestige. Ancienne place forte, peut-être fortifiée par les Romains, ce château fera l'objet de toutes les convoitises entre Guelfi et Ghibellini, au désespoir du comte d'Arco qui perdra son bien. Du château, spectaculaire vue sur le lac.

ARCO

(38062) 15 189 hab.

À 5 km au nord-est de Torbole, accès par la départementale 249. Loin de l'ambiance « Riviera » des bords de lac, Arco est une petite ville tranquille et très agréable, au pied d'un superbe château médiéval en ruine, planté sur une colonne de roche. L'arrière-pays mérite le détour et offre de nombreuses possibilités d'excursions à travers les champs de pruniers vers Dro, ou dans la montagne vers Drena... Les sportifs seront comblés : randonnée, escalade, vélo...

Adresses utiles

ℹ ***Office du tourisme :*** via delle Palme, 1. ☎ 0464-53-22-55. Fax : 0464-53-23-53. D'avril à juin : ouvert du lundi au samedi de 9 h à 12 h et de 15 h à 18 h 15 (18 h 30 en saison). Le dimanche de 10 h à 12 h et de 16 h à 18 h 30 (de mi-juin à mi-septembre seulement). D'octobre à mars : ouvert du lundi au vendredi de 9 h à 12 h et de 14 h 30 à 17 h 15. Demander des cartes de la région ; très pratique pour s'y retrouver entre les différentes localités. Également des cartes des chemins de randonnée pour *bikers* et marcheurs.

■ ***Banque :*** *Cassa Rurale,* sur la

place principale, près de l'office du tourisme, à côté du casino. Distributeur automatique et change 24 h/24.

■ ***Service médical d'urgence :*** ☎ 118.

■ ***Location de vélos :*** *Giulani Bike shop,* via Bruno Galasi 29a. ☎ 0464-51-83-05. Ouvert de 9 h à 12 h 30 et de 14 h 30 à 19 h. Fermé le dimanche. Grand choix de VTT. *Bikbike :* via S. Caterina, 9. ☎ 0464-51-43-85. Ouvert tous les jours en été, fermé les dimanche et lundi en hiver. La patronne parle le français.

■ ***Taxi :*** ☎ 0464-51-45-20.

■ ***Matériel d'escalade :*** pour louer ou acheter, plusieurs boutiques via Segantini.

Où dormir ? Où manger ?

Camping

Camping Zoo : località Prabi. ☎ et fax : 0464-51-62-32. Enfin un camping où les tentes sont les bienvenues. Comptez 21,50 € pour deux personnes avec tente et voiture. Idéalement situé au bord d'un petit chemin, en contrebas du mont Colodri et juste à côté du fleuve Sarca. Accueil sympathique.

Prix moyens

Garden : via Caproni, 40, località Prabi. ☎ 0464-51-63-79. Fax : 0464-51-75-12. En suivant le fleuve Sarca, vers le nord. Grande bâtisse marron, des années 1960, située à droite de la route : attention, ce n'est pas indiqué. Compter 62 € la nuit en chambre double avec petit déjeuner. Grand jardin avec une piscine style pataugeoire. Patronne sympathique. Un bon rapport qualité-prix. Parking.

Albergo Cattoi : viale Rovereto, 64, locanda Vignole. ☎ 0464-51-70-70. À Arco, prendre le pont qui va en direction de Rovereto (on l'avait presque deviné...), c'est sur la droite. Congés annuels : de mi-novembre à mi-mars. Compter 60 € la nuit en chambre double avec bains ou 50 € sans bains, petit déjeuner-buffet inclus. On peut y manger pour environ 15 €. Juste sur le bord de la route, mais, pour la plupart, les chambres donnent de l'autre côté. Enfin un hôtel comme on les aime, style pension de famille avec une petite piscine. Patronne très gentille. Petit déjeuner délicieux avec gâteaux faits maison. Adresse sympathique, un peu excentrée quand même. Parking gratuit. Cartes de paiement non acceptées. Apéritif offert sur présentation du *Guide du routard.*

Alla Lega : via Vergolano, 8. ☎ 0464-51-62-05. Fermé le mercredi et du 10 janvier au 10 mars. Compter minimum 13 € pour un *antipasto* et un *primo.* On peut manger soit dans une grande salle, soit sur la terrasse couverte. Rendez-vous local pour le déjeuner. Bonne cuisine familiale.

Où manger dans les environs ?

Prix moyens

Ristorante tipico La Casina : località La Casina, 1, 38074 Drena. ☎ 0464-54-12-12. De Drena, prendre la petite route en direction de La Casina. Compter au moins 10 mn pour y arriver. Fermé le mardi. Compter 20 €. Adresse vraiment perdue au milieu des montagnes. Cependant, mérite le détour sans hésitation. Belle grosse maison en pierre avec une terrasse magnifique. S'il fait frisquet, deux salles à l'intérieur ambiance rustico-chalet. La première pièce près de la cheminée offre un peu plus d'authenticité. Bonne cuisine familiale sans prétention (grillade et polenta), à des prix très abordables. Seule fausse note : musique folklorique un peu « casse-bonbon ». Digestif offert sur présentation du *GDR*.

Alla Pergola : via Maso Giare, 4, vers Dro. ☎ 0464-51-85-55. Fermé le lundi en hiver. Compter environ 21 €. Sur la route qui mène à Dro. D'ailleurs, ça fait un peu resto-route. Grandes tablées prises d'assaut. Amateur d'ambiance intime s'abstenir. Pour autant, une cuisine locale de qualité. Bons *primi piatti,* gnocchi et pâtes fraîches. Attention aux portions : elles sont larges, très larges !

À voir

Château d'Arco : dans un jardin de cyprès, d'oliviers et de magnolias, il surplombe Arco. Petite grimpette de 20 mn pour y accéder. Ouvert tous les jours. De novembre à février : de 10 h à 16 h ; en mars et octobre jusqu'à 17 h ; d'avril à septembre jusqu'à 19 h. Attention, les tours ferment une heure plus tôt. Entrée : 2,50 € ; réductions ; gratuit pour les moins de 12 ans.

➤ DANS LES ENVIRONS D'ARCO

Dro : situé dans la vallée de la rivière Sarca, au nord de Riva, Dro est l'une des communautés les plus anciennes de la vallée, reconnue aujourd'hui pour sa production fruitière (la fameuse prune de Dro). Ses environs offrent de nombreuses occasions d'excursions et de promenades, et la possibilité de pratiquer la grimpée libre.

Drena : charmant village perché dans les montagnes au bout de la vallée de Cavedine. Le *château* de Drena, très bien restauré, appartenait aux comtes d'Arco (1398). Il fut détruit en 1703 par les troupes du général français Vendôme. Aujourd'hui, il est la scène de nombreux spectacles estivaux, et on peut aussi le visiter de mars à octobre de 10 h à 18 h. Fermé le lundi. Bonne adresse de resto (voir « Où manger dans les environs ? »).

Biotope des Marocche : entre Dro et Drena. Le paysage est intéressant puisque c'est là que s'est développé le phénomène glaciaire des Marocche, amas de rochers. Ce paysage lunaire laisse ensuite place à une végétation luxuriante qui abrite en son sein le ***lac de Lagolo,*** dans la localité de ***Calavino,*** petit lac bordé de joncs et encore peu touché par le tourisme. La population y est essentiellement locale. Fraîcheur et tranquillité sont garanties.

Ceux qui sont tentés de rester quelques jours dans les alentours peuvent loger à l'***albergo Floriani*** : à Lagolo. ☎ 0461-56-42-41. Fermé en novembre, de janvier à mai, ouvert seulement le week-end. Selon la saison, compter entre 76 et 90 € la nuit en chambre double avec petit déjeuner. Cet établissement, construit à l'image d'un chalet tyrolien, propose une vingtaine de chambres très propres et très confortables. Certaines, mansardées, sont de véritables petits nids d'amour (n° 11 sur le lac, n° 20 sur la forêt) ! L'accueil est chaleureux, et l'ambiance très familiale. Le mardi soir, dîner aux chandelles et piano-bar. Cuisine excellente.

RIVA DEL GARDA (38066) 14700 hab.

Riva del Garda est très courue. Vous trouverez tout ce dont vous avez besoin au niveau pratique. En dehors du centre, il est vrai intéressant, la rue principale en direction de Torbole se résume à une succession d'hôtels et de

pare-chocs contre pare-chocs. Amateurs de tranquillité, de grands espaces... tournez-vous vers l'intérieur des terres (Arco, Drena), vous ne le regretterez pas. Sinon quelques indications sur Riva.
Petit port sympathique recroquevillé autour de la torre Apponale du XIIIe siècle et de sa darse (c'est-à-dire le bassin du port). Belle place du 3-Novembre avec ses arcades et le *municipio* du XVe siècle. Musée d'intérêt régional dans la rocca degli Scaligeri, petit château au bord de l'eau entouré de douves. De l'enceinte de la ville, il subsiste la porte Saint-Marc. Voir l'***église de l'Inviolata*** (XVIIe siècle) de style baroque en marbre rose, qui présente de remarquables fresques au plafond.
➢ Agréable ***balade*** à faire à pied le long du lac, bordé de pins et de magnolias, jusqu'au fort San Nicolo (vers Torbole).
– ***Marché*** les 2e et 4e mercredis du mois (juin à septembre) vers la via Roma et l'église de l'Inviolata.
– ***Rencontre internationale des jeunes musiciens*** (concerts et opéras) en juillet.

Adresses utiles

■ ***Office du tourisme :*** giardini di Porta Orientale, 8. ☎ 0464-55-44-44. Fax : 0464-52-03-08. À côté du château, derrière les courts de tennis. Ouvert du lundi au samedi de 9 h à 12 h et de 15 h à 18 h 30 ; de juin à septembre, ouvert le dimanche également de 10 h à 12 h et de 16 h à 18 h 30. Une montagne de renseignements : manifestations de l'année, itinéraires pédestres ou cyclistes dans les montagnes, activités sportives, liste des pubs, dancings, sauna, solarium et *tutti quanti*. Efficace.
✉ ***Poste centrale :*** Galleria San Giuseppe. Ouvert du lundi au vendredi de 8 h à 18 h 30. Le samedi de 8 h à 12 h 30.
■ De nombreuses ***banques*** dans la vieille ville. *Bancomat* : piazza Garibaldi ; change automatique 24 h/24.
■ ***Hôpital :*** *ospedale,* largo Marconi. ☎ 0464-58-26-22.
■ ***Service médical d'urgence :*** ☎ 118.
🚌 Si vous êtes chargés, des ***bus interurbains*** vous déposent au centre-ville, viale Martiri.
■ ***Taxi :*** ☎ 0464-55-22-00 ou 0464-55-14-00.
■ ***Location de bicyclettes :*** *Bikeshop Girelli,* viale D. Chiesa, 15-17. ☎ 0464-55-66-02. *Bike Peder Rolls* : viale del Tigli, 24. ☎ 0464-55-18-30.
■ ***Tennis :*** giardini di Porta Orientale et parco Lido. ☎ 0464-55-22-25 ou 52-18-75. Près de l'office du tourisme. De 9 h à 22 h 30. Courts couverts et extérieurs. Assez cher.

Où dormir ?

⛺ Si vous voulez camper pour un certain temps au bord du lac, allez plutôt à ***Torbole,*** où les campings sont mieux aménagés.

Bon marché

⌂ ***Ostello della gioventù Benacus :*** piazza Cavour. ☎ 0464-55-49-11. Fax : 0464-55-99-66. Derrière l'église. Ouvert d'avril à fin octobre. Réception de 7 h à 9 h et de 15 h à minuit. Compter 14 € la nuit par personne avec petit déjeuner. Vingt-sept chambres de 2, 4, 6 ou 8 lits. Pas cher et bien situé dans la vieille ville.
⛺ ⌂ ***Camping al Lago :*** viale Rovereto, 112. ☎ 0464-55-31-86. Fax : 0464-55-97-72. • www.campingallago.com • À la sortie de la ville en allant vers Torbole, à côté du port de plaisance. Ouvert d'avril à octobre. 22,60 € pour 2 personnes et une tente. Au bord du lac (accès direct à une plage de cailloux). Petit camping ombragé,

vite complet en été. Demandez absolument les emplacements proches du lac, agréables et surtout moins bruyants qu'au bord de la route (à moins que vous n'ayez un sommeil de plomb). Fait également auberge. Neuf chambres sans bains, impeccables et pas chères (attention, la nationale n'est pas loin).

Chic

Ristorante-hotel Restel de Fer : via Restel de Fer, 10. ☎ 0464-55-34-81. Fax : 0464-55-27-98. • www.resteldefer.com • De Riva, prendre la via Carducci prolongée par la via Rovereto, puis tourner à gauche dans la via Padova après l'*hôtel du Lac et du Parc.* En bus du centre, ligne n° 2. Congés annuels : du 15 novembre au 15 décembre. Chambres à 90 €, petit déjeuner inclus. Compter 30 € pour un repas à la carte. Cette vieille maison propose une poignée de chambres très propres et chaleureuses. Le cadre est agréable, à l'écart des foules du bord de lac. Possibilité de lézarder sur la terrasse. Bon accueil. Une adresse calme que nous vous conseillons.

Où manger ?

Qui dit lieu hautement touristique, dit cuisine proportionnellement inintéressante. Tout de même, pour ceux qui en ont les moyens, une bonne adresse : le *ristorante Restel de Fer,* coordonnées ci-dessus. Sinon :

Ristorante Bella Napoli : via Diaz, 29. ☎ 0464-55-21-39. Dans la vieille ville. Fermé le mercredi hors saison. *Pizze* de 6 à 10 €. Belle salle avec des tables et des bancs de bois. Terrasse à l'arrière. Tenu par un Napolitain, ce resto, avec de grands fûts de chêne à l'entrée, propose un bon choix de grandes pizzas.

➤ DANS LES ENVIRONS DE RIVA DEL GARDA

Vallée de Ledro : autour du lac du même nom, à 5 km de Riva. Un grand bol d'air quand tout est plein à craquer sur les rives du lac de Garde. Petit lac protégé avec des mini-plages et un agréable parcours de santé partant de Mezzolago jusqu'à Pieve di Ledro. À voir également, l'intéressant *musée des Palafittes* (maisons sur pilotis datant du Néolithique), à *Molina di Ledro.* Renseignements auprès de Franco à l'office du tourisme de Bezzeca, piazza Garibaldi, 14. ☎ 0464-59-12-22.

Cascade du Varone : par la route de Tenno, à 4 km. Fermeture à 17 h en hiver. Accès payant : 4 €. Impressionnantes chutes d'eau dans les rochers (87 m de hauteur).

Bastione : tour de guet en ruine à 200 m d'altitude dans le massif de la Rocchetta. On peut y aller à pied. Beau panorama sur les environs.

QUITTER RIVA DEL GARDA

En bateau

➢ Départs de 8 h à 18 h 05, toutes les demi-heures, ***pour Limone, Malcesine.***
➢ ***Pour Sirmione et Desenzano :*** trois hydroglisseurs (*aliscafi,* plus chers) et deux bateaux par jour. Compter 4 h 30 de traversée en passant par de nombreuses villes du lac et 2 h 20 avec le service rapide.

En bus

- ***Terminal de bus :*** viale Trento. Vers l'hôtel *Astoria.*
- ***Pour Desenzano :*** 3 bus dans la journée avec la ligne nº 80 (attention, le dernier part vers 17 h). Compter 2 h de trajet.
- ***Pour Peschiera :*** lignes nºs 62, 64. Une quinzaine de départs de 5 h à 19 h. Compter 1 h 30 de trajet.
- ***Pour Arco :*** une trentaine de départs de 6 h à 20 h. Compter 15 mn de trajet. Également des départs, moins fréquents (toutes les demi-heures) et moins rapides, du viale Martiri : bus de la ligne nº 1 ou de la ligne nº 2. Départs de 7 h à 18 h.

LA RIVE OUEST : DE DESENZANO À RIVA DEL GARDA

SALÒ

À 20 km de Desenzano. Célèbre lieu de villégiature bourré de touristes et de villas cossues. Mussolini avait ses habitudes à la villa Feltrinelli, à Gargnano. La ville fut le siège de l'éphémère « république fasciste de Salò » (septembre 1943-mars 1945), et l'écrivain-cinéaste Pier Paolo Pasolini a donné son nom à l'un de ses films les plus sulfureux. Lieu de naissance également de Gasparo da Salò, l'inventeur du violon.
La promenade le long de l'eau, interdite aux voitures, est une réussite. Allez jeter un œil sur la *cathédrale Santa Maria Annunziata* (XVe siècle). Sobre façade d'où jaillit un beau porche Renaissance sculpté en marbre. À l'intérieur, grande richesse de la décoration du chœur. Plafond peint. Splendide retable et bien d'autres œuvres dignes d'intérêt.

GARDONE RIVIERA (25083)

À 22 km de Desenzano. Une des plus grosses stations touristiques du lac. On y trouve le ***Vittoriale degli Italiani,*** la demeure où mourut Gabriele d'Annunzio en 1938. Transformée aujourd'hui en *musée.* ☎ 0365-29-65-11. Ouvert du 1er avril au 30 septembre de 8 h 30 à 20 h, et pour la maison de 9 h 30 à 18 h 30. Entrée : 6 € ; pour visiter également la maison : 11 €. Réductions. La visite de la maison se fait obligatoirement avec un guide. Vaste enceinte comprenant le mausolée où est enterré l'écrivain, la proue du navire *Publia,* un théâtre en plein air, dans lequel ont lieu des concerts en été.
Si vous voulez traîner vos guêtres par ici, un petit conseil d'amis : la partie haute de la ville est cent fois plus agréable que le bord de lac, sans intérêt. La végétation y est luxuriante et la vie paisible.

Adresse utile

- ***Office du tourisme :*** corso Repubblica, 8. ☎ et fax : 0365-203-47. Ouvert de 9 h à 12 h 30 et de 15 h à 18 h. Fermé le jeudi après-midi et le dimanche hors saison.

Où dormir ? Où manger ?

- ***Locanda Trattoria Agli Angeli :*** piazza Garibaldi, 2. ☎ 0365-208-32. Sur la route principale, prendre, à gauche avant la station

Esso, la direction du Vittoriale. 85 € la double avec buffet de petit déjeuner et 25 € pour un repas. C'est surtout un restaurant, mais les chambres sont si mignonnes et le quartier à proximité du jardin botanique si charmant qu'on a envie d'y rester une ou deux nuits. Une douzaine de chambres toutes différentes avec des grands lits à baldaquin et une déco balinaise. Demander la n° 7, plus petite mais plus calme, avec salle de bains en contrebas. Carte saisonnière originale avec, entre autres, risotto à la chicorée rouge, flan de chou-fleur et roquette et un succulent plateau de fromages locaux *(toma, bagoss).* Patronne très dynamique parlant le français.

MADERNO

C'est de là que partent les ferries pour la rive d'en face et Torri del Benaco. Les passionnés d'art romano-lombard contempleront la façade de la petite *église Saint-André.* Beau porche d'entrelacs et de têtes de monstres. À Toscolano, village à côté, 2 campings intéressants.

Où camper ?

▲ ***Camping Toscolano :*** via Religione, 66, Toscolano/Maderno. ☎ 0365-95-40-26. Fax : 0365-95-43-57. Compter 29 € pour 2 personnes, tente et voiture. Grand camping en bordure de lac avec de nombreux arbres : cyprès, oliviers, pins... Tout le confort d'un camping 3 étoiles : piscine, resto et tennis.

▲ ***Camping La Foce :*** via Religione 44, Toscolano/Maderno. ☎ 0365-64-13-72. Juste à côté du précédent. Compter 15,30 € tout compris en basse saison, 30 € en haute saison. Nettement moins bien, surtout pour les tentes, car beaucoup de caravanes à l'année. Néanmoins, camping peuplé d'Italiens, donc ambiance italienne sympathique assurée. Supermarché, restaurant et plage au bord du lac.

GARGNANO (25084)

À 34 km de Desenzano. Une succession de petits ports de plaisance plantés d'orangers qui ne manquent pas de charme. Au bord du lac, toute rouge avec son toit crénelé, l'énorme *villa Feltrinelli* servit de résidence à Mussolini de 1943 à 1945 (pas de visites possibles). Vous pouvez vous arrêter pour voir le cloître de l'*église San Francesco,* avec ses originales arcades en accolade et leurs chapiteaux à poisson et à citron. On n'invente rien ! Jardins à l'italienne de la *villa Bettoni,* à ***Bogliaco,*** petit bourg tout à côté.
Pour nous, Gargnano et Gardone Riviera constituent les étapes les plus intéressantes sur la rive ouest, avec quelques adresses de charme.

Où dormir ? Où manger ?

Camping

▲ ***Camping Résidence Ruc :*** via Rimembranze, 35. ☎ et fax : 0365-718-05. Ouvert toute l'année. Compter de 15 à 20 € pour deux personnes, tente et voiture. Camping de ville : peu de places pour les tentes. Emplacement dur et peu d'ombre. Cependant, tranquille et familial, donnant sur un petit jardin public et une plagette privée. Accueil un peu mou.

Chic

Hôtel Bogliaco : via C. Battisti, 3, Bogliaco, 25080. ☎ 0365-714-04. Fax : 0365-727-80. • www.hotelbogliaco.it • À 1 km de Gargnano, tout au bout du petit port de Bogliaco. Congés annuels en janvier et février. Compter 90 € pour une chambre, petit déjeuner compris et 25 € pour un repas. Les pieds dans l'eau, un très bel établissement de style. De belles et grandes chambres donnent sur un jardin ombragé et sur le lac. Les salles de restaurant voûtées, avec de beaux plafonds restaurés, méritent l'attention, mais manger dehors reste le top. Sous les tonnelles, vue sur le lac, à l'écart de tous cars et marchands de souvenirs, on se sent un peu revenu en arrière, au début du XXe siècle. Bonne cuisine. Il n'y a pas de carte, il suffit de demander les spécialités du jour. On s'y sent un peu chez soi. Frais et calme l'été. Notre coup de cœur sur le lac de Garde. Apéritif offert sur présentation du *GDR*.

Hôtel du Lac : via Colletta, 21. ☎ 0365-71-107. Fax : 0365-71-055. • www.hotel-dulac.it • Chambres avec petit déjeuner-buffet de 84 à 120 €. Petit hôtel romantique à souhait, reconnaissable à sa façade rouge. Repris par Valerio Arosio, un jeune patron sympathique et dynamique. L'intérieur, avec ses meubles anciens, ressemble un peu à une bonbonnière. Petite terrasse en étage et salle de restaurant très coquette se prolongeant vers le lac. Menus de 25 à 35 €. Une dizaine de chambres impeccables, certaines avec un petit balcon. Possibilité de profiter du jardin et du tennis de l'hôtel *Gardenia al Lago,* tenu par les frères de Valerio.

Hôtel Gardenia al Lago : via Colletta, 53. ☎ 0365-71-195. Fax : 0365-72-594. • www.hotel-gardenia.it • Chambres de 80 à 140 €, petit déjeuner compris. Côté restauration, compter 30 € environ. Une vingtaine de chambres, toutes confortables, avec vue sur le jardin ou avec balcon sur le lac (rénovées récemment et plus fraîches). Possibilité de manger au restaurant panoramique. Hôtel en bordure du lac, repris par Giorgio et Andrea, les deux autres fils du couple Arosio (cf. l'*Hôtel du Lac*), une famille fort sympathique. Magnifique jardin fleuri parsemé de chaises longues où l'on prend son petit déjeuner en toute tranquillité. Accès à la plage et tennis. Parking.

➤ DANS LES ENVIRONS DE GARGNANO

Madonna di Monte Castello : à Tignale, village de montagne à mi-chemin entre Gargnano et Limone (8 km). Une route grimpe au village. Arrivé, suivre les indications pour entamer le chemin de croix. Là, ça monte très raide, que ce soit à pied, à vélo ou en voiture. Dans les deux derniers cas, n'omettez pas de vérifier les freins avant d'entamer la montée. Arrivé à l'église, on bénéficie d'un panorama somptueux sur le lac. Petit bar pour se remettre d'aplomb avec quelques tables en terrasse. La serveuse est aussi la gardienne de l'église. À l'intérieur, vous trouverez une fresque de Giotto, située au milieu de cet ensemble baroque, dans le chœur. Ils ont rajouté des auréoles en faux or ! Mais ce qu'il en reste, c'est bien du Giotto ! Ouvert de mi-mars à fin octobre de 9 h à 18 h.

LIMONE (25010)

À 55 km de Desenzano. Après Gargnano, la route franchit de nombreux tunnels plus ou moins bien éclairés en aplomb du lac. On remarque des anciennes structures de culture de citronniers tout le long. Autrefois paisible vieux port accroché à flanc de montagne, Limone a vu débarquer une horde d'investisseurs soucieux d'exploiter au mieux (mais au pis pour l'environnement) les groupes de touristes qui débarquent des autocars. On dit que Limone compte l'un des taux de longévité les plus élevés au monde (une moyenne de 25 ans de plus que le reste des mortels). Mais comment font-ils pour ne pas stresser face à l'invasion touristique ? La forte consommation d'agrumes aurait-elle d'autres effets, inconnus à ce jour, que celui de désaltérer ? À suivre...

Où dormir ? Où manger ?

Au cas où vous tomberiez en panne d'énergie à Limone, on vous indique une adresse.

Monte Baldo : via Porto, 27-29. ☎ et fax : 0365-95-40-21. Compter de 44 à 50 € la nuit en chambre sans bains, petit déjeuner compris ; 21 € pour un repas à la carte. Sous une arcade, dominant le petit port aux tons jaunes. Grandes chambres avec lavabo, bon marché (demandez celles de devant, avec un petit balcon). Salle de resto tout en long avec chaises et bancs en bois typiques de Bavière et déco avec statuettes africaines.

LES DOLOMITES

Imposantes et fuselées, ce sont certainement les premiers mots qui s'imposent quand on découvre ces montagnes spectaculaires. Des sommets en lames de rasoir, escarpés et inaccessibles, forment un tableau éblouissant et semblent resplendir d'une insolente jeunesse. Ce n'est pas un hasard si trois régions se disputent les Dolomites et bichonnent jalousement leur territoire ! Le Trentin peut se vanter d'avoir le massif de la Brenta (où se cachent les derniers ours bruns d'Europe) et l'impressionnant Val di Fassa ; Bolzano, charmante capitale du Haut-Adige (également appelé « Tyrol du Sud »), nous plonge dans la culture autrichienne ; à l'est, la Vénétie n'est pas peu fière d'avoir en son giron la prestigieuse Cortina d'Ampezzo.
Au cœur de ces montagnes fougueuses s'étirent, dans de verdoyantes vallées, villes et villages d'où l'on peut admirer à loisir la chaîne de montagnes. Et quel saisissement devant ces paysages si contrastés ! L'harmonie des alpages évoque les souvenirs de Heidi alors que se dressent tout proches les pics les plus escarpés. Parmi les richesses de la région, les bois, les pommes et les vignes viennent après le tourisme, qui est la manne principale.
Pour assurer la protection de cette nature, flore et faune en particulier, plusieurs parcs naturels ont été aménagés. Les possibilités de balades y sont multiples, et il serait dommage de s'en priver. Les montagnes sont évidemment visibles depuis la route, mais on perd beaucoup si l'on ne se donne pas la peine de marcher. De plus, les balades sont faciles pour la plupart et accessibles à tous.

UN PEU D'HISTOIRE

Il y a quelques millions d'années, la mer s'étendait à la place des montagnes. Si les Dolomites sont si pointues et semblent étinceler de mille feux, c'est parce qu'elles sont jeunes (tout est relatif, évidemment) et qu'il reste sur les parois du corail sédimenté dont les reflets au soleil sont magiques (d'ailleurs, crépuscules à ne pas manquer). L'action du vent a aussi sculpté la roche, façonnant des parois acérées et des aiguilles dont rêvent les alpinistes les plus chevronnés.
Pour la petite histoire, c'est un Français, Déodat de Dolomieu, qui a laissé son nom à la chaîne de montagnes, en étudiant sa composition (XVIIIe siècle). Il a découvert que la pierre n'était pas du calcaire, mais un double carbonate de calcium et de magnésium.
Nous abordons ici la chaîne des Dolomites dans son ensemble, puisqu'elle forme un tout, sans ignorer pour autant le découpage administratif, assez casse-tête pour le voyageur fraîchement débarqué, mais qui reflète cependant des traditions différentes d'une région à l'autre. Il est vrai que la montagne, cette frontière naturelle, n'a pas facilité les échanges.
Ainsi, mais on ne s'en n'étonnera pas, le Haut-Adige n'est pas colonisé par les touristes allemands, et ce sont bien les habitants qui communiquent entre eux dans la langue de Goethe. Historiquement, la région était une possession austro-hongroise jusqu'à la Première Guerre mondiale, pour être ensuite rattachée à l'Italie. Mais la population n'a pas perdu son identité, ni sa culture, qu'elle défend fièrement. On trouve d'ailleurs des musées ethnographiques qui nous montrent bien les spécificités de chaque région. Ce mélange de deux cultures, surprenant, apporte aux villages des Dolomites une personnalité supplémentaire. C'est peut-être bien ce qui les rend si attachants. Côté cuisine, la double influence est aussi très présente dans des plats adaptés à la rudesse de l'environnement, mais qui savent être savou-

reux : merveilleux gnocchi, *knödele* (ou *canederli*), une spécialité à base de pain rassis, mais aussi des viandes séchées de cerf, de bœuf ou de cochon (le fameux *speck,* par exemple).

BOLZANO

(39100) 100 000 hab. IND. TÉL. : 0471

Géographiquement, on est encore en Italie, mais il n'y a qu'à ouvrir les yeux et les oreilles pour se rendre compte qu'on a déjà un orteil au-delà de la frontière. Jusque dans la langue, la cuisine et l'architecture, l'influence germanique est présente, nous rappelant que la ville a été aux mains de l'Autriche jusqu'à la Première Guerre mondiale. Bolzano, il faut s'y balader tranquillement, sans pour autant chercher à faire le tour de ses musées, d'ailleurs peu nombreux. Charmante par sa diversité, ses rues animées, il faut la parcourir les yeux levés vers les jolies façades, les balcons fleuris et les montagnes. C'est ainsi qu'on en apprécie tout le charme. Et pour vous mettre au diapason des coutumes locales, n'hésitez pas à adopter le vélo !

Comment y aller ?

On vous l'accorde, c'est un peu l'expédition...

En voiture

➢ ***De Milan :*** autoroute A 4 direction Vérone puis A 22 vers le Brenner.
➢ ***De Vérone*** (140 km) ***:*** l'autoroute passe d'abord par Trente ; Bolzano est à 90 km au nord.

En avion puis en train

✈ ***Aéroport de Bolzano :*** ☎ 0471-255-255. Également l'***aeroporto Catullo*** de Vérone. ☎ 045-809-56-66. • info@aeroportoverona.it •
➢ Toutes les 20 mn, des navettes depuis l'aéroport jusqu'à la gare. De là, fréquentes liaisons en train pour ***Bolzano.***

Adresses utiles

Office du tourisme : piazza Walther, 8. ☎ 0471-307-000. Fax : 0471-98-01-28 • www.bolzano-bozen.it • info@bolzano-bozen.it • Face à la cathédrale. Ouvert de 9 h à 18 h 30 en semaine et le samedi de 9 h à 12 h 30. Fermé le dimanche.

■ Pour des infos sur la région du Haut-Adige en général, contacter ***Alto-Adige Marketing.*** ☎ 0471-999-999. • www.suedtirol.info • info@suedtirol.info •

Café Meraner : via Bottai, 24. ☎ 0471-980-044.

Mail boxes : via Isarco. ☎ 0471-982-003.

Gare routière : en face de la gare ferroviaire. Pour consulter liaisons et horaires : • www.sii.bz.it • La compagnie *SAD* effectue des liaisons régulières avec tout le Haut-Adige. ☎ 0471-450-111.

Gare ferroviaire : ☎ 0472-458-993.

■ ***Parkings :*** centre-ville entièrement piéton. Il est donc obligatoire de laisser sa voiture à l'entrée de la ville dans l'un des nombreux parkings. Le moins cher est le P8 (Bolzano centro ; 0,50 € l'heure).

Poste et change : piazza Parrocchia. Ouvert en semaine de 8 h à 18 h 30 et le samedi de 8 h à 12 h 30.

■ ***Location de vélos :*** d'avril à octobre, la ville de Bolzano met à la disposition des vélos, viale Stazione (donne sur la piazza Walther). Se renseigner à l'office du tourisme.

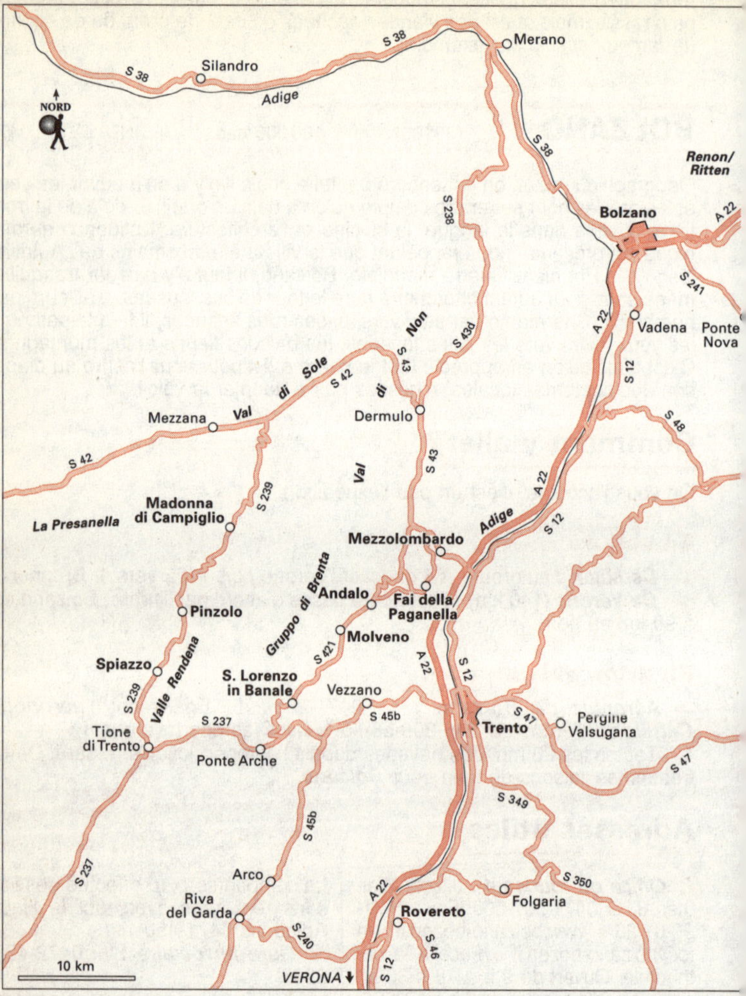

Où dormir ?

Bon marché

⛺ ***Camping Moosbauer*** : via S. Maurizio (Moritzinger Weg), 83. ☎ 0471-918-492. Fax : 0471-204-894. • www.moosbauer.com • Proche de l'hôpital, en direction de Merano. Assez excentré et pas évident à trouver sans plan de la ville (à prendre à l'office du tourisme). Ouvert toute l'année. De 12 à 15,50 € pour la voiture et l'emplacement et de 5,50 à 6,50 € par adulte selon la saison. Au milieu des arbres fruitiers et des vignes. Très bien tenu. Piscine, chaises longues, ping-pong et

LES DOLOMITES

jeux pour enfants. Également une cafétéria et un mini-supermarché.

Croce Bianca : piazza del Grano (Kornplatz), 3. ☎ 0471-977-552. Fax : 0471-972-273. Juste derrière la piazza Walther et la cathédrale. Doubles à 50 €, avec douche sur le palier, à 60 € avec bains; petit déjeuner compris. Position hyper centrale, et comme c'est certainement l'hôtel le moins cher de la ville, voilà 2 bonnes raisons d'indiquer cette adresse. Ça compense l'anonymat de l'accueil et des quelques chambres.

Gatto Nero (Schwarze Katz) : Santa Maddalena, 2. ☎ 0471-975-417. Fax : 0471-325-028. Sous le téléphérique du Renon, un chouia excentré. Une dizaine de chambres à 45 € la double avec lavabo et douche sur le palier, petit déjeuner compris. Sympathique petite adresse populo, propre et pas chère. Vague odeur de graillon au bar, fréquenté par des habitués, mais les chambres sont très correctes pour le prix. Quelques tables à l'extérieur.

Prix moyens

Feicher : via Grappoli (Weintraubengasse), 15. ☎ 0471-978-768. Fax : 0471-974-803. • hotelfeicher@dnet.it • Sonner, la réception est à l'étage. Compter 80 € la double avec petit déjeuner. Au resto, un menu à 12 €. La bonne surprise de ce petit hôtel, qui ne casse, *a priori* pas des briques, ce sont les chambres, dont les portes ouvrent directement sur un balcon extérieur. Vue dégagée sur les toits et la montagne. En plus, bon accueil (en allemand) du patron.

Très chic

Hôtel Greif : piazza Walther (Waltherplatz). ☎ 0471-318-000. Fax : 0471-318-148. • www.greif.it • De 158 à 235 € la double. C'était déjà un hôtel au XVe siècle, mais peut-être pas aussi chic ! Décoration hyper design dans chacune des 33 chambres : plancher en teck, rideaux en soie, tapis perses, ordinateur avec Internet. Salles de bains en marbre. Dommage quand même que les toilettes ne soient pas séparées, mais on ne va pas chipoter, l'ensemble, mélangeant ancien et contemporain, est très réussi. Les chambres supérieures ont vue sur la place et la cathédrale. Très cher évidemment.

Où manger ? Où boire un verre ?

Cavallino Bianco (Weiss Mössl) : via Bottai (Bindergasse), 6. ☎ 0471-973-267. Service continu de 8 h à 1 h du matin. Fermé le samedi soir et le dimanche. Menu à 9,30 € ; sinon, *secondi* entre 7 et 15 €. Depuis les spécialités tyroliennes qu'on avale sous l'œil fixe des trophées de chasse jusqu'à la tenue des serveurs, on est presque en Autriche. Ambiance un peu cantine, mais côté quantité, on en a vraiment pour son argent. Poisson, viande mais aussi des plats végétariens. Adresse typique et bon marché.

Wirtshaus Vögele : via Goethe (Goethestrasse), 3. ☎ 0471-973-938. Ouvert de 9 h à 1 h du matin. Fermé le dimanche. Bar au rez-de-chaussée avec une ambiance sympa. Le resto est installé à l'étage dans de petites salles, certainement d'anciennes chambres d'hôtel si l'on en juge par les numéros au-dessus des portes. Cuisine copieuse, avec des spécialités du Haut-Adige évidemment : goulasch de bœuf avec *canederli di speck*, par exemple.

Nadamas : piazza Erbe (Obstmarkt). ☎ 0471-980-684. Fermé le dimanche et en mai. Compter 20 € pour un repas complet. Des plats internationaux qui changent de l'ordinaire. Blindé le soir. Phénomène social intéressant : ce lieu est essentiellement fréquenté par la communauté « italienne » de Bolzano. Café offert sur présentation du *GDR*.

Hopfen&Co : piazza Erbe, 17. ☎ 0471-30-07-88. Font leur propre bière. Même genre que le précédent et autant d'ambiance.

Batzen Häusl : via Andreas Hofer (Andreas-Hoferstrasse), 30. ☎ 0471-050-950. Ouvert tous les jours. À l'image de la ville, une ambiance mi-italienne, mi-autrichienne. Au rez-de-chaussée, des tablées en bois pour goûter la *Bozner Bier*, la mousse locale. On dîne dans les étages (il y en a deux). Plus on monte, plus ça s'assombrit. Même proprio que *Hopfen & Co.*

– On peut aussi faire son *frichti* soi-même en achetant de bons produits sur le ***marché*** qui se tient tous les jours sauf le dimanche piazza Erbe.

À voir

Au cœur de la ville, la spacieuse ***piazza Walther,*** construite au début du XIXe siècle, marque l'entrée du centre historique de Bolzano. Pour en apprécier la douceur, nous vous recommandons une petite halte à l'une des terrasses de café où on lézarderait bien indéfiniment quand le soleil tape. Excellent point d'observation sur la place, fermée à la circulation, et sur le ***Duomo*** (cathédrale) : ouvert du lundi au vendredi de 10 h à 12 h et de 14 h à 17 h, le dimanche de 13 h à 17 h. De style gothique, sa construction a commencé au début du XIIIe siècle pour s'achever au XVe. On remarque d'ailleurs un mélange de styles, roman et gothique, qui ont marqué les différentes étapes de sa réalisation.

Musée archéologique : Museumstrasse, 43. ☎ 0471-32-01-00. • www.iceman.it • Ouvert du mardi au dimanche de 10 h à 17 h ; le jeudi, jusqu'à 19 h. Fermé le lundi. Entrée : 8 € ; réductions. Audioguide (aussi en français) à 2 € très bien fait.
Un musée intéressant, qui tourne essentiellement autour d'Ötzi, l'homme des glaces : une momie de plus de 5000 ans conservée grâce au froid et retrouvée dans la glace en 1991 sur le Similaun, à la frontière entre l'Italie et l'Autriche (ce qui a donné à ces deux pays une occasion de se crêper le chignon). On l'observe derrière la porte vitrée d'une chambre froide. Impressionnant de voir ce corps raidi et comme enduit de cire. Des vidéos donnent des détails sur cette découverte peu banale. C'est aussi l'occasion de remonter dans le temps et de présenter le mode de vie de ses contemporains. Vêtements, armes, menhirs et objets divers sont bien mis en valeur grâce à une présentation aérée et moderne. Chouettes reconstitutions d'intérieurs et maquettes intéressantes.

Parmi les rues les plus caractéristiques, la ***via Bottai*** part de la place de l'Hôtel-de-Ville (piazza Municipio). Très représentative de la ville, avec ses enseignes en fer forgé. Sinon, la commerçante ***via Portici*** est bordée, de part et d'autre, d'arcades. Entre deux boutiques aux prix démentiels, penser à lever les yeux, il y a de jolies façades.

➤ DANS LES ENVIRONS DE BOLZANO

Nous vous conseillons une balade merveilleusement bucolique sur le ***Ritten,*** à quelques kilomètres de Bolzano. On appelle ainsi un ensemble de hameaux sur les flancs d'une montagne verdoyante en été, où de nombreux habitants de Bolzano ont établi leur résidence secondaire. Accès possible en voiture ou par téléphérique. Nombreuses balades à faire dans la campagne, et de bonnes haltes, pour un repas ou pour passer la nuit. Atmosphère résolument autrichienne.

Penzlhof : famille Mayr, Penzlhof, 45, 39050 Lengstein-Ritten. ☎ et fax : 0471-34-90-11. • www.penzlhof.it • À 27 km de Bolzano. Suivre la direction du Ritten. À la sortie du village, sur la droite. Congés annuels : de la Toussaint à Pâques (ouvert à Noël et le Jour de l'an). De 30 à 58 € pour 2 personnes selon la taille de l'appartement. Petit déjeuner servi sur demande au *Stube.* Une magnifique bâtisse et ancienne *Gasthof* qui remonterait vers 1300, entourée d'un beau jardin avec vue dégagée sur le Rosengarten. Cette spacieuse ferme ne compte en fait que 5 appartements de 2 à 5 personnes, dont l'un, à l'étage, est idéal pour roucouler en couple. Les charmants propriétaires ont apporté aux chambres une touche de personnalité avec une jolie décoration, à la fois rustique, soignée et de bon goût. Toute la famille s'investit pour qu'on se sente chez soi, ce qui est réussi. Idéal pour un séjour en famille et pour découvrir un autre aspect de la région. On recommande chaudement cette adresse à ceux qui savent apprécier les plaisirs simples de la vie, au rythme de la nature. De jolies balades à faire dans le coin, mais on peut aussi se la couler douce dans le jardin, au bord de la piscine. Vente de délicieuses confitures bio faites par la maman.

Patscheider Hof : 39059 Signat. ☎ 0471-36-52-67. À 15 mn de Bolzano en voiture. Suivre la direction du Ritten, puis bifurquer à gauche direction Signat. Plus haut, prendre la route en terre sur la gauche. Le resto est signalé. Fermé le mardi. *Primi* de 4 à 7 €, *secondi* de 6,50 à 14,50 €. Une petite salle à manger tout en bois, avec un grand crucifix dans un angle, un poêle et des petites fenêtres ouvrant sur la montagne, voici l'intérieur de cette auberge bien traditionnelle, très autrichienne. La cuisine est dans la même veine, typique et copieuse : délicieux *canederli di spinaci, luganica con crauti* (saucisse et choux), *minestra d'orzo* (soupe d'orge). Que du bon ! D'ailleurs, la porte de la cuisine est souvent ouverte, ce qui est très bon signe, ça va sans dire. En revanche, on a trouvé le vin local assez raide. Belle terrasse. Réservation indispensable.

TRENTE *(TRENTO)* (38100) IND. TÉL. : 0461

Se frayant un passage naturel entre les montagnes, le Val d'Adige a d'abord attiré les Romains qui avaient su tirer profit de cette situation géographique favorable, mais la ville de Trento a surtout connu son heure de gloire au moment du siège du Concile, au XVIe siècle. C'est alors qu'elle n'a cessé de s'embellir pour accueillir les hauts dignitaires du catholicisme, préoccupés du sort de leur Église devant la montée de Luther. Les fresques qui décorent harmonieusement plusieurs façades du centre-ville remontent à cette époque. La via Belenzani, empruntée en grande pompe par les princes de l'Église, accumule les palais somptueusement colorés.
Un peu encaissée, la ville n'a pas l'aspect rieur et désinvolte de Bolzano. Malgré ce côté légèrement austère, on s'y balade agréablement une journée.

Adresses utiles

Office du tourisme : via Manci, 2. ☎ 0461-98-38-80. Fax : 0461-23-24-26. • www.apt.trentino.it • Ouvert tous les jours de 9 h à 19 h. Renseignements sur la ville et la région. Brochures en français. Organise des visites gratuites de la ville et du château en italien, anglais ou allemand. S'inscrire à l'office. Propose des offres spécial week-end intéressantes pour l'hébergement.

Internet :
– *Call me :* via Belenzani, 58. ☎ 0461-98-33-02. Ouvert de 9 h à 21 h. 1 € pour 15 mn de connexion.
– À la *bibliothèque communale :* via Roma, 55. ☎ 0461-88-43-68. Gratuit, mais sur rendez-vous uniquement. Pas plus d'1 h de connexion.
– *Informagiovani :* via Roma, 60. ☎ 0461-23-50-86. Ouvert du lundi au mercredi de 15 h à 19 h ; les jeudi et vendredi de 10 h à 15 h. Sur rendez-vous. Connexion gratuite également.

Où dormir ? Où manger ?

Ostello giovane Europa : via Torre Vanga, 11. ☎ 0461-26-34-84. Fax : 0461-22-25-17. Compter 20 € par personne en chambre double ; 13 € en dortoir. Location de serviette à 2,50 €. Menu à 9 € à la cafétéria.

Carte de la FUAJ pas nécessaire. Une AJ toute récente avec des chambres propres et modernes pour 1 à 6 personnes, toutes avec bains. Le meilleur plan de la ville.

Hôtel Venezia : piazza Duomo, 45. ☎ et fax : 0461-23-45-59. • www.hotelveneziatn.it • Situation hyper centrale, face à la basilique. Également une annexe à deux pas, via Belenzani, 70. ☎ et fax : 0461-23-41-14. Chambres avec douche à 63 €, petit déjeuner à 5 €. Adresse basique mais pas trop chère.

Autre solution, l'***agritourisme,*** pour passer une ou plusieurs nuits chez des agriculteurs. Assez rustique mais confortable et puis de bons produits sur la table. Se renseigner auprès de l'office du tourisme.

La Cantinota : via San Marco, 22-24. ☎ 0461-23-85-27. Fermé le jeudi. Anciennes caves voûtées où l'on déguste une cuisine goûteuse et bien travaillée. Parmi les *antipasti,* excellent *tortello di patate,* fine galette de pommes de terre. On peut enchaîner avec une *carne salata scottata,* une viande de bœuf salée. Desserts divins. Un peu chic.

À voir

Château : via B. Clesio. ☎ 0461-23-37-70. Ouvert de 9 h à 12 h et de 14 h à 17 h. Fermé le lundi. Abrite les collections provinciales et le Musée historique. Résidence du prince-évêque au XVIe siècle ; le début de sa construction est antérieur. La tour est la partie la plus ancienne (XIIIe siècle). On distingue d'ailleurs nettement les différences de styles (Moyen Âge et Renaissance), bien délimitées. Le long de l'enceinte, la tour carrée abrite d'intéressantes fresques du XVe siècle.

Cathédrale san Vigile : piazza Duomo, 18. Ouvert de 10 h à 12 h et de 14 h 30 à 17 h 30. L'édification de la cathédrale a débuté au XIIIe siècle. Peu d'ouvertures et donc assez sombre, comme le voulait la période romane, pour favoriser le recueillement. Le palais Pretorio (la tour crénelée), où est aujourd'hui installé le Musée diocésain (ouvert de 9 h 30 à 12 h 30 et de 14 h 30 à 17 h 30 ; fermé le mardi), serait la première habitation du prince-évêque. À l'intérieur, belle abside de style roman et deux escaliers surprenants qui menaient au clocher. En fait, il n'y a qu'un clocher, auquel seul l'un des deux escaliers accède. La crypte abrite une église paléochrétienne.

Sur la ***place du Duomo,*** le ***palais Palduini*** est probablement le plus ancien. Sur sa façade, des fresques remontent à la fin du XVe siècle. Face à la cathédrale, on peut également admirer celles du ***palais Cazuffi Rella,*** avec des représentations mythologiques. Au centre de la place, la fontaine de Neptune, œuvre baroque du XVIIIe siècle.

QUITTER TRENTE

➢ **En bus :** liaisons régulières avec les différentes localités de la région (Madonna di Campiglio, Val di Fassa, Fieme, Riva del Garda...).
➢ **En train :** possibilité de rejoindre le Val di Sole (Male). Liaisons fréquentes.

LE TOUR DES DOLOMITES

Évidemment, on est ici en montagne et les villages que l'on traverse sont éminemment touristiques, surtout l'hiver. Il faut bien avouer que skier dans un cirque de montagnes si impressionnant et si différent de nos Alpes françaises, géographiquement assez proches, est fabuleux. Le revers de ce

beau tableau, ce sont les prix. Dur dur de se loger sans se ruiner à part en camping. Dans les restos, on peut toujours s'en sortir convenablement, la cuisine est roborative (mais goûteuse cependant) et les nombreuses variétés de pâtes au goût inimitable ne sont jamais très chères. L'été, c'est tout de même plus calme, le coup de fusil en moins. On croise surtout des randonneurs ou des alpinistes chevronnés qui partent à l'assaut des parois les plus escarpées. Mais attention, ne vous aventurez pas seul en montagne, elle est ici particulièrement dangereuse et fragile car les parois sont très verticales et peuvent se briser. Ne prenez donc pas de risques inconsidérés et adressez-vous aux offices du tourisme qui vous aiguilleront vers des professionnels. Mieux vaut éviter les sueurs froides...
Côté hébergement, on a apprécié les efforts déployés envers les familles : les hôtels qui ont le label *Kids special* proposent des réductions intéressantes quand on voyage avec des enfants jusqu'à 16 ans.

Spécial skieurs

Intéressant à noter, le ***Dolomiti superski,*** un forfait couvrant 12 stations des Dolomites, qui permet de varier les plaisirs en skiant indifféremment dans chacune d'elles. À notre avis, cela vaut le coup si vous skiez plusieurs jours et passez une journée entière sur un domaine. Passer d'une station à l'autre dans la journée n'est pas un rythme compatible avec les vacances ! Bien sûr, mieux vaut avoir son propre véhicule, mais un service de bus inclus dans le forfait assure des liaisons entre les stations. Compter 32 à 37 € par jour et par adulte, 175 € pour 6 jours (gratuit pour les moins de 8 ans et 30 % de réduction jusqu'à 16 ans), ce qui est en général à peine plus cher que le forfait local. Normalement, on rentabilise rapidement et, même s'il est difficile de venir à bout des 1 220 km de pistes accessibles, on peut, en théorie, skier aussi bien à Canazei dans le Val di Fassa qu'à Cortina d'Ampezzo ! Pour plus de renseignements, consultez le site • www.dolomitisuperski.com •

À L'OUEST DE L'ADIGE : LES DOLOMITES DE BRENTA

Depuis Trento, on peut suivre une boucle à travers les Dolomites de Brenta (à l'ouest de l'Adige) en passant par Andalo, puis San Lorenzo in Banale, Madonna di Campiglio et en revenant à Trento par le Val di Sol puis le Val di Non. Le panorama est majestueux, les villages parfois un peu surfaits. Il faut dire que les anciens villages, entièrement en bois, ont souvent brûlé dans les incendies.

ANDALO, FAI DELLA PAGANELLA ET MOLVENO (38010)

Andalo : à 40 km au nord-ouest de Trento, Andalo est un village moderne sans trop d'unité mais cette lacune est largement compensée par son cadre naturel prodigieux, entre le massif de la Paganella et celui de Brenta. À 6 km d'Andalo, ***Fai della Paganella*** a su conserver son côté village de montagne plus authentique. Quant à ***Molveno,*** grâce à son lac, il offre le paysage le plus séduisant. C'est l'été qu'il faut y venir, quand le village alors fleuri éclate de mille couleurs. Y'a pas à dire, le tableau est envoûtant. Dommage, la forte affluence touristique n'a fait qu'accroître le nombre d'hôtels ces dernières années (et pas donnés en plus). Ceci dit, les 3 stations restent malgré tout de chouettes points de départ pour des randonnées ainsi que pour les 50 km de pistes qui relient Andalo à Fai (forfait entre 22 et 25 € par jour).

Adresses utiles

Offices du tourisme :
– *Andalo* : piazza Dolomiti, 1. ☎ 0461-58-58-36. Nombreuses infos sur les balades en montagne.
– *Molveno :* ☎ 0461-58-69-24.
– *Fai della Paganella :* ☎ 0461-58-31-30.

Où dormir ? Où manger ?

Le moins cher pour passer la nuit est de très loin le camping.

Campings

Camping Andalo : viale del Parco, Andalo. ☎ 0461-58-57-53. Fax : 0461-58-53-42. À 6 km du centre. Fermé en mai et en octobre. De 8 à 11 € l'emplacement et de 5,70 à 8,30 € par adulte.

Camping « Spiaggia-Lago di Molveno » : via Lungolago, 25, Molveno. ☎ 0461-58-69-78. Fax : 0461-58-63-30. Ouvert toute l'année. Belle situation, face au lac.

De bon marché à prix moyens

Albergo Miravalle : via Cembran, 9, Fai della Paganella. ☎ 0461-58-31-13. Fax : 0461-58-31-52. • www.miravallefai.it • En hauteur, à 700 m du centre. De 36 à 50 € par personne en demi-pension selon la période. Panorama exceptionnel. Une perle rare parmi les nombreux hôtels trop standard. Tranquillité et charme pourraient être les maîtres-mots de ce havre de paix. Pour la plupart, les 23 chambres, de très bon goût, ont une vue extraordinaire sur la vallée de l'Adige. Bon resto.

Garni Fiordaliso : via Priori, 10, Andalo. ☎ et fax : 0461-58-90-27. • www.hotelfiordaliso.com • De 20 à 40 € par personne en *B & B* (ne fait pas resto). Petit hôtel tout bleu, sans prétention. Sept chambres simples et fonctionnelles, avec balcon, pas chères pour le coin.

Hôtel Alpino : via Priori , 17, Andalo. ☎ 0461-58-59-46. Fax : 0461-58-53-03. • www.alpinohotel.com • Face au précédent. Compter de 40 à 68 € par personne en pension complète à partir de 3 nuits. Bus public au pied de l'hôtel pour les pistes. Plus de style que les autres et pas plus cher. Chambres modernes au décor soigné, avec poutres apparentes en bois clair. Assez bonne cuisine servie dans une salle à manger conviviale.

Possibilité de passer la nuit en ***refuge.*** Par exemple, celui ***de la Montanara*** (1 500 m) est accessible depuis Molveno en remontée mécanique ou en 1 h de marche (☎ 0461-58-56-03). S'adresser à l'office du tourisme.

La Lanterna : via Bortolon, 9, Andalo. ☎ 0461-58-57-61. Fermé en novembre et mai, ainsi que le mardi hors saison. Jolie salle, voûtée d'un côté, boisée de l'autre. Aux murs, skis anciens et objets ruraux. Dans l'assiette, des plats traditionnels simples mais bien relevés, comme du veau, de la polenta, des pâtes... Fait aussi pizzeria, mais uniquement le soir.

Il Faggio : via Fovo, 11, Andalo. ☎ 0461-58-53-08. À côté de l'église. Fermé en mai et, hors saison, les lundi et mardi ainsi que le mercredi soir. Une autre bonne adresse.

Antica Bosnia : Paganella, 7, Molveno. ☎ 0461-58-61-23. Fermé le mardi et mercredi soir hors saison. Un emplacement séduisant, dans une maison ancienne décorée de maïs séché (panouille).

SAN LORENZO IN BANALE ET SPIAZZO

San Lorenzo in Banale : quelques maisons traditionnelles intéressantes avec balcons et toits en bois représentent tout ce qui reste des anciens hameaux. Aux fenêtres, les panouilles rappellent que c'est le maïs qui a sauvé une partie de la population de la famine. On remarquera les nombreuses fontaines d'eau potable, caractéristiques des Dolomites. Autour, toujours les montagnes, avec le *monte Bondone* et le *monte Stivo.*

Petit intermède culturel à ***Spiazzo,*** sur la route qui mène à Madonna di Campiglio, pour la visite de l'***église San Antonio,*** qui vaut le coup d'œil. C'est un exemple représentatif des nombreuses églises dont le coup de pinceau extérieur a été donné par des peintres itinérants dans le Val di Non et le Val di Sole aux XVe et XVIe siècles (le plus connu de ces peintres est Baschenis). Les fresques représentent des personnages assez figés, dont la pose peut rappeler les icônes.

PINZOLO (38086)

À 13 km de Madonna di Campiglio, le village offre le premier avantage d'être moins cher que cette dernière, et plus dans l'esprit routard quant à l'atmosphère. Et pour ceux qui veulent skier, le domaine est relié à celui de Madonna di Campiglio. Mérite aussi une halte pour l'église San Vigilio.

Où dormir ? Où manger ?

Hôtel Lory : via Sorano, 35. ☎ et fax : 0465-50-20-08. Compter entre 50 et 70 € la chambre selon le confort et la saison. Mignon chalet proche du funiculaire. Chambres simples et calmes avec balcon, qui auraient toutefois besoin d'un petit coup de fraîcheur et de gaieté. Nous a paru un peu cher en demi-pension. Réduction de 10 % sur le prix de la chambre en basse saison sur présentation du *GDR*.

Côté prix, l'***hôtel Alpina*** se défend aussi (via XXI Aprile, 1 ; ☎ et fax : 0465-50-10-10) : selon la saison, 65 à 79 € la chambre avec petit déjeuner. Pas un cachet fou mais les chambres sont joliment meublées.

Pour les marcheurs, nombreux ***refuges*** en altitude. Avec ses parois en verre qui laissent une vue imprenable, le ***Doss del Sabion*** (☎ 0465-44-10-66) en séduira plus d'un.

La Botte : viale Dolomiti, 12. ☎ 0465-50-14-88. Fermé le mercredi. Vaste salle sans trop de personnalité, mais l'essentiel, c'est qu'on y mange copieusement pizzas et plats régionaux, comme les *canederli.* Service efficace et carte variée, qui satisfera toutes les bourses.

À voir

Église San Vigilio : dans le même style que l'église San Antonio, de Spiazzo (voir plus haut) et peinte par Semione II. Sous le toit et sur toute la longueur, admirable *Danse macabre* nous rappelant que nous sommes tous égaux devant la mort. Réalisée en 1539, elle est encore très bien conservée.

MADONNA DI CAMPIGLIO (38084)

À 1 500 m d'altitude, Madonna di Campiglio est une station snobinarde, réputée pour son domaine skiable étendu, mais aussi pour ses boutiques chic et chères. Et dire que, jusqu'en 1870, il n'y avait ici qu'un marais et un hospice (aujourd'hui, le *Grand Hôtel des Alpes*) ! Mais la station a rapidement vu du beau monde : l'empereur François-Joseph Ier et Sissi, entre autres, aimaient s'y arrêter.

Adresse utile

Office du tourisme : via Pradalago, 4. ☎ 0465-44-20-00. Fax : 0465-44-04-04. • www.campiglio.to • Dans le centre piéton. Ouvert de 9 h à 12 h et de 15 h à 18 h 30 ainsi que le dimanche de 10 h à 13 h et de 14 h à 17 h.

Où dormir ?

Attention, dans les hôtels qui ont un restaurant (presque tous), la demi-pension est demandée quasi systématiquement. Difficile de faire une sélection quand on est dans le domaine du haut de gamme, confortable et cher. À ce niveau, toutes les crèches se valent plus ou moins. Donc, à vous de comparer les prix, qui peuvent passer du simple au double selon la saison.

Camping Faè : ☎ 0465-507-178. Fermé en mai et en novembre. Compter de 7,50 à 9 € l'emplacement et de 6 à 7,50 € par personne. Le seul camping à Madonna di Campiglio.

Garni dei Fiori : via Vallesinella, 18. ☎ 0465-44-23-10. Fax : 0465-44-10-15. • www.garnideifiori.it • De 36 à 48 € par personne et par jour avec petit dej'. Joli chalet aux balcons de bois clair. Neuf chambres mignonnes et assez spacieuses. Très bon standing pour 1 seule étoile. D'ailleurs, les prix s'en ressentent un peu...

Garni dello Sportivo : via Pradalago, 29. ☎ 0465-44-11-01. Fax : 0465-44-08-00. • www.dellosportivo.com • À côté de la télécabine Pradalago. Nuitée de 35 à 54 € par personne, petit dej' compris. Ambiance sportive et familiale pour ce petit hôtel parmi les moins chers de la station. Les chambres valent largement celles des hôtels de catégorie supérieure.

Hôtel Saint Hubertus : viale Dolomiti de Brenta, 5. ☎ 0465-44-11-44. Fax : 0465-44-00-56. • hothubertus@velrendena.it • Nuit de 44 à 62 € par personne, petit dej' compris. Hôtel confortable où les couloirs à fleurs nous rappellent que la frontière autrichienne n'est pas loin. Salles de bains vieillottes mais salle à manger sympa.

➢ Retour sur Trento par le ***Val di Non,*** qui se caractérise par de profonds canyons (jusqu'à 150 m), par ses châteaux, tous privés, et par ses pommes, les *melinda,* qui sont devenues la seule culture au détriment de la vigne qui existait autrefois.

À L'EST DE L'ADIGE

FIERA DI PRIMIERO ET SAN MARTINO DI CASTROZZA

Pas forcément l'endroit le plus impressionnant des Dolomites, mais ces deux anciennes villes minières (respectivement à 700 et 1 450 m d'altitude), éloignées de 14 km l'une de l'autre, sont aussi moins envahies que les célèbres stations du Val di Fassa ou de Canazei. Dominée par le prestigieux Pale di San Marino, la vallée repose dans une cuvette bordée de verts pâturages, de petits cours d'eau et de forêts. Profitez-en pour faire des balades faciles dans les forêts du parc naturel de Paneveggio. Côté hébergement, les petits budgets trouveront plus leur compte dans le mignon petit village de Fiera di Primiero, moins branché que San Martino et qui, outre son église gothique du XVe siècle, possède une piste longue et technique de ski de fond (Passo Cereda, 7,5 km). Mais avis aux amateurs de ski alpin, les remontées mécaniques partent de San Martino et le domaine, qui s'étend aussi jusqu'au Passo Rolle, couvre 60 km de pistes. Le forfait journalier coûte environ 28 €. Ceci dit, il y a toujours les bus réguliers gratuits pour faire la navette entre les différents villages.

Comment y aller ?

✈ ***Aéroports :*** le plus proche est celui de Venise, à 110 km, puis vient celui de Vérone, à 170 km.

➢ Depuis Venise, un service de bus assure la liaison 2 fois par jour (3 h de trajet environ).

Adresses utiles

Offices du tourisme :
– *Fiera di Primiero :* via Dante, 6. ☎ 0439-962-407. Fax : 043-962-992. • www.sanmartino.com • Ouvert de 9 h à 12 h 30 et de 15 h 30 à 19 h. Donne de nombreuses informations sur les pistes cyclables, les randonnées et itinéraires à faire, notamment dans le parc naturel...
– *San Martino di Castrozza :* via Passo Rolle, 165-167. ☎ 0439-768-867. Fax : 0439-768-814. • www.sanmartino.com • Mêmes horaires qu'à Fiera di Primiero.

■ ***Maison du parc naturel du Paneveggio :*** villa Welsperg, via Castelpietra, 2, 38054 Tonadico. ☎ 0439-64-854. Fax : 0439-762-419. • www.parcopan.org • Ouvert toute l'année. Donne toutes les infos et les cartes pour des balades dans le parc. Organise aussi des visites guidées en forêt, parfois autour de thèmes particuliers.

Où dormir ? Où manger ?

Albergo per la gioventù Montana : via Laghetto, 43, San Martino di Castrozza. ☎ et fax : 0439-76-91-66. À côté du téléphérique. Ouvert toute l'année. Selon la saison, compter de 20 à 26 € par personne avec le petit déjeuner. Bains et toilettes communs. Mignonne auberge de jeunesse familiale qui accueille aussi des saisonniers.

En face, le camping ***Sass Maor*** (☎ 0439-68-347) est ouvert toute l'année. De 6 à 8 € par adulte et de 9 à 13 € l'emplacement.

Agritourisme Le Vale : Transacqua, Fiera di Primiero. ☎ et fax : 0439-647-22. • le_vale@libero.it • Suivre la direction de Caltena. Restauration entre 12 h et 12 h 30 pour le déjeuner puis entre 19 h et 19 h 30 pour le dîner ! Compter 27 € par personne pour une nuit avec petit déjeuner. De 30 à 37 € par personne en demi-pension. La famille Simoni, de sympathiques agriculteurs, propose 8 chambres simples mais très bien tenues. Évidemment, il serait dommage de se priver de la *cucina casalinga,* préparée à base de produits de la ferme. Les repas sont servis dans la chaleureuse salle à manger, où les cloches des vaches servent de décoration. Par contre, si vous voulez avoir quelque chose à vous mettre sous la dent, ça se passe à des horaires très précis ! Eh oui, on est en famille ici ! Un peu plus haut en remontant la route, du *refugio Caltena,* vue sur les Velte Feterine (ce sont les Préalpes et non plus les Dolomites).

Cant del Gal : Fiera di Primiero, Val Canali. ☎ 0439-629-97. Fax : 0439-76-55-39. Depuis Primiero, suivre la direction Sagrón, paso Cerda puis tourner à gauche direction Val Canali. Fermé le mardi hors saison. Congés annuels : en novembre. Douze chambres, de 37 à 43 € par personne en demi-pension. Menu à 19,50 € ; *primi* autour de 5 €, *secondi* entre 7 et 11 €. En bordure de la forêt, c'est la première auberge qui a vu le jour en Val Canali. Toujours rustique, avec tables et bancs en bois à l'extérieur. Idéal avant de commencer une balade. Plats traditionnels, dont du cerf, mais également du goulasch, de la polenta et des assiettes complètes avec *crostini* ou *canederli.*

Où sortir ?

À San Martino, quelques ***bars à vin,*** comme ***Renzo*** ou ***Eno Grapperia,*** où l'on déguste aussi de la charcuterie. Côté ***pubs,*** il y a ***La Stube*** et une ***discothèque, Tabia.***

CANAZEI

(38032)

Cette célèbre station (à 1 465 m d'altitude) doit sa réputation à son emplacement privilégié, dans le ***Val di Fassa,*** au cœur même des Dolomites. C'est à notre avis l'une des plus belles vallées, et en tout cas la plus impressionnante. Dominée par le majestueux massif de Sella, Canazei est donc une étape incontournable dans les Dolomites et un bon point de départ pour sillonner la région. Celle-ci a d'ailleurs hérité de riches traditions. Curieusement, résiste encore, autour du massif du Sella, la culture ladine, dont la langue, dérivée du latin, continue à être parlée aujourd'hui par une petite communauté. Pour ceux qui souhaitent se pencher sur le sujet, *Vigo di Fassa* et *Ortisei* (dans le Val Gardena) abritent des musées sur la culture ladine.

Adresses utiles

Office du tourisme de Canazei : piazza G. Marconi 12. ☎ 0462-60-11-13. Fax : 0462-60-25-02. Ouvert de 8 h 30 à 12 h 15 et de 15 h 30 à 19 h. Fermé le dimanche après-midi.

Agence de promotion touristique du Val di Fassa : à Canazei. ☎ 0462-60-24-66. Fax : 0462-60-22-78. • www.fassa.com • info@fassa.com •

Où dormir ? Où manger ?

Là encore, rien de très bon marché.

La solution la moins chère est le ***camping.*** On en trouve un à Canazei, ***Marmolada,*** situé à côté du téléphérique « Pecol ». ☎ 0462-60-16-60. Un autre, ***Miravalle*** (☎ 0462-75-05-02) est à Campitello, le village juste avant Canazei.

Val de Costa : via Cuch, 1a, Alba. ☎ 0462-60-00-89. Fax : 0462-60-63-15. De 26 à 50 € par personne, petit déjeuner compris. Chalet coloré, à l'intérieur plus intime qu'il n'y paraît. Neuf chambres coquettes avec balcon. Celles du 2e étage, sous les toits, ont une baignoire et sont plus confortables. Le petit déjeuner est servi dans une salle à manger bien chaleureuse. Accueil charmant, en français de surcroît. Une excellente petite adresse et une bonne affaire. Le petit bonus bien sympa : le bain turc et le sauna !

Foresta : via Nazionale, 1, 38035 Moena. ☎ 0462-57-32-60. En venant de Canazei, dépasser Moena, c'est sur la droite. Fermé le vendredi hors saison. *Antipasti* de 5,50 à 7,50 €, *primi* autour de 6 €, *secondi* entre 8 et 15 €. Les restos d'hôtels manquent souvent de charme et celui-ci ne fait pas exception, mais on vous le recommande toutefois pour son excellente cuisine. On s'est régalés d'un *filetto di trota affumicata,* d'une excellente *carne salata* servie avec des champignons du Trentin, les *finferli.* Le *prosciutto di cervo* (jambon de cerf) *con porcini* (ceps) n'est pas mal non plus, parole de routards ! Et en dessert, le *bavarese allo yogurt con salsa alle fragole* (bavarois aux fraises) vaut son pesant d'or !

Rifugio Fuciade : au passo San Pellegrino. ☎ 0462-57-42-81. Indiqué depuis la route. Ouvert de juin à septembre et de décembre à Pâques. On laisse sa voiture au parking puis 40 mn de marche. Sinon, on vient vous chercher en motoneige. Perché à 2000 m d'altitude, dans un cadre superbe, *of course !* À une telle altitude, on ne s'attend pas à avoir une telle qualité dans l'assiette. Quand même pas donné mais vraiment bien. Réservation indispensable.

Malga Peniola : localité Penia, à Moena. ☎ 0462-57-35-01. Ouvert tous les jours de juin à septembre et de Noël à Pâques (sauf le lundi). Un chalet vraiment reculé au bout d'un chemin en terre, voilà déjà qui nous plaît. À peu de frais, on goûte une cuisine très traditionnelle. Ici, peu de choix mais on privilégie la qualité, comme la quantité d'ailleurs. *Canederli,* polenta... Une adresse qui vaut le déplacement.

À voir. À faire

Le Val di Fassa est séduisant à bien des égards. Outre les prestigieux sommets qui l'entourent et qui à eux seuls valent bien le déplacement, la vallée a conservé des vestiges de l'architecture tyrolienne traditionnelle, comme l'attestent un certain nombre de chalets en bois, avec des balcons sculptés. À la croisée du Trentin, du Haut-Adige et de la Vénétie, dont les frontières naturelles sont le **passo Sella** (2244 m) et le **passo Pordoi** (2239 m, également accessible en téléphérique), le Val di Fassa est bien entouré, c'est le moins qu'on puisse dire. Depuis ces 2 cols, on jouit d'un panorama exceptionnel sur le Sasso Lungo, le massif de Sella et la Marmolada. On a trouvé le point de vue encore plus impressionnant depuis le passo di Sella, qui plonge ensuite dans le Val Gardena. Des randonnées plus ou moins faciles partent des 2 cols. Se renseigner auprès de l'office du tourisme.

➢ **Ski et randonnées à pied :** Canazei est aussi apprécié pour la qualité de son domaine skiable, qui forme une boucle de 40 km (la *Sella Ronda*) autour du groupe du même nom. Chouette itinéraire accessible également à pied et qui traverse 4 cols. C'est une ancienne voie de passage entre les localités de Selva, Canazei, Arabba et Corvara.

➢ **De Canazei à Bolzano :** deux routes, toutes les deux très différentes.
– La plus connue, par le passo Sella et le Val Gardena, est magnifique et impressionnante. Elle passe par Selva et Ortisei. Le contraste entre les éperons rocheux gris comme le fer et les douces forêts de sapins aux verts chatoyants est vraiment étonnant. À Ponte Gardena, on rattrape l'autoroute jusqu'à Bolzano.
– La deuxième solution consiste à redescendre jusqu'à Vigo di Fassa et à emprunter le passo Costalunga, qui a relativement peu d'intérêt. Peu après ce dernier, sur la gauche, prenez le temps d'admirer les eaux limpides du lac di Carezza, dans lesquelles se reflètent les sommets du Rosengarten. Si vous faites la promenade balisée qui en fait le tour à travers une forêt de sapins, sachez que vous avez eu la même idée que l'impératrice Sissi, laquelle affectionnait cette balade.

➢ On rejoint ***Cortina d'Ampezzo,*** à une soixantaine de kilomètres, par le passo Pordoi. C'est après le passo Falzarego, au ***belvédère du Pocol,*** qu'on a l'une des meilleures vues sur Cortina.

CORTINA D'AMPEZZO

(38043) 32 043 hab.

Entourée d'un écrin de montagnes (Tofana, Pomagagnon, Croda da Lago...), Cortina (à 1 224 m) jouit d'une situation formidable. Mais cette station chic et chère, lancée avec les Jeux olympiques d'hiver de 1956, ne nous a pas semblé à la hauteur de sa réputation. Les inconditionnels de Cortina lui trouvent une ambiance incomparable. Notre budget nous a certainement empêché de déceler tous ses attraits. Y trouveront leur compte nos lecteurs les plus branchés show-biz, ceux en quête d'autographes, mais aussi les marcheurs, qui apprécieront les balades à faire dans le massif du Cristallo ou dans le parc naturel des Dolomites d'Ampezzo, par exemple. À notre avis, Cortina n'a rien de plus que les autres villages (et c'est déjà pas mal !), à part la frime !

Comment y aller ?

✈ ***Aéroports :*** le plus proche est celui de Venise, après celui de Trévise.
➢ Depuis les aéroports, en hiver, un service de bus, assez bon marché, assure la liaison si vous avez réservé au moins une nuit dans l'un des hôtels de Cortina.

Adresse utile

Office du tourisme : piazzetta S. Francesco, 8. ☎ 0436-32-31. Fax : 0436-32-35. • www.infodolomiti.it • Autre adresse sur piazza Roma. Ils vous orienteront dans vos choix de balades et de randonnées.

Où dormir ? Où manger ? Où prendre un verre ?

À savoir : les prix des chambres d'hôtel peuvent varier considérablement en fonction des saisons.

Plusieurs ***campings*** à Cortina. Le camping ***Cortina*** (☎ 0436-86-75-75) est ouvert toute l'année et a une pizzeria ; le camping ***Dolomiti*** (☎ 0436-24-85) est ouvert l'été de juin à septembre et le camping ***Rochetta*** (☎ 0436-50-63) de début juin au 20 septembre et de début décembre au 15 avril.

Meublé Montana : corso Italia, 94. ☎ 0436-86-21-26. Fax : 0436-86-82-11. • www.cortina-hotel.com • En face de la cathédrale. De 75 à 100 € environ la double avec bains, petit déjeuner inclus. Petit meublé idéalement situé si l'on est sensible au charme du carillon de l'angélus à 7 h... Une trentaine de chambres plutôt mignonnes, avec balcon. Les salles de bains sont en revanche un peu exiguës et vieillottes, comme les couloirs et la salle de petit déjeuner, d'ailleurs !

Hôtel Panda : via Roma, 64. ☎ 0436-86-03-44. Fax : 0436-86-03-45. • hpanda@sunrise.it • Autour de 150 € la chambre, petit déjeuner inclus. Chambres propres et confortables avec salles de bains spacieuses. Accueil charmant.

Pizzeria Vienna : via Roma, 66-68. ☎ 0436-86-69-44. Fermé le mercredi. Une adresse sans prétention mais qui sert de généreuses pizzas cuites au feu de bois, ainsi que de nombreux plats. Pas très cher.

Ra Stua : via Grohmann, 2.

☎ 0436-86-83-41. À côté de l'hôtel *Regina,* dans le centre. Fermé le mercredi (d'avril à juin et de septembre à novembre). *Primi* de 6 à 8,50 €, *secondi* de 10 à 14 €. Le restaurant, en contrebas de la chaussée, propose quelques plats régionaux et de la viande grillée. La salle fait plutôt cantine et les petits à-côtés, comme l'eau et le couvert, font bien grimper la note. En revanche, l'accueil est charmant.

LP 26 : largo Poste, 26. ☎ 0436-86-22-84. Ouvert de 11 h à 2 h du matin. Fermé le lundi hors saison ainsi qu'une semaine en juin et une semaine en octobre. Un bar à vins tout récent où l'on grignote aussi de bons morceaux de charcuterie.

Où sortir ?

Vie nocturne assez trépidante.

♫ Plusieurs ***discothèques,*** dont le ***Belvedere,*** l'***Area, Carlies,*** le ***VIP Club...***

À voir. À faire

Église Saint-Philippe-et-Saint-Jacques : au cœur du village. Elle date du XVIIIe siècle et abrite de jolies sculptures.

➢ ***Randonnées :*** la plus connue est celle qui mène aux *Trois Cimes de Lavaredo.* L'accès par la route jusqu'au refuge *Auronzo* d'où part le circuit est payant, ce qui est abusif (environ 15 €). De mi-juin à mi-septembre, deux bus quotidiens font la liaison entre la gare routière de Cortina et le refuge. Compter environ 4 h de marche pour ce grand classique accessible à tous. En chemin, on tombe sur des vestiges de la Première Guerre mondiale, aux endroits où Italiens et Autrichiens se sont affrontés.
– La *boucle des Cinque Torri* s'effectue en 2 heures environ et ne présente pas plus de difficultés. Départ du refuge Cinque Torri ou du refuge Scoiattoli. Le spectacle est tout aussi saisissant !
– Autre jolie promenade depuis le passo Falzarego (accessible en bus depuis Cortina). D'abord suivre le sentier no 441 jusqu'au refuge Averau puis le no 439 qui mène au Scoiattoli. De là, on peut suivre le chemin historique de Cinque Torri le long de la face nord des « tours » et rejoindre « Bai de Dones ». Depuis la route principale, des bus vous ramènent à Cortina.
– Sinon, plusieurs téléphériques permettent aux piétons, été comme hiver, d'avoir de beaux points de vue ou de s'aventurer sur les ***vie ferrate.*** Ne jamais partir seul.
Possibilités d'héliski, randonnées en haute montagne, raquettes. Contacter : • www.guidecortina.com • pour plus de renseignements.

➢ ***Ski :*** 120 km de pistes. Possibilité de prendre le *Dolomiti superski,* qui permet de skier sur le domaine d'autres stations des Dolomites (voir plus haut « Le tour des Dolomites »). Domaine relativement peu enneigé, car situé à moyenne altitude. Le point le plus élevé accessible par remontées mécaniques est le Staunies, à 2930 m.

Achats

Passage obligé à la ***coopérative,*** corso Italia, 40. Ouvert de 8 h 30 à 12 h 30 et de 15 h 30 à 19 h 30. Fermé le dimanche et le lundi matin. Avant de repartir, une escale pas déplaisante pour acheter des fringues comme des fromages ou autres spécialités culinaires.

LA VÉNÉTIE

Attention ! Venise fait l'objet d'un guide à part.

La Vénétie, pour beaucoup, c'est avant tout Venise, qu'il faut voir, on ne le dira jamais assez, avant de mourir. Mais, si vous connaissez déjà Venise et que vous n'avez pas encore envie de mourir, n'hésitez pas à vous promener dans la région. Le canal del Brenta et ses villas palladiennes, Padoue, Vicence, Vérone – entre autres – méritent vraiment d'être visités, sans parler des petites villes qui ne sont pas en reste en ce qui concerne le patrimoine architectural. D'un centre d'intérêt à l'autre, les distances sont réduites et vous aurez l'impression d'avoir, à portée de main, une infinité de possibilités à votre disposition. Le passé glorieux de la Sérénissime République est évidemment présent un peu partout. Il resurgit non seulement dans les monuments, dans les villas et les palais somptueux, dans les églises et les musées, mais aussi au détour d'une ruelle ou sur une petite place où plane encore le parfum de l'époque de Roméo et Juliette...
La région présente l'avantage de combiner différents paysages : les plaines, souvent alluviales, en constituent la plus grande partie (57 %), mais on oublie souvent les reliefs, collines (14 %), notamment autour de Padoue et de Vicence, et montagnes (29 %), avec une partie des Dolomites.
La Vénétie est particulièrement riche et pas seulement grâce au tourisme. La densité d'entreprises au kilomètre carré est absolument étonnante et quand on sait que la Vénétie produit 50 % des lunettes vendues dans le monde (oui vous lisez bien, inutile de changer de verres) et 70 % des chaussures de sport vendues en Italie, entre autres, on se demande comment il n'y en a pas encore davantage... Benetton, implanté près de Trévise, est le symbole le plus connu de cette frénésie d'entreprendre.
La région est aussi réputée pour sa gastronomie, dont la tradition remonte aux fastes de Venise (les épices y transitaient et ont influencé la cuisine). Les deux piliers de la cuisine vénitienne sont le riz et plus encore la polenta, auxquels s'ajoutent à profusion légumes, volailles, viandes, poissons et crustacés de toutes sortes. La polenta, qu'elle soit jaune ou blanche, connaît un regain d'intérêt au point d'être redevenue aujourd'hui incontournable et d'accompagner indifféremment viandes, poissons et fromages. Le foie *alla sbrodega* est typiquement vénitien (en lamelles avec des oignons, souvent proposé sous le nom de *fegato alla veneziana*). La morue est cuisinée de mille et une façons : *baccalà alla vicentina, alla luganeghera, mantecato...* Vous aurez le choix ! La chicorée rouge *(radicchio rosso)* de Trévise a acquis une réputation internationale, même si on la confond souvent avec la laitue rouge de Vérone (que l'on appelle trévise en France !). Bassano produit des asperges incomparables et Castelfranco doit sa renommée à une autre salade, tellement jolie qu'on la nomme « rose de porcelaine ». Beaucoup de ces produits sont aujourd'hui protégés par des labels, voire par une IGP (équivalent de nos AOC). Dans le domaine des pâtes, la Vénétie a aussi ses particularismes : goûtez aux *bigoli* (gros macaroni). Parmi les fromages, l'*asiago* est le plus réputé. Enfin, parmi les pâtisseries traditionnelles, le *pandoro,* originaire de Vérone, et le *mandorlato,* de Cologna, mais il faudrait aussi citer les très nombreux gâteaux vénitiens. Les vins de la Vénétie sont renommés, en particulier ceux originaires des environs de Vérone. À titre indicatif : le *valpolicella,* l'*amarone* et le *bardolino* pour les rouges ; le *soave,* le *verdiso,* le *prosecco (spumante)* pour les blancs. Et bien sûr, la Vénétie est le royaume de la *grappa,* eau-de-vie que l'on boit nature ou parfumée d'une herbe aromatique.

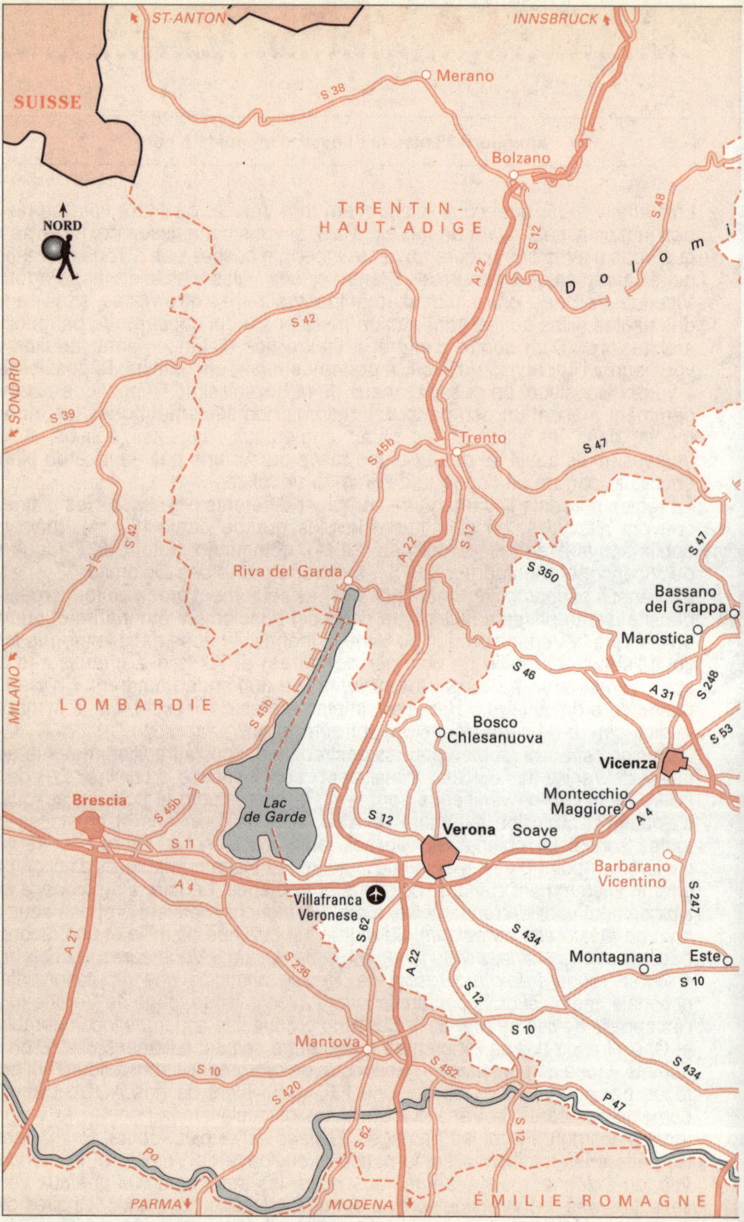
ST-ANTON
INNSBRUCK
SUISSE
Merano
S 38
Bolzano
NORD
TRENTIN-
HAUT-ADIGE
S 48
S 12
A 22
D o l o m i
S 42
SONDRIO
S 39
Trento
S 45b
S 47
S 42
S 12
A 22
S 350
Riva del Garda
S 47
Bassano
del Grappa
Marostica
S 46
A 31
S 248
MILANO
LOMBARDIE
S 45b
Bosco
Chlesanuova
S 53
Vicenza
Brescia
Lac
de Garde
Montecchio
Maggiore
S 45b
S 12
A 4
Verona
Soave
S 11
Barbarano
Vicentino
A 4
Villafranca
Veronese
S 62
S 247
A 21
S 434
S 236
A 22
Montagnana
Este
S 10
S 12
S 10
Mantova
S 482
S 434
S 10
S 420
P 47
S 62
S 12
Po
PARMA
MODENA
ÉMILIE-ROMAGNE

AUTRICHE
LIENZ
VILLACH
TRIESTE
FRIOUL-
VÉNÉTIE
JULIENNE
VÉNÉTIE
Cortina d'Ampezzo
Pieve di Cadore
Belluno
Vittório Véneto
Pordenone
Udine
Conegliano
Portogruaro
Maser
Asolo
Treviso
Castelfranco Veneto
Citadella
Bibione
Cáorle
Eraclea Mare
Jésolo
Lido di Jésolo
Torcello
Cavallino
Burano
Murano
Lido
Venézia
Mestre
Mira
Dolo
Stra
Piazzola sul Brenta
Padova
Colli Euganei
Arquà Petrarca
Monselice
Chioggia
Rosolina Mare
Albarella
Porto Levante
Ádria
Rovigo
Táglio di Po
Delta del Po
Gorino Veneto
Ferrara
RAVENNA
Po
Golfe de Venise
0 10 20 km

LA VÉNÉTIE

Si vous souhaitez approfondir le sujet, des historiens et guides conférenciers se proposent de vous organiser un itinéraire gourmand, au fil des recettes, selon un thème de votre choix... Ils proposent également des cours de cuisine ou de dégustation de vins. (pour plus de renseignements : • www.venisevenetiegourmande.com •)

VÉRONE *(VERONA)* (37100) 255 000 hab.

Pour le plan de Vérone, se reporter au cahier couleur.

Une ville-musée où se côtoient des monuments des époques romaine, gothique et Renaissance. Oui, c'est très touristique, certes, mais très joli aussi. Shakespeare a été sans conteste l'homme qui a fait le plus pour la promotion de Vérone. Ce qui est incroyable, c'est que, paraît-il, il n'y a jamais mis les pieds ! Il a raté quelque chose. Vérone est une ville d'une indéniable beauté, très vivante, dont le fleuve et les collines, la couleur et le cachet de ses maisons ont de tout temps inspiré les artistes. D'ailleurs, tous ceux qui l'ont visitée ont fini par s'en éprendre.
N'oublions pas la qualité des monuments que les Véronais ont su mettre en valeur, en faisant, par exemple, des arènes l'un des plus grands théâtres lyriques du monde.

UN PEU D'HISTOIRE

La ville a connu une histoire tumultueuse. Après avoir été une cité romaine aisée (en témoignent les arènes et le théâtre romain) puis une commune libre, elle entra dans une période de turbulences à l'époque féodale. La famille della Scala, ou Scaliger, s'empara du pouvoir au prix de luttes féroces. Une fois arrivés au pouvoir, les Scaliger s'assagirent et favorisèrent le développement des arts. Dante passa ainsi quelques années à Vérone, à la cour de Cangrande Ier (à qui il dédia une partie de sa *Divine Comédie*). La ville passa ensuite sous le contrôle des Visconti de Milan avant de tomber dans l'escarcelle des Vénitiens, à partir de 1404. La paix retrouvée permit à la ville de développer son patrimoine architectural, particulièrement bien conservé aujourd'hui.

ROMÉO ET JULIETTE

Avouons-le, la notoriété de Vérone repose beaucoup sur l'histoire tragique des deux amants. Shakespeare fut un incroyable chargé de com' pour la ville. Elle ne pouvait rêver pub plus efficace ! Pourtant l'argument de sa pièce, écrite au XVIe siècle, a été inspirée d'une nouvelle, bien plus ancienne, racontant l'histoire de Giulietta Capuleti et de Roméo Montecchi. Notons au passage que les Italiens, plus galants que nous, disent, à l'instar de Da Porto, l'auteur de la nouvelle, *Giulietta e Romeo*. Nés de familles qui se haïssent, ils décident de s'unir en bravant leurs parents. Mais le sort s'acharne sur eux, Roméo tue en duel un cousin de Juliette et doit s'enfuir de Vérone. Juliette est contrainte par sa famille d'épouser un homme qu'elle déteste. Pour la sauver, frère Laurent (qui les avait mariés en secret) lui prépare un breuvage qui plonge Juliette dans un profond sommeil. Il est convenu qu'on viendra la rechercher pour rejoindre Roméo. Mais le jeune homme, croyant sa bien-aimée morte, s'empoisonne. À son réveil, Juliette se poignarde sur le corps de son époux. Du vrai roman de gare naît finalement un bon filon pour comédies musicales, romans, chansons...

Savez-vous que, chaque année, des dizaines de cœurs brisés écrivent à Juliette ? Ce n'est pas vraiment surprenant. Ce qui l'est bien plus, c'est qu'on leur répond ! Tout ce courrier du cœur occupe quelques personnes du club de Juliette, fondé en 1972. Il paraît que la coutume consistant à écrire à Juliette remonte à 1937, soit peu de temps après la sortie aux États-Unis du film de George Cukor, *Roméo et Juliette,* qui a lancé la mode...

CIRCULER ET SE GARER À VÉRONE

La circulation dans le centre-ville est réglementée et, sauf nécessité absolue ou pour déposer les valises à l'hôtel, on ne vous conseille pas trop de vous y aventurer. Il existe un certain nombre de parkings, gratuits ou payants. Le parking gratuit le plus proche du centre est situé le long de l'Adige, via Galtarossa au sud du pont Aleardi *(plan couleur D4)*. S'il n'y a pas de place, tentez votre chance du côté du stade *(hors plan couleur par A3)* ou près de la porta Palio *(plan couleur A4)*. Pour ceux qui ne veulent pas marcher, parkings plus près du centre mais payants : piazza Cittadella *(plan couleur C4)*, parking Arena *(plan couleur B4)* ou système *park-and-ride* au parking de la via Città de Nîmes *(hors plan couleur par C1),* entre la piazza Simoni et la gare. Ne pas hésiter à utiliser les transports en commun (bus *AMT*). En plus des lignes classiques, un minibus (ligne n°s 70 et 71) parcourt les ruelles, souvent étroites, du centre historique.

Arrivée à Vérone en avion

✈ Liaisons régulières en avion avec l'***aéroport Catullo*** de Vérone-Villafranca, à 10 km du centre de Vérone, depuis Marseille et Paris-Charles-de-Gaulle avec les compagnies *Air Dolomiti* et *Lufthansa.* ☎ 045-809-56-66.

➢ Pour accéder au centre, une navette part toutes les 20 mn de l'aéroport.

✈ Liaisons également avec l'***aéroport de Brescia*** (compagnie *Ryan Air*).

Adresses utiles

Informations touristiques

i ***Office du tourisme*** *(IAT; plan couleur C4)* **:** piazza Bra, via degli Alpini, 9. ☎ 045-806-86-80. Fax : 045-800-36-38. • www.tourism.verona.it • Ouvert du lundi au samedi de 9 h à 18 h; le dimanche de 9 h à 15 h. Également un bureau ouvert toute l'année *à la gare.* ☎ et fax : 045-800-08-61. Ouvert du lundi au samedi de 9 h à 18 h.

■ ***Ufficio prenotazioni alberghiere*** *(plan couleur C3,* ***1****)* **:** via Patuzzi, 5. ☎ 045-800-98-44. Fax : 045-800-93-72. • www.cav.vr.it • Ouvert du lundi au vendredi de 9 h à 18 h 30. Trouver un hôtel en période de représentation est une véritable galère. C'est là que l'office de réservation chargé de gérer le parc hôtelier de Vérone se révèle très utile (sauf que c'est fermé le week-end !).

Services

✉ ***Poste*** *(plan couleur C2)* **:** piazza Viviani, 7. ☎ 045-59-09-55. Ouvert du lundi au samedi de 8 h 30 à 19 h. Également un *bureau via Cattaneo (plan couleur B3),* ouvert du lundi au vendredi de 8 h 30 à 19 h et le samedi de 8 h 30 à 13 h; un autre *via Pontiere,* 3e *(plan couleur C4),* ouvert de 8 h 30 à 14 h du lundi au vendredi et de 8 h 30 à 13 h le samedi.

Internet

@ ***Internetfast*** *(plan couleur C3, **8**)* **:** via Oberdan, 16b. ☎ 045-803-32-12. Ouvert du lundi au vendredi de 10 h à 22 h ; le samedi de 10 h à 20 h ; le dimanche de 14 h à 20 h. Une vingtaine d'ordinateurs à disposition.

@ ***M.Caffè.27*** *(plan couleur C3, **9**)* **:** via Mazzini, 27. Ouvert de 9 h à 2 h du matin. Fermé le lundi. Tarif : 5 € l'heure. Avantage sur les 2 précédents : c'est un vrai café ! Revers de la médaille : il faut consommer !

@ ***Internet Train – Veron@web*** *(plan couleur B3, **7**)* **:** via Roma, 17. ☎ 045-801-33-94. Ouvert tous les jours de 11 h à 22 h (de 14 h à 20 h les samedi et dimanche). Compter 2 € pour 15 mn, 2,50 € pour 30 mn ; tarifs dégressifs. Webcam.

Transports

Gare ferroviaire *(hors plan couleur par B4)* **:** renseignements, ☎ 8488-880-88 (n° Vert national). Billetterie ouverte de 6 h à 22 h 15. Consigne à bagages : 2,50 € par tranche de 12 h.

■ ***Bus (AMT)*** **:** ☎ 045-800-41-29. Billets en vente dans les bureaux de tabac. Forfait pour 1 jour avantageux (dans les 3 €) mais finalement pas très utile si l'on se cantonne au centre. La *Verona Card* (voir plus loin au début de la rubrique « À voir ») donne l'accès libre aux bus urbains.

■ ***Taxis*** **:** ☎ 045-53-26-66, de 6 h à minuit.

■ ***Location de vélos*** *(plan couleur B3, **2**)* **:** *Noleggio biciclette,* piazza Bra. ☎ 045-58-23-89. De juin à fin septembre. Ouvert de 9 h à 22 h.

Santé

■ ***Hôpital civil*** *(plan couleur A1)* **:** via De Lellis. ☎ 045-807-11-11.

■ ***Assistance médicale*** *(Vérone Centre)* **:** ☎ 045-807-56-27. Numéro à appeler de 20 h à 8 h du matin et à partir de 14 h la veille d'un jour férié.

■ ***Pharmacies de garde*** **:** ☎ 045-801-11-48.

Divers

■ ***Supermarché Punto Sassa*** *(plan couleur D2, **68**)* **:** dans l'ancien marché aux poissons. Ouvert de 8 h 45 à 13 h et de 16 h 15 à 20 h. Fermé le mercredi après-midi et le dimanche.

■ ***Lavomatic*** *(plan couleur D3, **5**)* **:** viale XX Settembre, 10. Ouvert de 8 h 30 à 22 h. Compter dans les 3,50 € les 8 kg.

■ ***Aquila d'Oro*** *(plan couleur C-D4, **67**)* **:** via Ponte Aleardi, 11. Pas trop loin des Arènes. Situé dans les anciens abattoirs (remarquez au plafond les rails de circulation des carcasses), avec une superbe terrasse au bord de l'Adige. Un lieu multifonctions puisqu'on y trouve une consigne à bagages (un peu plus de 2 € par tranche de 12 h), des douches, un point d'informations touristiques (ouvert en saison, de 9 h à 21 h), un café avec piano-bar, un resto-pizzeria et une boutique de souvenirs (ouf !).

Spectacles

■ ***Réservation à Paris pour les arènes*** **:** *Keith Prowse* : 7, rue de Clichy, 75009 Paris. Réservations : ☎ 01-42-81-88-88. Fax : 01-42-81-88-89. • paris@keithprowse.com • Agence de billetterie internationale de spectacles, basée à Paris, *Keith Prowse* propose de réserver, avant votre départ, vos billets pour le festival des arènes de Vérone, qui a lieu tous les ans en juillet et août.

■ ***Guichet des arènes*** *(plan couleur C3, **4**)* **:** via Dietro Anfiteatro, 6b. ☎ 045-800-51-51. • www.arena.it •

Dans la rue qui longe les arènes. Ouvert du lundi au vendredi de 9 h à 12 h et de 15 h 15 à 17 h 45, ainsi que le samedi matin. En été, ouvert de 10 h à 21 h les jours de représentation, de 10 h à 17 h 45 les autres jours. Fermé le lundi en juillet et en août. Location possible par courrier et par téléphone (paiement par carte ou mandat), ou directement sur le site.

Où dormir ?

Autant savoir, d'une part, que Vérone est une ville chère et, d'autre part, que les prix grimpent en été, surtout les soirs de représentation... Si vous ne venez pas pour un spectacle, renseignez-vous tout de même sur les programmes, afin de passer entre les gouttes. On vous a déniché toutefois quelques hôtels à prix inférieurs à la moyenne. On ne vous recommande pas les chambres à louer chez l'habitant (souvent médiocres et un peu « zarbi »).

Campings

▲ ***Camping Castel San Pietro*** *(hors plan couleur par D1, **10**)* **:** via Castel San Pietro, 2. ☎ et fax : 045-59-20-37. • www.campingcastelsanpietro.com • ♿ À l'intérieur de la forteresse. De la gare, bus n° 41 ou 95 (le soir et le dimanche) ; descendre via Marsala, puis 10 mn à pied par les escaliers. Bien indiqué. Ouvert de mi-mai à mi-octobre. Fermeture à 4 h pour ceux qui décident de rentrer à pied. Compter 19,50 € pour deux personnes avec voiture et tente. Jardin en terrasses pour petites tentes. Au milieu des pieds de vigne, des fleurs et des arbres. Vue superbe sur Vérone et le castel San Pietro. Idéal pour routards non motorisés car non loin du centre. Accueil débordé en saison mais parfaitement francophone. Cartes de paiement non acceptées.

▲ ***Camping Roméo et Juliette*** *(hors plan couleur par A1, **11**)* **:** via Bresciana, 54. ☎ 045-851-02-43. • camping_verona@tin.it • ♿ Sur la route de Brescia, à l'entrée de la ville, à 3 km. En venant par l'autoroute, sortir à Vérone-Nord. Ouvert de mars à fin novembre. Compter 25 € pour 2 personnes avec voiture et tente. Déconseillé à ceux qui ne sont pas en auto, quoiqu'il existe une ligne de bus qui fonctionne pour les soirées d'opéra. Bon accueil. Belle piscine et self-service. Cartes de paiement non acceptées.

Bon marché

■ ***Ostello per la gioventù Villa Francescatti*** *(plan couleur D1, **12**)* **:** salita Fontana di Ferro, 15. ☎ 045-59-03-60. Fax : 045-800-91-27. Petite rue pas loin de la via Redentore ou du ponte Pietra, à 15 mn à pied du centre. Pour s'y rendre, prendre, de la gare, les bus n°s 72 ou 73 le jour ou la ligne n° 9 le soir et le dimanche ; descendre piazza d'Iso puis continuer à pied dans la via Ponte Pignolo. Ouvert toute l'année de 7 h à 23 h 30. Compter 14 à 16 € par personne. Carte des AJ obligatoire. AJ située dans la « villa » Francescatti, au fond du parc. Cadre très agréable. Bon accueil, la cuisine (servie en demi-pension) est correcte mais un tout petit peu chère pour l'endroit. Un petit hic toutefois pour les lève-tard, les chambres ferment à 9 h. En principe, pas de réservation, sauf pour les chambres familiales. Une seconde AJ, l'***ostello della gioventù Santa Chiara*** *(plan couleur D1, **17**)*, via Santa Chiara, 10, fonctionne comme annexe. Bus n° 73 en journée et n° 90 le soir. Prix similaires à l'AJ-mère. S'adresser à cette dernière ou au ☎ 045-59-78-07.

■ ***Casa della giovane, ACISJF*** *(plan couleur C2, **13**)* **:** via Pigna, 7. ☎ 045-59-68-80. Fax : 045-800-54-49. • www.casadellagiovane.com • Aux 1er et 2e étages, dans un bel et vieil immeuble au nord du centre historique. Ouvert toute l'année. Réception de 7 h à 23 h. Nécessaire de réserver. Compter de 14 € en dortoir à 17 € par personne, en chambre avec bains. N'héberge que les filles. Très bien tenu. Bains communs. Un poil plus cher que l'AJ (car il n'y a pas de petit déjeuner). Salle commune avec TV, cuisine et lave-linge. Bon accueil mais il n'est pas inutile de savoir que les initiales *ACISJF* indiquent qu'il s'agit d'un centre catholique. Vous êtes prévenues les filles, on ne vient pas là pour s'éclater dans les chambres. À 23 h, tout le monde au lit !

Prix moyens

Centro Monsignore Carraro *(hors plan couleur par A1, **21**) :* lungadige Attiraglio, 45. ☎ 045-91-58-77. Fax : 045-83-01-929. • info@centrocarraro.it • À 3 km du centre. Ouvert jusqu'à 1 h du matin, voire plus tard les soirs de représentation. De 60 à 66 € en chambre double, petit dej' compris. Un grand bâtiment moderne et austère sur les bords de l'Adige, en pleine campagne (là encore, il n'est pas inutile de savoir que c'est un centre « pastoral » mais, promis, on ne vous demandera pas votre certificat de baptême). Chambres propres de 1 à 5 lits : tout le monde est accepté, de l'individuel à la famille nombreuse. Petit déjeuner copieux, possibilité de manger sur place. Pas de grasse matinée le dernier jour : *check out* à 10 h. Tarifs dégressifs (les chambres à 5 lits ont des tarifs très intéressants : de 102 à 116 €). Être motorisé de préférence (l'arrêt de bus le plus proche est à 1,5 km).

Locanda Catullo *(plan couleur C3, **14**) :* via Catullo, 1. ☎ 045-800-27-86. Fax : 045-59-69-87. • locandacatullo@tiscalinet.it • Près de la via Mazzini, dans une venelle en plein centre. Entrée par la ruelle sur le côté au 2e étage d'un immeuble de bureaux. Au 3e étage d'un immense appartement transformé en pension. Ferme à 23 h. Compter 55 € avec douche sur le palier et 65 € la chambre double avec bains. Adresse toute simple. Accueil correct. Dommage quand même qu'on ne puisse pas (pour des raisons de sécurité) laisser ses bagages en dépôt le temps d'une dernière balade en ville ; il faut aller à la consigne, à la gare. Certaines chambres, donnant sur la rue commerçante, sont un peu bruyantes. Cartes de paiement non acceptées.

Hôtel Siena *(plan couleur B4, **15**) :* via Marconi, 41. ☎ 045-800-30-74. Fax : 045-800-21-82. • www.hotelsiena-verona.it • À 10 mn à pied du centre et à 3 mn de la gare. Congés annuels : en janvier. Chambres avec AC de 80 à 110 € (ajouter 8 € par petit déjeuner) donnant sur un petit patio pas très rigolo. Papier peint fleuri mais dépareillé, bains propres mais pas nés d'hier. À proximité de la gare. Rapport qualité-prix encore honorable. Cartes de paiement acceptées. Apéro offert sur présentation de ce guide.

Hôtel Armando *(plan couleur C4, **16**) :* via D. Pallone, 1. ☎ 045-800-02-06. Fax : 045-803-60-15. Chambres avec bains dans les 95 € (petit dej' non compris : 8 €). Fermé 15 jours autour de Noël. Dans un quartier tranquille non loin des arènes. L'espace constitue la caractéristique principale de cet hôtel récemment rénové. Les chambres, avec ou sans bains, sont globalement très spacieuses et les lits assez grands. Excellent rapport qualité-prix tout à fait recommandable. Transformé parfois en pénates de certains ténors du festival d'Opéra. Petit resto *slow food,* juste à côté. Parking gratuit. Cartes de paiement acceptées. Réduction de 10 % sur présentation de votre *GDR,* excepté du 1er juillet au 15 septembre.

Chic

Hôtel Verona *(plan couleur B4, **18**) :* corso Porta Nuova, 47-49. ☎ 045-59-59-44. Fax : 045-59-43-41. • www.hotelverona.it • Prévoir entre 110 et 180 € la chambre avec petit déjeuner (buffet). Un petit hôtel complètement refait à neuf. Ensemble branché en porte-à-faux entre un luxe cistercien et une décoration dépouillée. Concentre à lui seul tout ce qu'un voyageur exigeant mais harassé peut demander : baignoire, multiples jeux de serviettes et d'échantillons de cosmétiques... Donne sur le bruyant mais animé *corso*. Accueil jeune et très distingué. Faites-vous bien confirmer votre réservation. Parking payant. Cartes de paiement acceptées. Réduction de 10 % sur le prix de la chambre (de janvier à mai et d'octobre à décembre, hors vacances) offerte sur présentation du *GDR*.

Hôtel Aurora *(plan couleur C2, 19) :* piazzetta XIV Novembre, 2 (piazza delle Erbe). ☎ 045-59-47-17 et 78-34. Fax : 045-80-10-860. • www.hotelaurora.biz • Compter 137 €, petit déjeuner compris, au plus fort de la saison. En plein centre, ce petit hôtel traditionnel, entièrement rénové, bénéficie de tout le confort moderne, avec TV et clim' dans chaque chambre. Les travaux ont heureusement su préserver le petit charme avec une déco simple et de bon goût. On déconseillera pourtant l'adresse aux personnes souffrant d'un sommeil léger et particulièrement aux adeptes de la sieste car la plupart des chambres sont en prise directe avec l'animation et les effluves envoûtants de la piazza delle Erbe (la plus belle place de Vérone). Si les nuits hors saison sont très calmes, cela peut poser problème les longues nuits d'été. D'un autre côté, avec la clim' et double-vitrage, il suffit de fermer la fenêtre. Bon accueil. Attention : impossible de se garer dans le quartier. Cartes de paiement acceptées. Petit dej' offert à nos lecteurs sur présentation de ce guide.

Hôtel Torcolo *(plan couleur C3, 22) :* vicolo Listone, 3. ☎ 045-800-75-12. Fax : 045-800-40-58. • www.hoteltorcolo.it • Fermé du 18 janvier au 8 février. Chambre de 70 à 120 € selon la saison. Petit dej' en supplément : de 7 à 12 €. Chambres (climatisées) au mobilier rétro plutôt hétéroclite. Résultat, certaines sont jolies, d'autres beaucoup moins. Comme c'est souvent plein (il n'y a que 19 chambres), vous n'aurez guère de choix. Le principal intérêt de cet hôtel réside dans sa situation centrale et son personnel aux petits soins. Parking payant.

Où manger ?

Vérone, pour une ville aussi touristique, est assez étonnante. On y a découvert un véritable paradis pour les gourmands. On ne vous parle pas de grandes toques étoilées... mais plutôt d'une quantité de petits restos, tavernes, adhérant pour un grand nombre d'entre eux à la charte *slow food* et proposant des spécialités simples et typiques. Bien manger et bien boire semblent deux considérations essentielles dans la vie du Véronais. Résultat, il suffit de pousser une porte pour faire bombance. Ainsi, le petit quartier du *duomo* abondent de *trattorie* et *osterie* alliant quasiment toutes menus bon marché et tradition de la cuisine *casalinga* (de la maison, quand ce n'est pas de grand-mère). Un quartier heureusement souvent oublié des foules. De bonnes adresses souvent isolées dans une petite rue ou sur une belle petite terrasse débordante de grâce. Vous comprendrez que notre sélection est loin d'être exhaustive.

ENOTECA

Voici quelques adresses que nous vous recommandons essentiellement pour la qualité de leurs vins (au verre ou en bouteille) que vous pourrez au choix déguster au comptoir, accompagné de quelques tartines (parfait pour un apéro ou un déjeuner léger) ou à table à l'occasion d'un bon repas. Le prix dépendra de votre appétit et de votre choix de vin. Sachez qu'un verre d'*Amarone,* un vin rouge épais, velouté et vieilli de longues années vaut bien 6 à 9 €. Si vous pouvez vous le permettre, n'hésitez pas, c'est un vin bien rare. Un pur bonheur. Sinon, un *valpollicella* ou un *bardolino,* bien choisi, fera très bien l'affaire.

De bon marché à prix moyen

Mondodoro *(plan couleur C2, **44**) :* via Mondo d'Oro, 4. ☎ 045-803-26-79. Grand choix de *crostini* et autres tartines grillées, à accompagner d'un bon verre de vin. Labellisé *slow food,* ce petit bar à vin joue la carte de la convivialité, avec ses grandes tables en terrasse ou dans la salle de bois blond. Pour les grosses faims, quelques plats plus conséquents. Accueil vraiment charmant et en français !

Al Carro Armato *(plan couleur D2, **43**) :* vicolo Gatto, 2a. ☎ 0206-30-60-236. Ouvert de 11 h à 15 h et de 18 h à 2 h. Fermé le mercredi. Compter de 6,50 à 10,50 € pour les *antipasti,* 5,50 € pour un *primo,* de 7,50 à 10 € pour un *secondo* et 3,50 € pour un dessert. Voilà bien l'archétype de la bonne *osteria* italienne qui a su s'imposer d'emblée comme une de nos adresses préférées à Vérone, voire notre coup de cœur (et Dieu sait si le choix est difficile ici !). Le décor 1900, avec ses grandes tables d'hôtes, est sobrement rustique, l'accueil très chaleureux. La carte n'est pas traduite, mais on retrouve aisément les incontournables de la cuisine régionale et quelques spécialités que l'on vous détaillera avec le sourire : *tagliata di manzo con radichio e grana, baccalà alla polenta, tagliatelle ai funghi...* Qualité des produits, douceur des prix, label *slow food,* sans oublier des petits vins soigneusement sélectionnés sont de toute évidence les clés de leur succès et de leur grande régularité. Pour les petites faims, bon choix de tartines garnies (vous pouvez aussi essayer les *polpette,* les traditionnelles boulettes de viandes). Cartes de paiement non acceptées.

Chic

Bottega del vino *(plan couleur C3, **45**) :* via Scudo di Francia, 3. ☎ 045-800-45-35. Ouvert de 10 h 30 à 15 h et de 18 h à minuit. Fermé le mardi. Compter de 25 à 35 €. Si cela vous paraît trop cher, vous pourrez toujours vous contenter de venir déguster au verre un des nombreux vins dont la liste n'en finit plus de s'étirer sur l'immense ardoise accrochée au-dessus du bar. Mais ce serait se priver de l'immense plaisir d'un excellent repas. La cuisine, désarmante de simplicité, est une vraie fête. Tout repose sur la qualité irréprochable des produits : viandes goûteuses et fondantes, gnocchis mémorables et polentas variées (qui permettent de s'en tirer à très bon compte). Bref, le repaire des journaleux, éditeurs, peintres et artistes du coin est aussi un des meilleurs restos de la ville, le plus sympa à coup sûr. Attendez-vous à faire la queue si vous n'avez pas réservé. Juste à côté, la *Bottega della Bottega,* où vous pourrez acheter les vins que vous aurez auparavant goûtés.

TRATTORIA

Dans le centre

Bon marché

Vini e Cucina da Luciano *(plan couleur D2, **35**) :* via Trotta, 3. Service de 12 h à 14 h 30 et de 18 h 30 à 21 h 30. Fermé le samedi soir et le dimanche. Menu bien ficelé (un *primo* et un *secondo*) autour de 10 €.

Ce restaurant se reconnaît à une enseigne rouillée représentant un gros poisson. L'intérieur a été, hélas, un peu rénové, mais la cuisine est toujours aussi bonne. On vous conseille les *spaghetti alla matriciana,* le *vitello tonnato* (tranche de veau nappée de sauce au thon avec des câpres) et les *ravioli alla panna,* délicieux. Pas très loin de l'Adige, ce qui permet d'aller s'assoupir aux beaux jours sous l'ombre des platanes.

|●| ***Trattoria alla Colonna*** *(plan couleur D2,* ***36****) :* largo Pescheria Vecchia, 4. ☎ 045-596-718. Ouvert de 12 h à 15 h 30 et de 19 h 30 à 2 h. Fermé le dimanche. Menu à 13 €. Plus cher à la carte. Cette *trattoria* tire son nom d'une colonne en marbre rose légèrement travaillée qui coupe la petite salle en deux. De coquettes petites tables nappées de rouge s'organisent autour. Clientèle majoritairement d'habitués. D'ailleurs un lecteur nous a signalé qu'une salle était spécialement réservée aux touristes. Pas très sympa, non ?

|●| ***Osteria al Duca*** *(plan couleur C-D2,* ***37****) :* via Arche Scaligere, 2. ☎ 045-59-44-74. Fermé le dimanche. Congés annuels : du 24 décembre au 7 janvier. Menu à 14 €. Sous l'œil de la *nonna,* toute la famille s'active pour placer les convives de ce local de 70 couverts jouxtant la maison de Roméo. Si vous ne comprenez pas la carte, demandez à vos voisins qui finiront bien par vous l'expliquer. De toute façon, on ne trouve que du très classique : pâtes, veau, tripes, poulet, polenta... et plat du jour. Un estaminet bien sympa qui mérite largement nos félicitations ainsi que la visite des routards de passage à Vérone. Mieux vaut réserver.

|●| ***Cafétéria Brek*** *(plan couleur B3,* ***31****) :* piazza Brà, 20. ☎ 045-800-45-61. Ouvert de 11 h 30 à 15 h et de 17 h 30 à 22 h (le café *Brek* restant ouvert toute la journée). On peut s'en sortir pour guère plus de 12 €. Une cafétéria qui résume à elle seule le nord de l'Italie. On peut choisir son plat du jour, pizza le midi, pâtes le soir. Le tout cuisiné devant vos yeux par une armée d'équipiers « à la *McDo* », avec petit képi en papier crépon blanc ou vert vissé sur la tête. Tous les types de clientèle s'y retrouvent, du cadre en pause-déjeuner au touriste américain casqué de *walkman* crépitant sur les écoutilles. Reconstituant et copieux. C'est déjà ça. Sinon, chouette terrasse sur une des jolies places de la ville, face aux arènes.

Prix moyens

|●| ***Hostaria dall'Orso*** *(plan couleur D2,* ***39****) :* via Sottoriva, 3c. ☎ 045-597-214. Fermé le dimanche et le lundi midi. Compter 15 € à la carte. Très peu de tables, il est donc prudent de réserver. Encore une adresse parfaite ! Cadre soigné, feutré, carte courte mais allant à l'essentiel et vins parfaitement sélectionnés. Cuisine vénitienne à l'ancienne, privilégiant les produits « oubliés », tels des soupes aux céréales, des pâtes aux haricots, aux fèves... cette cuisine de pauvres réserve bien des surprises, à commencer par une addition incroyablement douce et des mets savoureux. La carte change régulièrement, en fonction du marché. Si vous êtes amateur, ne manquez pour rien au monde leurs tripes... Fameuses !

|●| ***La Taverna di via Stella*** *(plan couleur C3,* ***30****) :* via Stella, 5c. ☎ 045-800-80-08. Fermé le lundi. Compter de 15 à 20 € à la carte. Quand on vous dit qu'il est difficile de mal manger à Vérone ! Voilà encore une taverne, toute simple, adhérant à la charte *slow food,* où l'on se régale de légumes grillés (parfaits !), de charcuteries, de fromages servis sur planche... et surtout d'un mémorable risotto à l'Amarone. Accueil adorable et en français.

|●| ***Antica Trattoria La Pigna*** *(plan couleur C2,* ***38****) :* via Pigna, 4b. ☎ 045-800-40-80. Dans le *centro storico* ; dans une rue perpendiculaire à la via Garibaldi, pas loin de la *casa della giovane.* Service de 12 h 30 à 14 h 30 et de 19 h 30 à

23 h 30. Fermé le dimanche et le lundi midi. Congés annuels : de mi-juillet à début septembre. Compter facilement 30 € pour un repas complet (et donc bien moins si vous êtes raisonnables). Côté babines, plats costauds, comme les *pasta e fagioli,* les *pappardelle all anatra.* Large choix de vins. Cadre et service plus chic que les précédentes adresses. Cartes de paiement acceptées. Apéro maison offert sur présentation du *GDR.*

Veron Antica *(plan couleur D2, **39**)* **:** via Sottoriva, 10a. ☎ 045-800-41-24. Fermé le mardi. Ouvert de 12 h à 14 h 30 et de 19 h à 22 h 45. Congés annuels : 15 jours fin octobre-début novembre. Menu à 24,50 € (couvert compris), compter un peu plus à la carte. Salle classique décorée de photos de la Vérone d'autrefois. En été, terrasse. Ici, la cuisine à la vénitienne est à l'honneur et vous trouverez, entre autres, sur la carte, la *baccalà* (morue) *alla vicentina,* les plats à la polenta, etc. Les desserts maison sont excellents. On parle le français et le menu est traduit. Cartes de paiement acceptées. Réduction de 10 % sur l'addition accordée à nos lecteurs (qui dînent à la carte, pas à ceux qui auront opté pour le menu) sur présentation de ce guide.

Trattoria Al Pompiere *(plan couleur C2, **32**)* **:** vicolo Regina d'Ungheria, 5. ☎ 045-803-05-37. ♿ Ouvert de 12 h 40 à 14 h et de 19 h 40 à 22 h 30. Fermé le dimanche et le lundi midi. Congés annuels : 15 jours en juin et du 25 décembre au 7 janvier. Compter dans les 30 € par personne. Ruelle perpendiculaire à la via Cappello, donc à deux pas de la maison de Juliette. Cadre rétro et sympa avec ses nappes à carreaux, ses sorcières et jambons suspendus au plafond. Spécialités de charcuterie, compter de 12 à 20 € l'assiette. À la carte, prix assez élevés. Le resto jouit d'une excellente réputation. Cartes de paiement acceptées.

Chic

Vini e Cucina Al Capitan della Cittadella *(plan couleur C4, **33**)* **:** piazza Cittadella, 7a. ☎ 045-595-157. Fermé le samedi midi et le dimanche. Pour un repas, compter autour de 30 €. Dans les *vini e cucine,* on venait jadis acheter son vin à la tirette. On en profitait souvent pour manger un morceau. Les prix étaient bien contenus et le service à faire quasi systématiquement soi-même. Du débit de boisson de l'époque, il ne reste que les poutres apparentes et la petite côte de la terrasse sur laquelle on devait faire rouler les tonneaux. On n'a donc gardé que le nom de ce *vini e cucina* pour ce petit restaurant qui s'est gentiment embourgeoisé. Qu'importe ! Car les pâtes maison accommodées à différentes sauces ne déçoivent en rien. Plats du jour affichés à l'entrée sur un chevalet de peintre. Une bonne petite adresse que son éloignement dessert un peu. Accueil sympathique et service efficace. Cartes de paiement acceptées. Apéro ou digestif offert sur présentation du *GDR.*

Trattoria La Torretta *(plan couleur C1, **40**)* **:** piazza Broilo, 1. ☎ et fax : 045-801-00-99. À deux pas du ponte Pietra, sur une petite place très calme. Fermé le dimanche. Compter environ 38 €. Cuisine raffinée dans un amoncellement de vieilles caisses de vins. Élégant service de verres qui permet de savourer les grands crus de *valpolicella.* Cuisine-grill-aquarium derrière une grande vitre où s'activent les toques blanches. Bonnes viandes (pavé d'entrecôte fondant). Une adresse où l'intimité n'appelle pas l'ennui puisqu'une douce agitation flotte dans l'air. Petite terrasse plus romantique (dommage, tout de même, qu'on n'ait pas trouvé mieux que ces chaises de jardin en plastique blanc...). Service impeccable et diligent. Réservation conseillée, surtout le soir. Pour les fins de séjour en fanfare.

De l'autre côté de l'Adige

De bon marché à prix moyens

Trattoria Papa & Cicia *(plan couleur D2, **42**) :* via Seminario, 4a. ☎ 045-800-83-34. Fermé le samedi midi. Plusieurs formules de 11 à 18 €. Un peu plus cher le soir. Situé dans une rue peu fréquentée, à l'abri des regards, avec ses couteaux et fourchettes en forme d'enseigne. C'est un repaire d'habitués du quartier, depuis l'ouvrier jusqu'au cadre. Cartes de paiement acceptées.

Osteria Perbacco *(plan couleur D2, **41**) :* via Carducci, 48a. ☎ 045-59-41-93. Fermé le dimanche. Compter 15 à 20 € environ. Enfin un resto original et qui change des *trattorie*... Tenu par une jeune équipe passionnée d'art contemporain, de jazz et... de gastronomie, bien sûr. Mais pas n'importe laquelle. Ils ont adhéré à la mode *slow food.* Celle que l'on prend soin de savourer, parce que, tout simplement, il fait bon bien manger. L'endroit est aussi un club : le « Cercle des amis de Bacchus ». Comme il s'entend, donc, la carte des vins est abondante en petits et grands crus italiens. La cuisine n'est pas en reste, elle est tout simplement délicieuse. Contrairement à ce que l'on pourrait craindre, les prix ne sont pas si élevés, d'autant plus que les plats sortent de l'ordinaire. Les responsables du « Cercle » travaillent avant tout pour le plaisir. D'où l'atmosphère très particulière qui se dégage ici : décontractée, non conformiste et anti-touristique. Cartes de paiement acceptées.

Où boire un verre ?

Dans le centre

Plusieurs ***cafés*** dans la via Cappello et sur la piazza delle Erbe. C'est dans cette rue que se retrouve la jeunesse dorée de Vérone, autour d'un jus de fruits frais ou d'un cocktail alcoolisé.

Bar Campidoglio *(plan couleur C2, **50**) :* piazzetta Tirabosco, 4. De la piazza delle Erbe, s'engager dans la via Pelliciai puis monter les escaliers sur la droite. Ouvert de 10 h 30 à 2 h du mat' (minuit le dimanche). On y vient surtout aux beaux jours, pour profiter de la jolie petite terrasse et pour déguster toutes sortes de whiskies et cocktails à prix raisonnables. Service accueillant et souriant. Clientèle plutôt jeune.

Bar Camelot *(plan couleur C3, **51**) :* via Leoncino, 7. Ouvert à partir de 17 h. Fermé le lundi. Rigolo, ce petit pub irlandais aux vitres Moyen Âge sis dans le sous-sol d'un *palazzo.* Tout tarabiscoté, ses multiples étages, galeries, passerelles de bois sombre lui assurent son succès. Rapidement plein mais ne pas y venir trop tôt sous peine de *solitudine.*

Antico Caffè Dante *(plan couleur C2, **52**) :* piazza dei Signori. ☎ 045-59-52-49. Situé sur la place qui constituait, au Moyen Âge, le centre administratif et politique de la ville, ce *caffè* a conservé son décor du XIXe siècle. Le piano à queue s'intègre assez bien dans ce cadre soigné et assez chic. Un peu cher mais très agréable à l'heure du thé.

Oreste Cantina dal Zovo *(plan couleur C2, **53**) :* vicolo San Marco in Foro, 5-7. ☎ 045-803-43-69. Ouvert (en principe) de 8 h 30 à 13 h 30 et de 14 h 30 à 22 h. Fermé le lundi. Située au cœur du centre historique de Vérone, cette adresse satisfera tous les amateurs de vins. L'enseigne médiévale et le mobilier en bois sont en adéquation parfaite avec le lieu. Idéal à l'heure de l'apéro puisque quelques tonneaux sortis à l'extérieur permettent de goûter au meilleur des agapes entre Bacchus et dame Nature. Grand choix de *grappa.* Et puis, comme il s'agit d'une œnothèque, on peut emmener une des (très) nombreuses bouteilles que l'on aura pris soin de déguster tranquillement.

Du côté de Sottoriva

Le quartier que s'approprient les jeunes Véronais une fois la nuit tombée. Encore une fois, peu de touristes, et lorsque les arcades de la rue ne contiennent plus les fêtards, soit on va s'asseoir sur les voitures, soit on emporte son verre sur les bords de l'Adige. Les bars se succèdent et les terrasses se remplissent dès la fin de l'après-midi pour l'apéro... Faut-il y voir l'influence de l'institut d'œnologie, dont le siège se situe là, tout près... En tout cas, traditionnel ou design, vous trouverez forcément votre bar d'un soir...

🍷 ***Sottoriva 23** (plan couleur D2, **56**) :* via Sottoriva, 23. Pub très fréquenté. Ses murs saumon-ocre rassurent de suite et invitent à se mettre à l'aise. Possibilité d'y manger. Petit volume de techno qui donne de la voix à mesure que s'avance la soirée. Terrasse plus tranquille.

🍷 ***Square** (plan couleur D2, **56**) :* via Sottoriva, 15. ☎ 045-597-120. Ouvert de 19 h à 2 h (de 17 h à 2 h le week-end). Des nombreux bars de la rue, voilà le petit dernier... cadre hyper design et conceptuel, avec cocktail-bar, *fusion food,* boutique, librairie, coin massage shiatsu (!) et coin Internet (gratuit). Les samedi et dimanche, *aperitivo* avec mini-buffet offert si vous prenez un verre. Organise également des concerts (pour le programme : • www.squaresite.net •).

De l'autre côté de l'Adige

🍷 ***Taverna del Corto Maltese** (plan couleur D3, **57**) :* lungadige Porta Vittoria, 5. ☎ 045-594-800. Sur les quais. Ouvert de 8 h à 3 h. Fermé le dimanche. Déco agréable grâce à son subtil mélange de pub anglais, de taverne pour marins et de café branché (cactus, peintures, etc.). Un choix de boissons aussi long qu'un inventaire à la Prévert : 10 sortes de cafés, une belle collec' de bières tant à la pression que sous capsule, belle cave à vin et toutes les *grappe* imaginables : au kiwi, à la banane, au miel, etc. ! Et, de plus, ce n'est pas cher... Quelques sandwichs, salades, glaces et gâteaux pour les morfales ou les hypoglycémiques atteints d'une crise de « fringalite » aiguë. Clientèle d'étudiants principalement. Et si en plus vous êtes comme nous un fan de Corto Maltese...

🍷 Quelques autres ***terrasses sympas*** sur le lungadige Porta Vittoria.

Où sortir ?

🍷 ***Café Bukowski** (plan couleur D3, **60**) :* via Amanti, 6. ☎ 045-801-14-17. Ouvert à partir de 19 h. Fermé le mardi. Très réputé pour sa décoration. Les *happy few* de Vérone et des alentours s'y précipitent.

Où se régaler les z'oreilles en été ?

Est-ce parce que Vérone vit à la fois dans l'orbite de Venise et de Milan qu'elle ne sait pas sur quel pied danser? En tout cas, les efforts qu'elle déploie pour que la musique ait une bonne place dans ses murs méritent d'être salués. *Nota bene :* malgré la vénération que l'on voue à l'opéra, on ne peut résister à l'envie de suggérer aux services de la culture de la municipalité de penser aux jeunes.

– ***Concerti Scaligeri :*** de mi-juin à mi-septembre, chaque année la belle place close dei Signori *(plan couleur C2)* offre une scène à de petites pointures des musiques du monde. Et, comme leur nom l'indique, les musiques du monde, c'est pour tout le monde ! Depuis le Stanford Symphony Orchestra à l'ensemble Barocco Sans Soucis en passant par Sydney « Guitard Crasher » Selby, rien que du gratos. Renseignement à l'office du tourisme ou au : ☎ 045-807-75-32.
– ***Verona Jazz Festival :*** à peu de chose près le 3e festival de jazz de la péninsule après le mastodonte de Pérouse *(Umbria Jazz Festival)* et celui, petit mais non moins intéressant, de Clusone (voir Bergame). Les concerts se tiennent de mai à octobre, dans quatre lieux différents : les ***arènes** (plan couleur C3),* le ***théâtre romain** (plan couleur D1),* le ***palais des Sports** (hors plan couleur par A3, **74**)* et le ***teatro Camploy** (hors plan couleur par D3, **75**).* Infos au : ☎ 045-59-52-16 ou sur • www.arena.it • Places en vente chez ***Box Office** (plan couleur C4, **66**),* via Pallone, 12a. ☎ 045-801-11-54. • verona@boxoffice.it • Ouvert de 9 h 30 à 12 h 30 et de 15 h 30 à 19 h 30. Fermé le samedi après-midi, le dimanche et le lundi matin. Quelques figures ont offert de belles heures aux fanas du swing et du skat. Ce ne sont pas les amoureux du « ouap dou bap » qui nous contrediront. Keith Jarrett, Jack DeJohnette, Gary Peacock sous le ciel des arènes, c'est jubilatoire !

Le festival des arènes : infos pratiques

Pour obtenir le programme, on peut écrire à *Fondazione Arena di Verona* : piazza Bra, 28, 37121 Vérone. ☎ 045-800-51-51. Ou plus simplement consulter (et réserver) via Internet : • www.arena.it • Certaines agences de voyages programmant l'Italie peuvent également effectuer la réservation. Les prix varient de 13 à 162 € environ... Mais le prix est majoré d'une commission. Pour assister au spectacle gratuitement, essayez de faire du « forcing » lors des répétitions générales *(prova generale)*; entrée par derrière sur les arènes. Si vous avez l'oreille mélomane mais les fesses fragiles, prévoyez un coussin ! Au moins pour les places les moins chères.

À voir

Pas donnée, la culture à Vérone. Raison de plus pour opter pour la *Verona Card* (12 € pour 3 jours ; 8 € pour 1 seule journée). Elle permet d'accéder librement à la plupart des monuments et musées de la ville. Il existe un équivalent ecclésiastique proposé par l'association *Chiese Vive* pour la visite de 5 églises (5 € alors que chaque visite coûte 2 €), malgré tout peu intéressant quand on sait que la *Verona Card* inclut elle aussi la visite de ces églises : *Sant'Anastasia (plan couleur D2), San Lorenzo (plan couleur B3), San Fermo (plan couleur D3), San Zeno Maggiore (plan couleur A2)* et le *Duomo (plan couleur C1).*
Il est utile de savoir également que le premier dimanche de chaque mois, l'entrée au théâtre romain et au tombeau de Juliette est gratuite (et l'entrée aux Arènes se fait sur la base d'un tarif réduit pour tous).

Les arènes : les visites s'effectuent de 9 h à 19 h (15 h 30 les jours de représentation) ; fermeture des caisses 45 mn avant. Fermé le lundi matin. Infos : ☎ 045-800-32-04. Entrée : 3,10 € ; réductions. « L'œil de Vérone » est la troisième plus grande arène d'Italie. Il fut maintes fois remanié, notamment au Moyen Âge, à la suite d'un tremblement de terre. Des arènes d'origine, il ne reste plus qu'un pan de mur extérieur. Au IIIe siècle, leur structure avait pourtant été renforcée à la demande de l'empereur Gallien, à la suite des invasions barbares. Elles furent de nouveau fortifiées au Moyen Âge, au point de devenir une petite ville dans la ville. Au XIIe siècle, c'était le quartier actif de la ville, boutiques et maisons vinrent s'agglutiner tout autour (il faut

dire que c'était le seul lieu où les prostituées avaient le droit d'exercer leur commerce !).
L'amphithéâtre mesure de porte à porte 138 m de long ; l'ovale central, lieu des joutes, 73 m x 44 m. L'anneau circulaire aligne 45 gradins chacun d'une profondeur de 80 cm (au passage, très inconfortables). Les toutes premières notes du Festival areniano retentirent le soir du 10 août 1913, lors de la représentation d'*Aida*. Maxime Gorki, Franz Kafka ou même Puccini *himself* étaient parmi l'auditoire. Au chapitre des heureux hasards, le 2 août 1947, une jeune Grecque toute fringante fait ses débuts sur la scène véronaise dans les habits de la Joconde. Quelques vocalises plus tard, on écoute encore avec beaucoup d'émotion cette grande dame de l'opéra : Maria Callas. Aujourd'hui, les trois mois d'été vivent au rythme de cinq opéras.

*** ***Piazza delle Erbe*** *(plan couleur C2)* **:** la place la plus belle de Vérone. En levant le nez, on remarque que certaines maisons qui l'entourent ont encore des façades recouvertes de fresques. Au-dessus de votre tête, accrochée à une arche, vous remarquerez une énorme côte de baleine (ou de dinosaure). On ne connaît d'ailleurs pas la raison pour laquelle elle se trouve là. Tous les matins, le marché ajoute une note gaie, fraîche et ponctuée de multiples senteurs. Ses parasols à armature de bois si typiques et son animation en font un lieu *ad hoc* pour baguenauder (même si aujourd'hui, on a bien du mal à distinguer les quelques primeurs, aux milieu de toutes ces horreurs de souvenirs déballées dès potron-minet). Puis empruntez la via della Costa qui aboutit à la piazza dei Signori.

** ***Piazza dei Signori*** *(plan couleur C2)* **:** autant la piazza delle Erbe est populaire et colorée, autant la place des Seigneurs est aristocratique, harmonieuse, propice au recueillement, entourée d'édifices majestueux. C'est ici que se trouvait, au Moyen Âge, le centre administratif de la ville. Statue de Dante. Atmosphère très mystérieuse la nuit, quand les touristes ont retrouvé les bras de Morphée et que seuls rôdent les courants d'air. À quelques pas, impossible de rater l'*arche Scaligere*. Cet impressionnant monument funéraire représente des cavaliers et des hommes en armes. Les tombeaux gothiques sont surmontés pour certains de baldaquins sculptés. Ces guerriers sont censés protéger l'enclos et veiller sur le repos des Scaligere, seigneurs incontestés de la ville.

* ***Torre dei Lamberti*** *(plan couleur C2,* ***70****)* **:** en saison, accès de 9 h 30 à 19 h 30. Fermé le lundi matin. Entrée : 2,10 € si l'on prend l'ascenseur ; 1,50 € pour les courageux qui montent à pied ; réductions. Cette tour, appartenant au *palazzo del Comune,* haute de 84 m, est la plus élevée de la ville. Superbe panorama de la ville et ses alentours.

* ***Maison de Juliette*** *(casa di Giulietta ; plan couleur C2-3)* **:** via Cappello, 23. ☎ 045-803-43-03. Dans le prolongement de la piazza delle Erbe en allant vers le sud. Ouvert de 8 h 30 à 19 h 30. Fermé le lundi matin. Entrée : 3,10 € ; réductions étudiants.
On ne voit pas bien comment cette maison aurait pu voir s'ébattre cette brave Juliette mais, quoi qu'il en soit, le balcon est bien là ! Quand le mythe se confond avec la réalité... On ne conseillera la visite qu'à ceux qui ont eu la bonne idée d'investir dans une *Verona Card* ou qui ont quelques euros à dépenser... Ceux qui n'ont ni l'un ni l'autre se contenteront de regarder le spectacle vivant donné par les visiteurs qui attendent dans la cohue de pouvoir accéder au balcon magique et par les heureux élus qui y sont parvenus... C'est gratuit ! On sait que ce bâtiment du XIIIe siècle est appelé *il Cappello* et que la tradition le désigne comme le palais des Capuleti (la famille de Juliette). Il s'agit d'une bien jolie maison, aux murs recouverts de fresques, qui donne une bonne idée d'un intérieur de l'époque. Pour donner un peu de vie à l'ensemble, sont exposés les meubles et les superbes costumes du film de Zeffirelli. La visite est presque émouvante : des tas d'amou-

reux du monde entier se tiennent par la main. Mais, pour le cliché-souvenir, armez-vous de patience : le balcon est envahi de Juliette grimpées se faire immortaliser par l'appareil photo ou la caméra de leur Roméo contemporains. Bien plus drôles : les murs du porche d'entrée, entièrement couverts de graffiti d'amoureux, dans toutes les langues... Dommage qu'il faille aussi supporter l'ignoble spectacle de la rocaille de chewing-gums, collés aux murs en même temps que les milliers de mots doux adressés à Juliette ; les messages s'effacent, les chewing-gums restent... dégueulasse !).

Église Sant'Anastasia *(plan couleur D2)* **:** vaste église gothique, la plus grande de la ville, construite entre 1290 et la fin du XVe siècle. Ouvert de 9 h à 18 h ; de 13 h à 18 h les dimanche et jours fériés. Entrée : 2 €. À l'intérieur, les fresques des voûtes polychromes représentent des motifs végétaux stylisés. Envolée saisissante de colonnes sous un toit presque himalayen. Sur les parois, quelques trompe-l'œil intéressants, mais l'artiste a dû se faire gronder car ce n'est pas terminé. Adossés aux deux premières colonnes, sitôt l'entrée franchie, deux bénitiers soutenus par des figures humaines accroupies, très populaires à Vérone, et surnommées les Bossus. Ne vous contentez pas de l'entrée, si vous le pouvez (car elle est en principe réservée à la prière), allez faire un petit tour dans la *chapelle Giusti* (au fond à gauche). Ses stalles en bois dégagent une bonne odeur de sainteté. C'est ici qu'étaient conservés les fanions symboles des corps de métiers des boulangers et des meuniers. Dans la *chapelle du Pèlerin,* en haut, sur l'arc externe, magnifique fresque gothique de Pisanello représentant *Saint Georges délivrant la princesse de Trébizonde du dragon* (1433-1438). Rien que ça !

Duomo *(plan couleur C1)* **:** ouvert de 10 h à 17 h 30 ; de 13 h 30 à 17 h 30 les dimanche et jours fériés. Entrée : 2 € ; réductions.
Belle façade de tuf (roche volcanique) sur deux niveaux avec une petite loggia rehaussée par deux colonnettes. On attribue usuellement le double portique à Niccolò. L'élégance de cette façade est accentuée par l'utilisation du marbre blanc et rose caractéristique de la région de Vérone. Les deux lions stylophores (autrement dit, qui supportent les colonnes) ont l'air un peu fatigué. Deux maîtres-autels et un déambulatoire semi-circulaire. De chaque côté du chœur, deux orgues ciselés au châssis plaqué or. Mais, hormis le sol aux motifs géométriques en marbre polychrome, le clou du spectacle est bien le retable du premier autel sur la gauche avec l'Assomption *(Assunta)* de Titien (1530). À l'extérieur (par derrière), le baptistère pré-roman dans la petite *chapelle San Giovanni in Fonte* avec quelques peintures intéressantes, notamment une *Vierge à l'Enfant entourée par les saints* (fermée pour restauration lors de notre passage). À gauche de la façade principale, une ruelle permet d'accéder au cloître (où ont été mis au jour des mosaïques romaines) et au musée canonique. En repartant, jetez quand même un œil à la porte latérale du *duomo.* On l'aime bien avec son côté asymétrique et ses matériaux de récup'...

San Lorenzo *(plan couleur B3)* **:** cette discrète église, située à mi-chemin entre le *castel Vecchio* et les arènes, est un petit joyau de l'art roman. Portail élégant et intérieur sobre. Ouvert de 10 h (13 h les dimanche et jours fériés) à 18 h. Entrée : 2 € ; réductions.

San Zeno Maggiore *(plan couleur A2)* **:** cette église à l'ouest de la ville est, avec les arènes, le monument le plus connu de Vérone et certainement l'un des chefs-d'œuvre de l'architecture romane. Ouvert de 8 h 30 à 18 h ; de 13 h à 18 h les dimanche et jours fériés. Entrée : 2 € ; réductions. La célèbre *porte de bronze* est décorée de scènes de la vie de saint Zéno, d'origine africaine et qui fut le premier évêque de Vérone. Côté ouest, l'entrée principale de l'église, où l'on voit une rosace du XIIe siècle symbolisant la Roue de la Fortune ! À l'intérieur, le maître-autel porte le fameux triptyque de Mantegna *(La Vierge et huit saints),* dont une partie se trouve au

Louvre. Également une magnifique sculpture du XVIe siècle représentant *Saint Zéno qui rit* ainsi que de très belles fresques, œuvres d'élèves de Giotto. De la nef gauche, on parvient au cloître roman qui renferme plusieurs tombeaux de la famille des Scaliger.

San Fermo *(plan couleur D3)* **:** ouvert de 10 h à 18 h ; de 13 h à 18 h les dimanche et jours fériés. Entrée : 2 € ; réductions. Pour le prix d'une seule, vous pouvez voir l'église inférieure (romane, à 4 nefs) et l'église supérieure (gothique, avec une nef à voûte en forme de carène, datant du XIVe siècle). Sur la gauche, en entrant, une très belle fresque, *L'Annonciation* de Pisanello (1426).

Via Sottoriva *(plan couleur D2)* **:** ruelle parallèle à l'Adige qui relie Sant'Anastasia au célèbre ponte Nuove. Très bel exemple de vieille rue de Vérone avec des portiques et des maisons des XIIIe et XIVe siècles. On vous suggère de faire une petite pause au n° 7 : là, si vous récitez un *Ave Maria,* le cardinal de Canossa vous offre carrément 100 jours d'indulgence... Ça ne coûte rien d'essayer ! Si vous êtes plutôt adepte du culte bacchique, vous ne serez pas déçus non plus, car dans cette même rue s'est installé l'institut d'œnologie de la ville et quantité de bars sympas ont ouvert leurs portes (voir « Où boire un verre ? »).

Ponte Pietra *(plan couleur D1)* **:** d'origine romaine, il fut miné en 1945 lors de la débâcle allemande, puis reconstruit en 1959 avec ses matériaux d'origine. Allez jusqu'au milieu du pont pour admirer le superbe panorama sur le méandre du fleuve. Magnifique à la tombée du jour.

Castel Vecchio *(plan couleur B3)* **:** le plus important monument d'architecture militaire du Moyen Âge à Vérone, datant des Scaliger. L'imposante construction crénelée, tout en brique, abrite une grande cour, jadis place d'armes, et un véritable palais seigneurial. À l'intérieur, le *Museo civico d'Arte.* Derrière le castel Vecchio, vous trouverez le pittoresque *ponte Scaligero,* avec ses trois arches sur piliers, bâties en brique et munies de tours et de hauts parapets crénelés. Lui aussi a été fidèlement reconstruit après sa destruction pendant la dernière guerre avec des matériaux d'origine récupérés dans le fleuve. Le château abrite le ***Museo civico d'Arte*** *(plan couleur B3, **71**).* ☎ 045-59-47-34. Ouvert de 8 h 30 à 19 h 30 (fermeture des caisses à 18 h 45). Fermé le lundi matin. Entrée : 3,10 € ; réductions.
Admirable muséographie que l'on doit au grand architecte Carlo Scarpa. Un pur chef d'œuvre ! Datant de 1964, elle paraît incroyablement actuelle. Jeu de pierre, de lumière et de matière. Les collections sont parfaitement mises en valeur. Dans chaque salle, des fiches explicatives en plusieurs langues, dont le français. Les salles vous emmènent, dans un ordre chronologique, du XIIe au XVIIIe siècle. On commence, au rez-de-chaussée, par des sculptures du XIIe siècle. Fresques de l'école véronaise du XIVe siècle. Signalons, entre autres, salle XII, deux œuvres majeures du musée : une belle *Madone aux cailles* de Pisanello ainsi qu'une *Vierge au Rosier* de Stefano. Salle XIII, beau polyptyque *dell Aquilla,* avec Saint-Pierre martyr et un adorable petit Jésus bien impudique. Salle XIV, un beau Rubens, la *Dame aux Lychnis.*
Au 2e étage, consacré à la Renaissance, belles fresques du XVIe siècle, plusieurs Mantegna (dont *La Sainte Famille*) et une admirable *Vierge de la Passion* de Carlo Crivelli. Deux étoiles au *Supplice d'Attilio Regolo* par Vittore Carpaccio et pour la *Madone* de Giovanni Bellini. Dans la *Galerie de peinture,* deux portraits de Caroto étonnamment modernes, dont un avec un jeune garçon représenté tenant à la main un dessin d'enfant d'une criante vérité. Pour finir, quelques Tintoret, deux Guardi mignons et *Bacchus et Ariane* de Luca Giordano, à la grâce délicieuse, aux fraîches couleurs. Au passage, entre deux salles, admirez la statue équestre de Cangrande Ier, là encore, un pur chef-d'œuvre.

Tombeau de Juliette *(tomba di Giulietta ; plan couleur C4,* ***72****)* **:** via Shakespeare. ☎ 045-800-03-61. Par la via Pontiere, au sud du centre, suffisamment éloigné pour décourager certains routards, d'autant que le quartier est sans intérêt. Ouvert de 8 h 30 à 19 h 30. Fermé le lundi matin. Entrée : 2,60 € ; réductions.
Le cadre, constitué d'un couvent de capucins et d'un cloître avec une ancienne église romane, est fort évocateur, mais l'intérêt reste tout de même limité. À faire si on a le temps et surtout si on a la *Verona Card.* À signaler tout de même qu'on doit la rénovation à Carlo Scarpa, l'architecte du *Castel Vecchio,* et que la muséographie est encore une fois très réussie. À l'entrée, l'*arbre des Désirs* où sont suspendues des feuilles recouvertes de vœux qu'on espère voir exaucer. Au premier étage du couvent, pour ceux qui en veulent toujours plus, petit *musée des Fresques.* Belles fresques romanes et mythologiques. Ces dernières proviennent d'un palais véronais et datent du XVIe siècle. Au sous-sol, impressionnante collection d'amphores romaines. Quant au tombeau de Juliette, il est entouré – quelle surprise ! – de nombreux messages et graffiti...

Galerie d'Art moderne du palais Forti *(plan couleur C2,* ***73****)* **:** volto due Lori. ☎ 045-800-19-03. • www.palazzoforti.it • Juste derrière le corso S. Anastasia. Ouvert de 9 h 30 à 19 h (fermeture des caisses à 18 h). Fermé le lundi. Entrée payante et plus ou moins chère selon les expositions. L'architecture intérieure du palais Forti mérite le coup d'œil, la qualité des expos temporaires dépend des mécènes et des thèmes retenus.

Le théâtre romain et le Musée archéologique *(plan couleur D1)* **:** ouvert de 8 h 30 à 19 h 30. Fermé le lundi matin. Adulte : 2,60 €, réductions. Entièrement recouvert de maisons au Moyen Âge, (dégagées depuis), ce théâtre a pu préserver sa structure originelle, ce qui en fait l'un des mieux conservé d'Italie du Nord. Mais finalement, si votre temps est compté, on vous conseille vivement de grimper jusqu'à l'ancien monastère qui surplombe le théâtre à flanc de roche. Il abrite un beau musée archéologique et la vue sur Vérone y est époustouflante. Le site est des plus charmants, qui plus est...

Giardino Giusti *(plan couleur D2,* ***76****)* **:** via Giardino Giusti, 2. ☎ 803-40-29. Ouvert tous les jours de 9 h à 20 h (19 h du 1er octobre au 31 mars). Adulte : 5 € (non compris dans la *Verona Card*). La création des jardins Giusti remonte au XVe siècle et sa physionomie actuelle au XVIe siècle. Jardins de buis, labyrinthe (un des plus anciens d'Europe), fontaines, grottes, cyprès... les allées grimpent dans un jeu de perspectives des plus charmants. Le chant des oiseaux et le délicat glou-glou des fontaines sont à peine troublés par les lointaines mobylettes... le dépaysement est total. On comprend pourquoi Goethe ou Mozart aimaient à s'y promener.

➤ DANS LES ENVIRONS DE VÉRONE

Bosco Chiesanuova : à une trentaine de kilomètres au nord de Vérone, un gros village étalé sur les pentes des monti Lessini, qui donnent leur nom à la micro-région, la Lessinia. Ce haut plateau présente des monts d'origine karstique. On y trouve encore des gens parlant un ancien dialecte remontant aux Cimbres, un peuple d'origine germanique. Possibilité d'y monter en bus (ligne n° 10 pour Valdiporro, compter 1 h 20). Bien agréable pour son air frais quand Vérone est écrasée par la chaleur.

Renseignements sur tout ce qu'il y a à faire dans les environs à l'***office du tourisme,*** très riche, piazza della Chiesa, 34. ☎ et fax : 045-750-00-88. Ouvert de 8 h 15 à 12 h 30 et de 15 h à 18 h. Fermé le mardi et les jours fériés.

Un ***camping*** et quelques ***hôtels*** pas bien chers.

Soave : on craque assez pour ce petit village fortifié et son fier château dressé au milieu des vignes (ah, le petit blanc de Soave !). À 21 km à l'est de Vérone, on l'aperçoit très bien de l'autoroute, alors n'hésitez pas à faire un petit crochet. On peut visiter le château, ancienne résidence des Scaliger (fermé le lundi). Le bourg médiéval a conservé son enceinte flanquée de 24 tours. Bien joli tout ça...

QUITTER VÉRONE

En train

Gare ferroviaire *(hors plan couleur par B4)* ***:*** voir la rubrique « Adresses utiles ». Départs nombreux de la *stazione* Porta Nuova.

➢ ***Pour Venise :*** 1 h 30 à 2 h via *Vicence* et *Padoue.*

➢ ***Pour Bologne :*** compter 2 h via *Mantoue.* Certains trains continuent sur Rome.

➢ ***Pour Brescia :*** 50 mn de trajet.

En bus

➢ Départs ***pour la province de Vérone,*** en particulier pour le lac de Garde.

➢ Quelques départs également ***pour Montagnana.***

PADOUE *(PADOVA)* (35137) 214000 hab.

On vient ici pour saint Antoine et pour Giotto. À cause de ces deux célébrités, Padoue est une ville de pèlerinage, religieux ou profane. Les boutiques pieuses y sont plus nombreuses qu'ailleurs. Cela dit, l'activité économique est loin d'être limitée au commerce des bondieuseries. L'animation est constante et la vie moderne a peu à peu envahi les vieux quartiers. Le silence qu'exigent tous les sanctuaires de cette ville sainte, devenue commerçante et industrielle, disparaît peu à peu. On est d'abord un peu surpris, mais on s'y fait vite, car la ville a su quand même conserver un certain charme. L'importante présence estudiantine, pendant l'année universitaire, donne aussi un cachet particulier à cette ville, un peu plus « jeune » que les autres villes de Vénétie.

CIRCULER ET SE GARER À PADOUE

Autant vous prévenir : il est très difficile de circuler en voiture dans le centre-ville et quasiment impossible de s'y garer. Mieux vaut laisser son véhicule en dehors des remparts. D'ailleurs, les Padovans, qui le savent, évidemment, sont très nombreux à se déplacer à vélo. Si vous voulez absolument vous rapprocher du centre, essayez le parking via Trieste à côté de la gare routière *(plan C1),* encore abordable (ouvert de 7 h à 20 h 30 ; compter 1 € l'heure tout de même). Ne pas hésiter à prendre les bus urbains *APS,* nombreux, qui desservent bien les différents quartiers de la ville, plutôt étendue, malgré les apparences. Renseignements : ☎ 049-824-11-11. Un peu moins d'1 € le billet (billets familiaux économiques). Bon à savoir : la *Padova Card,* non seulement donne droit à la gratuité sur les transports en commun mais permet aussi de stationner gratuitement dans quelques parkings municipaux : Prato della Valle (piazza Rabin), à la gare (Guidovie), via Scarpi. On peut acheter la *Padova Card* sur place. Pour plus d'infos : • www.aps-online.it •

Adresses utiles

Azienda di turismo *(plan B-C2)* **:** galleria Pedrocchi, 9. ☎ 049-876-79-27. • infopedrocchi@turismopadova.it • Ouvert du lundi au samedi de 9 h à 13 h 30 et de 15 h à 19 h. Infos et accueil en français. De belles brochures gratuites (en italien ou en anglais) proposent toutes sortes d'itinéraires historiques en ville, avec de jolies photos. Dès votre arrivée, procurez-vous la brochure bimestrielle *Padova Today,* qui donne, entre autres, la liste des spectacles. Également un *petit office à la gare (hors plan par C1).* ☎ 049-875-20-77. Ouvert de 9 h à 19 h (12 h le dimanche). Bien documenté là aussi. Pour dépanner, enfin, un *petit kiosque (plan C3)* juste en face de la basilique Saint-Antoine, ouvert de mars à octobre seulement. Pour tout problème spécifique, ou pour une demande de documentation, contacter le *siège de l'APT (plan B1)* : riviera dei Mugnai, 8. ☎ 049-876-79-11. Fax : 049-650-794. • www.turismopadova.it •

Poste *(plan C1)* **:** corso Garibaldi, 33. ☎ 049-877-21-11. Ouvert du lundi au samedi de 8 h 15 à 19 h 40. Également un bureau *à la gare* (sur la droite quand on sort). Ouvert de 8 h 30 à 14 h du lundi au vendredi ; de 8 h 30 à 13 h le samedi.

Gare ferroviaire *(hors plan par C1)* **:** piazza Stazione, dans le nord de la ville. ☎ 89-20-21 (numéro national). • www.fr-on-line.it • www.trenitalia.com • Bureau d'information ouvert de 7 h à 20 h. Bureau d'information *FS* ouvert de 7 h à 20 h. Consigne à bagages ouverte de 6 h à 22 h 30 (moins de 4 € par bagage ; attention il faut un billet de train).

Gare routière *(plan C1)* **:** terminal *SITA* et *ACTV,* via Trieste, 40 (piazza Boschetti). ☎ 049-820-68-44. À 200 m de la gare ferroviaire. Billetterie ouverte de 5 h 30 à 20 h 30.

■ **Radio-taxi** *(hors plan par C1)* **:** piazza Stazione, 8. ☎ 049-651-333.

■ **Urgences :** ☎ 112 ou 113.

■ **Hôpital** *(plan D3)* **:** via Giustiniani, 1. ☎ 049-821-11-11.

■ **Journaux francophones** *(plan C1,* **1***)* **:** face aux jardins de l'Arena. Également à la gare.

■ **Location de vélos :** *Noleggio biciclette Padova* : via sauro, 18 (dans le centre-ville ; *plan B2*). ☎ 049-65-06-62. Du lundi au vendredi de 8 h 15 à 12 h 45 et de 15 h à 19 h, le samedi de 8 h 15 à 13 h. Ou *Noleggio biciclette Stazione FS,* à la gare, ouvert tous les jours.

■ Adresses utiles

- Azienda di turismo
- Poste
- Gare ferroviaire
- Gare routière
- **1** Journaux francophones
- @ Tempo Reale - Ludothèque

Où dormir ?

- **10** Ostello della gioventù Città di Padova
- **11** Résidence universitaire Copernico
- **12** Hôtel Junior
- **15** Hôtel Piccolo Vienna
- **16** Casa del Pellegrino
- **17** Hôtel San Antonio

Où manger ?

- **30** Osteria L'Anfora
- **31** Ristorante Brek
- **32** Al Pero
- **33** Trattoria Marechiaro
- **34** Osteria dei Fabbri
- **35** Pizzeria Savonarola
- **36** Osteria La Colonna

Où boire un verre ?

- **30** Osteria L'Anfora
- **40** Al Traguardo
- **41** Enoteca Severino

À voir

- **50** Université
- **51** Cappella degli Scrovegni
- **52** Musei civici agli Eremitani
- **53** Palazzo della Ragione
- **54** Basilique Sant'Antonio
- **55** Baptistère du Duomo
- **56** Jardin botanique

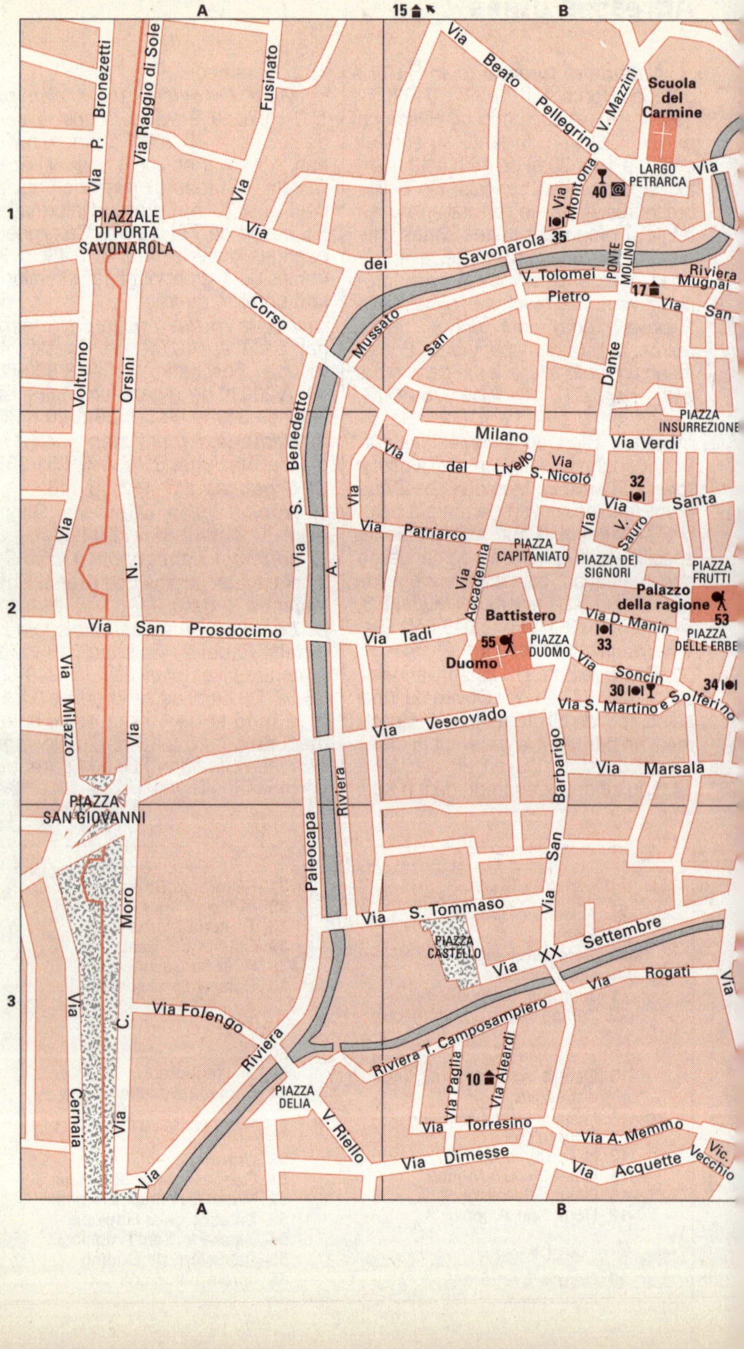
A
B
1
2
3
15
Via Beato Pellegrino
V. Mazzini
Scuola del Carmine
LARGO PETRARCA
Via Montona
40
35
Via P. Bronzetti
Via Raggio di Sole
Via Fusinato
PIAZZALE DI PORTA SAVONAROLA
Via dei Savonarola
Corso Milano
Via S. Benedetto
V. Tolomei
PONTE MOLINO
Riviera Mugnai
17
Pietro
Via San
Mussato
San
Dante
Volturno
Orsini
PIAZZA INSURREZIONE
Via Verdi
Via del Livello
Via S. Nicolò
32
Via Santa
Via V. Sauro
Via Patriarco
Via A.
Via N.
PIAZZA CAPITANIATO
PIAZZA DEI SIGNORI
PIAZZA FRUTTI
Palazzo della ragione
53
Via Accademia
Battistero
55
Duomo
PIAZZA DUOMO
Via D. Manin
33
PIAZZA DELLE ERBE
Via San Prosdocimo
Via Tadi
Via Soncin
30
34
Via S. Martino e Solferino
Via Milazzo
Via Vescovado
Via Barbarigo
Via Marsala
Riviera Paleocapa
PIAZZA SAN GIOVANNI
Via San
Via S. Tommaso
PIAZZA CASTELLO
Via XX Settembre
Via Rogati
Via C. Moro
Via Cernaia
Via Folengo
Riviera
Riviera T. Camposampiero
Via Paglia
Via Aleardi
10
PIAZZA DELIA
V. Riello
Via Torresino
Via A. Memmo
Via Dimesse
Via Acquette
Vic. Vecchio

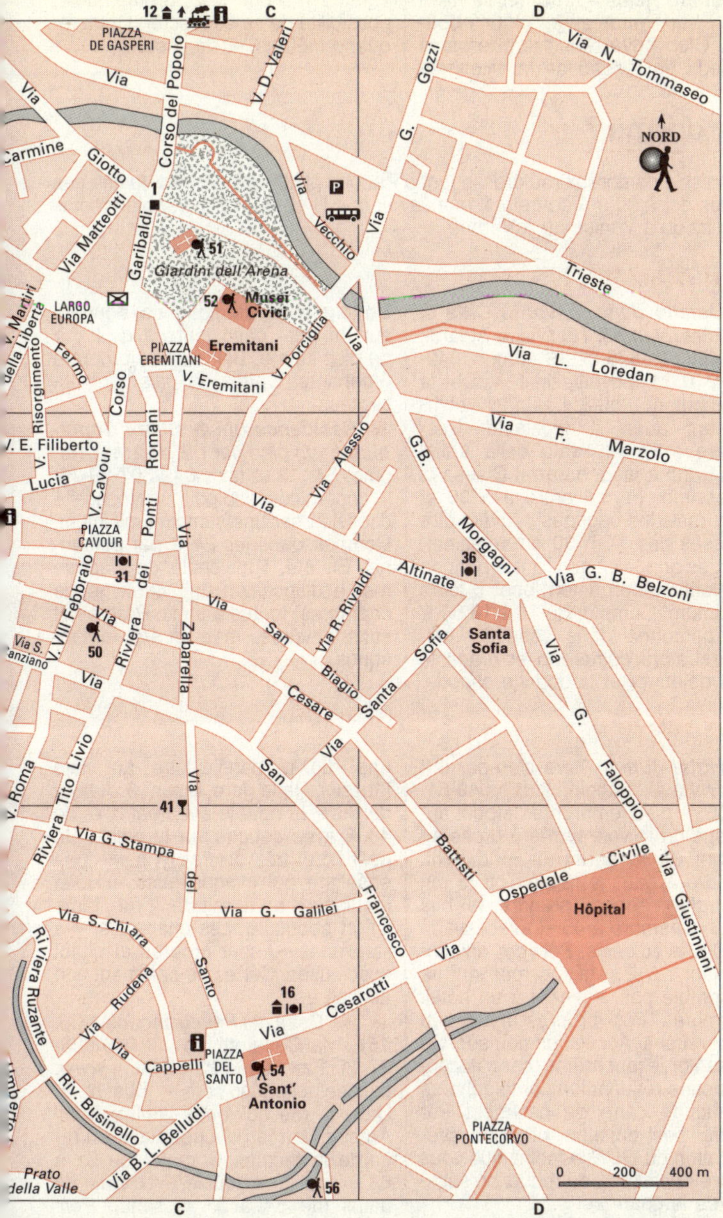

12 C D
PIAZZA DE GASPERI
Via
Corso del Popolo
V. D. Valeri
Gozzi
Via N. Tommaseo
NORD
Carmine
Giotto
Via
Vecchio
G.
Via
1
Via Matteotti
Garibaldi
Giardini dell'Arena
51
Trieste
V. Martiri della Libertà
LARGO EUROPA
52 Musei Civici
V. Porciglia
Via
PIAZZA EREMITANI
Eremitani
Via L. Loredan
Fermo
V. Eremitani
Risorgimento
Corso
Romani
Via Alessio
G.B.
Via F. Marzolo
V. E. Filiberto
V. Cavour
Lucia
Via
Via
PIAZZA CAVOUR
Ponti
Via
Morgagni
31
36
dei
Altinate
Via G. B. Belzoni
2
11
Via
Via R. Rivaldi
Santa Sofia
Via S. Canziano
V. VIII Febbraio
Via
50
Riviera
Zabarella
San
Biagio
Via
Via
Cesare
Santa
G.
Via
San
Falloppio
V. Roma
Riviera Tito Livio
Via
41
Via G. Stampa
Battisti
Civile
Via
dei
Ospedale
Hôpital
Via G. Galilei
Via S. Chiara
Francesco
Giustiniani
Via
Riviera Ruzante
Rudena
Santo
16
Cesarotti
3
Via
Via
Via
PIAZZA DEL SANTO
Cappelli
54
Sant' Antonio
Riv. Businello
Via B. L. Belludi
PIAZZA PONTECORVO
Prato della Valle
56
0 200 400 m
C D

@ ***Tempo Reale – ludothèque** (plan B1) :* via Petrarca, 9. ☎ 049-658-484. Club privé réunissant les fans de jeux en réseau de la ville (très enfumé !). Pour les non-membres, possibilité de se connecter. Compter quand même 6 € de l'heure.

Où dormir ?

En été, de nombreux routards logent à Padoue plutôt qu'à Venise, la cité des Doges est à 30 mn en train. Il faut savoir que l'hébergement est bien moins cher ici qu'à Venise ou à Vérone...

Bon marché

***Ostello della gioventù Città di Padova** (plan B3, **10**) :* via A. Aleardi, 30. ☎ 049-875-22-19. Fax : 049-654-210. • pdyhtl@tin.it • De la gare, bus nº 3 ou 8. Les nºs 12 et 18 passent aussi à proximité. Descendre à l'arrêt Prato della Valle, puis 5 mn à pied, ou arrêt Chiesa di Toressimo. Fermé entre 9 h 30 et 16 h (mais les bagages peuvent être déposés dès 14 h 30 en semaine). Congés annuels : pendant la période de Noël. Hébergement pour 5 jours maximum. Compter de 14 à 16,50 € par personne dans cette AJ officielle. Le prix comprend les draps, le petit déjeuner et la douche chaude. Dortoirs avec lits gigognes, donnant sur un petit patio tout ce qu'il y a de plus calme. Bains d'une propreté étonnante. Cartes de paiement acceptées.

***Résidence universitaire Copernico** (hors plan par D2, **11**) :* via Tiepolo, 54. ☎ et fax : 049-807-79-70. • copernico@esu.pd.it • Nécessité d'y séjourner une semaine minimum. Compter dans les 24 € par personne. En été, l'université de Padoue met à disposition une centaine de chambres, toutes à un lit. Propres et sans bavures, mais guère romantiques.

Prix moyens

***Hôtel Junior** (hors plan par C1, **12**) :* via L. Faggin, 2. ☎ 049-61-17-56. À pied, emprunter le pont au-dessus de la voie ferrée à droite en sortant de la gare ; au rond-point, prendre à gauche la via Toti (5 mn de trajet). Sinon, prendre le bus nº 13. Chambre à 45 € avec lavabo et 70 € avec bains. Petit dej' en supplément : 5 €. Maison rose qui ne ressemble pas vraiment à un hôtel. Chambres très propres mais peu nombreuses. Accueil un peu sec. Se présenter le jour même, car n'accepte aucune réservation par téléphone, ni aucune carte de paiement Par contre, petit déjeuner offert sur présentation du *GDR,* à moins que vous ne préfériez 10 % de réduction sur le prix de la chambre.

***Hôtel Piccolo Vienna** (hors plan par B1, **15**) :* via Beato Pellegrino, 133. ☎ et fax : 049-871-63-31. • www.hotelpiccolovienna.it • Dans une rue perpendiculaire au viale Mazzini. De la gare, bus nº 9. Autour de 66 € la double avec bains et de 48 € avec douche sur le palier. Un petit hôtel très discret (à peine une enseigne qui indique juste « Hôtel meublé »), en retrait de la rue, familial et populaire. Les chambres, « à l'ancienne », sont propres et plutôt spacieuses. Cartes de paiement non acceptées.

***Casa del Pellegrino** (plan C3, **16**) :* via Cesarotti, 21. ☎ 049-823-97-11. Fax : 049-823-97-80. • www.casadelpellegrino.com • Bus nº 8. Dans la rue qui longe l'église Sant' Antonio, sur la gauche quand on regarde la façade. Compter de 61 à 68 € pour une double avec salle de bains (de 54 à 57 € sans). Petit déjeuner en supplément : 7 €. Grand bâtiment des années 1960 avec plus de 130 chambres pour l'accueil des pèlerins. La désaffection pour la religion fait que l'accès est ouvert à tous. Les chambres sont simples, propres, et le crucifix est la seule décoration. Bon restaurant au rez-de-chaussée, quoiqu'un peu cher. Réservation conseillée. Également une annexe, à prix similaires. Parking fermé gratuit. Cartes de paiement acceptées.

Un peu plus chic

Hôtel San Antonio *(plan B1, 17)* : via San Fermo, 118. ☎ 049-875-13-93. Fax : 049-875-25-08. • www.hotelsantantonio.it • Congés annuels : du 29 décembre au 16 janvier. Compter 82 € sans le petit déjeuner (7 €). Avantage : c'est à proximité de la fameuse chapelle de Giotto. Un 2-étoiles correct, presque chic. La rencontre entre cet hôtel et un décorateur professionnel en ferait un must. Accueil charmant. Vite pris d'assaut, il est donc plus sûr de réserver. Possibilité de se garer derrière l'hôtel. De loin, notre meilleure adresse en ville. Cartes de paiement acceptées.

Où dormir chez l'habitant ?

■ Possibilité de loger chez l'habitant en contactant l'***association Koko Nor,*** chez M. et Mme Chelotti, via G. Selva, 5, 35135 Padoue. ☎ et fax : 049-864-33-94. ☎ 338-337-79-12 (portable). • www.bandb-veneto.it/kokonor • L'association regroupe une vingtaine d'adhérents, à Padoue même ou dans les environs. Compter en moyenne entre 57 et 75 € pour deux (quelques chambres à 52 € en dehors de la ville), selon le standing. Les Chelotti louent eux-mêmes un bel appartement pour 4 dans le quartier Borgomagno, à l'ouest de la gare *(hors plan par C1),* ainsi qu'une grande maison à Monselice.

■ L'association ***Euganean Life,*** basée à Este, au sud des collines Euganéennes, regroupe une quarantaine de propriétaires de *B & B* ou d'appartements à louer dans cette microrégion au sud de Padoue, (voir plus loin).

Où manger ?

Padoue n'est pas Vérone... malgré un marché des plus réjouissants, la ville ne semble pas trop se préoccuper des plaisirs de la table... On a repéré quelques restos sympathiques, mais rien de vraiment extraordinaire. Qui sait, en priant saint Antoine, on finira peut-être par trouver mieux...

– Possibilité de déguster des sandwichs piazza delle Erbe *(plan B2),* dans le ***marché*** situé sous les arcades. Beaucoup de monde se retrouve pour un *panino* ou un *Spritz* (l'apéritif vénète) à l'échoppe sans nom, piazza dei Frutti, à côté de l'entrée du palazzo della Ragione. Ouvert du lundi au samedi de 7 h à 21 h. Pour des parts individuelles de pizza ou des *barchette,* aller, près des musées degli Eremitani, à la *Boulangerie de Carlotta,* en v.o. s'il vous plaît. Dans le quartier de la gare, pas mal de choix au *Caffè La Fontaine,* corso del Popolo, 67 *(plan C1)* : *piadine romagnole, ciambella* et *panini.* Ouvert de 6 h à 21 h du lundi au samedi.

Bon marché

Ristorante Brek *(plan C2, 31)* : piazza Cavour, 20. ☎ 049-875-37-88. Ouvert de 11 h 30 à 15 h et de 18 h 30 à 22 h. Compter dans les 10-15 €. C'est ici que se restaurent secrétaires, employés de bureau et cadres pressés. Normal, c'est un self bien plus agréable qu'un McDo.

Superbe buffet de salades, *pasta,* fromages, plats chauds et pâtisseries. Copieuses grillades préparées sous vos yeux. Plats à tous les prix.

Al Pero *(plan B2, 32)* **:** via Santa Lucia, 72. Ouvert midi et soir. Fermé le dimanche. Congés annuels : 15 jours en août. Le midi, formules « menu à la carte » pour 8 à 11 €. Le soir, compter entre 15 et 20 €. La *trattoria* comme on l'imagine. Les habitués du quartier y côtoient aimablement ceux qui ont les mêmes bonnes lectures que vous.

Trattoria Marechiaro *(plan B2, 33)* **:** via D. Manin, 37. ☎ 049-875-84-89. Ouvert de 9 h à 15 h et de 18 h à minuit. Fermé le lundi. Congés annuels : de fin juillet à fin août. *Pizze* entre 5 et 8 €. Décor sans âme, versant dans le rose saumoné. Ça ne casse pas des briques, mais ça peut dépanner si l'on est pris d'une envie de pizza. Très fréquenté le midi par les gens du quartier, donc prévoir une petite attente.

Pizzeria Savonarola *(plan B1, 35)* **:** via dei Savonarola, 38. ☎ 049-87-59-128. ♿ Fermé le lundi, ainsi que 3 semaines en août. *Pizze* de 4 à 7 € environ ; compter 14 € à la carte. Beaucoup de monde, car l'adresse est bien connue (on y vient aussi pour les *pizze* à emporter). L'autre spécialité de la maison est le plat unique à base de polenta, qui tient bien au ventre, pour un bon rapport qualité-prix. Salles fumeurs et non-fumeurs. Service rapide et efficace. Cartes de paiement acceptées. Digestif offert sur présentation du *GDR*.

Prix moyens

Osteria L'Anfora *(plan B2, 30)* **:** via Soncin, 13. Ouvert de 10 h à 15 h 30 et de 17 h à minuit. Fermé le dimanche. Cette grosse taverne, située dans l'ancien ghetto, est incontestablement l'"endroit le plus sympa de Padoue. Cuisine *slow food* pas vraiment mémorable, mais les pâtes et les charcuteries sont bonnes. Rajouter une bonne bouteille de vin et un accueil très cool, et tous les ingrédients sont réunis pour passer une bonne soirée... Preuve que la recette fonctionne : c'est toujours plein. Tout le monde s'y retrouve à l'heure de l'apéro et s'il n'y a pas assez de place, qu'à cela ne tienne, on sort siroter son verre sous les arcades. Mais si vous souhaitez déjeuner ou dîner, on vous conseille vivement de réserver.

Osteria Colonna *(plan D2,* ***36****)* **:** via Altinate, 127. ☎ 049-655-085. Fermé le dimanche soir et le lundi. Formule à 9 € ; à la carte, compter le double. Gentil bar à vin situé dans une des rues commerçantes du vieux Padoue. On peut prendre l'apéro au comptoir en grignotant quelques bricoles ou choisir de s'asseoir pour des plats plus sérieux d'inspiration toscane.

Chic

Osteria dei Fabbri *(plan B2, 34)* **:** via dei Fabbri, 13. ☎ 049-65-03-36. Situé à deux pas de la piazza delle Erbe dans une petite rue à arcades. Fermé le dimanche. Congés annuels : de Noël à début janvier. Compter dans les 30 € pour un repas. Cadre cosy, rustique et chaleureux. Assez rétro. Très bonne cuisine mais qui peut laisser les gros estomacs sur leur faim ! Une bonne adresse néanmoins (une des rares en ville). Cartes de paiement acceptées. Apéritif maison offert à nos lecteurs sur présentation de ce guide.

Où boire un verre ?

Osteria L'Anfora *(plan B2, 30)* **:** voir plus haut « Où manger ? ». Très sympa aussi à l'heure de l'apéro.

Enoteca Severino *(plan C2-3, 41)* **:** via del Santo, 44. ☎ 049-65-06-97. Ouvert de 10 h 30 à 14 h et de 17 h à 21 h. Fermé le dimanche. Joli bar à vin, adhérant à la charte *slow food.* Bon choix de vins au verre à siroter au comptoir en grignotant deux-trois bricoles. Idéal à l'heure de l'apéro. Non fumeur (comme partout d'ailleurs !). Également vente à emporter.

🍷 ***Al Traguardo*** *(plan B1,* ***40****)* **:** piazza Petrarca, 13, sous les arcades. Ouvert de 17 h 30 à 1 h. Fermé le dimanche. Taverne populaire typique. Patrons sympas et cadre rigolo, plein de bibelots à la gloire du Milan AC ! Les petits vieux du quartier viennent y vider un canon. Pour l'ambiance !

À voir

Padoue s'est mise à son tour au système économique du *pass,* appelé ici *Padova Card.* Pour 13 €, cette carte donne accès au palazzo della Ragione, aux musées degli Eremitani, aux fresques de Giotto dans la chapelle degli Scrovegni (à l'exception de la réservation qui reste à payer) et à quelques autres monuments de moindre intérêt (deux oratoires, l'étage du café *Pedrocchi*), ainsi qu'au transport gratuit dans les bus urbains et au stationnement gratuit dans certains parkings municipaux. Son achat donne aussi droit à quelques réductions pour des visites dans Padoue et ses environs. Elle peut être utilisée pendant 48 h, voire 72 h si vous l'achetez un vendredi. À noter qu'elle est valable pour un adulte et un enfant de moins de 12 ans. Si vous souhaitez visiter la chapelle Scrovegni plusieurs fois, sachez qu'il existe un *pass* annuel à 15 € (il faudra quand même payer 1 € à chaque réservation). Rentable donc, même pour un court séjour !

👁👁 ***Piazza delle Erbe*** *(plan B2)* **:** le cœur de la ville, où se tient un marché chaque matin (et le samedi toute la journée). Sur cette place, le ***palazzo della Ragione*** *(plan B2,* ***53****)* était autrefois réservé à la justice. C'est là aussi que se tenaient les assemblées générales du peuple. Visite possible de 10 h à 19 h (18 h en hiver) tous les jours sauf le lundi (vérifier les horaires auprès de l'office du tourisme ou au : ☎ 049-820-50-06). Accès par l'Hôtel de Ville (via del 8 febbraio) ; entrée : 8 € ; réductions. Cet immense rectangle de pierre bâti au XIIIe siècle fut recouvert d'une toiture en forme de carène de navire. À l'intérieur, belles fresques du XVe siècle. Le grand incendie de 1420 fit disparaître la décoration d'origine que l'on devait en grande partie à Giotto (et qu'il venait tout juste d'achever !). Les peintres qui lui succédèrent tinrent à respecter l'œuvre du maître et les fresques que l'on peut admirer aujourd'hui encore sont fortement inspirées de l'œuvre de Giotto. Magnifique donc ! Dans la salle, de dimension impressionnante (81 x 27 m), un non moins impressionnant cheval en bois datant de 1466, copie du cheval qui porte le condottiere Gattamelata statufié par Donatello à côté de la basilique Sant'Antonio. Également une insolite « pierre de la honte », sur laquelle on exhibait les débiteurs insolvables. Déculottés ! Renseignez-vous à l'office du tourisme pour savoir quelle expo se tient au palais au moment de votre visite, car elles sont la plupart du temps très intéressantes. Sous les arcades, nombreux commerces d'alimentation.

👁👁 ***Université*** *(palazzo del Bo ; plan C2,* ***50****)* **:** via otto Febbraio. Réservations : ☎ 049-827-30-44 ou 47. Visites guidées les lundi, mercredi et vendredi à 15 h 15, 16 h 15 et 17 h 15 ; les mardi, jeudi et samedi à 9 h 15, 10 h 15 et 11 h 15. Rendez-vous 10 mn avant l'heure de la visite dans la petite cour *(cortile vecchio),* juste après l'entrée. Entrée : 3 € ; réductions. Vérifier les horaires et conditions de visite (souvent changeants) à l'office du tourisme voisin (galleria Pedrocchi).

Très célèbre dès le Moyen Âge, l'université de Padoue, fondée en 1222, est la deuxième plus ancienne faculté d'Italie. L'influence arabe qui la marquait lui valut de passer pour hérétique. On l'appelle le palais du Bœuf, car elle fut construite dans l'ancien quartier des abattoirs (la tête de bœuf est toujours le symbole de l'université de Padoue). Le bâtiment actuel date du XVIe siècle (avec des éléments médiévaux et contemporains) et possède une belle cour à portique, un intéressant théâtre anatomique (le premier d'Europe, voire du monde, où l'on étudia la circulation sanguine) et la chaire en bois où enseigna Galilée, qui fut en poste à Padoue de 1592 à 1610. À signaler également le buste de Lucrezia Cornaro, première femme au monde à sortir diplômée de l'Université, au XVIIIe siècle !

Piazza dei Signori *(plan B2)* **:** jolie place vénitienne que le lion de saint Marc domine du haut d'une colonne romaine. Au fond de cette place, l'horloge la plus ancienne d'Italie, remarquable pour son cadran divisé en 24 h et non en 12. Cette horloge indique aussi le passage des planètes et des constellations. Marché le mardi et le samedi.

Baptistère du Duomo *(plan B2, **55**)* **:** à droite de la cathédrale. Ouvert tous les jours de 10 h à 18 h. Entrée : 2,50 € ; réductions (notamment avec la *Padova Card*).
Petite merveille construite à la fin du XIIe siècle, typique de l'art roman lombard et dont les murs furent entièrement recouverts de fresques entre 1375 et 1378. Au total, une centaine de scènes de l'Ancien et du Nouveau Testament dues au peintre Giusto di Menabuoi, de l'école de Giotto.

Cappella degli Scrovegni *(plan C1, **51**)* **:** billets à retirer aux Musei civici, piazza delle Eremitani. ☎ 049-820-45-51. • www.cappelladegliscrovegni.it • Ouvert de 9 h à 22 h (18 h en janvier et février). Fermé le lundi. Entrée : 12 € par personne (réservation incluse) ; réductions. Fait partie de la *Padova Card* (il faut quand même payer 1 € de réservation). Un peu compliqué : d'abord, il faut impérativement réserver (sur place, sur Internet ou au ☎ 049-201-00-20). Bon à savoir ; si vous achetez votre *Pavoda Card* dans un office du tourisme, ils se chargeront eux-mêmes de la réservation. D'un autre côté, il sera peut-être déjà trop tard ! Car l'accès à la chapelle est limité à 25 personnes par demi-heure et rien ne dit que vous aurez une place pour le jour même, surtout en saison. Réservez donc le plus tôt possible : 72 h avant, voire plus en haute saison (bien moins de souci le reste de l'année, forcément). Présentez-vous aux guichets pour retirer votre billet 10 mn avant l'heure. Il faut aussi savoir qu'on n'a droit qu'à 15 mn de visite, les 15 autres minutes se passant dans une salle où l'on attend, en visionnant une vidéo, que l'atmosphère se stabilise après le passage de la fournée de touristes qui vous a précédé... Pour un peu, on vous demanderait de faire la visite sans respirer ! Une fois dans la chapelle, ouvrez donc grand vos mirettes, un quart d'heure est vite passé ! En visite nocturne (de 19 h à 22 h), on peut, moyennant un supplément, rester 30 mn. Dernière chose, le billet donne également droit à la visite du musée Eremitani (voir plus loin)... sauf pendant la nocturne, où l'on accède uniquement à la salle multimédia. Le billet en nocturne coûte 8 € (12 € si vous souhaitez rester plus longtemps dans la chapelle).
L'église la plus célèbre de la ville et peut-être du nord de l'Italie, puisque son intérieur est entièrement décoré de fresques de Giotto. C'est de 1303 à 1305 que le grand peintre florentin y réalisa sa grande œuvre de la Rédemption qui, commençant au Ciel, se termine entre Ciel et Terre avec le Jugement dernier. On dit que celui qui commanda ce travail à Giotto, Enrico Scrovegni, voulut ainsi éviter la damnation éternelle à son père, usurier tellement notoire qu'il est évoqué par Dante dans l'Enfer de sa *Divine Comédie*... Malgré les vicissitudes du temps, ce chef-d'œuvre n'en finit pas de nous éblouir. La dernière campagne de restauration a enfin stabilisé le processus de détérioration et les fresques ont même retrouvé leurs couleurs d'origine. Tout comme Proust, au début du XXe siècle, on peut s'extasier devant le bleu du ciel étoilé (bien que le bleu soit la couleur qui ait le plus souffert) et devant ces sublimes fresques murales qui retracent la vie d'Anne et Joachim (les

heureux parents de Marie), de la Vierge et de celle du Christ. Sur la partie inférieure des parois, les Vertus (à droite) et les Vices (à gauche).

*** Musei civici agli Eremitani** *(plan C1, **52**)* **:** juste à côté de la chapelle (billet jumelé). Ouvert de 9 h à 19 h, sauf le lundi et certains jours fériés. Le rez-de-chaussée de cet ancien couvent est consacré à l'archéologie romaine, égyptienne, grecque... et à la numismatique. Au premier étage, la pinacothèque abrite un superbe département médiéval et quelques chefs-d'œuvre Renaissance : Giotto, Bellini... bien que l'essentiel des œuvres soient signées par des petits maîtres vénitiens ou flamands, ce musée n'a pas à rougir de sa collection car il cache des richesses insoupçonnées. Notamment une série d'anges peints sur bois et dorés de Guariento. Compter bien deux heures de visite pour toutes les salles qui retracent finalement toute l'histoire de l'Art jusqu'à la fin du XVIIIe siècle (on croisera par exemple quelques Bassano, Véronèse, Titien, Tintoret, Canova...). Régulièrement, de grandes expos temporaires, très bien présentées, liées à la peinture et à la sculpture.
Au sous-sol, une nouvelle salle multimédia permet de préparer (ou de compléter la visite de la chapelle). Une vidéo retrace la vie de Giotto et surtout l'histoire de Scrovegni et de sa chapelle. On enchaîne sur une visite virtuelle et interactive qui permet de grossir et de détailler les fresques à loisir... pas mal du tout.
Pour vous occuper si vous devez attendre votre heure de visite, voir également juste à côté, ***l'église degli Eremitani*** (l'entrée est gratuite), où l'on peut admirer des fresques de Guariento *(presbytère)* et des œuvres de jeunesse de Mantegna *(chapelle Ovetari)*, originaire des environs et appelé à se faire un grand nom à Mantoue. Le moins que l'on puisse dire, c'est qu'il était déjà doué le bougre !

Basilique Sant'Antonio *(plan C3, **54**)* **:** au sud de la ville. Ouvert de 6 h 30 à 19 h 45 (19 h en hiver). Elle fut construite au XIIIe siècle pour recevoir les restes du saint, juste après sa canonisation. Pour la petite histoire, lors du transfert du corps, on découvrit que la langue avait gardé sa souplesse, signe qu'il était toujours le témoin de la Vérité divine. Selon la tradition populaire, saint Antoine de Padoue fait retrouver tout ce qu'on perd, du dentier jusqu'à l'être aimé... L'extérieur de la basilique surprend un peu. La façade est de style roman, les dômes appartiennent à l'architecture byzantine, tandis que la tour centrale et les clochers sont gothiques. L'intérieur gothique renferme un tas de reliquaires (la langue, les dents, la tunique...) et d'ex-voto, témoins de la dévotion populaire (qui raviront les amateurs de kitsch et de bondieuseries). Ne manquez pas d'admirer les bronzes de Donatello, qui ornent le maître-autel.

Monumento al Gattamelata *(plan C3)* **:** cette magnifique statue équestre située sur le parvis de la basilique Sant'Antonio fut réalisée en l'honneur d'un condottiere de la république de Venise. C'est le chef-d'œuvre de Donatello. Sur ce cheval massif, l'homme, amenuisé par rapport à la bête, est déjà un vieillard, mais son visage traduit une extraordinaire volonté.

Prato della Valle *(plan C3)* **:** à 200 m au sud de la basilique Sant'Antonio, cette plaine marécageuse était autrefois réservée aux foires et aux marchés. Assainie au XVIIIe siècle, elle acquit l'aspect très particulier qu'on lui connaît aujourd'hui : au centre, une île, plantée d'arbres et entourée d'un canal, et quatre ponts unissant l'île à cette gigantesque place. Les parapets du canal sont bordés de statues d'hommes illustres, philosophes, écrivains, savants et médecins. Le week-end, les bouquinistes et autres antiquaires y déploient leurs étals et vieilleries.

Jardin botanique *(orto botanico ; plan C3, **56**)* **:** à quelques pas du Prato della Valle. ☎ 049-827-21-19. Ouvert de 9 h à 13 h et de 15 h à 18 h d'avril à fin octobre ; le reste de l'année, ouvert uniquement le matin. Entrée : 4 € ; réductions, notamment avec la *Padova Card*.

Ce jardin est l'un des plus anciens d'Europe, fondé en 1545 comme « jardin des Simples » de la faculté de médecine et l'un des plus complets. Intéressant pour sa collection de plantes carnivores et d'orchidées. On y trouve aussi le plus vieux palmier, planté en 1585, auquel Goethe fait allusion dans son *Voyage en Italie* en 1786.

QUITTER PADOUE

En train

➢ ***Pour Venise Santa-Lucia :*** très nombreux départs. Compter 30 mn de trajet.
➢ ***Pour Vicenza :*** 30 mn de trajet.
➢ ***Pour Vérone :*** 1 h de trajet.
➢ ***Pour Monselice :*** nombreux départs, entre 20 et 35 mn de trajet.
➢ ***Pour Udine :*** 2 h de trajet, via Trévise.

En bus

• www.sita-on-line.it • pour les horaires précis.
➢ ***Pour Venise :*** départs (toutes les heures à 25 et à 55) de 5 h 25 à 22 h 25. Bus directs ou bus s'arrêtant sur le parcours de la Riviera del Brenta.
➢ ***Pour Monselice et Montagnana :*** départs de 6 h 30 à 20 h 30.
➢ ***Pour Vicence et Trévise :*** départs de 6 h à 20 h 15.

LES COLLINES EUGANÉENNES *(EL PARCO REGIONALE DEI COLLI EUGANEI)*

Au sud de Padoue, de curieuses collines coniques tranchent dans le paysage, par ailleurs plutôt plat. D'origine volcanique, elles présentent un intérêt certain pour les amateurs de géologie. Les routes passent entre les collines et vous emmènent de village en village, à la découverte de toute une micro-région qui inspira plus d'un écrivain-voyageur (lord Byron, Shelley et Casanova y ont séjourné, sans parler de Pétrarque, qui est venu y passer les dernières années de sa vie). Des vignes à ne plus savoir où donner de la tête, et, conséquence logique, beaucoup d'auberges de campagne très sympathiques et aussi des *aziende agriturismi* qui proposent leur vin. Attention sur la route en repartant, surtout que les cyclistes sont nombreux à s'entraîner dans le coin... Le parc régional, qui gère le secteur, a tracé pas mal de sentiers de petite randonnée. Pour en faire le tour (en voiture), compter une demi-journée, voire plus en fonction des arrêts.

Adresses utiles

ℹ ***Azienda di promozione Turistica Terme Euganee :*** via Pietro d'Abano, 18, Abano Terme ☎ 049-86-69-055. • www.termeeuganeeapt.de • Il existe d'autres petits offices du tourisme dans les différents villages. Celui-ci est le plus important et le plus riche en documentation. Surtout, il est ouvert tous les jours, toute l'année. De 8 h 30 à 13 h et de 14 h 30 à 19 h du lundi au samedi et de 9 h à 12 h et de 15 h à 18 h le dimanche.

ℹ ***Parc régional :*** Cà Mori, via Rana Cà Mori, 8, 35042 Este. ☎ 0429-60-

27-96 ou 61-20-10. • www.parcocollieuganei.it • Publie une brochure en français (disponible dans la plupart des offices du tourisme) proposant une quinzaine de balades, randonnées à travers collines et sentiers. Descriptifs très bien faits (saison, difficulté, durée, topographie, dénivelée...).

Où dormir ?

Camping Sporting Center : via Roma, 123-125, à Montegrotto Terme. ☎ 049-79-34-00. Fax : 049-891-15-51. • www.sportingcenter.it • À 10 km de Padoue (prendre la direction Albano Terme/Montegrotto). Ouvert de mars à fin octobre. Selon la saison, de 18,50 à 31 € pour 2 personnes avec voiture et tente ou caravane. Propre, silencieux, mais cher, forcément, c'est un 4-étoiles grand confort. Piscine, tennis. Une discothèque et un véritable complexe thermal (sympas les massages et les bains de boue en vacances !). Beaucoup de camping-cars dès le printemps.

Ostello per la gioventù Rocca degli Alberi : via Matteoti, porta Legnano, 35044 Montagnana. ☎ 0429-810-76. Fax : 0429-80-71-61. À 48 km au sud de Padoue. De Padoue ou de Vérone, prendre le bus. Un peu plus d'une heure de voyage. Ouvert d'avril à mi-octobre. Fermé entre 9 h et 14 h. On conseille de téléphoner avant pour vérifier s'il y a encore des lits disponibles. Ne pas arriver trop tard car la porte sera immanquablement fermée. Compter 11,50 € par personne en chambre de 8 lits et 14 € en chambre de 2 à 4 lits. AJ très célèbre en Italie puisqu'elle est installée dans un donjon médiéval (voir plus loin dans la rubrique « À voir »). Possibilité (limitée) de camper au pied de la tour. Les chambres sont sur 6 étages. Au 7e étage du donjon, on aboutit à une terrasse à créneaux avec un chemin de ronde. Superbe vue sur la campagne environnante. Possibilité (payante) de visiter la tour sans être un hôte de l'AJ. Cette petite ville est assez morte le soir venu, mais l'imposante enceinte qui l'entoure entièrement lui donne un petit côté médiéval fort sympathique. N'accepte pas les cartes de paiement.

Venetian Hostel (palazzo Tassello) : via San Stefano Superiore 33, à Monselice. ☎ et fax : 0429-78-31-25. • ostellomonselice@libero.it • À 22 km au sud-est de Padoue. Monselice est desservie par bus et par train au départ de Padoue. Ouvert toute l'année. Autour de 19 € la nuit en chambre commune, 26 € en chambre simple. Chambre (avec bains) de 39 à 43 €. Petit dej' : 3 €. Une très jolie AJ dans un *palazzo* du XVIe siècle récemment rénové. Chambres claires et agréables. Repas pour les groupes seulement. L'*ostello* étant géré par la commune et une association *(Turismo & Cultura)*, pas de carte exigée.

Chez l'habitant

■ L'association **Euganean Life,** basée à Este, au sud des collines Euganéennes, regroupe une quarantaine de propriétaires de *B & B* ou d'appartements à louer dans cette microrégion au sud de Padoue. Renseignements auprès de Mme Maria Luisa Poeta-Rosina, via Prosdocimi, 14, 35042 Este. ☎ et fax : 0429-561-56 ou 347-435-54-74 (portable). • www.bandb-veneto.it/euganeanlife • Compter dans les 50 à 70 € en moyenne pour deux. Mme Poeta-Rosina, qui parle le français, loue elle-même des chambres confortables dans une maison entourée d'un joli jardin. Petit déjeuner copieux. Excellent accueil. (• www.bbpoeta.it •)

■ De nombreuses fermes pratiquent l'agritourisme. Renseignements au ☎ 049-822-35-21.

Où manger ?

La Prosciutteria : piazza Vittorio Emanuele, 50, 35044 Montagnana. ☎ 0429-812-09. Ce grand salon de thé s'avère idéal pour un casse-croûte léger et rapide. Grande terrasse sur la place ou sous les arcades. Comme son nom l'indique, il s'est spécialisé dans les charcuteries fines et notamment les jambons cuits et crus. Grandes *brushette* garnies et bien sûr, pâtisseries pour le dessert... Pas donné quand même.

Trattoria Da Stona : via Carrarese, 51, 35044 Montagnana. ☎ 0429-815-32. Fermé le lundi. Compter 20 € pour un repas complet à la carte. Bonne auberge de village. Classique et populaire, même si la salle à manger, toute rose, paraît bien endimanchée... mieux vaut réserver le week-end.

À voir

Il n'existe pas en voiture de circuit précis. On vous propose de façon tout à fait subjective une sorte de boucle depuis Padoue. Mais vous pouvez tout aussi bien couper ou inverser l'itinéraire, notamment en tenant compte des horaires de fermeture. À signaler que les détenteurs de la *Padova Card* bénéficieront de réductions, voire de gratuité, dans la plupart des musées et des sites touristiques de la région.

Albano Terme : village thermal sans aucun intérêt, vous pouvez éviter...

Battaglia Terme : ☎ 049-526-541. Ouvert uniquement les mardi et dimanche de 14 h 30 à 18 h 30, du 1er mars au 30 novembre. Entrée : 7 €, réductions. Le castello del Catajo ne compte pas moins de 305 pièces. Certes on ne les visite pas toutes, mais il est sûr que ce palais inspiré de plans de châteaux tartares que Marco Polo aurait rapporté dans ses bagages a de quoi surprendre. On retrouve ce goût pour l'exotisme et l'Orient dans la décoration intérieure. Un peu plus loin dans le village, petit musée de la navigation fluviale.

Valsanzibio et la villa Barbarigo. Cette villa est célèbre pour ses jardins baroques, parmi les plus beaux d'Italie, avec ses jeux d'eau, ses labyrinthes. ☎ 328-648-28-94. • www.valsanzibiogiardino.it • Ouvert du 1er mars au 30 novembre. Entrée : 7,50 € ; réductions.

Arquà Petrarca : si le village n'est pas sans charme, il est surtout célèbre pour avoir accueilli le fameux poète et humaniste Pétrarque, pendant les dernières années de sa vie. On peut se recueillir sur sa tombe et visiter sa maison (☎ 0429-71-82-94. Fermé le lundi. Entrée : 3 € ; réductions ; gratuit avec la *Padova Card*).

Monselice : deux ravissants châteaux gothiques abritent aujourd'hui un musée consacré à l'art médiéval et Renaissance (☎ 0429-72-931). Fermé le lundi et en hiver. Entrée : 6,50 € ; réductions. En septembre, joutes et fêtes médiévales.

Office du tourisme : via del santuario, 6. ☎ 0429-81-320.

Este : cette jolie petite ville fortifiée était déjà une cité importante du temps de l'âge du fer (on parle d'ailleurs de civilisation « atestine ») des Romains et au Moyen Âge. Aujourd'hui encore elle fait office de petite capitale des collines... Le château, maintes fois remanié, abrite aujourd'hui un petit musée archéologique. On peut aussi admirer les murs d'enceinte de la ville. La cathédrale renferme une œuvre majeure de Giambattista Tiepolo.

Office du tourisme : via G. Negri, 9. ☎ 0429-600-462.

Cinto Euganeo : faites un arrêt dans ce village pour en visiter l'ancien four à chaux *(Cava Bomba)*. Le site, beau et insolite, abrite également un musée de géopaléontologie (!), dédié à l'archéologie industrielle et présentant une intéressante collection de minerais (☎ 0429-64-71-66. Fermé le lundi. Entrée : 2,60 €; réductions).

Vò Vecchio : joli site, belle campagne...

Teolo : patrie d'origine de l'historien Tite-Live. Ce joli village perché offre surtout un beau panorama sur les environs et sert de point de départ à de nombreuses promenades dans le vignoble. Faux airs de Château-Chalon dans le Jura...

Montagnana : à 48 km au sud-ouest de Padoue. Une petite cité dont les murailles (épaisses de 2 m, hautes de 15 à 17 m, longues de près de 2 km, et avec 24 tours à base octogonale) seraient les mieux conservées d'Europe. Une des curiosités de la ville est l'AJ installée dans une tour du XIIIe siècle. Si vous êtes dans le coin le 1er dimanche de septembre, ne manquez pas le *palio dei 10 comuni,* « jeu » qui célèbre la fin de la tyrannie du gibelin Ezzelino da Romano, lequel laissa un très mauvais souvenir aux habitants de Montagnana à la fin du XIIIe siècle. Padoue et Vérone avaient autrefois leur *palio* mais seul celui de Montagnana, qui remonte au XIVe siècle, est resté aujourd'hui. Combats équestres, jeux médiévaux et, pour finir, une reconstitution d'un grand « incendie », le tout dans de magnifiques costumes d'époque.

Office du tourisme : castel S. Zeno. ☎ 0429-81-320. Ouvert du mercredi au dimanche. Également petit musée local.

LE CANAL DEL BRENTA

Canal del Brenta en bateau, à vélo ou en voiture : plusieurs bateaux parcourent le célèbre canal del Brenta, le long duquel s'aligne une cinquantaine de villas parmi les plus belles qui soient. En franchissant écluses et ponts tournants, le bateau longe un paysage doux et paisible où les villas construites pour de richissimes Vénitiens du XVIe au XVIIIe siècles constituent un patrimoine unique. Il effectue quelques haltes pour la visite de la *villa Pisani,* de la *villa Widmann Foscari,* lieux de résidence de l'aristocratie vénitienne qui y organisait des fêtes nocturnes avec concerts, bals et feux d'artifices. Les orchestres, dissimulés dans les bosquets, jouaient des airs de Pergolèse et de Vivaldi. Il existait déjà au XVIIIe siècle un bateau, nommé *Il Burchiello,* qui reliait Padoue à Venise et transportait seigneurs, marchands, artistes, comédiens, aventuriers et femmes légères. Il fut même célébré par Casanova et cité par Byron. Le paysage s'est malheureusement beaucoup urbanisé, industrialisé... Les villas se sont beaucoup détériorées. La magie n'opère vraiment qu'avec un minimum d'imagination. Intéressant mais pas bouleversant... La Brenta n'en reste pas moins un des sites majeurs de Vénétie.

Adresses utiles

Petit ***office du tourisme*** : à l'entrée de la villa Serimann Widmann Foscari, via Nazionale, 420, Mira. ☎ 041-560-06-90. Ouvert de 10 h à 18 h de mai à novembre; de 9 h à 17 h le reste de l'année. Fermé le lundi. Bien utile, car très bien documenté. Procurez-vous absolument la brochure *Riviera del Brenta, la guida,* malheureusement pas traduite en français, elle n'en demeure pas moins indispensable (horaires à jours, adresses utiles, itinéraires...).

Également les *offices du tourisme de Venise* (☎ 041-52-987-11) et *de Padoue.* Bien que ce dernier soit assez pauvre en la matière (la rivière de la Brenta dépend administrativement de la province de Venise).

Croisières en bateau

Plusieurs compagnies, basées à Padoue, se partagent le marché. Le service de bateaux part tous les deux jours vers 9 h de Venise et arrive entre 18 h et 19 h à Padoue. En principe, départ du pont Giardinetti (à côté de la piazza San Marco) les mardi, jeudi et samedi. Les mercredi, vendredi et dimanche, le départ se fait de Padoue. Repos le lundi. Excursion proposée de fin mars ou début avril à fin octobre.
Pour plus d'infos, vous pouvez également contacter le consortium :

ASCOM : passagio de Gasperi, 3, 35131 Padoue. • www.rivieradelbrenta-navigazione.it • wwwpadovanavigazione.it • Il existe beaucoup d'autres croisières autour de Padoue.

■ ***Il Burchiello – Sita :*** via Orlandini, 3, 35121 Padoue. ☎ 049-877-47-12. Fax : 049-876-30-44. • www.ilburchiello.it • Au départ de Padoue ou de Venise.

■ ***I Battelli del Brenta :*** via Porciglia, 34, 35121 Padoue. ☎ 049-876-02-33. Fax : 049-876-34-10. • http://antoniana.it/battellidelbrenta • Près de la chapelle degli Scrovegni. Même genre de prestation que la précédente.

■ ***Delta Tour :*** via Toscani, 2, 35127 Padoue. ☎ 049-87-00-232. Fax : 049-76-08-33. • www.deltatour.it • Uniquement dans le sens Padoue-Venise (du mardi au dimanche). Mais attention, le rendez-vous se fait devant la villa Pisani, à Stra, à 8 h 30. Le prix comprend un repas froid à bord, mais chacune des trois villas est en supplément. Organise aussi des croisières sur le delta du Pô.

Avant de se décider pour cette excursion, plusieurs choses sont à savoir. On précise donc que ce voyage s'effectue en bateau pour l'aller et en bus pour le retour (non inclus dans le prix). Le repas de midi, dans un resto, est en plus (compter 25 €), mais il est facultatif. Tout cela fait que cette excursion est bien chère... Le billet est déjà à environ 62 € par personne et le prix de la visite de la villa Pisani à Stra, la troisième villa visitée, n'est même pas inclus... Sans compter que le temps passé dans chaque villa est évidemment limité.

En voiture, en bus, en train

– Ceux qui ont une voiture peuvent cependant reconstituer le parcours du bateau en longeant le canal par la route n° 11, qui relie Venise à Padoue via Marghera, Mira, Dolo et Stra. Vous pourrez ainsi visiter les villas à votre rythme. C'est sans doute la meilleure solution.
– Trois lignes principales de bus : n°s 1, 56 et 9. Sans oublier le bus n° 53 qui relie Venise (piazza le Roma) à Padoue (gare routière), via Mirano, Mira, Dolo, Stra... Départ toutes les 15 à 30 mn. Renseignements auprès d'*ACTV Pronto Vela* : ☎ 899-90-90-90. (attention, vente de billet un peu partout mais pas dans le bus).
– Vous pouvez aussi jongler avec les horaires de train et de bus. Gares à Dolo, Oriago, Mira, Mira Buse, Campagna Lupia... Trains en provenance de Padoue, Venise, Mestre... Renseignements au ☎ 89-20-21 ou 049-58-40-562.

À vélo

Mieux vaut vous prévenir tout de suite, il n'y a pas de réelle piste cyclable. On peut certes longer la rivière de Padoue à Venise, mais il faudra la plupart de temps partager la route avec les voitures et les autobus. Deux itinéraires ont toutefois été balisés sur la rive sud, à travers la plate (et morne) campagne.

■ ***Location de vélos :*** via Mocenigo, 3, Mira Porte. ☎ 041-42-01-10. Ouvert du lundi au samedi (le dimanche, uniquement sur réservation). Autour de 8 € la journée.

■ Voir aussi nos adresses de location à Padoue (mais c'est quand même pas tout près).

Où dormir ? Où manger ?

Ceux qui souhaiteraient se mettre au vert dans les environs peuvent aussi demander aux offices du tourisme les adresses pratiquant l'agritourisme.

Auberge de jeunesse de Mira : 117 SS Romea (SS 309) località Giare, 30030 Gira di Mira. ☎ 041-567-92-03. Fax : 041-567-64-57. • ostellomira.venezia@tin.it • À 18 km de Venise centre. Sur la route de Chioggia, au km 117, tourner à gauche et c'est 1,5 km plus loin. Fermé entre 10 h et 17 h 30. Ouvert du 1er avril au 30 septembre. Compter 13 € la nuit en dortoir avec petit déjeuner, 16 € en chambre double. AJ officielle, sympa, récemment ouverte et aménagée dans une ancienne école primaire. Bon accueil. Propre. Mieux vaut être motorisé.

La Chioccia : via Marzabotto, 32, à Lughetto, village dépendant de Campagna Lupia. ☎ 041-518-52-70. Fax : 041-518-99-40. (au restaurant). Sur la route de Chioggia, après le km 116, tourner à droite, poursuivre jusqu'à Lughetto et prendre à gauche aux feux. Petit camping à la ferme, tranquille, ouvert de février à décembre : compter 16 à 28 € pour 2 personnes avec eau chaude, voiture et tente. Resto sur place, ouvert du vendredi au dimanche (dans les 20 € par personne). Réserver. Les proprios ont également 3 chambres toutes récentes dans des mobile homes. N'accepte pas les cartes de paiement. Digestif offert sur présentation du *Guide du routard.*

Celin : via Venezia, 99. 30039 Stra. ☎ 049-980-06-15. Prix dérisoires : buffet de 3 à 6,20 € selon la taille de l'assiette. Moins de 5 € pour un plat de pâtes. Cette grande demeure bourgeoise au bord de la route, à la sortie de Stra, paraît bien incongrue de nos jours dans cet environnement quelque peu inhospitalier... Trafic automobile et commerces en tout genre bouchent quelque peu la vue... C'est sans doute ce qui explique que la maison ait dû trouver une nouvelle vocation. Ce qui explique également, que tous les midis, routiers de passage et employés du coin se précipitent ici pour déjeuner. On les comprend : le buffet est hallucinant de variété et de fraîcheur : fritures, salades mêlées, crudités, légumes grillés, charcuteries, fromages... Si vous avez encore faim, un plat des pâtes du jour et l'affaire est conclue ! Comme souvent pour ce genre de buffet, mieux vaut arriver tôt. Déco hyper sympa et petite terrasse dans le jardin.

Les villas

À noter que le circuit se fait ici au départ de Padoue (comme la plupart des bateaux). Si vous venez de Venise, il suffit d'inverser. Notons également que l'office du tourisme de Venise proposait pour l'année 2004 un *pass* à 19 € (réductions), permettant de visiter cinq des plus belles villas. On espère que cette opération sera reconduite pour 2005, dans le doute, pensez à vous renseigner sur place (il est également vendu dans les villas concernées). En plus, il est accompagné d'un petit fascicule en français détaillant l'histoire et l'architecture de chacune des villas (ou de leurs dépendances).

Villa Pisani : la plus célèbre de toutes, à Stra. ☎ 041-50-20-74 et 049-50-22-70. À 17 km du centre de Padoue. Ouvert de 9 h à 20 h de fin mars à

fin septembre ; de 9 h à 17 h le reste de l'année (fermeture des caisses une heure avant). Fermé le lundi. Entrée : 5 € (musée et parc) ou 2,50 € (parc seul) ; réduction pour les 18-25 ans. Entrée gratuite pour les moins de 18 ans et pour les plus de 65 ans, ressortissants de l'Union européenne.
Le nom est trompeur car la villa Pisani n'a rien d'une villa palladienne. Elle fut construite au XVIIIe siècle par l'architecte Preti, dans un style grandiose et fastueux qui se voulait un hommage au château de Versailles. Des gens célèbres en furent les hôtes, tels que les grands-ducs de Russie, Gustave III de Suède, Ferdinand d'Autriche, Maximilien de Habsbourg... Cette villa est surtout fameuse pour avoir été le lieu de la première rencontre entre Hitler et Mussolini. On doit la décoration actuelle à son plus célèbre occupant, Napoléon, toujours aussi désireux de laisser son empreinte partout où il passait. L'essentiel du mobilier et des tapisseries est donc de style Empire. Malheureusement (l'État est pourtant propriétaire des lieux), l'ensemble est très défraîchi, mal entretenu et finalement assez triste. Ne manquez pas les fresques de la salle de bal, peintes par Giambattista Tiepolo. Dans le parc, demandez où se trouve le célèbre labyrinthe décrit par D'Annunzio dans son roman *Le Feu* (on ne le visite que par temps sec).

🎈 ***Villa Serimann Widmann Foscari :*** via Nazionale, 420 à Mira. ☎ 041-560-06-90. À la sortie de Mira, sur la gauche de la route (en allant vers Venise). Ouvert du mardi au dimanche, de 10 h à 18 h, de mai à septembre ; de 10 h à 17 h le reste de l'année (en principe, seulement le week-end en hiver). Fermé le lundi. Entrée : 5 € (visite guidée sur demande en italien ou en anglais) ; réductions.
Très belle villa du XVIIIe siècle, dont l'entrée tristoune ne donne pas idée de la splendeur. Plus modeste que les autres, mais tout de même luxueuse. Intérieur rococo français. Fresques peintes par des élèves de Tiepolo. Dans le parc, bassins, statues et paons. Des personnalités comme Stravinski ou D'Annunzio y ont séjourné, ainsi que quelques papes...

🎈 ***Villa Foscari (la Malcontenta) :*** via dei Turisti, 9, à Oriago. ☎ 041-547-00-12. Au début du parcours (bien indiqué quand on vient de Venise). Ouvert au public seulement d'avril à octobre. Visites le mardi et le samedi de 9 h à 12 h. Les autres jours, sauf le lundi, sur réservation (uniquement pour les bateaux et les groupes). Entrée : 7 € (plus 1 € en cas de réservation).
Construite par Palladio vers 1560, la villa contient de remarquables fresques. L'architecture extérieure est déjà très intéressante. Le nom de la villa viendrait du mécontentement des paysans locaux qui s'étaient alors soulevés contre des mesures relatives à la propriété. Une autre légende prétend qu'un mari jaloux y aurait enfermé sa femme, la rendant... très mécontente.

🎈 Des dizaines d'autres ***villas*** bordent le canal (parmi les plus intéressantes : la villa *Priulli* à Oriago di Mira, *Ca'Moro* et la villa *Gradenigo* également à Oriago, la *barchessa Valmarana* en face de la villa *Serimann Widmann,* la villa *Grimani* à Dolo, la villa *Zuconi,* juste après la villa *Pisani* à Stra, etc.), mais pour la plupart, elles ne sont plus entretenues et toutes ne se visitent pas. Pour plus de détails, se renseigner dans un office du tourisme. Cette dernière villa se situe en quelque sorte « hors itinéraire », car à une quinzaine de kilomètres au nord de Padoue.

🎈🎈 ***Villa Contarini :*** à ***Piazzola sul Brenta.*** ☎ 049-559-02-38. ♿ Ouvert de 9 h à 12 h et de 15 h à 19 h de mai à août ; de 9 h à 12 h et de 14 h à 17 h en hiver (14 h à 18 h en intersaison). Fermé le lundi et les jours de fête. Entrée : 5,50 € ; réductions. Une magnifique villa, conçue par Palladio, et qui est reliée par une aile à une série d'arcades doubles, en quart de cercle, où sont installés des commerces. Surprenant. Jolies fresques et splendide parc.

CHIOGGIA

(30015)

Chioggia se situe à 25 km à vol d'oiseau au sud de Venise. Le charme de la lagune est ici plus intense, car encore préservé de l'invasion touristique. Un lacis de petits canaux forme les *barene,* petites lagunes intérieures où pêchent les habitants du coin. La pêche est d'ailleurs la principale activité de la ville. Vous y verrez de nombreux bateaux multicolores tout en bois peint. Certains sont de véritables œuvres d'art, avec des décorations rappelant des motifs religieux ou représentant des animaux mythologiques. Ils paradent toute voile dehors et avec fierté les jours de fête. Ainsi les canaux ont une bien jolie allure. Pour les voir, venez donc fin juillet pour la fête du Poisson, ou un peu plus tôt dans la saison, le 3e dimanche du juin, pour le *Palio della Marciliana,* où les 6 quartiers de la ville s'opposent dans le plus grand respect des traditions. Mais le calendrier est ici généreux en occasion de faire la fête. En fait, Chioggia vaut plus le coup pour son atmosphère de petite ville méditerranéenne que pour ses monuments. Chioggia n'a pas la magie de Venise, bien sûr... mais on adore le charme authentique de ce village vivant et populaire où l'on croise plus de pêcheurs que de touristes. *Sottomarina,* l'île reliée à Chioggia par un pont, est à fuir absolument. Hôtels en béton, enseignes fluo, et hordes de touristes venus chercher un peu de soleil sur la côte composent le décor quelconque de cette station balnéaire sans intérêt, sauf si l'on veut planter sa tente dans un des nombreux campings, surpeuplés en saison. Préférez donc le vieux Chioggia qui garde, aujourd'hui encore, toute son authenticité.

Comment y aller ?

On peut y accéder par bateau ou par la terre ferme.

➢ En voiture, prendre à Marghera, au sud de Mestre quand on vient de Venise, la SS 309 qui longe la lagune en direction de Ravenne. On peut aussi prendre un bus à l'arrêt Piazzale Roma (départ corsia D1). Une cinquantaine de kilomètres. Compter 45 mn. De Padoue, prendre la SS 516, c'est toujours tout droit... compter une heure de trajet, il y beaucoup d'agglomération. Là aussi bus direct depuis la gare de Padoue (ligne n° 805).

➢ Du Lido de Venise, prendre le bus n° 11, pas très loin de l'embarcadère Santa Maria Elisabetta, en face du n° 6 Gran Viale. Le bus passe (en bac) par l'île de Pellestrina puis il faut prendre un *motonave* jusqu'à Chioggia. Compter 1 h 30 au total de Venise à Chioggia pour un peu plus de 4 € l'aller. Un départ toutes les 90 mn environ, voire moins.

➢ Une chouette balade consiste également à louer un vélo au Lido de Venise et à descendre vers le sud jusqu'à Chioggia, en empruntant les bacs successifs (mais attention, le transport des vélos à bord est limité en nombre).

Adresse et info utiles

i ***Office du tourisme :*** au Museo civico della Laguna. ☎ 041-550-09-11. • museo@chioggia.org • Du 12 juin au 31 août, ouvert de 9 h à 13 h et de 19 h 30 à 23 h 30. Fermé le lundi, les mardi et mercredi après-midi et le dimanche matin. Le reste de l'année, ouvert de 9 h à 13 h et de 15 h à 18 h (mêmes jours de fermeture). La ville n'est pas bien grande, mais vous pourrez toujours récupérer un plan et glaner quelques infos.

– Grand ***marché*** le jeudi matin.

Où manger ?

On vient avant tout à Chioggia pour manger du poisson. Bon, les restos indiqués ci-dessous proposent tout de même 3-4 plats de viande pour les réfractaires... Pour manger sur le pouce, pas mal de bars et de *paninoteche* sous les arcades du corso del Popolo offrent un large choix de *tramezzini* (non pas en triangle comme ailleurs, mais roulés !), *bruschette, piadine* et *panini.* Le ***Crema 1306 Café*** (☎ 041-550-10-82), à côté du restaurant *Antico Toro,* offre, quant à lui, l'avantage d'une chouette terrasse. Glaces maison également.

De bon marché à prix moyens

🍴 ***Antico Toro :*** corso del Popolo, 1306. ☎ 041-400-560. À côté du marché et pas très loin du débarcadère. Fermé le mardi. Congés annuels : en novembre. Compter 20 € à la carte. Choix varié à des prix raisonnables. Spécialités de la mer : *vongole,* cigales, anguilles. Très fréquenté par les Chioggiotti (les habitants de Chioggia, vous l'auriez deviné !). L'accueil est chaleureux, la cuisine ordinaire mais correcte. Agréable terrasse sur le corso. Cartes de paiement acceptées.

De prix moyens à plus chic

🍴 ***Mano Amica :*** corso del Popolo, sur la piazzetta Vigo, 1340. ☎ 041-401-721. Fermé le lundi. Congés annuels : en janvier. Comptez de 20 à 30 € pour un repas à la carte. Un petit resto agréable, dans le centre historique, à deux pas du débarcadère, spécialisé, lui aussi, dans les poissons et fruits de mer. Déco intérieure amusante avec de petites arcades en brique. L'été, on peut manger sur la terrasse qui donne sur la place.

🍴 ***Bella Venezia :*** calle Corona, 51. ☎ 041-400-500. Ouvert de 12 h à 15 h et de 19 h à 22 h 30. Fermé le mercredi. Congés annuels : en janvier. Formule à 18 €. À la carte, compter plutôt 28 € pour un repas complet ; un menu-dégustation à 30 € tout compris. Dans une rue étroite, perpendiculaire au corso, à gauche quand on descend vers l'embarcadère. Ambiance un peu froide en salle. Préférez la jolie cour intérieure, surmontée de statuettes représentant les saisons. Excellentes coquilles Saint-Jacques et délicieux risottos. À ranger dans la catégorie « Plus chic ». Réserver pour le dimanche.

À voir

🚶🚶 ***Museo civico della Laguguna sud :*** dans l'ancienne église *San Francesco fuori le mura.* Abrite le petit office du tourisme de la ville : mêmes horaires. Entrée : 3,50 € ; réductions. Joli petit musée consacré à l'histoire de la marine et à la vie dans la lagune depuis la préhistoire. La construction sur pilotis est très bien expliquée. On peut aussi y admirer quelques tableaux montrant, au fil des siècles, la vie sur l'île, l'exploitation des salines, les fêtes populaires, religieuses. Quelques barques (les *bragozzi*) avec leurs voiles chamarrées, chargées de symboles ésotériques... Ne pas manquer non plus la superbe représentation sur bois doré de la « Justice trônant avec saint Felice et saint Fortunato », datant de 1436. Felice et Fortunato sont les deux saints protecteurs de la ville.

🚶 ***Corso del Popolo :*** Chioggia s'organise autour d'une artère centrale, le corso del Popolo. Passée la *porta Garibaldi* (du XVIe siècle), la ville est saucissonnée par des dizaines de petites rues qui coupent cette grande avenue perpendiculairement. De part et d'autre du corso, une rangée d'arcades abrite des restos sympas, des magasins en tout genre et pas moins de quatre églises !

Enfin, tout au bout du corso del Popolo se trouve la *piazzetta Vigo,* avec sa colonne surmontée d'un lion ailé, symbole de Venise.

Marché au poisson : tous les jours de 8 h à 12 h sauf le lundi. Il ne se trouve sur le corso, pas loin du resto *Antico Toro.* Installé dans un ancien entrepôt à grain, c'est le plus pittoresque de la lagune. La salle de vente se trouve le long du canal della Vena. Les petits bateaux y accostent juste après la pêche pour vendre au plus offrant. L'entrée du marché est surmontée d'un superbe portique en pierres sculptées. Photographes de tous les pays, unissez-vous, c'est le moment de finir votre pellicule.

Quand on arrive au bout du corso, à l'embarcadère, empruntez le petit pont et rejoignez le canal della Vena. Vous pourrez y prendre vos plus jolies photos. Vous n'aurez pas grand mal à faire croire qu'elles ont été prises à Venise, tant la ressemblance est frappante. Façades colorées, conserveries de poisson, barques de pêcheurs, linge suspendu aux fenêtres... on pense à la Venise populaire, bien sûr !

➤ DANS LES ENVIRONS DE CHIOGGIA

Delta du Pô : les routards motorisés descendant en Émilie-Romagne par la côte ne manqueront pas de jeter un coup d'œil, voire plus, au parc du Delta du Pô. Le siège du parc se situe en Émilie-Romagne (via Cavour, 11, 44022 Comacchio FE, ☎ 0533-314-003 • www.parcodeltapo.it •), mais une partie de la visite se fait en Vénétie, le delta s'étendant de l'embouchure de l'Adige (15 km au sud de Chioggia) à Volano (60 km plus au sud). Le Pô, détourné de son lit par les Vénitiens en 1604 pour se mettre à l'abri de tout risque de crue, « divague » en plusieurs bras. La zone est un véritable conservatoire d'espèces botaniques et de l'avifaune. Marais, îlots, canaux, avec beaucoup de possibilités de balades à pied, à vélo ou en canoë. Pour connaître le détail des itinéraires proposés, essayez de vous procurer le petit livre *Delta du Pô et Parcs naturels,* édité en français par la région de Vénétie. L'association *Turismo & Cultura,* qui gère l'AJ privée de Monselice, gère également une *locanda* à Adria et le refuge *Parco Delta* del Pô à Taglio di Po (tarifs d'AJ dans les deux cas). Visites guidées du parc.
■ ***Turismo & Cultura :*** basée à Rovigo. ☎ 0425-215-30. Fax : 0425-262-70. • www.turismocultura.it •

VICENCE *(VICENZA)* (36100) 109 000 hab.

Cette ville voulut, en son temps, rivaliser avec Venise. Si les palais sont magnifiques et les façades superbes, le faste y est moins impressionnant. Mais on y éprouve une espèce de quiétude, qui vaut bien l'orgueil de Venise. Ce n'est sans doute pas par hasard si, trois siècles durant, les riches Vénitiens vinrent habiter la campagne environnante où ils trouvaient un paisible refuge. Et ce n'est pas un hasard non plus si l'Unesco a décidé, en 1994, de l'inscrire sur la liste du Patrimoine mondial.
Sa situation est idéale pour rayonner sur toute la Vénétie. Les prix des hôtels sont bien moins élevés qu'à Vérone, même si la cote de la cité est à la hausse.
Vicence s'enorgueillit aussi de traditions culinaires très anciennes. Le plat régional, que de nombreux restaurants se sont remis à préparer, est la *baccalà* (morue) *alla vicentina.* On raconte qu'un marchand vénitien du XVe siècle, qui avait fait naufrage au large de la Norvège, ne dut son salut qu'au *stockfisch,* autrement dit la morue. À son retour, il en fit la publicité. Le concile de Trente, au XVIe siècle, favorisa ce plat en le recommandant pour

les jours où il fallait faire maigre ! On dit qu'on trouve au Portugal, autant de recettes de morue qu'il y a de jours dans l'année. À Vicence, c'est un peu le contraire... on ne connaît qu'une seule façon d'accommoder le poisson. Mais on imagine aisément que si les Vicentins lui sont restés fidèles, c'est qu'elle est extrêmement savoureuse, bien qu'assez rustique. La morue, cuite et émincée, est mélangée à de l'huile et à des fines herbes. Quand elle a la consistance d'une béchamel épaisse, on la sert chaude, accompagnée de l'incontournable polenta grillée... La région alentour offre d'autres occasions de se régaler : asperges de Bassano, chicorée de Castelfranco (ou même de Trévise, finalement toute proche), sans oublier les *bigoli* au canard... le tout arrosé des petits vins des *colli Berici,* de Breganze ou de Gambellara. Pour conclure, bien sûr, sur un verre de *grappa...* Pour toutes ses réjouissances, on vous propose un peu plus loin une petite incursion dans les marches vicentines et trévisannes.

CIRCULER ET SE GARER À VICENCE

Évitez le centre-ville en voiture autant que possible, surtout que la municipalité a mis en place un système de *park-and-drive (Centro-Bus)* permettant de se garer gratuitement à condition de prendre le bus pour le centre. Compter dans les 2 € l'aller-retour en bus. Quatre parkings, bien indiqués, à votre disposition : *via Bassano,* à l'est (accès facile en arrivant de Padoue), avec une aire pour camping-cars et une location de vélos ; *viale Cricoli,* au nord, également avec une aire pour camping-cars ; à l'ouest, *via dei Cairoli* et *via Farini,* un peu plus loin.
Gros inconvénient au système, et pas des moindres, les bus en question ne fonctionnent que jusqu'à 20 h (en revanche le 1er est à 5 h 45 ! ; pas non plus de *centrobus* le dimanche). Si vous avez décidé de dîner en ville, vous serez donc obligés de rentrer à pied (auquel cas, mieux vaut se garer via Cairoli, le parking le plus proche, à une dizaine de minutes ou à celui de la via Bassano, à 20-25 mn), à vélo ou de vous garer dans le centre. Selon les quartiers, compter 1 à 2 € par heure (gratuit après 20 h). Si vous cherchez la facilité, il existe un grand parking, payable à la journée, situé derrière l'office du tourisme et le théâtre olympique (2 € de l'heure et 1,50 € pour toute la nuit).

Adresses utiles

ℹ ***IAT – Azienda di turismo** (plan D1) :* piazza Matteotti, 12. ☎ 0444-32-08-54. • www.vicenzae.org • iat.matteotti@libero.it • Sur la droite du Teatro olimpico. Ouvert tous les jours de 9 h à 13 h et de 14 h à 18 h. Autre bureau *IAT (plan C2)* : piazza dei Signori, 8. ☎ 0444-54-41-22. • iat.signori@libero.it • Ouvert tous les jours de 10 h à 14 h et de 14 h 30 à 18 h 30. Hôtesses francophones, charmantes et compétentes. Sur place, vous pourrez trouver en vente (5,50 €) un petit guide édité par le *Touring Club* (en français !) bien utile si vous vous attardez dans la région et si vous souhaitez peaufiner vos connaissances en architecture palladienne... Sinon, plan et documentation gratuite (et assez complète) sur les villas palladiennes.

✉ ***Poste** (plan C2) :* contrà Garibaldi, 1 ; près du Duomo. ☎ 0444-33-21-11. Ouvert du lundi au samedi de 8 h 30 à 18 h 30. Change possible. Un *autre bureau (plan D1)* pas très loin du Teatro olimpico : via IV Novembre, 13. Ouvert du lundi au vendredi de 8 h 30 à 18 h 30 et le samedi de 8 h 30 à 13 h.

***Gare ferroviaire** (plan B3) :* sur la piazza Stazione. ☎ 89-20-21 (n° national) • www.trenitalia.com • Bureau d'information ouvert de 8 h 30 à 19 h 30. Billetterie ouverte de 6 h à 20 h 30. Consigne à bagages supprimée pour des raisons de sécurité.

Terminal des bus FTV *(plan A-B3)* **:** viale Milano, 138. ☎ 0444-22-31-15 ou 22-31-11. • www.ftv.vi.it • Billetterie ouverte de 6 h à 19 h 40.

Bus urbains (AIM) : départs de la piazza Stazione. Bus nos 1, 2, 3, 4 et 7 pour le centre. Compter 1 € le billet. Pour 4,20 €, billet valable pour la journée (pas vraiment utile; le centre-ville est piéton).

■ Il n'y a plus de ***location de vélos*** en ville. Vous pouvez néanmoins en récupérer au parking via Bassano (☎ 0444-30-08-14), à la condition d'y garer sa voiture. À la limite, vous pouvez tenter votre chance auprès de l'AJ, bien que les vélos soient en principe réservés aux pensionnaires.

■ ***Taxis*** **:** *Radiotaxi,* ☎ 0444-92-06-00 et 0444-32-43-96.

■ ***Hôpital*** *(hors plan par D1)* **:** via Rodolfi, 37. ☎ 0444-99-31-11.

■ ***Assistance médicale :*** ☎ 0444-56-72-28.

■ ***Journaux français*** *(plan C2,* ***1****)* **:** au petit kiosque, contrà Cavour, derrière le *monte di Pietà.* Également à la gare.

■ ***Laverie automatique*** *(plan D1,* ***2****)* **:** contrà XX Settembre, 27. Ouvert de 7 h 30 à 22 h 30. 2,50 € les 8 kg.

@ ***Matrix Web Point*** *(plan C2,* ***3****)* **:** piazza delle Biade, 6 (dans la galerie). ☎ 0444-23-54-65. Ouvert de 10 h à 23 h, sauf les mercredi et dimanche, où ça n'ouvre qu'à 14 h. Autour de 4 € l'heure ; tarifs dégressifs (minimum : 1 € pour 10 mn). Réductions pour les moins de 18 ans. Une quinzaine d'ordinateurs.

Où dormir ?

Bon marché

Ostello olimpico, ostello per la gioventù di Vicenza *(plan D2,* ***10****)* **:** viale Giuriolo, 7-9, à l'angle de la piazza Matteotti. ☎ 0444-54-02-22. Fax : 0444-54-77-62. • ostello.vicenza@tin.it • Depuis la gare, prendre les bus nos 1, 2, 5 ou 7, arrêt Stazione Pullman ou Piazza Matteotti. Ouvert de 7 h 30 à 9 h 30 et de 15 h 30 à 22 h 30. Carte des AJ obligatoire. Compter 16 € par personne en dortoir ; 19 € en chambre double. Également des chambres familiales. Grand bâtiment jaune de 3 étages, neuf, vraiment nickel. Bains respirant également la propreté. Rien à redire. Possibilité d'entreposer des vélos dans l'entrée et d'en louer à l'heure ou à la journée. Personnel polyglotte et sympa.

Adresses utiles

- IAT - Azienda di turismo
- Poste
- Gare ferroviaire
- Terminal des bus FTV
- 1 Journaux français
- 2 Laverie
- @ 3 Matrix Web Point

Où dormir ?

- **10** Ostello olimpico, ostello per la gioventù di Vicenza
- **11** Albergo Due Mori
- **13** Albergo San Raffaele

Où manger ?

- **20** Cafétéria Brek
- **21** Righetti
- **22** Antica Casa della Malvasia
- **23** Trattoria Vecchia Guardia
- **24** Trattoria Ponte delle Bele
- **25** Ristorante Al Pestello
- **26** Osteria Il Cursore
- **27** Antica Osteria al Bersagliere
- **28** Osteria Oibo

Où boire un verre ? Où manger une pâtisserie ?

- **30** Enoteca Bar al Grottino
- **31** Pasticceria Sorarù Virgilio

À voir

- **40** Basilica
- **41** Teatro olimpico
- **42** Palazzo Chiericati
- **43** Église Santa Corona
- **44** Casa Pigafetta
- **45** Palazzo Leoni Montanari

DE VICENCE À TRÉVISE

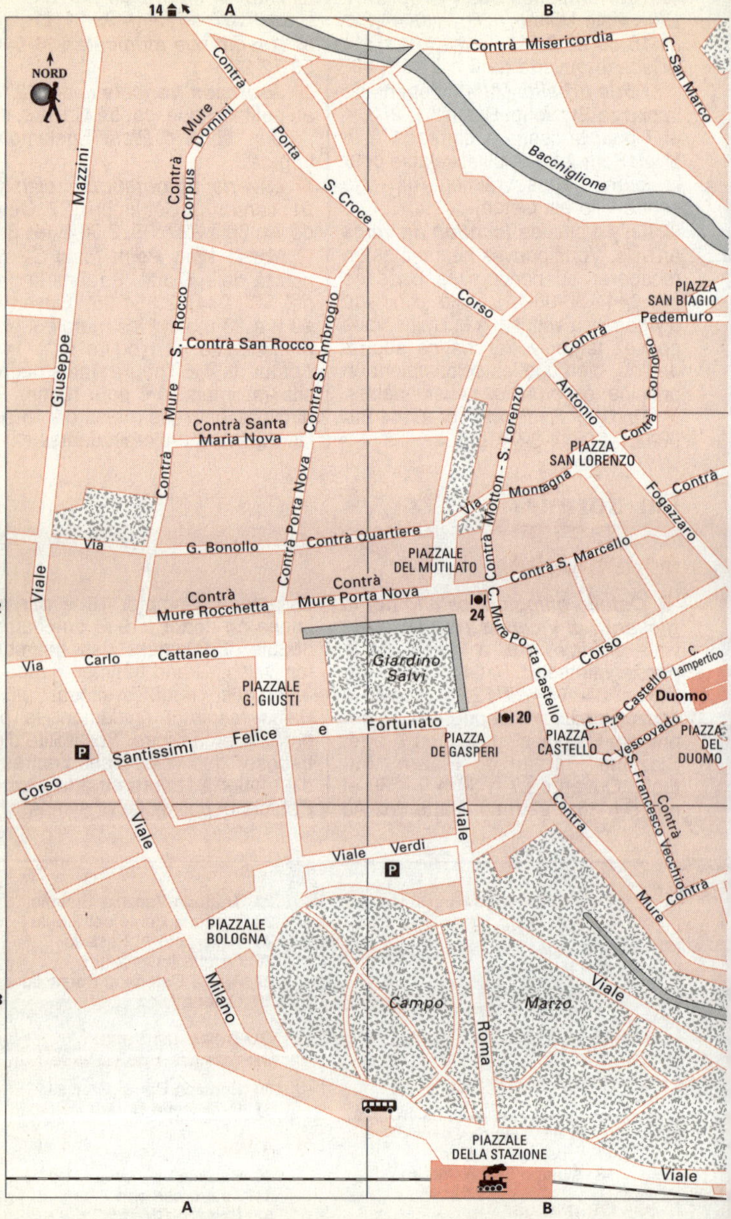
14
A
B
NORD
1
2
3
Contrà Misericordia
C. San Marco
Bacchiglione
Contrà
Porta
S. Croce
Mure
Domini
Contrà
Corpus
Mazzini
Viale
Giuseppe
Corso
PIAZZA
SAN BIAGIO
Pedemuro
Contrà
Antonio
Contrà
Cornoleo
Contrà San Rocco
Mure
S. Rocco
Contrà S. Ambrogio
Contrà Santa
Maria Nova
Contrà
PIAZZA
SAN LORENZO
Via
Montagna
Contrà
Motton - S. Lorenzo
Contrà
Fogazzaro
Via
G. Bonollo
Contrà Porta Nova
Contrà Quartiere
PIAZZALE
DEL MUTILATO
Contrà S. Marcello
Contrà
Mure Rocchetta
Contrà
Mure Porta Nova
24
C. Mure Porta Castello
Corso
C.
Lampertico
Via
Carlo
Cattaneo
PIAZZALE
G. GIUSTI
Giardino
Salvi
Duomo
C. P.za Castello
Corso
Santissimi
Felice
e
Fortunato
20
PIAZZA
DE GASPERI
PIAZZA
CASTELLO
C. Vescovado
PIAZZA
DEL
DUOMO
Viale
Contrà
S. Francesco Vecchio
Contrà
Viale
Verdi
Mure
Contrà
PIAZZALE
BOLOGNA
Milano
Campo
Roma
Marzo
Viale
PIAZZALE
DELLA STAZIONE
Viale

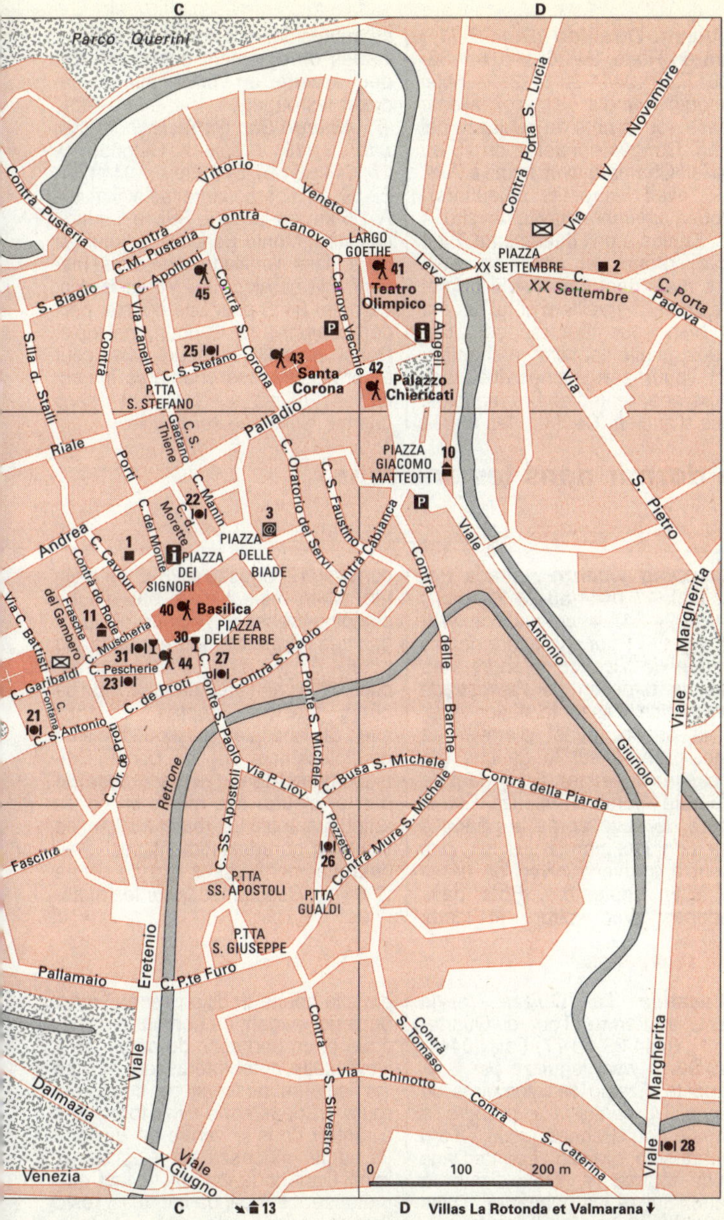
C
D
1
2
3
Parco Querini
Contrà Pusteria
Vittorio
Veneto
Contrà
Canove
LARGO GOETHE
41
Teatro Olimpico
Levà d. Angeli
PIAZZA XX SETTEMBRE
2
C. XX Settembre
C. Porta Padova
Contra Porta S. Lucia
Via IV Novembre
Contrà C.M. Pusteria
C. Apolloni
45
S. Biagio
Contrà S. Corona
C. Canove Vecchie
Via Zanella
S.lla d. Stalli
Contrà Porti
25
C. S. Stefano
43
Santa Corona
42
Palazzo Chiericati
P.TTA S. STEFANO
C. S. Gaetano Thiene
Palladio
Via
Riale
PIAZZA GIACOMO MATTEOTTI
10
C. Oratorio dei Servi
C. S. Faustino
S. Pietro
22
C. Manin
C. d. Morette
3
C. del Monte
Andrea
C. Cavour
1
PIAZZA DEI SIGNORI
PIAZZA DELLE BIADE
Contrà Cabianca
Contrà delle Barche
Viale
Contrà do Rode
Frasche del Gambero
11
40
Basilica
PIAZZA DELLE ERBE
30
31
C. Muscheria
44
27
Via C. Battisti
C. Garibaldi
C. Pescherie
23
C. de Proti
Contrà S. Paolo
C. Ponte S. Paolo
C. Ponte S. Michele
Antonio
Viale Margherita
Giuriolo
21
C. Fontana
C. S. Antonio
C. Or. de Proti
Retrone
Via P. Lioy
C. Busa S. Michele
Contrà della Piarda
C. SS. Apostoli
C. Pozzetto
Contra Mure S. Michele
26
Fascina
P.TTA SS. APOSTOLI
P.TTA GUALDI
P.TTA S. GIUSEPPE
Pallamaio
Eretenio
C. P.te Furo
Contrà S. Silvestro
Via Chinotto
Contrà S. Tomaso
Contrà S. Caterina
Margherita
Viale
28
Viale
Dalmazia
Venezia
Viale X Giugno
0
100
200 m
13
Villas La Rotonda et Valmarana

VICENCE

Prix moyens

Albergo Due Mori *(plan C2, **11**)* **:** contrà do Rode, 24-26. ☎ 0444-32-18-86. Fax : 0444-32-61-27. • hotel duemori@inwind.it • Une excellente adresse, tout à côté de la piazza dei Signori. Congés annuels : du 15 au 31 juillet. Chambre avec bains à 75 € (85 € avec les petits déjeuners) ; quelques chambres avec lavabo à 50 €. Triples à prix intéressant. Bien rénové, propre et situé en plein centre mais dans une ruelle calme. Cette petite merveille d'hôtel nous a paru bien sous tout rapports. Demandez, si elle est libre, la chambre n° 21, pour son cachet avec ses poutres apparentes et ses meubles, copies d'ancien. Ceci dit, les autres chambres ont tout autant de charme. Cartes de paiement acceptées. On peut accéder en voiture afin de déposer les bagages.

Albergo San Raffaele *(hors plan par C3, **13**)* **:** viale X Giugno, 10. ☎ 0444-54-57-67. Fax : 0444-54-22-59. • albergosanraffaele@tin.it • À 1,5 km de la gare. Suivre les indications « Monte Berico ». L'hôtel est situé dans l'enfilade d'arcades menant à la basilique du Monte Berico. Compter 64 € pour une double, petit dej' compris ; 72 € pour une triple. Dans une belle demeure avec cour arborée. Grandes chambres impeccables mais austères et sans charme. Jolie vue sur la ville.

Où dormir dans les environs ?

Camping

Camping Vicenza : strada Pelosa, 239. ☎ 0444-58-23-11. Fax : 0444-58-24-34. • www.ascom.vi.it/camping • Pour s'y rendre depuis le centre de Vicence, prendre vers l'ouest la direction de l'*autostrada* Milan-Venise. Passer la station *Agip*, puis la prison ; avant d'arriver au péage, prendre sur la gauche (ne pas passer le péage). En venant de l'autoroute, sortir à Vicenza Est et prendre de suite après le péage à droite (logique, non ?). En fait, pas évident à trouver. Ouvert de début avril à fin septembre. Pour deux personnes avec voiture et tente, compter 12 € jusqu'à 28 € en plein été. Cher, mais il n'y a pas d'autre camping dans le secteur. Petit et pas très fréquenté, derrière un grand hôtel 4-étoiles *(Motel Viest)*. Bon accueil mais sanitaires dans un bloc de béton mastoc. Propres, douches avec caillebotis en plastique mais un peu blockhaus sur les bords. Emplacements dans l'herbe grasse de part et d'autre des allées en pavés autobloquants. La route au loin ne s'entend paradoxalement pas. Malheureusement, assez loin du centre (7-8 km). Résolument pour les motorisés.

Prix moyens

Locanda Le Guizze : via Guizze, 1, Lerino, Torri di Quartesolo. ☎ 0444-38-19-77. Fax : 0444-38-19-92. • www.leguizze.it • À une petite dizaine de kilomètres de Vicence. Du centre-ville, prendre la nationale pour Padoue jusqu'à Torri di Quartesolo, direction Lerino. Dans Marola tourner à droite, puis à gauche. Suivre les pancartes. Dans les 65 € pour une chambre. Une petite structure (une demi-douzaine de chambres) au calme à la lisière de la campagne. Vieille ferme rénovée dans la bonne tradition vénète, avec un souci évident de confort, d'esthétique et un bon sens du détail. Très isolé, cette hôtel intéressera surtout les lecteurs désireux de couper la route en deux sans avoir forcément à rentrer dans le centre de Vicence (la sortie « Vicenza est » est assez loin). Dans tous les cas, il faut être motorisé. La *locanda* fait aussi resto (bonne table ; réserver). Apéritif, café ou digestif offert à nos lecteurs sur présentation du *GDR*.

Où manger ?

Sur le pouce

Pour manger sur le pouce, ***Da Renzo,*** contrà Frasche del Gambero *(plan C2)* : *tramezzini, paninetti,* tartines, tout est miniature, les prix aussi. Fermé entre 13 h et de 15 h 30 ainsi que le dimanche. Pas loin, le ***panificio Gemo*** *(plan C2),* via Pescheria Vecchia, 21, avec un grand choix de *focaccie.*

Il Ceppo *(plan C1) :* corso Palladio, 196. ☎ 0444-54-44-14. Ce traiteur fera le bonheur des gourmands. Idéal pour faire les emplettes en vue d'un pique-nique sur l'une des nombreuses pelouses de la ville. Salades variées (notamment au poulpe), charcuteries, fromages... On peut tout aussi bien se contenter d'une petite barquette à emporter. Juste à côté, marchand de fruits pour compléter ce déjeuner léger...

De bon marché à prix moyens

Cafétéria Brek *(plan B2,* ***20****) :* corso Palladio, 10-12. ☎ 0444-32-78-29. Ouvert de 12 h à 14 h 30 et de 19 h à 22 h. Fermé le dimanche. Compter environ 10-12 € le repas. Grande cafétéria proposant une multitude de plats simples et peu onéreux cuisinés devant vous. Plus rapide et bon marché, n'y a pas ! Décor agréable et belle terrasse. Néanmoins, deux petites précautions d'usage : d'une part, si vous voulez ne pas tomber dans la foule, évitez les heures de bureau et, d'autre part, ne prenez pas le vin du pays, vraiment pas bon. Le soir, buffet à volonté pour 6 € ; gratuit pour les enfants mesurant moins d'1 m et moitié prix pour les moins d'1,40 m... Qui dit mieux !

Righetti *(plan C2,* ***21****) :* contrà Giuseppe Fontana, 6 (piazza Duomo, 3). ☎ 0444-54-31-35. Une autre entrée sur la piazza del Duomo, 3. Fermé les samedi et dimanche. Compter environ 10 à 15 € le repas. Self-service à l'italienne, assez pittoresque dans son genre. Décor chaleureux, avec des boiseries, et situé dans une vieille maison. Nombreuses petites salles. Le midi, tout le monde, de l'ouvrier à l'homme d'affaires, s'y retrouve. Plus calme le soir.

Osteria Oibo *(plan D3,* ***28****) :* viale Margherita, 105. ☎ 0444-32-10-48. Fermé le mercredi. Compter 15 € à la carte. Légèrement à l'écart du centre ville, cette sympathique taverne est le rendez-vous de la jeunesse locale. Comprenez qu'il faut réserver le week-end ! Car ils sont nombreux à venir entre copains partager de grandes planches de charcuteries ou de fromages... C'est pas cher et on se gare facilement... Cadre et accueil très agréables, à la bonne franquette.

Antica Osteria al Bersagliere *(plan C2,* ***27****) :* contrà Pescaria, 11. ☎ 0444-32-35-07. Fermé le dimanche. Bonne petite cuisine traditionnelle et labellisée *slow food,* à manger en toute simplicité. Prix très honnêtes. Personnel féminin et souriant.

De prix moyens à un peu plus chic

Osteria Il Cursore *(plan C3,* ***26****) :* contrà Pozzetto, 10. ☎ 0444-32-35-04. Fermé le mardi. Comptez 20 € à la carte (7 € pour un *primo*). Notre coup de cœur à Vicence... Difficile de trouver meilleur et plus authentique... Pour le trouver, pas de problème, il suffit de repérer l'enseigne portant un petit facteur à vélo, *Il Cursore...* Cette taverne *slow food,* où l'on travaille en famille et dans la bonne humeur fait les délices de ses nombreux habitués. Pas de menus affichés. Pour vous décider, on vous conseille d'observer les assiettes qui défilent : cigales de mer, moules marinières (à l'Italienne, bien sûr!), *spaghetti al vongole*... Attention quand même, ce petit jeu peut s'avérer dangereux! Pour la ligne... Rien n'est vraiment cher et l'on peut profiter en toute bonne conscience d'une dégustation des recettes locales.

Antica Casa della Malvasia *(plan C2, **22**)* **:** contrà delle Morette, 5. ☎ 0444-54-37-04. ♿ Fermé le lundi. Congés annuels : 2 semaines en août. Menus à 14 et 25 €, sinon, compter 16 à 23 € à la carte. Ancienne taverne à vin du XIIIe siècle, cette adresse, très prisée par la population de Vicence, abrite une impressionnante collection de théières toutes plus originales les unes que les autres (jeter un coup d'œil derrière le comptoir). Les fûts à bière ressemblent, quant à eux, à des masques africains. En somme, quelques détails attirent l'attention. Le cadre est agréable et la cuisine classique mais tout à fait correcte. Apéritif maison offert aux porteurs de ce guide.

Trattoria Vecchia Guardia *(plan C2, **23**)* **:** via Pescheria Vecchia, 15. ☎ 0444-32-12-31. À deux pas de la basilique. Fermé le jeudi. Congés annuels : du 15 au 20 novembre. Menu à 18 € mais on peut s'en sortir pour un peu moins cher à la carte ou en optant pour une pizza (les *pizze* vont de 4 à 8,50 €). Notez, dans l'entrée, la collection de photos noir et blanc de Vicence dans les années 1960. Tables dehors sous de vieilles arcades dans une allée piétonne pour les amateurs de terrasse. Les pizzas y sont réputées, mais l'adresse est devenue très touristique. Cartes de paiement acceptées. Café offert sur présentation du *GDR*.

Trattoria Ponte delle Bele *(plan B2, **24**)* **:** contrà Ponte delle Bele, 5. ☎ 0444-32-06-47. Ouvert midi et soir. Fermé le dimanche et 15 jours en août. Menu à 15 € ; à la carte, compter dans les 25 €. Le décor ne casse pas des briques mais, au moins, l'assiette ne vous décevra pas. Cuisine du Trentin et plus spécialement du Tyrol italien, sans oublier quelques spécialités vicentines voire vénitiennes. Bon accueil. Réservation conseillée. Cartes de paiement acceptées. Digestif offert sur présentation du *GDR*.

Ristorante Al Pestello *(plan C1, **25**)* **:** contrà San Stefano, 3. ☎ 0444-32-37-21. Fermé le dimanche et le lundi midi. Compter 5 à 6 € pour les *antipasti*, 7 € pour un *primo*, 8 à 12 € pour un *secondo*. Dans une rue tranquille, près du corso Palladio. Là encore, un cadre anodin qui cache bien son jeu car il s'agit d'une des meilleures tables de la ville. Ne vous laissez pas dérouter par la curieuse carte, rédigée en dialecte. D'abord, on arrive à peu près à comprendre, et, même si ce n'était pas le cas, on vous la traduira sans problème. On retrouve tous les spécialités culinaires vicentines. Certaines recettes sont d'ailleurs très, très anciennes... C'est l'occasion de goûter des plats fins, recherchés (mais pas toujours copieux). En mai, le resto est partenaire du festival « Vicenza Jazz », ne pas s'étonner de l'ambiance musicale. Certains jeudis, le restaurant accueille (comme l'adresse précédente, d'ailleurs) de petites conférences. Réserver, car l'adresse est connue et la salle petite. Cartes de paiement acceptées.

Où boire un verre ? Où manger une pâtisserie ?

Enoteca Bar al Grottino *(plan C2, **30**)* **:** piazza delle Erbe, 2. Sous les arcades de la basilique. Ouvert de 17 h à 2 h du mat'. Fermé le lundi. Un troquet troglodyte où toute la jeunesse locale afflue le soir, dès que sonne l'heure de l'apéro. Il y a presque plus de place dehors que dedans et tout le monde se retrouve sur les marches, dans le fracas des décibels, le verre à la main. Bon choix de vins au verre. Possibilité de grignoter également.

Pasticceria Soraù Virgilio *(plan C2, **31**)* **:** piazzetta Andrea Palladio, 17. ☎ 0444-32-09-15. Tout à côté de la piazza dei Signori. Ouvert de 8 h 30 à 13 h et de 15 h 30 à 20 h. Fermé le mercredi. Dans un décor très rétro, une grande variété de pâtisseries (tout de même chères). Café et cappuccino, bien sûr, mais aussi confitures maison. L'endroit idéal pour prendre le petit déjeuner sur une superbe place entourée d'arcades. Deux petits fauteuils dans un coin... les autres devront se contenter de rester debout au comptoir.

À voir

À savoir : la *Vicenza Card musei* permet pour 7 € (tarif réduit : 4 €), de visiter le Teatro olimpico, la pinacothèque du palais de Chiericati et le Musée archéologique. Ce *pass* est valable 3 jours à partir de la date d'achat. Enfin une bonne initiative dans ce pays où les nourritures spirituelles ont l'habitude d'être très chères. En contrepartie, ce système de billet unique implique qu'on ne puisse pas payer moins de 7 € même si on passe rapidement à Vicence et que l'on souhaite ne visiter que le Teatro olimpico. Renseignez-vous bien sur les différents forfaits (8 et 11 €), qui donnent droit (entre autre) pour quelques euros de plus au musée du Risorgimento, à la basilique ou au palazzo Leone Montanari...

***Teatro olimpico** (plan D1, **41**) :* à côté de l'office du tourisme. ☎ 0444-22-28-00. Ouvert toute l'année du mardi au dimanche de 9 h à 17 h (19 h en juillet-août). Entrée avec la *Vicenza Card* (voir plus haut). Audioguide en français : 3 € (pas indispensable).
Un monument vraiment extraordinaire comme vous n'en avez jamais vu. Un arrêt à Vicence peut se justifier uniquement pour admirer la dernière réalisation de Palladio (1580), qui fut terminée après sa mort par son disciple Vicenzo Scamozzi. Ce monument unique fait la jonction entre l'architecture théâtrale de l'Antiquité et celle des temps modernes ; c'est le dernier théâtre antique et le premier théâtre couvert. En effet, les gradins semi-circulaires évoquent encore les temps anciens tandis que la scène est déjà résolument moderne. Sur celle-ci, on peut admirer une perspective imaginaire de la ville de Thèbes (rues bordées de palais, dessinées en trompe l'œil). La perspective forcée des rues crée une sensation d'infini. Les colonnes de marbre surmontées d'une balustrade et de statues ne sont que du bois et du stuc peints avec art. On ne veut pas le croire, on touche, on frappe... L'effet est saisissant. Si vous êtes amateur de musique classique, demandez à l'office du tourisme, tout à côté, la brochure *Vicenza manifestazioni.* Des concerts sont régulièrement donnés au théâtre, notamment à l'occasion de la Semaine musicale (en mai-juin ; pour plus de renseignements : • www.olimpico.vicenza.it •).

***Palazzo Chiericati** (plan D1, **42**) :* en face de l'office du tourisme, non loin du Teatro olimpico. ☎ 0444-32-13-48. Ouvert toute l'année du mardi au dimanche de 9 h à 17 h (18 h en juillet-août). Entrée avec la *Vicenza Card* (voir plus haut).
Ce palais construit en 1551 par l'incontournable Palladio (les autres architectes avaient sacrément de mal à vivre à Vicence) est l'une des œuvres les plus achevées du maître. En particulier la façade. Ce palais abrite le *Museo civico,* qui rassemble des collections archéologiques et des peintures, réparties dans une quinzaine de salles. À l'intérieur, outre les superbes plafonds décorés de fresques, datant de l'époque de Palladio, quelques pièces intéressantes valent le coup d'œil : les globes céleste et terrestre datant du XVIIe siècle, deux Montagna, trois Jacopo Bassano, deux Véronèse et un Tintoret. Beaucoup de peintres, méconnus chez nous, de l'école vénitienne, qui méritent tout de même plus qu'un rapide coup d'œil.

***Corso Palladio** (plan B-C2) :* quelques belles façades de *palazzi.* Voir en particulier le *palazzo da Schio,* au n° 147, dont la façade est typique du style gothique vénitien. N'hésitez pas à franchir le magnifique porche pour admirer la cour intérieure. Voir également le *palazzo Trissino-Baston* au n° 98 (siège de la mairie).

✱ ***Contrà Porti*** *(plan C1-2)* **:** cette rue se caractérise par une forte concentration de palais au mètre carré. Au n° 11, le *palazzo Porto-Barbaran* que l'on doit à Palladio et qui est aujourd'hui un centre international d'études sur l'architecte. Parfois des expos. Ouvert du mardi au dimanche de 10 h à 18 h. Entrée : 5,50 € ; réductions. Au n° 12, remarquablement restauré, le *palazzo Thiene,* actuel siège de la *Banque Populaire de Vicence.* Au n° 14, de pur style gothique, la *casa Sperotti-Trissino.* Au n° 15, une plaque rappelle que Luigi Da Porto, l'auteur de la nouvelle *Giulietta e Romeo,* dont s'est servi un certain Shakespeare par la suite, est mort dans ce palais, en 1529. Au n° 17, le *palazzo Porte Breganze* qui jouxte le *palazzo Colleoni-Porto,* voisin lui-même du *palazzo Iseppo da Porto.*

✱✱✱ ***Les galeries du palais Leoni Montanari*** *(plan C1,* ***45****)* **:** contrà Santa Corona, 25. ☎ 800-57-88-75. • www.palazzomontanari.com • Ouvert les vendredi, samedi et dimanche, de 10 h à 18 h. Entrée : 3,50 € ; réductions. Compris dans la *Vicenza Card* à 11 €. Ce fastueux palais baroque (propriété de la *Banca Intesa*) a ouvert ses portes au public après une restauration minutieuse. On peut, au gré de la visite, en admirer les innombrables fresques et stucs allégoriques sans oublier les plafonds peints, éclairés par d'exubérants lustres de Murano... On ne sait plus où donner de la tête tant la décoration est abondante, chargée... typique des palais de cette époque. L'ensemble est saisissant de beauté et, finalement, cette débauche décorative se « digère » très bien. Il est rare de pouvoir admirer un palais baroque, avec un décor aussi homogène (n'oubliez pas de jeter un œil à la loggia). Surtout, le musée abrite des collections d'une richesse inouïe. Art vénitien du XVIIIe siècle au premier étage et une fabuleuse collection d'icônes russes au dernier étage. On peut admirer un tiers des quelque 500 pièces que compte cette collection, la première d'Occident. Cette dernière vaut la visite à elle seule : muséographie très réussie, visite fascinante et incontournable. Nombreuses explications en français. On adore !

✱✱ ***Basilica*** *(plan C2,* ***40****)* **:** piazza dei Signori. ☎ 0444-32-36-81. Ouverte de 10 h 30 à 13 h et de 15 h à 19 h (journée continue en cas d'expo). Fermé le lundi. Entrée : 1 € ; beaucoup plus (trop !) cher pour les expos qui ont lieu une à deux fois par an, consacrée le plus souvent à l'architecture contemporaine.
Il faut prendre le mot dans le sens qu'il avait dans l'Antiquité : il désignait alors un grand hall, abritant aussi bien le tribunal, la bourse de commerce, que d'autres administrations, où les citoyens pouvaient se réunir. Palladio, déjà célèbre, réaménagea complètement l'aspect extérieur. C'est sa première œuvre importante, en 1546. En grimpant l'escalier, on remarque un drôle de grotesque grimaçant portant l'inscription : « Denonzie secrete in materie di sanita ». Il s'agit d'une boîte aux lettres où les honnêtes bourgeois, soucieux de protéger l'ordre public et la morale, venait dénoncer les gens de mauvaises mœurs ou affichant des opinions suspectes... Mais attention, secret ne veut pas dire anonyme ! En haut, on accède à l'immense salle gothique, couverte par une splendide charpente en forme de carène de navire renversée. Sur la piazza dei Signori, deux hautes colonnes, dont celle qui porte le lion de Venise. Celle d'à côté porte le Rédempteur.

✱✱ ***Casa Pigafetta*** *(plan C2,* ***44****)* **:** via Pigafetta, 9. Le *cavaliere* Pigafetta, qui a sa statue dans le parc devant la gare, est l'un des rares compagnons de Magellan à être revenus vivants de la première « circumnavigation » en 1522. La façade de sa maison est ornée d'incroyables sculptures. Admirez les 3 balconnets riquiqui du 2e étage. Plus près du sol, une inscription, en français s'il vous plaît : « Il n'est rose sans espine. »

Pour les amateurs de peinture : l'***église Santa Corona*** *(plan C1, **43**)*, située dans une petite rue donnant sur le corso Palladio, renferme de beaux tableaux dont un *Baptême du Christ* un peu efféminé de Giovanni Bellini et *L'Adoration des mages* de Véronèse. Ouvert de 8 h 30 à 12 h et de 15 h à 18 h. Fermé le lundi matin. Ne pas oublier ses pièces pour illuminer les tableaux. Le *Musée archéologique* (accès avec la *Vicenza Card*) est la porte à côté. Mêmes horaires que le *teatro olimpico*.

Basilica di Monte Berico *(hors plan par C3)* **:** située au sommet d'une colline (accès avec le bus n° 18), cette église offre un superbe panorama. Ouvert de 6 h à 12 h 30 et de 14 h 30 à 19 h 30 en semaine ; de 6 h à 20 h les dimanche et jours fériés.
Au XVe siècle, elle a été à deux reprises le lieu d'apparition de la Vierge. À proximité, le ***museo del Risorgimento e della Resistenza,*** pour les fans d'histoire. Les autres admireront la villa de style palladien dans laquelle le musée est installé.

➤ EN DEHORS DU CENTRE DE VICENCE

LES VILLAS PALLADIENNES

L'été, quand l'eau pourrissante des canaux empuantissait l'air de Venise, les nobles Vénitiens prirent l'habitude, dès le XVe siècle, de chercher refuge à la campagne pour y jouir d'une fraîcheur et d'une quiétude que les lagunes ne leur offraient pas. Venise, ne l'oublions pas, est entourée de marécages (que l'on appelle ici *paludi*). Ainsi les environs de Vicence se couvrirent de résidences secondaires le plus souvent luxueuses. En trois siècles, près de 2000 villas furent construites. Andrea Palladio en dessina une petite trentaine et d'autres furent copiées. Certains intérieurs ont même été décorés par Véronèse, Tiepolo... Seize de ces villas se trouvent dans les environs proches de Vicence. Elles ont toutes été classées par l'Unesco.
C'était Venise à la campagne : on retrouvait les goûts de luxe et de frime qui étaient propres à cette ville. Selon le schéma classique inventé par Palladio, ces villas sont constituées d'une partie centrale, généralement l'habitation, avec une façade en forme de temple grec, et deux ailes latérales à destination agricole, puisque ces villas étaient aussi conçues comme des fermes. Ces lieux connurent des fêtes incroyables : on y recevait, dansait, organisait des orgies. Les bourgeois enrichis imitèrent bien sûr les nobles qui, pour continuer à paraître, durent emprunter aux couvents. Ils ne les remboursaient pas, jusqu'au jour où Bonaparte, les y obligeant, les ruina du même coup. Une grande partie des villas furent abandonnées. Aujourd'hui encore, les propriétaires ont du mal à entretenir de tels édifices (beaucoup sont tristement fermés) et à leur redonner un peu de leur splendeur passée. Palladio, fils de meunier, est né à Padoue en 1508. À treize ans, il est apprenti chez un tailleur de pierre et quitte Padoue pour Vicence. Plus tard, il réalise des monuments funéraires. Il est engagé en 1537 par Gian Giorgio Trissino, un humaniste qui devient son mentor et lui fait connaître les milieux humanistes. C'est Trissino qui lui trouve son nom d'artiste (en référence à la déesse grecque Pallas Athéné). Il étudie Vitruve, le grand architecte romain, et échange ses vues avec ses collègues architectes. Bientôt, après avoir travaillé à une première villa, il reçoit des commandes d'un peu partout dans la région, œuvrant le plus souvent pour de riches notables. Pour la plupart, ses œuvres sont civiles, quelquefois religieuses (comme à Venise) et assez rarement militaires. Il meurt en 1580 à Vicence. Il aura marqué à sa manière toute la Vénétie et inspiré par la suite de nombreux architectes en France, en Russie, en Angleterre et aux États-Unis.

La visite des deux plus célèbres villas de la région s'impose d'autant plus qu'elles ne sont situées qu'à quelques minutes du centre ville. Prendre le bus n° 8, viale Roma (la rue en face de la gare). En voiture, suivre les flèches « Riviera Berica » et tourner à droite après la station *Shell*.

➢ Pour ceux qui aiment marcher, il est possible de visiter ces deux villas à pied depuis la basilique du Monte Berico (voir plus haut). Jolie balade : en bas de l'avenue pentue qui monte à la basilique, prendre la via d'Azeglio et poursuivre jusqu'à la villa ai Nani, puis continuer tout droit par la stradetta Valmarana qui conduit à 100 m de la Rotonda. Très jolies demeures à voir sur le parcours. Retour par le même chemin (mais ça grimpe !).
Bien cher tout de même...

La Rotonda *(hors plan par D3)* **:** via Rotonda, 45. ☎ 0444-32-17-93. À 3 km au sud-est de Vicence. Ouvert de mi-mars à mi-novembre ; l'extérieur est ouvert du mardi au dimanche de 10 h à 12 h et de 15 h à 18 h ; l'intérieur n'est ouvert que le mercredi. Pas très pratique... Entrée scandaleusement chère : 5 € (jardins) ou 10 € (jardins et villa).
La plus célèbre villa réalisée par Palladio. Elle connut son heure de gloire grâce à Joseph Losey qui y tourna son fantastique *Don Giovanni*. Mais le célèbre réalisateur a triché avec la géographie, car il place cette villa au bord du canal de la Brenta, alors qu'en fait elle est située dans les terres. C'est l'œuvre la plus imitée de l'architecte, à tel point qu'il en existe quatre copies en Angleterre. On retrouve son plan en croix et ses portiques à Stockholm et à Saint-Pétersbourg. La villa, surmontée d'un dôme auquel elle doit son nom, avec son orientation sur les points cardinaux, exprime toute l'architecture palladienne, mais elle n'est pas représentative des nombreuses villas-fermes réalisées par l'architecte ailleurs dans la région. Outre la parfaite géométrie de cet ensemble équilibré dont la simplicité ajoute à la beauté, il faut admirer la multiplication des ouvertures qui permettaient la circulation de l'air frais. À l'intérieur, étonnantes peintures en trompe l'œil. La villa est entourée d'un parc qui domine la campagne environnante.

Villa Valmarana (villa ai Nani) : via dei Nani, 2-8. ☎ 0444-32-18-03. En face de l'entrée de la Rotonda, prendre un petit chemin. Ouvert seulement de mi-mars à début novembre, les mercredi, jeudi, samedi et dimanche de 10 h à 12 h et tous les après-midi, sauf le lundi, de 15 h à 18 h. Entrée : 6 € ; réductions. Bien vérifier qu'une partie n'est pas fermée ! Possibilité de visiter la villa en hiver mais il faut encore mettre la main à la poche (2 € supplémentaires pour le dérangement !). Honnêtement, rien ne vous empêche de venir admirer la « maison des Nains » et ses statues en restant sur le pas de la porte (en l'occurrence de la grille)... Vu le prix, on peut considérer que la visite ne s'adresse qu'aux plus motivés (ou fortunés).
Cette villa, qui ne fut pas réalisée par Palladio, est néanmoins célèbre. La villa d'origine, dont on ne sait pas grand-chose, fut transformée par Francesco Muttoni au XVIIIe siècle, dans les goûts de l'époque. D'après la légende, son premier propriétaire, dont la fille ne grandissait pas, eut l'idée de l'enfermer dans cette belle demeure et de la faire vivre au milieu de nains pour lui cacher son état. Malgré la surveillance, elle put un jour regarder au-delà des murs et vit un beau jeune homme (bien sûr) sur son cheval. Elle comprit alors son infirmité et se tua. Les nains sont toujours là (le mur d'enceinte, côté entrée, est surmonté d'une quinzaine de spécimens). Très joli panorama sur la campagne environnante. Fresques des Tiepolo, le père pour la *palazzina* (la maison du maître) et le fils pour la *forestiera* (la maison des hôtes).

– Les fans de villas palladiennes peuvent prendre la voiture pour aller à la découverte d'autres réalisations de l'architecte dans les proches environs, en particulier à ***Bertesina,*** à l'est de Vicence (mais il y en a bien d'autres). Liste détaillée (en français), avec les conditions de visite, à l'office du tourisme de Vicence. Sachez tout de même que dans la seule province de Vicence, on dénombre une centaine de villas, dont une bonne moitié se visite.

QUITTER VICENCE

En train

Nombreux départs pour les villes voisines.
➢ ***Pour Vérone :*** entre 45 mn et 1 h de trajet.
➢ ***Pour Venise :*** environ 1 h de trajet.
➢ ***Pour Padoue :*** 20 mn de trajet.
➢ ***Pour Trévise :*** 1 h 15 de trajet.

En bus

➢ ***Pour Padoue :*** nombreux départs. Compter 1 h de trajet.
➢ ***Pour Montagnana :*** environ 5 départs par jour ; 1 h 15 de trajet.
➢ ***Pour Bassano del Grappa et Marostica :*** nombreux départs quotidiens. Compter 1 h de trajet.

LES MARCHES VICENTINES ET TRÉVISANNES

Entre Vicence et Trévise s'étend une grande étendue de plaines fertiles et de petites montagnes, contreforts des Dolomites toutes proches. Si aujourd'hui la région produit vin, asperges et salades en quantité, autrefois les châteaux forts y poussaient comme des champignons. On ne compte plus les cités fortifiées, toujours parées de leur fiers remparts qui veillent jalousement sur leur riche patrimoine, mémoire de toute une histoire. Décidément, une petite boucle dans ces campagnes vicentines et trévisannes s'impose.

BASSANO DEL GRAPPA

À une grosse trentaine de kilomètres au nord de Vicence, au pied des montagnes. La curiosité locale est le *ponte degli Alpini,* pont couvert en bois, conçu par l'inévitable Palladio au XVIe siècle. Détruit deux fois, il a été reconstruit (par les chasseurs alpins) d'après les plans du maître *himself.* Sinon, ce qu'on voit en se baladant dans le centre, c'est le nombre incroyable de boutiques vendant une quantité non moins incroyable de variétés de *grappa,* la tradition remontant au XVIIIe siècle quand une fabrique d'*acquavit* s'est installée à proximité du pont. En avril-mai, la *grappa* se partage la vedette avec l'asperge blanche de Bassano, désormais protégée par une appellation. Un beau musée, de bons restos, quelques jolies places pentues (ça change un peu des villes de Vénétie bien plates) et palais, notamment le *palazzo Roberti* (via Da Ponte), dont Bonaparte avait fait sa résidence pendant l'hiver 1796-1797 quand il guerroyait dans le secteur... Décidément, Bassano mérite bien qu'on lui consacre une demi-journée. Plus encore, si vous êtes fan de céramiques anciennes. Bassano et Nove, le village voisin, sont en effet réputés depuis le XVIIe siècle pour la qualité de leur production de faïences et porcelaines. On peut visiter plusieurs musées sur le sujet.

Adresse utile

IAT – Office du tourisme : lago Corona d'Italia, 35. ☎ 0424-524-351. • infobassano@libero.it • Ouvert tous les jours de 9 h à 13 h et de 14 h à 18 h. Office bien documenté et personnel très dévoué. Une belle brochure en français détaille les nombreux monuments et sites de Bassano.

Où dormir ? Où manger ? Où boire un verre ?

Hotel Al Castello : piazza Terraglio, 19. ☎ 0424-228-665. • www.hotelalcastello.it • Compter 80 € pour une chambre, sans petit déjeuner (6 €). Juste à côté du château de Bassano. Sympathique petit hôtel, aux chambres bien tenues et ne manquant pas de charme. Toutes (une dizaine en tout) possèdent TV, AC et jolie vue sur la place.

Antica Ostaria : via Matteotti, 7. ☎ 0424-522-375. Fermé le lundi. Un modeste petit bar de quartier que l'on vous recommande avant tout pour la gentillesse de l'accueil, ses bons petits vins du cru et la fraîcheur de ses *tramezzini...* Pour les petits creux, les repas sur le pouce ou pour l'apéro... tout simplement.

Birraria Ottone 1870 : via Matteotti, 48-50. ☎ 0424-522-206. Fermé le lundi soir et le mardi. Compter 4,20 à 8,80 € pour les *antipasti,* 6 à 7 € pour un *primo,* 9 à 13 € pour un *secondo* et 3,20 € pour un dessert. Cette ancienne brasserie (où l'on brassait la bière !), aujourd'hui rénovée et classée « Lieu historique d'Italie » offre un cadre élégant, délicieusement rétro et très agréable pour une pause déjeuner à Bassano. Risotto aux asperges, chicorées de Trévise ou de Castelfranco ou encore rose de Chioggia (pour un petit échantillon des salades locales), *baccalà...* mais aussi quelques échappées méditerranéennes et internationales... jusqu'au *gulash,* inscrit à la carte pour rappeler les origines autrichiennes du fondateur de la brasserie (en 1882 !). Cuisine très correcte et servie avec le sourire. Cartes de paiement acceptées.

À voir

Il Museo civico : piazza Garibaldi. ☎ 0424-52-22-35. • www.museobassano.it • Ouvert de 9 h à 18 h 30. Fermé le dimanche matin et le lundi. Entrée : 4,50 €, réductions (tarifs et horaires spéciaux lors des expos temporaires). installé dans l'ancien monastère de San Francesco depuis 1840, ce modeste musée de province cache bien son jeu : 500 tableaux, 4000 dessins... On peut, entre deux expos temporaires y admirer des œuvres et des études du sculpteur Canova. Surtout la pinacothèque referme 17 œuvres de l'enfant du pays, Jacopo di Bassano, appelé à faire une brillante carrière dans la Vénétie du XVIe siècle (vous croiserez d'ailleurs nombre de ses œuvres dans les musées de la région), ainsi que des œuvres de Giambono, Guariento, Tiepolo... La pinacothèque n'est pas toujours ouverte au public, se renseigner.

Poli – Il museo della Grappa : ponte Vecchio. ☎ 0424-52-44-26. Ouvert de 9 h à 13 h et de 14 h 30 à 19 h 30. Fermé le lundi matin. Entrée gratuite. Alors pourquoi se priver ? Très joli musée qui ravira avant tout les fans d'alambics. Dégustation et boutique à la sortie.

ASOLO

À 40 km à l'ouest de Trévise et à 30 km au nord de Bassano, cette adorable et délicieuse ville Renaissance, perchée sur sa colline, possède un charme fou. Les *palazzi* qui s'alignent dans la rue principale témoignent de la splendeur passée. L'ancienne reine de Chypre, vénitienne d'origine, y installa un temps sa cour... (après que Venise lui eût échangé la ville contre son trône et son île !) Depuis ce petit paradis sert de refuge aux artistes qui viennent chercher quiétude et inspiration. Balcons fleuris, jardins qui sentent la rose et la fleur d'oranger, il faut dire que ce site enchanteur inspirerait n'importe qui...

Bureau d'information touristique : piazza G.D'Annunzio, 2. ☎ 0423-529-046.

MAROSTICA

À 30 km au nord de Vicence, 8 km à l'ouest de Bassano. Les deux *châteaux,* l'un perché sur la colline et l'autre dans le centre-ville, sont reliés par un mur d'enceinte, toujours entier, qui s'élance allègrement sur les hauteurs. Si vous avez l'occasion d'y passer le premier dimanche de septembre, vous pourrez assister à un spectacle étonnant : la *partie d'échecs,* comparable dans sa signification au *palio* de Sienne ou à la *giostra* d'Arezzo (le jeu a lieu les années paires). Des personnages vivants, en costumes anciens, se déplacent, à la volonté des joueurs, sur un vaste échiquier qui sert de dallage au campo Grande. Spectacle d'autant plus étonnant qu'il a lieu au pied du *castello Inferiore,* espèce de château fort d'opérette du XVIe siècle (et actuelle mairie).
Ce jeu rappellerait la partie d'échecs qui aurait opposé, en guise de duel, deux gentilshommes amoureux de la fille du châtelain de Marostica, la jeune Lionora, que celui-ci avait décidé de donner en mariage au vainqueur. L'affaire se régla le 12 septembre 1454. L'histoire n'est pas impossible, bien qu'elle évoque tous les éléments folkloriques relatifs aux origines des jeux ou des sports.

i *Associazione pro Marostica :* au *castello inferiore,* à gauche après le pont-levis. ☎ 0424-72-127. • www.telemar.it/marostica.htm • Brochure-plan en français.

MONTE BERICI

Au sud de Vicence, après la basilique du Monte Berico, la SP 19 conduit à une petite région joliment vallonnée. Sympa autour d'Arcugnano, Perarolo, et jusqu'à Barbarano Vicentino (après, la plaine reprend ses droits). Plusieurs sentiers de randonnées permettant d'aller de village en village. Pas mal d'auberges dans les petites localités, très proches les unes des autres. Très bien pour se mettre au vert. La région produit du vin et de l'huile d'olive, on se promène donc entre vigne et oliviers.

CITADELLA

Petite ville fortifiée au début du XIIIe siècle dont on peut encore admirer les magnifiques remparts. 16 m de haut, 2 m d'épaisseur, 32 tours... si les chiffres et les murs sont toujours aussi impressionnants, il n'en va pas de même pour le centre-ville, sans intérêt...

MONTECCHIO MAGGIORE

À une douzaine de kilomètres à l'ouest de Vicence. Inutile d'aller jusqu'au village ; sur la SS 11 (via Tecchio), en direction de Vérone, tourner à droite juste après le magasin de sport *Alte Ceccato,* en suivant la direction « carabinieri ». C'est là que Luigi da Porto aurait puisé la source de sa nouvelle *Giulietta e Romeo,* qui, une fois revisitée par Shakespeare, était destinée à devenir un succès mondial. Sur les hauteurs, on voit les tours de deux *châteaux* qui se font face, celui *des Bellaguardia* et celui *des della Villa,* qui correspondraient à ceux des Capulet et des Montaigu. Ils se visitent. Le château de Juliette a été transformé en resto, il est donc libre d'accès. En revanche, celui de Roméo n'est ouvert que le dimanche après-midi (mais aussi le samedi de mai à octobre), il accueille aussi des représentation théâtrales. La vue sur la campagne et les vignes est assez belle.

CASTELFRANCO VENETO

Jolie petite cité fortifiée à une trentaine de kilomètres à l'ouest de Trévise. Son titre de gloire est d'être la cité natale du peintre Giorgione (1477-1510), qui a marqué durablement l'école vénitienne malgré sa courte carrière. Le

Duomo contient un tableau d'autel et l'on peut visiter sa maison natale (ouverte de 10 h à 12 h 30 et de 15 h à 18 h 30. Fermé le lundi et certains jours fériés. Tarif : 2 €; réductions). Celle-ci fut admirablement restaurée en 2003 et on peut y voir de très belles fresques attribuées à Giorgione, représentant des instruments de musique, de calcul, d'arithmétique, ainsi que des proverbes et des maximes...
La ville a aussi donné son nom à la chicorée locale, la plus belle de toute... d'un teint de porcelaine, blanc crémeux tacheté de violine, on dirait une rose... Elle est comme les autres, protégées par une IGP.
Office du tourisme : via F. M. Preti, 66. ☎ 0423-49-14-16.

VILLA BARBARO : À MASER

☎ 0423-92-30-04. À 25 km au nord-ouest de Trévise. De mars à octobre, ouvert les mardi, samedi, dimanche et jours fériés de 15 h à 18 h. En hiver, ouvert seulement le week-end. Entrée : 5 €; réductions.
Une des plus belles villas de Palladio, datant des années 1560 et qui s'inscrit magnifiquement dans le paysage. À l'intérêt architectural de la visite s'ajoute l'attrait des fresques de Véronèse, réalisées entre 1566 et 1568. Des perspectives et des trompe-l'œil à couper le souffle...

TRÉVISE (31100) 84000 hab.

Injustement méconnue à cause de l'ombre projetée par son insolente voisine – Venise –, Trévise mérite au moins un petit crochet, sur la route de Vicence à Venise (ou l'inverse). Ses canaux sont bien sûr plus modestes que ceux de la Sérénissime, mais la riche Vénétie n'a pas oublié Trévise, comme le prouvent les façades de ses maisons autrefois recouvertes de fresques. Quelques-unes gardent des traces émues de ce passé glorieux. On ne les découvre pas tout de suite, mais une approche pédestre des vieux quartiers permet de mieux admirer celle que les connaisseurs surnomment « la Ville peinte ». Pour compléter le tableau, précisons qu'ici la chaleur de l'accueil est plus évidente que dans les cités voisines, où l'on n'a malheureusement plus d'efforts à fournir pour attirer les touristes... Bref, Trévise a conservé son âme et s'offre avec douceur au visiteur curieux. Il est bon de savoir aussi que Trévise est une des villes les plus riches d'Italie, les environs ayant une densité d'entreprises rarement égalée (le siège de Benetton est installé dans un village aux portes de Trévise, Ponzano Veneto). On voit sur les routes davantage de BMW et de Mercedes que de Fiat Cinquecento...
On ne peut évidemment pas évoquer Trévise sans parler de sa salade... le célèbre *radicchio,* genre de chicorée blanche et violine, à l'allure élancée... incontournable en saison. Rien à voir avec sa cousine de Vérone, petite boule trapue (moins croquante mais elle aussi très goûteuse), que l'on connaît en France sous le nom de trévise... Quelle salade !

CIRCULER ET SE GARER À TRÉVISE

La ville ayant conservé sa configuration médiévale, on en fait surtout le tour en voiture, mais à sens unique (à l'inverse des aiguilles d'une montre). Autrement dit, à moins de s'engager dans le centre-ville (où il est difficile de se garer, sans parler du prix du stationnement), si on rate son coup, on se retrouve à faire un tour de plus et, avec la circulation, ça finit par être lassant, voire très énervant. Autant profiter des parkings gratuits mis en place par la municipalité à l'extérieur des murs. Il y en a 6, le plus proche du centre étant celui du stade (ex-Foro Boario, *hors plan par D1*), près de l'entrée Borgo Cavalli. Aire réservée aux camping-cars.

Adresses utiles

Office du tourisme *(IAT; plan C1-2)* **:** piazzetta Monte Pieta, 8. ☎ 0422-54-76-32. Fax : 0422-41-90-92. • www.sevenonline.it/tvapt • Ouvert du mardi au dimanche de 9 h à 12 h 30 et de 14 h (15 h les samedi et dimanche) à 18 h, le lundi, seulement le matin. Documentation abondante sur Trévise et ses environs.

Postes **:** *poste principale (plan B2),* piazza della Vittoria ; ouvert du lundi au samedi de 8 h 30 à 19 h. Également une *annexe (plan C1)* bien située, piazza Sottoportico Teatro Dolfin, 12. Ouvert de 8 h 30 à 14 h du lundi au vendredi et de 8 h 30 à 13 h le samedi.

Gare ferroviaire *(stazione ; plan B-C3)* **:** piazzale Duca d'Aosta. ☎ 89-20-21 (n° national). • www.trenitalia.it • Fermée de 0 h 30 à 4 h 30. Billetterie ouverte de 6 h à 20 h (sinon billetterie automatique). Consignes sur le quai n° 1 à droite. Ouvert de 7 h à 20 h ; de 8 h 30 à 18 h les samedi, dimanche et fêtes. Compter 3 € pour 12 heures, puis 2 h.

Gare routière *(plan B3)* **:** La Marca, lungosile Mattei. ☎ 0422-57-73-11. C'est la gare principale. Certains bus (pour Eraclea Mare, Caorle, Lido di Jesolo) partent d'une autre gare routière *(ATVO),* à côté de la gare ferroviaire.

Aéroport : à 2 km du centre, direction Padoue. Aéroport minuscule où arrivent les vols *Ryan Air* depuis la Belgique.

Journaux francophones *(plan B1, **1**)* **:** piazza del Duomo, 31-33. Également à la gare.

Laverie *(plan D1, **2**)* **:** via Nino Bixio, 23d. Ouvert tous les jours de 7 h à 23 h 30 (dernière lessive à 22 h 30). 3 € pour une machine.

Internet Point CCTV *(plan C2, **3**)* **:** via Giuseppe Tonolio, 19, pas loin de la piazza della Borsa. Ouvert du lundi au vendredi de 8 h 30 à 12 h 30 et de 15 h à 19 h. Le samedi, le matin seulement. Cinq ordinateurs uniquement. Compter 0,10 €/mn.

Où dormir ?

Prix moyens

Hotel Al Giardino *(hors plan par D3, **11**)* **:** via di Sant'Antonino, 300a. ☎ et fax : 0422-40-64-06. • www.albgiard.it • ♿ À 2 km du centre de Trévise ; prendre la via Sant'Antonino, puis direction Jesolo, l'hôtel est dans un tournant caché par une haie de conifères. Compter entre 75 et 90 € la chambre bien tenue et tout confort ; clim' et TV dans chaque chambre et double-vitrage pour chaque fenêtre. Propreté impeccable et patrons sympathiques parlant un peu le français. Bon restaurant. Cartes de paiement acceptées. Location de vélo sur place : pratique pour gagner le centre ville. Petit déjeuner copieux sur la terrasse offert à nos lecteurs sur présentation du *GDR* de l'année.

Où manger ? Où boire un verre ?

Pour manger sur le pouce, on peut aller s'acheter de quoi se faire son pique-nique au ***supermercato Billa*** *(plan B2, **4**),* via Risorgimento, à deux pas du Duomo. Ouvert du lundi au samedi de 8 h à 20 h, sauf le mercredi après-midi. Pour du prêt-à-manger, le ***bar La Pace*** *(plan C2, **21**)* propose un bon choix de *tramezzini, piadine* et autres *panini.* Ouvert de 7 h à 2 h du mat' (fermé le jeudi et congés annuels début octobre). Terrasse sympa, juste à côté de l'office de tourisme. Sinon, reste le comptoir de l'*Osteria della Gigla* (via Barberini, 20) pour des *tramezzini, torta, crostini...* à accompagner d'une bonne bière...

■ Adresses utiles

- Office du tourisme
- Poste
- Gare ferroviaire
- Gare routière

1 Journaux francophones
2 Laverie
3 Internet Point CCTV
4 Supermercato Billa

Où dormir ?

11 Hotel Al Giardino

Où manger ? Où boire un verre ?

20 Muscoli's

TRÉVISE

21 Bar La Pace	**Où manger une pâtisserie ? Où déguster une glace ?**
22 Pizzeria La Finestra	**27** Pasticceria Portico Oscuro
23 Trattoria All'Oca Bianca	**À voir**
24 Alla Colomba	**41** Museo civico Luigi Bailo
25 Pizzeria da Fausta	**42** Casa di Noal
26 Enoteca La Colonna	**43** Quartier de la Pescheria
	44 Le couvent Santa Catarina

Bon marché

🍽 🍷 ***Muscoli's*** *(plan C1, **20**)* **:** via Pescheria, 23. ☎ 0422-58-33-90. Face au marché de l'île. Fermé le dimanche. Dans le quartier le plus pittoresque de Trévise, un bar à vin vivant, sympa et bruyant. L'un des rares endroits de la ville où l'on ait encore le droit de fumer. Résultat, tout le monde s'y retrouve ! Clientèle très mêlée : ouvriers, étudiants, profs, bos-bos, bandes de copains, d'amoureux .... On vient y boire un verre de vin en jouant aux cartes, en bavardant, en lisant le journal ou en mangeant un bout. Au comptoir ou à la grande table d'hôtes, on s'empiffre dans la bonne humeur et à prix dérisoire de tartines garnies, toutes plus succulentes les unes que les autres, ou de charcuteries, de fromages... Et si on vous dit que l'adresse est labellisée *slow food,* vous comprendrez tout le sérieux de l'affaire !

🍽 ***Pizzeria La Finestra*** *(plan B2, **22**)* **:** via Diaz, 24. ☎ 0422-57-97-99. Ouvert midi et soir (jusqu'à 1 h du matin). Fermé le jeudi. *Pizze* de 4 à 8 € environ. Adresse populaire où l'on vient certainement davantage pour le large choix de *pizze* que pour la déco, on ne peut plus basique. Deux salles (fumeurs et non-fumeurs) et jardin pour l'été. Service rapide.

🍽 ***Pizzeria da Fausta*** *(plan C1-2, **25**)* **:** portico Oscuro, 10. ☎ 0422-54-37-39. Ouvert midi et soir (jusqu'à 1 h du matin). Fermé le mercredi. Bonnes pizzas entre 4 et 7 €, également quelques plats de pâtes et salades à prix modérés. Accueil sympathique. Il est préférable de venir tôt car la salle se remplit vite d'une clientèle d'habitués.

De prix moyens à plus chic

🍽 ***Trattoria All'Oca Bianca*** *(plan B1, **23**)* **:** vicolo della Torre, 7. ☎ 0422-54-18-50. Tout près de la piazza dei Signori, dans une petite rue perpendiculaire à la via Calmaggiore. Fermé le midi les mercredi et jeudi. Congés annuels : de la 2ᵉ quinzaine de juin à fin juillet. Prévoir *grosso modo* 24 € par personne. Auberge typique de l'Italie du Nord dont l'enseigne a longtemps été le symbole de la bible des sybarites italiens. Clientèle d'habitués et patronne aux petits soins. Bons petits plats qui ne sont pas tous indiqués sur la carte (spécialité de viandes à la vénitienne). Cartes de paiement acceptées.

🍽 ***Alla Colomba*** *(plan B2, **24**)* **:** via Ortazzo, 25. ☎ 0422-54-22-84. À 500 m de la piazza dei Signori (prendre la via Barberia), en plein centre. Fermé le vendredi. Congés annuels : 3 semaines en août. Compter 18 € pour un repas complet (en fait il s'agit d'une sorte de forfait...). Patrons vraiment gentils, proposant une cuisine régionale traditionnelle, copieuse, simple mais très bonne. Chaque jour, le menu est griffonné en fonction du marché et des humeurs du chef : gnocchi, lapin, *pasta,* fabuleux *abbacchio al forno,* etc. Le midi, c'est la cantine du quartier. Ambiance sympa et populaire.

🍽 ***Enoteca La Colonna*** *(plan C1, **26**)* **:** via Campana, 27, vicolo Rinaldi, 3. ☎ 0422-58-35-99. Ouvert de 18 h à 1 h. Fermé le lundi. Autant le dire tout net, on a été assez déçu par la cuisine, correcte sans plus. Mais la terrasse sous les arcades et au bord de la rivière devrait vous consoler sans problème si vous êtes adepte des dîners en plein air... La vue sur les moulins de la ville y est des plus ravissantes et le vin délicieux. Charcuteries et autres *antipasti* permettent de passer un repas agréable.

Où manger dans les environs ?

🍽 ***Gargantua's*** **:** via Cima, 1, Postioma di Paese. ☎ 0422-48-10-05. À quelques kilomètres du centre-ville, sur la statale Feltrina direction stadio Monigo. Ouvert de 19 h 30 à 1 h. Fermé le mardi et au mois d'août.

Un des meilleurs restos de la région, dans un décor fantastique au sens propre du thème : chaque pièce de cette énorme bâtisse rénovée s'inspire d'un épisode des célèbres aventures du personnage rabelaisien. Non, non, ce n'est pas fait dans le style Eurodisney, c'est plutôt le fruit du travail conjoint d'un architecte et d'un antiquaire. Nourriture variée et excellente. Vous goûterez également des pizzas très savoureuses ! De plus, concerts *live* les jeudi, vendredi et samedi soir. À ne manquer sous aucun prétexte si vous passez par Trévise.

Où manger une pâtisserie ? Où déguster une glace ?

Pasticceria Portico Oscuro *(Guiscardo Caselatto; plan C1,* ***27****)* **:** en face de la pizzeria Da Fausta. Donne également sur la via Campana. Ouvert de 7 h 30 à 13 h 30 et de 15 h 30 à 20 h (21 h le samedi). Fermé le dimanche et le mercredi après-midi. Bonnes pâtisseries et glaces maison. Bien aussi pour le petit déjeuner. Le patron sera ravi de vous donner de bons tuyaux pour d'agréables balades dans les environs.

À voir

Duomo *(plan B1-2)* **:** à proximité de la piazza dei Signori, dans le centre. Ouvert de 7 h 30 à 12 h et de 15 h 30 à 19 h (20 h les jours de fête).
Le Duomo est un impressionnant bâtiment de brique dont la façade néoclassique jure avec la sobriété générale. L'intérieur n'aurait aucun intérêt si l'on ne prenait la peine d'en découvrir les trésors et surtout de mettre des pièces pour éclairer les chapelles. Foncez directement à celle de droite, près de l'autel. Au fond *(cappella Malchiostro),* un tableau de Titien, sublime : l'*Annonciation.* On est tout de suite frappé par la tache rouge, éclatante, de la robe, par la douceur de cette Vierge, puis par la perspective du dallage, enfin par la lumière céleste.
Ce n'est pas tout : il y a aussi une *crypte* incroyable (entrée à droite de l'autel principal, malheureusement souvent fermée). Très grande, elle daterait du XIIe siècle et vient d'être magnifiquement restaurée. Deux surprises y attendent le visiteur : un nombre incalculable de colonnes et pas mal de fresques sous les voûtes, sur les chapiteaux, etc. Là aussi, prévoir des pièces.

Museo civico Luigi Bailo *(plan A1,* ***41****)* **:** borgo Cavour, 22. ☎ 0422-65-84-42. Fermé pour travaux. Pas de date de réouverture prévue lors de notre dernier passage. Ancien couvent reconverti en musée. Au rez-de-chaussée, une section archéologique. Mais on vient surtout pour la pinacothèque du premier étage, entièrement vouée à l'art italien. Œuvres religieuses du Moyen Âge, peintures de la Renaissance et du XVIIIe siècle, mais aussi quelques tableaux romantiques et modernes. Entre autres grands noms, le Tintoret, Bassano, Lotto, Titien et Giovanni Bellini. Parmi les peintres locaux, la famille da Treviso (l'Ancien et le Jeune), qui a eu son importance dans l'histoire italienne. Pendant les travaux, une partie des œuvres a été transférée à Santa Catarina.

Le couvent Santa Catarina *(plan D1,* ***44****)* **:** ☎ 0422-54-48-64. Ouvert de 9 h à 12 h 30 et de 14 h 30 à 18 h. Fermé le lundi. Adulte : 3 € ; réductions (et billet jumelé avec le musée Bailo quand il rouvrira). Il s'agit en réalité d'un ensemble bien plus large, le ***SEDI museali Treviso,*** sorte de musée des beaux-arts de la ville, avec une importante section consacrée à l'archéologie. L'église et la chapelle des Innocents, bien qu'ayant fort souffert des bombardements, sont aujourd'hui restaurées. On peut admirer leurs splendides fresques peintes par Tomaso da Modena et datant du XIVe siècle. Le musée, installé dans le couvent jouxtant l'église et bénéficiant d'une toute nouvelle muséographie, présente sur plusieurs étages, les différentes époques de l'art vénétien, et ce, depuis la préhistoire. Au hasard des salles, on retrouve des fresques, peintures et sculptures médiévales, des biscuits baroques (remarquez la finesse des guirlandes de fleurs ou de la chaîne que tient Mercure)... Les dernières salles sont consacrées au XXe siècle et notamment à un artiste local des plus intéressants, Arturo Martini.

Église Saint-Nicolas *(San Niccolò ; plan A-B2)* **:** via S. Niccolò. Fermé le midi. Impressionnant édifice romano-gothique, entièrement en brique, du XIVe siècle. À l'intérieur, très hautes nefs aux piliers recouverts de fresques de Tomaso da Modena. Riche mobilier un peu partout, dont un orgue superbe et de nombreux tableaux anciens. On remarque surtout une immense fresque du XVe siècle représentant saint Christophe. Selon la petite histoire, on peignit le saint de cette façon pour que chacun puisse le voir : en effet, on croyait au Moyen Âge qu'il était impossible de mourir le jour où on l'apercevait ! On peut aussi visiter le couvent attenant : très belle salle du Chapitre aux murs peints. On y remarque même un moine représenté avec des lunettes ! C'est, paraît-il, la première paire à avoir été peinte...

Centre-ville : ne pas manquer de se promener *piazza dei Signori* (place principale ; *plan C2*), entourée de palais (dont un à arcades, du XIIIe siècle) ; *via Nicolo san Gregorio,* au n° 10 ou *via Calmaggiore* (maisons du XVe siècle) et *piazza San Vito* (deux églises). À deux pas de cette place, dans une galerie marchande, voir la *fontana delle Tette,* reconstruite d'après la fontaine originale de 1559. Les rues bordant des canaux sont très jolies (notamment entre le quartier de la Pescheria et le palazzo Trecento).

Maisons peintes : on en trouve en différents endroits à Trévise et c'est ce qui a fait la gloire de la « città dipinta ». Les plus belles sont dans la *via Canova* (entre la via Calmaggiore et le Museo civico). Au n° 40, magnifique demeure Renaissance, la *casa Robegal* (fresques de 1528) ; au n° 38, la ***casa di Noal*** *(plan B1,* ***42****),* maison gothique (transformée en musée d'Art, ouverte uniquement pendant les expos temporaires. La *via Bianchetti* a aussi son chef-d'œuvre : la *casa della Leda* (au n° 14), du XVIe siècle, recouverte de fresques très particulières.

Quartier de la Pescheria *(plan C1,* ***43****)* **:** à 5 mn à pied de la piazza dei Signori. Prendre la via Trevisi jusqu'à la via Pescheria. Charmante zone piétonne de la vieille ville, longée par un canal. Nombreuses maisons à arcades, la plupart ornées de fresques, notamment *vicolo de Pescheria.* De plus, quartier très animé : commerces, bars, galeries... Au centre, une étonnante petite île, encadrée par des canaux et surplombée par de superbes façades romano-gothiques ! Sur l'îlot, un marché, de poisson, bien sûr.

➤ DANS LES ENVIRONS DE TRÉVISE

Fleuve Sile : ce fleuve qui traverse Trévise est le fleuve de résurgence le plus long en Europe (95 km). À l'est de Trévise, il est navigable avec des bateaux motorisés, à l'ouest avec des bateaux à rames. Renseignements sur les conditions de visite au *parc naturel régional du fleuve Sile,* villa Letizia, via Tandura, 40, Trévise. ☎ 0422-32-19-94 ou à l'office du tourisme de Trévise. On peut aussi longer le fleuve à pied ou à vélo, sur une petite dizaine de kilomètres, en quittant le centre-ville par la *viale J Tasso* puis la *via Alzaia.* Le Sile est ici bordé d'anciens moulins, manufactures et villas. À l'ouest de la ville, une zone beaucoup plus sauvage l'*oasi del Mulino cervara.* Des visites guidées sont organisées les samedi et dimanche. Renseignements : *Oasi Cervara srl,* à Quinto di Treviso (à 5 km en direction de Padoue) ☎ 0422-23-815. • oasicervara@tin.it •

QUITTER TRÉVISE

En bus

➢ ***Pour Venise :*** nombreux départs de 5 h à 21 h environ.
➢ ***Pour Padoue :*** 30 départs de 6 h du matin à 20 h.
➢ ***Pour Vicence :*** nombreux départs de 6 h à 18 h.
➢ Départs également ***pour Bassano del Grappa, Castelfranco Veneto, Asolo*** et ***Maser.***
➢ ***Pour les plages*** (à une quarantaine de kilomètres) ***: Eraclea, Eraclea Mare, Lido di Jesolo, Caorle,*** bus *ATVO* ; toutes les heures en été.

En train

➢ ***Pour Venise :*** une quinzaine de liaisons quotidiennes vers la gare Santa Lucia. Compter 25 mn de trajet.
➢ ***Pour Udine et Trieste :*** plusieurs départs quotidiens. Compter 1 h 15 pour Udine et 2 h 30 pour Trieste.
➢ ***Pour Vicence :*** compter 1 h de trajet.

LE FRIOUL-VÉNÉTIE JULIENNE *(FRIOULI-VENEZIA GIULIA)*

CARTE D'IDENTITÉ

- ***Superficie :*** 7 850 km².
- ***Population :*** 1 190 000 habitants.
- ***Densité :*** 152 hab./km².
- ***Divisions administratives :*** 4 provinces (Gorizia, Pordenone, Trieste, Udine).
- ***Langues parlées :*** outre l'italien, le frioulan (très différent de l'italien) est la langue maternelle de 43 % de la population de la région ; le slovène est parlé par 5 % de la population.

À l'extrémité nord-est de l'Italie, bordée par l'Autriche et la Slovénie, la région autonome Frioul-Vénétie Julienne semble presque isolée du reste de l'Italie. Elle compte près de 1 200 000 habitants sur 7 850 km². Trieste et Udine en sont les deux villes les plus importantes. Pratiquement la moitié de la région est montagneuse.

Le Frioul s'est vidé de sa population dans la première moitié du XXe siècle, la pauvreté forçant des familles entières à émigrer. Beaucoup de Frioulans sont d'ailleurs venus travailler dans l'industrie en France, où les patrons appréciaient leur résistance à la tâche... Cette hémorragie a été suivie par un retour à l'identité régionale qui se manifeste aujourd'hui par l'emploi assez large du dialecte frioulan (les panneaux à l'entrée des villes et villages sont bilingues). La région a été gravement endommagée par le tremblement de terre de 1976 mais la population a courageusement fait face et relevé maisons et monuments.

Les Frioulans, peut-être à cause des épreuves qu'ils ont subies, tiennent particulièrement à leur identité. Ils parlent un dialecte sensiblement différent de l'italien. Mais les Triestins, eux, parlent un autre dialecte que les Udinais et, forts de leur passé cosmopolite, ne se reconnaissent pas dans l'identité frioulane... Quoi qu'il en soit, le Frioul-Vénétie Julienne constitue, depuis 1963, une seule et même région autonome à statut spécial.

En ce qui concerne la cuisine, les viandes et les charcuteries ont une réputation bien méritée. Le jambon *(prosciutto)* de San Daniele, une bourgade au nord-ouest d'Udine, est l'un des meilleurs d'Italie. Il doit se consommer en tranches les plus fines possibles avec du melon (comme le jambon de Parme) ou avec des figues. Dans le Frioul montagneux, les recettes sont très terriennes, comme le *frico* (aux pommes de terre et au fromage de montagne), et à Trieste l'influence de l'Europe centrale se fait fortement sentir.

UDINE

(33100) 99 000 hab.

Cette ville tranquille séduit tous ses visiteurs, jusqu'aux plus blasés, grâce à ses monuments gothiques et Renaissance, ses places croquignolettes, comme la piazza Matteotti, et ses rues étroites pleines de charme. Elle se

LE FRIOUL-VÉNÉTIE JULIENNE

trouve autour d'une colline surplombée par un château, d'où l'on découvre par beau temps tout le Frioul. Son histoire est plus que mouvementée (on est à la porte des Balkans), et le dernier coup du sort a été le tremblement de terre de 1976, qui ravagea la région. Mais à force d'efforts, les séquelles en ont quasiment disparu.
Il n'est pas trop difficile de se garer en ville. Comme les distances sont courtes, ne pas hésiter à laisser sa voiture en dehors du périmètre du centre-ville, délimité par les boulevards. Sinon, le parking Andreuzzi *(plan A2)*, ouvert de 7 h à 21 h, n'est pas cher et propose, en saison, un système de *park-and-drive* avec location de deux-roues.

Adresses utiles

■ *Office du tourisme* *(plan B1)* **:** piazza 1° Maggio, 7. ☎ 0432-29-59-72. Fax : 0432-50-47-43. Ouvert de 9 h à 13 h et de 15 h à 17 h (18 h le samedi). Riche en documentation sur la ville et le reste du Frioul.

✉ *Poste* *(plan B2)* **:** via Vittorio Veneto, 42. Ouvert de 8 h 30 à 19 h du lundi au samedi.

@ *Internet Play* *(plan B2, 1)* **:** via San Francesco, 35. Ouvert le lundi de 15 h 30 à 19 h 30 ; mardi au samedi de 8 h 30 à 13 h et de 15 h à 20 h.

■ ***Pharmacie de garde*** *(plan A1-2)* **:** piazza Libertà, 9. Ouvert la nuit toute l'année.

Gare ferroviaire *(plan B2)* **:** viale Europa Unita, 40. ☎ 0432-51-10-81 ou 848-888-80-88 (n° Vert). Billetterie ouverte de 6 h 20 à 21 h 30. Casiers pour les bagages.

Gare routière *(plan B2)* **:** viale Europa Unita, 31. ☎ 0432-50-69-41. Consigne à bagages.

***Bus urbains* :** toutes les lignes passent par la gare ferroviaire. Pour le centre, prendre les bus nos 1, 2 et 3 ou, les jours fériés, la ligne C.

✈ ***Aéroport del Friuli-Venezia Giulia* :** l'aéroport régional qui dessert Udine et Trieste se trouve entre les deux villes, à Ronchi dei Legionari. Compter une trentaine de kilomètres. ☎ 0481-773-224. • www.aeroporto.fvg.it • Nombreuses navettes depuis la gare.

■ ***Radio-taxi* :** ☎ 0432-50-58-58 (24 h/24).

Où dormir ?

Suite Inn *(plan A1,* ***11****)* **:** via di Toppo, 25. ☎ et fax : 0432-50-16-83. • suiteinn@libero.it • ♿ Dans une vieille maison sur trois niveaux, située dans une rue passante, compter 75 € pour une chambre sans attrait excessif mais tout à fait correcte. Le patron se mettra en quatre pour vous faire plaisir. Cartes de paiement acceptées. Apéritif et café offerts, parking gratuit et réduction de 10 % accordée à nos lecteurs sur présentation du *GDR*.

Hôtel Friuli *(plan A2,* ***12****)* **:** viale Ledra, 24. ☎ 0432-23-43-51. Fax : 0432-23-46-06. • www.hotelfriuli.udine.it • Congés annuels : de Noël à début janvier. Chambres modernes et confortables à 107 €. Petit déjeuner à 10 €. Cher mais prix en conséquence du confort. Pas vraiment excitant, genre ancien motel *Agip,* mais assez bien situé (parking gratuit) et calme. Cartes de paiement acceptées.

Où dormir dans les environs ?

À Cividale del Friuli

L'association des *B & B* de la région du Frioul, qui regroupe près d'une centaine de propriétaires majoritairement implantés dans l'est de la région, est basée à Cividale del Friuli.

■ ***B & B in Italy, Ospitalità nelle Case in Friuli Venezia-Giulia* :** via Sanguarzo, 29, 33043 Cividale del Friuli. ☎ 0432-73-18-54. • www.bedandbreakfastfvg.com •

À Racchiuso de Attimis

***Casa Giuly* :** via Canalutto, 33. ☎ et fax : 0432-78-92-94 • www.ursusfvg.com • À 12 km au nord de Cividale del Friuli. Au centre du village, tourner à l'église et remonter la via Canalutto sur 500 m. Congés annuels : en janvier, février, mars et novembre. Compter 27 € la nuit par personne, tarif dégressif à partir de 2 nuits. Jolie maison entourée d'un jardin traversé par un petit cours d'eau. Mme Guion, née et élevée en France, a cédé à la nostalgie de son pays dont lui avait tant parlé son père, émigré dans la région de Caen, et est revenue à Attimis pour y travailler (se marier aussi). Elle propose un étage de sa maison (chambre, salle de bains et salon) avec possibilité d'ajouter un lit et d'occuper une autre chambre. Confitures maison au petit déjeuner. Pos-

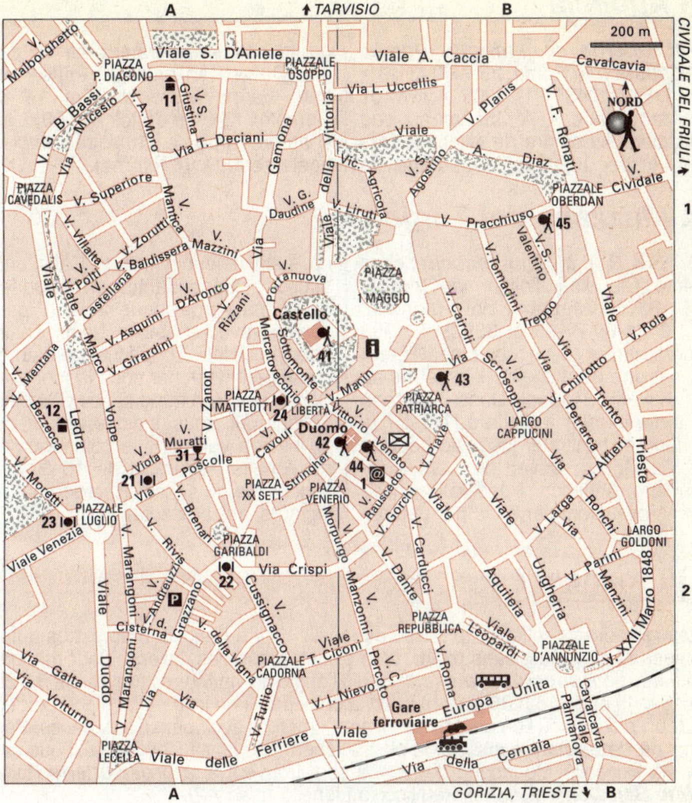

UDINE

Adresses utiles

- Office du tourisme
- Gare ferroviaire
- Gare routière
- Poste
- 1 Internet Play

Où dormir ?

11 Suite Inn
12 Hôtel Friuli

Où manger ?

21 Piccolo Biffi
22 Trattoria All'Allegria
23 Birreria Moretti
24 Osteria Alle Volte

Où boire un verre ?

31 Enoteca Speziaria Pei Sani

À voir

41 Château, Musée archéologique et galleria d'Arte antica
42 Duomo
43 Palazzo patriarcale
44 Oratorio de la Purità
45 Maison natale de Tina Modotti

sibilité de manger à la *trattoria* du village. Également location, à la semaine, d'une grande maison (pour 8 personnes) à Subit, plus haut dans la montagne, à 750 m d'altitude.

Les propriétaires sont, évidemment, d'excellents conseillers pour visiter la région. Digestif offert sur présentation du *Guide du routard.*

À Aquileia

Auberge de jeunesse Domus Augusta : via Roma, 25. ☎ 0431-91-024. Fax : 0431-91-71-05. • www.ostelloaquileia.it • À 35 km au sud d'Udine. Au centre du village, après le Musée archéologique, dans un grand bâtiment donnant sur un canal. Ouvert (en principe) toute l'année. Fermé entre midi et 14 h. Compter 13 € en dortoir ; 16,50 € en chambre familiale. Quelques *singles* également. Point Internet.

À Muzzana del Turgnano

B & B Al Molino Vecchio : chez Mme Claudine Tollon, via Molino, 40, 33055 Muzzana del Turgnano. ☎ 0431-69-77-25 et 339-21-91-958 (portable). • tollon_claudine@libero.it • À une trentaine de kilomètres au sud-ouest d'Udine. Dans Muzzana même, tourner à droite à l'hôtel *Turgnano* et continuer jusqu'au bout de la via Molino. Ouvert de mars à novembre. Attention ! Réservation indispensable. Compter 27 € par personne, petit déjeuner inclus. Dans une maison indépendante, un appartement mansardé pour 2 à 4 personnes, avec chambre, bains, salon et coin-cuisine. Entrée indépendante. L'été, petit déjeuner sous la tonnelle. Bon accueil (en français) de Claudine Tollon, qui vous indiquera tout ce qu'il y a à voir dans le coin. À partir de 7 nuits, réduction de 10 % sur l'ensemble du séjour accordée à nos lecteurs, sur présentation du *GDR.*

Où manger ?

Les restaurants reflètent le passé de la ville : il y a beaucoup de restos autrichiens et slovènes, sans parler, bien évidemment, des italiens. Pour manger vite fait, petit ***supermercato*** *(plan A2)* à l'angle de via Muratti (ouvert de 9 h 30 à 13 h 45 et de 15 h 30 à 19 h) avec, à deux pas, une jolie petite place bordée par un *palazzo* où l'on peut pique-niquer – merci d'avoir pensé aux bancs. Pas mal de ***cafés-bars*** autour de la piazza Libertà, de la via Cavour ainsi que sur la via Poscolle. Beaucoup de jeunes se retrouvent à la ***prosciutteria Pane Vine San Daniele,*** sur la via Niccolò Lionello *(plan A2).*

Bon marché

Piccolo Biffi *(plan A2,* ***21****)* **:** via Poscolle, 59. ☎ 0432-50-78-49. Ouvert de 8 h à 15 h 30 et de 17 h à 23 h 30. Fermé le lundi. Dans les 10-12 € par personne. Un bar-pizzeria genre brasserie où l'on apprécie le large choix de *pizze* à prix modiques, de la pizza traditionnelle à la pizza *battuta* ou *arrotolata* (« enroulée »). Service rapide.

Prix moyens

Trattoria All'Allegria *(plan A2,* ***22****)* **:** via Grazzano, 18. ☎ 0432-50-59-21. Fermé le lundi ainsi que tous les jours entre 15 h et 17 h. Compter dans les 15 € par personne. Un bar-*trattoria* qui ne paie pas de mine, dans un quartier populaire, fréquenté par les habitués. Cartes de paiement acceptées.

Chic

Birreria Moretti *(plan A2,* ***23****)* **:** piazzale XXVI Luglio, 18. ☎ 0432-53-05-43. Ouvert de 10 h à 15 h et de 18 h à minuit. Fermé le mercredi.

Compter entre 20 et 30 € par personne. Brasserie-pizzeria ayant une belle terrasse sur la place.

Osteria Alle Volte *(plan A1-2,* ***24****) :* via Mercatovecchio, 4, et via Mercerie, 6. ☎ 0432-50-28-00. Fermé le dimanche. Compter dans les 30 € par personne. Une *osteria* qui bénéficie d'une excellente réputation et qui propose une excellente carte. Cartes de paiement acceptées.

Où boire un verre ?

Le centre-ville regorge de bars et de cafés très fréquentés par la jeunesse udinese.

Enoteca Speziaria Pei Sani *(plan A2,* ***31****) :* via Poscolle, 13. ☎ 0432-50-50-61. Fermé le dimanche. Authentique œnothèque avec un grand choix de vins. Accueil sympathique. On peut aussi y manger des *panini* et autres petits en-cas.

À voir

Le centre-ville n'est pas bien grand et on a vite fait le tour à pied des principaux centres d'intérêt. De la piazza Libertà *(plan A2),* avec la magnifique loggia del Lionello et l'inévitable lion de Venise, prendre les arcades de la via Mercatovecchio. Quelques façades recouvertes de fresques, bien abîmées. La via Mercerie, à gauche, mène à la piazza Matteotti (ou piazza San Jacum pour les Frioulans, *plan A1-2*) entourée de hautes maisons aux façades harmonieuses, sans doute la place la plus belle de la ville.

Château *(plan A1,* ***41****) :* montée plutôt raide depuis la piazza 1° Maggio ou depuis la piazza Libertà. De l'esplanade circulaire, qu'on atteint après être passé devant la *chiesa di Santa Maria,* très beau panorama. Siège d'officiers et de patriarches vénitiens, le monument actuel a connu nombreuses rénovations suite au tremblement de terre de 1511 et celui, plus récent, de 1976.

– Dans le *castello* même, ***Musée archéologique*** et ***galleria d'Arte antica.*** ☎ 0432-50-28-72. Ouvert de 9 h 30 à 12 h 30 et de 15 h à 18 h. Fermé le dimanche après-midi et le lundi. Entrée : 2,60 € ; réductions. En principe, gratuit le dimanche matin. Accès libre avec la carte *Udine Museale* (5 €). Pas inintéressant. Quelques tableaux du Caravage, de Carpaccio et surtout de Giambattista Tiepolo.

Parcours Tiepolo : Giambattista Tiepolo (1696-1770), figure marquante de l'école vénitienne, tendance rococo, a séjourné cinq ans à Udine, de 1726 à 1730. Il n'a jamais oublié la cité frioulane, continuant à peindre pour elle et est même revenu y travailler avec son fils Giandomenico vers la fin de sa vie. Les amateurs du peintre peuvent, outre le musée du *castello* (voir plus haut), visiter le ***Duomo*** *(plan A-B2,* ***42****)*. Ouvert de 7 h à 12 h et de 16 h à 20 h. Quelques tableaux du maître vénitien. Également le ***Palazzo patriarcale*** (piazza Patriarcato, 1 ; *plan B1,* ***43***), qui, avec le *Musée diocésain,* regroupe bon nombre des œuvres du peintre vénitien. Ouvert de 10 h à 12 h et de 15 h 30 à 18 h 30 ; fermé les lundi et mardi. Accès libre avec la carte *Udine Museale* (5 €). Enfin, ne pas manquer les fresques de l'***oratorio de la Purità*** *(plan B2,* ***44****),* piazza Duomo, datant de 1756-1759. Ouvert de 7 h à 12 h et de 15 h 30 à 19 h.

Maison natale de Tina Modotti *(plan B1,* ***45****) :* via Pracchiuso, 91. Tout près de la piazza Oberdan. Les fans de la photographe iront se recueillir devant la maison où elle est née le 17 août 1896. Grande figure du mouvement communiste des années 1920-1930 au Mexique, grande amoureuse aussi.

➤ DANS LES ENVIRONS D'UDINE

Cividale del Friuli : à 18 km au nord-est d'Udine. Petite ville sur la route des Alpes slovènes. Pendant le haut Moyen Âge, la cité, fondée par Jules César et devenue la capitale d'un duché lombard, a joué un rôle important. Quelques maisons peintes, comme à Trévise, dans le centre historique aux rues étroites (palazzo Stringler Levrini, sur le corso Mazzini, et casa Diacono, sur la piazza du même nom). Pour l'hébergement, voir plus haut « Où dormir dans les environs ? »

Gemona del Friuli : à 30 km au nord d'Udine. Ce village est une preuve du dynamisme des Italiens. Entièrement détruit lors du tremblement de terre de 1976, il a été reconstruit au même endroit, avec les mêmes pierres et dans le même style qu'avant le désastre.

Palmanova : à 20 km au sud d'Udine sur la SS 352. Arrêtez-vous dans cette cité fortifiée datant de 1593, construite en forme d'étoile à 9 branches et traversée de 6 grands axes rectilignes. Une vraie « ville nouvelle » patinée par le temps. Les Vénitiens, craignant la progression des Turcs, ont fait construire *ex nihilo* cette cité militaire qui démontre que notre Vauban n'avait rien inventé.

Aquileia : 15 km plus au sud. Ne manquez pas non plus cette ville pour la beauté des mosaïques de sa ***basilique.*** Ouvert de 8 h à 19 h (19 h 30 les jours fériés). Visite libre (seules les cryptes sont payantes : 2,60 €). Magnifique bâtiment de type romano-gothique qui abrite la plus vaste mosaïque paléochrétienne de la chrétienté occidentale (760 m²). Pendant le haut Moyen Âge, Aquilée fut le siège d'un patriarcat très puissant, s'opposant à Byzance. Puis la ville régressa, le pouvoir s'installant à Udine ou à Cividale del Friuli.
L'état exceptionnel de ce pavement unique, datant de la première construction de la basilique (IVe siècle), vient du fait qu'il a été recouvert après le passage d'Attila. Comme quoi, rester couvert, ça conserve... La mosaïque regorge de scènes allégoriques, comme celle, située vers l'entrée, où l'on voit s'affronter un coq (symbole du Christ) et une tortue (le Malin...).

QUITTER UDINE

En train

➢ ***Pour Cividal del Friuli :*** nombreux trains de 6 h à 22 h. Compter 15 mn de trajet.
➢ ***Pour Trieste :*** nombreux trains, régionaux pour la plupart, de 5 h 30 à 23 h 30. Compter entre 1 h et 1 h 30 de trajet.
➢ ***Pour Venise :*** compter environ 2 h de trajet.

En bus

➢ ***Pour Trieste :*** 1 ou 2 départs par heure de 5 h à 23 h environ.
➢ ***Pour Cividale del Friuli :*** nombreux départs de 7 h à 19 h environ.
➢ ***Pour Aquileia, Lignano, Palmanova et San Vito al Tagliamento :*** 2 ou 3 bus par jour.

TRIESTE

(34100) 228 000 hab.

Ville-frontière aux portes de la Slovénie et de la Croatie, et port actif, ce centre d'échanges maritimes et commerciaux nourrit plus d'un paradoxe : poste avancé de l'italianité en territoire slave et pourtant si peu italienne

dans sa forme, cosmopolite et repliée sur elle-même, Trieste n'a pas grand chose à voir avec les autres villes du nord-est de l'Italie. Coincée entre un haut plateau karstique et la mer, résolument tournée vers cette dernière, pour des raisons historiques et économiques, cette grande cité semble froide, surtout quand souffle le bora, le vent du nord, et fort peu accueillante au premier abord. Il faut y rester un peu pour en prendre le pouls et apprécier son charme façon « Mitteleuropa ». On a pu dire que même par beau temps, un nuage de tristesse flottait sur la ville... Peut-être la nostalgie d'une époque glorieuse passée.
Ville d'écrivains (Umberto Saba, Italo Svevo et aujourd'hui Claudio Magris), Trieste a accueilli pendant plusieurs années l'Irlandais James Joyce (voir la rubrique « À voir »).

UN PEU D'HISTOIRE

Petite bourgade d'abord soumise, puis rebelle à la sérénissime république de Venise, elle passa en 1719 sous la protection des Habsbourg, avec un statut de port franc qui permit le développement de la ville au point d'en faire le port principal de l'Empire austro-hongrois et la troisième « merveille de l'Empire » après Vienne et Prague. Après la Première Guerre mondiale, la ville fut annexée par l'Italie fasciste (1922) mais, dès la fin de la Seconde Guerre mondiale, l'importance de la minorité slave permit à Tito de revendiquer la ville, provoquant les premières tensions entre l'Ouest et l'Est. La Yougoslavie s'accapara l'Istrie sauf Trieste, proclamée « territoire libre», officiellement administré par l'ONU de 1947 à 1954, avant d'être enfin rattachée à l'Italie à la suite des accords de Londres, le reste du « territoire », revenant à la Yougoslavie (actuellement la Slovénie). Aujourd'hui encore la triple culture de la ville est particulièrement sensible (italienne, autrichienne et slave, en raison de la présence d'une importante minorité slovène).

CIRCULER ET SE GARER À TRIESTE

La ville s'étend tout en longueur entre mer et collines. Quand on arrive du nord, on se retrouve tout naturellement emporté par le flot de la circulation. En dehors du *lungomare,* où l'on circule aisément et dans les deux sens, il est très difficile de circuler dans la ville : rues souvent pentues, très étroites, avec une grande densité de voitures stationnées. Pour se garer, justement : tout le centre (la *zona rossa*) est quadrillé par des employés municipaux

Adresses utiles

- Office du tourisme
- Poste centrale
- Gare routière
- Gare ferroviaire
- Navettes pour Muggia et Barcola
- 1 Parking Silos
- 2 Parking Foro Ulpiano
- 3 Journaux francophones

Où dormir ?

- 11 Nuovo Albergo Centro
- 12 Hotel Alabarda
- 13 Albergo Città di Parenzo

Où manger ?

- 21 Galleria Fabbris
- 22 Trattoria Al Rittrovo Marittimo
- 23 Ristorante Da Primo
- 24 Ristorante Loggia della Maga

Où boire un café ?

- 31 Caffè Stella Polare

Où savourer une bonne pâtisserie ? Où déguster une bonne glace ?

- 32 Cremcaffè Degustazione
- 33 Cremeria Marra

À voir

- 41 Piazza Unità dell'Italia
- 42 Basilique San Giusto
- 43 Château San Giusto
- 44 Musée d'Histoire et d'Art et Musée lapidaire
- 45 Musée Sartorio

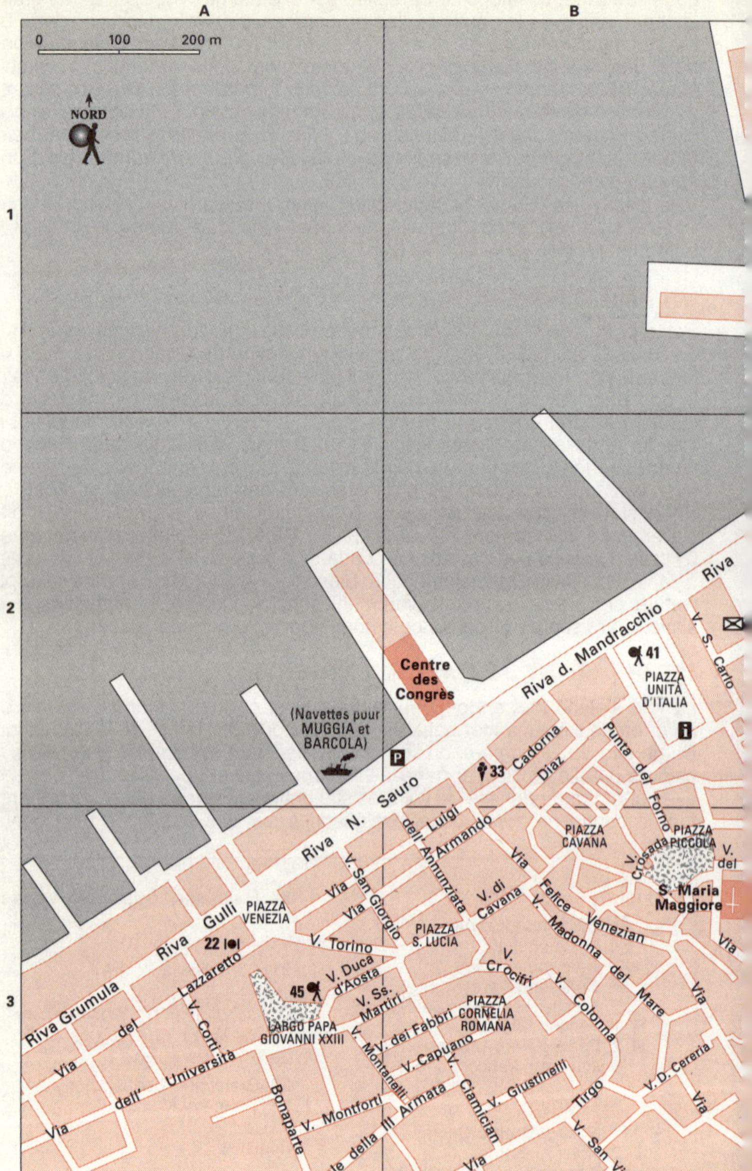
A
B
1
2
3
0
100
200 m
NORD
Centre des Congrès
(Navettes pour MUGGIA et BARCOLA)
Riva d. Mandracchio
Riva
Riva N. Sauro
Riva Gulli
Riva Grumula
PIAZZA VENEZIA
22
V. Lazzaretto
41
PIAZZA UNITÀ D'ITALIA
V. S. Carlo
33
Cadorna
Diaz
Punta del Forno
PIAZZA CAVANA
PIAZZA PICCOLA
V. Crosada
V. del
S. Maria Maggiore
Via
Luigi Armando
dell'Annunziata
V. San Giorgio
Via
Via
Via
V. di Cavana
Via Felice Venezian
V. Madonna del Mare
PIAZZA S. LUCIA
V. Torino
45
V. Duca d'Aosta
V. Ss. Martiri
LARGO PAPA GIOVANNI XXIII
V. Crocifri
V. Colonna
PIAZZA CORNELIA ROMANA
V. dei Fabbri
V. Capuano
V. Montanelli
V. Corti
Via del
Via dell' Università
Via
Bonaparte
V. Montforti
Viale della III Armata
V. Ciamician
V. Giustinelli
Tirgo
V. San Vito
V. D. Cereria
Via
Via

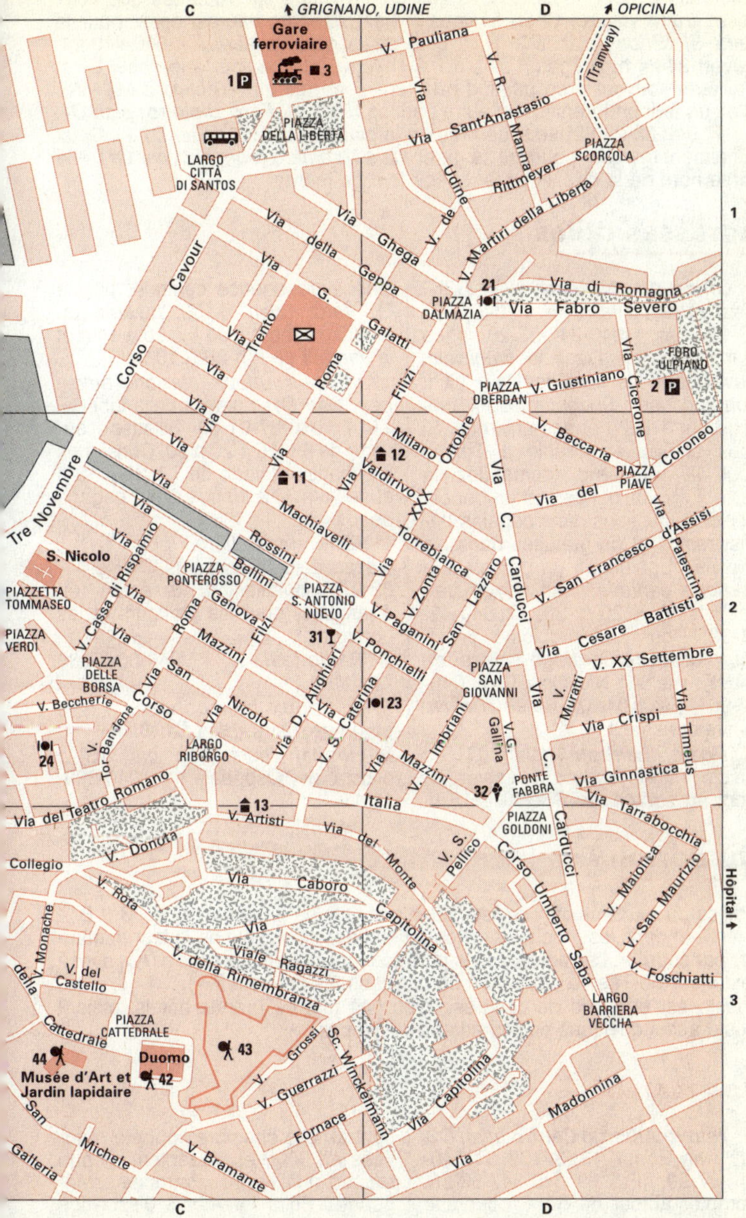
C
D
GRIGNANO, UDINE
OPICINA
Gare ferroviaire
PIAZZA DELLA LIBERTÀ
LARGO CITTÀ DI SANTOS
V. Pauliana
Via Sant'Anastasio
V. R. Manna
PIAZZA SCORCOLA
Rittmeyer
V. Martiri della Libertà
Via Ghega
Via della Geppa
Via G. Galatti
Via Trento
Via Roma
Corso Cavour
PIAZZA DALMAZIA
Via di Romagna
Via Fabro Severo
FORO ULPIANO
PIAZZA OBERDAN
V. Giustiniano
Via Cicerone
V. Beccaria
Via Coroneo
PIAZZA PIAVE
Via del
Via Palestrina
V. San Francesco d'Assisi
Via Filzi
Milano
Ottobre
Via Valdirivo
XXX
Torrebianca
Machiavelli
Rossini
Bellini
Tre Novembre
S. Nicolo
PIAZZETTA TOMMASEO
PIAZZA VERDI
PIAZZA PONTEROSSO
Genova
V. Cassa di Risparmio
PIAZZA S. ANTONIO NUOVO
V. Zonta
V. Paganini
San Lazzaro
Via C. Carducci
Via Cesare Battisti
V. XX Settembre
Mazzini
Roma
Via San Nicoló
V. Ponchielli
PIAZZA SAN GIOVANNI
PIAZZA DELLE BORSA
V. Beccherie
Corso
V. Tor Bandena
Via D. Alighieri
V. S. Caterina
Via Imbriani
V. G. Gallina
V. Muratti
Via Crispi
Via Timeus
Via Ginnastica
LARGO RIBORGO
Via del Teatro Romano
V. Artisti
Italia
Via Mazzini
PONTE FABBRA
PIAZZA GOLDONI
Via Tarrabocchia
Via del Monte
V. S. Pellico
Corso Umberto Saba
V. Maiolica
V. San Maurizio
Hôpital
V. Donota
Collegio
Via Caboro
V. Rota
Via Capitolina
Viale Ragazzi
V. della Rimembranza
V. Monache
V. del Castello
della Cattedrale
PIAZZA CATTEDRALE
Duomo
Musée d'Art et Jardin lapidaire
V. Grossi
Sc. Winckelmann
V. Guerrazzi
Fornace
Via Capitolina
Madonnina
Via
V. Foschiatti
LARGO BARRIERA VECCHIA
San Michele
Galleria
V. Bramante
(Tramway)
1
2
3
1 P
2 P
3
11
12
13
21
23
24
31
32
42
43
44

TRIESTE

reconnaissables à leurs bandes fluo qui se jettent sur vous dès que vous posez votre voiture. Cher. Si vous restez plusieurs heures, optez pour le ***Park Si*** ***(Silos;*** *plan C1,* ***1****),* à côté de la gare routière. ☎ 040-449-24. Ouvert 24/24 h. Un peu moins d'1 € l'heure; environ 9 € la journée. C'est d'ailleurs souvent à ce parking que renvoient pas mal d'hôtels de la ville, avec un tarif préférentiel. Un autre parking (***Park Si Foro Ulpiano****; plan D1,* ***2*** ; ☎ 040-36-22-62) se situe près de la piazza Oberdan *(plan D1-2).* Ceux qui aiment marcher pourront se garer *viale Miramare (hors plan par C1),* à la sortie nord de la ville. À éviter le soir tout de même.

Adresses utiles

Office du tourisme *(plan B2)* ***:*** piazza Unità d'Italia, 4e. ☎ 040-347-83-12. Fax : 040-347-83-20. • ap tour@libero.it • Dans le *municipio.* Ouvert tous les jours de 9 h à 19 h. Bon accueil. Documentation très riche sur Trieste et ses environs. Si vous arrivez en couple à Trieste pour le week-end, demandez la carte *T for you* qui permet de bénéficier de réductions dans certains hôtels, restos et de gratuités dans les musées. Également un bureau à la *stazione centrale (plan C1),* ouvert de 7 h 30 à 20 h 30. ☎ 040-42-01-82. Pour tout problème spécifique, contacter le ***siège central de l'APT*** : via San Niccolò, 20. ☎ 040-67-961. Fax : 04-679-62-99. • www.triestetourisme.it •

✉ ***Poste centrale*** *(plan C1)* ***:*** piazza Vittorio Veneto, 1. Ouvert du lundi au samedi de 8 h 30 à 19 h. Une autre agence centrale, piazza G. Verdi *(plan B-C2),* ouverte du lundi au vendredi de 8 h 30 à 14 h et le samedi de 8 h 30 à 13 h.

Gare routière *(stazione autolinee, plan C1)* ***:*** piazza della Libertà, 11. ☎ 040-37-01-60. Billetterie ouverte de 6 h 15 à 20 h 30. Consignes à bagages ouverte de 7 h 30 à 13 h et de 15 h 30 à 18 h. 4 € par bagage pour 24 h.

Gare ferroviaire *(plan C1)* ***:*** piazza della Libertà, 8. ☎ 040-41-82-07. Consultation sur écran (en 4 langues) pour les parcours et les horaires.

■ ***Radio-taxi*** ***:*** ☎ 040-30-77-30 (24 h/24).

■ ***Journaux francophones*** ***:*** à la gare ferroviaire *(plan C1,* ***3****).*

■ ***Hôpital*** *(hors plan par D3)* ***:*** piazza dell'Ospedale. ☎ 040-399-11-11.

Où dormir ?

L'office du tourisme tient à disposition une liste de propriétaires de *B & B,* à Trieste et dans les proches environs. Il est aussi possible de la leur demander par courrier. Les solutions les plus économiques (campings et AJ) sont à l'extérieur de Trieste (voir « Où dormir dans les environs ? »).
Trieste est une ville de congrès, avec pas mal de grands hôtels, mais il existe aussi quelques petites adresses sympas.

Bon marché

Nuovo Albergo Centro *(plan C2,* ***11****)* ***:*** via Roma, 13, 34132. ☎ 040-347-87-90. Fax : 040-347-52-58. Compter autour de 50 € pour une double avec salle de bains commune; 68 € avec salle de bains privée; petit déjeuner inclus. Petit hôtel (une vingtaine de chambres), très central. Les chambres ont été rénovées en 2000 et présentent un bon rapport qualité-prix. Patronne arrangeante. Point Internet à disposition des clients. Cartes de paiement acceptées. Réduction de 10 % sur le prix de la chambre accordée à nos lecteurs sur présentation du *GDR.*

Prix moyens

Hotel Alabarda *(plan D2, **12**)* **:** via Valdirivo, 22, 34132. ☎ 040-63-02-69. Fax : 040-63-92-84. • www.hotelalabarda.it • Compter 50 € pour une chambre avec salle de bains en commun, 70 € avec bains dans la chambre. Certaines chambres avec AC. Petit déjeuner inclus. Très central, au 3e étage (avec ascenseur) dans une rue animée en journée. Chambres claires et très propres, avec mobilier récent. Quelques autres chambres plus sommaires et moins chères dans une dépendance au rez-de-chaussée. Accueil sympathique et point Internet. Une excellente adresse. Cartes de paiement acceptées. Réduction de 10 % accordée à nos lecteurs sur présentation de ce guide.

Plus chic

Albergo Città di Parenzo *(plan C2-3, **13**)* **:** via degli Artisti, 8, 34121. ☎ 040-63-11-33. Fax : 040-367-510. • www.hotelparenzo.com • Compter 100 € pour une chambre, petit déjeuner compris. Un 2-étoiles situé dans une petite rue calme, très central. Rénové en 1999. Confortable, très propre, et personnel charmant. Triples et quadruples à prix intéressants. Point Internet. Cartes de paiement acceptées.

Où dormir dans les environs ?

Camping Obelisco *(hors plan par D1)* **:** strada Nuova per Opicina, 37, 34016 Opicina. ☎ 040-21-16-55. Fax : 040-21-27-44. • campeggio clubtrieste@tin.it • Du centre-ville, on peut y monter en *trenovia,* le tram local (arrêt Obelisco). En voiture, du centre, suivre la direction Opicina. Ouvert toute l'année. De 11 à 13 € pour deux personnes avec voiture et tente. Bon accueil et prestations plus que correctes.

Auberge de jeunesse Ostello Tergeste : viale Miramare, 331, 34136. ☎ et fax : 040-22-41-02. • ostelloditrieste@hotmail.com • À 8 km du centre, à côté du castello di Miramare (voir « Dans les environs de Trieste »). Accès par le bus no 36 depuis la piazza Oberdan ou la gare. En janvier et février, ouvert pour les groupes seulement. Carte des AJ obligatoire. Compter 13 € la nuit, petit dej' inclus. Chambres de 4, 6, 8 ou 16 lits. Possibilité d'y manger le midi et le soir.

Où manger ?

Pour manger sur le pouce, pas mal de bars, plutôt discrets, proposant des *panini.* Si vous préférez vous confectionner votre pique-nique, deux petits ***supermarchés Conad,*** via Ruggero Manna, à l'angle de via Martiri della Libertà *(plan D1)* et piazza Goldoni *(plan D2-3).* Fermés le dimanche. Également, pour les petites faims, une ***boulangerie*** via F. Venezian, 13 *(plan B3).* Ouverte de 7 h 30 à 13 h 30 et de 17 h 30 à 19 h 30. Fermée le lundi et le mercredi après-midi, ainsi que 2 semaines en juillet.

Prix moyens

Galleria Fabbris *(plan D1, **21**)* **:** piazza Dalmazia, 4. ☎ 040-36-45-64. Pas très loin de la gare. Fermé le lundi. *Pizze* de 4 à 9 € ; au restaurant, compter dans les 15-20 € par personne. L'établissement est divisé en deux : le restaurant traditionnel et la pizzeria. Côté resto, le cadre est chic, le service raffiné, le tout à des prix raisonnables. La nourriture est à l'image de la présentation : exquise...

Trattoria Al Ritrovo Marittimo *(plan A3, **22**)* **:** via del Lazaretto, 3. ☎ 040-30-13-77. Dans le quartier étudiant. Ouvert le soir seulement. Fermé le dimanche soir et le lundi. Compter dans les 18-20 € par personne. Une *trattoria* à l'enseigne de Corto Maltese, ça ne peut pas passer inaperçu ! La carte est entièrement tournée vers la mer (quelle surprise !) avec des spécialités comme le ragoût de baudroie, les *seppie* (seiches) avec de la polenta et la morue *alla triestina* (à comparer avec la recette *alla vicentina*).

Ristorante Da Primo *(plan D2, **23**)* **:** via Santa Caterina da Siena, 9a. ☎ 040-63-34-98. Dans une rue piétonne, derrière la piazza della Repubblica. Fermé le dimanche. Compter environ 26 € pour un repas complet, que l'on choisisse la carte viande ou la carte poisson. Resto bien sympathique à l'atmosphère chaleureuse. Arriver tôt pour déjeuner, car le lieu est très fréquenté. Café et digestif offerts sur présentation du *GDR* de l'année.

Ristorante Loggia della Maga *(plan C2, **24**)* **:** via del Pane, 2b. ☎ 040-36-40-23. Dans le quartier de l'ancien ghetto. Ouvert de 11 h à 15 h et de 19 h 30 à minuit. Fermé les dimanche soir et lundi. Compter au minimum 20 € par personne. Un resto dédié au poisson et aux produits de la mer. Accueil souriant. Intérieur cosy sans être guindé. En saison, tables en terrasse. Cuisine fine et parts plutôt généreuses.

Où boire un café ? Où boire un verre ?

Le soir, Trieste semble se vider assez rapidement, tout le monde rentrant chez soi. En fait, il existe pas mal d'endroits discrets où les Triestins se réunissent.

Caffè Walter *(plan C2)* **:** via San Niccolò, 31, en face d'un des domiciles de Joyce. Fermé le dimanche. Ce café tranche avec cette discrétion ambiante et est généralement animé (on boit debout, verre à la main, dans la rue piétonne) mais il semble surtout s'adresser à une clientèle de *happy few,* ce qui n'empêche évidemment pas de tenter sa chance.

Le café et les cafés ont fait la réputation de Trieste : certaines fortunes se sont faites dans le courtage du café et, il n'y a pas longtemps encore, le maire de la ville n'était autre que Ricardo Illy, petit-fils de Francesco, fondateur des cafés *Illy* en 1933. Le plus ancien café de la ville (*le Tommaseo,* via Riva III Novembre ; *plan B-C2*) a été fondé dès 1825 et les Triestins ont alors pris l'habitude de fréquenter les cafés pour traiter leurs affaires, recevoir leurs rendez-vous... L'un des plus renommés est le *caffè Stella Polare* :

Caffè Stella Polare *(plan C2, **31**)* **:** via Dante, 14. ☎ 040-63-27-42. Fermé le dimanche. Plutôt chicos. Haut lieu joycien, fréquenté aujourd'hui par l'écrivain Claudio Magris (du moins quand il n'enseigne pas à la Sorbonne).

Où savourer une bonne pâtisserie ? Où déguster une bonne glace ?

Les *gelaterie* se succèdent tout le long du viale XX Settembre, ombragé de beaux arbres.

Cremcaffè Degustazione *(plan D2-3, **32**)* **:** piazza Goldoni, 10. ☎ 040-63-65-55. Fermé le dimanche et les jours fériés. Une institution à Trieste, ce qui signifie forte affluence aux heures de pointe. Les meilleurs *frappè* (sorte de milk-shakes) avec un grand choix de goûts. Fait également pâtisserie mais on ne s'assied pas. Ne pas manquer le spectacle du tapis roulant qui expédie à la plonge les tasses et verres vides.

Cremeria Marra *(plan B2, **33**)* **:** riva Nazario Sauro. Ouvert de 7 h à minuit ; fermé le mardi. Un bar-*gelateria* bien situé. Le *tiramisù* est divin et les autres *semifreddi* ne sont pas mal non plus. Glaces maison. Également des toasts, *tramezzini* et *focaccie* pour manger sur le pouce.

À voir

Piazza Unità dell'Italia *(plan B2, **41**)* **:** dans la ville basse, la plus grande place d'Italie (donnant sur la mer), très animée et bordée de palais de différentes époques. L'un des plus importants est celui de la compagnie de navigation *Lloyd Triestino.*

Basilique San Giusto *(plan C3, **42**)* **:** sur la colline de la ville haute. Ouvert de 8 h à 12 h (13 h les jours fériés) et de 15 h 30 à 19 h 30 (20 h les jours fériés). Sa façade comporte une très belle rosace gothique. Magnifique abside à droite de l'autel, encore influencée par Byzance. Dans une niche, statue de saint Juste, le patron de la ville (vous l'auriez deviné).

Château San Giusto *(plan C3, **43**)* **:** juste à côté de la cathédrale, il occupe tout le haut de la colline San Giusto. Ouvert de 9 h à 17 h d'octobre à mars ; de 9 h à 19 h d'avril à septembre. Fermé le lundi. Entrée : 1,50 €. Dans le jardin, tombe de l'archéologue allemand Winckelmann qui se fit assassiner en 1768 pour quelques pièces d'or. L'insécurité, comme on le voit, ne date pas d'aujourd'hui... De l'autre côté de la basilique, via della Cattedrale, le ***musée d'Histoire et d'Art*** ainsi que le ***Musée lapidaire*** *(plan C3, **44**)*, ouvert du mardi au dimanche de 9 h à 13 h (19 h le mercredi). Rassemble de nombreuses découvertes archéologiques faites dans la région.

Musée Sartorio *(plan A3, **45**)* **:** largo Papa Giovanni XXIII. ☎ 040-30-14-79. Ouvert du mardi au dimanche de 9 h à 13 h. Entrée payante. Musée intéressant pour sa belle collection de dessins de Tiepolo.

Quartier Il Ghetto *(plan C2)* **:** tout un périmètre piéton, entre la piazza Vecchia et la piazza della Borsa. Quelques rues piétonnes un peu froides où se sont installés restos, magasins d'antiquaires et autres commerces assez chicos.

➢ **Trenovia** *(plan D1)* **:** une promenade en tram, ça vous tente ? À première vue, rien de bien original, mais ce tram à l'ancienne, long de 5 km, inauguré en 1902, grimpe sur les hauteurs de Trieste, jusqu'à Opicina. Sur une section du parcours, pente de plus de 20 % ! Presque un funiculaire... Départs de la piazza Oberdan. De 7 h à 20 h environ. Achats des billets piazza Oberdan.

➢ **Parcours Joyce :** James Joyce, exilé volontaire, a passé plus de 12 ans de sa vie à Trieste (1904-1915 et 1919-1920), où il a notamment travaillé comme professeur d'anglais à l'école Berlitz. Il a aussi beaucoup écrit à Trieste, y composant, entre autres, des chapitres essentiels d'*Ulysse.* L'université de Trieste a eu la bonne idée de faire installer de petites plaques indiquant les lieux de mémoire joyciens, soit la dizaine de logements occupés par Joyce ainsi qu'une petite quarantaine d'endroits fréquentés par le génial Irlandais. Cela va du café *Stella Polare (plan C2, **31**)* ou de la *pasticceria Pirona* (largo Barriera Vecchia ; 12, *plan D3*) au *cinéma Americano* (piazza della Borsa ; *plan C2*) en passant par la via della Pescheria *(plan B2)* où Joyce fréquentait une *casa di toleranza* au nom poétique de *Metro Cubo* ! Se procurer à l'office du tourisme le fascicule *Triestine Itineraries/Joyce* ou repérer les lieux sur Internet : • www.triestetourism.it •

Bien d'autres ***musées*** encore *(musée de la Mer, musée d'Histoire naturelle, Musée ferroviaire, musée de l'Imaginaire scientifique...),* pour la plupart situés dans la partie sud de la ville *(hors plan par A3).* Consulter le site : • www.triestecultura.it •

➤ DANS LES ENVIRONS DE TRIESTE

Castello di Miramare : à **Grignano.** À une petite dizaine de kilomètres au nord-ouest de Trieste, non loin de l'AJ. Du centre, prendre le bus n° 36 directement en partant de la piazza Oberdan. Demander l'arrêt « Castello » (le terminus est « Grigano »). Visite du château de 9 h à 19 h d'avril à septembre, jusqu'à 18 h en mars et octobre et jusqu'à 17 h en hiver ; accès au parc aux mêmes heures. Entrée : 4 € ; réductions ; gratuit pour les moins de 18 ans et les plus de 65 ans ressortissant de l'Union européenne. Accès libre au parc.
Le château, en pierre blanche d'Istrie, se dresse au milieu d'un parc magnifique de 22 ha surplombant l'Adriatique. Il fut construit pour Maximilien de Habsbourg, frère de l'empereur François-Joseph Ier. Quand Maximilien acheta le terrain, en 1856, c'était un roc quasiment sans végétation et le prince décida d'en faire une station botanique expérimentale. Plutôt réussie, l'expérience ! Visite (sur réservation : ☎ 040-22-41-47) de l'*aquarium du WWF,* situé dans un recoin du parc. Dans le *castello,* très belle collection de peintures. Après la mort du prince, fusillé au Mexique en 1867, l'impératrice Élisabeth d'Autriche, la célèbre Sissi, vint faire de fréquents séjours dans ce palais.

Grotta Gigante : à 17 km au nord, à Borgo, sur la commune de Sgonico. Informations : ☎ 040-32-73-12. Prendre, piazza Oberdan, le tramway n° 2 jusqu'au terminus, puis le bus n° 42 jusqu'à Borgo Grotta. Fermé le lundi, sauf en juillet-août. Visite guidée (en italien) toutes les 30 mn en saison, de 10 h à 18 h. Le reste de l'année, une visite par heure de 10 h à 16 h (visite de 13 h suspendue de novembre à février). Entrée : 7,50 € ; réductions.
Cette grotte, ouverte au public depuis 1908, est la grotte touristique la plus vaste du monde : 280 m de long, 65 m de large, et sa voûte s'élève à plus de 100 m. 450 marches à descendre et... autant à remonter. Courage ! La visite dure 45 mn et vous plonge dans un univers merveilleux. Les éclairages électriques accentuent encore l'aspect surprenant des concrétions (et leur taille : une des stalagmites, la *colonna Ruggero,* fait 12 m de haut). Prévoir une petite laine (pas plus de 11° C dans la grotte).

Karst : à faire si l'on dispose d'un peu de temps (une demi-journée minimum) et qu'on souhaite s'extraire de la ville. Le haut plateau qui s'étend depuis les hauteurs de Monfalcone, entre la mer et la frontière, offre de belles occasions de balades. Ce n'est en fait qu'un tout petit bout de ce grand plateau calcaire qui se poursuit en Slovénie et en Croatie. Galeries, grottes, abîmes, circulation souterraine des rivières, résurgences... Joli paysage de dolines (petites dépressions qui concentrent le peu de verdure qu'autorise ce paysage rocheux). Aller, par exemple, à *Val Rosandra,* à une vingtaine de kilomètres de Trieste, célèbre pour ses parois rocheuses.
➢ Possibilité de s'y rendre en bus depuis la piazza Oberdan (bus n° 42). En voiture, sortir de Trieste en suivant la direction Aquilina-Muggia puis quitter cette direction pour San Dorligo della Valle, un village qui jouxte la frontière slovène.

Muggia : petite ville qui a gardé un joli centre médiéval évoquant, pour ceux qui les connaissent, les cités de la côte dalmate. À une quinzaine de kilomètres au sud-est de Trieste, 5 km avant la frontière slovène. Petit port *(mandracchio)* très agréable.

➢ À moins de tenir à tout prix à sa voiture, y aller en bateau, ce qui évite de passer par la zone des raffineries, pas folichonne du tout. Départs du môle Pescheria *(plan A2).* Billet aller-retour : 5 €. En bus, prendre à la *stazione* le bus nº 20.

La route côtière continue ensuite sur 5 km jusqu'à Lazzaretto où se trouve le poste-frontière avec la Slovénie.

La mer : les Triestini ne peuvent s'en passer ; elle les fait vivre. Il n'y a pas de plage de sable mais on peut plonger directement des rochers dans l'eau profonde. L'endroit le plus couru est *Barcola,* qu'on atteint en navette en 20 mn. Départs presque toutes les heures du môle Pescheria *(plan A2).* Bien entendu, il est possible d'y aller en bus également (ligne nº 36 depuis la piazza Oberdan). Les bains de *Grignano* (terminus du bus nº 36) sont aussi prisés.

Plus au nord, la côte devient escarpée et la route s'éloigne de la mer, livrant de magnifiques points de vue. À 18 km de Trieste, *Duino* (bus nº 43, 44 ou 73) est assez décevant, mais ceux qui se contenteront de surplomber la mer pourront se balader sur le *sentier Rilke,* entre Sistiana et Duino. Penser à se munir d'un volume des *Élégies de Duino,* du même Rainer Maria Rilke et déclamer...

QUITTER TRIESTE

En train

➢ ***Pour Venise :*** nombreux départs quotidiens.

En bus

➢ ***Pour Udine :*** de nombreux départs de 5 h à 22 h 30.
➢ ***Pour Grado :*** de 5 h à 20 h, avec changement à Monfalcone.
➢ Bus ***pour la Slovénie et la Croatie*** (à la gare routière).

En ferry

➢ ***Pour la Grèce*** (compagnie *Anek Lines*) ***:*** départs du môle VII (Porto Nuovo ; *hors plan par A3*). Continuer au-delà du centre-ville et suivre les indications.

L'ÉMILIE-ROMAGNE

Délimitée *grosso modo* au sud par la Toscane et au nord par la Lombardie et la Vénétie, l'Émilie-Romagne est une région prospère et opulente. Elle abrite des villes d'art extraordinaires : Bologne et ses mille arcades, Ravenne et ses mosaïques, Ferrare, etc. Bologne, sa capitale, est une ville dynamique, agréablement étudiante et animée.
Parmi les premières régions d'Italie pour son agriculture, l'Émilie-Romagne est tout aussi remarquable pour sa gastronomie à base des produits du terroir. Jambon de Parme *(prosciutto di Parma),* parmesan *(parmigiano reggiano),* mortadelle sont tous originaires de la région et ne sont que les produits les plus connus d'une cuisine succulente. Beaucoup de pâtes fraîches au menu, en particulier des tagliatelles et les *tortellini,* créés, dit-on, à Bologne. Elles sont souvent accompagnées de *ragù,* sauce à base de viande hachée, de tomates et autres légumes. Les charcuteries sont vraiment délicieuses (pas seulement le jambon de Parme et la mortadelle !). Pour les vins : le *lambrusco,* le *sangiovese* et l'*albana* accompagneront très agréablement vos repas.
Voilà donc quelques très belles raisons de découvrir et de s'attarder dans cette région attachante mais le plus souvent délaissée, ou uniquement traversée, pour rejoindre ses très touristiques voisines. Sachez cependant que certaines villes pourront sembler bien calmes en août quand étudiants et commerçants prennent leurs vacances.

BOLOGNE *(BOLOGNA)* (40100) 375 000 hab.

Pour le plan de Bologne, se reporter au cahier couleur.

La capitale de l'Émilie-Romagne, au carrefour des routes du nord et du centre, met à votre disposition ses quelque 40 km d'arcades et portiques pour vous protéger du soleil, des voitures et éventuellement de la pluie. Poumon économique de la région, dynamique, industrieuse, elle offre pourtant beaucoup de palais et d'églises, un centre-ville médiéval remarquable, de beaux musées. Quand on pense que Bologne fut violemment bombardée en 1944, on n'ose pas imaginer le splendide paysage urbain antérieur.
La qualité de vie semble être l'heureuse obsession de la municipalité : c'est l'une des rares villes européennes qui aient eu le courage d'imposer des restrictions de circulation dans son centre (sans aucune révolte des usagers) et elle a également entamé en 2004 et 2005 la construction d'un tramway et d'un métro. D'ailleurs, Bologne « la Rouge », comme la couleur de ses édifices, est en Italie le symbole d'un certain communisme municipal réussi. Pour finir, on y mange fort bien. Comment, vous n'y êtes pas encore ?

UN PEU D'HISTOIRE

Bologne est fière de posséder la plus vieille et la plus turbulente université d'Europe (bien avant la Sorbonne, Salamanque et Oxford, puisque fondée en 1088). Au XIIIe siècle, 10 000 étudiants la fréquentaient et elle fut à

l'avant-garde puisque des femmes y enseignaient déjà, bien avant que les autres universités ne s'y mettent. Pour l'anecdote, l'une d'entre elles était si belle qu'elle dispensait son cours cachée derrière un rideau. C'est à Bologne également que se développa l'anatomie (au XIVe siècle), science longtemps taboue. Galvani, qui découvrit l'électricité, et le grand physicien Marconi sont également originaires de la ville.
En 1976 et 1977, la ville connut une « Commune étudiante » qui fit pas mal de bruit. Les étudiants contestataires dominèrent complètement la vie politique de Bologne, échappant totalement au contrôle des partis traditionnels (de droite comme de gauche). Ce mouvement étudiant très radical, le *movimento,* le plus puissant de toutes les villes universitaires dans l'Italie troublée de l'époque, apparut alors comme un véritable second pouvoir. Umberto Eco et sa chaire de sémiotique ne firent que redorer un peu plus le blason de la tradition universitaire de Bologne. Aujourd'hui encore, la ville est animée par la présence de quelque 80 000 étudiants.

Comment y aller ?

➢ ***De Milan** (210 km S.-E./A 1) :* liaisons environ toutes les demi-heures au départ de Milano Centrale. Compter 1 h 45 avec les trains les plus rapides, 2 h s'il s'agit d'un train « IC », ou 2 h 30 à 3 h si le train transite par *Plaisance, Parme* et/ou *Modène.* Liaison en bus (départ piazza Castello) via *Parme* et *Modène.*
➢ ***De Venise** (154 km S.-O./A 4 jusqu'au niveau de Padoue puis A 13) :* liaisons environ toutes les demi-heures au départ de Venezia Santa Lucia via *Padoue* et *Ferrare.* De 1 h 40 à 2 h 30 de trajet selon le type de train. Nombreuses liaisons en bus (compagnies *ATC* et *ACFT*).
➢ ***De Florence** (106 km N./A 1) :* trains environ toutes les demi-heures au départ de Firenze Santa Maria Novella. Environ 1 h de trajet.
➢ ***De Rome** (383 km N.-O./A 1) :* train environ toutes les demi-heures au départ de Roma Termini. De 2 h 40 à 3 h 40 de trajet.
➢ ***De Ravenne** (70 km O./dir. A 14 puis A 14) :* trains environ toutes les heures en journée ; compter de 1 h 20 à 2 h de trajet. En bus (compagnie *ATC,* piazza Farini ; de 1 h 30 à 2 h de trajet).
➢ ***D'Ancône** (219 km N.-O./A 14) :* trains réguliers pour Bologne via *Rimini.* Compter 1 h à 2 h 50 de trajet. Liaison en bus régulière.

Arrivée à Bologne

En avion

✈ ***Aéroport international Guglielmo Marconi :*** borgo Panigale. Situé à 10 km au nord-ouest de la ville.
➢ *Pour rejoindre le centre-ville :* il vous faudra prendre l'*aérobus* (ligne BLQ), direction Stazione FS via les rues Hugo Bassi et Indipendenza dans le centre. Navette toutes les 15 mn environ entre 6 h et 23 h 30. Prix du billet : 4,50 €.

En train

***Gare ferroviaire** (stazione FS ; plan couleur B1) :* viale Pietramellara.
➢ *Pour rejoindre le centre-ville :* la gare n'est pas très loin du centre-ville et se rejoint facilement à pied. Les plus fainéants prendront les bus nos 25 ou 30.

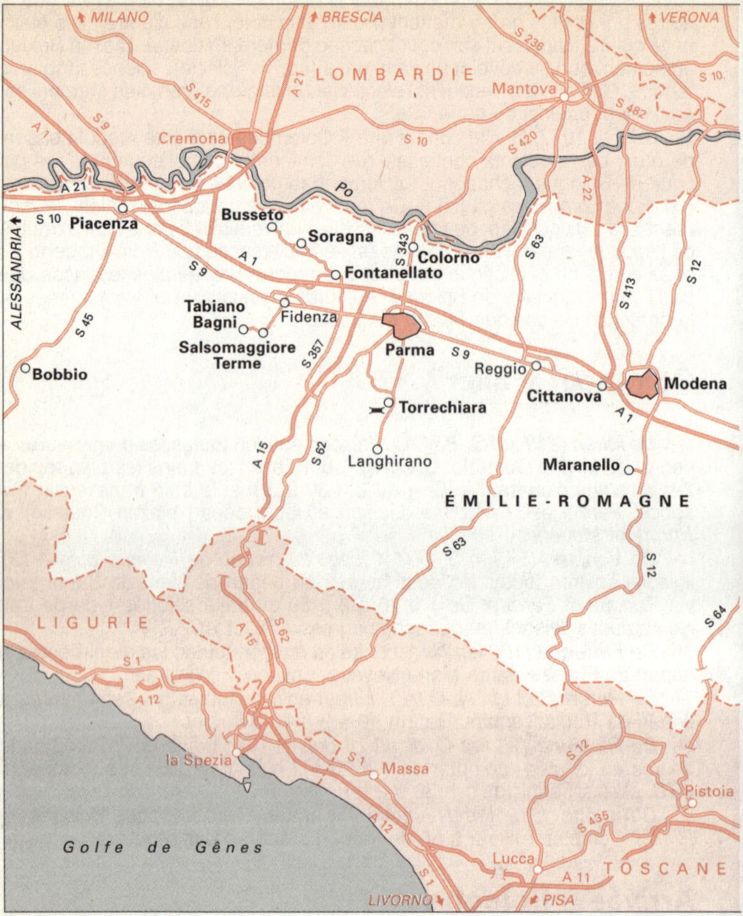

En bus

Gare routière *(autostazione autolinee ; plan couleur C1)* **:** située piazza XX Settembre, à deux pas de la gare ferroviaire.

➢ *Pour rejoindre le centre-ville :* voir ci-dessus.

En voiture

S'il n'est pas facile de circuler en voiture dans Bologne, la circulation étant interdite dans la plus grande partie du centre historique entre 7 h et 20 h, cela n'est pas impossible pour autant et peut-être aurez-vous la chance d'y trouver de la place pour vous garer. Nous vous conseillons cependant de laisser votre véhicule dans un des parkings aménagés près des boulevards périphériques et, de là, prendre un bus ou partir à pied pour visiter la ville. Si vous résidez dans un hôtel du centre, demandez-lui de vous délivrer une autorisation spéciale de stationnement : pour 7 €, il vous remettra une carte vous permettant de garer votre voiture sur les places délimitées par des

L'ÉMILIE-ROMAGNE

bandes bleues. Cette carte, valable durant 24 h, comprend également un ticket de bus utilisable sur tout le réseau et pour un nombre illimité de trajets.

Adresses utiles

Informations touristiques

i *Office du tourisme* *(IAT; plan couleur B3)* **:** piazza Maggiore, 1e. Central d'information : ☎ 051-24-65-41 (du lundi au samedi de 9 h à 19 h). Fax : 051-639-31-71. • www.comune.bologna.it/bolognaturismo • Le bureau principal de la piazza Maggiore est ouvert tous les jours de 9 h à 20 h. Fermé à Noël, le 1er janvier et le dimanche de Pâques. Documentation très fournie sur la ville de Bologne mais aussi sur sa province, plan-guide fort bien fait, renseignements sur les différents moyens de quitter Bologne pour une autre ville de la région ou d'ailleurs... Organise également d'intéressantes visites guidées les mercredi, samedi et dimanche à 10 h 30 pour 13 € par personne. Personnel efficace et très sympathique.

Bureaux du tourisme également à la gare ferroviaire (ouvert du lundi au samedi de 8 h 30 à 19 h 30 et le dimanche matin pendant les foires) et à l'aéroport (ouvert du lundi au samedi de 8 h à 20 h, les dimanche et jours fériés de 9 h à 15 h).

■ ***CST*** *(centro servizio per turisti)* **:** piazza Maggiore, dans les mêmes locaux que l'office du tourisme. N° Vert (depuis l'Italie) : ☎ 800-85-60-65 ou ☎ 051-23-47-35 ou 051-22-52-18. Fax : 051-648-76-08. • www.cst.bo.it • Ouvert du lundi au samedi de 10 h à 14 h et de 15 h à 19 h ; les dimanche et jours fériés de 10 h à 14 h. Peut vous fournir toutes les informations concernant les possibilités d'hébergement à Bologne et dans la province et vous aider à réserver, gratuitement, une chambre d'hôtel ou en *B & B*. Ce qui, en période de foire notamment, peut être d'un grand secours !

■ ***Sites Internet sur la vie pratique et culturelle à Bologne :***

• ***www.bolognadavivere.com*** • Vous livrera tout ce que vous rêvez de savoir sur Bologne : lieux de spectacles, cinémas, restaurants, discothèques, transports... avec toutes les infos pratiques (prix, horaires, etc.). Bon c'est vrai, tout est en italien, mais on s'en sort !

• ***www.bolognafestival.it*** • Pour tout connaître de la saison artistique, les dates, les événements, les lieux, etc.

• ***www.cinetecadibologna.it*** • Avis aux cinéphiles : Bologne possède une des plus importantes cinémathèques d'Europe et son cinéma, le *cinéma Lumière (plan A1,* ***7****)*, via Azzo Gardino 65, propose de nombreuses rétrospectives et films en version originale.

Poste et télécommunications

✉ ***Poste centrale*** *(plan couleur C3)* **:** piazza Minghetti, 1. ☎ 051-23-70-50. Ouvert du lundi au vendredi de 8 h à 18 h 30 ; le samedi de 8 h à 12 h 30.

@ ***Internet :*** consultation gratuite à la *bibliothèque Sala Borsa (plan B3,* ***5****)*, piazza Nettuno, 3 ; ouvert le lundi de 14 h 30 à 21 h 30, du mardi au vendredi de 9 h à 21 h 30 et le samedi de 9 h à 19 h. Ou à *Easy Internet Cafe (plan C3,* ***6****)*, via Rizzoli, 9 ; ouvert tous les jours de 9 h à 23 h. Si l'endroit n'est pas franchement chaleureux, il est central et bien équipé. Tarif variant selon la fréquentation (en heure creuse compter, par exemple, environ 1 € pour 1 heure).

Transports

■ ***ATC*** *(Azienda trasporti consorziale)* **:** via Saliceto, 3 (siège). ☎ 051-29-02-90. Fax : 051-29-02-91. • www.atc.bo.it • Compagnie assurant les transports urbains de la ville et de ses environs. Il existe des billets à l'unité (1 € pour une validité d'1 h ; 3 € pour 24 h) ou un carnet pour 8 voyages (6,50 €). Billets à acheter dans les bureaux de tabac, chez les marchands de journaux ou auprès des centres d'information *ATC*. Le plus central se situe piazza Re Enzo *(plan couleur B3,* ***2****)*. Il est ouvert du lundi au samedi de 7 h 30 à 20 h et le dimanche de 9 h à 20 h. Autres bureaux à la *stazione FS* et à l'*autostazione* ainsi que via IV Novembre. Le réseau est très bien organisé et les bus sont fréquents (5 à 15 mn entre deux bus). Service régulier de 5 h 30 à 0 h 30.

Gare ferroviaire *(stazione FS ; plan couleur B1)* **:** piazza delle Medaglie d'Oro. ☎ 89-20-21. Pour appeler la gare de Bologne de l'étranger, composer le ☎ 051-25-79-11. Bureau d'information ouvert tous les jours de 9 h à 21 h. On peut aussi s'adresser au bureau *Assistenza alla clientela*, situé dans l'aile droite de la gare, la même que celle de l'office du tourisme (☎ 051-630-30-59 ou 23-54). Consigne. Service de change. Pour les différentes liaisons ferroviaires, voir les rubriques « Comment y aller ? » et « Quitter Bologne ».

Gare routière *(autostazione ; plan couleur C1)* **:** piazza XX Settembre, 6. ☎ 051-24-21-50. Liaisons internationales, vers Paris et Bruxelles notamment. Quelques liaisons régionales mais le train est souvent préférable.

✈ ***Aéroport international G. Marconi*** *(hors plan couleur par A2)* **:** via del Triumvirato, 84. ☎ 051-647-96-15. • www.bologna-airport.it •

■ ***Taxis* :** ☎ 051-37-27-27 ou 051-53-41-41.

■ ***Autostop* :** si vous voulez faire du stop organisé, contactez *Viavai,* ☎ 051-36-11-07. Valable également si vous avez de la place dans votre véhicule et désirez partager les frais avec des passagers.

Urgences

■ ***Urgences police* :** ☎ 113.

■ ***Police* :** préfecture *(questura),* piazza Galileo, 7. ☎ 051-640-11-11.

■ ***Urgences hôpital* :** ☎ 118.

■ ***Hôpital* :** *Ospedale Sant'Orsola (plan D3,* ***3****),* via Massarenti, 9. ☎ 051-63-63-111.

■ ***Pharmacie 24 h/24* :** *farmacia comunale,* piazza Maggiore, 6. ☎ 051-23-96-90. Les autres pharmacies sont en général ouvertes de 8 h 30 à 12 h 30 et de 15 h 30 à 19 h 30.

■ ***Dépannage (ACI ; automobile club italien)* :** ☎ 051-38-81-19.

Divers

■ ***Librairie internationale Feltrinelli*** *(plan couleur C2-3,* ***1****)* **:** via Zamboni, 7b. Ouvert de 9 h à 19 h 30. Fermé le dimanche. En dehors des journaux et des magazines proposés par la maison, vous trouverez ici un grand nombre de livres en français (guides et romans notamment), en anglais et en allemand... Ailleurs, dans le centre-ville (piazza Maggiore, via Rizzoli...), vous trouverez sans problème votre canard préféré.

■ ***Consulat de France* :** via Guerrazzi, 1. ☎ 051-23-75-75.

■ ***Consulat de Belgique* :** viale della Repubblica, 13. ☎ 051-50-51-01.

■ ***Consulat de Suisse* :** via Saragozza, 12. ☎ 051-33-13-06.

■ ***Maison française*** *(plan couleur A3,* ***4****)* **:** via Dei Marchi, 4. ☎ 051-33-28-28. À côté de San Francesco. On peut y consulter revues et journaux français (bibliothèque ouverte les mardi et vendredi de 15 h à 19 h), assister à des conférences, des expos, etc., et les francophones y sont toujours bien accueillis.

■ ***Parkings* :** l'office du tourisme dispose d'une carte où sont indiqués les principaux parkings. Les plus proches du centre sont les suivants : le *Parcheggio Staveco (hors plan par B3),* viale Panzacchi ; à proximité de la porte S. Mamolo ; ouvert tous les jours de 7 h à 1 h. Le *Parcheggio S. Orsola (hors plan par D3),* via Albertoni ; près de l'hôpital Sant'Orsola ; ouvert tous les jours, 24 h/24. Le *Tanari (hors plan par A1),* via Tanari ; du côté de la gare ; ouvert tous les jours, 24 h/24. Ces parkings sont gardés et leur prix peu élevé (environ 3 € la journée). Il existe également quelques parkings gratuits mais un peu plus éloignés du centre : parking *Certosa Nord,* via Gandhi (bus n° 19) ; parking *Ghisello,* via Andrea Costa (bus n° 14 ou 21).

Où dormir ?

Les adresses ne manquent certes pas à Bologne mais ici, plus encore peut-être que dans certaines autres grandes villes d'Italie, il est très difficile de trouver une adresse décente bon marché. Il est absolument indispensable de réserver si vous avez l'intention de descendre dans l'un des établissements mentionnés dans la rubrique « Prix moyens », généralement pris d'assaut par tous les touristes fauchés (français ou non). D'autre part, avant de programmer votre séjour, renseignez-vous auprès de l'office du tourisme sur les dates des foires et autres manifestations commerciales... Lors des plus importantes, la plupart des hôtels augmentent « sensiblement » leur prix et ceux qui ne le font pas sont souvent complets plusieurs semaines à l'avance ! Les dates varient mais les foires les plus importantes ont généralement lieu entre octobre et décembre. Bon à savoir !

Camping

Camping-hôtel Città di Bologna (hors plan couleur par D1) : via Romita, 12, 40127. ☎ 051-32-50-16. Fax : 051-32-53-18. • www.hotelcamping.com • Situé à 5 km au nord de Bologne. De la gare, bus nº 68 ou 25. En voiture, prenez la via Stalingrado puis suivez la pancarte. Congés annuels : pendant les vacances de Noël. Selon la période, compter de 4 à 7 € par personne et de 8 à 13 € l'emplacement (voiture comprise). Camping très organisé et l'alignement des appartements à l'entrée est un peu déprimant. Heureusement l'espace réservé aux campeurs, avec ses petites haies et sous les arbres, est plutôt agréable. Ceux qui dorment sous la tente regretteront cependant que les murs de leur maison de toile ne soient pas insonorisés : l'aéroport et le périph' ne sont vraiment pas loin. Installations très modernes et très propres. Piscine. Possibilité de louer des bungalows équipés d'une salle de bains, d'une chambre, d'une cuisine et d'un coin salle à manger : de 45 à 78 € la nuit pour 2 (hors période de foire, où les prix peuvent grimper jusqu'à 230 €). Sur présentation du *GDR*, réduction de 10 % accordée à nos lecteurs sur le prix de la chambre (de début juin à fin août).

Bon marché

Ostello della gioventù Due Torri (hors plan couleur par D1) : via Viadagola, 5. ☎ et fax : 051-50-18-10. • hostelbologna@hotmail.com • Cette auberge est située à 6 km au nord-est de la ville. Il vous suffira pour y aller de prendre le bus nº 93 (depuis la via Marconi ou la via Irnerio). Attention, ce bus ne circulant pas le soir ni le dimanche, vous prendrez alors le nº 20 (en journée ; passe par la piazza Maggiore et la via dell'Indipendenza) ou le 21 b (le soir ; depuis la via Marconi), qui vous déposeront non plus à proximité de l'AJ mais à 2 km de celle-ci (le reste devant se faire à pied). Ouvert toute l'année. Réception ouverte de 7 h à 12 h et de 15 h 30 à 23 h 30 (mais enregistrement jusqu'à 22 h 30 seulement). Carte internationale des AJ obligatoire. De 14,50 € par personne en dortoir à 16,50 € par personne en chambre double. Petit déjeuner et draps inclus. Dans un grand parc, auberge de jeunesse récente, propre et fonctionnelle. Laverie, salle de TV, bibliothèque et Internet. Sur présentation du *GDR* de l'année, une nuit offerte à partir de 4 nuits sur place (excepté en juillet et août).

Prix moyens

Albergo Panorama (plan couleur B3, 10) : via Livraghi, 1 ; 4ᵉ étage. ☎ 051-22-18-02 ou 051-22-72-05. Fax : 051-26-63-60. • www.hotelpanoramabologna.it • Compter de 70 à 90 € pour une chambre, selon le confort. Pas d'augmentation en période de foire. Une dizaine de chambres seulement (simples, doubles et triples), très spacieuses et à la déco franchement kitsch pour certaines. Les moins chères partagent 3 salles de bains dans le couloir et les autres disposent de sanitaires privés. Impeccables, elles sont tenues (et entretenues) par une mère et sa fille qui parle un français excellent. Souvent complet, il est donc vivement conseillé de réserver. Préférer les chambres donnant sur la cour intérieure (n°s 1 à 5), la vue y est plus sympa. Café offert sur présentation du *GDR* de l'année.

☗ ***Albergo San Vitale*** *(plan couleur D3, **12**) :* via San Vitale, 94. ☎ 051-22-59-66. Fax : 051-23-93-96. Environ 75 € la chambre avec salle de bains ; 90 € pendant les foires. Bien situé et d'un très bon rapport qualité-prix, le *San Vitale* offre une vingtaine de chambres claires, propres et plutôt coquettes. Très calmes car elles donnent toutes côté cour ou sur un charmant petit jardin intérieur. Les routards motorisés pourront y obtenir une autorisation de parking. Accueil très sympathique. Une très bonne adresse.

☗ ***Albergo Garisenda*** *(plan couleur C3, **11**) :* via Rizzoli, 9, galleria del Leone ; au 3e étage. ☎ 051-22-43-69. Fax : 051-22-10-07. Situé dans une galerie dont l'entrée donne au n° 9 de la via Rizzoli, à la hauteur du McDo. Attention, les portes de la pension ferment à 1 h. Compter autour de 70 € pour une chambre avec lavabo mais salle de bains dans le couloir. Petit déjeuner compris. Prix identiques toute l'année. Ce petit hôtel est l'une des bonnes adresses de la ville pour son emplacement, sa propreté et la relative modicité de ses prix. En revanche, peut être assez bruyant et l'accueil gagnerait à être plus souriant. Pour les routards motorisés, une autorisation de parking peut vous être délivrée. Un café offert sur présentation du *GDR* de l'année.

BOLOGNE

Un peu plus chic

☗ ***Albergo Centrale*** *(plan couleur B3, **17**) :* via della Zecca, 2 ; 3e étage. ☎ 051-22-51-14. Fax : 051-23-51-62. • werteig@tin.it • ♿ Fermé une dizaine de jours en août. Doubles avec salle de bains de 85 à 98 €, selon la période et le confort. Petit déjeuner à 8 €. Petit hôtel 2-étoiles proposant une vingtaine de chambres spacieuses, confortables et impeccables. Toutes sont équipées de l'AC, du téléphone et de la TV et possèdent, côté rue, un double-vitrage. Ambiance familiale et accueil sympathique.

☗ ***Hôtel Accademia*** *(plan couleur C2, **13**) :* via delle Belle Arti, 6. ☎ 051-23-23-18. Fax : 051-26-35-90. • www.hotelaccademia.it • Compter dans les 100 € la chambre avec salle de bains, petit déjeuner compris. Même prix toute l'année. Situé dans le quartier de l'université et de la Pinacothèque, cet hôtel 2 étoiles est vraiment très agréable mais, sans être vraiment chic, un peu plus cher que les établissements précédents. Une trentaine de chambres plutôt grandes (toutes équipées d'une salle de bains et de la TV satellite). Malheureusement certaines s'avèrent parfois assez bruyantes à cause de l'animation du coin. Un avantage susceptible de faire oublier cet inconvénient : l'hôtel dispose d'un parking intérieur pour vos grosses limousines (6 € la journée) ! Accueil familial et gentil tout plein.

☗ ***Pensione Marconi*** *(plan couleur A2, **14**) :* via Marconi, 22. ☎ 051-26-28-32. Dispose de 2 chambres avec sanitaires extérieurs à 75 € ; toutes les autres, avec salle de bains privée, sont à 95 €. Même prix toute l'année. Chambres spacieuses, impeccables et mobilier tout neuf, mais très impersonnel et froid. Demandez une chambre donnant sur l'arrière de l'avenue car celle-ci est plutôt bruyante.

Chic

☗ ***Hôtel Porta San Mamolo*** *(hors plan couleur par B3, **19**) :* vicolo del Falcone, 6/8. ☎ 051-58-30-56. Fax : 051-33-17-39. • www.hotel-portasanmamolo.it • En voiture (si vraiment vous y tenez !), prendre la porte San Mamolo, remonter la via Massimo, puis prendre la deuxième rue à droite (la via Tovaglie). Et après, laissez-vous guider par les panneaux indiquant l'hôtel, cela n'étant qu'une succession de sens uniques et de ruelles parfois vraiment très étroites. Petit hôtel de charme au calme, dans une ruelle à quelques grandes enjambées de la piazza Maggiore et tout près de la porta San Mamolo. Chambre standard à 120 € (232 € en période de foire), petit déjeuner-buffet inclus. Les chambres élégantes et confortables sont réparties dans plusieurs maisonnettes colorées réunies autour d'une charmante petite cour ombragée par de beaux citronniers. Ambiance feutrée et fort agréable.

Très chic

Hôtel dei Commercianti *(plan couleur B3, **18**)*, via Dei Pignattari, 11. ☎ 051-23-30-52. Fax : 051-22-47-33. • www.bolognahotel.net • À partir de 185 la chambre et jusqu'à 311 € en période de foire ; petit déjeuner compris. Très jolies chambres situées dans un édifice du XIIe siècle donnant sur le flanc de l'église San Petronio. Cadre raffiné et très belle vue sur la basilique depuis certaines chambres. Cet hôtel plein charme a vraiment du cachet. Excellent accueil, délicat et chaleureux. Réduction de 10 % (hors périodes de foire et vacances) et apéritif maison offert sur présentation de ce guide.

Hôtel Orologio *(plan couleur B3, **15**) :* via IV Novembre, 10. ☎ 051-23-12-53. Fax : 051-26-05-52. • www.bolognahotel.net • À partir de 190 € la chambre et jusqu'à 341 € en période de foire ; petit déjeuner-buffet compris. Un 3-étoiles pimpant et cosy, situé à deux pas de fourmi de la piazza Maggiore, au-dessus de la banque *Rolo Banca.* Chambres très confortables, toutes avec TV satellite, minibar, AC, coffre, etc. Pour la plupart, elles offrent une très belle vue sur le *palazzo Comunale* ou la piazza Maggiore. Excellent accueil, à la fois professionnel et fort sympathique. Réduction de 10 % (hors périodes de foire et vacances) et apéritif maison offert sur présentation de ce guide.

Où manger ?

Attention : en juillet et en août, Bologne est désert et il est parfois difficile de trouver un restaurant ouvert. La ville vit au rythme de l'année universitaire, aussi est-il préférable d'y venir avant les grosses chaleurs estivales, d'autant plus que la capitale de l'Émilie-Romagne est, fort justement, réputée pour la qualité de sa cuisine.

Ne manquez pas de vous aventurer dans une de ces institutions de la région, les ***osterie,*** la ville en regorge. Elles sont un croisement entre un restaurant et un bar à vin. Le décor est souvent très sobre et les prix sont la plupart du temps doux. La clientèle est essentiellement jeune. Vous pourrez commander quelques plats chauds ou des sandwichs avec une belle sélection de vins du terroir bon marché. Certaines de ces *osterie* sont même ouvertes toute la nuit. Il y en a un peu partout, mais ouvrez bien les yeux car elles ne sont pas toujours faciles à dénicher. Alors, en dehors des adresses qui suivent, n'hésitez pas à pousser les portes et à tenter l'expérience. La plus grande concentration d'*osterie* se trouve via del Pratello *(plan couleur A3),* qui regroupe également un grand nombre de *trattorie* et autres restaurants spécialisés dans les cuisines régionales (Sardaigne, Pouilles, etc.).

Bon marché

Self-service Tamburini *(plan couleur B-C3, **30**) :* via Caprarie, 1. ☎ 051-23-47-26. Fermé le dimanche. Repas chauds de 12 h à 15 h ; plats froids jusqu'à 19 h. Compter entre 10 et 15 € environ. À deux pas de la piazza Maggiore et du marché delle Erbe, cette superbe épicerie-traiteur (oh, les belles charcuteries, ah, les fromages !), sert, en arrière-salle, des plats simples mais délicieux et bon marché. Cette adresse constitue une option pour ceux qui veulent bien manger sans grever leur budget. Pour plus de choix, mieux vaut ne pas arriver trop tard !

|●| ***Ristorante-pizzeria La Bella Napoli*** *(plan couleur A2, **31**) :* via San Felice, 40. ☎ 051-55-51-63. Service jusqu'à minuit. Fermé le lundi et le midi des jours fériés. Pizzas de 4 à 6 € ; avec une salade et un dessert, compter 15 € maxi. Malgré son cadre qui ne paie pas de mine, cette pizzeria est extrêmement populaire et souvent bondée. D'ailleurs, sur le coup des 21 h, il n'est pas rare d'attendre jusque sur le trottoir qu'une place se libère ! Les pizzas (au feu de bois, bien entendu) y sont effectivement délicieuses. Elles passent même pour être les meilleures de Bologne, ce que l'on n'est pas loin d'approuver (mais, on l'avoue, on n'a pas essayé toutes les pizzerias de la ville !). Pour ceux qui en ont assez des pizzas (ou pour lesquels ces dernières ne suffiraient pas), tentez donc la *Mozzarella in carrozza.* Bons risottos et spaghetti aux fruits de mer également. Ambiance très animée (on a dit bruyante ?), service enlevé mais attentif et sympathique.

|●| ***Osteria dell'Orsa*** *(plan couleur C2, **35**) :* via Mentana, 1f. ☎ 051-23-15-76. ♿ Ouvert tous les jours de 12 h à 16 h et de 19 h à 2 h. Compter entre 10 et 15 €. Une *osteria* rustique et populaire fréquentée par des locaux de tous âges et les étudiants de l'université toute proche. Petite carte toute simple : 2 ou 3 plats du jour, des *panini,* quelques salades et pâtes *alla bolognese.* Des petits plats sans prétention mais bon marché que l'on avale sur de grandes tables en bois à partager avec ses voisins. Ambiance conviviale. Concerts de jazz de temps en temps (généralement le mardi).

|●| ***Clorofilla*** *(plan couleur D3, **36**) :* strada Maggiore, 64c. ☎ 051-23-53-43. À deux pas du centre-ville. Fermé le dimanche. Compter dans les 15 €. Pour les gourmets végétariens et les amateurs de cuisine saine et fraîche. Plats simples mais très bons. Ambiance estudiantine. Cantine sympa mais très bruyante le midi, donc pour le petit repas pépère ou en amoureux, ce n'est pas vraiment l'endroit ! Fait aussi salon de thé l'après-midi.

|●| ***Trattoria da Vito*** *(hors plan couleur par D3) :* via Musolesi, 9. ☎ 051-34-98-09. Des Deux Tours, prendre la via San Vitale. Après avoir passé la porte San Vitale, suivre la via Massarenti, puis tourner à gauche dans la via Fabbri qui croise notre rue ; ouf, nous y voilà ! Fermé le mercredi. Congés annuels : 3 semaines en août. Compter autour de 15 €. Cette taverne, authentiquement populaire, vous enchantera par l'animation de ses deux grandes salles. La nourriture est simple, copieuse et à la portée du plus grand nombre. Les hors-d'œuvre sont particulièrement savoureux. Clientèle essentiellement locale, mais des acteurs et des chanteurs de renom la fréquentent aussi. Lucio Dalla en est, entre autres, un client assidu.

Prix moyens

|●| ***Trattoria Fantoni*** *(plan couleur A2, **40**) :* via del Pratello, 11/A. ☎ 051-23-63-58. Fermé le dimanche et le lundi soir. Compter environ 22 € (un peu moins cher le midi). Une ambiance simple, très conviviale et joyeusement bruyante dans des salles blanches aux murs couverts de toiles de styles très hétéroclites, tout comme le contenu des étagères où les bouteilles côtoient les encyclopédies en tout genre. Une atmosphère très « à la maison » où on se régale de plats généreux, délicieux et plutôt variés : que ce soit les pâtes, les viandes ou les poissons, le ventre ronronne de plaisir. Réservation plus que forte-

ment conseillée. Attention, cartes de paiement non acceptées.

Trattoria-pizzeria Belle Arti *(plan couleur C2, **32**)* **:** via delle Belle Arti, 14. ☎ 051-22-55-81 ou 051-22-90-75. Attention, à ne pas confondre avec la *trattoria* du même nom située au n° 6 de la même rue (ambiance un peu coincée et prix assez élevés). Fermé le mercredi. Compter dans les 25 € pour une entrée, un plat et un dessert. On ne peut parler de ce restaurant que de façon élogieuse. Le cadre est, en effet, très agréable (beau mélange de pierre et de boiseries), le service est souriant, l'ambiance très chaleureuse... et la cuisine excellente. Les pizzas, délicieuses, sont impressionnantes. Les *garganelli Belle Arti* et la *cotoletta alla bolognese* ne sont pas en reste. Choisissez une bonne bouteille de vin local et vous verrez, tout ira pour le mieux (jusqu'à ce que l'on vous apporte la douloureuse !).

Trattoria La Montanara *(plan couleur C2, **33**)* **:** via A. Righi, 15. ☎ 051-22-15-83. Fermé le dimanche. Compter dans les 20 € le repas. Petit resto où règne un léger air d'autrefois et à la déco discrètement originale. Mets à choisir dans le menu ou parmi les différents plats du jour proposés sur le tableau au mur. Une bonne cuisine aux saveurs délicates et où le sucré-salé sont volontiers associés. Accueil agréable.

Trattoria da Gianni *(plan couleur C3, **38**)* **:** via Clavature, 18. ☎ 051-22-94-34. Au fond d'une impasse, juste à côté du bar *Rosa Rose*. Fermé le dimanche soir et le lundi. Compter dans les 25 € le repas. Restaurant accueillant, au cadre raffiné et plein de charme (brique et osier, fleurs fraîches, nappes et serviettes en tissu). Clientèle d'hommes d'affaires et de touristes qui viennent y déguster une excellente cuisine, typiquement bolonaise, délicate et savoureuse. Les pâtes, notamment, sont tout à fait remarquables. Accueil et service courtois. Réservation très conseillée.

Chic

Ristorante Donatello *(plan couleur B2, **34**)* **:** via Augusto Righi, 8. ☎ 051-23-54-38. Fermé le samedi et le dimanche soir. À partir de 25 € le repas. Géré par la même famille depuis un siècle, ce restaurant vous charmera sans doute moins par son cadre un peu formel (quoique le style 1900, avec colonnes et plafonds peints, même s'il est un peu froid, n'est pas désagréable), que par sa cuisine, vraiment bonne. D'ailleurs, par le passé, le restaurant a accueilli quelques clients illustres tels Federico Fellini ou Giacomo Puccini... Alors, pourquoi pas vous ?

Ristorante Diana *(plan couleur B2, **39**)* **:** via dell'Indipendenza, 24. ☎ 051-23-13-02. Fermé le lundi. Congés annuels en août. Compter pas moins de 30 € pour un repas. Depuis son ouverture en 1920, *Diana* reste l'adresse incontournable pour qui veut goûter à la véritable cuisine traditionnelle bolonaise. Goûtez aux fameux *tortellini in brodo,* aux délicieuses lasagnes, aux merveilleuses charcuteries ou à la traditionnelle *torta di riso* et sûr que vous ne repartirez pas déçu. Cadre assez chicos avec immenses miroirs dorés et lustres en cristal. Ambiance élégante et raffinée et atmosphère assez formelle. Réservation recommandée en fin de semaine ou pendant les foires.

Où savourer une bonne pâtisserie ? Où déguster une bonne glace ?

Paolo Atti & Figli *(plan couleur C3, **53**)* **:** via Caprarie, 7. Ouvert du lundi au samedi de 8 h à 13 h et de 15 h 30 à 19 h 15. Fermé le dimanche et le jeudi après-midi. Pâtisserie et épicerie fine... Un simple coup d'œil à la belle devanture suffit à faire saliver... alors laissez-vous tenter !

Chez Ugo *(plan couleur A2, **50**) :* via San Felice, 24c. Fermé les lundi et mardi. Pas un très grand choix (enfin tout est relatif !), parfums plutôt classiques mais absolument divins. Une institution.

Il Gelatauro *(plan couleur D3, **52**) :* via San Vitale, 98b. Ouvert tous les jours de 10 h à minuit. Délicieuses glaces artisanales avec un joli choix de parfums, des grands classiques (excellentes glaces aux fruits frais) aux parfums plus originaux (potiron-cannelle, marrons glacés...). Hmm !

Sorbetteria Castiglione *(hors plan couleur par C3, **54**) :* via Castiglione 24. Ouvert du lundi au samedi de 10 h 30 à minuit et le dimanche de 9 h à 21 h 30. « Que vous êtes loin, chères glaces. Mais c'est pour mieux être mangées, mon enfant ! » Eh oui ! Il faut marcher un peu pour déguster ces petits délices, mais on ne le regrette pas. Le choix de parfum n'est pas énorme, mais quelles saveurs !

Gelateria Gianni *(plan couleur B2, **55**) :* via Montegrappa, 11. Fermé le mercredi. Que dire qu'on n'ait déjà dit dans cette rubrique ? Bref, encore une institution proposant des glaces délicieuses. Celles-ci portent en plus des noms peu communs...

BOLOGNE

Où boire un verre en grignotant un morceau ?

Osteria del Sole *(plan couleur B3, **61**) :* vicolo Ranocchi, 1d. Ouvert jusqu'à 14 h seulement. Fermé le dimanche. Congés annuels en août. Cette *enoteca,* à deux pas du mercato delle Erbe, est la plus ancienne de la ville. Décor d'origine et ambiance archi typique (allez voir, on ne vous en dit pas plus...). Le proprio (plutôt grognon mais débonnaire) et les habitués (de vieux papys jouant aux cartes en buvant du Pommery !) sont des personnages hauts en couleur. On ne vous servira rien à manger, mais vous avez le droit d'apporter votre casse-croûte et de le consommer sur place.

Osteria Marsalino *(plan couleur B-C2, **62**) :* via Marsala, 13d. ☎ 051-23-86-75. Ouvert de 12 h à 2 h ; repas de 20 h (21 h en hiver) à minuit. Fermé le lundi. Mi-bar mi-resto, un lieu mignon tout plein, pas plus grand qu'un mouchoir de poche (10 tables minuscules et une mini-terrasse sur le trottoir face à une superbe maison médiévale). Cadre intimiste, éclairage à la bougie, déco rétro... un régal pour les yeux mais aussi pour le palais. Tout en y sirotant un bon verre de vin ou un cocktail, on peut y grignoter un assortiment de *crostini,* une belle salade ou une jolie assiette « plat unique ». Accueil charmant, ambiance jeune, chaleureuse et très vivante, notamment lors des apéros-buffet (le samedi) ou des soirées cabaret (musique, théâtre, poésie, etc., tous les jeudis à partir de 23 h).

Cantina Bentivoglio *(plan couleur C2, **63**) :* via Mascarella, 4b. ☎ 051-26-54-16. Ouvert de 20 h à 2 h. Fermé le lundi. Dans les caves de l'ancien palais des Bentivoglio, un joli bar à vin plein d'atmosphère et de chaleur. Tout en dégustant d'excellents vins ou en dînant (à prix moyens), les mordus de jazz pourront y écouter d'excellentes formations (concerts tous les soirs de septembre à juin).

Le Stanze *(plan couleur C2, **65**) :* via del Borgo San Pietro, 1. ☎ 051-22-87-67. Ouvert de 8 h à 1 h 30 du dimanche au vendredi et de 18 h à 2 h 30 le samedi. Installé dans l'ancienne chapelle du palais Bentivoglio (XVIe siècle), ce bar a su profiter habilement de ce beau décor naturel quelque peu décati en y aménageant plusieurs petites salles aux ambiances très différentes et à la déco hétéroclite mais très étudiée et pas mal du tout. Serveurs sympas, clientèle plutôt jeune mais néanmoins variée et ambiance cool contribuent à faire de ce lieu un repaire fort sympathique. Les consos ne sont pas vraiment données (ah ça, non !) mais, à l'heure de l'apéro, on profite gratos du plantureux et sympathique buffet qui prend ses aises sur le comptoir.

Enoteca des Arts *(plan couleur A2, **60**)* **:** via San Felice, 9a. ☎ 051-23-64-22. Ouvert de 16 h 30 à 2 h (3 h les vendredi et samedi). Fermé le dimanche. Congés annuels : au mois d'août. Bar à vin sympathique, fréquenté par une clientèle plutôt jeune. Bon choix de vins évidemment, servis au verre ou en bouteille. Pour éviter la griserie, petite restauration froide du genre assiette de charcuterie ou *panini*.

Rosa Rose *(plan couleur C3, **64**)* **:** via Clavature, 18. ☎ 051-22-50-71. Ouvert de 8 h à 2 h. Fermé le lundi. Bar surtout très fréquenté pour sa belle terrasse, ses délicieux cocktails et ses sympathiques petits vins au verre. Joli buffet à l'heure de l'apéro. On peut aussi y manger plus consistant, genre pâtes du jour, quelques petits plats et de belles salades (un peu cher cependant). Clientèle branchée, plutôt chic et jeune et ambiance très *dolce vita*.

À voir

Assez faible de dire que Bologne est une belle ville. Elle se révèle pleine d'histoire. De plus, comme elle se prête merveilleusement à la marche à pied, vous ne sentirez plus vos jambes le soir. À vous de découvrir au passage la moitié des églises dont on n'a pas pu vous parler.

Piazza Maggiore *(plan couleur B3)* **:** une des plus belles places italiennes. Au centre de la vieille ville, elle accueille quelques-uns des principaux monuments de Bologne. C'est ici que bat le cœur de la cité, et ce, depuis le XIIIe siècle. On y trouve le *palais du Podestà* dont la tour fut construite au XIIIe siècle et le corps principal sous la Renaissance. Sur son flanc ouest, face au palais du roi Enzo, la ***piazza del Nettuno*** avec sa célèbre et superbe fontaine représentant le dieu de la Mer. Symbole du pouvoir papal (Neptune dominant les eaux tel le pape dominant le monde), ce chef-d'œuvre à la forte charge érotique, réalisé au XVIe siècle par Jean de Bologne, fut l'objet de nombreux scandales. Tant et si bien que la statue fut revêtue pendant un temps d'un pantalon en bronze qui lui fut retiré en des temps plus récents et libéraux ! Ne manquez pas les sirènes avec les 4 jets d'eau par tétons !
Dans le passage souterrain reliant la place à la via Ugo Bassi, on entr'aperçoit les vestiges de la route romaine Piacenza-Rimini qui traversait la ville, ainsi que l'ingénieux système de tout-à-l'égout et de distribution d'eau. Les Bolonais n'auront, par la suite, de l'eau potable qu'au XIXe siècle ! Au sud de la piazza Maggiore, le *palazzo dei Notai* (des Notaires) présente une façade crénelée et de belles fenêtres.

Basilique San Petronio *(plan couleur B3, **80**)* **:** piazza Maggiore. Ouvert tous les jours de 7 h 30 à 13 h et de 14 h 30 à 18 h.
Édifiée à la fin du XIVe siècle pour célébrer la victoire des Bolonais sur les Florentins et le pape. Malgré deux siècles de chantier, la façade de ce temple civique ne fut jamais terminée et seul son soubassement fut habillé de marbre (blanc et rose, les couleurs de la ville). Intéressant portail central orné de sculptures et bas-reliefs de Jacopo della Quercia. À l'intérieur, les proportions et volumes sont parmi les plus impressionnants du monde. Orgie de voûtes d'ogives dans les tons rouge et rose. On ne compte plus les chapelles richement ornées. Celle des Bolognini (la 4e à gauche), avec sa balustrade de marbre et sa décoration d'origine, est un des joyaux de la basilique. On y découvre une superbe représentation de *L'Enfer* réalisée, entre 1410 et 1420, par Giovanni da Modena. Sur le bas-côté droit, remarquer le *Saint Jérôme* de Lorenzo Costa (chapelle 17), la *Pietà* d'Amigo Aspertini (cha-

pelle 18). À noter : c'est ici que Charles-Quint fut couronné par le pape Clément VII, en 1530, empereur du Saint Empire romain (alors qu'il était déjà empereur d'Allemagne et roi d'Espagne). Merveilleux vitraux également. Dans le chœur, remarquables stalles en marqueterie du XVe siècle. À gauche, entrée du petit *musée* (gratuit ; ouvert de 9 h 30 à 12 h 30 et de 14 h 30 à 17 h 30 ; le dimanche ouvert uniquement l'après-midi de 14 h 30 à 18 h) : maquette et plans du projet initial de la basilique, reliquaires, enluminures, etc.
Remarquer, au sol (entre la chapelle 8 et le portail d'entrée), la « méridienne » : au soleil de midi (et donc à 14 h, heure d'été, et à 13 h, heure d'hiver – histoire de compliquer un peu !), un rai de lumière jaillit d'un trou dans la voûte et vient la frapper. La longueur de la méridienne correspond à la six cent millième part de la circonférence de la Terre. Le rai lumineux, après son passage sur la méridienne, se pose sur les colonnes et prend l'aspect d'un cœur. Selon la légende, toutes les femmes célibataires qui assistent à cet événement se marieront dans l'année. Alors, chères jeunes filles en fleur, notez les dates d'observation de l'effet optique et tenez-nous au courant des éventuelles conséquences... Cette ligne fut tracée en 1655.

🏛 ***Palazzo comunale** (ou palais d'Accursio ; plan couleur B3, **81**) :* édifié au XIIIe siècle. La tour de l'Horloge ne fut construite que deux siècles après. Bologne fut longtemps possession du Vatican et l'actuel hôtel de ville fut, entre le XVIe et le XIXe siècle, la résidence du légat papal. La statue de bronze du pape bolonais Grégoire XIII échappa à la fonte lors d'une des nombreuses guerres qui ravagèrent la cité, grâce à un subterfuge : des habitants lui mirent dans les mains une crosse épiscopale et firent croire aux assaillants que c'était un banal évêque. Pénétrez à l'intérieur pour admirer les cours. À noter également, l'originalité des escaliers construits pour permettre aux chevaux et aux carrosses d'atteindre le premier étage.
Au second étage, les anciens appartements du cardinal légat abritent les *collections municipales d'art* (ouvert de 9 h – 10 h le dimanche – à 18 h 30 ; fermé le lundi ; entrée : 4 €) ainsi qu'un musée dédié au peintre bolonais Giorgio Morandi (voir plus loin « Les musées »).

🏛🏛 ***Palazzo dell'Archiginnasio** (plan couleur B3, **95**) :* piazza Galvani, 1. Ouvert du lundi au vendredi de 9 h à 18 h 30 et le samedi de 9 h à 13 h 30. Fermé le dimanche. Entrée libre. Le théâtre anatomique est, quant à lui, ouvert du lundi au samedi de 9 h à 13 h (et peut éventuellement en semaine l'être jusqu'à 18 h).
Ce long bâtiment à portique (139 m) fut construit au XVIe siècle pour accueillir en un lieu unique les différentes écoles des Légistes (droit civil et canonique) et des Artistes (philosophie, médecine et sciences) jusqu'alors dispersées dans plusieurs quartiers de la ville. Siège de l'université jusqu'en 1803, avant que Napoléon ne décide de la transférer au palazzo Poggi, rue Zamboni, et de transformer le palais en bibliothèque municipale. Entrer dans la cour pour admirer l'incroyable décor héraldique qui recouvre les murs, les arcades et les voûtes du palais. Plus de 6000 blasons et inscriptions commémorant les professeurs et étudiants ayant fréquenté l'université entre la fin du XVIe et le XVIIIe siècle ! Sans doute le plus grand ensemble au monde d'armoiries réunies en un seul lieu. Monter ensuite au premier étage pour jeter un œil au théâtre anatomique. Construit en 1637, il était consacré à l'enseignement de l'anatomie appliquée (grâce à la dissection des cadavres). Magnifique salle tout de bois revêtue, ornée des statues des grands maîtres de l'Antiquité et des plus fameux professeurs bolonais. La chaire du lecteur présente un baldaquin soutenu par deux superbes statues d'écorchés.

🏛 ***Cathédrale métropolitaine San Pietro** (plan couleur B2, **82**) :* via dell'Indipendenza. Ouvert de 7 h à 12 h et de 16 h à 18 h 15.

Belle façade baroque du XVIIIe siècle. L'intérieur, en revanche, présente peu d'intérêt, à part deux superbes lions-bénitiers en marbre qui ornaient la cathédrale romane antérieure. Tout le quartier autour, lacis inextricable de ruelles, est parsemé de pittoresques demeures médiévales. La via Galliera fut dans le passé la rue noble de Bologne. Nombre de palais et belles demeures en témoignent.

🎈🎈 ***Deux Tours*** *(Due Torri ; plan couleur C3,* ***83****)* **:** au bout de la via Rizzoli. Ouvert tous les jours de 9 h à 18 h en été et jusqu'à 17 h en hiver. Entrée : 3 €.
L'emblème de Bologne. S'il n'en reste plus qu'une vingtaine aujourd'hui, au Moyen Âge, près de 200 tours se dressaient dans le ciel de la ville. Elles servaient de bastion aux familles nobles à cette époque où Bologne était l'objet de luttes sanglantes entre Guelfes et Gibelins. Plus la famille était puissante, plus sa tour était élevée. Celles-ci furent construites aux XIe et XIIe siècles par deux familles rivales, les Garisenda et les Asinelli. L'architecte dut se faire sacrément houspiller, car elles penchent spectaculairement. La plus petite, la *torre Garisenda* (47 m de haut), présente 3,22 m d'inclinaison. Sa partie supérieure s'effondra. Possibilité de grimper dans la *torre Asinelli,* la plus grande (97 m). 500 marches environ (notre esprit de sacrifice n'est plus à démontrer mais de là à compter une seconde fois...). Vertige et émotions assurés, point de vue à 360° tout à fait exceptionnel.

🎈🎈 **Église San Domenico** *(plan couleur C3,* ***84****)* **:** piazza San Domenico. Ouvert du lundi au vendredi de 7 h 30 à 13 h et de 15 h 30 à 20 h, jusqu'à 19 h 30 le samedi ; le dimanche de 8 h à 13 h et de 15 h 30 à 19 h 30. C'est l'une des plus intéressantes églises de la ville. Édifiée au XIIIe siècle (façade d'origine) après la mort à Bologne, en 1221, de saint Dominique, moine espagnol fondateur de l'ordre des Dominicains. Sur sa gauche, l'élégante chapelle carrée fut construite en 1530 par l'architecte de Saint-Pierre de Rome.
À l'intérieur, précipitez-vous à droite vers la chapelle qui abrite l'extraordinaire *tombeau de saint Dominique.* Sa réalisation, commencée en 1267, ne demanda pas moins de 300 ans et cinq prestigieux artistes, de Nicola Pisano à Michel-Ange lui-même. Les bas-reliefs du sarcophage racontent la vie du saint. L'énorme couvercle et l'ange de gauche sont de Niccolò dell'Arca, dont on retrouve des œuvres dans tout Bologne. L'ange de droite est de Michel-Ange, ainsi que deux des statuettes entourant le couvercle (san Petronio – il porte la ville dans ses bras – et san Procule). Comparez les deux anges : celui de gauche, gracile et féminin, s'oppose à celui de Michel-Ange, musculeux, viril, presque un garçon. Derrière, superbe reliquaire contenant la tête du saint.
Jetez plus qu'un œil sur les admirables stalles en marqueterie du chœur, réalisées par D. Zambelli. Dans le bras gauche du transept un très beau *Crucifix* de Giunta Pisano (1250) et dans la petite chapelle à droite du chœur, le *Mariage mystique de sainte Catherine* de Filippino Lippi. Toujours dans le bras droit du transept, porte menant vers l'intéressant petit *musée,* (ouvert du lundi au vendredi de 10 h à 12 h et de 15 h à 18 h, et le week-end de 9 h 30 à 13 h et de 15 h à 18 h 30, ouvert uniquement l'après-midi le dimanche) où sont exposés, entre autres, des chandeliers de 2 m de haut, des reliquaires et de nombreux calices. Enfin, ne pas manquer de faire quelques pas dans le serein et paisible cloître.

🎈🎈 **Église Santa Maria della Vita** *(plan couleur C3,* ***85****)* **:** située via Clavature, près du Musée archéologique, cette église de style baroque abrite l'extraordinaire *ensemble* en terre cuite *delle Marie piangenti* (des « Marie en pleurs »), une des premières œuvres de Niccolò dell'Arca. On n'a jamais représenté de façon aussi réaliste la douleur et l'effroi devant la mort. Ouvert de 7 h 30 à 18 h en hiver ; de 12 h 30 à 16 h 30 en été.

Basilique Santo Stefano *(plan couleur C3, **86**)* **:** piazza Santo Stefano (l'une des plus charmantes de Bologne). Ouvert de 9 h à 12 h 15 et de 15 h 30 à 18 h 30.
C'est le nom d'un ensemble remarquable de quatre églises de style roman (avant, il y en eut même sept) édifiées à partir du VIIIe siècle par les Lombards. Elles communiquent entre elles et dégagent, grâce à leur pénombre dorée, une atmosphère d'une très grande douceur. L'*église du Saint-Sépulcre* fut construite à la fin du XIe siècle, en plan polygonal, sur les restes d'un temple romain et d'un baptistère du Ve siècle. Elle renferme le tombeau de saint Petrone. L'*église du Crucifix,* de la même époque, possède un chœur surélevé sur une crypte. *San Vitale e Agricola,* première cathédrale de Bologne, à l'architecture austère et dépouillée, possède l'atmosphère la plus mystérieuse. Beaux chapiteaux. Au fond de la cour, l'*église du Martyr* ou *de la Trinité* du XIIIe siècle renferme une superbe *Adoration des mages,* groupe sculpté en bois polychrome réalisé vers 1370 par Simone dei Crocifissi. Superbe cloître roman avec un puits antique devant. Au fond du cloître, petit *musée* à ne pas négliger. Regroupant les œuvres qui se trouvaient dans les diverses églises et chapelles, il présente de très beaux reliquaires, des sculptures et d'intéressantes œuvres de l'école bolonaise (Jacopo di Paolo, Lippo di Damasio, Simone dei Crocifissi...).

Église San Giovanni in Monte *(plan couleur C3, **87**)* **:** située 100 m plus loin. Ouvert de 7 h 30 à 12 h et de 16 h à 19 h.
Au-dessus de l'entrée, remarquez l'aigle en terre cuite, superbe réalisation de Niccolò dell'Arca. À l'intérieur, nombreuses œuvres d'art, notamment des réalisations de Lorenzo Costa (retable de la grande chapelle) et du Guerchin (2e chapelle). Très belles stalles en marqueterie et splendides vitraux.

Dans la via Santo Stefano et la strada Maggiore *(plan couleur C3),* de nombreux et splendides ***palais médiévaux*** et ***Renaissance.*** À l'angle de la via Santo Stefano et de la via Castiglione, le *palais della Mercanzia* (fin XIVe siècle) abritait l'ancienne maison des Marchands. Noter le balcon à baldaquin de marbre blanc. C'est de là qu'on criait les faillites et les décisions du tribunal. Aux n°s 9-11 de la via Santo Stefano, remarquer le *palais Bolognini* du XVIe siècle (très belle façade ornée d'extraordinaires têtes en terres cuites qui semblent surveiller les passants) et, aux n°s 15 et 21, les *maisons Beccadelli-Tacconi* du XVe siècle. De l'autre côté de la rue, on peut admirer plusieurs palais de style Renaissance, tel le *palais Isolani* (au n° 16 ; très belle cour intérieure avec un surprenant escalier hélicoïdal), ainsi que la *casa Isolani* (n° 18), d'où part un très joli passage (aujourd'hui transformé en galerie marchande) qui permet de rejoindre la strada Maggiore. Les plus vieilles maisons de Bologne se distinguent par un premier étage très élevé sur gros piliers et charpente de bois. C'était aussi à l'époque une solution pour créer, sans gêner la circulation, de nouveaux logements à l'intérieur des remparts, et ce fut l'origine des arcades. À ce sujet, admirer (de l'autre côté du passage Isolani, au n° 19, strada Maggiore) la *casa Isolani,* la plus ancienne d'entre elles (XIIIe siècle) et la plus caractéristique avec son habitation perchée à 9 m de haut et portée par de gros piliers de bois. En écarquillant les yeux ou en utilisant le zoom de votre appareil photo, vous distinguerez, encore plantées dans le plafond du portique, d'intrigantes flèches qui auraient été égarées, paraît-il, lors d'une bataille. Mais parmi toutes les autres histoires évoquées, il y en a une plus poétique : un homme, soupçonnant sa femme d'adultère, aurait engagé des tueurs ; ces derniers, éblouis par la beauté de la femme, auraient tout simplement raté leur cible ! Le grand compositeur d'opéras, Rossini, habita au n° 26.

Église Santa Maria dei Servi *(plan couleur D3, **88**)* **:** en continuant la strada Maggiore jusqu'au n° 43, on arrive à cette église qui possède, chose rare, un vaste portique à arcades devant la façade. Ouvert de 7 h à 13 h et de 15 h 30 à 20 h. À l'intérieur là aussi, quelques chefs-d'œuvre : une *Vierge* *à l'Enfant et anges* de Cimabue, une *Vierge à l'Enfant avec San Lorenzo et Eustachio* de Vincenzo Onofri, une *Annonciation* d'Innocenzo da Imola, de splendides fresques de Lippodi Dalmasio et de Vitale da Bologna, etc.

Église San Giacomo Maggiore *(plan couleur C2,* ***89****)* **:** piazza Rossini. Ouvert de 7 h à 12 h et de 15 h 30 à 18 h. S'il ne vous reste qu'une église à visiter avant l'overdose, choisissez celle-ci. Elle vaut le déplacement pour sa riche décoration intérieure. Impossible de tout énumérer : 34 autels d'abord, avec au-dessus de superbes peintures. Notamment, ne pas manquer la superbe chapelle des Bentivoglio, dont les portraits ont été peints par Lorenzo Costa, qui est aussi l'auteur de la *Madone sur le trône*, l'*Apocalypse* et du *Triomphe de la Mort* qui décorent les parois. Au-dessus de l'autel, admirable *Vierge sur le trône et les saints* de Francesco Francia. Au passage, vous serez tombé en arrêt devant un *Crucifix* peint de Simone dei Crocifissi, le *San Rocco* de Louis Carrache, le remarquable polyptyque de Paolo Veneziano... Bon, promis, on n'énumère pas plus !

Contigu à la sacristie de San Giacomo Maggiore, ne pas manquer d'aller jeter un œil à l'***oratoire di Santa Cecilia*** (accès par le n° 15 de la via Zamboni) décoré de fresques admirables. Les meilleurs artistes des XVe et XVIe siècles, Francesco Francia, Lorenzo Costa et Amico Aspertini, y illustrèrent en 10 tableaux la vie de sainte Cécile et de saint Valérien. Ouvert tous les jours de 10 h à 13 h et de 15 h à 19 h (de 14 h à 18 h en hiver). Entrée libre. Petit cloître très tranquille juste derrière.

En continuant la via Zamboni, vous traverserez la pittoresque ***piazza Verdi*** *(plan couleur C2)*, dont les murs sont, de façon permanente, annexés pour exprimer les revendications étudiantes. On y trouve des sculptures modernes et le *théâtre municipal*. Son aspect extérieur, d'un classicisme sévère et peu séduisant, cache une salle d'une richesse époustouflante. Toscanini s'y produisit longtemps. Plus loin sur la droite, le *palais Poggi* abritant la célèbre université de Bologne et les surprenants musées universitaires. Enfin, avant d'arriver à l'enceinte de la porte de ville, s'élève la Pinacothèque (voir, ci-dessous, « Les musées »).

Pour ceux qui en veulent encore plus

Église San Francesco *(plan couleur A3,* ***90****)* **:** piazza San Francesco. Ouvert de 6 h 30 à 12 h et de 15 h à 19 h.
Cette église édifiée par les franciscains au cours du XIIIe siècle, dans un style gothique français, vaut le coup d'œil. Vue de l'abside, masse imposante et pourtant si harmonieuse. Dans le jardin, de beaux tombeaux du XIIIe siècle, dits « des Glossateurs » (les plus grands juristes de l'université). À l'intérieur, voir surtout le superbe retable de marbre du maître-autel. Il fut jadis recouvert d'or. Goûter au calme du cloître des Morts.

Palais Bevilacqua *(plan couleur B3,* ***91****)* **:** au n° 31 de la via d'Azeglio. L'un des édifices Renaissance de la ville les plus caractéristiques, avec sa façade en pointes de diamant. Pousser jusqu'à la grille pour admirer l'élégante cour intérieure bordée d'une double loggia. L'intérieur se visite uniquement sur rendez-vous (☎ 051-23-46-66 ou 051-22-50-52).

Église San Martino *(plan couleur C2,* ***97****)* **:** via Oberdan, 25. Édifiée du XIIe au XIVe siècle. À l'intérieur, hauteur et volume impressionnants. Quelques œuvres à remarquer : la *Maria Assunta* de Lorenzo Costa, les fresques réalisées par Vitale de Bologna, une *Madonna col Bambino* de Girolamo Sicciolante et, surtout, dans la chapelle de gauche, de superbes réalisations de Jacopo della Quercia *(Madonna del Carmine)* et de Francesco Francia *(Madonna e santi* et *Deposizione della croce).* Avant de repartir, jetez un coup d'œil à l'ambon (petite tribune à l'entrée du chœur) et sa décoration particulière, qui date de 1724.

Les musées

À noter : si vous prévoyez de visiter un grand nombre de musées (et Dieu sait que Bologne en est riche !), n'hésitez pas à vous procurer la carte *Bologna dei musei* : valable pour une journée (6 €) ou pour 3 jours (8 €), elle donne un accès illimité à tous les musées municipaux et permet de bénéficier d'un tarif réduit à la Pinacothèque nationale. On peut l'acheter dans la boutique de l'office du tourisme ou dans chacun des musées concernés.
Prévenons aussi ceux qui ne parlent pas l'italien : les visites peuvent s'avérer frustrantes car les textes dans les musées sont très rarement traduits... acregneugneuh !

Pinacothèque nationale *(Académie des beaux-arts ; plan couleur D2, **92**)* **:** via delle Belle Arti, 56, dans le quartier universitaire. ☎ 051-421-19-84 ou 051-420-94-11. Ouvert de 9 h à 19 h. Fermé le lundi, le 25 décembre, le 1er janvier et le 1er mai. Entrée : 4 € ; réductions.
Installée dans un ancien couvent (qui n'a plus toute sa fraîcheur), l'une des plus importantes pinacothèques d'Italie du Nord. L'exposition met l'accent sur l'école bolonaise, du XIVe au XVIIIe siècle. Tout d'abord, profusion de grands primitifs religieux : Simone dei Crocifissi et ses... crucifix, bien sûr, Vitale da Bologna, Lippo di Dalmasio, Pseudo Jacopino, Giotto, etc. Beau retable d'Antonio et Bartolomeo Vivarini. Superbe *Extase de sainte Cécile* de Raphaël, *Madonna e Bambino* du Pérugin, *Visitation* du Tintoret, nombreuses œuvres de qualité de Francesco Raibolini. Fresques de Niccolò dell'Abate (trait enlevé, rythme des compositions). Citons également la présence d'œuvres de Titien.
Nous passerons vite sur la section des peintres baroques (nous dirons plutôt pompiers), en particulier les frères Carrache et Guido Reni.

Musées universitaires *(plan couleur D2, **96**)* **:** via Zamboni, 33, à l'étage dans le palazzo Poggi. ☎ 051-209-93-60 ou 051-209-93-60. Ouvert tous les jours de 10 h à 17 h. Il se peut que le musée soit fermé pendant les vacances universitaires (décision revue chaque année). Entrée gratuite.
Un peu à l'écart des circuits touristiques habituels, les différentes collections universitaires méritent vraiment une petite visite. Aujourd'hui entièrement regroupées au palais Poggi (superbe demeure du XVIe siècle, siège de l'université depuis 1803), les collections universitaires possèdent un intérêt scientifique et culturel tout à fait exceptionnel. Parmi les différentes sections (architecture militaire, art nautique, astronomie, minéralogie, etc.) rassemblant le matériel didactique destiné à la formation des élèves de l'université aux XVIIIe–XIXe siècles, ne pas manquer le petit *musée d'Anatomie* : représentant organes, viscères, membres ou corps écorchés, les modèles exposés servirent, jusqu'au XIXe siècle, aux cours de la faculté de médecine. Réalisées au XVIIIe siècle, les cires sculptées d'Ercole Lelli notamment, poignantes de réalisme mais aussi d'une grande valeur artistique, sont considérées comme les plus anciennes cires anatomiques au monde. Contiguë au musée d'Anatomie, la salle d'*obstétrique,* avec ses modèles d'utérus en terre cuite destinés à la formation des sages-femmes, présente elle aussi un intérêt scientifique et artistique certain.

Musée civique médiéval *(plan couleur B2, **93**)* **:** via Manzoni, 4. ☎ 051-20-39-30. Ouvert de 9 h à 18 h 30 du mardi au samedi ; de 10 h à 18 h 30 les dimanche et jours fériés. Fermé le lundi, le 25 décembre, le 1er janvier et le 1er mai. Entrée : 4 € ; réductions.
L'un des plus beaux cadres rêvés pour un musée. Ancien palais Renaissance habilement restauré présentant dans de vastes salles fraîches et lumineuses de magnifiques collections d'objets d'art. Vous noterez qu'astucieusement, de-ci, de-là, les architectes ont laissé apparents, dans les murs, des éléments architecturaux des constructions précédentes (notamment la muraille du Ve siècle).

Au rez-de-chaussée et au sous-sol

Grande section consacrée au Moyen Âge et à la première Renaissance de Bologne. Parmi les éléments les plus significatifs, ne pas manquer l'intéressante statue du pape Boniface VIII (ennemi de Dante et de Philippe le Bel), en bois recouvert de plaques de cuivre doré *(salle 7)*, la *Pietra della Pace (salle 9)* et, dans la *salle 13,* l'important ensemble des monuments funéraires des professeurs de l'université.

Au premier étage

Ici sont réunies les collections parmi lesquelles on remarquera les quelques verreries de Murano des XVe-XVIe siècles, la collection des ivoires, avec notamment de splendides reliquaires, la section des armes anciennes (arquebuses incrustées de nacre, carquois ouvragés, une curieuse canne-fusil du XVIIIe siècle), et de jolies petites sculptures en bronze, avec, notamment, la maquette réalisée par Jean de Bologne pour sa célèbre fontaine de Neptune.

Musée archéologique *(plan couleur B3,* ***94****)* **:** via dell'Archiginnasio, 2. ☎ 051-27-57-211. Ouvert de 9 h à 18 h 30 du mardi au samedi ; de 10 h à 18 h 30 les dimanche et jours fériés. Fermé le lundi, le 25 décembre, le 1er janvier et le 1er mai. Entrée : 4 € ; réductions. Tous les textes sont en italien, mais des traductions en anglais (plus ou moins étoffées) sont disponibles à chaque étage.
Installé dans l'ancien hôpital de la Compagnie de la Mort (confrérie laïque qui assistait les malades et les condamnés à mort). Dans le cloître, importante collection de stèles.

Au premier étage

Salles de la préhistoire et de la civilisation de Villa Nova (époque précédant les Étrusques). Belle collection de vases grecs, reconstitution de tombes étrusques, gauloises, petits bronzes superbes et nombreuses lampes à huile de la période romaine.

Au sous-sol

Superbement réaménagé, il accueille l'importante et magnifique collection égyptienne. À découvrir : les reliefs du tombeau d'Horemheb, dernier souverain de la XVIIIe dynastie (1332-1323 av. J.-C.), un grand nombre de stèles et statuettes funéraires, de très beaux sarcophages en bois peint, des amulettes...

Musée Giorgio Morandi *(plan couleur B3,* ***81****)* **:** piazza Maggiore, 6, au 2e étage du *palazzo comunale.* ☎ 051-20-33-32. Ouvert de 10 h à 18 h. Fermé le lundi, le 25 décembre, le 1er janvier et le 1er mai. Entrée : 4 € ; réductions.
Si vous aimez ce célèbre peintre *bolognese* mort en 1964, vous serez sans doute intéressé par ce musée. Vous y trouverez les œuvres principales de Morandi ainsi que quelques documents et objets lui ayant appartenu, notamment dans son studio reconstitué.

Beaucoup d'autres musées : les *collections municipales d'art* (piazza Maggiore, dans le *palazzo comunale*), le *musée d'Art industriel,* le *Musée bibliographique musical* (super pour les mélomanes, avec de très anciennes éditions musicales, notamment partition du *Barbier de Séville de Rossini*), le *musée de la Tapisserie,* le *musée Carducci* (dans la maison du célèbre poète), la *galerie municipale d'Art moderne,* le *musée Ducati,* etc. Renseignements à l'office du tourisme.

Fêtes et manifestations

– ***Felsinarie :*** se déroule mi-mai. Représentation et évocation historique des différentes époques de Bologne : défilés de centaines de figurants en costume, danses, marchés, animations culturelles.
– ***Bologne, la ville de la nourriture :*** fin mai. Pendant 4 jours, les places du centre-ville accueillent événements et présentations des produits liés à la tradition gastronomique bolonaise. Grand moment de cette manifestation : le Prix du meilleur chef de cuisine bolonaise auquel participent les grands chefs du monde entier. Ces derniers doivent bûcher sur des recettes respectant la tradition bolonaise et ayant pour thème un type de pâte différent.
– ***Festival du cinéma retrouvé :*** fin juin-début juillet. Tous les soirs sur la Piazza Maggiore après 22 h, des vieux films en v.o. (découverts dans les archives à travers le monde) sont diffusés sur écran géant. La manifestation est promue par la Cinémathèque de Bologne.
– ***Fête du touriste :*** fin septembre. À l'occasion de la journée mondiale du tourisme, Bologne propose un programme de 4 jours avec événements culturels et réductions dans les hôtels et dans plusieurs commerces.

➤ DANS LES ENVIRONS DE BOLOGNE

★★ ***Église de San Michele in Bosco :*** au sud de la ville, au-delà de la porte San Mamolo. Pour les routards non motorisés, prendre le bus n° 30 sur la via Marconi ou la via Castiglione jusqu'au terminus. Ouvert tous les jours de 9 h à 12 h et de 16 h à 20 h. Faisant partie d'un ancien monastère dont une grande partie est devenue un hôpital (l'institut Rizzoli), cette église trop souvent oubliée des touristes et des guides (mais on ne s'en plaindra pas !) mérite une halte pour sa grande richesse artistique. À l'intérieur, dans la partie inférieure, à signaler, une œuvre du Guerchin, *La Colombe du Saint-Esprit* (sur la voûte de la chapelle Bernardo Tolomei). Dans la partie supérieure, sur l'arc du presbytère, remarquez la fresque représentant l'*Archange Michel chassant du ciel les anges rebelles.* Sur la droite, sacristie décorée de fresques du XVIe siècle, avec notamment une belle *Transfiguration du Christ.* À droite de l'autel, prendre la petite porte menant à l'hôpital, suivre le couloir et descendre l'escalier sur la gauche. La troisième porte à droite débouche sur un cloître octogonal (indiqué) datant de 1600 et décoré par Carrache et d'autres grands maîtres de l'époque. Sur l'esplanade devant l'église, Stendhal disait qu'on bénéficiait là de la plus belle vue sur Bologne et la plaine alentour. Il n'avait certainement pas tort mais encore faut-il venir à la fin de l'automne quand les arbres tout nus laissent place à la vue !

★★★ ***Sanctuaire de la Madonna di San Luca :*** de la porta Saragozza, suivre la via du même nom, relayée par le portico San Luca (long de plus de 3 km et comptant pas moins de 665 arches). Bus n° 20 sur la via dell'Indipendenza jusqu'à l'arrêt « Meloncello » puis continuer à pied en montant les arcades. Ouvert de 7 h à 12 h et de 14 h 30 à 18 h (19 h en été).
Construit à la fin du XVIIIe siècle pour protéger les pèlerins. À l'intérieur, l'icône représentant la *Vierge à l'Enfant* serait attribuée à saint Luc. Autour de la sainte image, toiles et fresques de Donato Creti, de Guido Reni, du Guerchin, etc. La montée vers le sanctuaire mérite vraiment d'être effectuée à pied, sous cet impressionnant alignement d'arcades qui semble ne pas en finir. En arrivant là-haut, vous découvrirez un très beau panorama sur la région autour de Bologne : toute plate et un brin morose d'un côté, verte et montagneuse de l'autre.

★ ***Colline de l'Osservanza :*** au-delà de la porte San Mamolo, une route, bordée de belles villas du XIXe siècle, grimpe jusqu'à la colline de l'Osservanza. Au sommet, la *villa Aldini,* qui fut édifiée pour la visite de Napoléon. En fait, il n'y vint jamais. Là aussi, au soleil couchant, belle vue sur Bologne la Rouge. Bus n° 52a depuis la piazza Cavour ou la via d'Aseglio jusqu'au terminus.

QUITTER BOLOGNE

En train

➢ ***Pour Modène, Parme, Piacenza et Milan :*** nombreuses liaisons. Compter entre 1 h 45 et 3 h de trajet jusqu'à Milan.
➢ ***Pour Vérone :*** liaisons quotidiennes régulières. Compter entre 1 h 15 et 2 h de trajet.
➢ ***Pour Mantoue :*** plusieurs liaisons quotidiennes, souvent avec changement à Modène. Compter 1 h de trajet en train direct et entre 1 h 20 et 2 h avec changement.
➢ ***Pour Ferrare, Padoue et Venise :*** liaisons très fréquentes. Compter environ 30 mn de trajet pour Ferrare, 1 h 30 jusqu'à Padoue et 2 h 15 pour Venise.
➢ ***Pour Rimini :*** liaisons fréquentes. Compter entre 1 h et 1 h 30 de trajet, selon le type de train.
➢ ***Pour Florence et Rome :*** nombreuses liaisons ferroviaires rapides car il s'agit de trains *Eurostar Italia* ou *Inter City*. Compter 1 h de trajet jusqu'à Florence et entre 2 h 40 et 3 h 40 jusqu'à Rome.

À L'OUEST DE BOLOGNE

MODÈNE *(MODENA)* (41100) 178000 hab.

Environnée par les terres fertiles de la plaine du Pô, Modène est, après Bologne, la ville la plus peuplée et l'une des plus prospères d'Émilie-Romagne. Pour s'en faire une idée, il suffit de savoir que la ville abrite le siège des usines Ferrari, Maserati et De Tomaso, rien de moins que les plus grands fleurons de l'industrie automobile italienne ! À ajouter à son palmarès : la naissance dans ses murs de Luciano Pavarotti qui, fidèle à sa ville natale, vient s'y produire chaque année accompagné des plus grandes stars de la pop internationale. Enfin, côté gastronomie, on notera que c'est la terre de production du célèbre *lambrusco* (vin rouge légèrement pétillant) et du fameux vinaigre balsamique. Malgré tout, Modène offre le visage d'une petite ville paisible qui cache, en son centre, quelques belles surprises, notamment l'une des plus belles cathédrales romanes d'Italie du Nord.

UN PEU D'HISTOIRE

Prospère colonie romaine dès le IIe siècle av. J.-C. Après une série de guerres et d'oublis, la ville ressurgit sous le gouvernement épiscopal (VIIIe-Xe siècles) et l'influence des seigneurs de Canossa. Puis elle devient indépendante au début du XIIe siècle avant d'être gouvernée par la famille d'Este un siècle plus tard. Expulsés de Ferrare par le pape, les Este transfèrent leur nouvelle capitale à Modène en 1598. Ils y entretiendront jusqu'au XVIIIe siècle une cour brillante, faisant connaître à la ville l'époque la plus importante de son histoire.

Adresses utiles

ℹ ***Office du tourisme*** *(IAT; plan A-B2)* **:** via Scudari, 10. ☎ 059-20-66-60. Fax : 059-20-66-59. • www.comune.modena.it • Ouvert du lundi au samedi de 9 h à 13 h et de 15 h à 18 h; le dimanche de 9 h à 13 h.

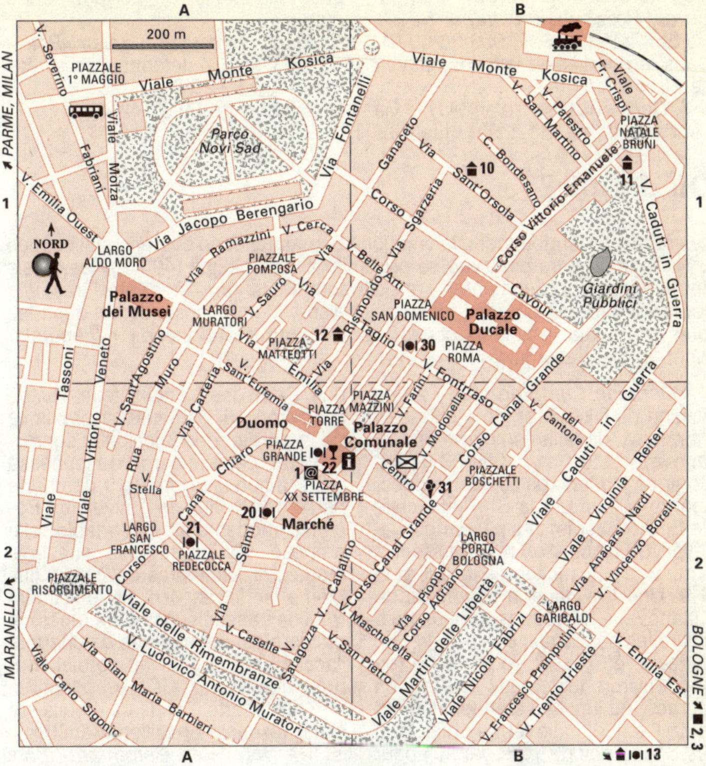

MODÈNE

Adresses utiles

- Office du tourisme
- Poste centrale
- Gare ferroviaire
- Gare routière
- 1 Internet Point
- 2 Hôpital
- 3 Pharmacie de garde

Où dormir ?

- 10 Albergo per la gioventù San Filippo Neri
- 11 Hôtel Principe
- 12 Hôtel Centrale
- 13 Hôtel San Geminiano

Où manger ? Où boire un verre ?

- 20 Trattoria Aldina
- 21 Trattoria Alla Redecocca
- 22 Caffè Concerto

Où savourer une bonne pâtisserie ? Où déguster une bonne glace ?

- 30 Pasticceria Forno San Giorgio
- 31 K2

✉ ***Poste centrale*** *(plan B2)* **:** via Emilia Centro, 86. Ouvert du lundi au vendredi de 8 h à 18 h 30 et le samedi jusqu'à 12 h 30. Service de change.

@ ***Internet Point*** *(plan A2, **1**)* **:** piazza Grande, 34. Ouvert du lundi au samedi de 10 h à 20 h.

■ ***Hôpital*** *(hors plan par B2, **2**)* **:** via del Pozza, 71. ☎ 059-422-21-11.

■ ***Pharmacie de garde :*** pharmacie *del Pozzo (hors plan par B2,* ***3****),* via Emilia Est, 416. ☎ 059-36-00-91. Dans le quartier de l'hôpital. Ouvert de 20 h à 8 h.

Gare routière *(plan A1)* ***:*** via Fabriani. ☎ 167-11-11-01. Liaisons pour Maranello et Ferrare, entre autres.

Gare ferroviaire *(plan B1)* ***:*** piazza Dante, 4. Informations sur les trains : ☎ 89-20-21.

■ ***Taxis :*** ☎ 059-37-42-42.

Où dormir ?

Les adresses, surtout dans la catégorie bon marché, ne courent pas les rues à Modène. D'autre part, vue sa proximité avec Bologne (40 km), les hôtels ont tendance à augmenter sensiblement leurs prix et à être très vite complets lors des grandes foires bolonaises. Même conséquence dans les jours précédant le fameux concert de « Pavarotti and friends » (généralement fin mai-début juin).

Caravan Camping-club : à une dizaine de kilomètres de Modène, à Marzaglia (dans la commune de Cittanova). ☎ et fax : 059-38-94-34. Sortir de Modène en suivant la direction de Milano par la S 9, puis celle de Emilio Reggio. Les pancartes *Caravan Camping club* apparaissent à partir de l'intersection de la A 1 et la S 9. Une fois dans la commune de Cittanova, il ne vous reste plus qu'à suivre les pancartes. Bus 9 A de Modène ; arrêt à 50 m du camping (un bus environ toutes les heures en journée, du lundi au samedi). Ouvert toute l'année, mais fermé entre 12 h et 15 h. Forfait de 10 € par nuit pour 2 personnes, la tente-caravane et une voiture. Camping sympathique au milieu des champs avec un grand espace devant le terrain lui-même où les *bambini* pourront cavaler et se défouler sans déranger les autres campeurs. Si une très grande partie du camping est réservée à des caravanes en gardiennage (ce qui ne rend pas l'atmosphère franchement vivante), les tentes ont néanmoins leur emplacement bien peinard, un peu à l'écart. Petit bar et bureau d'accueil aménagés dans d'anciennes bâtisses agricoles. Sanitaires corrects. Pas cher, tranquille, dans la verdure... vous voulez quoi encore ? (Non, il n'y a pas de piscine !)

Albergo per la gioventù San Filippo Neri *(plan B1,* ***10****)* ***:*** via S. Orsola, 48. ☎ et fax : 059-23-45-98. • hostelmodena@hotmail.com • ♿ Ouvert toute l'année. Réception ouverte de 7 h à 12 h et de 14 h à minuit. Carte des AJ obligatoire. Nuitée à environ 15 €. Située à proximité de la gare et des principaux centres d'intérêt, cette auberge de jeunesse a été aménagée en 1999 dans une partie des locaux de l'université. Récente, moderne et confortable, elle propose 80 lits répartis sur trois étages, en chambres de 2 ou 3 lits. Même si le service est minimum (pas de petit déjeuner ni de repas) et que le bâtiment manque de charme, l'accueil est tout à fait cordial. Sur présentation du *GDR* de l'année, une nuit offerte à partir de 4 nuits sur place (excepté en juillet et août).

Hôtel San Geminiano *(hors plan par B2,* ***13****)* ***:*** viale Morali, 41. ☎ 059-22-28-91. Fax : 059-22-04-46. • previdan@tiscali.it • Compter 57 € pour une double avec salle de bains commune et 78 € pour une double avec sanitaires privés. Petit déjeuner inclus. Hôtel familial un chouia excentré, mais vivement recommandable. Chambres agréables, doucement colorées et spacieuses, surtout celles sans sanitaires. Les salles de bains communes sont belles et impeccables. Juste à côté, la maison fait également resto (avec une carte graaaaande comme ça, des prix et des plats très corrects) et de très bonnes pizzas à emporter. Accueil simple et souriant.

Hôtel Principe *(plan B1,* ***11****)* ***:*** corso Vittorio Emanuele, 94. ☎ 059-21-86-70. Fax : 059-23-76-93. • hotprincipe@virgilio.it • ♿ Chambres tout confort à 80 € (jusqu'à 100 € en période de foire ou d'événement exceptionnel), petit déjeuner compris. Hôtel moderne offrant des chambres très correctes et confortables. Certaines d'entre elles ont été rénovées et ce sont bien sûr les plus agréables. Un peu anonyme cependant même si le personnel est très accueillant.

Hôtel Centrale *(plan A1, **12**) :* via Rismondo, 55. ☎ 059-21-88-08. Fax : 059-23-82-01. • www.hotelcentrale.com • Chambres à 83 € mais jusqu'à 130 € en période de foire. Petit déjeuner à 8 € par personne. Comme son nom l'indique, situé en plein cœur de Modène. Ce petit hôtel entièrement rénové offre des chambres spacieuses et d'une propreté exemplaire. Déco un rien démodée (papier peint à fleurs, croûtes au mur) mais les chambres sont tout de même agréables, confortables et très au calme. Accueil sympathique. Parking (payant).

Où manger ? Où boire un verre ?

Pour acheter son pique-nique, rendez-vous au ***marché couvert*** *(plan A2)* situé sur la via Albinelli, à deux pas de la piazza Grande. Il a lieu tous les matins du lundi au samedi.

Trattoria Aldina *(plan A2, **20**) :* via Albinelli, 40. ☎ 059-23-61-06. Fermé le soir et le dimanche. Compter environ 15 € pour un déjeuner. Face au marché, cachée au 1er étage d'une maison anonyme, une petite *trattoria* toute simple au cadre rustique et à la clientèle populaire. Cuisine traditionnelle et familiale, pas compliquée mais bonne. Portions copieuses et prix économiques. Pas de menu ; juste des propositions du jour avec notamment de délicieuses pâtes maison.

Trattoria Alla Redecocca *(plan A2, **21**) :* piazzale Redecocca, 8. ☎ 059-24-27-50. Fermé le mardi. Compter de 15 à 20 € le repas. Un endroit assez cosy, avec nappes en tissu, lumière tamisée et vieilles photos sépia sur des murs couleur paille et une terrasse. Il est vivement conseillé de réserver si vous souhaitez profiter de cette adresse très courue. On y sert en effet de bonnes spécialités locales, tels ces fameux *tigelle,* des petits pains que l'on tartine d'une sorte de saindoux et de parmesan avant de les grignoter avec un assortiment de charcuteries. Mais on y vient aussi sans hésiter pour ses bons plats de pâtes ou de viandes et ses succulents desserts maison. Patron discret mais attentif et prévenant.

Caffè Concerto *(plan A2, **22**) :* piazza Grande. ☎ 059-22-22-32. Ouvert de 7 h 30 à 1 h. Fermé le mardi. Le midi, formule buffet à 15 €. Le soir, plats plus élaborés, vous devrez alors prévoir dans les 22 € pour un plat et un dessert. Tout à la fois bar, resto, salon de thé, café-concert, etc., ce lieu pluridisciplinaire souhaité par la municipalité pour redynamiser le centre-ville, fut inauguré fin 2001. Installée sous les arcades du *palazzo comunale,* l'ancienne loggia del Mercato fut superbement restaurée et habilement relookée moderno-design. En plus de la restauration (buffet le midi, resto le soir et snacks à toute heure), on y vient pour profiter de ses nombreuses animations : concerts (jazz essentiellement) presque tous les soirs, expos ou lectures régulièrement et *brunch* en musique le dimanche. Service un tantinet froid et indifférent.

Où savourer une bonne pâtisserie ? Où déguster une bonne glace ?

Pasticceria Forno San Giorgio *(plan B1, **30**) :* via Taglio, 6. Ouvert de 8 h à 13 h et de 16 h 30 à 20 h. Fermé les jeudi et dimanche après-midi. Ouverte en 1902, la plus vieille pâtisserie de la ville propose un grand choix de douceurs sucrées dont le fameux *bensole,* un gâteau à la confiture... un peu étouffe-chrétien et sans doute est-ce pour cela qu'on le trempe habituellement dans un verre de vin ! Mais vous pouvez plus simplement, accoudé au bar, le manger accompagné d'un bon café. Pour un pique-nique, on peut aussi y faire son plein de petites grignoteries salées (tartes aux légumes et même... aux tagliatelles !).

***K2** (plan B2, **31**) :* corso Canal Grande, 67. Ouvert de 9 h à 23 h. Fermé le mercredi. Cette enseigne, que l'on retrouve également à Parme, propose des glaces onctueuses, goûteuses et joliment « sculptées » (pour une fois qu'on vous fait une fleur !).

À voir

Un billet unique et valable 2 jours donne accès aux musées civiques, à la galerie d'Este et au musée de la Cathédrale. Son coût : 6 €. Il est néanmoins possible de visiter ces mêmes endroits séparément.

***Duomo** (plan A2) :* ouvert tous les jours de 7 h à 12 h 30 et de 15 h 30 à 19 h. Audioguide en français disponible aux bornes dispersées dans la cathédrale.

Édifiée à partir de 1099 pour abriter les reliques de san Geminiano, classée au Patrimoine mondial de l'Unesco, cette œuvre de l'architecte Lanfranco est l'une des plus belles réalisations de l'art romano-lombard en Italie du Nord. Les superbes reliefs de la *Genèse* qui ornent le porche central, ainsi que les sculptures des Apôtres et des épisodes de la vie de san Geminiano, sur le portail sud, sont l'œuvre du grand sculpteur lombard Wiligelmo. L'intérieur, baigné dans la douce lumière des vitraux de Giovanni da Modena, est impressionnant et solennel. L'œil est tout de suite attiré par l'harmonieux jubé, supporté par des lions et de petites atlantes. Il fut exécuté par un autre maître lombard, Anselmo da Campione. Sous le chœur, la crypte, soutenue par de délicates colonnes, renferme le tombeau de san Geminiano et, surtout, une magnifique *Sainte Famille* en terre cuite polychrome de Guido Mazzoni (1480).

En ressortant par la porte nord (remarquer au passage les sculptures du portail représentant les mois et des épisodes de la légende du roi Arthur), on débouche sur le campanile, nommé *torre Ghirlandina* en raison de ses balustrades sculptées, telles de gracieuses guirlandes, qui couronnent la flèche. Mi-romane mi-gothique (sa construction s'étendit de 1169 à 1319), elle domine fièrement la ville du haut de ses 88 m. Malgré son inclinaison, on peut monter jusqu'à sa flèche (la tour est ouverte du premier dimanche d'avril au dernier dimanche d'octobre, les dimanche et jours fériés uniquement, de 9 h 30 à 12 h 30 et de 15 h à 19 h ; accès : 1 €).

Adjacent à la cathédrale également, intéressant *musée du Duomo,* qui comprend, entre autres, une belle section lapidaire (pierres tombales, sculptures originales de Wiligelmo, etc.) ainsi qu'un petit mais intéressant trésor (☎ 059-21-60-78 ; ouvert tous les jours, sauf le lundi, de 9 h 30 à 12 h 30 et de 15 h 30 à 19 h en été ; jusqu'à 18 h 30 en hiver ; entrée : 3 € ; réductions).

Face au chevet de la cathédrale, le ***palazzo comunale** (plan A-B2),* avec sa tour de l'Horloge, mérite que l'on jette un petit coup d'œil à ses fastueux salons, ornés de tableaux et de fresques. Voir notamment la superbe « salle du feu » peinte par Niccolò dell'Abate (entrée : 1 €. Ouvert du lundi au samedi de 8 h à 19 h et de 15 h à 19 h le dimanche et les jours fériés).

***Palazzo dei Musei** (plan A1) :* largo di Porta Sant'Agostino. ☎ 059-20-66-65. Cet ancien arsenal du XVIIIe siècle abrite la bibliothèque municipale, une librairie, une cafétéria et plusieurs musées. Dans cet ensemble, les deux joyaux :

Galerie Estense

Au 4e étage. ☎ 059-439-57-11. Ouvert de 8 h 30 à 19 h 30. Fermé le lundi. Entrée : 4 € ; réductions ; gratuit pour les moins de 18 ans et les plus de 65 ans membres de l'Union européenne. La galerie présente la remarquable collection de peintures et de sculptures constituée par les ducs d'Este et rapatriée de Ferrare lorsque leur ancienne capitale entra dans les États pontificaux. On y trouve de nombreuses réalisations dues aux plus grands peintres d'Italie du Nord. Les écoles bolonaise, émilienne et vénitienne du XIVe au XVIIIe siècle sont particulièrement bien représentées avec des œuvres de Carrache, du Guerchin, de Véronèse, du Tintoret, de Cosme Durà, etc. Nombreux tableaux des écoles étrangères également. Parmi les œuvres remarquables : l'admirable *Saint Antoine de Padoue* de Cosme Durà, un adorable petit autel portatif réalisé par le Greco, une superbe *Madonna* du Corrège, le portrait de François Ier d'Este peint par Vélasquez et un buste du même François admirablement sculpté par Gian Lorenzo Bernini...

Bibliothèque Estense

Au 2e étage. ☎ 059-22-22-48. Ouvert de 9 h à 13 h. Fermé le dimanche. Entrée : 2,60 €. L'une des plus riches bibliothèques d'Italie, constituée comme librairie privée par la famille d'Este à partir du XVe siècle. Un nombre impressionnant de livres imprimés, incunables illustrés, codes miniaturisés et cartes géographiques y sont réunis. Parmi les documents les plus précieux, on trouve la célèbre *Bible de Borso d'Este,* chef-d'œuvre de la miniature ferraraise du XVe siècle, avec ses 1 200 pages ornées d'enluminures, une très belle carte géographique de Cantino (1498-1502), une *Cosmographie* de 1482 de Claudio Tolomeo (vous noterez que son interprétation du monde est pour le moins originale !), etc.

Palazzo ducale *(plan B1)* **:** piazza Roma. Édifié à partir de 1634, sur les plans de l'architecte romain Avanzini. Siège de la cour des Este après leur départ de Ferrare, cet édifice noble et majestueux est un très bel exemple de l'architecture civile du XVIIe siècle. Il abrite aujourd'hui l'Académie militaire, l'unique institut italien qui prépare les officiers au service de l'armée. On peut cependant profiter des visites guidées organisées chaque dimanche, mais sachant que seules 50 personnes sont admises et que l'Académie militaire se réserve le droit d'annuler les visites guidées pour des motifs internes et imprévus, mieux vaut s'y prendre bien longtemps à l'avance (un mois !) pour visiter les fastueux appartements et autres salons de réception des ducs d'Este. Visite à 10 h et 11 h ; entrée : 6 €. Réservation obligatoire à l'office du tourisme ou à *Modenatur* (☎ 059-22-00-22).

➤ DANS LES ENVIRONS DE MODÈNE

Galerie Ferrari : à **Maranello.** ☎ 0536-94-32-04. À 20 km au sud de Modène. Ouvert tous les jours de 9 h 30 à 18 h. Entrée : 10 € ; réductions. Nos lecteurs non motorisés peuvent s'y rendre aisément en bus depuis la gare routière de Modène. Le prix d'entrée très élevé (pour ne pas dire exorbitant) ne déplacera que les fans assidus de la célèbre *scuderia* (écurie) fondée à Modène par Enzo Ferrari en 1929 et encore, ces derniers risquent d'être déçus. Installée à Maranello depuis 1945, l'usine, aujourd'hui passée sous contrôle de Fiat, produit encore annuellement près de 4 000 exemplaires de la célèbre voiture rouge. Les ateliers ne se visitent pas (il faut savoir entretenir le mythe !) mais on peut voir, dans une grande structure de verre et d'acier installée à proximité, quelques-uns des bolides, anciens (dont la célèbre 125, la toute première construite) ou modernes, ainsi qu'une collection de moteurs, trophées et autres archives à la gloire de la célèbre marque. Un peu court tout de même pour le prix demandé : la visite reste très « mécanique » (nous, on n'a rien contre les nombreux moteurs exposés, mais on voudrait bien qu'on nous explique un peu ce qui les rend exceptionnels), et l'histoire de Ferrari n'est quasiment pas évoquée. Cependant le musée est en cours d'agrandissement...

Fêtes et manifestations

– ***Balsamica :*** à Modène et à Spilamberto en mai-juin. Manifestation organisée pour redécouvrir la tradition du vinaigre balsamique traditionnel de Modène : expositions, dégustations, rendez-vous œnogastronomiques.
– ***Le Festival des fanfares militaires :*** au mois de juillet. Créée en 1992, c'est l'unique manifestation dédiée à la musique militaire. Nombreux pays représentés.

QUITTER MODÈNE

En train

➢ ***Pour Milan*** *(via Parme et Piacenza)* ***:*** liaisons ferroviaires directes dans les deux sens, toutes les heures environ. Compter environ 2 h de trajet.
➢ ***Bologne :*** liaisons ferroviaires directes, toutes les demi-heures environ. Compter entre 20 et 30 mn de trajet.
➢ ***Pour Mantoue et Vérone :*** liaisons directes et régulières. Selon le type de train, compter environ 1 h de trajet jusqu'à Mantoue et de 1 h 45 à 2 h 30 jusqu'à Vérone.
➢ ***Pour Venise :*** prendre le train jusqu'à Bologne et, de là, liaison directe pour Venise, via Ferrare. Compter entre 2 h et 2 h 30 de trajet pour arriver à Venise.
➢ ***Pour Florence et Rome :*** quelques trains directs mais il faut généralement changer à Bologne.

PARME *(PARMA)* (43100) 170000 hab.

Vous avez dit Parme, comme le fameux jambon, le célèbre fromage ou la chartreuse ? C'est cela même, Maître Capello. Parme fait donc partie de ces villes dont le nom est à jamais gravé pour la postérité. Mais outre la gastronomie et le roman de Stendhal, il existe mille et une raisons de visiter cette ville. Dominée du XIVe au XVIe siècle par les Visconti, les Sforza et la papauté, Parme devient duché en 1545 lorsque le pape Paul III l'offre à son fils Pier Luigi Farnèse. Durant presque deux siècles, les Farnèse en font alors leur capitale et y attirent de nombreux artistes. Le Parmesan, mais surtout le Corrège et ses disciples y décorèrent de nombreux monuments qui sont vraiment splendides. La musique y joua, elle aussi, un rôle important. Verdi est originaire de la région et Toscanini est né à Parme. À la fin du XVIIIe siècle, la ville est marquée par la prépondérance française qui contribuera elle aussi à son rayonnement artistique, notamment sous le règne des Bourbons puis sous celui de Marie-Louise d'Autriche (veuve de Napoléon Ier), « la Bonne Duchesse » qui, aujourd'hui encore, reste très chère à la mémoire et au cœur des Parmesans (c'est ainsi, en effet, que s'appellent les habitants de Parme). Réputée pour son culte de la bonne chère (en décembre 2003, l'Europe a d'ailleurs désigné Parme comme nouveau siège de l'Autorité européenne de sécurité des aliments), pour son goût de la mode, de la culture en général et de la musique en particulier, Parme est sans aucun doute la ville la plus raffinée et la plus élégante d'Émilie-Romagne. Faites comme les Parmesans qui se réunissent souvent sur la place Garibaldi : plongé dans une douce lumière, vous y goûterez le charme de cette ville préservée du trafic et des hordes de touristes, et y apprécierez assurément cette atmosphère et cette douceur de vivre si particulière.

Arrivée à Parme

En train

La ***gare ferroviaire*** *(plan A-B1)* est située piazzale della Chiesa, c'est-à-dire à 5 mn seulement à pied du centre-ville (piazza Garibaldi). Pour les fainéants, bus nos 1 et 2. Bureau d'information ouvert du lundi au vendredi de 8 h à 19 h et le week-end de 8 h 30 à 12 h et de 13 h 30 à 19 h. ☎ 0521-78-39-60 ou 89-20-21 (numéro national).

En avion

L'***aéroport*** se trouve à 5 km au nord de la ville. ☎ 0521-95-15. • www.aeroportoparma.it • Jusqu'ici, une navette desservant le centre était présente à chaque arrivée d'avion. Néanmoins, la présence du siège de l'Autorité européenne de sécurité des aliments devrait entraîner un développement de l'aéroport et une meilleure desserte.

En voiture

Les routards motorisés noteront que l'accès au centre ancien est strictement limité, voire totalement interdit dans certaines rues. Mais on trouve facilement à se garer à proximité et la ville, pas si grande, se parcourt très aisément à pied. Bon à savoir : toutes les places de parking délimitées par des bandes bleues sont gratuites pour les voitures à immatriculation étrangère !

Adresses utiles

Office du tourisme *(IAT ; plan B2)* **:** via Macedonio Melloni, 1a. ☎ 0521-21-88-89 ou 0521-21-88-55. Fax : 0521-23-47-35. • turismo.comune.parma.it/turismo • Ouvert toute l'année, du lundi au samedi de 9 h à 19 h (coupure entre 13 h et 15 h le mercredi) ; les dimanche et jours fériés de 9 h à 13 h. Fermé le 25 décembre et le 1er janvier. Accueil sympathique et efficace.

Poste centrale *(plan B2)* **:** via Macedonio Melloni, en face de l'office du tourisme. Ouvert du lundi au vendredi de 8 h à 18 h 30 et le samedi jusqu'à 12 h 30. Service de change.

Internet **:** chez *Polidoroweb (plan A2),* via Mazzini, à l'étage de la galleria Polidoro, 6b. Ouvert du lundi au samedi de 10 h à 20 h. Compter 5 € l'heure et 3 € la demi-heure. Système de carte de fidélité (gratuite mais obligatoire) pratique et bien organisé. Accueil sympa et connexion rapide. Connexion Internet également à la librairie *Fiaccadori (plan B2, **2**),* strada Duomo, 8a. Compter 2 € la demi-heure. Les 2 ordinateurs sont tapis dans un petit coin entre les livres.

■ ***Transports urbains :*** *TEP,* via Taro, 12a. ☎ 0521-28-26-57 ou 0521-21-41. • www.tep.pr.it • Kiosque d'infos devant la gare.

■ ***Taxis :*** ☎ 0521-25-25-62.

■ ***Urgences sanitaires :*** ☎ 118.

■ ***Hôpital*** *(hors plan par A2, **1**)* **:** via Gramsci, 14.

■ ***Carabiniers :*** ☎ 112.

■ ***Presse française*** *(plan B2, **2**)* **:** à la librairie *Fiaccadori,* strada Duomo, 8a.

PARME

Où dormir ?

Les adresses proposant l'hébergement à Parme à des prix raisonnables ne courent pas vraiment les rues et elles ne sont guère emballantes. Notez que le système des *B & B* se développe dans la ville et ses environs (tarifs de 60 à 110 € environ). La documentation à ce sujet est disponible à l'office du tourisme.

Bon marché

Ostello per la gioventù Cittadella *(plan B3, **10**)* **:** Parco Cittadella, 5. ☎ 0521-96-14-34. De la gare, bus n°s 2 ou 15, arrêt « Cittadella ». Ouvert d'avril à octobre, de 7 h à 9 h 30 et de 15 h 30 à 23 h. Nuitée à 10 €. Carte internationale des AJ obligatoire. Pas de petit déjeuner mais draps fournis. Située dans l'enceinte de la citadelle, à l'abri des klaxons et des pots d'échappement. Cadre agréable et calme donc mais pas mal de contraintes : horaires d'ouverture plutôt sévères (n'espérez pas y faire une sieste après le déjeuner ni rentrer le soir à point d'heure) ; aucun repas et on ne peut y rester plus de 3 jours. Hormis ces inconvénients, l'auberge propose une trentaine de lits en chambres claires et spacieuses de 5 lits chacune. Sanitaires un peu rustiques mais propres. Camping possible pour ceux qui possèdent la carte de campeur international (emplacement à 11 € et 7 € par personne).

Prix moyens

Locanda Lazzaro *(plan B2, **12**)* **:** borgo XX Marzo, 14. ☎ 0521-20-89-44. Compter environ 60 € pour une double. Située à deux pas du Duomo et du baptistère, cette maison propose des chambres avec salle de bains au 1er étage mais aussi dans une annexe à éviter car bruyante et grisounette. Cette adresse, parmi les moins chères du

Adresses utiles

- Office du tourisme
- Poste centrale
- Gare ferroviaire
- Polidoroweb
- 1 Hôpital
- 2 Presse française et connexion Internet

Où dormir ?

- 10 Ostello per la gioventù Cittadella
- 11 Albergo Brenta
- 12 Locanda Lazzaro
- 13 Albergo Amorini
- 14 Hôtel Button
- 15 Leon d'Oro
- 16 Hôtel Torino

Où manger ?

- 20 Trattoria Corrieri
- 21 Ristorante-pizzeria Al Corsaro
- 22 Le Sorelle Picchi
- 24 Ristorante-taverna Gallo d'Oro
- 25 Ristorante-enoteca Ombre Rosse
- 26 I Merli Taverna

Où déguster une bonne glace ?

- 30 K2

Où boire un verre de vin en grignotant un morceau ?

- 40 Enoteca Antica Osteria Fontana

À voir

- 50 Duomo
- 51 Baptistère
- 52 Palais de la Pilotta (Galerie nationale, Théâtre Farnèse, Musée archéologique)
- 53 Église et monastère San Giovanni Evangelista
- 54 Camera di San Paolo et Musée Giordano Ferrari-il castello dei Burattini (musée des Marionnettes)
- 55 Musée Glauco Lombardi
- 56 Théâtre Regio
- 57 Église Santa Maria della Steccata

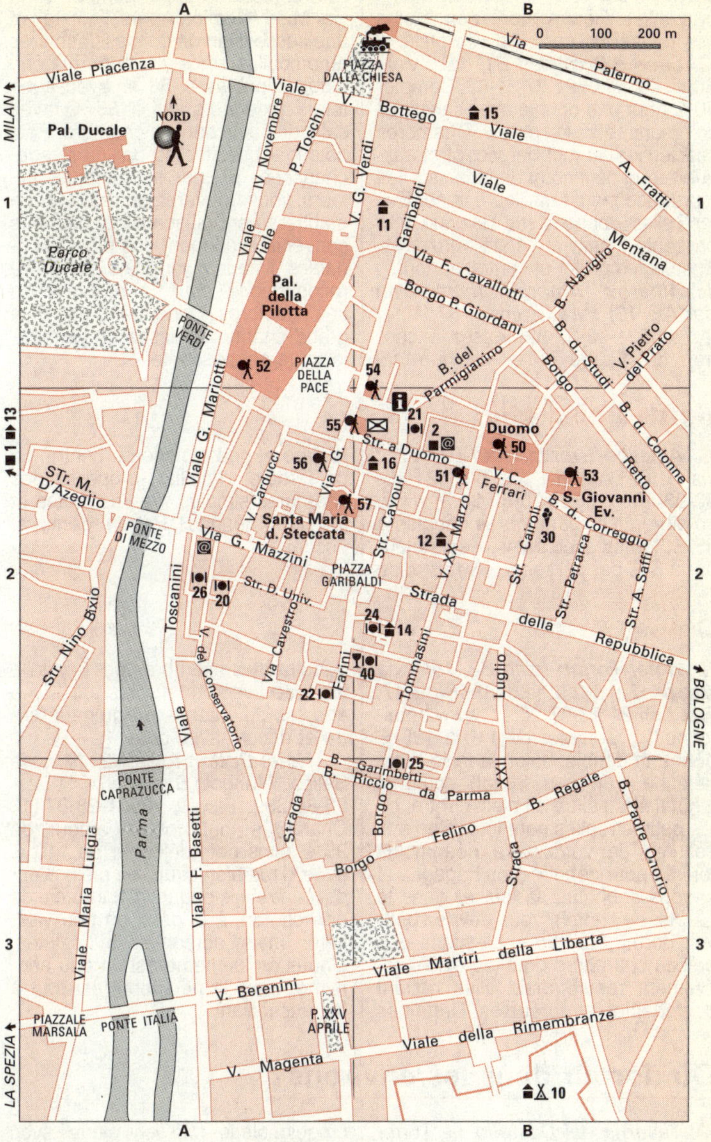

A
B
1
2
3
0 100 200 m
NORD
MILAN
BOLOGNE
LA SPEZIA
13
1
Viale Piacenza
Pal. Ducale
Parco Ducale
PONTE VERDI
PIAZZA DALLA CHIESA
Via Palermo
Viale Bottego
15
Viale A. Fratti
Viale Mentana
Viale IV Novembre
P. Toschi
V. G. Verdi
11
Garibaldi
Via F. Cavallotti
Borgo P. Giordani
B. Naviglio
B. d. Studi
V. Pietro del Prato
Borgo
Pal. della Pilotta
52
PIAZZA DELLA PACE
54
B. del Parmigianino
21
2
55
56
Str. a Duomo
Duomo
50
B. d. Colonne
Retto
16
51
53
V. C. Ferrari
S. Giovanni Ev.
Viale G. Mariotti
V. Carducci
Via G.
57
Santa Maria d. Steccata
Str. Cavour
12
V. XX Marzo
Str. Cairoli
30
B. d. Correggio
Str. M. D'Azeglio
PONTE DI MEZZO
Via G. Mazzini
PIAZZA GARIBALDI
Str. Petrarca
Str. A. Saffi
26
20
Str. D. Univ.
Strada della Repubblica
Toscanini
Str. Nino Bixio
V. del Conservatorio
Via Cavestro
24
14
Tommasini
Luglio
40
Farini
22
Viale
25
B. Garimberti
B. Riccio da Parma
XXII
B. Regale
B. Padre Onorio
PONTE CAPRAZUCCA
Parma
Strada
Borgo
Borgo Felino
Strada
Viale F. Basetti
Viale Maria Luigia
Viale Martiri della Liberta
V. Berenini
PIAZZALE MARSALA
PONTE ITALIA
P. XXV APRILE
Viale della Rimembranze
V. Magenta
10

PARME

centre, n'est pas non plus la moins bruyante ! Réservation néanmoins très conseillée car c'est vite plein.

Leon d'Oro *(plan B1, 15)* **:** viale Fratti, 4a. ☎ 0521-77-31-82. Compter 50 € pour une double avec sanitaires communs sur le palier. Chambres spacieuses au mobilier vieillot et auxquelles un petit coup de blanc sur les murs redonnerait meilleure mine. Éviter celles donnant sur l'avenue très passante, celle-ci étant bruyante. Ensemble correct et central surtout.

Albergo Amorini *(hors plan par A2, 13)* **:** via Gramsci, 37. ☎ et fax : 0521-98-32-39. Assez excentré, de l'autre côté du *torrente* Parma, dans le prolongement de la via M. d'Azeglio. Après l'hôpital et une succession de concessionnaires automobiles, face au supermarché *Coop*. Doubles à 53 € avec sanitaires extérieurs ou à 65 € avec salle de bains dans la chambre. Petit déjeuner possible au bar du rez-de-chaussée. Si tout est complet ailleurs, vous trouverez peut-être ici un établissement susceptible de vous convenir. Pratiquant des prix raisonnables, il nous a semblé digne d'être recommandé pour la propreté de ses chambres. Cependant, pas d'un grand charme et assez bruyant car la route est passante.

PARME

Un peu plus chic

Albergo Brenta *(plan B1, 11)* **:** via G. B. Borghesi, 12. ☎ 0521-20-80-93. Fax : 0521-20-80-94. • www.hotelbrenta.it • Chambres doubles à 85 €, toutes avec bains. Petit déjeuner à 5 € par personne. À 150 m de la gare et peu éloigné du centre, ce petit hôtel familial propose des chambres simples, très correctes et fort bien tenues. Patron gentil et accueillant.

Chic

Hôtel Torino *(plan B2, 16)* **:** via Mazza, 7. ☎ 0521-28-10-46 ou 47. Fax : 0521-23-07-25. • www.hoteltorino.it • Compter de 110 à 125 € pour une double, selon la taille. Petit déjeuner (un peu frugal) compris. L'hôtel étant situé en plein centre, où les petites ruelles sont interdites aux voitures (la vôtre sera néanmoins tolérée pour déposer vos bagages et si vous souhaitez la laisser dans le garage de l'hôtel), vous devriez pouvoir dormir au calme. L'espace des petites chambres doubles est effectivement réduit, mais elles restent confortables et agréables. Certaines des grandes chambres ont une jolie terrasse avec vue sur les toits. Une adresse de charme, à l'intérieur feutré et décoré avec goût.

Hôtel Button *(plan B2, 14)* **:** via Salina, 7 (angolo San Vital). ☎ 0521-20-80-39. Fax : 0521-23-87-83. Chambres tout confort autour de 95 € sans petit déjeuner ou 110 € avec. Très bien situé, en plein cœur du centre historique. Chambres de bon confort, à la déco un peu vieillotte, mais agréables et calmes. L'hôtel en lui-même est un peu anonyme, mais le personnel est tout à fait accueillant.

Où dormir dans les environs ?

Taverna del Castello : à Torrechiara dans la commune de ***Langhirano,*** à une vingtaine de kilomètres au sud de Parme. ☎ 0521-35-50-15. Fax : 0521-35-58-49. Compter 95 € la double, petit déjeuner compris. Dans les ruelles pavées au pied du château, cette auberge croquignolette tout en pierre avec son bar plein de charme propose 5 chambres assez petites mais très confortables et mignonnes. Toutes disposent d'une belle salle de bains. Réservation recommandée. La maison fait aussi restaurant (prix assez élevés).

Où manger ?

Parme ne manque pas de restaurants et, ceux-ci proposant, en général, une très bonne cuisine, il serait vraiment dommage de passer à côté. Parmi les spécialités typiquement parmesanes, vous ne manquerez pas de goûter aux *tortelli d'erbetta* (petits raviolis garnis d'une farce à base de blettes, ricotta et œufs), aux *tortelli di zucca* (à la saveur légèrement sucrée car farcis au potiron), aux *anolini* (pâte farcie de bœuf braisé, œufs et parmesan) ou à la *torta fritta* (triangle de pâte frite que l'on mange avec des charcuteries). Les dites charcuteries *(prosciutto di Parma, culatello di Zibello, salame di Felino* dans le tiercé de tête) et le parmesan restent bien sûr incontournables. À déguster absolument avec un vin local, comme un bon petit *rosso dei colli* (un *gutturnio,* par exemple) ou un *malvasia,* un blanc sec légèrement pétillant.

De bon marché à prix moyens

|●| ***Trattoria Corrieri*** *(plan A2, **20**)* **:** via del Conservatorio, 1. ☎ 0521-23-44-26. De la piazza Garibaldi, prenez la via Mazzini puis sur votre gauche la via Oberdan ; la via del Conservatorio se trouve un peu sur la droite dans le prolongement de celle-ci. Fermé le dimanche. Menus le midi à 10 et 15 €. À la carte, compter dans les 20 €. Une bonne *trattoria* comme on les aime avec, en devanture, les fromages et les saucissons qui pendent. Excellentes spécialités : *tortelli di zucca, tris* (petits raviolis avec des asperges et des légumes verts). Les plats du jour sont également succulents. Grande capacité d'accueil, personnel souriant et très accueillant.

|●| ***Ristorante-pizzeria Al Corsaro*** *(plan B2, **21**)* **:** via Cavour, 37. ☎ 0521-23-54-02 ou 0521-22-13-11. Fermé le jeudi. Compter dans les 18 € le repas. Pizzas entre 4 et 9 €. Une des bonnes adresses de Parme pour déguster de bonnes *pizze* à choisir parmi deux tailles (normale ou « énorme » !) et une trentaine de combinaisons possibles. N'hésitez pas ! Toutes sont vraiment généreuses et savoureuses. Conclure par un bon dessert maison. Attention, l'adresse est courue et il est préférable de réserver si vous voulez être sûr de pouvoir vous y attabler. Malgré le monde, le service demeure attentionné et très sympathique.

|●| ***Ristorante-taverna Gallo d'Oro*** *(plan B2, **24**)* **:** borgo della Salina, 3. ☎ 0521-20-88-46. Fermé le dimanche. Compter dans les 20 € pour un repas. On y sert dans plusieurs petites salles réparties sur trois niveaux un délicieux jambon de Parme, d'excellentes pâtes et de bonnes viandes. Les desserts maison, en revanche, nous ont un peu moins convaincus. Belle carte de vins dont le célèbre *lambrusco.* Si le cadre est très sympa, il manque cependant un p'tit quelque chose au service pour que l'atmosphère soit vraiment conviviale et agréable.

|●| ***I Merli Taverna*** *(plan A2, **26**)* **:** borgo Piccinini, 7/A. ☎ 0521-38-68-46. Fermé le lundi. Repas entre 10 et 15 € et pizza conséquente de 5 à 8 €. On vient ici pour grignoter des *tapas* en sirotant un verre (vaste choix de vin), engloutir une pizza, une salade, des pâtes... un peu de tout en somme, excepté des spécialités locales. Bons plats, de taille à rassasier un régiment de gloutons à moindres frais. L'intérieur tout en bois, à l'éclairage tamisé, est chaleureux (belle salle voûtée au sous-sol mais avec un écran géant). Fréquentation jeune et étudiante et l'endroit tend à vibrer au son d'une musique boum-boum un chouïa envahissante.

Plus chic

|●| ***Le Sorelle Picchi*** *(plan A2, **22**)* **:** via Farini, 27. ☎ 0521-23-35-28. Ouvert du lundi au samedi, pour le déjeuner uniquement, de 12 h à 15 h.

Compter entre 25 et 30 € le repas. Cachée dans l'arrière-boutique d'une épicerie-charcuterie-fromagerie se trouve sans doute l'une des meilleures adresses de Parme. On se bouscule pour y déjeuner et l'attente pour obtenir une table peut être longue... mais une fois installé vous dégusterez une cuisine on ne peut plus fraîche où les spécialités parmesanes sont bien évidemment à l'honneur (on salive encore au souvenir des divins *tortelli di zucca*). En plus des savoureux plats de *pasta* et autres préparations du jour, il va sans dire que les charcuteries et les fromages sont tout à fait délicieux.

Ristorante-enoteca Ombre Rosse *(plan B2-3, **25**) :* borgo G. Tommasini, 18. ☎ 0521-28-95-75 ou 0521-28-92-34. Fermé le mardi. Compter dans les 30 €. Cuisine copieuse et raffinée, servie dans un cadre on ne peut plus agréable, très calme et ombragé. L'hiver, la terrasse cède la place à une jolie salle aux couleurs saumonées, à la déco design et assez stylée. Laissez-vous tenter par les spécialités parmesanes qui vous sont proposées. Grand choix de vins. Accueil chaleureux et service irréprochable.

Où déguster une bonne glace ?

K2 *(plan B2, **30**) :* via Cairoli, 25. Ouvert de 11 h à minuit. Fermé le mercredi. Ne pas hésiter à faire une petite halte gastronomique dans la meilleure *gelateria* de la ville. Grand choix et parfums vraiment délicieux. À souligner : la générosité des cornets et leur présentation originale.

Où boire un verre de vin en grignotant un morceau ?

Enoteca Antica Osteria Fontana *(plan A-B2, **40**) :* strada Farini, 24a. ☎ 0521-28-60-37. À deux pas de la piazza Garibaldi. Ouvert de 9 h à 15 h et de 16 h 30 à 21 h 30. Fermé le dimanche et le lundi. Bar à vin proposant un choix impressionnant de... vins (comme c'est bizarre !) servis en bouteille ou au verre. À déguster accompagnés de nombreuses spécialités parmesanes proposées par la maison : charcuteries ou fromages locaux à toute heure, et quelques plats chauds le midi. Parfait à l'heure de la *passeggiata.* Bon marché et super ambiance, populaire et très chaleureuse.

À voir

La ville de Parme propose trois types de cartes (l'itinéraire musical, l'itinéraire de l'imaginaire et de la culture et enfin l'itinéraire de la musique et de l'art) donnant libre accès à un certain nombre de musées et sites municipaux. Celles-ci n'incluent cependant pas bon nombre des sites cités ci-dessous, tels que le *palais de la Pilotta* ou le *baptistère.*

Excepté les monuments religieux, nombreux sont les sites qui ferment vers 14 h. Préférez donc le matin pour les visites culturelles.

Duomo *(plan B2, **50**) :* de style roman lombard, à l'exception cependant de son campanile qui est gothique. Ouvert tous les jours de 7 h 30 à 12 h 30 et de 15 h à 19 h.

À l'intérieur, les superbes et lumineuses fresques de la coupole représentant l'*Assomption de la Vierge* sont signées du Corrège et valent vraiment le détour. Dans le transept supérieur droit, ne ratez pas l'émouvante *Descente de la Croix* réalisée en 1178 par Benedetto Antelami, œuvre majeure de l'un des plus grands sculpteurs romans du nord de l'Italie. C'est lui qui réalisa également le trône épiscopal ainsi que la majeure partie du ravissant baptistère adjacent. Voir encore la 5e chapelle de gauche, ornées de fresques du XVe siècle contant les histoires de sainte Catherine, saint André et saint Christophe.

*** **Baptistère** *(plan B2, **51**) :* piazza Duomo. Ouvert tous les jours de 9 h à 12 h 30 et de 15 h à 18 h 30. Entrée : 3 €.
Commencé en 1196 et achevé en 1307, cet octogone en marbre rose est magnifique tant par son architecture, qui marque si bien la transition entre art roman et gothique, que par son décor sculpté. C'est Benedetto Antelami qui réalisa les sculptures des trois portails extérieurs ainsi que les représentations des Mois et des Saisons, situées à l'intérieur. D'une grande beauté, cet ensemble sculpté roman est l'un des plus importants d'Italie. À l'intérieur toujours, les niches et la coupole sont décorées de fresques du XIIIe, XIVe et XVe siècles représentant des scènes de la vie du Christ, des Apôtres et des prophètes.

** ***Église et monastère San Giovanni Evangelista*** *(plan B2, **53**) :* piazzale San Giovanni, derrière le Duomo. Église ouverte tous les jours de 8 h à 12 h et de 15 h 30 à 18 h. Monastère ouvert tous les jours de 9 h à 12 h et de 15 h à 17 h 30. Bibliothèque ouverte du lundi au vendredi, mêmes horaires que le monastère (s'assurer au préalable à l'accueil qu'elle est « visitable » ce jour-là).
L'église fut construite entre la fin du XVe et le début du XVIe siècle. Sa façade d'inspiration baroque cache un intérieur Renaissance. À l'intérieur, pour la plupart, les fresques sont signées du Corrège : à la coupole, *Ascension du Christ* ; à l'abside, *Couronnement de la Vierge*. À remarquer également, dans les intrados des deux premières chapelles de gauche et de la quatrième, les œuvres de jeunesse du Parmesan. À l'intérieur du monastère, les cloîtres Renaissance et la bibliothèque monumentale, entièrement décorée de fresques, méritent une petite visite.
À l'arrière du monastère, on peut également aller jeter un œil à l'*antica spezicra di San Giovanni,* l'ancienne pharmacie du monastère qui présente, dans un cadre d'origine (XVIe siècle), une belle collection de vases, mortiers, alambics, livres de prescriptions, etc. Accès par le n° 1 du borgo Pipa. Ouvert de 8 h 30 à 13 h 45. Fermé le lundi. Entrée : 2 € ; gratuit pour les moins de 18 ans, les plus de 65 ans et les étudiants.

*** **Palais de la Pilotta** *(plan A1, **52**) :* cet imposant bâtiment dont la construction débuta à la fin du XVIe siècle afin d'abriter la famille et la cour des Farnèse fut fortement endommagé par les bombardements de la Seconde Guerre mondiale. En partie reconstruit, il est aujourd'hui l'un des centres les plus importants de la vie culturelle de la ville (notamment avec l'incroyable fonds de la bibliothèque Palatine) et il abrite plusieurs musées.

Galerie nationale

Au deuxième étage de la Pilotta. ☎ 0521-23-33-09. Ouvert de 8 h 30 à 13 h 45. Fermé le lundi. Entrée : 6 €, donnant également accès au théâtre Farnèse ; gratuit pour les moins de 18 ans et les plus de 65 ans. Fondée par les ducs de Parme, enrichie grâce aux acquisitions de Marie-Louise d'Autriche, c'est l'une des galeries de peintures les plus importantes d'Italie. Les collections, de différentes écoles italiennes ou étrangères, comprennent des œuvres allant du XIIIe au XIXe siècle. Nombreuses peintures signées Fra Angelico, Léonard de Vinci (dont la délicieuse *Scapigliata*), le Greco, Van Dyck, Brueghel, etc. Le Parmesan (dont Parme a célébré en 2003 le cinquième centenaire de la naissance) et le Corrège, les deux plus célèbres peintres originaires de cette région, y sont bien évidemment représentés. Le premier par un superbe portrait de femme, *L'Esclave turque,* et le deuxième par une très jolie *Vierge à l'écuelle* et par l'admirable *Vierge de saint Jérôme,* incontestablement l'un des chefs-d'œuvre de l'artiste.

Théâtre Farnèse

Au premier étage. Ouvert de 8 h 30 à 13 h 45. Fermé le lundi. Accès compris dans le prix du billet de la Galerie nationale ; sinon, entrée au théâtre seul : 2 €. Le théâtre Farnèse fut édifié au XVIIe siècle sur l'ordre de Renuccio Ier, alors duc de Parme. Il fut inauguré en 1628 à l'occasion du mariage d'Odoardo Farnese avec Catherine de Médicis. Sa capacité d'accueil, qui s'élevait à 5000 spectateurs, en a fait pendant longtemps le plus grand théâtre d'Europe. Presque entièrement détruit en 1944, cet impressionnant complexe de bois et de stuc fut superbement reconstruit dans les années 1950. À ne pas manquer !

Musée archéologique

Au premier étage également. ☎ 0521-23-37-18. Ouvert de 8 h 30 à 14 h. Fermé le lundi. Entrée : 2 €. Rassemble une importante collection d'antiquités égyptiennes, romaines, italo-grecques et étrusques. Voir notamment la *tabula alimentaria* (« table alimentaire ») gravée provenant des fouilles de la nécropole de Velleia, près de Plaisance.

*** ***Camera di San Paolo** *(plan B1-2, **54**)* **:** via Melloni, 3. ☎ 0521-23-33-09. À côté de l'office du tourisme. Ouvert de 8 h 30 à 13 h 45. Fermé le lundi, les 25 décembre, 1er janvier et 1er mai. Entrée : 2 € ; gratuit pour les moins de 18 ans et les plus de 65 ans.
C'était les appartements privés de Giovanna da Piacenza, l'abbesse de l'ancien couvent des bénédictines de Saint-Paul. Dans la première pièce, fresques d'Alessandro Araldi représentant des grotesques. Mais le grand intérêt du lieu réside dans la décoration de la chambre que le Corrège exécuta en 1518. Les fresques de la voûte, magnifiques, sont le premier décor monumental qu'il réalisa. Sur la cheminée, il a représenté l'abbesse sous les traits de Diane, déesse de la Chasse.

*** ***Musée Giordano Ferrari-il castello dei Burattini** *(musée des Marionnettes ; plan B1-2, **54**)* **:** via Melloni, 3a. ☎ 0521-23-98-10 ou 0521-21-88-73. À côté de la camera di San Paolo. Ouvert de 9 h à 17 h. Fermé le lundi. Entrée : 2,50 € ; réductions. En principe, visites guidées et animées sur demande tous les jeudis à 11 h ainsi que les 1er et 3e dimanches du mois à 10 h 30.
Ce superbe musée rassemble la collection privée du célèbre créateur de marionnettes Giordano Ferrari. Avec son fonds de près de 1500 pièces (dont seulement un tiers est exposé, par roulement), c'est la plus importante collection de marionnettes en Europe. Superbement présentée, l'exposition permet de découvrir toute l'histoire et l'évolution de cet art populaire, depuis les masques de la *commedia dell'arte* jusqu'aux marionnettes contemporaines. Nombreuses et superbes pièces provenant pour la plupart de différentes régions d'Italie, la plus ancienne datant du XIVe siècle. Même s'il n'existe pour le moment aucune explication en français, ni même en anglais, le plaisir des yeux est bien là et il comblera autant les petits que les grands enfants.

** ***Musée Glauco Lombardi** *(plan A-B2, **55**)* **:** via Garibaldi, 15. ☎ 0521-23-37-27. Ouvert du mardi au samedi de 9 h 30 à 15 h 30 ; les dimanche et jours fériés de 9 h à 18 h 30 (jusqu'à 13 h 30 uniquement, le dimanche en juillet et août). Fermé le lundi, les 1er janvier, 1er mai, 15 août, 1er novembre et 25 décembre. Entrée : 4 € ; réductions ; gratuit pour les enfants jusqu'à 14 ans.

Musée essentiellement consacré à la vie du duché de Parme du XVIIIe siècle jusqu'à l'unité de l'Italie. Il rassemble pas mal d'objets de décoration, de mobilier, de bijoux, d'objets intimes et de tableaux évoquant le règne de la bien-aimée impératrice Marie-Louise, duchesse de Parme de 1815 à 1847.

Théâtre Regio *(plan A2,* ***56****) :* via Garibaldi, 16a. ☎ 0521-03-93-93 (pour les visites) ou 0521-21-86-78 (billetterie du théâtre). Visite possible (réservation conseillée) uniquement le matin, du lundi au samedi de 10 h 30 à 12 h (sauf s'il y a une répétition). Visite menée par un employé du théâtre (qui ne parle pas français). Entrée : 2 € ; réductions.
Le Regio, cœur de la passion lyrique des Parmesans, est l'un des plus beaux théâtres d'Italie, mais aussi l'un des plus réputés. Il fut inauguré en 1829, après huit années de travaux. Sa façade néo-classique, noble et sévère, avec ses arcades soutenues par des colonnes de granit, est impressionnante. Son intérieur, décoré d'or et de velours rouge sang, est tout à fait somptueux. C'est bien évidemment dans cette superbe salle que se déroulent les plus grands spectacles de la région. C'est également un lieu mythique pour les artistes qui osent s'y frotter. Le public parmesan est en effet réputé pour son oreille exercée et extrêmement exigeante. Souvent ovationnés, il n'est cependant pas rare que des spectacles y soient sifflés si le public estime que les artistes n'ont pas donné le meilleur d'eux-mêmes. Est-ce pour cela que Luciano Pavarotti n'a jamais souhaité s'y produire ?

Église Santa Maria della Steccata *(plan A-B2,* ***57****) :* piazza Steccata, 9. Ouvert tous les jours de 7 h 30 à 12 h et de 15 h à 18 h 30. Édifiée dans la première moitié du XVIe siècle. Intérieur réalisé par quelques-uns des plus grands maîtres de la Renaissance. Le Parmesan y exécuta notamment les fresques de la voûte dominant l'autel, superbe représentation des *Vierges sages* et des *Vierges folles.* Dans l'abside, le *Couronnement* est l'œuvre de Michelangelo Anselmi. Demandez à voir également la sacristie noble avec son trésor et ses magnifiques boiseries du XVIIIe siècle ainsi que la crypte, qui renferme les tombeaux des Farnèse et des Bourbon.

Le jardin ducal *(Parco Ducale ; plan A1) :* ouvert tous les jours de 6 h à minuit d'avril à fin octobre et de 7 h à 20 h de novembre à fin mars. Lieu de divertissement voulu par Ottavio Farnese, duc de Parme et Plaisance, au XVIe siècle, il fut laissé à l'abandon au XVIIIe siècle puis repris en main et transformé par Philippe de Bourbon qui confia à l'architecte français Petitot de réaménager les jardins. Devenu propriété de la municipalité vers 1860, l'entretien du parc est à nouveau négligé (imaginez, les voitures l'ont traversé jusqu'à la fin des années 1960 !). Heureusement début 2000, un gros effort de réaménagement fut entrepris pour redonner au jardin son allure d'antan (à l'époque de Petitot). Il abrite encore aujourd'hui deux palais, dont le palais ducal, destiné à accueillir le siège de l'Autorité alimentaire, et un théâtre. L'ensemble est verdoyant, ombragé, traversé par les vélos et arpenté par les joggeurs et les promeneurs. Idéal pour un petit pique-nique sous les arbres.

Chartreuse de Parme *(hors plan par B2) :* strada Certosa. ☎ 0521-24-14-44. À 4 km au nord-est du centre. Pas de bus : voiture, taxi ou marche obligatoires. Dans le prolongement de la strada della Repubblica, suivre la via Emilia Est sur quelques centaines de mètres puis prendre à gauche la via Mantova, passer sous la *tangenziale* puis se laisser guider par les panneaux d'indication « Certosa ». Ne pas hésiter à prendre le petit chemin de terre. On est en effet très loin de s'imaginer que c'est là ! Ouvert du lundi au vendredi de 9 h à 12 h et de 14 h à 16 h ; le samedi de 8 h à 12 h ; le dimanche de 8 h à 10 h. Carte d'identité exigée à l'entrée. Visite gratuite accompagnée d'un policier armé jusqu'aux dents ! Conseil : pour éviter de tomber sur une porte close, s'assurer au préalable que le lieu est bien ouvert.

De tous les monuments que nous avons visités, ce célèbre édifice érigé en 1285, détruit en 1551 puis rénové en 1673, est sans doute le plus gardé et surveillé d'Italie du Nord. Pas étonnant, puisque l'église qui inspira autrefois Stendhal (dans le fameux roman, Fabrice del Dongo y finit ses jours) est située aujourd'hui au cœur de l'école de police pénitentiaire. À l'intérieur, jolies fresques et tableaux d'Ilario Spolverini et Alessandro Baratta.

➤ DANS LES ENVIRONS DE PARME

Les châteaux : les alentours de Parme raviront les amoureux d'architecture, d'histoire et de culture italiennes. Une dizaine de forteresses et châteaux, érigés entre le XVe et le XVIIe siècle par les puissantes familles qui composèrent le duché de Parme-Plaisance, entourent en effet la ville et les collines environnantes. Parmi les plus célèbres, ne manquez pas les sites suivants :

Forteresse San Vitale : à Fontanellato. ☎ 0521-82-32-20 ou 0521-82-90-55. À 19 km au nord-ouest de Parme. Ouvert tous les jours de 9 h 30 à 12 h 30 et de 15 h à 19 h d'avril à octobre. De novembre à mars, ouvert jusqu'à 18 h et fermé le lundi. Dernier billet 1 h avant la fermeture. Il existe trois types de billet. Pour la visite complète : 6,40 €; réductions. Pour la visite du château sans la tour du Parmesan : 3,80 € et pour la visite de la tour du Parmesan uniquement : 2,60 €. À savoir que les visites sont obligatoirement guidées et en italien uniquement (avec une feuille explicative en français).
Construite entre le XIIIe et le XVe siècle, cette imposante structure carrée protégée de douves se dresse majestueusement au centre du bourg. Ancienne résidence de la famille Sanvitale, seigneurs de Fontanellato, le château nous offre un bel exemple des riches demeures seigneuriales de l'époque. Les nombreuses salles, riches en fresques, abritent mobilier et objets d'époque. Dans la tour, voir également la surprenante « chambre optique » qui, grâce à un ingénieux système de lentilles, permettait aux châtelains de surveiller tout ce qu'il se passait sur la place du village. Quitte à ne voir qu'une seule chose, ne ratez pas la tour du Parmesan avec la splendide fresque du *Mythe de Diane et Actéon,* peinte par le célèbre Parmesan en 1524.

Château de Torrechiara : sur la commune de **Langhirano.** ☎ 0521-35-52-55. À 16 km au sud de Parme. Ouvert de 8 h 30 à 19 h 30 (16 h d'octobre à mars). Fermé le lundi, les 25 décembre, 1er janvier et 1er mai. Dernière entrée 45 mn avant la fermeture. Entrée : 3 €; réductions; gratuit pour les moins de 18 ans et les plus de 65 ans membres de l'Union européenne. Visite libre.
Solitaire, perchée au sommet de sa colline, avec ses quatre tours d'angle et sa triple enceinte de remparts, la forteresse de Torrechiara est tout d'abord une des plus belles visions qui soient! Construite dans la première moitié du XVe siècle par le comte Pier Maria Rossi qui en fit à la fois son bastion et la demeure de sa maîtresse Bianca Pellegrini. À l'intérieur, après avoir pénétré dans une vaste cour carrée, on entre d'abord dans l'ancienne chapelle, puis dans une série de salles dénudées mais ornées de fresques vraiment superbes, attribuées pour la plupart à Cesare Baglione et Benedetto Bembo. À l'étage noble, après avoir traversé le très beau salon des Acrobates, on découvre enfin la chambre d'Or, une pièce ornée de carreaux en terre cuite ouvragés et d'une fresque d'une beauté poignante célébrant l'amour entre Pier Maria et sa bien-aimée Bianca. De la terrasse, très chouette panorama sur les collines plantées de vignobles et sur la vallée du torrente Parma.

Taverna del Castello : voir la rubrique « Où dormir dans les environs? ».

– On pourrait encore citer le *château de Soragna* (à 28 km de Parme et à une dizaine de kilomètres de la forteresse Sanvitale) et sa fort jolie place de village. Ce dernier est l'un des rares châteaux encore habités et ce par le dernier descendant de la famille Meli Lupi (un prince, en plus, un vrai ! Waouh !). Et puis aussi le *Palais Royal de Colorno* (à 12 km au nord de Parme), surnommé le « Petit Versailles ». Bon, on ne voudrait pas se défiler, mais une vingtaine de châteaux parsèment le duché de Parme-Plaisance : les férus de belles pierres éviteront la frustration de notre sélection en demandant à l'office du tourisme la brochure présentant et situant tous les châteaux de ce duché.

La route des Saveurs : en sillonnant les routes pour aller de château en château, vous croiserez la « Route du jambon et des vins des collines de Parme ». Une piste semée de délices pour les gourmands : elle vous permettra non seulement d'explorer la campagne environnante de Parme mais surtout de faire des haltes de dégustation. Une carte de cette route (ou plutôt de ces routes) est également disponible à l'office du tourisme. Sur les routes, des panneaux de couleur marron signalent assez clairement la voie à suivre.

Busseto et les lieux verdiens : Giuseppe Verdi (1813-1901) est né et a longuement vécu dans la commune de Bussetto. Les fans inconditionnels feront leur pèlerinage sur les lieux du maître. Cette escapade s'avérant assez onéreuse, nous la conseillons surtout aux convaincus (billet cumulatif pour tous les lieux à 13 € ; possibilité également d'acheter un billet unique pour chaque site). Parmi tous ces lieux (la maison natale de Verdi à Roncole Verdi, le théâtre Verdi et la casa Barezzi à Busseto, etc.), nous vous conseillons particulièrement la *Villa Verdi,* à Sant'Agata di Villanova sull'Arda, à seulement quelques kilomètres de Busseto. ☎ 0523-32-93-24. • www.villaverdi.org • Ouvert toute l'année, d'avril à mi-octobre de 9 h à 11 h 45 (dernière entrée) et de 14 h 30 à 18 h 30 ; le reste de l'année, de 9 h 30 à 11 h 30 et de 14 h 30 à 16 h 30. Entrée : 6 € ; réductions. Visité guidée obligatoire (petit guide en français bien fait). Demeure achetée par le compositeur en 1848, restaurée et transformée selon ses goûts et ses idées, il s'y installera en 1851 avec sa seconde femme, la cantatrice Giuseppina Strepponi (la première étant morte de maladie ainsi que ses deux enfants). La maison étant toujours habitée par les héritiers de Verdi, seules 4 pièces de la maison se visitent : la chambre-boudoir de Guiseppina, la chambre du maître (avec son piano), son cabinet de travail et la chambre du Grand Hôtel de Milan (l'hôtel où Verdi descendait régulièrement lors de ses séjours à Milan et où il est mort. Quelques décennies plus tard, le Grand Hôtel a offert à la famille le mobilier de la chambre). Le splendide jardin à l'anglaise de 7 ha imaginé par Verdi mérite le coup d'œil et qu'on flâne parmi ses multiples espèces d'arbres, son étang artificiel ainsi que les grottes et les îles elles aussi créées de toutes pièces.

Les thermes de Salsomaggiore et Tabiano : à 35 km à l'ouest de Parme. Terres d'eau à très haute concentration minérale (riche en iode, en souffre et en calcium), la tradition des thermes est née dans ces villes dans la seconde moitié du XIXe siècle et se poursuit depuis. La paisible et luxuriante Salsomaggiore accueille également chaque année l'élection de Miss Italie. Dans cette petite ville, allez donc admirer *l'établissement thermal Berzieri,* le magnifique et immense bâtiment juste à côté de l'office du tourisme. Ouvert toute l'année, du lundi au samedi de 9 h à 13 h et de 15 h à 18 h, le dimanche et les jours fériés de 9 h à 13 h. L'établissement étant toujours en activité, seuls l'immense hall d'entrée et une partie du premier étage sont gratuitement ouverts aux curieux qui voudraient régaler leurs yeux de ce riche et magnifique intérieur Art déco. D'avril à début octobre, visite guidée le dimanche après-midi et les jours fériés de 15 h 30 à 18 h. Prix par personne : 3 €. Renseignements à l'office du tourisme.

Office du tourisme de Salsomaggiore : piazzale Berzieri, bien indiqué. ☎ 0524-5-02-11. Fax : 0524-58-02-19. • www.portalesalsomaggiore.it • Ouvert toute l'année. De mai à octobre, du lundi au samedi de 9 h à 12 h 30 et de 15 h 30 à 18 h 30, le dimanche de 10 h à 12 h 30. Le reste de l'année ouvert du lundi au samedi matin uniquement, de 9 h à 12 h 30 et de 15 h à 18 h.

➢ La route reliant les villes de Salsomaggiore et Tabiano (à environ 5 km l'une de l'autre) est bien agréable : elle traverse tout d'abord les quartiers résidentiels de la première avant de traverser des paysages verdoyants et vallonnés. La même route peut éventuellement se faire à pied (elle grimpe un peu et le trottoir disparaît par endroits).

QUITTER PARME

Même s'il existe quelques compagnies assurant certains trajets en bus, préférez le train, beaucoup plus pratique, moins cher et plus rapide.

En train

➢ ***Pour Milan, Piacenza, Modène et Bologne :*** nombreuses liaisons ferroviaires directes dans les deux sens. Compter environ 1 h 30 de trajet pour Milan et de 45 mn à 1 h pour Bologne.
➢ ***Pour Ravenne :*** nombreuses liaisons mais presque toutes avec correspondance à Bologne. Compter de 2 h 30 environ à 3 h de trajet.
➢ ***Pour Rimini :*** nombreuses liaisons, souvent avec changement à Bologne. Compter environ 2 h 30 de trajet.
➢ ***Pour Florence et Rome :*** peu de liaisons directes. Il faut le plus souvent aller jusqu'à Bologne (45 mn à 1 h de trajet) et, de là, nombreuses liaisons ferroviaires directes pour Florence (1 h environ) et Rome (de 2 h 45, s'il s'agit d'un train *Eurostar*, à 3 h 45 de trajet, s'il s'agit d'un *Inter City*).
➢ ***Pour Venise :*** prendre le train pour Bologne et, de là, liaison directe pour Venise, via Ferrare. Compter entre 1 h 45 et 2 h de trajet entre Bologne et Venise.
➢ ***Pour Gênes :*** très peu de trains directs mais liaisons fréquentes avec correspondance à La Spezia ou à Milan. Compter de 3 à 4 h de trajet.

PLAISANCE *(PIACENZA)*

100 000 hab. IND. TÉL. : 0523

Les origines de Plaisance sont très anciennes comme l'atteste la découverte d'éléments préhistoriques et étrusques. Les Romains colonisèrent le site en 218 avant notre ère pour en faire un rempart contre ces barbares de Gaulois. Au Moyen Âge, grâce à sa position privilégiée sur le Pô, la cité devint un important centre commercial. Disputée entre de nombreuses dynasties locales (dont les Visconti et les Sforza), elle finit par tomber dans le giron des Farnèse (1545), sous le règne desquels elle connut son apogée. Puis la ville fut annexée par le duché de Parme (1731), alors possession d'une branche cadette des Bourbons. En 1848, lors du *Risorgimento,* Plaisance fut la première ville à rejoindre le Piémont, ce qui lui vaut le titre d'« Aînée d'Italie ». De nos jours, cette bourgade fortifiée, à la frontière entre l'Émilie-Romagne et la Lombardie, conserve le charme d'une ville médiévale avec ses rues étroites et ses nombreux hôtels particuliers. Attention : éviter de visiter la ville un jeudi, jour de fermeture de la plupart des commerces.

Adresses et infos utiles

Office du tourisme *(IAT; plan C2)* **:** piazza dei Cavalli, 7. ☎ 0523-329-324. Fax : 0523-306-727. • iat@comune.piacenza.it • Ouvert de 9 h 30 à 13 h et de 15 h à 18 h. Fermé le lundi et le dimanche (ouvert le matin d'avril à septembre). Accueil en français. Hôtesses très serviables.

✉ **Poste** *(plan C2)* **:** via San Antonio, 40. Ouvert de 8 h 30 à 18 h 30. Fermé le dimanche. Change.

■ **Banque** *(plan C2)* **:** *Banca Nazionale del Lavoro,* piazza dei Cavalli,-35. Distributeur de billets.

■ **Téléphone :** cabines sous les arcades autour de la piazza dei Cavalli.

Gare ferroviaire *(plan D2)* **:** piazzale Marconi. ☎ 0523-321-263. Un train par heure pour Milan, Bologne et nombreuses liaisons pour Florence, Turin, Gênes.

Gare routière *(plan C1)* **:** piazza Cittadella. ☎ 0523-390-637. Plusieurs connexions par jour avec les principales villes de Lombardie et d'Émilie-Romagne.

Divers

– ***Marchés*** le mercredi et le samedi, piazza del Duomo et piazza dei Cavalli.

Où dormir ?

Le centre historique présente une grande concentration de palais et de maisons cossues. Difficile d'y trouver un hébergement. Les hôtels sont, pour la plupart, relégués en périphérie de la ville. C'est aussi le cas de l'auberge de jeunesse, bien sympathique, qui a ouvert en 2001.

Auberge de jeunesse « Don Zermani » *(hors plan par A3,* ***10****)* **:** via Zoni, 38-40. ☎ et fax : 0523-712-319. Située en dehors de la ville mais accessible par les bus nos 3 à 7 et 17, qui desservent la gare et le centre historique. Ouverte jusqu'à 23 h. Pour les noctambules, possibilité d'obtenir une clé. Congés annuels de Noël au 6 janvier. La carte des AJ n'est pas nécessaire. Compter de 16 € en dortoir à 38 € la nuit en chambre double, un peu moins cher en dortoir, petit déjeuner inclus. Dans un bâtiment tout neuf, cette AJ offre tout le confort d'un hôtel, pour un prix mini. Les chambres, vastes et claires, disposent toutes d'une

■ **Adresses utiles**

- Office du tourisme
- ✉ Poste
- Gare routière
- Gare ferroviaire

Où dormir ?

- **10** Auberge de jeunesse « Don Zermani »
- **11** Albergo Astra
- **12** Hôtel Piccolo Ritz
- **13** Hôtel Nazionale

Où manger ?

- **20** Trattoria Santo Stefano
- **21** Agnello
- **22** Taverna In

Où boire un verre ?

- **30** Daytona
- **31** Caffeteria dei Mercanti

A
B
0 100 200 m
NORD
1
2
3
Via XXI Aprile
Via Tramello
Via Alessio
PIAZZALE PORTA BORGHETTO
Via Borghetto
V. E. Morselli
Via Trebbia
V. Monte Alfeo
Via Cantarana
Via Bartolomeo
Vicolo Degani
Via S. Rocchino
Via A. Anguissola
PIAZZALE DELLE CROCIATE
Madonna di Campagna
Ospedale Civile
S. Sepolcro
Via Campagna
Via S. Sepolcro
Via San
Via G. Mazzini
S. Eufemia
V. San Eufemia
Via Gazzola
Via S.
Via G.
CASTEL S. GIOVANNI
PIAZZALE TORINO
Via Giuseppe Taverna
PIAZZA DEL BORGO
Viale Malta
Via del Castello
Via Garibaldi
21
31
Via San Giovanni
Via Maddalena
Via Beverora
S. Giovanni in Canale
Via XXIV Maggio
Via Nova
Via Venturini
Corso Vittorio Emanuele II
Stradone
Viale R. Palmerio
Via Santa Franca
Via G. Morigi
Via Guglielmo da Saliceto
Via Campesio
PIAZZALE GENOVA
Viale Passeggio Pubblico
Via IV Novembre
13
Via Genova
Via A. Emmanueli
Via Vittorio Veneto
Via G. Manfredi
Via Giovanni Negri
Via Pietro Cella
Via Bianchi
Viale Dante Alighieri
10
PODENZANO, RIVERGARO, BOBBIO

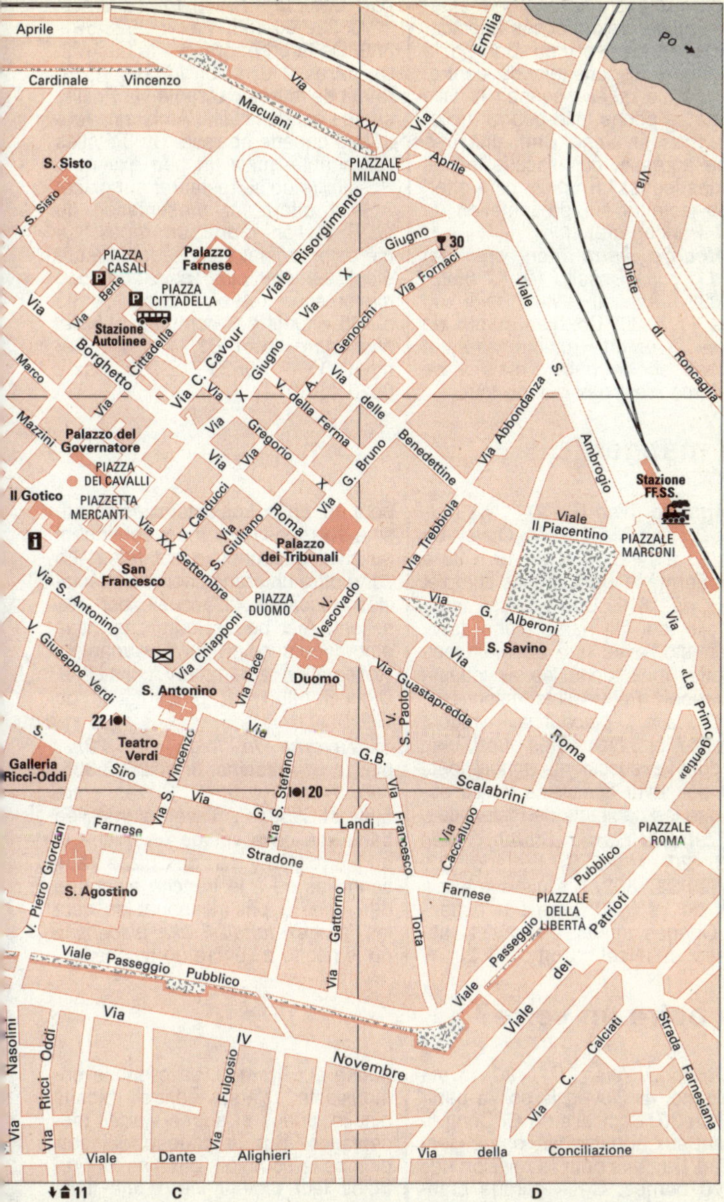

C
PAVIA, TORINO
A1
D
Po
Aprile
Cardinale
Vincenzo
Via
Maculani
XXI
Via
Emilia
Aprile
PIAZZALE MILANO
S. Sisto
V. S. Sisto
Viale Risorgimento
PIAZZA CASALI
Palazzo Farnese
Berte
PIAZZA CITTADELLA
Stazione Autolinee
Via Cittadella
Borghetto
Via Marco
Via C. Cavour
Giugno
X
Via Genocchi
Via Fornaci
30
Viale
Via Diete di Roncaglia
Via
Via A. delle Benedettine
V. della Ferma
Mazzini
Palazzo del Governatore
PIAZZA DEI CAVALLI
Il Gotico
PIAZZETTA MERCANTI
Gregorio
Via G. Bruno
Via Abbondanza
S. Ambrogio
Stazione FF.SS.
Viale Il Piacentino
PIAZZALE MARCONI
Via XX Settembre
V. Carducci
Via S. Giuliano
Roma
Palazzo dei Tribunali
Via Trebbiola
San Francesco
Via S. Antonino
PIAZZA DUOMO
V. Vescovado
Via G. Alberoni
S. Savino
V. Giuseppe Verdi
Via Chiapponi
Duomo
Via Guastapredda
Via «La Primogenita»
S. Antonino
Via Pace
22
Teatro Verdi
V. S. Paolo
Roma
S. Siro
Galleria Ricci-Oddi
Via S. Vincenzo
Via S. Stefano
20
Via G.B. Scalabrini
Via Francesco
Via G. Landi
Farnese
Stradone
Via Cavalupo
PIAZZALE ROMA
Pubblico
S. Agostino
V. Pietro Giordani
Farnese
PIAZZALE DELLA LIBERTÀ
Patrioti
Torta
Via Gattorno
Viale Passeggio Pubblico
Viale Passeggio
Viale dei
Via IV Novembre
Via C. Calciati
Strada Farnesiana
Via Nasolini
Via Ricci Oddi
Via Fulgosio
Viale Dante Alighieri
Via della Conciliazione
CREMONA, BRESCIA
PARMA, CREMONA
1
2
3
12
11
C
D

PLAISANCE

salle de bains moderne. Salon TV, salles de réunion, service de restauration rapide, vélos, accès handicapés... tout a été prévu par Daniela, la dynamique responsable du centre. Étant donné qu'elle connaît la ville comme sa poche, elle pourra facilement vous tuyauter. Bref, une très bonne adresse, qui n'accueille pas que des jeunes ! En plus, café offert à nos lecteurs sur présentation du *GDR.* Parking gratuit.

Albergo Astra *(hors plan par C3,* ***11****)* **:** via Boselli, 19. ☎ 0523-457-031. Accueil avant midi ou après 17 h 30. Doubles autour de 36 €. Confort rudimentaire et douches sur le palier, mais à ce prix-là, ce n'est pas mal du tout.

Hôtel Piccolo Ritz *(hors plan par D3,* ***12****)* **:** via Pennazzi, 5. ☎ 0523-590-405. Fax : 0523-591-886. De la gare, prendre le bus n°2. De 52 à 72 €, selon le confort. En retrait de la très passante via Emilia, au sud-est de la ville. Ambiance feutrée, moquette épaisse. Un 3-étoiles confortable, mais un peu excentré. Possibilité de se restaurer sur place. Apéritif offert sur présentation du *GDR* si l'on prend un repas. Le même propriétaire possède un autre établissement plus chic, un peu mieux situé (et plus cher ; de 90 à 105 € petit dej' compris) : l'***hôtel Nazionale*** *(plan B3,* ***13****),* via Genova, 35. ☎ 0523-712-000. Fax : 0523-456-013.

Où manger ?

Agnello *(plan B2,* ***21****)* **:** via Calzolai, 2. ☎ 0523-320-874. Ouvert de 12 h 30 à 14 h 30 et de 19 h 30 à 23 h. Fermé le lundi. Repas complet autour de 18 €. Une adresse traditionnelle, qui fait partie d'une association bio, avec une déco un peu vieillotte, mais dans les assiettes : quel régal ! Petits plats mitonnés : tripes *alla piacentina,* ragoût d'ânesse, etc. Des pâtes aussi, bien sûr, dont les succulents *agnolli.* Idéal pour découvrir la cuisine locale autant que les habitants de Plaisance...

Trattoria Santo Stefano *(plan C2-3,* ***20****)* **:** via S. Stefano, 22. ☎ 0523-327-802. ♿ Ouvert le soir à partir de 19 h 30. Fermé le dimanche. Congés annuels en août et 2 semaines à Noël. Compter 20 € pour un repas. Les ustensiles de cuisine accrochés aux murs confirment qu'ici la gastronomie est reine ! La carte offre un grand choix de spécialités toscanes. L'accueil est excellent. Aux beaux jours : terrasse ombragée avec glycines luxuriantes. Réservation ardemment conseillée. Digestif offert sur présentation du *GDR.*

Taverna In *(plan C2,* ***22****)* **:** piazza S. Antonino, 8. ☎ 0523-335-785. Fermé le lundi. Pizzas entre 5,50 et 7,50 €. Taverne installée dans une cave voûtée en brique et en pierre. On y sert des *pizze* traditionnelles ou à la tranche ainsi que des *primi* à prix raisonnables dont les fameux *tortellini alla piacentina* ou le risotto à l'encre de seiche.

Où boire un verre ?

Daytona *(plan D1,* ***30****)* **:** via X Giugno, 4. Ouvert le soir à partir de 21 h 30. Cocktails : 6 €. Contrairement aux apparences, on ne vient pas au *Daytona* pour la révision des 10 000 bornes. Ce « garage branché » n'est pas un repaire pour « fous du volant », mais un authentique bar à l'ambiance trépidante. Le DJ enchaîne des *mix R'n'B,* techno, *house* et... *garage.* La clientèle enthousiaste s'agite entre bidons d'huile, pneus et autres vieilles mécaniques. Sur le plateau qui surplombe le comptoir, certains font refroidir leur moteur lors d'une halte billard avant de repartir faire le plein de cocktails...

Caffeteria dei Mercanti *(plan B-C2,* ***31****)* **:** via Illica, 10. Ouvert jusqu'à 21 h. Fermé le dimanche. Sous les arcades de l'ancien marché. Pour boire un café sur les grandes tables en bois ou grignoter, le midi, une salade parmi plus de 45 différentes. Dommage que la radio gâche un peu la tranquillité du lieu. Des *gelati* également.

À voir

Piazza dei Cavalli *(plan C2)* **:** la place principale de Plaisance doit son nom aux magistrales statues équestres d'Alessandro Farnese et de son fils Ranuccio. Ces œuvres, réalisées par Francesco Mocchi entre 1612 et 1628, constituent le premier témoignage de l'art baroque en Italie. Le ***palais « Il Gottico »,*** gracieuse construction médiévale perchée sur des arcades de marbre, semble surplomber la place. Il fut bâti pour être le siège du pouvoir communal. Si sa structure évoque celle d'une chapelle, c'est que les princes voulaient éviter de donner au peuple l'impression d'être totalement affranchi du pouvoir de l'Église (l'assassinat du premier duc Farnèse avait un peu refroidi leurs ardeurs). En face, le ***palais du Gouverneur.*** Un calendrier et un cadran solaire agrémentent sa sobre façade néo-classique.

Duomo *(plan C2)* **:** piazza Duomo. Ouvert de 7 h à 12 h et de 16 h à 19 h. Importante étape sur la route du pèlerinage vers Rome. Cette cathédrale romane fut édifiée à la suite du tremblement de terre de 1117. Sa construction se prolongea jusqu'au XIIIe siècle. Sur la façade, d'élégantes galeries encadrent une fine rosace. À l'intérieur, les donateurs, pour la plupart des artisans de la ville, sont représentés à l'ouvrage sur les colonnes de la nef. La voûte du chœur est ornée de fresques du Guerchin, un peintre de l'école de Bologne. Remarquez également le *Couronnement de la Vierge,* de Procaccini et Carrache.

Église San Savino *(plan D2)* **:** via Incoronata. Ouvert de 9 h à 12 h et de 16 h à 17 h. Cette église romane abrite de superbes chapiteaux *longobardi* et, surtout, d'étonnantes mosaïques. Dans le chœur, le crucifix roman représente le Christ vainqueur de la Mort. Dans la crypte, les pavements gardent encore tout leur mystère et les exégètes se perdent en interprétations. On y voit pêle-mêle : une roue de la Fortune, les signes zodiacaux, les saisons de l'activité humaine, la victoire de l'Intelligence sur la Force...

Palazzo Farnese *(plan C1)* **:** piazza Cittadella. Ouvert de 9 h à 13 h, ainsi que de 15 h à 18 h du vendredi au dimanche. Fermé le lundi. Entrée : libre au palais ; 5,20 € au musée.
Cette citadelle médiévale fut bâtie au XVIe siècle par l'architecte militaire Vignola. Suite à sa destruction partielle, on aménagea un palais (inachevé) qui abrite aujourd'hui le Musée municipal. Ses collections comportent notamment une *Vierge* de Botticelli, ainsi que le clou du spectacle : un foie en bronze utilisé par les Étrusques pour procéder à leurs divinations.

Église Madonna di Campagna *(plan A1)* **:** piazzale delle Crociate. Ouvert de 7 h à 12 h et de 15 h à 18 h. La plus belle église Renaissance de Plaisance, érigée au XVIe siècle par Tramello. À l'intérieur, on tombe en pâmoison (non, non, on n'exagère pas !) devant les fresques de Pordenone qui recouvrent chapelles et coupole. Nombreuses scènes bibliques et mythologiques, notamment la *Nativité* et l'*Adoration des mages.*

Église San Antonino *(plan C2)* **:** piazza S. Antonino. Ouvert tous les jours de 8 h à 12 h et de 16 h à 18 h 45 en semaine (de 20 h à 21 h 30 le week-end). Reconstruite au XIe siècle, cette église romane à la forme originale est consacrée à san Antonino, le patron de la ville. Plusieurs toiles du peintre belge Robert Delonge représentent son martyre dans le chœur. On pense que c'est ici que furent signés les préliminaires du concile de Constance qui mit fin au grand schisme d'Occident (1378-1417).

Hôtels particuliers : soucieuses d'être appréciées à leur juste valeur, les familles patriciennes prenaient soin d'afficher des « signes extérieurs de richesse ». Les cours de leurs hôtels particuliers étaient donc aménagées pour donner l'impression d'être de somptueux jardins. Pour les flâneurs contemporains, voici quelques palais qui méritent un détour : *palazzo Anguissola de Grazzano,* via Roma, 99 (escalier consacré à Flora) ; *palazzo Costa,* via Vescovado. À voir aussi la jolie cour via S. Siro, 74.

➤ DANS LES ENVIRONS DE PLAISANCE

Bobbio : à 50 km au sud de Plaisance sur la route de Gênes, aux portes de la Lombardie. Cette petite ville est un trésor de la nature et de l'hospitalité. Station thermale aux eaux sulfureuses, elle est très recherchée par les Italiens qui viennent s'y reposer et soigner leurs malaises. Les alentours offrent de belles occasions de balades dans les forêts. Pas étonnant qu'Ernest Hemingway ait décrit cette vallée comme étant l'une des plus belles au monde.

À L'EST DE BOLOGNE

FERRARE *(FERRARA)* (44100) 138000 hab.

À l'écart de l'autoroute Bologne-Padoue-Venise, enfermée dans ses remparts, Ferrare se révèle être une ville très attachante et vivante. Dans l'une des plus riches régions fruitières d'Italie s'élève cette ville toute rose, parsemée de musées, au riche passé historique, aux merveilleux monuments et à l'atmosphère romantique. Avant vous, Montaigne, Stendhal, Chateaubriand ont succombé à son charme. Venez comme eux vous perdre dans des rues probablement rêvées par De Chirico et Delvaux, en prenant garde toutefois dans vos flâneries à ne pas percuter un de ces innombrables cyclistes qui ont envahi les rues de la cité.

UN PEU D'HISTOIRE

C'est avant tout à la famille d'Este que Ferrare doit sa richesse artistique et son renom. Elle régna 400 ans, du XIIIe siècle à la fin du XVIe siècle. Dante la plaça dans son *Enfer.* La ville connut son apogée pendant la Renaissance. Une fameuse école de peinture s'y développa, ainsi qu'une riche vie littéraire. L'Arioste y créa son *Orlando Furioso.* La ville connut des fêtes légendaires dans les luxueux palais et de somptueuses représentations de théâtre. La célèbre Lucrèce Borgia épousa un duc d'Este et vint habiter Ferrare.
Puis, à la fin du XVIe siècle, le déclin s'amorça avec l'ensablement du Pô, les fièvres dues aux marécages. Les Este partirent à Modène et la ville sombra dans une léthargie totale que vint à peine troubler l'épisode napoléonien. Au début du XXe siècle, la ville et sa campagne connurent de grandes luttes d'ouvriers agricoles. Le fascisme y trouva naturellement un terrain favorable, ainsi que son pendant, la Résistance. La ville souffrit énormément des bombardements de 1944.
Depuis 1995, l'Unesco a déclaré le centre historique Patrimoine de l'Humanité.

Comment y aller ?

➢ ***De Bologne ou Venise :*** Ferrare est située sur la ligne de chemin de fer Bologne-Venise. Liaisons nombreuses et régulières. Compter environ 1 h 30 pour venir de Venise et entre 30 mn et 1 heure de Bologne.
➢ ***De Ravenne :*** plusieurs liaisons quotidiennes. Compter entre 1 h et 1 h 20 de trajet.

Adresses et renseignements utiles

Bon à savoir : tous les magasins, exceptés les centres commerciaux, sont fermés le jeudi après-midi.

Office du tourisme *(zoom B2)* **:** dans le château d'Este, à droite en entrant. ☎ 0532-29-93-03 ou 20-93-70. Fax : 0532-21-22-66. • www.ferrarainfo.com • Ouvert toute l'année, du lundi au samedi de 9 h à 13 h et de 14 h à 18 h ; de 9 h 30 à 13 h et de 14 h à 17 h 30 le dimanche et les jours fériés. Fermé à Noël et le 1er janvier. Pourront vous fournir sur demande toutes sortes de brochures et d'infos sur la location de vélos, les sites à visiter, l'hébergement dans Ferrare et sa province. Autre antenne de l'office du tourisme sur la piazza Municipale.

✉ ***Poste centrale*** *(zoom B2)* **:** viale Cavour, 27. ☎ 0532-29-72-11. Ouvert de 8 h 30 à 18 h 30 du lundi au vendredi et le samedi de 8 h à 12 h 30.

@ ***Internet*** *(zoom C2,* ***3****)* **:** *Ferrara Internet Point,* via Adelardi, 17. Ouvert du lundi au vendredi de 11 h à 23 h et le samedi de 9 h à 19 h. Compter environ 3 € pour 1 h. Dans une pièce aussi spacieuse qu'une cage à lapins, 5 ordinateurs séparés les uns des autres par une petite cloison. Connexion rapide.

Gare ferroviaire *(plan général A1)* **:** piazzale Stazione. ☎ 89-20-21.

Adresses utiles

- Office du tourisme *(zoom)*
- ✉ Poste centrale *(zoom)*
- Gare ferroviaire *(plan général)*
- Gare routière *(plan général)*
- **1** Hôpital *(plan général)*
- **2** Pharmacie 24 h/24 *(plan général)*
- @ **3** Ferrara Internet Point *(zoom)*
- **4** Location de vélos Itinerando *(zoom)*

Où dormir ?

- **10** Ostello per la Gioventù Estense *(plan général)*
- **11** Pensione Artisti *(zoom)*
- **13** Albergo San Paolo *(zoom)*
- **14** Le Stanze de Torcicoda *B & B (zoom)*

Où manger ?

- **20** Osteria del Ghetto *(zoom)*
- **21** Trattoria Il Cucco *(plan général)*
- **22** Antica Trattoria Volano *(plan général)*
- **23** Casa Frontali *(plan général)*
- **25** Trattoria La Romantica *(zoom)*

Où boire un verre ? Où grignoter quelque chose ?

- **40** Al Brindisi *(zoom)*
- **41** Un piccolo particolare *(zoom)*

À voir

- **50** Château d'Este *(zoom)*
- **51** Duomo *(zoom)*
- **52** Palazzo comunale *(zoom)*
- **53** Église Santa Maria in Vado *(plan général)*
- **54** Palais Schifanoia *(plan général)*
- **55** Palais Ludovico il Moro *(plan général)*
- **56** Couvent du Corpus Domini *(plan général)*
- **57** Maison Romei *(plan général)*
- **58** Église San Francesco *(plan général)*
- **59** Palazzo dei Diamanti et Pinacothèque nationale *(plan général)*
- **60** Maison de l'Arioste *(plan général)*

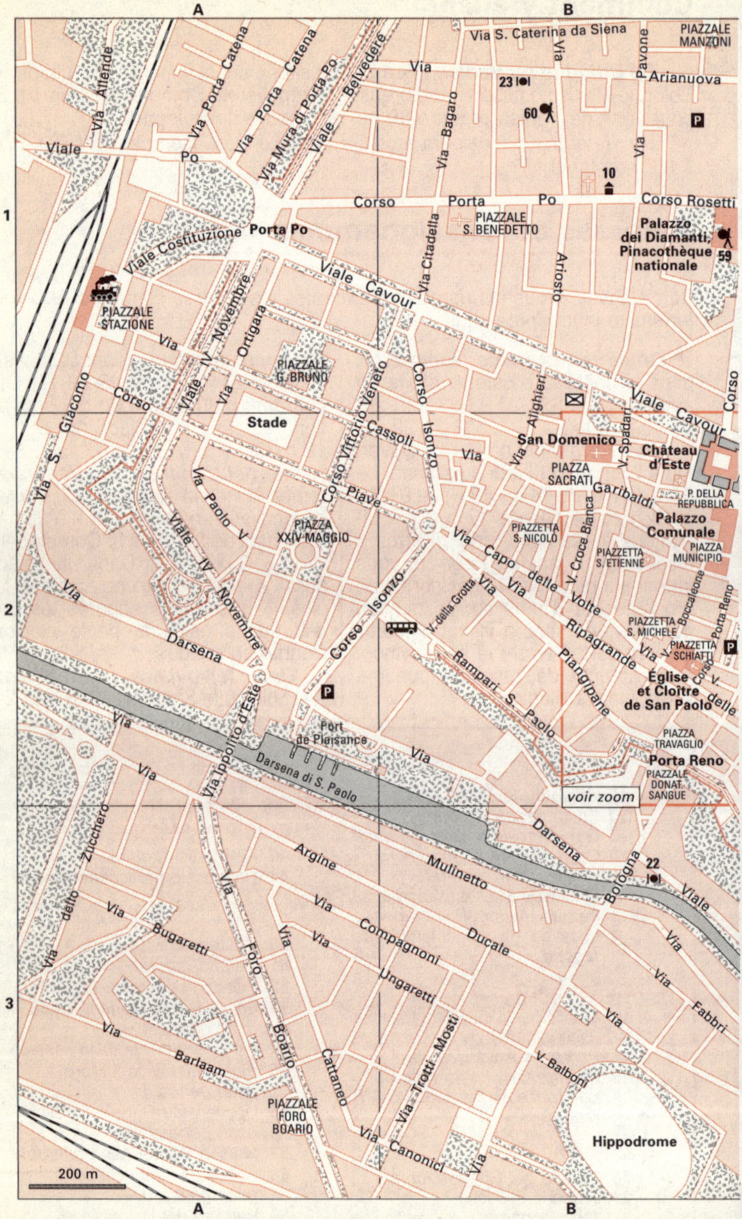

A
B
1
2
3
Via S. Caterina da Siena
PIAZZALE MANZONI
Via Arianuova
Via Pavone
23
60
10
Via Allende
Via Porta Catena
Via Porta Catena
Via Mura di Porta Po
Viale Belvedere
Viale Po
Via Bagaro
Corso Porta Po
Corso Rosetti
PIAZZALE S. BENEDETTO
Palazzo dei Diamanti, Pinacothèque nationale
59
Viale Costituzione
Porta Po
Viale Cavour
Via Citadella
Ariosto
PIAZZALE STAZIONE
Viale IV Novembre
Via Ortigara
PIAZZALE G. BRUNO
Corso Vittorio Veneto
Corso Isonzo
Via Alighieri
Corso
Viale Cavour
Via S. Giacomo
Corso
Stade
Cassoli
Via Garibaldi
San Domenico
V. Spadari
Château d'Este
PIAZZA SACRATI
P. DELLA REPUBBLICA
Via Paolo V
Piave
PIAZZA XXIV MAGGIO
Viale IV Novembre
PIAZZETTA S. NICOLÒ
Palazzo Comunale
Via Capo delle Volte
V. Croce Bianca
PIAZZETTA S. ETIENNE
PIAZZA MUNICIPIO
Via Darsena
Via Ripagrande
V. della Grotta
Corso Isonzo
Via Boccaleone
Corso Porta Reno
PIAZZETTA S. MICHELE
PIAZZETTA SCHIATTI
Rampari S. Paolo
Via Piangipane
Via
Église et Cloître de San Paolo
V. delle
Via Ippolito d'Este
Port de Plaisance
Darsena di S. Paolo
Via
Via
PIAZZA TRAVAGLIO
Porta Reno
PIAZZALE DONAT. SANGUE
voir zoom
Via Darsena
Via Zucchero
Via Argine
Mulinetto
Via Bologna
22
Viale
Via Foro Boario
Via Bugaretti
Via Compagnoni
Via Ungaretti
Via Ducale
Via Fabbri
Via dello
Via Cattaneo
Via Barlaam
Via Trotti Mosti
V. Balboni
PIAZZALE FORO BOARIO
Via Canonici
Via
Hippodrome
200 m

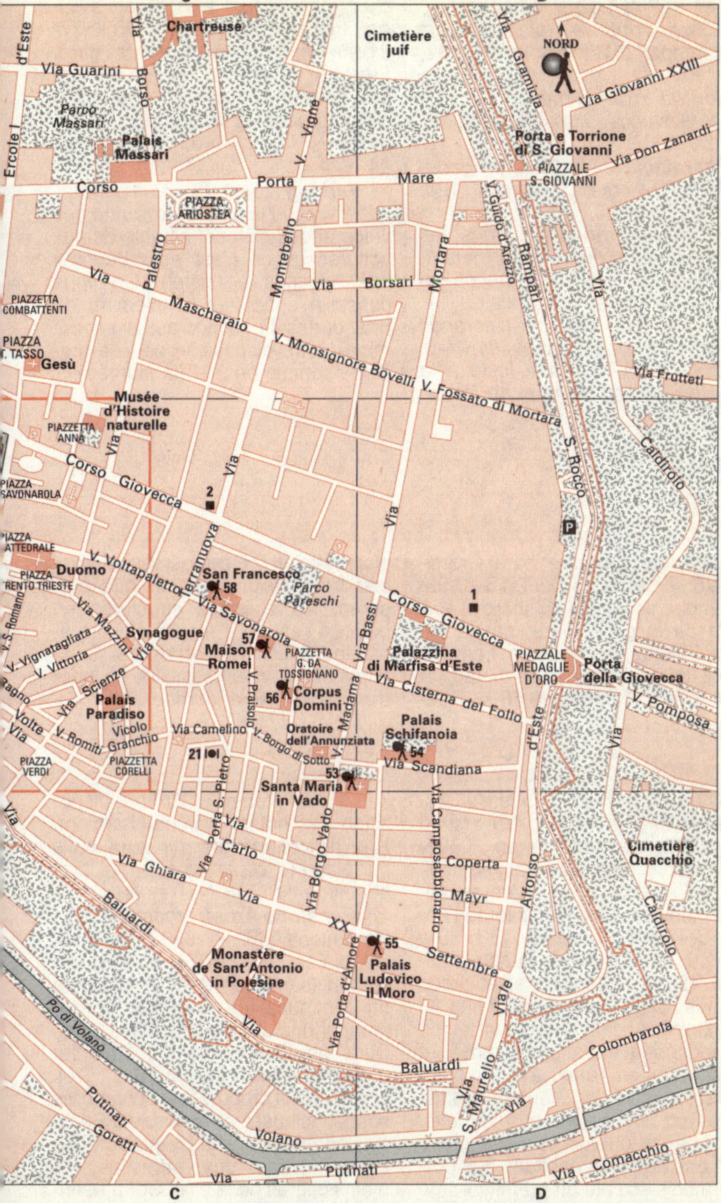

FERRARE

FERRARE (PLAN GÉNÉRAL)

La gare se situe 1,5 km du centre. Bus nos 9, 2 et 1 pour le centre.
Gare routière *(plan général B2)* ***:*** rampari di San Paolo. ☎ 0532-599-490.
■ ***Hôpital*** *(plan général D2,* ***1****)* ***:*** corso Giovecca, 203. ☎ 0532-23-61-11.
■ ***Pharmacie 24 h/24*** *(plan général C2,* ***2****)* ***:*** corso Giovecca, 125. ☎ 0532-20-94-93.
■ ***Journaux français :*** dans les kiosques autour du château (notamment juste à côté de la station de taxis) et face à la cathédrale.
■ ***Location de vélos :*** *Itinerando (zoom B2,* ***4****)* via Kennedy, 4-6. ☎ 0532-76-51-23. Situé juste à la sortie du parking de la porte Paula. Compter 10 € la journée : assez cher, mais beaux vélos. *Pirani e Bagni,* Piazzale Stazione. ☎ 0532-77-21-90. Juste à côté de la gare. Fermé le dimanche. Environ 6 € par jour pour un bicloune un peu moins rutilant que chez *Itinerando.*
■ ***Taxis :*** ☎ 0532-90-09-00, 24 h/24.
■ ***Parking*** *(zoom, B2 ; plan général, A2, B1, D2)* ***:*** le centre, royaume des vélos et des piétons, est interdit aux voitures (si ce n'est pour déposer ses bagages à l'hôtel). On vous conseille donc tout simplement de profiter des 4 parkings aux alentours mis à votre disposition pour la modique somme de 2 € (la journée).

FERRARE

Où dormir ?

Camping

▲ ***Camping Estense :*** via Gramicia, 76. ☎ et fax : 0532-75-23-96. • campeggio.estense@libero.it • À 4 km de la gare. Sortir par la via Porta Catena. Bien indiqué. Ferme à 22 h. Congés annuels : de mi-janvier à fin février. Compter 6,50 € l'emplacement et 5 € par personne. Passée l'impression morbide que procurent les étranges structures en béton à l'entrée, l'espace s'avère finalement bien vert et arboré. Sanitaires bien tenus. Possibilité de louer des vélos (5 € la journée).

Bon marché

Ostello per la Gioventù Estense *(plan général B1,* ***10****)* ***:*** corso Biagio Rossetti, 24. ☎ et fax : 0532-20-42-27. • hostelferrara@hotmail.com • Exceptée la première semaine de janvier, AJ ouverte toute l'année, de 7 h à 10 h et de 15 h 30 à 23 h 30. Bus C et D de la gare. Nuitée à 15 €, petit déjeuner et draps compris. Carte internationale des AJ obligatoire. Ancien palais, un temps abandonné avant d'être rénové et transformé en une AJ vraiment agréable avec ses hauts plafonds voûtés ou son étage sous les toits. Ce type d'hébergement ne nous avait pas non plus habitués aux portes en bois sculpté du premier étage ni aux fresques que l'on peut admirer dans certaines chambres. Mobilier récent et sympa. Sanitaires à l'extérieur des chambres (mais nickel). Point Internet et jardin à disposition des hôtes. Accueil charmant. Une nuit offerte à partir de 4 nuits sur place (excepté en été), sur présentation du *GDR* de l'année.
Pensione Artisti *(zoom C2,* ***11****)* ***:*** via Vittoria, 66. ☎ 0532-76-10-38. Chambres de 43 à 60 €, selon le confort (sanitaires dans la chambre ou communs) et possibilité de demander une chambre simple à 25 €. Dans une rue calme d'un quartier populaire plein de charme. Très simple, mais propre, et les chambres sont spacieuses et agréables. Petite cuisine équipée à la disposition des clients. L'une des adresses les moins chères de la ville. Sur présentation du *GDR,* les proprios vous prêteront des vélos pour faire le tour de la ville. Cartes de paiement non acceptées.

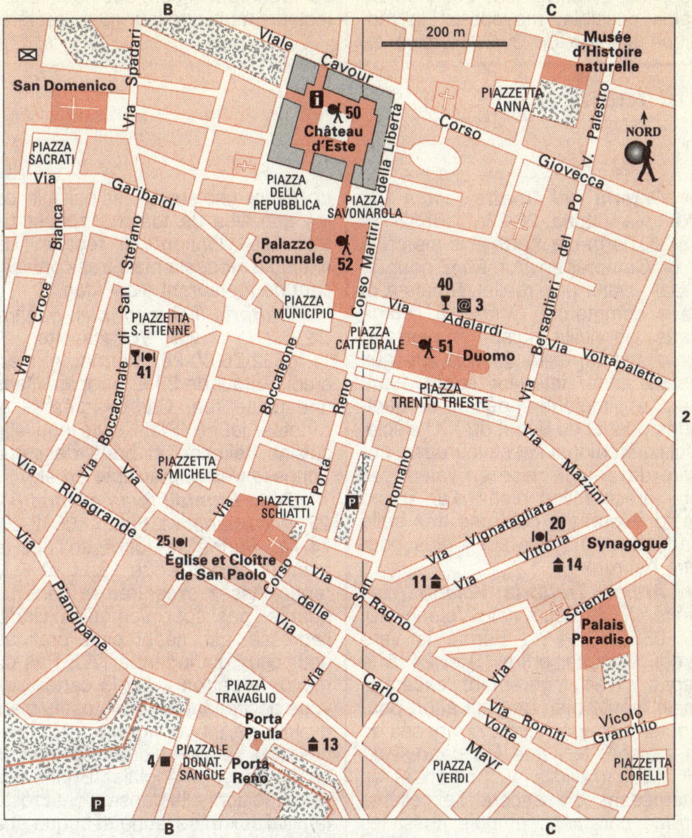

FERRARE (ZOOM)

Chic

Le Stanze de Torcicoda B&B *(zoom C2, **14**)* **:** vicolo Mozzo Torcicoda, 9. ☎ 0532-76-93-89. Fax : 0532-79-80-42. • www.lestanze.it • Suivre la via Vittoria et prendre la ruelle face à l'*Osteria del Ghetto.* Au bout de celle-ci, continuer dans la ruelle à gauche. Ouvert toute l'année. Pour une double avec petit déjeuner, compter environ 85 € la nuit (ou 75 € à partir de 3 nuits). Quatre chambres dans une maison tout en hauteur et plutôt étroite, située dans une ruelle calme. Si les pièces ne sont pas vraiment spacieuses, elles sont en revanche coquettes, douillettes et disposent de leur propre salle de bains. Accueil convivial, comme la maison qui dégage une impression très familiale. Cartes de paiement acceptées.

Albergo San Paolo *(zoom B2, **13**)* **:** via Baluardi, 9. ☎ et fax : 0532-76-20-40. • www.hotelsanpaolo.it • ♿ Chambres à 90 € la nuit. Située en plein cœur de l'ancien ghetto juif, cette maison propose des chambres rénovées, avec bains, et donnant en majorité sur cour. Éviter d'ailleurs celles orientées sur la via Baluardi, assez passante et bruyante, surtout les jours de marché. Patron très accueillant et polyglotte. Location de vélos possible, moyennant la modique somme de 3 €. Remise de 10 % sur la chambre accordée à nos lecteurs munis de leur guide préféré.

Où manger ?

Prix moyens

Osteria del Ghetto *(zoom C2, **20**)* **:** via Vittoria, 26/28. ☎ 0532-76-49-36. Fermé le mardi et le mercredi midi. Compter environ 20 € pour un repas. Dans une ruelle au calme et sans commerce. *Osteria* à l'étage dans une vieille maison en pierre et avec une terrasse dans la rue aux beaux jours. Intérieur sobre, lumineux et simplement décoré de quelques photos du début du XXe siècle. Cuisine régionale et savoureuse, encore davantage mise en valeur par une présentation digne d'un grand resto. Ajoutez à cela une très belle carte de vin... en faut-il plus pour être heureux ?

Antica Trattoria Volano *(plan général B3, **22**)* **:** viale Volano, 20. ☎ 0532-76-14-21. Fermé le vendredi. Compter entre 19 et 24 € le repas. Très légèrement excentré, mais mérite bien un petit effort pour goûter aux spécialités ferraraises de la maison, tels que les *cappellacci di zucca* (raviolis au potiron et au parmesan) ou encore l'excellente crème caramel... et puis aussi les petits gâteaux maison... miam miam ! Le tout servi très simplement dans un cadre chaleureux et paisible où les convives de tout horizon et de tout âge viennent se régaler. Un exemple modeste mais très convaincant de restaurant *slow food.*

Trattoria Il Cucco *(plan général C2, **21**)* **:** via Voltacasotto, 3. ☎ 0532-76-00-26. Fermé le mercredi. Autour de 20 € le repas. Dans une petite rue. Cadre agréable et clientèle jeune. Plats style nouvelle cuisine italienne et bons desserts. Tonnelle très appréciable en été.

Casa Frontali *(plan général B1, **23**)* **:** via Arianuova, 65a. ☎ 0532-20-74-74. Fermé le lundi soir et le mardi. Compter entre 15 et 20 € le repas. Assez excentrée et dans un quartier pas spécialement excitant, l'adresse est néanmoins pratique pour ceux qui logent à l'AJ. Pas de menu, le patron « fait la carte » en vous déclamant les bons petits plats du jour de sa voix grave (et, si nécessaire, se plie en quatre pour vous les expliquer en anglais). Bonne cuisine traditionnelle dans ce petit resto familial aux murs jaune et brique et à la déco soignée. Ambiance conviviale.

Plus chic

Trattoria La Romantica *(zoom B2, **25**)* **:** via Ripagrande, 36. ☎ 0532-76-59-75. ♿ Fermé le dimanche soir et le mercredi. Congés annuels : en juillet. Compter environ 30 € le repas. Cuisine fine et copieuse qui ravira sans doute les palais les plus fins. Un conseil, goûtez l'une des fameuses spécialités de Ferrare : les *cappellacci di zucca,* sorte de raviolis fourrés au parmesan et au potiron. Un délice !

Où boire un verre ? Où grignoter quelque chose ?

Al Brindisi *(zoom C2, **40**)* **:** via degli Adelardi, 11. ☎ 0532-20-91-42. Fermé le lundi. Congés annuels : fin janvier. Cette *enoteca,* la plus ancienne de la ville, sert d'excellents vins (au verre ou en bouteille) et ce dans des petites pièces plutôt sympas, chaleureuses et décorées par une jolie collection de bouteilles. Possibilité de manger pour environ 15 €. Le patron, grand connaisseur, est un amateur de musique de jazz et ça s'entend !

Un piccolo particolare *(zoom B2, **41**)* : via Stefano, 36. Fermé le jeudi midi et le dimanche. Ouvert de 12 h à 16 h et de 18 h à 2 h. Bel endroit très haut de plafond, petit et tout en longueur avec quelques tables à l'extérieur sous les arcades. Belle carte de vins et d'alcools en tout genre, mais également pléthore de thés et tisanes (en sachet) pour les âmes sobres ou les foies fatigués par les abus éthyliques. Possibilité également de manger à petit prix (nombreuses salades, assiettes de charcuterie ou fromages, desserts). Ambiance jeune et relax.

À voir

Chouette ! Encore une ville que l'on peut visiter entièrement à pied. Profitez-en ! Allez à la découverte de tous ses palais, églises et musées. Par ailleurs, pour visiter toutes ces merveilles, nous vous déconseillons fortement de passer uniquement un lundi à Ferrare, puisque bon nombre d'entre elles sont justement fermées ce jour-là.
La ville propose 3 types de cartes donnant accès à plusieurs sites, mais aucune d'entre elles couvre l'ensemble de tous les monuments (renseignements à l'office du tourisme).

Château d'Este *(castello Estense; zoom B2, **50**)* : • www.castelloestense.it • Ouvert de 9 h 30 à 17 h 30 et fermé le lundi (n'hésitez pas à vérifier ces horaires au préalable, car ils peuvent être élargis en cas d'expo). Entrée : 5 € ; réductions ; gratuit pour les enfants de moins de 10 ans. Visite libre et textes explicatifs très bien faits mais traduits uniquement en anglais. Construit au XIVe siècle, c'est l'un des rares exemples de vrai château fort inséré totalement dans une ville. L'un des plus beaux d'Italie. À l'intérieur, pièces somptueusement décorées. Superbe salle des Jeux avec des fresques illustrant tous les sports et jeux athlétiques en vogue à l'époque (tous en tenue d'Adam). Dans cette même salle, profitez donc des grands miroirs subtilement disposés pour réfléchir les plafonds : enfin on peut en admirer toute la beauté sans attraper un torticolis ! *Les Saisons,* au plafond de la petite salle des Jeux à côté, ne sont pas en reste. Dans la chambre des Bacchanales, belles fresques des *Vendanges* et du *Triomphe de Bacchus*. Dans la chapelle Renée-de-France, plus de fresques, ni d'images, Renée de France, fille de Louis XII et épouse d'un duc d'Este, ayant aussi épousé le calvinisme austère. Visite également des prisons souterraines où il se passa plein de choses affreuses. Le poète Byron célébra Ugo et Parisina, les amants de Ferrare qui y furent décapités. Deux frères d'Alfonso Ier, coupables d'avoir comploté contre lui, y passèrent quelques années. L'un d'eux se suicida au bout de 34 ans. L'autre fut libéré au bout de 53 ans. À sa première sortie en ville, il fut la risée de la foule : ses vêtements n'étaient plus du tout à la mode !
Une visite approfondie du château enrichit et complète très bien la visite de la pinacothèque, une grande partie des œuvres exposées dans cette dernière étant pour la plupart des commandes de la riche famille d'Este.

Duomo *(zoom C2, **51**)* : ouvert de 7 h 30 à 12 h et de 15 h à 18 h 30 du lundi au samedi ; de 7 h 30 à 12 h 30 et de 15 h 30 à 19 h 30 les dimanche et jours fériés. L'une des plus fascinantes cathédrales du nord de l'Italie. Édifiée au début du XIIe siècle et achevée au XVIe siècle, ce qui explique la diversité des styles. Au début, la façade s'arrêtait au niveau des premières loges et révélait un style typiquement roman. Les adjonctions des trois flèches (figurant la Sainte-Trinité) sont par contre gothiques. Admirable portail principal avec son bas-relief du Jugement dernier. La tour-campanile est du plus pur Renaissance. Une curiosité : côté via Adelardi, noter l'exquise fantaisie de l'architecte qui a diversifié les formes des colonnettes sur le côté de la cathédrale.

– Le ***musée du Duomo,*** dans l'ancienne église de San Romano, située non loin dans la via San Romano, propose peu de choses, mais de qualité : superbe statue de la *Vierge à la grenade* de Jacopo della Quercia, évangiles avec de merveilleuses enluminures, tapisseries de l'école flamande du XIVe siècle, sculptures figurant les mois de l'année (réalisme poétique et joliesse), reliquaires en argent, superbes volets d'orgue peints d'une *Annonciation* et d'un *Saint Georges* par Cosmè Tura, l'un des plus grands peintres ferrarais. Ouvert de 9 h 30 à 13 h et de 15 h à 18 h. Fermé le lundi. Entrée : 4,50 €; réductions; gratuit pour les moins de 18 ans.

Palazzo comunale *(zoom B2,* ***52****)* **:** édifié aux XIIIe et XIVe siècles. La façade actuelle fut intelligemment rénovée il y a soixante ans. Élégante voûte, dite « du Cheval », encadrée d'une colonne et d'un délicat petit arc romain. Dans la cour, admirer le magnifique escalier extérieur de style Renaissance.

Tout le côté sud de la cathédrale fut effroyablement bombardé lors de la dernière guerre. La reconstruction (pas géniale) s'est appuyée cependant sur quelques éléments architecturaux du passé et le charme du quartier subsiste.

FERRARE

Via delle Volte *(zoom B2)* **:** allez flâner dans les paisibles ruelles du vieux quartier au sud de la cathédrale, à la rencontre de la via delle Volte, parfait exemple de rue médiévale intacte. Elle constituait une sorte de voie de service aux hôtels particuliers élevés le long de la rue principale. Les voûtes étaient autant de passages permettant d'accéder aux maisons abritant les services domestiques. Succession pittoresque d'arcs en plein cintre du XIIIe siècle et en ogive du XIVe siècle, en particulier entre les vie San Romano et Scienze.

Église Santa Maria in Vado *(plan général C2,* ***53****)* **:** via Borgovado, 3. Ouvert tous les jours de 7 h 30 à 12 h et de 15 h 30 à 18 h. À droite juste avant d'arriver au palais Schifanoia. À l'intérieur, impression grandiose. Se laisser envahir par la lumière orangée de la nef et du chœur. Magnifiques fresques au plafond, trompe-l'œil. Nombreuses peintures intéressantes dont l'*Annonciation* de Camillo Filippi et, au 4e autel, la *Vierge byzantine.* Pour l'anecdote, c'est dans cette église qu'eut lieu le miracle du Précieux Sang au XIIe siècle. Pendant la célébration d'une messe de Pâques, des gouttes de sang tombèrent de l'hostie consacrée. Cet événement fut alors considéré comme la réfutation des hérésies cathare et albigeoise qui niaient la présence réelle du Christ dans l'eucharistie.

Palais Schifanoia *(plan général D2,* ***54****)* **:** via Scandiana, 23. ☎ 0532-20-99-88. Ouvert de 9 h à 18 h. Fermé le lundi. Entrée : 4,50 €; réductions; gratuit pour les moins de 18 ans.

Élégant édifice en brique rouge de la fin du XIVe siècle. Entrée du musée par un superbe portail en marbre surmonté d'armoiries et encadré de deux simples mais exquises fenêtres. Quelques objets intéressants comme les madones en terre cuite de Domenico Paris, mais ce qui retient surtout l'attention, ce sont les fantastiques fresques ornant la salle des Mois. Elles reviennent de loin. Recouvertes à la chaux à la fin du XVIe siècle par le pape après la fuite des Este à Modène, pour effacer tout souvenir de leur existence, certaines ont pu être sauvées et ont retrouvé tout leur éclat et leur fraîcheur. Elles représentent aujourd'hui un témoignage unique sur la vie de tous les jours, les costumes, les attitudes du temps de la Renaissance. Dans cette salle immense, les fresques ont été divisées en douze parties (autant de mois) et horizontalement en trois bandes. Celle du bas raconte la vie de Borso d'Este, l'un des princes éclairés de Ferrare ; celle du milieu est chargée de symboles astrologiques et zodiacaux ; tandis que la bande supérieure présente des éléments de la mythologie. Certains mois ont totalement disparu. Les trois bandes s'articulent et « travaillent » entre elles de façon extrêmement complexe. Seule la brochure spécialisée (si cela vous intéresse) vous donnera la clé de l'ensemble. Superbes stalles en marqueterie de l'ancienne église Sant'Andrea. Jardin très agréable.

***Palais Ludovico il Moro** (plan général D3, **55**) :* via XX Settembre, 124. ☎ 0532-662-99. Ouvert de 9 h à 14 h. Fermé le lundi. Entrée : 4 € ; réductions ; gratuit pour les moins de 18 ans et les plus de 65 ans membres de l'Union européenne.
Cette majestueuse demeure Renaissance abrite le *Musée archéologique national.* Admirez la superbe cour d'honneur et ses fines arcades. On y trouve les découvertes effectuées dans la nécropole de Spina. Principalement des centaines de vases grecs, cratères et autres récipients de l'âge d'or de la céramique (du Ve au IIIe siècle av. J.-C.). Un peu trop quand même, en l'absence d'autre matériau archéologique. Au fond, deux pirogues en bois du IIIe siècle apr. J.-C. utilisées sur les canaux du delta du Pô. En sortant, les amateurs de belles fresques religieuses peuvent aller contempler pas trop loin, vicolo Gambono, celles du monastère de Sant'Antonio in Polesine *(plan C3).* Ouvert du lundi au samedi uniquement, de 9 h 30 à 11 h 30 et de 15 h à 17 h ; le samedi, fermeture à 11 h 15 et à 16 h.

➢ Si vous vous rendez maintenant à pied au célèbre palazzo dei Diamanti (palais des Diamants ; *plan B1*), voici tout ce que vous pouvez admirer sur l'itinéraire :

***Couvent du Corpus Domini** (plan général C2, **56**) :* via Pergolato, 4. Ouvert en semaine de 9 h 30 à 11 h 30 et de 15 h 30 à 17 h 30. Jolie façade de brique du XIVe siècle. À l'intérieur, nombreuses tombes, dont celles de Lucrèce Borgia et de la famille d'Este.

***Maison Romei** (plan général C2, **57**) :* via Savonarola, 30. ☎ 0532-24-03-41. Ouvert de 8 h 30 à 19 h 30. Fermé le lundi. Entrée : 2 € ; réductions ; gratuit pour les moins de 18 ans et les plus de 65 ans membres de l'Union européenne. Textes traduits en anglais.
Noble demeure du XVe siècle que fit construire Giovanni Romei, descendant d'une riche famille ferraraise et époux de Polissena d'Este. À la mort du propriétaire, selon sa volonté, la maison fut léguée au couvent du Corpus Domini voisin puis devint propriété de la municipalité en 1810 après la suppression des ordres religieux durant la période napoléonienne. Quand les nonnes y revinrent en 1872, elles y trouvèrent un hospice qui faillit ensuite être démoli par la municipalité, mais la demeure fut sauvée grâce à l'intervention de l'État qui la racheta. Heureusement ! Car l'endroit est d'une réelle beauté avec son ensemble de petites salles entourant la paisible cour à arcades où se succèdent de superbes plafonds (peints ou sculptés) et des fresques. Salles présentant des vestiges de monuments détruits lors de la dernière guerre. En face, le *palais d'Este da Francesco* de la même époque.

***Via Savonarola** (plan général C2) :* l'une des plus belles rues du temps des Este aligne toujours moult élégantes demeures en plus ou moins bon état...

***Église San Francesco** (plan général C2, **58**) :* via Terranuova. Ouvert tous les jours de 7 h 30 à 11 h 30 (12 h le dimanche) et de 15 h 30 à 18 h. Large façade dont les six pilastres (colonnes) correspondent aux divisions des nefs et travées à l'intérieur. Nombreuses peintures religieuses, tombeaux et sarcophages.

Corso della Giovecca *(plan général C-D2)* **:** épine dorsale, avec le corso Ercole Iero d'Este, du nouveau quartier édifié à la fin du XVe siècle et dont la réalisation (l'*Addizione Erculea*) fut confiée à un seul architecte : Biaggio Rossetti. Son tour de force est d'avoir réussi un urbanisme fusionnant de façon harmonieuse l'ancienne ville médiévale avec la nouvelle, en une « seule unité urbaine moderne », sans qu'il apparaisse de coupure entre riches et pauvres. En moins de dix ans s'élevèrent vingt palais et douze églises.
Au n° 47, *palazzo Roverella* avec une façade ornée de jolies terres cuites.

Palazzo dei Diamanti *(plan général B1,* ***59****)* **:** corso Ercole Iero d'Este, 21. L'un des chefs-d'œuvre de Biaggio Rossetti. Cruellement touché lors de la dernière guerre, il fut merveilleusement restauré. Façade en pointes de diamants qui nécessita plus de 8000 blocs de pierre. Un détail révélateur : pour obtenir un effet de vibration et de luminosité totales, l'architecte, dans la partie inférieure, imagina de tourner la pointe des diamants vers le bas ; au milieu, elles sont régulièrement centrées ; dans la partie supérieure, orientées vers le haut ! Notez la finesse des frises d'angle avec leur balcon sculpté. Elles apportent une certaine fluidité, une légèreté à ces deux murs imposants qui se rencontrent.

Pinacothèque nationale *(plan général B1,* ***59****)* **:** logée au 1er étage du palais des Diamants. ☎ 0532-20-58-44. Ouvert de 9 h à 14 h (19 h le jeudi, 13 h le dimanche). Fermé le lundi. Entrée : 4 € ; réductions ; gratuit pour les moins de 18 ans et les plus de 65 ans membres de l'Union européenne.
Ce musée présente dans une dizaine de pièces une très belle collection du XIIIe au XVIIIe siècle et la fine fleur de la peinture ferraraise. On aime beaucoup ce lieu, pour sa beauté et la qualité des œuvres proposées, sa taille très humaine qui permet de prendre le temps d'apprécier chaque pièce et la très belle mise en espace (les cartels présentant chaque tableau sont précis et intéressants, mais uniquement en italien). Au gré des salles, vous pourrez admirer de superbes fresques, les merveilleuses toiles de Benvenuto Tisi, dit « il Garofalo », une *Vierge endormie* de Carpaccio, la prodigieuse série des apôtres par le « Maestro dei Dodici Apostoli » et, pour conclure, un admirable retable et la *Vierge et les saints* du Garofalo. Par ailleurs, si les œuvres ne vous suffisent pas, levez donc le nez pour en avoir plein la vue...
Au rez-de-chaussée : importantes expos temporaires à la galerie municipale d'Art moderne et contemporain.
À côté de la Pinacothèque, sur le corso Porta Mare, après le parc Massari, *petit musée* présentant les œuvres du peintre Giovanni Boldini (ouvert du mardi au dimanche de 9 h à 13 h et de 15 h à 18 h ; entrée : 4,50 €).
Avant de partir, admirez le *portail du palais Prosperi Sacrati,* à gauche en sortant du palais des Diamants. C'est l'un des plus harmonieux d'Italie avec ses graciles petits anges soutenant le balcon de marbre.

Les amateurs de ***cimetières*** pittoresques peuvent s'en offrir deux dans les parages. D'abord, celui ***de la Certosa*** (la Chartreuse ; *plan général C1*). Une chartreuse du XVe siècle a été transformée en cimetière au XIXe siècle. Vous trouverez tout de suite en arrivant, dans l'aile droite, les tombes les plus anciennes, dans d'adorables petits patios ou de grandes salles à la pénombre mystérieuse.
En profiter pour jeter un œil sur l'***église San Cristoforo alla Certosa.*** Outre qu'elle est l'œuvre de Rossetti, elle offre de nombreux retables, peintures, devants d'autel et tabernacles intéressants.
Un peu plus loin s'étend le ***cimetière juif*** *(plan général D1).* Sonner chez la gardienne pour y accéder. Une petite kippa en carton sera remise aux

hommes et une tenue correcte est exigée. La célèbre famille des Finzi-Contini y est enterrée. Site paisible et verdoyant, presque un parc tant les tombes sont disséminées.

Pour ceux qui disposent encore d'un peu de temps, reprendre le corso de Porta Mare jusqu'à la ***via Ariosto, 67*** *(plan général B1, **60**).* On y trouve la maison d'un style très sobre de l'auteur de l'*Orlando Furioso* : l'Arioste. Ouvert du mardi au dimanche de 10 h à 13 h et de 15 h à 18 h (fermé le dimanche après-midi) ; entrée libre.

Après avoir descendu la via Ariosto vers le viale Cavour, vous atteindrez dans la via Alighieri le ***palais Bentivoglio,*** peu visité par les touristes, car assez excentré. Imposant portail surmonté des grandiloquentes armoiries de la famille. Entre chaque fenêtre, des trophées d'armes finement sculptés. Une des plus belles façades de la ville.

On dit à Ferrare : « Si nous avons autant d'églises, c'est que nous avons beaucoup de pécheurs ! » Bon, vous n'êtes pas encore parti...

Fêtes et manifestations

– ***Le Palio de Ferrare :*** le premier Palio de cette ville remonte à 1279 et serait ainsi le plus ancien d'Italie (y compris celui de Sienne). Cet ensemble de courses de chevaux montés à cru se dispute chaque année le dernier dimanche de mai et plus de mille figurants défilent en costume Renaissance jusqu'à Piazza Ariostea. Dans le splendide anneau de cette place s'affrontent les huit *contrade* (quartiers) de la ville en 4 compétitions : la course des *Putti,* la course des *Putte,* la course des *Asine* et enfin la course des *Cavalli.* Durant tout le mois de mai se déroulent ainsi des manifestations en relation avec cette ancienne tradition. Pour plus d'infos • www.paliodiferrara.it •

– ***Ferrara Buskers :*** chaque année, durant une semaine fin août, les rues de Ferrare vibrent au son des nombreux musiciens de rue, d'envergure nationale et internationale, invités à l'occasion de ce festival. • www.ferrarabuskers.com •

– ***Ferrare sous les étoiles (Ferrara sotto le stelle) :*** manifestation annuelle ayant lieu fin juin-début juillet et qui propose tout un tas de concerts de musiques actuelles sans écarter aucun genre (pop, rock, jazz, folk, etc.). Plusieurs grands noms ont déjà participé aux éditions précédentes : Bob Dylan, Lou Reed, Jan Garbarek, Patty Smith, Cesaria Evora et bien d'autres encore. • www.ferrarasottolestelle.it •

– ***Mille Miglia :*** en mai. La célèbre course de voitures de compétition d'époque fait étape à Ferrare. Plus de 350 véhicules construits entre les années 1920 et 1950 y participent. La *Mille Miglia* est disputée sur le parcours traditionnel de 1 600 km respectant toujours le tracé des *24 Mille Miglia* disputés entre 1927 et 1957 et allant de Brescia à Ferrare, de Ferrare à Rome et enfin de Rome à Brescia. • www.millemiglia.it •

RAVENNE *(RAVENNA)* (48100) 142 500 hab.

Au premier abord, pas une ville spectaculairement belle, voire fascinante, comme Venise, Ferrare ou Bologne, ses voisines. Plutôt une ville toute plate, pas très homogène architecturalement, qu'on a du mal à saisir et entourée de nombreuses usines franchement vilaines et de plages comme on ne les aime pas. Mais il ne faut pas trop s'y fier, car elle sait révéler progressivement ses merveilles, et avant tout un patrimoine artistique incomparable (classé par l'Unesco) où se marient influences antiques et orientales : de somptueuses mosaïques, sans doute les plus belles d'Italie.

UN PEU D'HISTOIRE

Plusieurs fois capitale au cours de son histoire, Ravenne connut plusieurs périodes fastes : au Ier siècle av. J.-C., lorsque l'empereur Auguste en fit l'un de ses plus importants ports militaires. Au Ve siècle, quand Honorius en fait la nouvelle capitale de l'Empire romain d'Occident. Entre la fin du Ve et le début du VIe siècle, lorsqu'elle accueille la cour de Théodoric, roi des Ostrogoths. Enfin, lorsque l'empereur Justinien la reconquiert en 540 et en fait la capitale des territoires byzantins d'Italie du VIe au VIIIe siècle. Elle y gagna quelques nouveaux somptueux monuments, avant de tomber aux mains des Lombards.
Au XVe siècle, Ravenne passa sous la coupe de Venise, puis sous celle du Vatican, avant de sombrer dans un long oubli. C'est d'ailleurs grâce à cela que San Vitale et les deux Sant'Apollinare nous sont parvenus quasiment intacts.
Aujourd'hui, c'est paradoxalement l'une des villes les plus industrielles d'Italie, et c'est la première vue que vous aurez de la ville, surtout en venant du nord. Cela ne devrait malgré tout pas gâcher la douce promenade dans l'histoire et l'art de la mosaïque à laquelle nous vous convions... Sachez à ce propos qu'il existe à Ravenne deux types de mosaïques : les mosaïques « romaines », construites comme des photographies, avec des paysages, des décors et des ébauches de perspective, et les mosaïques « byzantines » qui, bien que plus tardives, proposent des représentations plus symboliques et hiératiques. Comme nul ne l'ignore sans doute, les mosaïques sont constituées de petits carrés de pâte de verre reflétant différemment la lumière compte tenu de l'éclairage. Plus la lumière est atténuée, meilleur est l'effet rendu. C'est la raison pour laquelle de nombreuses églises disposent de fenêtres en albâtre.

Comment y aller ?

➢ ***De Bologne*** (85 km E/A 14, puis A 14 dir.) **:** nombreuses liaisons ferroviaires directes. De *Piacenza, Parme* et *Modène,* il faut le plus souvent passer par Bologne (ou Faenza) pour aller à Ravenne.
➢ ***De Rimini*** (51 km N-O/S 16) **:** nombreuses liaisons ferroviaires, environ toutes les heures entre 5 h et 20 h.
➢ ***De Venise*** (141 km S/S 309) **:** nombreuses liaisons ferroviaires pour Rimini et la côte Adriatique via Ferrare où il vous faudra prendre une correspondance pour rejoindre Ravenne (il s'agit évidemment d'une possibilité parmi d'autres).

Adresses utiles

ℹ ***Office du tourisme*** *(IAT ; plan B2)* **:** via Salara, 8-12. ☎ 0544-354-04. Fax : 0544-48-26-70. • www.turismo.ravenna.it • Dans le centre. Ouvert du lundi au samedi de 8 h 30 à 19 h (18 h en basse saison) et le dimanche de 10 h à 16 h. Peut vous fournir, entre autres documents, la liste des hébergements en ville et en région, dont les *B & B,* et une liste de guides officiels qui peuvent être très utiles pour approfondir la visite et le décryptage de tous les chefs-d'œuvre que recèle la ville. Prête aussi des vélos pour parcourir la ville, profitez-en, c'est gratuit !
✉ ***Poste*** *(plan C2)* **:** piazza Garibaldi, 1. ☎ 0544-24-33-11. Ouvert du lundi au vendredi de 8 h à 18 h 30 et le samedi jusqu'à 12 h 30. Change possible.
@ ***Internet :*** à la *bibliothèque Classense (plan B3,* ***3****),* via Baccarini, 3. Ouvert du lundi au vendredi de 8 h 30 à 19 h et le samedi de 8 h 30 à 13 h 30. Plusieurs ordinateurs ac-

cessibles sur présentation d'une pièce d'identité ; compter environ 1 € pour une demi-heure.

■ ***Hôpital*** *(plan A3)* **:** via Missiroli, 10. ☎ 0544-28-51-11.

■ ***Pharmacie de garde*** *(plan A3, 2)* **:** via Fiume Abbandonato, 124. ☎ 0544-40-25-14.

Gare ferroviaire *(Ferrovie dello Stato ; plan D2)* **:** piazzale Farini, 13. ☎ 89-20-21.

Gare des bus municipaux ATM *(plan D2)* **:** sur la place de la gare ferroviaire. ☎ 0544-68-99-00. De nombreuses liaisons avec le bord de mer : Marina di Ravenna et Punta Marina (bus nº 70 ou nº 60 en été), Porto Corsini, Marina Romea (ligne nº 72), Casal Borsetti (ligne nº 72), Lido di Classe (bus nº 76) et Lido Adriano (lignes nºs 1 et 11).

■ ***Location de vélos*** *(plan D2, 1)* **:** on vous le répète, la municipalité prête gratuitement des vélos de ville aux personnes majeures. Pour en profiter, s'adresser à l'office du tourisme qui vous remettra une clé en échange d'une simple pièce d'identité. Sinon *Cooperativa San Vitale, Parcheggio Bicyclette,* piazza Farni. ☎ 0544-370-31. Sur la gauche en sortant de la gare. Toute l'année, du lundi au samedi de 7 h à 20 h, vous pourrez louer le deux-roues de vos rêves, du simple vélo au VTT dernier cri (compter environ 8 € la journée pour un vélo normal).

■ ***Taxis*** **:** borne à la gare. ☎ 0544-338-88.

■ ***Parkings*** **:** nombreux stationnements dans le centre mais assez chers et souvent limités à 2 h. Il existe cependant deux parkings gratuits *(plan C1 et C-D3)* et un parking très pratique, surveillé et peu onéreux (dans les 2,50 € la journée) qui se trouve largo Giustiniano, à côté de la basilique San Vitale *(plan B1).* Bon à savoir, ce dernier est gratuit le dimanche. Par ailleurs, pour info, la signalétique catastrophique et les très nombreuses rues à sens unique rendent la circulation en voiture dans Ravenne assez pénible et difficile.

Où dormir ?

Campings

Deux zones de camping, en bord de mer : celle de *Marina di Ravenna,* la plus proche de Ravenne mais extrêmement touristique et bondée en été. De plus, complexe chimique à proximité avec fortes effluves ammoniaquées...

■ Adresses utiles

- Office du tourisme
- Poste
- Gare ferroviaire
- Gare des bus municipaux ATM
- **1** Location de vélos
- **2** Pharmacie de garde
- @ **3** Internet

Où dormir ?

- **10** Hôtel Ravenna
- **11** Albergo Al Giaciglio
- **12** Hôtel Argentario
- **13** Hôtel Diana
- **14** Albergo Cappello

Où manger ?

- **20** Trattoria-ristorante Al Rustichello
- **21** Ca' de' Ven
- **22** Locanda del Melarancio
- **24** Chilò

Où déguster une bonne glace ?

- **30** Sorbetteria degli Esarchi

Où boire un verre ? Où sortir ?

- **40** Caffeteria Guidarello
- **41** Cabiria

À voir

- **50** Basilique San Vitale
- **51** Mausolée de Galla Placidia
- **52** Musée national
- **53** Baptistère des Ariens
- **54** Basilique San Giovanni Evangelista
- **55** Basilique Sant'Apollinare Nuovo
- **56** Basilique San Francesco
- **57** Tombeau de Dante
- **58** Baptistère néonien
- **59** Musée de l'Archevêché
- **60** Pinacothèque municipale
- **61** Rocca Brancaleone
- **62** Mausolée de Théodoric

A
B
200 m
1
2
3
BOLOGNA, FERRARA
FORLI
Via Antonelli
Via Lovatelli
Via Rotta
San Gaetanino
Traversari
Vallona
Via
Via Maggiore
Circonvallazione
P
51
Mausoleo di Galla Placidia
San Vitale
50
52
Via San Vitale
Museo nazionale
Via P. Alighieri
Via Pier
Via Salara
Via V. Ponte Marino
24
20
Porta Adriana
PIAZZA BARACCA
Via Cavour
San Domenico
14
V. IV Novembre
30
40
Via Pasolini
V. F. Mordani
41
PIAZZA DEL POPOLO
Palazzo Comunale (Mairie)
V. Cairoli
V. C.
Circonvallazione Fiume Montone abbandonato
Viale Baracca
Via Cura
Via M. d'Azeglio
Via degli Spreti
Oberdan
Palazzo Rasponi dalle Teste
PIAZZA KENNEDY
22
Palazzo Rasponi Murat
Via Guerrini
Circonvallazione
PIAZZA DUOMO
58
Battistero
PIAZZA CADUTI
2
Via Belfiore
Via
Aurea
Porta
Duomo
59
Archivescovile (Museo)
Via A. de Gasperi
3
Biblioteca Classense
Porta Aurea
Circonvallazione
PIAZZA D'ANNUNZIO
Via Corti alle Mura
Via Baldini
Via
al Molino
Via B. Nigrisoli
Via Piave
Missiroli
Hôpital

PLANS ET CARTES EN COULEURS

L'ITALIE DU NORD

L'ITALIE DU NORD

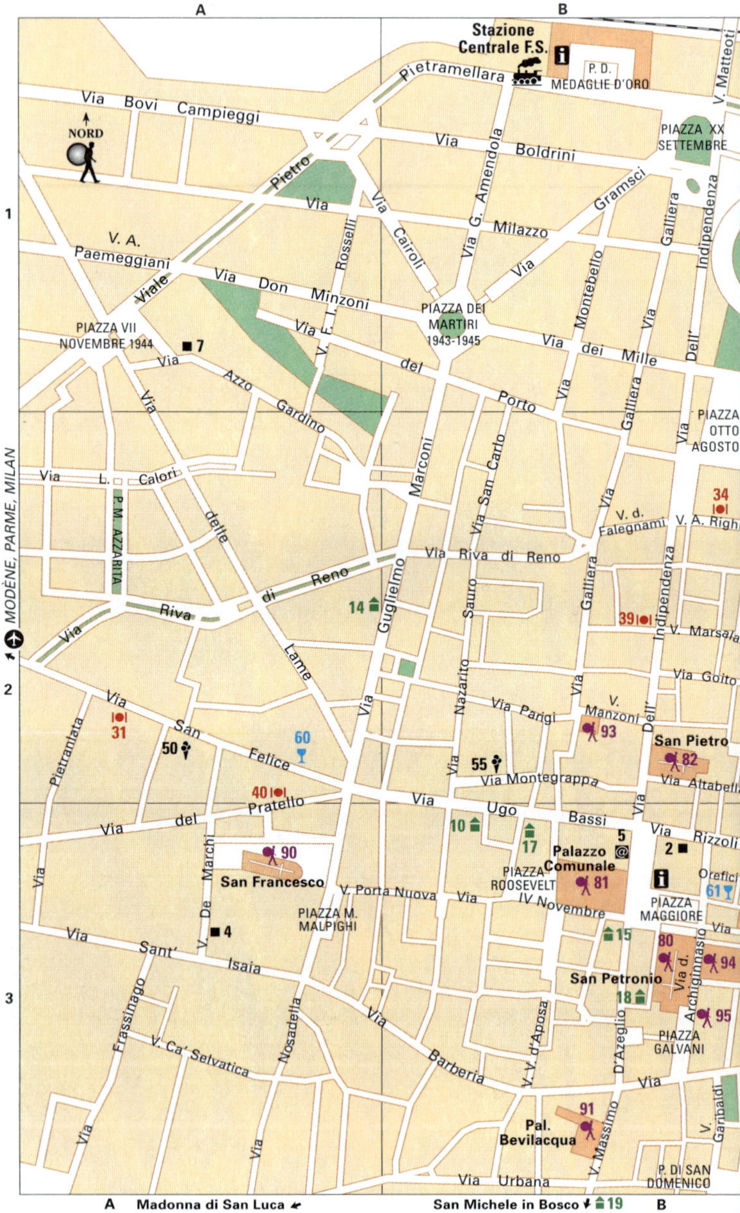
A
B
Stazione Centrale F.S.
P. D. MEDAGLIE D'ORO
V. Matteoti
Pietramellara
Via Bovi Campieggi
NORD
Via Boldrini
PIAZZA XX SETTEMBRE
Pietro
Via Cairoli
Via G. Amendola
Gramsci
Via Milazzo
Galliera
Indipendenza
V. A. Paemeggiani
Viale
Via Don Minzoni
Rosselli
Via
Montebello
PIAZZA DEI MARTIRI 1943-1945
Via dei Mille
Dell'
PIAZZA VII NOVEMBRE 1944
7
Via Azzo Gardino
V. F. L.
Via del Porto
PIAZZA OTTO AGOSTO
Via delle Lame
Marconi
Via San Carlo
Via L. Calori
P. M. AZZARITA
34
V. d. Falegnami
V. A. Righi
Via Riva di Reno
Sauro
Galliera
Indipendenza
MODÈNE, PARME, MILAN
14
39
V. Marsala
Via Riva di Reno
Guglielmo
Via Goito
Nazarito
Via Parigi
V. Manzoni
Via San Felice
31
Pietralata
50
60
93
San Pietro
82
55
Via Montegrappa
Via Altabella
40
Via del Pratello
Via Ugo Bassi
10
17
5
Via Rizzoli
2
Palazzo Comunale
Via De Marchi
90
San Francesco
PIAZZA ROOSEVELT
81
Orefici
61
V. Porta Nuova
Via IV Novembre
PIAZZA MAGGIORE
PIAZZA M. MALPIGHI
4
15
80
Via d. Archiginnasio
94
Via Sant' Isaia
San Petronio
18
95
Frassinago
V. Ca' Selvatica
Nosadella
Via Barberia
V. V. d'Aposa
D'Azeglio
PIAZZA GALVANI
91
Pal. Bevilacqua
V. Massimo
V. Garibaldi
Via Urbana
P. DI SAN DOMENICO
1
2
3
A
Madonna di San Luca
San Michele in Bosco
19
B

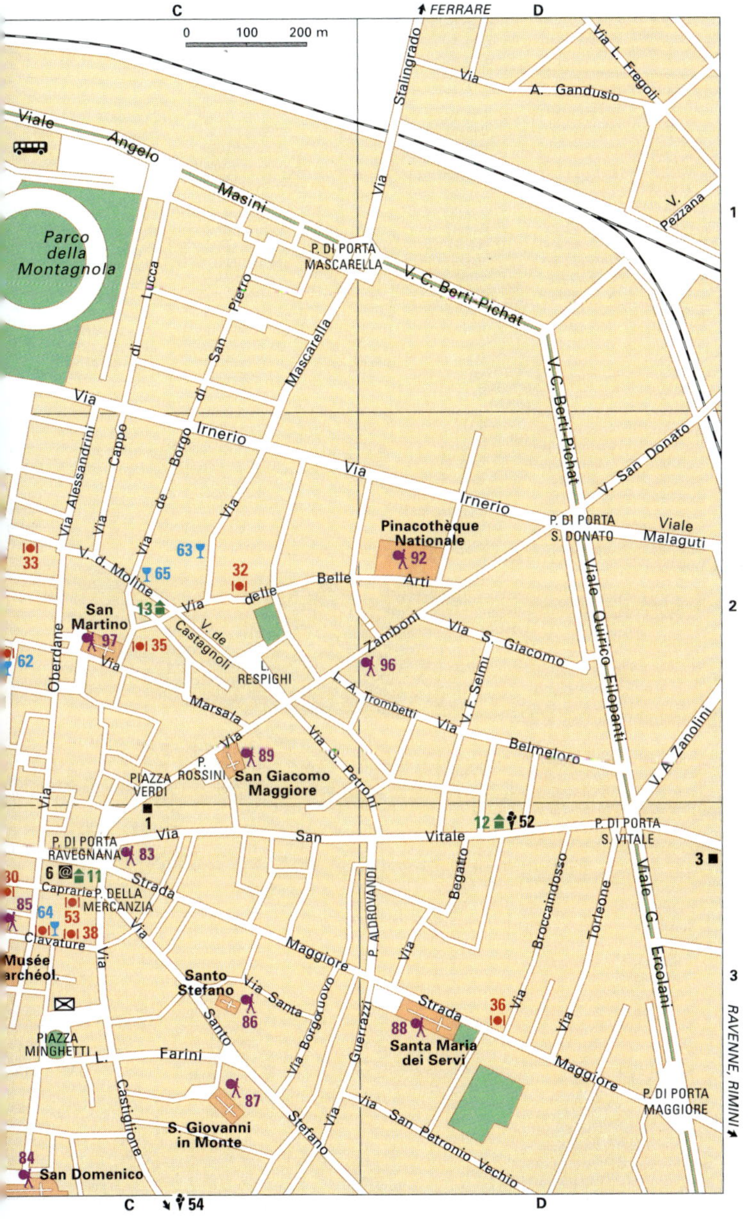

C
FERRARE
D
0 100 200 m
Via Stalingrado
Via A. Gandusio
Via L. Fregoli
V. Pezzana
Viale Angelo Masini
Parco della Montagnola
P. DI PORTA MASCARELLA
V. C. Berti-Pichat
Via di Lucca
Via di San Pietro
Via Mascarella
Via Irnerio
Via Alessandrini
Via Cappo
Via de Borgo di San Pietro
V. C. Berti-Pichat
V. San Donato
P. DI PORTA S. DONATO
Viale Malaguti
Pinacothèque Nationale
92
33
V. d. Moline
63
65
32
Via delle Belle Arti
13
San Martino
97
35
62
Via Oberdane
V. de Castagnoli
L. RESPIGHI
Via Zamboni
96
Via S. Giacomo
Viale Quirico Filopanti
V. F. Selmi
L. A. Trombetti
Via Belmeloro
Via Marsala
V.A. Zanolini
Via G. Petroni
89
P. ROSSINI
San Giacomo Maggiore
PIAZZA VERDI
1
12
52
P. DI PORTA S. VITALE
Via San Vitale
3
P. DI PORTA RAVEGNANA
83
6
11
30
Caprarie
P. DELLA MERCANZIA
Strada Maggiore
85
64
53
38
Clavature
Musée archéol.
P. ALDROVANDI
Via Begatto
Via Broccaindosso
Via Torleone
Viale G. Ercolani
Santo Stefano
86
Via Santo Stefano
Via Borgonuovo
Via Guerrazzi
88
Santa Maria dei Servi
36
PIAZZA MINGHETTI
L. Farini
87
S. Giovanni in Monte
Castiglione
Via San Petronio Vechio
P. DI PORTA MAGGIORE
RAVENNE, RIMINI
84
San Domenico
C
54
D
1
2
3

BOLOGNE

A
B
1
2
3
4
0
100
200 m
21
11
74
Hôpital
Viale Cristoforo Colombo
PONTE CATENA
Via Farinata D. Umberti
V. Ciro Mnotti
Via Argonne
Via
Viale Nino
PIAZZA VITTORIO VENETO
Via dei Mille
Via Carlo
Camozzini
Ederle
Via F. Anzani
Via Aspromonte
Tedeschini
Via
Rovereto
Abba
Via Ponte Catena
Via
Lungadige
Risorgimento
M.
Via IV Novembre
Via G.C.
Via Prato
Tomaso
Via
Via
Via
Tonale
Via
Via
PONTE RISORGIMENTO
Viale della Repubblica
da
Pontida
Via
Via del Bersagliere
Cangrande
Via Arsenale
PIAZZALE CADORNA
San Zeno Maggiore
Vico
Adige
PONTE VITTORIA
PIAZZA S. ZENO
PIAZZA POZZA
V. Barbarani
PIAZZA CORRUBIO
V. S. Guiseppe
Lungadige Campagnola
PIAZZA ARSENALE
Rigaste S. Zeno
PONTE SCALIGERO
San Lorenzo
Via A. Scarsellini
Via
Via M. D'Azeglio
Via Antonio Rosmini
Castel Vecchio
Via
S. Pellico
Corso
Via
Largo D. Bosco
71
Via
C.
Circonvallazione Piero Maroncelli
Aurelio
Stardone A. Provolo
C. Castelvecchio
Via Roma
7
31
V. S. Silvestro
Via Manin
PIAZZA SAN FRANCESCO D'ASSISI
V.S. Bernerdino
V. Circolo Ristori
2
Via O. Filopanti
Palio
V. Volto S. Lucia
Nuova
Saffi
Porta
Via Carmelitni Scalzi
G. Marconi
Via S. Antonio
Via
Via S. Caterina
Stradone
P
Viale C. Galliano
PIAZZA PRADAVAL
Porta
V. Bentegodi
Via
V. L. Poloni
V. Don Carlo Steeb
Valverde
Porta Palio
15
18
P
V. Piccoli
Circ. Alfredo Oriani
Via della
LARGO CALDERA
Viale L. dal Cero
Della Casa
V.G.
V. C. Battisti
V. G. M. Giberti
Corso
PIAZZA R. SIMONI

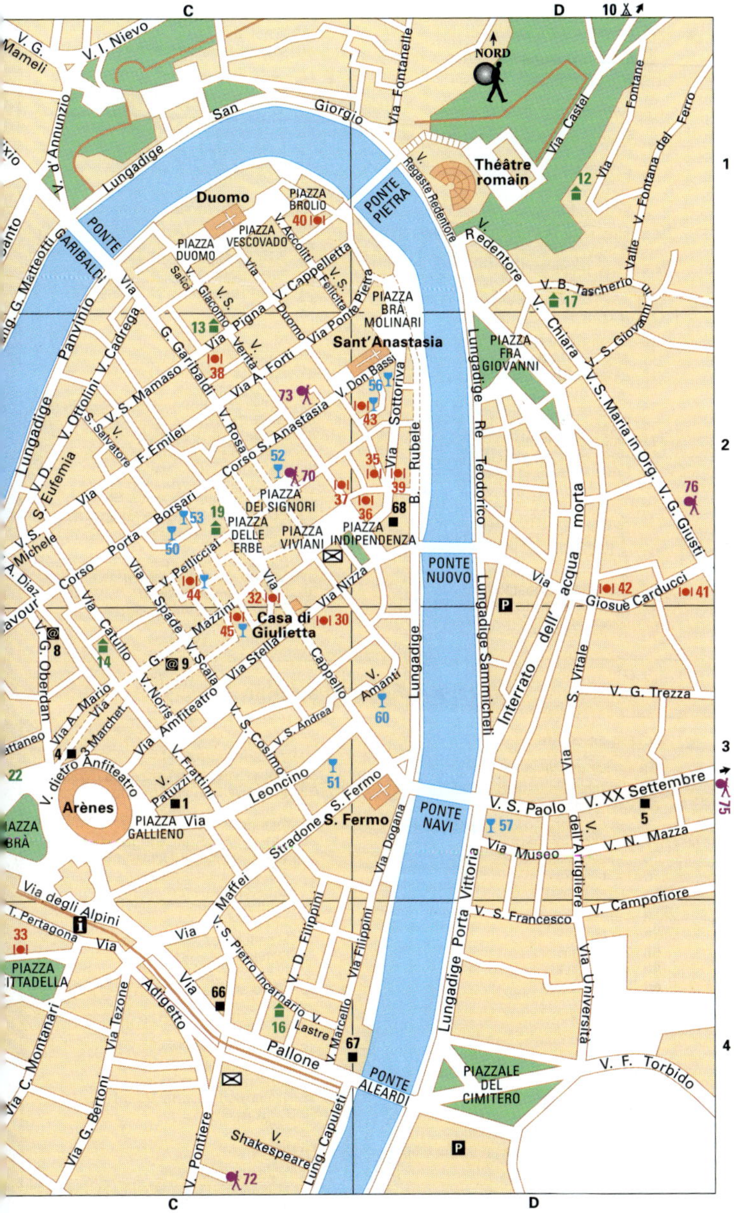
C
D
10
NORD
1
2
3
4
Duomo
PIAZZA BROLIO
PIAZZA VESCOVADO
PIAZZA DUOMO
PONTE GARIBALDI
PONTE PIETRA
Théâtre romain
PIAZZA BRA MOLINARI
Sant'Anastasia
PIAZZA FRA GIOVANNI
PIAZZA DEI SIGNORI
PIAZZA DELLE ERBE
PIAZZA VIVIANI
PIAZZA INDIPENDENZA
PONTE NUOVO
Casa di Giulietta
Arènes
PIAZZA GALLIENO
PIAZZA BRÀ
S. Fermo
PONTE NAVI
PIAZZA CITTADELLA
PONTE ALEARDI
PIAZZALE DEL CIMITERO
V. G. Mameli
V. I. Nievo
San Giorgio
Lungadige
Via Fontanelle
V. Regaste Redentore
V. Redentore
Via Castel
Via Fontane
V. Fontana del Ferro
Valle
V. B. Tascherio
V. Chiara
V. S. Giovanni
V. S. Maria in Org.
V. G. Giusti
Lungadige Re Teodorico
Lungadige Panvinio
V. Cadrega
V. Ottolini
V. S. Mamaso
G. Garibaldi
V. S. Giacomo
Via Pigna
V. Duomo
V. Cappelletta
V. S. Felicita
Via Ponte Pietra
Via A. Forti
V. Don Bassi
Sottoriva
Via Rubele
V. Rosa
Corso S. Anastasia
F. Emilei
S. Salvatore
V. D. S. Eufemia
Via Borsari
Corso Porta
V. S. Michele
A. Diaz
Corso Cavour
Via Catullo
Via 4 Spade
V. Pellicciai
Via Mazzini
V. Scala
Via Stella
Via Nizza
Cappello
V. Amanti
Lungadige
Via acqua morta
Interrato dell'
Lungadige Sammicheli
Giosue Carducci
V. G. Trezza
S. Vitale
V. G. Oberdan
V. Noris
Via Amfiteatro
V. S. Cosimo
V. S. Andrea
Via A. Mario
V. dietro Anfiteatro
V. Patuzzi
V. Frattini
Leoncino
Stradone S. Fermo
Via Dogana
V. S. Paolo
V. XX Settembre
V. N. Mazza
Via Museo
V. dell'Artigliere
V. Campofiore
V. S. Francesco
Lungadige Porta Vittoria
Via Università
V. F. Torbido
Via degli Alpini
T. Pertagona
Via Maffei
V. S. Pietro Incarnario
V. D. Filippini
Via Filippini
V. Marcello
Lastre
Pallone
Via Adigetto
Via Tezone
Via C. Montanari
Via G. Bertoni
V. Pontiere
V. Shakespeare
Lung. Capuleti
1
4
5
8
9
12
13
14
16
17
19
22
30
32
33
35
36
37
38
39
40
41
42
43
44
45
50
51
52
53
56
57
60
66
67
68
70
72
73
75
76

VÉRONE

Bologne – Reports au plan

Adresses utiles

- Office du tourisme
- Poste centrale
- Gare ferroviaire
- Gare routière
- Aéroport international G. Marconi
- 1 Librairie internationale Feltrinelli
- 2 Bureau d'information ATC
- 3 Hôpital Sant'Orsola
- 4 Maison française
- @ 5 Internet à la bibliothèque Sala Borsa
- @ 6 Easy Internet Café
- 7 Cinémathèque

Où dormir ?

- 10 Albergo Panorama
- 11 Albergo Garisenda
- 12 Albergo San Vitale
- 13 Hôtel Accademia
- 14 Pensione Marconi
- 15 Hôtel Orologio
- 17 Albergo Centrale
- 18 Hôtel del Commercianti
- 19 Hôtel Porta San Mamolo

Où manger ?

- 30 Self-service Tamburini
- 31 Ristorante-pizzeria La Bella Napoli
- 32 Trattoria-pizzeria Bella Arti
- 33 Trattoria La Montanara
- 34 Ristorante Donatello
- 35 Osteria dell'Orsa
- 36 Clorofilla
- 38 Trattoria da Gianni
- 39 Ristorante Diana
- 40 Trattoria Fantoni

Où savourer une bonne pâtisserie ? Où déguster une bonne glace ?

- 50 Chez Ugo
- 52 Il Gelatauro
- 53 Paoli Atti & Figli
- 54 Sorbetteria Castiglione
- 55 Gelateria Gianni

Où boire un verre ?

- 60 Enoteca des Arts
- 61 Osteria del Sole
- 62 Osteria Marsalino
- 63 Cantina Bentivoglio
- 64 Rosa Rose
- 65 Le Stanze

À voir

- 80 Basilique San Petronio
- 81 Palazzo comunale et Musée Giorgio Morandi
- 82 Cathédrale métropolitaine San Pietro
- 83 Deux Tours
- 84 Église San Domenico
- 85 Église Santa Maria della Vita
- 86 Basilique Santo Stefano
- 87 Église San Giovanni in Monte
- 88 Église Santa Maria dei Servi
- 89 Église San Giacomo Maggiore
- 90 Église San Francesco
- 91 Palais Bevilacqua
- 92 Pinacothèque nationale
- 93 Musée civique médiéval
- 94 Musée archéologique
- 95 Palazzo dell'Archiginnasio
- 96 Musées universitaires
- 97 Église San Martino

Vérone – Reports au plan

Adresses utiles

- Office du tourisme
- Postes
- Gare ferroviaire
- 1 Ufficio prenotazioni alberghiere
- 2 Location de vélos
- 4 Guichet des arènes
- 5 Lavomatic
- @ 7 Veron@web
- @ 8 Internetfast
- @ 9 M.Caffè.27
- 66 Box Office
- 67 Aquila d'Oro
- 68 Punto Sassa

Où dormir ?

- 10 Camping Castel San Pietro
- 11 Camping Roméo et Juliette
- 12 Ostello per la gioventù Villa Francescatti
- 13 Casa della giovane, ACISJF
- 14 Locanda Catullo
- 15 Hôtel Siena
- 16 Hôtel Armando
- 17 Ostello della gioventù Santa Chiara
- 18 Hôtel Verona
- 19 Hôtel Aurora
- 21 Centro Monsignore Carraro
- 22 Hôtel Torcolo

Où manger ?

- 30 La Taverna di via Stella
- 31 Cafétéria Brek
- 32 Trattoria Al Pompiere
- 33 Vini e Cucina Al Capitan della Cittadella
- 35 Vini e Cucina da Luciano
- 36 Trattoria alla Colonna
- 37 Osteria al Duca
- 38 Antica Trattoria La Pigna
- 39 Veron Antica et Hosteria dall'Orso
- 40 Trattoria La Torretta
- 41 Osteria Perbacco
- 42 Trattoria Papa & Cicia
- 43 Al Carro Armato
- 44 Mondodoro
- 45 Bottega del vino

Où boire un verre ? Où sortir ?

- 50 Bar Campidoglio
- 51 Bar Camelot
- 52 Antico Caffè Dante
- 53 Oreste Cantina dal Zovo
- 56 Sottoriva 23 et Square
- 57 Taverna del Corto Maltese
- 60 Café Bukowski

À voir

- 70 Torre dei Lamberti
- 71 Museo civico d'Arte
- 72 Tombeau de Juliette
- 73 Galerie d'art moderne du palais Forti
- 74 Palais des Sports
- 75 Teatro Camploy
- 76 Giardino Giusti

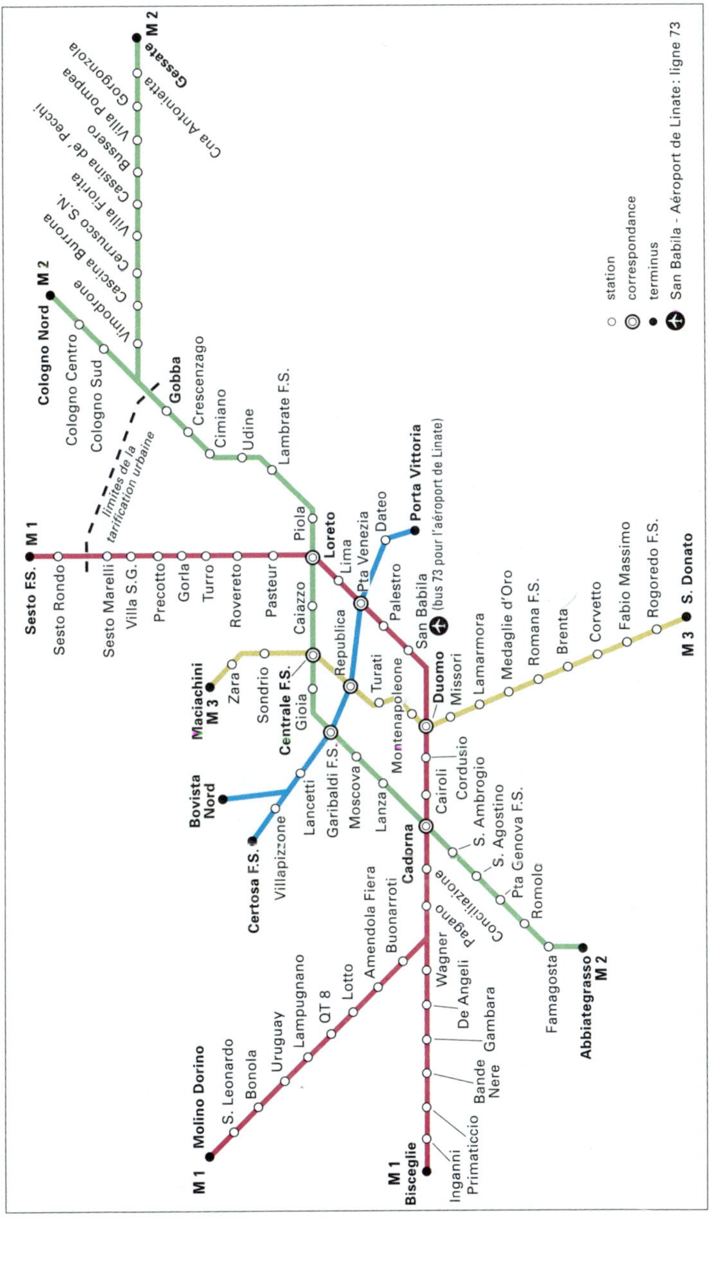

LE MÉTRO DE MILAN

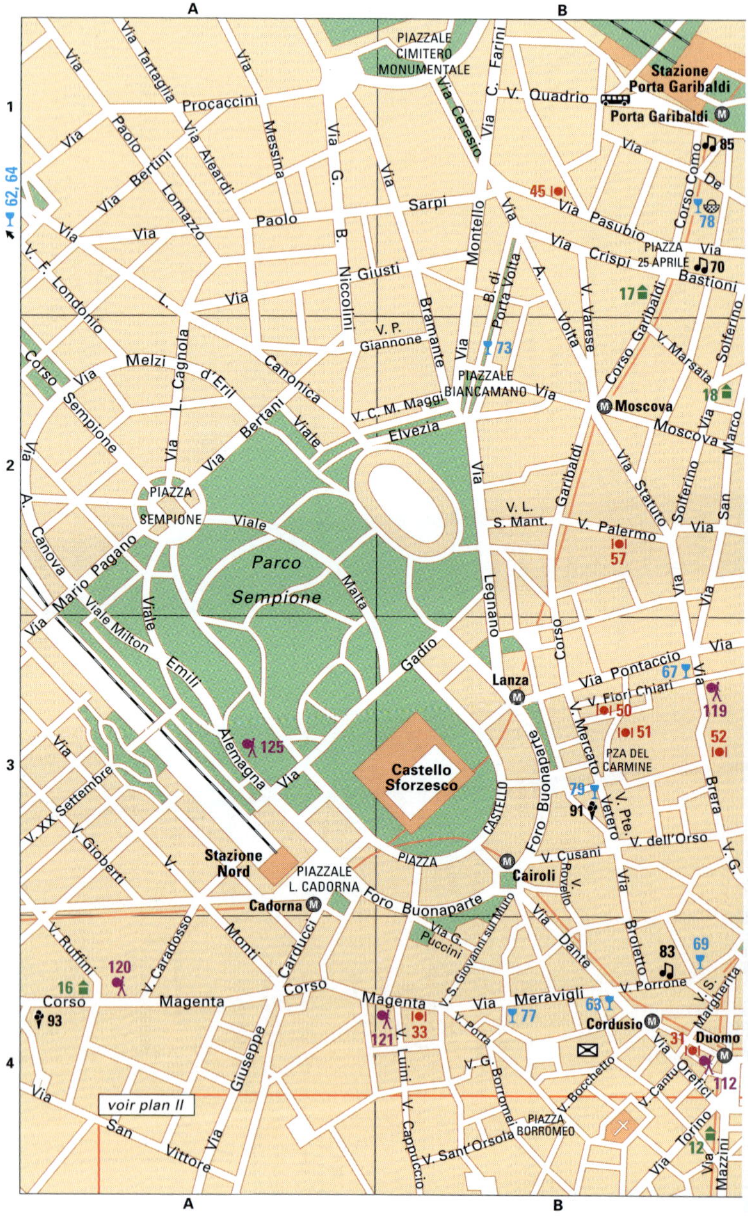
A
B
1
2
3
4
PIAZZALE CIMITERO MONUMENTALE
Stazione Porta Garibaldi
Porta Garibaldi
V. Quadrio
Via C. Farini
Via Ceresio
Via Tartaglia
Procaccini
Via Messina
Via Aleardi
Via Paolo Bertini
Via Lomazzo
Via Paolo Sarpi
Via G. B. Niccolini
Via Giusti
Via Bramante
Via Montello
B. di Porta Volta
Via Pasubio
Via Crispi
PIAZZA 25 APRILE
Via Bastioni
Corso Como
Via De
V. F. Londonio
Via L. Melzi d'Eril
Via L. Cagnola
Corso Sempione
Via Canonica
V. P. Giannone
V. C. M. Maggi
PIAZZALE BIANCAMANO
Viale Elvezia
Via A. Volta
V. Varese
Corso Garibaldi
V. Marsala
Solferino
Moscova
Via Moscova
Via Statuto
Via San Marco
Via Bertani
Viale
PIAZZA SEMPIONE
Via A. Canova
Via Mario Pagano
Viale Milton
Viale Emilia
Viale Malta
Parco Sempione
Via Legnano
V. L. S. Mant.
V. Palermo
Viale Gadio
Lanza
Via Pontaccio
V. Fiori Chiari
V. Mercato
PZA DEL CARMINE
Brera
Via Alemagna
Castello Sforzesco
CASTELLO
Foro Buonaparte
V. Pte. Vetero
V. dell'Orso
V. Cusani
V. Rovello
Cairoli
Via XX Settembre
V. Gioberti
Stazione Nord
PIAZZALE L. CADORNA
PIAZZA
Cadorna
Foro Buonaparte
Via G. Puccini
V. S. Giovanni sul Muro
Via Dante
Via Broletto
V. Porrone
V. S. Margherita
V. Ruffini
V. Caradosso
Monti
Carducci
Corso Magenta
Via Meravigli
Cordusio
Duomo
V. Orefici
V. Cantù
V. Porta
V. Bocchetto
V. G. Borromei
PIAZZA BORROMEO
V. Sant'Orsola
V. Luini
V. Cappuccio
Via Giuseppe
Via San Vittore
voir plan II
Via Torino
Via Mazzini
62, 64
45
85
78
70
17
73
18
57
67
119
50
51
52
125
79
91
16
120
93
83
69
63
77
121
33
31
112
12

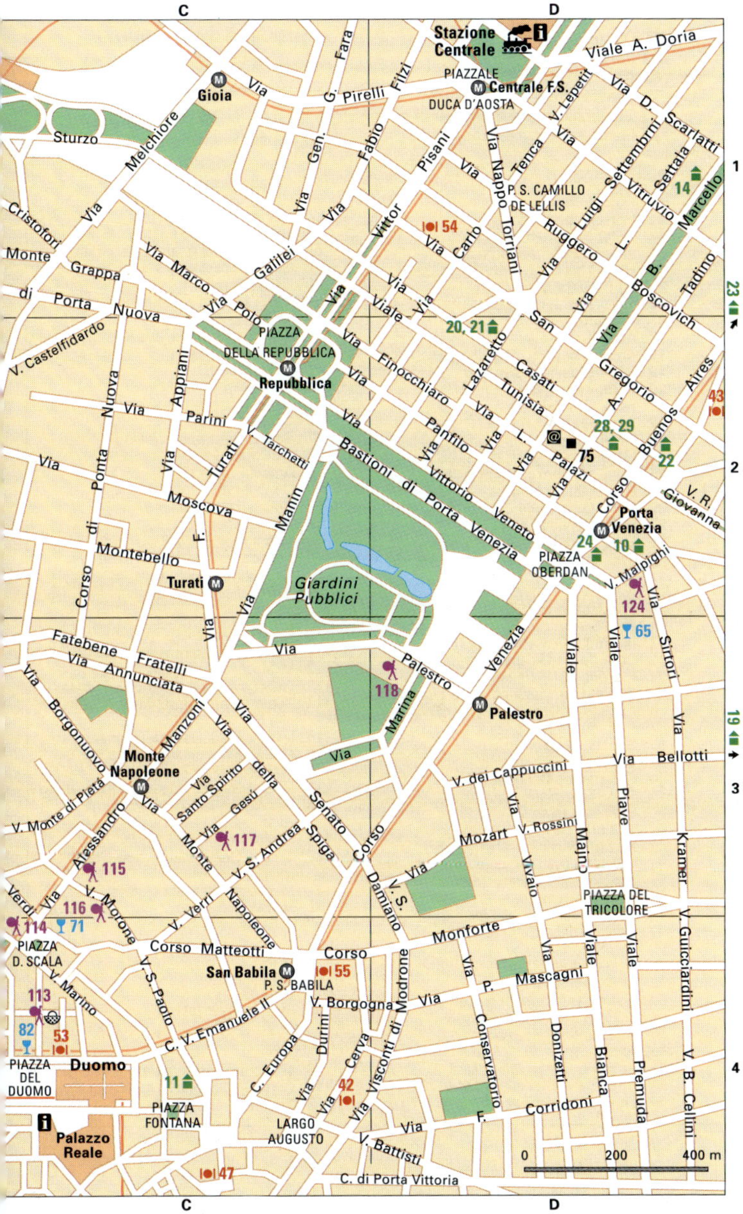
C
D
1
2
3
4
Stazione Centrale
Viale A. Doria
Gioia
Via
G. Pirelli
Fara
Filzi
PIAZZALE
Centrale F.S.
DUCA D'AOSTA
Sturzo
Melchiorre
Via Gen.
Via Fabio
Pisani
V. Lepetit
Via D. Scarlatti
Via Nappo Torriani
Tenca
Via
P. S. CAMILLO DE LELLIS
Luigi Settembrini
Vitruvio
Settala
14
Marcello
Cristoforo
Via
Vittor
54
Via Carlo
Ruggero
L.
Monte
Grappa
Via Marco
Galilei
Via
Viale
Via
Via
B.
Boscovich
Tadino
23
di Porta Nuova
Via Polo
PIAZZA DELLA REPUBBLICA
20, 21
San
Via
Gregorio
V. Castelfidardo
Repubblica
Via
Finocchiaro
Lazzaretto
Casati
Aires
43
Nuova
Appiani
Via
Parini
Tunisia
28, 29
Via Turati
V. Tarchetti
Via
Panfilo
Via
A.
Buenos
22
Via
Ponte
Bastioni di Porta Venezia
Vittorio Veneto
Via L.
Palazzi
75
Via
Moscova
Manin
Corso
Porta Venezia
V. R. Giovanna
di
24
10
Montebello
F.
PIAZZA OBERDAN
V. Malpighi
Corso
Turati
Giardini Pubblici
124
Via
Via
Via
65
Fatebene Fratelli
Via
Viale
Viale
Sirtori
Via Annunciata
Palestro
Venezia
118
Via
Borgonuovo
Manzoni
Via
Marina
Palestro
19
Monte Napoleone
Via
Via Bellotti
Via
Via Santo Spirito
della
V. dei Cappuccini
Via
Gesù
Senato
3
V. Monte di Pietà
Via
Via
Via
V. Rossini
Piave
Alessandro
Monte
117
Mozart
Majno
Kramer
115
V. S. Andrea
Spiga
Corso
Via
Vivaio
Verdi
Via
V. Morone
116
V. Verri
Napoleone
Damiano
V. S.
PIAZZA DEL TRICOLORE
V. Guicciardini
114
71
Corso Matteotti
Corso
Monforte
Viale
Viale
PIAZZA D. SCALA
V. S. Paolo
San Babila
55
Via
Via
P. S. BABILA
Mascagni
V. Marino
V. Borgogna
Via
P.
113
C. V. Emanuele II
Durini
Modrone
Conservatorio
82
53
Europa
Cerva
Visconti di
Donizetti
Bianca
Premuda
V. B. Cellini
PIAZZA DEL DUOMO
Duomo
11
C.
Via
42
Via
Corridoni
PIAZZA FONTANA
LARGO AUGUSTO
Via
F.
Palazzo Reale
V. Battisti
0
200
400 m
47
C. di Porta Vittoria
C
D

MILAN – PLAN I

Adresses utiles

- Offices du tourisme *(plans I et II)*
- Poste centrale *(plan I)*
- Gare ferroviaire (Stazione Centrale ; *plan I)*
- Gare routière principale *(plan I)*
- Points Internet *(plans I et II)*

Où dormir ?

10 Hôtel Euro (plan I)
11 Hôtel Nuovo *(plan I)*
12 Hôtel Speronari *(plan II)*
13 Imperia Hotel *(hors plan II)*
14 Hôtel The Best *(plan I)*
15 La Cordata *(plan II)*
16 Hôtel Antica Locanda Leonardo *(plan I)*
17 ACISJF *(plan I)*
18 Antica Locanda Solferino *(plan I)*
19 Hôtel Brasil *(hors plan I)*
20 Hôtel Arno *(plan I)*
21 Hôtel Eva *(plan I)*
22 Hôtel Aurora *(plan I)*
23 Hôtel Aurelia *(hors plan I)*
24 Hôtel Fenice *(plan I)*
25 Hôtel Minerva *(hors plan II)*
26 Hôtel Gritti *(plan II)*
27 Hôtel Gran Duca di York *(plan II)*
28 Hôtel Kennedy *(plan I)*
29 Hôtel San Tomaso *(plan I)*

Où manger ?

30 Princi *(plan II)*
31 Bar Mercanti *(plan I)*
32 Bar della Crocetta *(plan II)*
33 Café de Santis *(plan I)*
34 Pizzeria del Ticinese *(plan II)*
35 Pizzeria La Fabbrica *(hors plan II)*
36 Il Posto di Conversazione *(plan II)*
37 Pizzeria Premiata *(plan II)*
38 Ronchi 78 *(plan II)*
39 Fish Point *(plan II)*
40 Osteria dell'Operetta *(plan II)*
41 Ristorante-piano-bar El Brellin *(plan II)*
42 Trattoria da Pino *(plan I)*
43 Pizzeria Piccola Ischia *(plan I)*
44 L'Osteria dei Formaggi *(plan II)*
45 Antica Trattoria della Pesa *(plan I)*
46 Viarenna *(plan II)*
47 Cantina Piemontese *(plan I)*
49 Cantina della Vetra *(plan II)*
50 Torre di Pisa *(plan I)*
51 Cestino *(plan I)*
52 El Beverin *(plan I)*
53 Bistro Duomo *(plan I)*
54 L'Osteria del Treno *(plan I)*
55 Ristorante Brek *(plan I)*
56 Briosca *(plan II)*
57 Anima e Cozze *(plan I)*
58 Caffé della Pusterla *(plan II)*
59 La Pagnottella *(plan II)*

Où déguster une glace *buonissima* ?

90 Rinomata Gelateria *(plan II)*
91 Gelateria Toldo *(plan I)*
92 Le Colonne *(plan II)*
93 Gelateria S. Carlo *(plan I)*

Où boire un verre ? Où sortir ? Où danser ?

61 Trattoria Toscana *(plan II)*
62 Il Gattopardo *(hors plan I)*
63 Garden Gallery *(plan I)*
64 Roialto *(hors plan I)*
65 Hôtel Diana *(plan I)*
66 La Ringhiera *(plan II)*
67 Bar Brera *(plan I)*
68 L'Exploit *(plan II)*
69 Victoria Caffé *(plan I)*
70 Shocking Club *(plan I)*
71 Marino alla Scala *(plan I)*
72 Le Trottoir *(plan II)*
73 ATM *(plan I)*
74 Capetown Café *(plan II)*
75 Cinéma Arcobaleno *(plan I)*
76 Sacrestia *(plan II)*
77 Scrofa Semilanuta *(plan I)*
78 10 Corso Como Café *(plan I)*
79 Arcadia *(plan I)*
80 De Cherubini *(plan II)*
81 Colonial Café *(plan II)*
82 Zucca *(plan I)*
83 La Banque *(plan I)*
84 Tropicana Club Latino *(plan II)*
85 Casablanca *(plan I)*

À voir

110 Chiesa San Satiro *(plan II)*
111 Pinacoteca Ambrosiana *(plan II)*
112 Milan médiéval *(plan I)*
113 Galleria Vittorio Emanuele II *(plan I)*
114 Teatro alla Scala et Museo teatrale alla Scala *(plan I)*
115 Museo Poldi Pezzoli *(plan I)*
116 Museo Manzoniano - casa del Manzoni *(plan I)*
117 Museo Bagatti Valsecchi *(plan I)*
118 Galleria civica d'Arte moderna *(plan I)*
119 Pinacoteca di Brera *(plan I)*
120 Chiesa Santa Maria delle Grazie *(plan I)*
121 Museo civico archeologico *(plan I)*
122 Museo nazionale della Scienza e della Tecnica Leonardo da Vinci et Museo civico navale didattico *(plan II)*
123 Museo del Duomo *(plans I et II)*
124 Via Malpighi (Art nouveau italien ; *plan I*)
125 La Triennale *(plan I)*

Achats

78 10 Corso Como *(plan I)*
113 Corso et Galleria Vittorio Emanuele II *(plan I)*

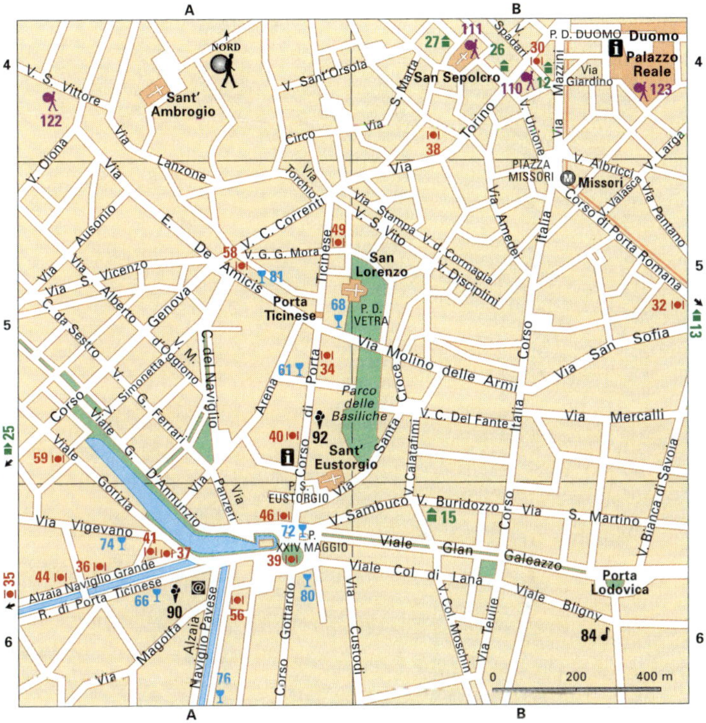

MILAN – PLAN II

GÊNES – PLAN GÉNÉRAL

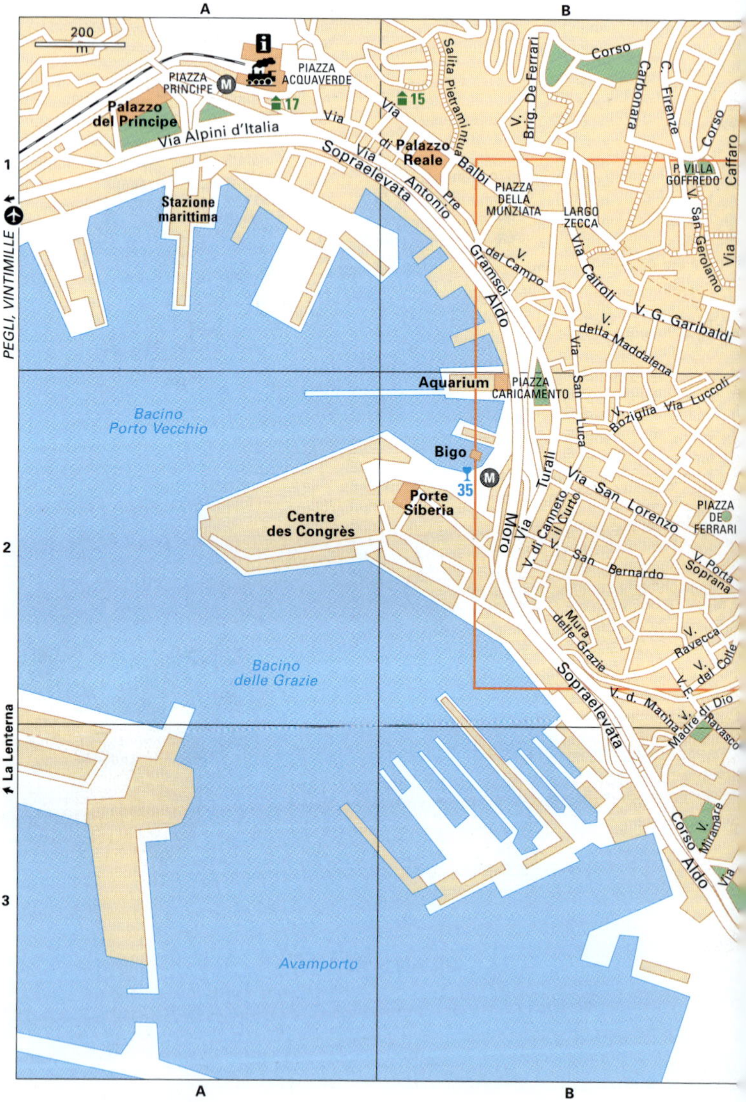

■ **Adresses utiles**

- Informazioni ed accoglienza turistica
- Gare ferroviaire Principe
- Gare ferroviaire Brignole

Transports urbains AMT

Où dormir ?

11 Albergo Argentina et Albergo Carola
12 Albergo Fiume

GÊNES – PLAN GÉNÉRAL

15 Hôtel Balbi	**27** Farinata dei Teatri
17 Hôtel Chopin	**Où boire un verre ?**
Où manger ?	**30** Mangini
24 La Locanda del Borgo	**35** Sul Fronte del Porto

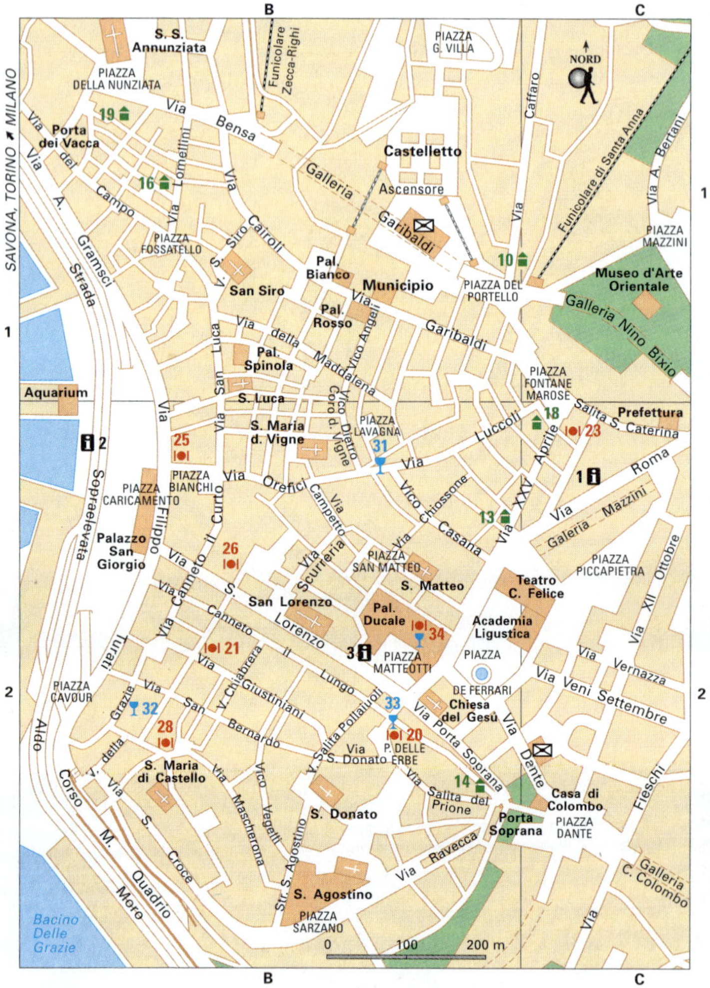

GÊNES – ZOOM

■ **Adresses utiles**

- 1 Azienda di promozione turistica
- 2 Informazioni ed accoglienza turistica (IAT Porto Antico)
- 3 Genova Informa
- Poste centrale

Où dormir ?

- 10 Albergo Caffaro
- 13 Hôtel Doria
- 14 Hôtel Cristoforo Colombo
- 16 Mini Hôtel
- 18 Hôtel Metropoli
- 19 Hôtel Helvetia

Où manger ?

- 20 Trattoria Fulvio
- 21 Antica Trattoria Sà Pesta
- 23 Trattoria da Maria
- 25 Ristorante da Vittorio
- 26 Le Cantine Squarciafico
- 28 Ostaia do Castello
- 34 Le Terrazze del Ducale

Où boire un verre ?

- 31 Klainguty
- 32 La Bottega del Conte
- 33 Bar Berto
- 34 Mentelocale

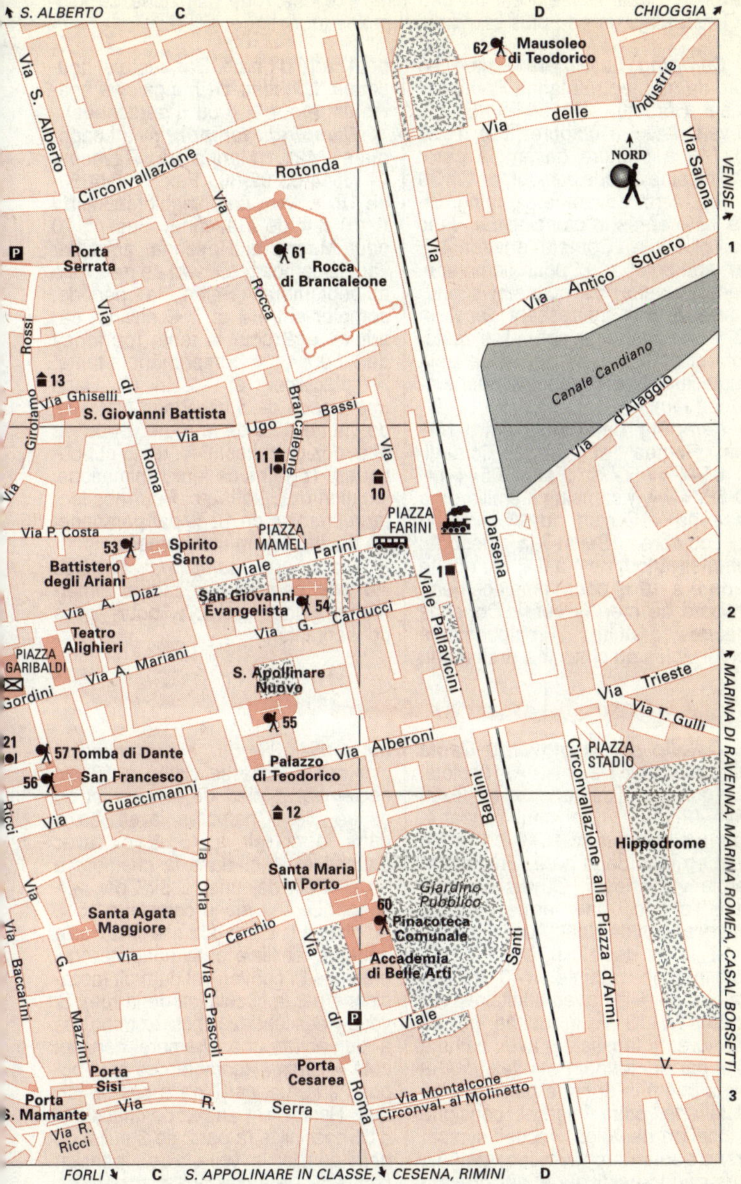
S. ALBERTO
C
D
CHIOGGIA
62 Mausoleo di Teodorico
Via delle Industrie
Via S. Alberto
Circonvallazione
Rotonda
NORD
Via Salona
VENISE
1
Via
61
Rocca di Brancaleone
Porta Serrata
Rocca
Via
Via Antico Squero
Canale Candiano
Via d'Alaggio
Rossi
13
Via Ghiselli
Girolamo
S. Giovanni Battista
Via
Ugo
Bassi
Brancaleone
di
Roma
11
Via
10
PIAZZA FARINI
Darsena
Via P. Costa
53
Spirito Santo
PIAZZA MAMELI
Viale
Farini
1
Battistero degli Ariani
San Giovanni Evangelista
54
Viale Pallavicini
Via A. Diaz
Via G. Carducci
2
Teatro Alighieri
PIAZZA GARIBALDI
Via A. Mariani
S. Apollinare Nuovo
Via Trieste
Via T. Gulli
Gordini
55
21
57 Tomba di Dante
56 San Francesco
Palazzo di Teodorico
Via Alberoni
Baldini
PIAZZA STADIO
Circonvallazione alla Piazza d'Armi
Via Guaccimanni
Ricci
12
Hippodrome
Via Oria
Santa Maria in Porto
Giardino Pubblico
60 Pinacoteca Comunale
Santa Agata Maggiore
Via Cerchio
Accademia di Belle Arti
Santi
Via G. Baccarini
Via G. Pascoli
Mazzini
Viale
Porta Sisi
Porta Cesarea
V.
3
Porta S. Mamante
Via R. Serra
Via R. Ricci
Via Montalcone
Circonval. al Molinetto
MARINA DI RAVENNA, MARINA ROMEA, CASAL BORSETTI
FORLI
C
S. APPOLINARE IN CLASSE, CESENA, RIMINI
D

RAVENNE

Celle de *Casal Borsetti* est un peu plus éloignée (une quinzaine de kilomètres), mais un peu plus sauvage et moins touristique.

Camping La Pineta : situé en bord de mer, entre Marina Romea et Casal Borsetti. ☎ 0544-44-51-52. Ouvert d'avril à octobre. Bus n° 72 ou 140 à prendre devant la gare. Une dizaine de bus par jour, de 7 h 30 à 19 h. Arrêt devant le camping. Situé juste après le camping *Le Reno* (voir plus loin). Compter environ 4 € par adulte et 4 € pour l'emplacement. Location de bungalows pour quatre à prix intéressant (environ 40 € en haute saison). Bar-resto. Correct mais pas paradisiaque et la plage est plutôt déprimante. Ambiance familiale.

Camping Le Reno : entre Marina Romea et Casal Borsetti. ☎ 0544-44-50-20. Fax : 0544-44-20-56. • www.camping.it/emiliaromagna/reno • Ouvert du 1er avril au 31 octobre. Selon la période, compter autour de 4 à 6 € par adulte et de 8 à 10 € pour l'emplacement. En bord de mer lui aussi. Douches chaudes gratuites. Emplacements confortables où chacun a droit à son petit carré d'herbe. Bar, resto et boutiques. Location de bungalows également (pour 2, 4 ou 6 personnes).

Camping Piomboni : via Lungomare, 421, Marina di Ravenna. ☎ 0544-53-02-30. Fax : 0544-53-86-18. • www.campingpiomboni.it • À 10 km de Ravenne. Bus n° 70 pour Marina di Ravenna, arrêt devant le camping. Ouvert de mi-avril à mi-septembre. Selon la période, compter entre 4 et 7 € environ par adulte, 6 € pour la tente (ou forfait de 7,50 à 11 € comprenant la tente, l'emplacement et l'électricité). Dans une pinède de 5 ha. Plage à 100 m, de l'autre côté de la route. Douches chaudes gratuites. Bar, resto et boutiques. Terrains de jeux, animations, location de vélos, etc. Pour nos lecteurs, remise de 10 % par personne, en basse saison uniquement.

– Quant aux *campings du Lido Adriano,* ce sont des camps d'internement tout confort pour gens consentants...

De bon marché à prix moyens

***Ostello per la gioventù Dante** (hors plan par D2) :* via A. Nicolodi, 12 (quartier Trieste). ☎ et fax : 0544-42-11-64. Un peu excentré. Pour y aller : bus n° 1, 10, 11 ou 70 juste en face de la gare. En voiture, par la via Trieste. Ouvert presque toute l'année, mais fermé pendant les vacances de Noël. Accueil de 7 h à 12 h et de 17 h à 23 h 30. Construction récente. 140 lits en dortoirs de 4 lits avec sanitaires extérieurs à 13 € la nuitée ou en chambres « familiale » avec bains à 14 € par personne. Petit déjeuner et draps compris dans le prix. Service de laverie, point Internet, consigne et location de vélos. Accueil sympa. Grand supermarché en face de l'AJ. Hors période estivale et sur présentation du *GDR* de l'année, une nuit offerte à partir de 4 nuits consécutives passées sur place.

***Albergo Al Giaciglio** (plan C2, **11**) :* via Rocca Brancaleone, 42. ☎ et fax : 0544-394-03. • mmambo@racine.ra.it • Adresse située à 10 mn seulement à pied de la gare et du centre-ville. Chambres avec bains dans le couloir à 45 € ou avec douche et w.-c. dans la chambre à 60 €. Petit déjeuner à 5 € par personne. Le soir menu complet à 15 € ou plats à la carte bon marché. Petite auberge familiale et sympathique qui présente l'inconvénient du bruit (occasionné par la circulation de la rue). Si vous y descendez, n'hésitez donc pas à demander une chambre donnant côté « jardin » (comprendre côté opposé à la rue, car il n'y a pas de jardin). Restaurant au rez-de-chaussée, d'où possibilité (à partir de 3 nuits) de demi-pension, voire de pension complète, le choix vous appartient. Très bon rapport qualité-prix-accueil.

***Hôtel Ravenna** (plan D2, **10**) :* viale P. Maroncelli, 12. ☎ 0544-21-22-04. Fax : 0544-21-20-77. • hotelravenna@ravennablu.it • Doubles de 37 à 55 € avec salle de bains extérieure et de 45 à 70 € avec bains dans la chambre. Pas de petit déjeuner. Situé à deux pas de la gare, cet hôtel ne paie vraiment pas de mine, vu de l'extérieur. Heureusement, l'intérieur, sans être celui d'un 5-étoiles, est plutôt agréable et offre l'avantage (rare pour un établissement de cette catégorie) de mettre à la disposition de ses clients un petit salon et un bar. Les chambres sont propres même si certaines sont fortement imprégnées par l'odeur de la cigarette et essayez d'en voir plusieurs car certaines sont vraiment riquiqui. Une bonne adresse malgré tout.

Chic

Hôtel Argentario *(plan C3, **12**)* **:** via di Roma, 45. ☎ 0544-355-55. Fax : 0544-351-47. • www.hotelargentarioravenna.it • Chambres avec bains de 85 à 95 €. Petit déjeuner inclus. Une bonne adresse pour ceux qui veulent se payer un petit plus sans se ruiner. Parking public et gratuit à proximité. Réduction de 10 % sur le prix de la chambre accordée à nos lecteurs sur présentation de ce guide en hors saison.

Hôtel Diana *(plan C1, **13**)* **:** via G. Rossi, 47. ☎ 0544-391-64. Fax : 0544-300-01. • www.hoteldiana.ra.it • ♿ Chambres avec bains de 83 à 125 €, selon la taille de la chambre. Copieux petit déjeuner-buffet compris dans la nuitée. Bien situé et possède un certain charme. Accueil très agréable, belles chambres entièrement rénovées et calmes. Les « petites chambres » sont effectivement... petites (!) et les « grandes chambres » vraiment spacieuses... Plus cher que les adresses précédentes, mais c'est justifié ! Pour nos lecteurs, 10 % de réduction sur le prix de la chambre sur présentation du *GDR* de l'année.

Albergo Cappello *(plan B2, **14**)* **:** via IV Novembre, 41. ☎ 0544-21-98-13. Fax : 0544-21-98-14. • www.albergocappello.it • Doubles de 110 € pour la « standard » à 150 € pour la « suite », petit déjeuner inclus. En plein centre, au 1er étage d'une superbe demeure vénitienne du XVIIe siècle. Sept chambres seulement, toutes différentes mais superbement restaurées où le mobilier très design (les lampes notamment) s'intègre élégamment dans un ensemble somptueux et plein de cachet. Ambiance feutrée et les prix, bien qu'assez élevés, sont tout à fait justifiés. Accueil simple et charmant. Au rez-de-chaussée, l'établissement propose deux types de restauration : une version *restaurant,* assez raffinée et un peu chère, ou une sorte de bar à vin proposant quelques plats sympas à prix moyens.

Où dormir dans les environs ?

Ostello per la Gioventù Antico Convento di San Francesco **:** à 20 km au nord-ouest de Ravenne, à Bagnacavallo. ☎ 0545-606-22. Fax : 0544-93-72-28. • www.ostellosanfrancesco.com • Bien indiqué, dans le centre de Bagnacavallo. Ouvert de 7 h 30 à 10 h et de 17 h à minuit. Carte internationale des AJ obligatoire. Fermé d'octobre à la mi-décembre et de la mi-janvier à début février. Nuitée à 13,50 € ou 15 € en chambre familiale. Petit déjeuner et draps inclus. Située dans un monastère du XVIIIe siècle, cette AJ bénéficie d'un cadre plutôt exceptionnel. Les pièces sont de taille et même en pleine saison chacun devrait réussir à préserver son espace vital. Les chambres donnent sur le cloître interne (qui n'appartient cependant pas à l'auberge) et disposent toutes d'une salle de bains privée. Bref, même si le mobilier reste celui d'une AJ (et semble un peu perdu dans tout cet espace), voilà une adresse qui conviendra particulièrement aux gens motorisés et aux familles (on vous le répète : les chambres sont tellement grandes qu'on pourrait presque y jouer au badminton !). Prêt de vélo possible. Un cappuccino vous sera offert sur présentation du *GDR* de l'année.

Où manger ?

Bon marché

Ca' de' Ven *(Enoteca dei Vini di Romagna ; plan B-C2, **21**)* **:** via Corrado Ricci, 24. ☎ 0544-301-63. Ouvert de 11 h à 14 h 15 et de 18 h à 22 h 15. Fermé le lundi. Compter environ 15 € pour se rassasier. S'il est un endroit où il faut absolument aller à Ravenne, c'est ici et nulle part ailleurs. Vous pouvez très bien y venir uniquement pour le cadre somptueux (un ancien palais transformé en cave à vin). Boire au bar ou à table un des nombreux vins (d'Émilie-Romagne ou d'une autre région), accompagné de la fameuse *piadina romagnola* (petite galette garnie de jambon de Parme ou de fromage) ou de *crescione* aux légumes ou au fromage, dans un endroit pareil, quel plaisir ! Sinon, quelques bons petits plats et des pâtes maison. Idéal pour le déjeuner avant de reprendre votre programme de visite.

Locanda del Melarancio *(plan B2, **22**)* **:** via Mentana, 33. ☎ 0544-21-52-58. Compter de 10 à 15 € pour un repas dans l'*osteria* et un peu plus au restaurant. Une *osteria* au rez-de-chaussée dans une salle voûtée tout en longueur et aux murs ocre. Dans une ambiance de cantine bien bruyante, on mange sur un coin de table ou assis au bar qui s'étale dans toute la pièce. Des plats du jour, des assiettes de fromages, de charcuterie ou des salades généreuses qui ne vous laisseront pas un souvenir impérissable mais tout à fait corrects et à des prix vraiment très raisonnables.

RAVENNE

Prix moyens

Trattoria-ristorante Al Rustichello *(plan A2, **20**)* **:** via Maggiore, 21. ☎ 0544-360-43. ♿ Fermé le vendredi et samedi midi, et le dimanche. Fermé une semaine à Noël et une semaine en été. Compter environ 23 € pour combler un bel appétit. On viendra vous énumérer gentiment à votre table le menu affiché à l'entrée. Parmi les classiques, goûtez absolument aux pâtes maison (ah, les *cappelletti aglia sparagi* !) servies à même la table dans de grandes poêles. Mais vous pouvez tenter n'importe quel autre plat les yeux fermés car tout est absolument frais et délicieux, depuis les *antipasti della casa* jusqu'aux desserts maison. Portions vraiment généreuses, service gentil tout plein, bonne cuisine... Notre coup de cœur ! Comme la maison connaît un succès mérité, réservation fortement conseillée le soir malgré le nombre de couverts conséquent.

Chilò *(plan A2, **24**)* **:** via Maggiore, 62-64. ☎ 0544-362-06. Fermé le dimanche soir et le lundi. Compter à partir de 25 € pour un repas. Grande salle à la décoration sobre mais élégante et chaleureuse, ouverte sur un joli petit jardin intérieur très agréable à la belle saison. Excellente et copieuse nourriture avec spécialités typiquement romagnoles. Service impeccable. Digestif offert sur présentation du *GDR* de l'année.

Où manger dans les environs ?

Samoa : viale delle Nazioni, 178, Marina di Ravenna. ☎ 0544-53-84-38. Ouvert le soir, de 19 h à 4 h, ainsi que le dimanche midi. Fermé le mardi. Compter entre 15 et 20 € le repas et plutôt 25 € si vous choisissez un plat de poisson. Situé à Marina di Ravenna (seul lieu d'activité nocturne à Ravenne), ce restaurant à l'ambiance familiale a le mérite de proposer un programme simple mais tout à fait sympathique. À l'affiche : les grands classiques (*antipasti, pasta,* etc.), des plats à base de poisson ou fruits de mer à la portée de toutes les bourses et un grand choix de bonnes pizzas. L'été, les tables sont dressées sur une grande terrasse. Agréable mais... quelques moustiques risquent de troubler votre tranquillité.

Où déguster une bonne glace ?

***Sorbetteria degli Esarchi** (plan B2, **30**) :* via IV Novembre, 11. Ouvert tous les jours de 9 h à minuit. Excellente *gelateria* artisanale proposant un bon choix de parfums, des plus classiques aux plus originaux (crème catalane, marron glacé...).

Où boire un verre ? Où sortir ?

***Caffeteria Guidarello** (plan B2, **40**) :* via Giuseppe Pasolini, 21. Un cadre qui ne paie pas de mine mais un bon endroit pour avaler un excellent café et surtout goûter à sa mythique et onctueuse *cioccolata con panna.* Depuis de longues années, il fait le bonheur des petits comme des grands (mais sans doute pas celui de ceux qui font un régime) !

***Cabiria** (plan B2, **41**) :* via Mordani, 8. Fermé le dimanche. Taverne chaleureuse et bruyante où se rassemblent les étudiants. Très bon choix de vin (au verre ou à la bouteille). Le verre est assez cher, mais la générosité des assiettes de petites choses à grignoter gracieusement déposées sur la table à l'heure de l'apéro compense bien et comblera même un appétit d'oiseau.

Entre deux visites, il est aussi très agréable de venir s'installer sur l'une des ***terrasses de la piazza del Popolo** (plan B-C2),* malheureusement régulièrement envahie par des groupes de jeunes Italiens fort bruyants. Le soir, en revanche, Ravenne semble méditer, en privé, sur sa grandeur passée. Après une certaine heure, on n'y rencontre, en effet, pas un chat. À la fin du XIXe siècle déjà, un romancier anglo-saxon (Henry James pour ne pas le citer) en avait fait la constatation dans un récit de voyages *(Heures italiennes).* Pour plus d'animation, gagnez le bord de mer (Marina di Ravenna, Marina Romea...). Là-bas, *gelatarie,* boutiques et bars n'attendent que vous pour remplir leurs tiroirs-caisses.

À voir

À part Sant'Apollinare in Classe, tous les monuments et points d'intérêt de Ravenne sont accessibles à pied aisément. Prévoyez au moins une journée et demie, si vous voulez tout voir (et encore, en courant !).

Attention, il existe un billet unique pour 5 monuments (impossible donc d'acheter un billet pour chacun d'entre eux) et valable 7 jours : la basilique San Vitale, la basilique Sant'Apollinare Nuovo, le baptistère néonien, le musée de l'Archevêché et le mausolée de Galla Placidia. Tarif : 6,50 €. Si vous souhaitez profiter de toutes les merveilles de Ravenne, sachez qu'il existe également un billet groupé pour le Musée national, le mausolée de Théodoric et la basilique Sant'Apollinare in Classe. Coût : 6,50 €. Mais chacun de ces trois lieux peut aussi être visité indépendamment (nous vous indiquons plus bas le prix d'entrée individuel).

Les mosaïques

***Basilique San Vitale** (plan B1-2, **50**) :* via Fiandrini. ☎ 0544-21-99-38. Ouvert tous les jours de 9 h à 19 h (16 h 30 en hiver et 17 h 30 en mars et octobre). Entrée : 6,50 € le billet unique (voir ci-dessus).

Église du VIe siècle, construite sous Justinien. De plan central et de forme octogonale avec de larges volumes et une grande harmonie des lignes. Autant à l'extérieur qu'à l'intérieur, un pur chef-d'œuvre. Fresque pseudo-baroque du XVIIIe siècle, assez incongrue, sur la voûte de la coupole centrale. Superbes chapiteaux byzantins en forme de paniers et décorés de feuillages. La galerie au premier étage était réservée aux femmes. Magnifiques mosaïques ayant conservé une grande fraîcheur de tons. Notez l'évolution des styles : dans le chœur, sur le mur, personnages assez statiques. En revanche, les scènes au-dessus des arches expriment un certain mouvement *(le Sacrifice d'Abraham)*. En face, remarquable scène d'*Abel* et *Melchisédech* également. Sur le côté droit, panneau représentant *Théodora et sa cour* (notez la scène des Rois mages, « brodée » sur son manteau) et, à gauche, l'empereur Justinien entouré de sa suite. Dans la demi-coupole de l'abside, entouré de deux anges, Christ en gloire offrant la couronne de martyr à saint Vital. Prenez du recul jusqu'aux deux colonnes du fond pour admirer l'harmonie exceptionnelle des lignes du chœur. À noter également, les impressionnants labyrinthes circulaires qui habillent le sol de façon remarquable.

*** ***Mausolée de Galla Placidia** (plan B1, **51**) :* mêmes horaires et même ticket que la basilique San Vitale. Ici, vous aurez sous les yeux les plus anciennes mosaïques de Ravenne. Le mausolée fut réalisé autour de 425 pour abriter la sépulture de la demi-sœur de l'empereur romain Honorius. Quel contraste entre la sobriété de l'architecture extérieure et la richesse de la décoration ! Quelques scènes marquantes : le Bon Pasteur (dans la lunette au-dessus de la porte), saint Laurent s'apprêtant à passer sur le gril, les colombes et la coupe, les Évangélistes, etc. Le fond bleu nuit superbe, la diversité des motifs décoratifs, la grande variété des coloris et des nuances démontrent à l'évidence que la mosaïque n'est pas un art rigide. Ces mosaïques, d'une grâce extrême, sont admirablement mises en valeur par la douce lumière diffusée par les fenêtres d'albâtre. De gros sarcophages sculptés, qui selon la légende auraient renfermé les corps de Galla, son fils et son époux, occupent les absides.

RAVENNE

** ***Baptistère des Ariens** (plan C2, **53**) :* via degli Ariani ; accès par la via P. Costa ou la via A. Diaz. Ouvert de 8 h 30 à 19 h. Entrée libre. Édifié au début du VIe siècle, sous le règne de Théodoric. De forme octogonale, avec absidioles. Sur la voûte, mosaïques intéressantes, dont celle du *Christ baptisé par saint Jean-Baptiste*. Notez comment l'artiste a réussi à figurer l'eau (une représentation qui n'est pas sans rappeler celle du baptistère néonien), et le Christ est loin d'être asexué ! En face, l'*église dello Spirito Santo* (ancienne cathédrale arienne à l'époque de Théodoric), avec un élégant portique du XVIe siècle.

*** ***Basilique Sant'Apollinare Nuovo** (plan C2, **55**) :* via di Roma. ☎ 0544-21-95-18. Mêmes horaires et même ticket que la basilique San Vitale. Construite au VIe siècle, mais son sobre portique à larges arcades est beaucoup plus tardif (XVIe siècle). Haut campanile rond (noter que les ouvertures s'agrandissent progressivement vers le haut pour donner une impression de légèreté). Somptueuses mosaïques ornant les bas-côtés. On distingue nettement les deux périodes qui leur donnèrent le jour (bien que seulement 50 ans les séparent). Au niveau inférieur, les processions des martyrs et des vierges, récentes et de style byzantin, se révèlent les scènes les plus figées. À côté des vierges, les Rois mages, en revanche, présentent des personnages en mouvement et une richesse décorative assez exubérante. Sur le registre supérieur, les mosaïques représentant les épisodes de la vie et de la Passion du Christ montrent quant à elles un réalisme et un mouvement plus caractéristiques du goût hellenistico-romain. Magnifique plafond en bois peint. Attenant à l'église, gentil petit cloître verdoyant et vestiges du supposé palais de Théodoric.

*** **Baptistère néonien** *(plan B2-3, **58**)* **:** piazza Duomo. Mêmes horaires et même ticket que la basilique San Vitale. C'est le baptistère de la cathédrale, construit au début du Ve siècle. Le monument paléochrétien le plus ancien de Ravenne. À ne pas manquer, là aussi, pour ses merveilleuses mosaïques (les plus anciennes de toutes car réalisées une dizaine d'années avant celles du mausolée de Galla Placidia), en particulier la décoration de la coupole, divisée en trois bandes dessinées au style romain très affirmé. Au centre, baptême du Christ (notez l'eau qui prend la forme d'un humain pour apporter une serviette au Christ!). Ensuite, ronde dynamique des apôtres, suivie d'un cercle représentant trônes vides, autels et autres éléments symboliques.
La cathédrale *(Duomo)*, pour une fois, ne présente guère d'intérêt comparée au baptistère voisin. La basilique originale fut en effet bêtement détruite, au XVIIIe siècle, afin d'édifier cette nouvelle cathédrale dans les goûts de l'époque. À remarquer tout de même, l'originalité du pavement qui a réutilisé les colonnes et les chapiteaux de l'ancienne basilique, deux sarcophages dans la chapelle du transept droit et un ambon (chaire) du VIe siècle, sculpté de figures d'animaux stylisés.

*** **Basilique Sant'Apollinare in Classe** *(hors plan par D3)* **:** à 5 km de Ravenne, à Classe, sur la route de Rimini. ☎ 0544-47-36-61. Bus n° 4 ou 44 en face de la gare ou piazza Caduti. Ouvert de 8 h 30 à 19 h 30 en semaine et de 13 h à 19 h 30 le dimanche. Entrée : 2 €.
Basilique élevée dans la première moitié du VIe siècle. Le campanile, quant à lui, du même type que celui de Sant'Apollinare Nuovo, date du Xe siècle. L'intérieur de la basilique, d'une ampleur prodigieuse, est rythmé par de superbes colonnes de marbre aux chapiteaux décorés de feuilles d'acanthe qui semblent soulevées par le vent.
L'abside est un pur joyau. Tout en haut, la Transfiguration du Christ (une croix ornée de gemmes), puis les Évangélistes sous la forme de leurs symboles. Dans la partie inférieure, saint Apollinaire prêchant dans un charmant paysage bucolique parsemé de fleurs et de plantes vivaces. Les moutons représentant, bien sûr, les fidèles à mener au paradis. Le tout exprime une très grande fraîcheur.
À droite du chœur, beaux sarcophages dont celui de l'évêque Théodore, orné de pampres et de paons. Sur le mur de droite, vestiges de la mosaïque qui recouvrait, il y a longtemps le sol de l'église. Voyez également, au fond du bas-côté gauche, le ciborium (baldaquin surmontant l'autel) de marbre datant du IXe siècle, aux délicats graphismes ciselés. En somme, un harmonieux mariage de marbre, de bois, de brique rouge et de mosaïques à ne pas manquer!

Les musées

** **Musée national** *(plan B2, **52**)* **:** tout à côté de la basilique San Vitale. ☎ 0544-344-24. Ouvert de 8 h 30 à 19 h 30. Fermé le lundi. Entrée : 4 €. Textes en grande partie traduits en anglais et allemand.
En face de l'entrée, dans l'ancien réfectoire, fresques du XIVe siècle qui ornaient à l'origine l'église des Clarisses à Ravenne. Dans les cloîtres, petite section archéologique (sarcophages, chapiteaux, stèles funéraires, etc.). Au premier étage, produits des fouilles de la ville (bijoux, etc.), écrans de marbre sculptés, beaux meubles anciens et superbe présentation d'ivoires sculptés et de tissus byzantins. Le musée accueille aussi une riche section de peintures et icônes créto-vénitiennes, ainsi qu'une belle collection de majoliques, poteries et faïences de diverses époques.

Musée de l'Archevêché *(Museo arcivescovile ; plan B3,* ***59****)* **:** piazza Arcivescovado. ☎ 0544-21-52-01. Mêmes horaires et même ticket que la basilique San Vitale. Un tout petit musée (une seule salle) souvent négligé mais à tort. La chaire en ivoire de l'évêque Maximien, sculptée au VIe siècle, mériterait à elle seule le déplacement. Un véritable travail de dentelle. Frises toutes différentes, d'une exubérance incroyable. Superbe petite chapelle de San Andrea (début du VIe siècle) avec mosaïques représentant les symboles des Évangélistes et le Christ piétinant le serpent et le lion (les forces du mal). Croix en argent du VIe siècle. Chasuble de la même époque dans un état remarquable. Intéressante petite section lapidaire. Notamment, quatre beaux chapiteaux à têtes d'animaux et, surtout, un calendrier pascal du VIe siècle.

Pinacothèque municipale *(Loggetta lombardesca ; plan D3,* ***60****)* **:** via di Roma, 13. ☎ 0544-48-20-54. • www.museocitta.ra.it • Ouvert du mardi au vendredi de 9 h à 13 h et de 15 h à 18 h (21 h le vendredi) et le week-end de 10 h à 19 h. Fermé le lundi. Entrée : 3 € (et 8 € pour voir la collection permanente et l'exposition temporaire du moment) ; réductions.
Situé dans un ancien monastère du XVIe siècle. Comparé à beaucoup de musées italiens, celui-ci propose peu d'œuvres de qualité, et on regrette vraiment que celles-ci soient aussi mal mises en valeur. Ainsi en est-il de l'extraordinaire *gisant de Guidarello Guidarelli* (1531), dont le visage révèle une douceur surprenante pour un homme de guerre. Traits fins et délicats qui, pourtant, commencent à se figer, à exprimer la raideur de la mort. À signaler encore : la *Vierge et l'archange Gabriel* de Taddeo di Bartolo, une *Déposition de Croix* de Giorgio Vasari, le *Saint Romuald* du Guerchin, une belle *Crucifixion* d'Antonio Vivarini, *Saint Laurent et saint Pierre* de Gentile Bellini, ainsi que d'intéressants petits portraits. Les cloîtres accueillent quant à eux une exposition de mosaïques modernes.

À voir encore

Piazza del Popolo e Garibaldi *(plan B-C2)* **:** le centre de la ville, toujours animé, toujours vivant. Bordé par l'élégant *palazzetto Veneziano* (du XVe siècle) aux colonnes provenant d'une église démolie et par deux autres palais de style néo-classique. Deux grosses colonnes vénitiennes ornent la place. Avec la via del IV Novembre, c'est la *passeggiata* favorite des Ravennati.

Basilique San Giovanni Evangelista *(plan C2,* ***54****)* **:** via Carducci, 10. Ouvert de 7 h 30 à 12 h et de 15 h 30 à 18 h 30.
Haute tour carrée du XIIIe siècle et beau porche d'entrée sculpté. Vastes et harmonieuses proportions intérieures, rythmées par les colonnes aux chapiteaux corinthiens. Une curiosité : vestige du narthex (pièce précédant la nef) englobé dans l'église lors d'un agrandissement. Restes des anciennes mosaïques du sol aujourd'hui disposées sur les flancs de l'église. Curieuse série sur les animaux : notez, entre autres, la scène du renard enterré par deux poules !

Basilique San Francesco *(plan C2,* ***56****)* **:** piazza San Francesco. Ouvert de 7 h 30 à 12 h 15 et de 14 h 30 à 19 h.
Cette église fut édifiée au Ve siècle par l'évêque Neon puis remaniée aux Xe et XVIIIe siècles. Le maître-autel n'est autre que le sarcophage de Libere III, ancien évêque de Ravenne. La partie postérieure représente le Christ remettant les lois à l'apôtre Paul. Notez également, à gauche de la nef, un second sarcophage joliment décoré de colonnettes torsadées et reposant sur des pattes de lion. Enfin, ne manquez pas de jeter un œil sur les vestiges

de mosaïques dans la crypte. Résultant d'un affaissement du sol, le dallage d'origine se situe à environ 4 m sous le dallage actuel et est aujourd'hui recouvert par les eaux de la nappe phréatique.

Tombeau de Dante *(plan C2, **57**)* **:** via Dante Alighieri, 9. Tout à côté de San Francesco. Ouvert tous les jours de début avril à fin septembre, de 9 h à 19 h. Entrée libre. Chassé de Florence en 1301, Dante mourut à Ravenne le 14 septembre 1321. Le tombeau n'a bizarrement rien de dantesque ! Il faut dire que ce mausolée, édifié pour abriter les cendres du célèbre poète dont le corps était enterré près de l'église des franciscains, ne fut réalisé qu'en 1780. Sans doute pour se faire pardonner de l'avoir autrefois exilé, c'est sa ville natale de Florence qui fournit l'huile alimentant la lampe veillant jour et nuit son tombeau.

Rocca Brancaleone *(plan C1, **61**)* **:** via R. Brancaleone. En saison, ouvert tous les jours de 9 h à 20 h. Entrée libre. Vestiges d'une forteresse du XVe siècle dont une partie a été transformée en jardin public. Dans le fort se tiennent chaque année, pendant le festival de juillet, de nombreux spectacles et concerts.

Mausolée de Théodoric *(plan D1, **62**)* **:** via delle Industrie, 14. ☎ 0544-45-15-39. Après la rocca Brancaleone, empruntez le pont de chemin de fer, à droite. Ouvert de 8 h 30 à 19 h (16 h en hiver). Entrée : 2 €.
Édifié au début du VIe siècle, il présente la particularité d'être construit de gros blocs de pierre mis en place sans aucun mortier et d'être coiffé d'un dôme d'une seule pièce, pesant 300 t. À l'intérieur, le sarcophage du roi ostrogoth en porphyre rouge. À notre avis, visite peu spectaculaire et ne provoquant aucune émotion. Les petits budgets peuvent se contenter de voir le mausolée de loin.

Fêtes et manifestations

– ***Ravenna Bella di Sera :*** de fin juin à fin août. À cette occasion, la basilique San Vitale, le mausolée de Galla Placidia et quelques autres monuments sont gratuitement ouverts au public tous les soirs de 21 h à 23 h. Également de nombreux concerts et spectacles de grande qualité (dans les basiliques, à la rocca Brancaleone, dans les théâtres, piazza San Francesco, etc.). Il y a quelques années, Monserrat Caballé, Luciano Pavarotti, Marilyn Horne s'y produisirent. Renseignements : ☎ 0544-354-04.
– ***Ravenna Festival :*** via Dante Alighieri, 1. ☎ 0544-24-92-11. Fax : 0544-363-03. • www.ravennafestival.org • Chaque année, de mi-juin à mi-juillet, le festival de Ravenne est le lieu de rendez-vous de tous les mélomanes. De nombreux concerts sont organisés dans les basiliques Sant'Apollinare in Classe et San Vitale, mais aussi en plein air dans la rocca Brancaleone. Émotion assurée !
– ***Ravenna Jazz :*** le plus ancien et le plus prestigieux festival de jazz d'Italie. En général, courant juillet, à la rocca Brancaleone. Renseignements : ☎ 0544-40-56-66.
– Les 3e samedi et dimanche de chaque mois, dans le centre piéton déserté, des ***brocanteurs*** s'installent sur les places et le long des arcades.

Plage

Lido di Classe : à environ 15 km au sud de Ravenne et à 30 km de Rimini. Bus no 76. Beaucoup moins de monde que sur les plages au nord de Ravenne ou qu'à Rimini. Immense plage libre et bordée d'une pinède qui l'isole des constructions. Très touristique malgré tout.

➤ DANS LES ENVIRONS DE RAVENNE

Le Musée international de la céramique : à **Faenza,** à une trentaine de kilomètres au sud-ouest de Ravenne; viale Baccarini, 19. ☎ 0546-69-73-11. • www.micfaenza.org • En saison, ouvert du mardi au samedi de 9 h à 19 h et le dimanche de 9 h 30 à 13 h et de 15 h à 19 h; en hiver du mardi au vendredi de 9 h à 13 h 30, le samedi de 9 h 30 à 13 h 30 puis de 15 h à 18 h et le dimanche de 9 h 30 à 13 h et de 15 h à 19 h (qui a osé dire que c'était compliqué?). Entrée : 6 €; réductions. Si la partie la plus importante de ce musée est consacrée à la production de céramique de Faenza, capitale mondiale de la céramique artistique (c'est d'ailleurs de Faenza que vient le mot faïence), la production italienne en général et internationale n'est pas en reste. Le musée présente en effet de nombreuses céramiques contemporaines réalisées par Picasso, Matisse, Chagall, Cocteau, Léger et bien d'autres. Un musée peu commun qui mérite vraiment le détour.

Comacchio : à une trentaine de kilomètres au nord de Ravenne, sur la route de Venise (la S 309). En route vers l'abbaye de Pomposa, pourquoi ne pas faire une petite halte dans la capitale de l'anguille? Le centre de cette petite ville est surnommé « la petite Venise »... une dénomination on ne peut plus justifiée.

Abbaye de Pomposa : à une quarantaine de kilomètres au nord de Ravenne, sur la route de Venise (la S 309). Au milieu de nulle part, entre deux routes bruyantes, l'une des plus belles abbayes du nord de l'Italie. ☎ 0533-71-91-10. Ouvert tous les jours de 8 h 30 à 19 h. Entrée : 4 €; réductions; gratuit pour les étudiants, les moins de 17 ans et les plus de 65 ans membres de l'Union européenne.
Fondée au VIe siècle. Porche splendide, orné d'animaux fantastiques sculptés. Campanile d'une grande élégance, datant du XIe siècle. À l'intérieur, admirables fresques couvrant intégralement l'église. Dans l'abside, le *Christ en majesté.* Au fond de l'église, le *Jugement dernier.* Sol couvert de mosaïque et, devant le chœur, belles figures géométriques (pierres inégales, composition maladroite pleine de charme). Colonnes provenant des monuments romains du coin.
Au premier étage, intéressant musée lapidaire. Produits de fouilles locales, « écran » de marbre, chapiteau grec utilisé comme bénitier etc. Dans la salle du chapitre, fresques très dégradées. Réfectoire avec un beau Christ en majesté.

QUITTER RAVENNE

➢ ***Pour Venise*** (via Ferrare) **:** nombreuses liaisons ferroviaires jusqu'à Ferrare où vous devrez prendre la correspondance pour Venise. Compter 3 h à 3 h 30 de trajet.
➢ ***Pour Rimini (et la côte Adriatique) :*** liaisons ferroviaires toutes les heures environ. Compter 1 h de trajet. Quelques liaisons en bus également, notamment pour les plages les plus proches.
➢ ***Pour Bologne (puis, au-delà, Parme et Plaisance) :*** nombreuses liaisons ferroviaires directes. Compter 1 h à 1 h 20 de trajet.

RIMINI

(47037) 133 000 hab.

Station balnéaire très réputée, moderne et bruissante mais aussi très bétonnée. Devenue l'une des plus grandes stations d'Europe : on y compte près de 1 300 hôtels, des centaines de bars et restaurants bordant presque sans

interruption les 15 km de plage de sable sur laquelle s'alignent cabines de bains et parasols aux couleurs de chaque exploitant, parcs d'attractions, etc. Le genre de développement touristique que l'on déteste et que, pour notre part, on fuit.
Heureusement, à l'écart de ce littoral surpeuplé, la ville natale de Fellini (qui l'a filmée dans *I Vitelloni* et *Amarcord,* entre autres) présente un centre historique qui cache quelques petites surprises. Et c'est surtout là que l'on souhaite vous emmener. Parce que, pour suivre la foule en direction des plages et profiter de l'atmosphère très « fun » des soirées et des nuits de Rimini, vous n'avez pas vraiment besoin de notre aide!

Adresses utiles

i ***Offices du tourisme*** *(IAT)* ***:*** piazzale Cesare Battisti, 1. À gauche en sortant de la gare. ☎ 0541-513-31. Fax : 0541-279-27. • www.riminiturismo.it • infostazione@riminiturismo.it • Autre bureau près de la mer au 3 piazzale Federico Fellini. ☎ 0541-569-02. Fax : 0541-565-98. • infomarinacentro@riminiturismo.it • En principe, les deux bureaux sont ouverts tous les jours de 8 h 30 à 19 h en saison. Le reste de l'année, celui de la gare est ouvert tous les jours de 10 h à 16 h et le second de 9 h 30 à 12 h 30 et de 15 h 30 à 18 h 30. De nombreuses brochures sont à votre disposition dont un guide pratique très complet appelé *Agenda book.* Plan de la ville et liste des hôtels également.

✉ ***Poste centrale :*** largo Giulio Cesare, 1. ☎ 0541-63-42-11. Dans la vieille ville, face à l'arc d'Auguste. Ouvert du lundi au vendredi de 8 h 15 à 17 h 30 et le samedi jusqu'à 13 h. Change possible.

■ ***Hôpital :*** *Ospedale Infermi* ; via Settembrini, 2. ☎ 0541-705-11.

Gare ferroviaire : piazzale Cesare Battisti. ☎ 89-20-21. Départs possibles à destination de Milan, Trieste, Turin, Bologne, Florence et Venise.

Gare des bus urbains TRAM : via Dante, 42. ☎ 0541-30-05-88. En été, service nocturne jusqu'à 4 h pour les fêtards. Prendre *Il bus della notte,* appelé aussi *Blue Line.*

✈ ***Aéroport Federico Fellini :*** via Flaminia, Miramare di Rimini. ☎ 0541-71-57-11. • www.riminiairport.com •

■ ***Taxis :*** ☎ 0541-500-20.

Où dormir?

Sachez qu'à Rimini les hôtels sont indénombrables et s'étendent à perte de vue. Certaines rues donnant sur la plage comptent chacune une dizaine de pensions qui se valent toutes à peu de chose près. Le choix est donc vaste, et c'est peu dire! En haute saison, difficile malgré tout de trouver une chambre par soi-même et prévoir des tarifs plutôt élevés. Hors saison, pour la plupart, les établissements ferment leurs portes et Rimini devient une ville morte. Alors, quelle que soit la saison, si vous souhaitez quand même vous arrêter par ici, réservation indispensable. Sachant que la ville est vaste et éclatée, lors de votre réservation prenez garde à vous faire préciser la situation de l'hôtel si vous ne voulez pas avoir à parcourir des kilomètres pour rejoindre le centre-ville ou vos centres d'intérêt. Pour vous aider, l'***Associazione Italiana Albergatori*** est chargée de gérer le parc hôtelier de Rimini (et ce n'est pas rien!). Cet organisme public est en permanence en relation avec un tiers des auberges, pensions et hôtels de la ville. Il est fortement conseillé de faire appel à ses services si vous souhaitez réserver une chambre ou en trouver une fois sur place. Grâce à son logiciel performant, il peut répondre à presque toutes vos exigences (confort, prix, situation, etc.). Pour cela contacter :

■ ***Rimini Booking :*** piazzale Federico Fellini, 3. ☎ 0541-533-99. • riminibooking@iper.net • Près de la mer, à côté de l'office du tourisme. Ouvert tous les jours en été de 8 h 30 à 19 h ; le reste de l'année, ouvert de 8 h 30 à 12 h 30 et de 15 h à 18 h 30, fermé le dimanche et le lundi après-midi. Autre bureau sur la piazza Battisti (en gauche en sortant de la gare).

Camping

Camping Italia International : via Toscanelli, 112, à Rivabella. ☎ 0541-73-28-82. Fax : 0541-73-23-22. • www.campingitaliarimini.it • Sur la plage nord la plus proche de Rimini. De la gare, prendre le bus nº 4. Ouvert de fin mai à fin septembre. Selon la période, compter de 6 à 8,50 € par adulte et de 9 à 15 € pour l'emplacement avec une voiture. Possibilité de louer des bungalows. Situé entre la mer et la voie ferrée, ce camping présente la particularité d'être divisé en deux parties : la première est réservée aux jeunes, la seconde s'adresse aux personnes aspirant à un certain calme... Enfin, tout est relatif ! C'est tout de même pas le paradis, mais c'est un des moins pires et la plage est juste en face... après avoir traversé la route ! Bon accueil cependant.

Où manger ?

La Posada : via Toscanelli, 31, à Rivabella. ☎ 0541-284-57. De Rimini, prendre la rue à droite juste après le pont en arrivant à Rivabella. Fermé le mercredi hors saison. Congés annuels en novembre. Compter dans les 20 € le repas, mais jusqu'à 30 € si vous craquez sur un plat de poisson ! Pizzas de 4 à 8 €. Immense resto composé de plusieurs salles intérieures, d'une terrasse, d'une véranda sur mer, dont la capacité totale doit atteindre les 350 couverts ! Malgré ce côté un peu « usine », le cadre n'est pas désagréable et le service sait rester sympathique. Avis aux routards non italophones : vous pouvez demander une carte en français. Excellentes et énormes pizzas exécutées dans les règles de l'art, bon choix d'*antipasti* et de *primi di pesce* à prix raisonnables, plats de poisson un peu plus onéreux. Cela dit, les portions sont généreuses et les préparations bien exécutées. Café ou digestif offert aux lecteurs du *GDR*.

Osteria di Santa Colomba : via A. di Duccio, 2-4. ☎ 0541-78-00-48. Fermé le dimanche et les jours fériés. Congés annuels en août. Compter dans les 25 € pour un repas. À l'abri de l'agitation du bord de mer, dans le centre de Rimini et à deux pas de la cathédrale, ce restaurant installé dans l'ancien campanile de l'église Santa Colomba, érigée au XIIe siècle, a conservé tout son charme. Briques et voûtes sont de rigueur. Le patron, très accueillant, saura vous conseiller au mieux et vous décrire chaque plat du menu, qui n'offre pas un grand choix mais est d'une grande fraîcheur. La cuisine est excellente et l'atmosphère, intime, est on ne peut plus agréable. Cela dit, lors de notre dernier passage le resto était en travaux, espérons que la maison gardera son atmosphère chaleureuse. Réservation conseillée. Ne prend pas les cartes de paiement.

Trattoria Il Lurido da Tonino : piazzetta Ortaggi, 7. ☎ 0541-248-34. Dans le borgo di San Giuliano, l'ancien quartier des pêcheurs. Si vous êtes à pied (et on vous le conseille car les ruelles du quartier sont très étroites et le ponte de Tiberio en sens unique), de la piazza Tre Martiri, prendre le corso d'Augusto, puis traverser le ponte de Tiberio. Le restaurant est situé à deux pas de là, dans une petite ruelle sur la droite. Fermé le mardi. Prévoyez de dépenser au moins 30 € si vous prenez du poisson, les plats étant à environ 20 €, et beaucoup moins si vous en restez aux classiques qui tournent autour de 8 €. Le cadre est agréable et surtout très calme. La carte propose un choix réduit et la cuisine, essentiellement dédiée au poisson, est bonne. Les prix sont quand même un peu trop salés.

Où déguster une bonne glace ?

Gelateria Pellicano : via Mentana, 10, dans le centre. L'une des plus populaires. Délicieuses glaces généreusement servies et choix d'au moins 30 parfums.

Où boire un verre ?

Taverna della Veschia Pescheria : via Pisacane, 10. Dans le centre de Rimini, sur une petite place qui donne piazza Cavour. Ouvert de 16 h à 4 h environ. Fermé le lundi. Pour ceux qui veulent éviter l'ambiance frénétique du bord de mer et goûter à un peu plus d'authenticité, rendez-vous dans ce petit bar à vin avec sa petite terrasse donnant sur l'ancienne halle aux poissons. Ambiance plutôt jeune mais tranquille et très sympa.

Bar Bounty : via Weber, 6. ☎ 0541-39-19-00. Près de la plage. Ouvert de 19 h à 4 h, toute l'année. Fermé le lundi en hiver. Dans cet immense pub situé près de la plage, non seulement vous trouverez d'énormes pizzas et plats de spaghetti mais aussi une ambiance très animée et un décor plutôt sympa. Les cocktails en revanche sont plutôt décevants. Soirées à thème tous les soirs de la semaine. Attention, le lieu est connu et, certains soirs, les files d'attente peuvent être longues, longues...

À voir

Malgré les bombardements qui ont gravement endommagé le centre historique lors de la dernière guerre, on peut encore y trouver quelques traces d'une histoire éminente. Situé à l'ouest du centre historique, au carrefour des anciennes vie Flaminia et Emilia, l'***arc d'Auguste,*** l'un des plus vieux arcs romains encore debout, fut édifié en 27 av. J.-C. en l'honneur de l'empereur Auguste. À l'autre bout du corso Cavour, le ***pont de Tibère,*** en parfait état, fut achevé en l'an 21 de notre ère. Ce sont les illustres témoins de l'importance de la ville à l'époque romaine.

Mais le monument le plus emblématique de Rimini reste sans aucun doute le ***Temple malatestien,*** un des chefs-d'œuvre de la première Renaissance italienne. À l'origine, une église franciscaine, transformée au milieu du XVe siècle suivant la volonté du puissant Sigismondo Pandolfo Malatesta pour célébrer la gloire de sa famille et de sa quatrième épouse, Isotta degli Atti. Personnalité contrastée, Sigismond fut à la fois un grand et habile seigneur (qui régna sur Rimini jusqu'en 1468), un mécène éclairé et un bourreau qui n'hésita pas à répudier ou à faire périr ses trois premières femmes pour pouvoir convoler avec sa maîtresse Isotta. Malgré son excommunication par Pie II pour « meurtre, viol, adultère, inceste, sacrilège et parjure », son corps repose dans un tombeau situé à droite de l'entrée. Dans la 2e chapelle de droite, le tombeau d'Isotta est orné de la rose et de l'éléphant, emblèmes des Malatesta. En majorité, les superbes sculptures et bas-reliefs des chapelles sont l'œuvre d'Agostino di Duccio. À voir également, une *Crucifixion* attribuée à Giotto, une superbe fresque de Piero della Francesca ainsi qu'un tableau de Giorgio Vasari. Reprenant les formes de l'arc romain, la façade (restée inachevée par manque de fonds) est l'œuvre du grand architecte florentin Leon Battista Alberti.

La ***place Cavour,*** le cœur du centre historique, est dominée par une série de beaux bâtiments : le palais de l'Arengo (début du XIIIe siècle), le palais du Podestà (XIVe siècle) de style gothique, l'ancien marché aux poissons (1747) et le théâtre Galli (1850). Un immense et très animé *marché aux vêtements* s'y déroule chaque mercredi et samedi matin.

DANS LES ENVIRONS DE RIMINI

Parc d'attractions Italia in miniatura : à ***Viserba*** à quelques kilomètres après Rimini, sur la route SS 16 en direction de Ravenne. ☎ 0541-73-20-04. • www.italiainminiatura.com • Bus n° 8 de la gare de Rimini et de Viserba. Ouvert de fin mars à début octobre, de 9 h à minuit en juillet et août et de 9 h 30 à 18 h 30 aux intersaisons. Entrée : 15 € par adulte et 10 € pour les enfants (parking à 2 €). Petit parc au concept intéressant : recréer un lieu où petits et grands peuvent déambuler dans une Italie miniature. Le circuit fléché mène de Rome à Venise, dans les Alpes et les Dolomites, que l'on reconnaît par les reproductions en carton (très bien faites) de leurs sites ou bâtiments les plus célèbres (la tour de Pise, le Dôme de Florence, etc). Le plus sympa pour les plus jeunes sera de prendre le petit train qui surplombe le parc et de découvrir la botte d'en haut ou encore de s'offrir une promenade en barque dans les canaux de Venise (et à la fin du parcours le bidule vert, qui vous interpelle en gesticulant, vous demande en fait de sourire pour la photo, que vous pourrez acheter en débarquant). Ensemble plutôt bien réalisé et fort sympathique, mais les attractions elles-mêmes risquent de frustrer les amateurs de sensations fortes et l'environnement (la route passe pas loin) est un peu glauque.

Si les environs immédiats de Rimini sont tristounes à souhait, à une vingtaine de kilomètres au sud-ouest de la ville, les paysages changent, s'arrondissent, se vallonnent et verdissent. On aperçoit ici et là des petits villages perchés sur leur hauteur. Parmi eux :

Verucchio : à 17 km au sud-ouest de Rimini. Perché sur une colline, l'ancien berceau des Malatesta abrite les imposants vestiges d'une de leurs anciennes forteresses (XIVe-XVe siècles). De là-haut, vue superbe sur la verdoyante vallée du Marecchia, la côte Adriatique, San Marin et jusqu'à la lagune de Venise lorsque le temps est (vraiment !) dégagé.
Ce superbe petit village médiéval abrite également un très intéressant *Musée archéologique.* Aménagé dans un ancien monastère, il présente de nombreuses et incroyables pièces de la civilisation villanovienne, découvertes sur quatre nécropoles alentour. Outre les nombreux ossuaires, armes, bijoux, etc., on peut y voir un magnifique trône en bois marqueté et sculpté réalisé vers le VIIIe siècle avant notre ère !
Le musée et la forteresse sont ouverts tous les jours de 9 h 30 à 12 h 30 et de 14 h 30 à 18 h 30 d'avril à septembre. D'octobre à mars, ouverts le samedi de 14 h 30 à 19 h ; les dimanche et jours fériés de 10 h à 12 h 30 et de 14 h 30 à 18 h 30. Entrée du musée à 4 € (réductions) et celle du château à 3 € (visite avec guide obligatoire). Pour plus d'informations : ☎ 0541-67-02-22.

San Leo : situé à une trentaine de kilomètres au sud-ouest de Rimini, au-delà de Verucchio (le site est en fait en Toscane). Là encore, un joli village perché sur un rocher dominant la vallée du Marecchia et couronné d'un impressionnant château fort datant du XIVe siècle. Sa renommée est surtout due à ses redoutables *prisons* où mourut le célèbre « comte » de Cagliostro (1743-1795), adepte de l'occultisme et impliqué dans l'affaire du collier de la reine Marie-Antoinette.
Le château est ouvert toute l'année, de 9 h à 18 h 30 du lundi au samedi et de 9 h à 19 h les dimanche et jours fériés. Entrée : 8 € ; réductions. Informations (n° Vert) : ☎ 800-553-800.

Dans le village, belle *basilique romane* du IXe siècle, parfaitement conservée.

Ristorante Albergo Al Piano : à Sarsina, à une trentaine de kilomètres de San Leo. ☎ 0547-954-00. Fax : 0547-69-81-39. • www.alpiano.it • Un peu en dehors de la ville de Sarsina. Bien indiqué. Pour une double, compter 80 € dans la partie moderne et 120 € dans la partie historique. Également des suites de 170 à 260 €. Ce vaste palais, isolé et perché sur des hauteurs à la végétation luxuriante, comporte une partie moderne sans grand charme mais plutôt bien intégrée dans l'ancienne joliment restaurée. Si les chambres modernes sont plutôt anonymes et banales, les chambres historiques avec leur plancher ont un bel intérieur sobre et douillet. Les suites et leurs fresques sont, quant à elles, assez grandioses. La maison fait aussi restaurant (menus à 23 et 35 € le midi) et taverne le soir. Ce vaste ensemble fera le bonheur des portefeuilles joufflus en quête de calme (même si on entraperçoit l'autoroute en contrebas), de verdure et ce dans un cadre princier. Accueil simple et charmant.

Château Rocca di Gradara : à une vingtaine de kilomètres au sud-est de Rimini, sur la route nationale en direction de Pesaro, après Cattolica, à la frontière des Marches. ☎ 0541-96-41-81. Ouvert le lundi de 8 h 30 à 13 h 15 et du mardi au dimanche de 8 h 30 à 18 h 30. Entrée : 4 € ; réductions ; gratuit pour les moins de 18 ans et les plus de 65 ans membres de l'Union européenne.
Ce château du XIVe siècle mérite qu'on y jette un œil. La légende dit que c'est ici que s'est déroulé le drame de Paolo et Francesca *(La Divine Comédie).* À l'intérieur, la visite de la salle des tortures en régalera plus d'un.

LA RÉPUBLIQUE DE SAINT-MARIN *(SAN MARINO)*

(47031) 28 100 hab.

Petite ville fortifiée située sur une colline, style médiéval... Assez pittoresque, mais envahie de touristes. S'y loger, y manger et s'y garer revient très cher, mais comme le prix des cigarettes et des alcools y est un peu moins élevé qu'« en Italie » nombreux sont les touristes (autochtones ou non) à venir surtout pour y faire leur emplettes. Les rues regorgent en effet de boutiques *ad hoc* et de nombreux magasins de souvenirs où l'on peut faire le plein de parfums (souvent des copies), de nombreuses kitscheries et de jolis timbres (oui, quand même !). On se sent parfois égaré dans un drôle d'endroit, entre marché en plein air et parc d'attractions au décor d'opérette ! Savoir tout de même que si l'on descend du piton et que l'on fait ses courses dans la ville d'en bas (où vit en fait la population), les prix sont les mêmes qu'ailleurs.
Bon, un point positif tout de même : une fois grimpées ces rues qui s'enroulent autour du mont Titano et ayant enfin échappé au mercantilisme à outrance, on profite d'un paysage et d'un point de vue magnifiques.
Pour sauvegarder votre budget, évitez d'y loger, apportez votre pique-nique et programmez votre excursion à partir de Rimini (à 25 km) ou même de Ravenne (70 km). Cela ne vous prendra pas plus de la journée et c'est bien suffisant !

UN PEU D'HISTOIRE

La république la plus petite et la plus ancienne du monde aurait été fondée au IVe siècle par un tailleur de pierre, *Marin,* venu à Rimini pour travailler aux fortifications du port. Au moment des persécutions ordonnées par l'empereur

Dioclétien contre les chrétiens, le pieux Marin, attiré par le *monte Titano* qu'il apercevait depuis Rimini, se réfugia sur la cime pour y travailler en paix et pratiquer sa religion. Sa réputation de sainteté lui attira disciples et imitateurs. La montagne lui fut offerte par une princesse dont il avait guéri les enfants. C'est ainsi que Marin devint le fondateur d'une société qui s'éleva au rang de république. Celle-ci traversa sans encombre les diverses épreuves que connut l'Italie. Quand, en 1797, Bonaparte, en témoignage de sympathie, lui proposa d'étendre son territoire, elle eut la sagesse de refuser. En 1849, Garibaldi y trouva asile et protection. Bien que neutre, San Marino fut bombardé en 1944 : pendant cette période difficile, 100 000 réfugiés furent accueillis. Aujourd'hui, ce sont surtout les touristes et leurs devises que San Marino aime accueillir...

routard ASSISTANCE

L'ASSURANCE VOYAGE INTEGRALE A L'ETRANGER

BULLETIN D'INSCRIPTION

NOM : M. Mme Melle |_|_|_|_|_|_|_|_|_|_|

PRENOM :|_|_|_|_|_|_|_|_|_|_|_|_|

DATE DE NAISSANCE : |_|_|_|_|_|_|

ADRESSE PERSONNELLE : |_|_|_|_|_|_|_|_|_|

|_|_|_|_|_|_|_|_|_|_|_|_|_|_|

|_|_|_|_|_|_|_|_|_|_|_|_|_|_|

CODE POSTAL : |_|_|_|_|_| TEL. |_|_|_|_|_|_|_|_|_|_|

VILLE : |_|_|_|_|_|_|_|_|_|_|_|_|

DESTINATION PRINCIPALE ....

Calculer exactement votre tarif en SEMAINES selon la durée de votre voyage :

7 JOURS DU CALENDRIER = 1 SEMAINE

Pour un Long Voyage (2 mois…), demandez le ***PLAN MARCO POLO***

COTISATION FORFAITAIRE 2004-2005

VOYAGE DU |_|_|_|_|_|_| AU |_|_|_|_|_|_| = |_|_| SEMAINES

Prix spécial « *JEUNES* » (3 à 40 ans) : **20 € x** |_|_| = |_|_|_|€

De 41 à 60 ans (et – de 3 ans) : **30 € x** |_|_| = |_|_|_|€

De 61 à 65 ans : **40 € x** |_|_| = |_|_|_|€

Tarif "**SPECIAL FAMILLES**" 4 personnes et plus : **Nous consulter au 01 44 63 51 00**

Chèque à l'ordre de ROUTARD ASSISTANCE – ***A.V.I. International***
28, rue de Mogador – 75009 PARIS – FRANCE - Tél. 3260 AVI (0,15e / minute)
Métro : Trinité – Chaussée d'Antin / RER : Auber – Fax : 01 42 80 41 57

ou Carte bancaire : Visa ☐ Mastercard ☐ Amex ☐

N° de carte : |_|_|_|_|_|_|_|_|_|_|_|_|_|_|_|_|

Date d'expiration : |_|_| |_|_| Signature

Je déclare être en bonne santé, et savoir que les maladies ou accidents antérieurs à mon inscription ne sont pas assurés.

Signature :

Information : www.routard.com / Tél : 3260 AVI (0,15€ / minute)
Souscription en ligne : www.avi-international.com

✂ Faites des copies de cette page pour assurer vos compagnons de voyage.

INDEX GÉNÉRAL

Attention, la Toscane et l'Ombrie, le Piémont, Venise et Rome font l'objet de guides à part.

– A –

– B –

– C –

INDEX GÉNÉRAL

– D-E –

– F –

– G-H –

– I-K –

– L –

– M –

– N-O –

– P –

– R –

– S –

– T-U –

– V-Z –

OÙ TROUVER LES CARTES ET LES PLANS ?

les **Routards** parlent aux **Routards**

Faites-nous part de vos expériences, de vos découvertes, de vos tuyaux. Indiquez-nous les renseignements périmés. Aidez-nous à remettre l'ouvrage à jour. Faites profiter les autres de vos adresses nouvelles, combines géniales... On adresse un exemplaire gratuit de la prochaine édition à ceux qui nous envoient les lettres les meilleures, pour la qualité et la pertinence des informations. Quelques conseils cependant :

– Envoyez-nous votre courrier le plus tôt possible afin que l'on puisse insérer vos tuyaux sur la prochaine édition.
– N'oubliez pas de préciser l'ouvrage que vous désirez recevoir.
– Vérifiez que vos remarques concernent l'édition en cours et notez les pages du guide concernées par vos observations.
– Quand vous indiquez des hôtels ou des restaurants, pensez à signaler leur adresse précise et, pour les grandes villes, les moyens de transport pour y aller. Si vous le pouvez, joignez la carte de visite de l'hôtel ou du resto décrit.
– N'écrivez si possible que d'un côté de la lettre (et non recto verso).
– Bien sûr, on s'arrache moins les yeux sur les lettres dactylographiées ou correctement écrites !

Le Guide du routard : 5, rue de l'Arrivée, 92190 Meudon

E-mail : guide@routard.com
Internet : www.routard.com

Les **Trophées** du **Routard**

Parce que le *Guide du routard* défend certaines valeurs : Droits de l'homme, solidarité, respect des autres, des cultures et de l'environnement, les Trophées du Routard soutiennent des actions à but humanitaire, en France ou à l'étranger, montées et réalisées par des équipes de 2 personnes de 18 à 30 ans.
Pour les premiers Trophées du Routard 2004, 6 équipes sont parties, chacune avec une bourse et 2 billets d'avion en poche, pour donner de leur temps et de leur savoir-faire aux 4 coins du monde. Certains vont équiper une école du Ladakh de systèmes solaires, développer un réseau d'exportation pour la soie cambodgienne, construire une maternelle dans un village arménien ; d'autres vont convoyer et installer des ordinateurs dans un hôpital d'Oulan-Bator, installer un moulin à mil pour soulager les femmes d'un village sénégalais ou encore mettre en place une pompe à eau manuelle au Burkina Faso.
Ces projets ont pu être menés à bien grâce à l'implication de nos partenaires : le Crédit Coopératif (• www.credit-cooperatif.coop •), la Nef (• www.lanef.com •), l'UNAT (• www.unat.asso.fr •) et l'Agence Nationale pour les Chèques-Vacances (• www.ancv.com •).
Vous voulez aussi monter un projet solidaire en 2005 ? Téléchargez votre dossier de participation sur • www.routard.com • ou demandez-le par courrier à Hachette Tourisme - Les Trophées du Routard 2005, 43, quai de Grenelle, 75015 Paris, **à partir du 15 octobre 2004**.

Routard Assistance 2005

Routard Assistance, c'est l'Assurance Voyage Intégrale sans franchise que nous avons négociée avec les meilleures compagnies, Assistance complète avec rapatriement médical illimité. Dépenses de santé, frais d'hôpital, pris en charge directement sans franchise jusqu'à 300 000 € + caution + défense pénale + responsabilité civile + tous risques bagages et photos. Assurance personnelle accidents : 75 000 €. Très complet ! Le tarif à la semaine vous donne une grande souplesse. Tableau des garanties et bulletin d'inscription à la fin de chaque *Guide du routard* étranger. Si votre départ est très proche, vous pouvez vous assurer par fax : 01-42-80-41-57, en indiquant le numéro de votre carte bancaire. Pour en savoir plus : ☎ 01-44-63-51-00 ; ou, encore mieux, sur notre site : • www.routard.com •

Photocomposé par Euronumérique
Imprimé en France par Aubin n° L 67597
Dépôt légal n° 49794-11/2004
Collection n° 13 - Édition n° 01
24/0158/6
I.S.B.N. 201240158-9